KB246792

司馬遷 史記 5

史記列傳 上

丁範鎭(성균관대학교 중문학과 교수) 외 옮김

까치

역자 소개

정범진(丁範鎭)

1935년 경상북도 영주 출생

성균관대학교 중국문학과 졸업

中華民國 國立臺灣師範大學 中國文學研究所 졸업(문학 석사)

성균관대학교 대학원 중어중문학과 졸업(문학 박사)

한국중어중문학회 회장 역임, 한국중국학회 회장 역임

성균관대학교 교수와 총장 역임

중국 산동대학교 명예교수, 대만정치대학 명예문학박사

한-우크라이나 친선협회 회장

저서 『중국문학입문』, 『중국문학사』, 『唐代소설연구』 외

역서 『중국소설사략』, 『唐代전기소설선』, 『두보시 300수』 외

ⓒ 정범진, 1995

史記 5— 列傳 上

저자 / 司馬遷
역자 / 丁範鎭 외
발행처 / 까치글방
발행인 / 박후영
주소 / 서울시 용산구 서빙고로 67, 파크타워 103동 1003호
전화 / 02·735·8998, 736·7768
팩시밀리 / 02·723·4591
홈페이지 / www.kachibooks.co.kr
전자우편 / kachibooks@gmail.com
등록번호 / 1-528
등록일 / 1977. 8. 5
초판 1쇄 발행일 / 1995. 5. 20
　　17쇄 발행일 / 2020. 11. 20

값 / 뒤표지에 쓰여 있음

ISBN 89-7291-059-7 94910
　　　89-7291-058-9 (전3권)
　　　89-7291-053-8 (전7권)

머리말

당(唐)나라의 사마정(司馬貞)은 『사기색은(史記索隱)』에서 쓰기를 "열전은 신하들의 사적을 나란히 서술하여 후세에 전한 것이기 때문에 열전이라고 하였다(列傳者, 謂敍列人臣事迹, 令可傳於後世, 故曰列傳)." 이처럼 『사기』의 「열전」은 역대의 황제, 왕, 제후를 제외한 각계각층의, 여러 유형의, 그리고 다양한 직업에 종사하였던 수많은 사람들의 발자취를 전기 형식으로 엮은 책으로서 『사기』의 다섯 가지 체제 중의 하나로서 전체 분량에서 가장 많은 부분을 차지한다. 여기에는 개인의 전기 이외에도 몇몇 소수 이민족(異民族)과 외국에 대한 기록도 섞여 있다.

「열전」의 체제는 사마천의 독창으로 인식되어왔으며 후세의 역대 역사서의 본보기가 되었다. 조익(趙翼)은 『해여총고(陔餘叢考)』에서 "나란히 전을 지어 사적을 서술하는 체제는 고인들에게는 없었다. 옛 사람들이 책을 서술할 때, 의리를 찾아 밝히고, 고사를 서술하면 이를 모두 전이라고 하였다.……그런데 오로지 사적을 서술하면서 사람마다 각기 하나의 전으로 만들어놓은 것은 곧 사마천의 『사기』에서 비롯되었으며 반고(班固)의 『한서(漢書)』이후로 모두 여기에 따랐다(列傳敍事, 則古人所無. 古人著書, 凡發明義理, 記載故事, 皆謂之傳.……其傳以之敍事而人各一傳, 則自史遷始, 而班史以後皆因之)"라고 하였다. 기실 『사기』 중의 여타 체재는 모두 전대(前代)의 것을 답습한 흔적이 엿보이지만, 오직 「열전」만은 그렇지 않다. 뿐만 아니라 이 부분에서 보여준 짜임새 있는 사적(事迹)의 구성과 생동감 넘치는 인물묘사는 『사기』에 격조 높은 문학성을 부여함으로써 무한한 흥미를 느끼게도 한다.

이제 「열전」을 마무리함으로써 『사기』의 번역을 모두 마치게 되었다. 워낙 방대하고 어려운 작업이었고, 특히 「본기」, 「표」, 「서」, 「세가」 부분은 국내에서는 최초의 번역이라 잘못되거나 미흡한 곳이 있으리라고 본다. 박아제언(博雅諸彦)의 아낌없는 질정(叱正)을 바랄 뿐이다.

1994년 12월 玉泉山房에서 丁範鎭 씀

역자 소개

「伯夷列傳」	丁範鎭	成均館大學校 中語中文學科 교수
「管晏列傳」	金卿東	成均館大學校 中語中文學科 졸업, 臺灣大學 석사,
「老子韓非列傳」		成均館大學校 大學院 박사 수료, 현재 成均館大學
「司馬穰苴列傳」		校 강사
「孫子吳起列傳」		
「伍子胥列傳」		
「仲尼弟子列傳」	李聖浩	建國大學校 中語中文學科 졸업, 成均館大學校 大學
「穰侯列傳」		院 석사, 같은 大學院 박사 수료
「白起王翦列傳」		
「商君列傳」	金元中	忠南大學校 中語中文學科 졸업, 같은 大學校 大學
「蘇秦列傳」		院 석사, 成均館大學校 大學院 박사, 현재 건양대
		학교 전강
「張儀列傳」	南宗鎭	建國大學校 中語中文學科 졸업, 成均館大學校 大學
「樗里子甘茂列傳」		院 석사, 같은 大學院 박사 과정
「孟子荀卿列傳」	鄭守國	建國大學校 中語中文學科 졸업, 檀國大學校 大學院
「孟嘗君列傳」		석사, 成均館大學校 大學院 박사 과정, 현재 瑞逸
「平原君虞卿列傳」		專門大學 강사
「魏公子列傳」		
「春申君列傳」	李埰文	明知大學校 中語中文學科 졸업, 같은 大學校 大學
「范睢蔡澤列傳」		院 석사, 成均館大學校 大學院 박사 수료, 현재 明
		知大學校 강사
「樂毅列傳」	千賢耕	成均館大學校 中語中文學科 졸업, 같은 大學校 大
「廉頗藺相如列傳」		學院 석사, 같은 大學院 박사 수료, 현재 成均館大
「田單列傳」		學校 강사
「魯仲連鄒陽列傳」		
「屈原賈生列傳」	金洛喆	成均館大學校 中語中文學科 수료, 國立臺灣師範大
「刺客列傳」		學 中文硏究所 석사, 成均館大學校 大學院 박사 과
		정, 현재 韓國體育大學 강사
「呂不韋列傳」	崔盛逸	慶南大學校 中語中文學科 졸업, 成均館大學校 大學
「李斯列傳」		院 석사, 같은 大學院 박사 과정, 현재 慶南大學校
		강사

차례 上

차례 中

차례 下

권61 「백이열전(伯夷列傳)」 제1

　무릇 학자들이 읽는 서적은 지극히 광범하지만 그러나 믿을 만한 근거는 역시 육예(六藝)[1]에서 찾아야 한다. 『시(詩)』, 『서(書)』에는 비록 결손된 부분이 있다고 할지라도[2] 그러나 거기에 실린 우(虞), 하(夏)에 관한 글[3]을 통해서 양위(讓位)에 관한 일을 알 수 있다. 요(堯)임금이 군주의 자리에서 물러날 때에는 그 자리를 순(舜)에게 선양(禪讓)하였고, 순임금이 우(禹)에게 양위할 때에는 악목(嶽牧)[4]들이 다 함께 추천한 우를 일정한 직위에 시험삼아 등용해서 수십년 동안 직무를 수행하게 하고 그의 공적이 두드러지게 나타난 다음에야 비로소 정권을 넘겨주었다. 이와 같은 사실은 천하는 귀중한 보기(寶器)요, 제왕은 중대한 법통이기 때문에 천하를 물려준다는 것이 이처럼 어렵다는 것을 말해주는 것이다. 그러나 혹자는 말하기를 "요임금이 천하를 허유(許由)[5]에게 양위하려고 하였을 때, 허유는 받아들이지 않고, 오히려 이를 치욕으로 여기고 달아나 은거해버렸고, 또 하나라에 이르러서도 변수(卞隨), 무광(務光)[6]과 같은 은사(隱士)가 있었다"라고 하였는데, 이런 사람들은 또한 어째서 칭송되

---

1) 六藝：즉 六經을 말한다. 『書』, 『禮』, 『樂』, 『詩』, 『易』, 『春秋』를 가리킨다.
2) 일찍이 孔子가 『詩』, 『書』를 刪定하였다고 전해온다.
3) 虞, 夏는 모두 중국 고대의 나라 이름이다. 『書』, 즉 『尙書』에는 「堯典」, 「舜典」, 「大禹謨」 등의 편이 실려 있고, 거기에는 唐堯, 虞舜, 夏禹의 禪讓에 관한 고사가 상세히 기재되어 있다.
4) 嶽牧：四嶽과 12州牧을 합쳐서 부르는 말. 四嶽은 堯, 舜 시대 사방 부락의 수령이라고 전해진다.
5) 許由：堯임금 때의 은사. 전하는 말에 의하면 堯임금이 그에게 군주의 자리를 양여하려 하였으나 그는 이를 받아들이지 않고 潁水의 북쪽으로 달아나 箕山 아래에 은거하였다. 그 뒤 堯임금은 또 九州의 長이 되어달라고 불렀으나 그는 이 말을 들은 귀조차 더럽다고 潁水의 물가로 달려가서 그 귀를 씻었다고 한다. 許由에 관한 이야기는 『莊子』의 「逍遙遊」, 「徐無鬼」, 「讓王」 등의 편에서 볼 수 있다.
6) 卞隨, 務光：둘 다 商나라 때의 은사. 商 湯王이 夏 桀王을 멸하고 군주의 자리를 이들에게 물려주려고 하자 이들 두 사람은 이를 치욕으로 생각하고 강물에 투신자살하고 말았다고 전해진다. 이 이야기는 『莊子』 「讓王」 편에 상세히 나와 있다.

고 있는 것일까?

태사공(太史公)[7]은 말하였다.

"나는 기산(箕山)[8]에 올라가본 적이 있었는데, 그 산 위에는 허유의 무덤이 있다는 말을 들었다. 공자(孔子)는 고래의 인인(仁人), 성인(聖人), 현인(賢人)들을 차례로 열거하면서 오 태백(吳太伯),[9] 백이(伯夷)와 같은 사람에 대해서도 매우 상세하게 말하고 있다. 나도 들어서 허유와 무광의 절의(節義)가 지극히 고결하다고 느끼고 있지만 『시』, 『서』의 문사에는 조금도 그들에 관한 개략(槪略)이 나타나 있지 않으니 이것은 어째서일까?"

공자는 말하기를 "백이, 숙제(叔齊)는 과거의 원한을 기억하고 있지 않음으로써 남을 원망하는 일은 거의 없었다"[10]라고 하였고, 또 "그들에게 어진 것이란 구하는 대로 얻어지는 것인데 또한 무엇을 원망하였겠는가?"[11]라고 하였다. 그러나 나는 백이의 심경을 비통한 것으로 보았고, 그들의 일시(軼詩)[12]를 보고 약간 이상함을 느꼈다.[13] 그들에 관한 전기에는 다음과 같이 언급되어 있다.

백이와 숙제는 고죽국(孤竹國)[14] 국왕의 두 아들이었다. 아버지는 아우 숙제를 다음 왕으로 삼으려고 하였다. 그런데 아버지가 죽은 뒤 숙제는 왕위를 형 백이에게 양여하였다. 그러자 백이는 "아버지의 명령이었다"라고 말

---

7) 太史公: 『史記』의 저자. 司馬遷이 자기를 자칭한 말. 그는 漢나라 때 太史라는 관직에 있었다.

8) 箕山: 지금의 河南省 登封縣 동남쪽에 있는 산 이름.

9) 吳 太伯: 周 太王의 장남. 太王에게는 太伯, 仲雍, 季歷 세 왕자가 있었으나 季歷의 아들 姬昌의 聖德을 예견하고 왕위를 관례를 깨고 셋째 아들에게 물려주어, 그 왕위가 姬昌으로 이어지도록 하였다. 太伯은 父王의 뜻에 순종하고 仲雍과 더불어 출국하여 吳나라로 갔다. 그래서 吳 太伯이라고 부른다.

10) 『論語』「公冶長」에는 "不念舊惡, 怨是用希"라고 되어 있다.

11) 『論語』「述而」에는 "求仁得仁, 又何怨乎?"라고 되어 있다.

12) 軼詩: '軼'은 '佚'과 통하고, 이것은 없어졌다는 뜻이다. 이것은 아래에 나오는 시를 가리킨다. 『詩經』에 수록되어 있지 않기 때문에 '軼詩'라고 하였다.

13) 『論語』에 나오는 말과 '軼詩'에 나오는 말이 일치하지 않아서 하는 말이다. 즉 '軼詩'에는 원망하는 語氣가 엿보이기 때문이다.

14) 孤竹國: 殷, 周 시대에 있었던 제후국. 군왕은 墨胎氏였다. 지금의 河北省 盧龍縣 동쪽.

하면서 마침내 피해 가버렸고, 숙제도 왕위에 오르려 하지 않고 피해 가버렸다. 이에 나라 안의 사람들은 둘째 아들[15]을 왕으로 옹립하였다. 이때 백이와 숙제는 서백창(西伯昌)[16]이 늙은이를 잘 봉양한다는 소문을 듣고 그를 찾아가서 의지하고자 하였다. 가서 보니 서백은 이미 죽고, 그의 아들 무왕(武王)이 시호를 문왕(文王)이라고 추존한 아버지의 나무 위패를 수레에다 받들어 싣고 동쪽으로 은 주왕(殷紂王)을 정벌하려 하고 있었다. 이에 백이와 숙제는 무왕의 말고삐를 잡고 간하기를 "부친이 돌아가셨는데 장례는 치르지 않고 바로 전쟁을 일으키다니 이를 효라고 말할 수 있습니까? 신하된 자로써 군주를 시해하려 하다니 이를 인(仁)이라고 말할 수 있습니까?"라고 하였다. 그러자 무왕 좌우에 있던 시위자들이 그들의 목을 치려고 하였다. 이때 태공(太公)[17]이 "이들은 의인(義人)들이다"라고 하며, 그들을 보호하여 돌려보내주었다. 그후 무왕이 은난(殷亂)을 평정한 뒤, 천하는 주(周) 왕실을 종주(宗主)로 섬겼지만 그러나 백이와 숙제는 주나라의 백성이 되는 것을 치욕으로 여기고, 지조를 지켜 주나라의 양식(糧食)[18]을 먹으려 하지 않고, 수양산(首陽山)[19]에 은거하며 고비[薇]를 꺾어 이것으로 배를 채웠다. 그들은 굶주려서 곧 죽으려고 하였을 때, 노래를 지었는데 그 가사는 이러하였다.

저 서산(西山)[20]에 올라 산중의 고비나 꺾자구나.
포악한 것으로 포악한 것을 바꾸었으니[21]
그 잘못을 알지 못하는구나.
신농(神農),[22] 우(虞), 하(夏)의 시대는 홀연히 지나가버렸으니
우리는 장차 어디로 돌아간다는 말인가?

---

15) 둘째 아들 : 원문 "中子"의 '中'은 '仲'과 통한다. 형제간의 서열은 흔히 伯, 仲, 叔, 季이므로 中子는 둘째 아들을 말한다.

16) 西伯昌 : 즉 周 文王 姬昌을 가리킨다. 商나라 말기에 그는 西方 제후의 장이었기 때문에 西伯昌이라고 불렸다.

17) 太公 : 즉 呂尙을 가리킨다. 호는 太公望으로 齊나라의 시조이다. 이때는 周 武王의 軍師였다.

18) 원문의 "粟"을 봉록으로 풀이하는 이도 있다.

19) 首陽山 : 지금의 山西省 永濟縣 남쪽에 있는 雷首山을 가리킨다. 이밖에도 隴西, 洛陽, 遼西에도 首陽山이 있어서 다소 혼동을 일으키지만 당시 周都의 위치로 보아 지금의 雷首山일 것이라는 설이 가장 유력하다.

20) 西山 : 즉 首陽山을 말한다.

21) 앞의 포악한 것은 周 武王을, 뒤의 포악한 것은 商 紂王을 가리킨다.

22) 神農 : 중국 고대 전설에 나오는 제왕의 한 사람. 농사 짓는 법을 처음으로 가르치고, 8卦를 겹쳐서 64卦를 만들었다고 전해진다.

아! 이제는 죽음뿐이로다.
쇠잔한 우리의 운명이여!

마침내 이들은 수양산에서 굶어 죽고 말았다.

이로 미루어본다면, 두 사람은 과연 원망하는 것인가? 원망하지 않은
것인가?

혹자는 말하기를 "천도(天道)²³⁾는 공평무사해서 항상 착한 사람을 돕
는다"라고 하였다. 백이, 숙제와 같은 사람은 착한 사람이라고 말할 수
있지 않은가? 그러나 그처럼 인덕(仁德)을 쌓고 행실을 깨끗하게 하였음
에도 그들은 굶어서 죽었다. 어디 그뿐이랴! 70문도(七十門徒)²⁴⁾ 중에
서 공자는 오직 안연(顔淵)²⁵⁾ 하나만을 학문을 좋아하는 제자로 천거하
였다. 그러나 안연도 항상 가난해서 조강(糟糠)²⁶⁾ 같은 거친 음식도 배
불리 먹지 못하고 끝내 요절하고 말았다. 하늘이 착한 사람에게 보상해준
다고 한다면 어째서 이럴 수가 있는가? 도척(盜跖)²⁷⁾은 날마다 죄 없는
사람을 죽이고 사람의 살을 회쳐서 먹으며 포악무도한 짓을 함부로 하며
수천명의 도당을 모아 천하를 횡행하였지만 끝내 천수를 다 누리고 죽었
다. 이것은 그의 어떠한 덕행에 의한 것이란 말인가? 이런 것들은 다 크
고 뚜렷한 사례이다. 또 이를테면 근자에 이르러서도 조행(操行)이 정도
(正道)를 벗어나고, 오로지 사람들이 꺼리고 싫어하는 일만 범하면서도
종신토록 안일향락하고 부귀함이 여러 대에 그치지 않은 사람이 있는가
하면, 혹은 또 갈 만한 곳을 골라서 가고²⁸⁾ 말할 만한 때를 기다려 말하

---

23) 天道 : 인류의 운명을 지배하는 하늘(神)의 의지.
24) 70門徒 : 전하는 말에 의하면 孔子의 제자는 3,000명이나 되었고, 그 가운데 賢
人은 70명이나 되었다고 한다. 권47 「孔子世家」에는 "72인"으로 되어 있고, 권67
「仲尼弟子列傳」에는 "77인"으로 되어 있다. 따라서 70門徒라고 한 것은 대략의 숫자
이다.
25) 顔淵 : 이름은 回이다. 춘추시대 말기의 魯나라 사람으로 孔子의 뛰어난 제자이
다. 그는 29세에 벌써 머리가 희었고 32세에 죽었다.
26) 糟糠 : 술 지게미와 쌀겨, 즉 거치른 음식을 말한다.
27) 盜跖 : 춘추시대 말기에 일시를 횡행하였던 큰 도적을 가리킨다.
28) 아무 데고 함부로 나타나지 않는다. 즉 경거망동을 하지 않는다는 뜻이다. 원문
은 "擇地而蹈之"로 땅을 골라서 밟는다, 즉 좋은 곳을 골라서 발을 내디딘다는 뜻이
다.

며 길을 갈 때는 작은 길로 가지 않으며[29] 공명정대한 일이 아니면 분발해서 하지 않으면서도 재화(災禍)를 당하는 사람이 헤아릴 수 없을 만큼 많은 것은 어찌 된 것인가? 나는 이에 대해서 매우 의혹스러움을 느낀다. 만약에 이런 것이 이른바 천도라고 한다면 그 천도는 과연 맞는 것인가? 틀린 것인가?

공자는 말하기를 "가는 길이 같지 않은 사람과는 서로 도모하지 않는다"[30]라고 하였는데, 이 또한 사람은 제각기 자기의 뜻에 따라 행한다는 뜻이다. 그러므로 "부귀라는 것이 만약에 추구해서 구할 수 있는 것이라면 비록 채찍잡이[31]와 같은 천한 직업이라고 할지라도 나는 그것을 할 것이며, 또 만약에 구할 수 없는 것이라면 나는 내가 좋아하는 것을 좇아 행할 것이다"[32]라고 하였고, "추운 계절이 된 연후에야 소나무와 잣나무는 시들지 않는다(푸르게 남아 있다)는 것을 안다"[33]라고도 하였다. 온 세상이 혼탁해졌을 때라야 청렴한 사람이 이에 드러나는 것이다. 이것은 모두 세속 사람들은 그처럼 부귀를 중시하고 청렴한 사람은 이처럼 부귀를 경시하는 때문이 아니겠는가?[34]

공자는 말하기를 "군자는 죽은 뒤에 자기의 명성이 칭양(稱揚)되지 않을까 걱정한다"[35]라고 하였고, 가의(賈誼)[36]는 말하기를 "탐부(貪夫)는 재물 때문에 목숨을 잃고, 열사는 명분 때문에 목숨을 바치며, 권세를 과시하는 사람은 그 권세 때문에 죽고, 서민들은 자기의 생명에만 매달린다"라고 하였다. "같은 종류의 빛은 서로가 비추어주고, 같은 종류의 물

---

29) 원문 "行不由徑"의 '徑'은 '작은 길'을 말하나, 여기에서는 사람의 행실에서 삐뚤어지거나 잘못된 길(邪道)까지도 포함해서 하는 말이다.
30) 『論語』「衛靈公」제40章에 "道不同, 不相爲謀"라고 되어 있다.
31) 원문은 "執鞭之士"이다. 즉 채찍질하는 직업인을 말한다. 그 당시 이런 직업은 세 종류가 있었는데, 하나는 수레(말)를 모는 사람, 하나는 제왕이나 제후들이 행차할 때 길을 정리하는 사람, 그리고 또 하나는 시장의 질서를 유지하는 사람이었다.
32) 『論語』「述而」편에는 "富貴如可求, 雖執鞭之士, 吾亦爲之. 如不可求, 從吾所好"라고 되어 있다.
33) 『論語』「子罕」편에 나온다. 여기의 "松柏之後凋"를 '소나무와 잣나무는 제일 나중에 시든다' 또는 '소나무와 잣나무는 더디 시든다'라고 보는 견해도 있다.
34) 이 부분에 대한 풀이는 다소 분분한데 여기서는 顧炎武의 견해를 따랐다.
35) 『論語』「衛靈公」제20章에는 "君子疾沒世而名不稱焉"이라고 되어 있다.
36) 賈誼 : 西漢 文帝 때 洛陽 사람으로 정치가이며 문학가이다. 다음에 인용된 문장은 그의 "鵩鳥賦"에 나온다.

건은 서로가 감응(感應)한다."[37] "구름은 용을 따라 생기고, 바람은 범을 따라 일어난다. 그것처럼 성인이 나타나면 이에 따라서 세상 만물의 모습이 모두 다 뚜렷이 드러나게 된다."[38] 백이와 숙제가 비록 현인이기는 하였지만 공자의 찬양을 얻고 나서부터 그들의 명성이 더욱더 두드러지게 나타났고, 안연이 비록 학문에 독실하기는 하였지만, 천리마의 꼬리에 붙여져서[39] 그의 덕행이 더욱더 뚜렷해졌다. 암혈(岩穴)에서 살아가는 은사들은 출세와 은퇴를 일정한 때를 보아서 한다. 이와 같은 사람들의 명성이 파묻혀버려서 칭양되지 않는다면 정말 비통하리라! 항간의 평민으로 덕행을 연마하고 명성을 세우고자 하는 사람이 청운지사(靑雲之士)[40]에 의지하지 않는다면 어떻게 그의 명성을 후세에 전할 수 있겠는가?

---

37) 『周易』「乾」"文言"에는 "同明相照, 同類相求"라고 되어 있다.
38) 『周易』「乾」"文言"에는 "雲從龍, 風從虎, 聖人作而萬物睹"라고 되어 있다.
39) 원문의 "附驥尾"는 파리가 천리마의 꼬리에 붙어서 천리를 간다는 뜻인데, 여기서는 顔回가 孔子와 같은 성인의 표창을 받음으로써 그의 명성을 후세에 떨치게 된 것을 비유한 말이다.
40) 靑雲之士 : 덕행이 고상한 사람, 즉 立言하여 후세에 전하는 성현을 가리킨다.

권62 「관안열전(管晏列傳)」제2

관중(管仲) 이오(夷吾)[1]는 영수(潁水)[2] 유역 출신의 사람이다. 그는 젊은 시절에 항상 포숙아(鮑叔牙)와 어울려 지냈는데, 포숙은 그의 재덕(才德)을 잘 알아주었다. 가난한 관중은 언제나 포숙을 속였지만,[3] 포숙은 늘 그를 잘 대해주었으며 그런 일로 이러니저러니 따지지 않았다. 얼마 후에 포숙은 제(齊)나라 공자(公子) 소백(小白)을 섬기게 되었고, 관중은 공자 규(糾)[4]를 섬기게 되었다. 소백이 즉위하여 제 환공(齊桓公)이 되고 규가 죽자, 관중은 잡혀 옥에 갇히게 되었다. 그러자 포숙이 관중을 천거하니 관중은 등용되어 제나라의 국정을 맡게 되었다. 이로 인해서 제 환공은 천하의 패자가 되어 제후들과 여러 차례 회맹하고 천하를 바로잡았으니, 이는 모두 관중의 지모(智謀)에 의한 것이었다.

관중은 이렇게 말하였다.

내가 예전에 곤궁할 때 포숙과 함께 장사를 한 적이 있었는데, 이익을 나눌 때 내가 더 많이 차지하곤 하였다. 그럼에도 포숙이 나를 탐욕스럽다고 여기지 않은 것은 내가 가난한 것을 알고 있었기 때문이다. 예전에 내가 포숙을 대신해서 어떤 일을 벌이다가 (실패하여 그를) 더욱 곤궁하게 하였건만, 포숙이 나를 어리석다고 여기지 않은 것은 시운이 좋을 때와 나쁠 때가 있음을 알았기 때문이다. 또 내가 일찍이 세 번이나 벼슬길에 나섰다가 세 번 모두 군주에게 내쫓기고 말았으나, 포숙이 나를 못났다고 여기지 않은 것은 내가 아직 때를 만나지 못한 것을 알고 있었기 때문이다. 그리고 내가 세 번 싸움에 나가 세 번 모두 도망쳤을 때에도 포숙이 나를 겁쟁

---

1) 管仲 夷吾 : 仲은 字이고, 夷吾는 이름이다. 그의 시호가 '敬'이므로 후인들은 그를 '管敬仲'이라고 불렀다.
2) 潁水 : 강 이름으로, 지금의 河南省 동부와 安徽省 서북부에 있다.
3) 管仲과 鮑叔牙가 南陽에서 함께 장사하여 번 돈을 나눌 적에 管仲이 자기를 속여 더 많이 차지하였으나, 鮑叔牙는 노모를 모시고 있는 빈곤한 管仲을 탐욕스럽다고 탓하지 않았다고 한다.
4) 糾 : 小白의 형.

이라고 여기지 않은 것은 나에게 노모가 있음을 알았기 때문이다. 공자 규가 (왕위를 놓고 다투다가) 패하자, 소홀(召忽)[5]은 죽고 나는 붙잡혀 굴욕을 당하였을 때에도 포숙이 나를 수치도 모르는 자라고 여기지 않은 것은 내가 사소한 일에는 수치를 느끼지 않으나 천하에 공명을 날리지 못하는 것을 부끄럽게 여기고 있음을 알았기 때문이다. 나를 낳아준 것은 부모이지만 나를 알아주는 것은 포숙이다.

포숙은 관중을 천거한 후에, 자신은 아랫자리에 있으면서 관중을 받들었다. 포숙의 자손들은 대대로 제나라의 봉록을 받으며 봉읍지를 10여 대 동안 소유하면서, 항상 명대부(名大夫)의 집안으로서 세상에 알려졌다. 그래서 세상 사람들은 관중의 재덕을 칭찬하기보다는 사람을 잘 잘아보는 포숙을 더욱 칭찬하였다.

관중이 제나라의 재상이 되어 국정을 맡게 되자, 작기는 하지만 해안을 끼고 있는 제나라는 산물을 교역하고 재물을 축적하여 부국강병에 힘쓰게 되었으며 백성들과 고락을 함께 하였다. 그러므로 관중은 이렇게 말하였다.[6]

백성들은 곡식창고가 가득 차야만 예절을 알며, 의식이 풍족해야만 영욕(榮辱)을 알게 된다. 임금이 법도를 준수하면[7] 육친(六親)[8]이 굳게 단결하게 되고, 사유(四維)[9]가 해이해지면 나라는 멸망하게 된다. 위에서 내린 명령은 물이 낮은 곳으로 흐르듯이 민심에 순응하게 된다.

그러므로 나라에서 논의된 정책은 평이하여 백성들이 실행하기 쉬웠으며, 백성들이 원하는 것은 원하는 대로 베풀어주고 백성들이 반대하는 것은 그들의 뜻대로 제거해주었다.

관중이 정사를 시행할 때에는 화(禍)가 될 일도 잘 이용하여 복(福)이 되게 하고 실패하게 될 일도 잘 처리하여 성공하게 하였으며, 일의 경중(輕重)을 잘 헤아리고 그 득실을 저울질하는 데 신중하였다. 예를 들면 제 환공이 실제로는 소희(少姬)[10]의 일로 화가 나서[11] 남쪽으로 채

---

5) 召忽 : 管仲과 함께 공자 糾를 보좌하였던 齊나라 사람.
6) 다음의 인용문은 『管子』 「牧民」 편에 보인다.
7) 원문은 "上服度"이다. '服度'는 '군주의 衣服車馬가 법도에 합당하다'라고 풀기도 한다.
8) 六親 : 여러 가지 설이 있으나 보통 父, 母, 兄, 弟, 妻, 子를 가리킨다.
9) 四維 : 禮, 義, 廉, 恥의 4대 강령을 말한다.

(蔡)[12]나라를 공격한 것인데, 그때 관중이 (채나라와 근접한) 초나라를 함께 공격하여 초나라가 주(周) 왕실에 포모(包茅)[13]를 바치지 않은 것을 꾸짖었던 것이다.[14] 또 사실은 환공이 북쪽으로 산융(山戎)[15]을 정벌한 것인데, 관중은 그 기회에 연(燕)나라에게 소공(召公)[16]의 선정을 실행하도록 한 것이다. 또 가(柯)에서 회맹[17]할 때 환공이 조말(曹沫)[18]과 약조한 것[19]을 어기려고 하자 관중이 그 약조를 지키도록 하니, 이 일로 인하여 제후들은 제나라에 순복(順服)하였던 것이다. 그러므로 "주는 것이 바로 얻는 수단이라는 것을 아는 것이 정치의 비결"[20]이라는 말이 있는 것이다.

관중의 재산은 제나라 왕실의 재산만큼이나 많아 삼귀(三歸)[21]와 반점(反坫)[22]을 갖추고 있었으나 제나라 사람들은 이를 사치스럽다고 여기지 않았다. 관중이 죽은 후에도 제나라에서는 그의 정책을 받들어 언제나 다른 제후국보다 강성하였다. 관중 사후 100여 년이 지나 안자(晏子)가 출

---

10) 少姬 : 齊 桓公의 부인이며 蔡繆侯의 누이동생.

11) 齊 桓公과의 뱃놀이에서 배를 흔들어 桓公을 놀라게 한 죄로 모국 蔡나라로 쫓겨난 少姬를 蔡나라에서 개가시킨 것에 桓公이 격노한 일을 말한다.

12) 蔡 : 나라 이름. 기원전 11세기 周나라에서 분봉된 제후국으로, 개국 군주는 周武王의 아우인 叔度이다. 후에 그의 아들 蔡仲(姬胡)이 다시 그곳에 제후로 봉해져 上蔡(지금의 河南省 上蔡縣 서남쪽)에 도읍하였다가, 기원전 447년 楚나라에 의해서 멸망당하였다. 권35「管蔡世家」참조.

13) 包茅 : 참억새로 만든 제사용품. 옛날 제사 때에는 참억새 다발에 제사 술을 부어 지게미를 걸러냈다고 한다.

14) 이것은 蔡나라를 공격한 것에 대의명분을 세우기 위한 管仲의 지모이다.

15) 山戎 : 부족의 명칭으로, 北戎이라고도 부른다. 춘추시대에 지금의 河北省 북부에 분포되어 있었다.

16) 召公 : 周代 때 燕나라의 시조인 姬奭으로서, 采邑이 召(지금의 陝西省 岐山縣 서남쪽)였기 때문에 召公 혹은 召伯이라고도 불렸다. 권34「燕召公世家」참조.

17) 柯는 지금의 山東省 東阿縣 서남쪽으로 당시는 齊나라의 땅이었다. 齊 桓公은 이곳에서 魯 莊公과 회맹하였다.

18) 曹沫 : 魯나라의 장수.

19) 柯에서 齊 桓公과 魯 莊公이 회맹할 때 曹沫이 비수를 품고 齊 桓公을 위협하자 齊 桓公은 魯나라에게서 빼앗았던 땅을 돌려주기로 약조하였다.

20) 이 말의 출전에 관해서는 『老子』의 "將欲取之, 必固與之"라는 설과 『管子』라는 설이 있다.

21) 三歸 : 이것에 대해서는 異姓의 세 여자를 세 곳의 집에서 아내로 거느리는 것 또는 누각의 이름, 또는 채읍의 명칭, 혹은 府庫의 이름 등 여러 가지 설이 있다.

22) 反坫 : 제후들이 회맹하여 獻酬의 예를 행하고 나서 빈 잔을 엎어두는 받침대로서 당시의 계급사회에서는 제후 이외의 일반인이 소유할 수 없는 물건이었다.

현하였다.

　안평중(晏平仲) 영(嬰)²³⁾은 내(萊)²⁴⁾나라 이유(夷維)²⁵⁾ 사람으로, 제(齊)나라의 영공(靈公), 장공(莊公), 경공(景公)을 섬겼으며 근검절약하고 역행(力行)하였기 때문에 제나라에서 중용되었다. 안영(晏嬰)은 제나라 재상이 된 후에도 식사에는 한 가지 육류만을 먹었으며 첩에게는 비단옷을 입지 못하게 하였다. 또 조정에 들어가서는 임금이 하문하면 곧고 바른말로 응답하고, 하문이 없을 때에는 몸가짐을 바르게 하였으며, 임금의 다스림이 올바를 경우에는 그 명에 순종하고 올바르지 않을 경우에는 그 명의 옳고 그름을 가리어 실행하였으니, 이로 인해서 영공, 장공, 경공의 3대에 걸쳐 제후들간에 명성을 날리었다.

　월석보(越石父)²⁶⁾라는 현인이 어쩌다가 죄수의 몸이 되었다. 안자(晏子)가 외출하던 도중에 그를 만나자 자기 마차의 왼쪽 말을 풀어 속죄금으로 주고 월석보를 태워 집으로 돌아왔다. 그러나 안자가 아무런 인사도 없이 내실로 들어가버리자 잠시 후에 월석보는 안영에게 절교하기를 청하였다. 깜짝 놀란 안자는 의관을 단정히 하고 사죄하며 말하기를 "저는 사람이 어질지는 못하지만 당신을 곤경에서 구해드렸는데 어찌 이렇게 빨리 절교하기를 청하시는 것입니까?"라고 하였다. 그러자 석보는 이렇게 말하였다.

　　그런 것이 아닙니다. 내가 듣건대 군자는 자기를 알아주지 않는 자에게는 자신의 뜻을 굽히지만 자기를 알아주는 자에게는 자기 뜻을 나타낸다고 하였소. 방금 내가 죄수의 몸이었을 때에 그들은 나를 알아주지 않는 자들이었지만 그대는 이미 느낀 바가 있어 속죄금을 주고 나를 구해주었으니, 이는 나를 알아주었던 것이오. 그런데 나를 알아주면서도 예의를 갖추어 대하지 않는다면 차라리 죄수의 몸으로 있는 것이 나을 것이오.

　그러자 안자는 월석보를 맞아들여 상객(上客)으로 대우하였다.

---

23) 晏平仲 嬰 : 嬰은 이름이고, 平은 시호이며, 仲은 자이다. '平仲'이 字라는 설도 있다.
24) 萊 : 나라 이름으로, 지금의 山東省에 있었으며 기원전 567년에 齊나라에 멸망당하였다.
25) 夷維 : 읍 이름으로 지금의 山東省 高密縣이다.
26) 越石父 : 晉나라 中牟 사람이라는 설이 있다.

안자가 제나라 재상으로 있을 때, 외출을 하려고 하는데 마부의 아내가 문 틈으로 자기의 남편을 엿보고 있었다. 그의 남편은 재상의 마부였으므로 그는 마차의 큰 차양 아래에 앉아 사두마에 채찍질을 하며 의기양양하여 매우 만족스러운 모습을 하고 있었다. 얼마 뒤에 마부가 돌아오자 그의 아내가 이혼할 것을 청하였다. 남편이 그 이유를 물으니 아내는 이렇게 말하였다.

안자는 키가 여섯 자도 못 되는데 제나라의 재상이 되어 제후들 사이에 명성을 날리고 있어요. 오늘 제가 그의 외출 모습을 살펴보니 품은 뜻이 심오하고 항상 자신을 낮추는 겸허한 모습이더군요. 그런데 당신은 키는 여덟 자나 되건만 남의 마부 노릇을 하면서도 아주 만족스러워하시니 이것이 제가 이혼을 청하는 이유입니다.

그후로 남편은 자신을 낮추고 겸손해졌다. 안자가 이를 이상하게 여겨 물으니 마부는 사실대로 대답하였다. 그러자 안자는 그를 천거하여 대부 (大夫)로 삼았다.

태사공은 말하였다.

"내가 관중(管仲)의 「목민(牧民)」, 「산고(山高)」, 「승마(乘馬)」, 「경중(輕重)」, 「구부(九府)」[27]와 『안자춘추(晏子春秋)』[28]를 읽어보니 그 내용이 매우 상세하였다. 그들의 저서를 읽고 나니 그들의 행적을 알고 싶어 전기를 쓰기로 하였다. 그들의 저서는 세상에 나와 많이 있으므로 여기서는 논하지 않고 세상에 알려지지 않은 일화만을 기록하였다.

관중은 세상 사람들이 흔히 말하는 현신(賢臣)이었으나 공자(孔子)는 그를 소인이라고 하였다. 이것은 주 왕조가 쇠락한 상황에서 제 환공(齊桓公)이 현인이었음에도 불구하고 그를 도와 왕도(王道)를 실행하지 않고 다만 제후 중에서 패자(霸者)로서의 이름만을 떨치게 하였기 때문인가? 옛말에 '임금의 장점을 길러주고 그 결점을 바로잡아주어야만 상하가 서로 친목하게 되는 것이다'[29]라고 하였는데, 이것이 어찌 관중을 두

---

27) 「牧民」, 「山高」, 「乘馬」, 「輕重」, 「九府」는 모두 『管子』의 편명이다. 『管子』는 원래 86편이었는데 10편이 산실되어 76편만이 현존한다.

28) 『晏子春秋』: 晏嬰의 저작이라고 전해져왔으나 실은 후세 사람의 위작으로 內, 外篇 모두 8권으로 이루어져 있다.

고 하는 말이겠는가?

　안자(晏子)가 장공(莊公)의 시체[30]에 엎드려 곡을 하고서는 예를 마친 후에 그대로 떠나가버린 것은 '의를 보고 행하지 않은 비겁한' 짓이라고 할 수 있을까? 그러나 임금에게 간언할 때 조금도 임금의 얼굴빛에는 상관하지 않았으니, 이것은 이른바 '조정에서는 충성을 다할 것을 생각하고 물러나서는 잘못을 보충할 것을 생각한다'[31]라는 것일 것이다. 만약 안자가 지금 살아 있다면, 그를 위해서 마부가 되어 채찍을 드는 일이라도 할 정도로 나는 안자를 흠모하고 있다."

---

29) 이 말은 『孝經』 「事君」에 보인다.
30) 齊나라 大夫 崔杼가 반역하여 자신의 집에서 莊公을 시해하자, 晏嬰은 崔杼의 집에 가서 莊公의 시체를 안고 통곡하여 군신지간의 예를 올렸다고 한다.
31) 이 말은 『孝經』 「事君」에 보인다.

권63 「노자한비열전(老子韓非列傳)」[1] 제3

노자(老子)는 초(楚)나라의 고현(苦縣)[2] 여향(厲鄉) 곡인리(曲仁里)[3] 사람이다. 성은 이씨(李氏)이며 이름은 이(耳), 자는 담(聃)[4]이라고 하는데, 그는 주(周)나라의 장서실(藏書室)을 관리하는 사관(史官)이었다.

공자(孔子)가 주나라에 갔을 때, 노자에게 예(禮)에 관해서 묻자, 노자는 이렇게 대답하였다.

> 그대가 말하는 성현들은 그 육신과 뼈가 모두 이미 썩어버리고 단지 그 말만 남아 있을 뿐이오. 하물며 군자도 그때를 만나면 관직에 나아가지만,[5] 때를 못 만나면 이리저리 날려다니는 다북쑥처럼 떠돌아다니는 유랑의 신세가 될 것이오. 뛰어난 장사꾼은 물건을 깊이 숨겨두어 겉으로는 아무것도 없는 것 같이 보이고, 군자는 훌륭한 덕을 간직하고 있으나 외모는 어리석게 보인다고 들었소. 그대의 교만과 탐욕, 허세와 지나친 욕망을 버리도록 하시오. 이러한 것들 모두가 그대에게 아무런 도움이 되지 않을 것이오. 내가 그대에게 말할 것은 단지 이것뿐이오.

공자는 돌아와서 제자들에게 이렇게 말하였다.

> 새는 잘 날 수 있고, 물고기는 잘 헤엄을 치며, 들짐승은 잘 달릴 수 있다는 것을 나는 알고 있다. 그러므로 달리는 들짐승은 그물로 잡을 수 있으며, 헤엄치는 물고기는 낚시로 낚을 수 있고, 나는 새는 화살로 잡을 수가 있다. 그러나 용은 구름과 바람을 타고 하늘로 올라가니 용에 대해서 나는 아무것도 알 수가 없구나. 오늘 내가 노자를 만나보니 그는 마치 용과 같은 사람이었다.

---

1) 내용이 老子, 莊子, 申不害, 韓非 네 사람의 列傳이므로 「老莊申韓列傳」이라고도 한다.
2) 苦縣 : 지금의 河南省 鹿邑縣이다.
3) 厲鄉 曲仁里 : 지명으로 지금의 河南省 鹿邑縣 경내에 있다.
4) 일설에는 字가 伯陽, 諡號가 聃이라고도 한다.
5) 원문은 "駕"이다. 마차를 부린다는 뜻이나 여기에서는 관직에 나간다는 의미이다.

노자는 도덕(道德)⁶⁾을 수련하였으며, 그의 학설은 자신을 감추어 이름
이 드러나지 않게 하는 것에 힘쓰는 것이었다. 노자는 주나라에서 오래
거주하다 주나라가 쇠미해지는 것을 보고는 마침내 그곳을 떠났다. 관소
(關所)⁷⁾에 이르자 관령(關令) 윤희(尹喜)⁸⁾가 "선생께서 앞으로 은거하시
려 하니 수고롭지만 저를 위해 저서를 남겨주십시오"라고 하자, 노자는
상, 하 편의 저서를 지어 도덕(道德)의 의미를 5,000여 자로 서술하고 떠
나버리니, 그후로 아무도 그의 최후를 알지 못하였다.

어떤 사람은 노래자(老萊子)⁹⁾ 역시 초나라 사람인데 15편의 저서를 남
기어 도가(道家) 사상의 효용을 논하였으며 공자와 같은 시대에 살았다고
말한다. 또 노자는 160여 살 혹은 200여 살까지 살았다고 하는데, 이것
은 노자가 도를 닦아 양생하였기 때문에 장수하였다는 것이다.

공자가 죽은 지 129년 후, 사관(史官)의 기록¹⁰⁾에는 주나라 태사(太
史)¹¹⁾였던 담(儋)이 진 헌공(秦獻公)¹²⁾을 알현하고 말하기를 "진나라는
처음에 주나라와 합해졌다가 500년 후에는 분리되고, 분리된 지 70년 후
에는 패왕(覇王)¹³⁾이 출현할 것이다"라고 하였다는데, 어떤 사람은 담이
바로 노자라고 하고 또 어떤 사람은 아니라고 하니, 세상에는 그 진위 여
부를 아는 자가 아무도 없었다. 노자는 이렇듯 은둔한 군자였던 것이다.

노자의 아들은 이름을 종(宗)이라고 하는데, 종은 위(魏)나라 장수로
서 단간(段干)¹⁴⁾을 봉읍지로 받았다. 종의 아들은 주(注)라고 하며, 주

---

6) 道德 : 여기서의 '道德'은 道家學派의 術語이다. 老子가 말하는 '道'는 천지 만물의
   근원으로서 때로는 만물이 발전 변화하는 규율을 말하며, '德'은 이런 '道'에 의거하
   여 행하는 것을 말한다.
7) 關所 : 散關(지금의 陝西省 寶鷄市 서남쪽)이라고도 하고, 혹은 函谷關(지금의 河
   南省 靈寶縣 동북쪽)이라고도 한다.
8) 關令 尹喜 : 關令은 관문 수비의 책임자를 말한다. 尹喜는 周나라의 大夫로서 도가
   학파의 한 사람이다.
9) 老萊子 : 춘추시대 말기의 楚나라의 은사로서, 蒙山 남쪽에 거주하며 스스로 농사
   를 지어 생활하였다. 효행이 뛰어나 楚王이 불러 관직을 주려고 하였으나 이를 거절
   하고 江南으로 이주하였다고 전해진다.
10) 원문은 '史記'이다. '史籍' 혹은 '史官의 기록'이라 풀기도 하며, 일설에는 秦 이
    전 史書의 통칭이라고도 한다.
11) 太史 : 관직 이름으로, 史籍이나 曆法을 관장하였다.
12) 秦獻公 : 기원전 384년에서 기원전 362년까지 재위하였다.
13) 覇王 : 여기에서는 秦 始皇을 가리킨다.
14) 段干 : 魏나라의 읍 이름으로 지금의 山西省 安邑縣, 혹은 山西省 芮城縣이라고도

의 아들은 궁(宮)이라고 하고, 궁의 현손은 가(假)라고 하는데, 가는 한(漢)나라의 효문제(孝文帝)를 섬겼다. 그리고 가의 아들 해(解)는 교서왕(膠西王) 앙(卬)[15]의 태부(太傅)[16]가 되었으므로 제(齊)나라에서 거주하였다.

세상에서 노자의 학설을 배우는 사람들은 유가의 학설을 배척하고, 유가학파의 사람들은 노자의 학설을 배척한다. "도가 같지 않으면 서로 상의하지 않는다"[17]라고 하였는데, 이런 것을 두고 하는 말인가? 이이(李耳)는 무위(無爲)로써 저절로 교화되게 하고 청정(淸靜)으로 스스로 올바르게 되도록 하였다.

장자(莊子)는 몽(蒙)[18] 지방 사람으로 이름은 주(周)이다. 주는 일찍이 몽 지방의 칠원(漆園)[19]이라는 고을에서 관리를 지냈는데, 양 혜왕(梁惠王), 제 선왕(齊宣王)과 같은 시대 사람이었다. 그는 매우 박학하여 통달하지 않은 것이 없었지만, 그의 학문은 노자의 학설을 근본으로 하고 있다. 그러므로 10여 만 자나 되는 그의 저서는 대체로 우언(寓言)으로 되어 있으며, 「어부(漁父)」, 「도척(盜跖)」, 「거협(胠篋)」 편 등을 지어 공자(孔子)의 무리들을 비방하고 노자의 학설을 천명하였다. 「외루허(畏累虛)」, 「항상자(亢桑子)」 편 등은 모두 사실이 아닌 허구이지만, 장자는 문장력이 뛰어나고 세사와 정리(情理)에 합당하게 잘 비유를 들어 유가와 묵가를 공격하였으니 비록 당대의 대학자라고 하더라도 그의 공격을 피할 길이 없었다. 그의 언사는 거센 물결과 같이 자유분방하고 자기 마음대로였으므로, 왕공대인(王公大人)들로부터는 훌륭한 인재로 평가받지 못하였다.

초 위왕(楚威王)[20]은 장주(莊周)가 현인이라는 말을 듣고 사신을 보내

하나 확실하지 않다.
15) 膠西는 지금의 山東省 膠河 以西 지역이다. 卬은 漢 高祖의 손자이며 悼惠王 劉肥의 아들인 劉卬을 가리킨다.
16) 太傅 : 周代에 설치된 관직 이름으로 군주를 보좌하였다.
17) 『論語』「衛靈公」편에 나온다.
18) 蒙 : 지명으로, 지금의 河南省 商丘市 동북쪽이다.
19) 漆園 : 지명으로, 지금의 山東省 荷澤縣 북쪽이다. 일설에는 지금의 河南省 商丘市 동북쪽이라고도 한다.
20) 楚 威王 : 熊商. 기원전 339년에서 기원전 329년까지 재위하였다.

후한 예물로 그를 맞아들여 재상으로 삼으려고 하였다. 그러나 장주는 웃으며 초나라 사신에게 이렇게 말하였다.

천금(千金)이라면 막대한 돈이며 재상이라면 존귀한 지위이지만, 그대는 교제(郊祭)[21]을 지낼 때 제물로 바쳐지는 소를 보지 못하였는가? 그 소는 몇년 동안 사육되다 수놓은 옷이 입혀져 태묘(太廟)로 끌려들어가는데, 그 때 가서 하찮은 돼지가 되겠다고 해서 그렇게 될 수가 있겠소? 그대는 빨리 돌아가 나를 더 이상 욕되게 하지 마시오. 나는 차라리 더러운 시궁창에서 노닐며 즐거워할지언정 나라를 가진 제후들에게 구속당하지는 않을 것이오. 죽을 때까지 벼슬하지 않아 나의 마음을 즐겁게 하고자 하오.

신불해(申不害)[22]는 경읍(京邑)[23] 사람으로 본래 정(鄭)나라의 하급 관리였다. 그후에 법가의 학술을 배워 한 소후(韓昭侯)[24]에게 관직을 구하니 소후는 그를 등용하여 재상으로 삼았다. 그는 15년간 안으로는 정치와 교육을 정비하고 밖으로는 제후들에 응대하니, 그가 살아 있는 동안은 나라가 잘 다스려지고 병력이 튼튼하여 감히 한나라를 침략하는 자가 없었다.

신자(申子), 즉 신불해의 학설은 황로(黃老)[25]의 학설을 근본으로 하나, 형명(刑名)[26]을 주장하였다. 그의 저서에는 2편이 있는데 그것을 『신자(申子)』라고 이름하였다.

한비(韓非)는 한(韓)나라 공자(公子)로서 형명과 법술(法術)[27]의 학설을 좋아하였으나, 그의 학설의 근본은 황로사상에 있었다. 한비는 선천적

---

21) 郊祭 : 고대의 제왕이 매년 동짓날에 도성의 남쪽 교외에서 하늘에 올리는 제사.
22) 申不害(？-기원전 337년) : 전국시대 法家의 대표 인물.
23) 京邑 : 鄭나라의 읍 이름으로 지금의 河南省 滎陽縣 동남쪽이다.
24) 韓昭侯 : 기원전 362년에서 기원전 333년까지 재위하였다.
25) 黃老 : '黃'은 黃帝를, '老'는 老子를 가리킨다. '黃老'는 '黃老之學'을 말하며, 이것은 道家學派의 한 유파로서 黃帝와 老子를 존숭하였기 때문에 붙여진 이름이다.
26) 刑名 : '刑'은 '形'과 통하여 형체 또는 사실을 가리키며, '名'은 언론 또는 주장을 뜻한다. '刑名'은 先秦 法家의 학설로서 관리를 임용하는 경우 그 의론과 실제 성과와의 일치 여부를 살펴 결정해야 한다는 학설이다.
27) 法術 : '法'은 法度로서 法家인 商鞅은 法度를 치국의 근본으로 하여야 한다고 주장하였으며, '術'은 權術로서 法家인 申不害는 權術로 신하를 다스려야 한다고 주장하였다.

으로 말더듬이어서 변론에는 서툴렀으나 저술에는 뛰어났다. 이사(李斯)
와 더불어 순경(荀卿)[28]에게서 공부하였는데, 이사는 자기 스스로 한비
보다 못하다고 인정하였다.

한비는 한나라가 날로 쇠미해짐을 보고 여러 차례 상서하여 한왕(韓王)
에게 간언하였으나 한왕은 그의 의견을 채택하지 않았다. 한비는 한왕이
나라를 다스림에 법제를 정비하고 권세를 장악하여 신하를 통제하며 부국
강병하게 하고 어진 인재를 등용하는 데에 힘쓰지 않을 뿐만 아니라, 도
리어 실속 없는 소인배들을 등용시켜 그들을 실질적인 공로자[29] 윗자리에
앉히는 것을 통탄하였다. 한비는 또 유학자는 경전으로 나라의 법도를 어
지럽히고 협사(俠士)는 무력으로 나라의 금령(禁令)을 범하고 있다고 하
였다. 그런데 군주는 나라가 태평할 때에는 명성을 누리는 유학자나 유사
들을 총애하고 나라가 위급할 때에는 갑옷을 입고 투구를 쓴 무사를 등용
하였다. 따라서 지금 나라에서 녹을 주어 기르는 자는 위급할 때에 쓰일
자가 아니고 위급할 때 쓰이는 자는 평소 녹을 주어 기르던 자가 아니라
고 생각하였다. 그래서 한비는 청렴하고 강직한 사람들이 사악한 권신(權
臣)들에 의해서 배척당하는 것을 슬퍼하며, 예전 정치의 성패와 득실의
변천을 관찰하여 「고분(孤憤)」, 「오두(五蠹)」, 「내외저(內外儲)」, 「세림
(說林)」, 「세난(說難)」편 등 10여 만 자의 글을 저술하였다.

그러나 유세(遊說)의 어려움을 알고 있던 한비는 「세난」편을 상세하게
저술하였음에도 불구하고 결국은 진(秦)나라에서 죽음을 당해서 스스로
는 (유세의) 화를 벗어나지 못하였다. 그는 「세난」편에서 이렇게 말하였
다.[30]

무릇 유세의 어려움이란 나의 지식으로써 상대방을 설득시키는 어려움이
아니며, 또 나의 언변으로 나의 뜻을 분명히 밝히지 못하는 어려움도 아니
며, 또 내가 감히 해야 할 말을 자유분방하게 다하기 어렵다는 것도 아니
다. 유세의 어려움이란 상대방(즉 군주)의 마음을 잘 알아, 나의 말을 거
기에 들어맞게 하는 데 있는 것이다.

상대방이 높은 명성을 얻고자 하는데 유세자가 큰 이익을 얻도록 설득한

---

28) 荀卿 : 荀況, 즉 荀子를 가리킨다.
29) 韓非의 주장에 따르면 실속 없는 소인배는 학자나 변론가 따위의 사람을 말하며,
    실질적인 공로자는 농부나 병사 따위의 사람을 가리킨다.
30) 『韓非子』의 제12편이다.

다면 속된 사람이라고 천시받을 것이니, 그 사람은 등용되지 못하고 배척 당할 것이 틀림없다. 그런데 상대방이 큰 이익을 얻고자 하는데 유세자가 높은 명성을 얻도록 설득한다면 몰상식하고 세상 물정에 어둡다고 하여 틀림없이 받아들여지지 않을 것이다. 상대방이 속으로는 큰 이익을 바라면서도 겉으로는 높은 명성을 얻고자 하는 척할 때에 유세자가 높은 명성을 얻도록 설득한다면 겉으로는 유세자를 받아들이는 척하지만 실제로는 그를 멀리할 것이며, 만약 이런 경우에 큰 이익을 얻도록 설득하면 속으로는 유세자의 의견을 채용하면서도 공개적으로는 그를 배척할 것이다. 이런 점들을 유세자는 잘 알아두어야 한다.

무릇 일은 비밀을 유지함으로써 성사되고 말은 누설됨으로써 실패하게 된다. 그러나 유세자 자신이 꼭 누설하려고 해서가 아니라 말을 하다가 상대가 숨기고 있는 은밀한 일을 언급하게 될 때가 있는데, 이렇게 되면 유세자는 신상이 위태롭게 된다. 또 군주에게 과실의 여지가 있을 경우, 유세자가 분명한 직언과 교묘한 의론으로 그 잘못을 추궁한다면 유세자의 신상은 위태롭게 된다. 군주의 신임과 은택이 아직 두텁지도 않은데 유세자가 아는 바를 다 말해버리면 설령 그 주장이 실행되어 효과를 보더라도 군주는 그 공로를 잊어버리게 될 것이며, 그 주장이 실행되지 않아 실패하게 되면 군주의 의심을 살 것이니 이런 경우에도 유세자의 신상은 위태롭게 될 것이다. 또 군주가 좋은 계책을 내어 자기의 공로로 삼고자 하는데 유세자가 그 계책을 알아버리면 그의 신상이 위태롭게 되며, 군주가 겉으로는 어떤 일을 하는 척하나 실제로는 다른 일을 꾸미고 있는데[31] 유세자가 이것을 알아버리면 역시 신상이 위태롭게 된다. 또 군주가 결코 하지 않으려는 일을 억지로 시키거나, 그만둘 수 없는 일을 중지하게 하면 이 또한 신상이 위태롭게 된다. 그러기에 군주와 그의 대신(大臣)[32]에 관해서 담론하면 자기를 이간질시킨다고 여기며,[33] 지위가 낮은 인물[34]에 관해서 담론하면 권세를 부린다고 생각하며, 군주가 총애하는 자에 관해서 이야기하면 그들을 이용하려고 한다고 여기며, 군주가 미워하는 자에 관해서 논하면 자기를 떠보려 한다고 생각할 것이다. 말을 직접적으로 간략히 하면 무

---

31) 원문은 "以爲也故"이나, '也'는 '他'의 오기로서 '他故'는 '다른 일'을 말한다. 『韓非子』「說難」편에도 "以爲他故"로 되어 있다.

32) 大臣 : 원문은 "大人"인데 혹은 '明君賢主'라고 풀기도 한다.

33) 원문은 "以爲間己"이다. '間己'는 '자신과 大臣과의 관계를 이간질 시킨다'라고 풀었으나, 혹은 '明君賢主의 장점을 칭송하여 자기를 헐뜯는다'라고 풀기도 한다.

34) 원문은 "細人"이다. 이것은 소인이나 지위가 미천한 자를 말하는데, 일설에는 군주 측근의 近臣을 가리킨다고도 한다.

지하다고 경시할 것이고, 장황하게 수식을 늘어놓으면 말이 너무 길고 많다고 할 것이며, 사실에 적합하게 이치대로 의견을 진술하면 소심하고 겁이 많아 할 말을 다 못 한다고 할 것이고, 생각한 바를 거침없고 빠짐없이 두루 다 말해버리면 버릇없고 거만하다고 할 것이다. 이런 점들이 유세의 어려움이니 잘 알아두지 않으면 안 된다.

무릇 유세에서 중요한 것은 상대방이 추앙하는 바를 미화하고 상대방이 추악하게 여기는 것을 덮어버릴 줄 아는 것이다. 상대가 그 자신의 계책을 탁월하게 여긴다면 그의 결점을 들어 궁지로 몰아서는 안 되며, 자신의 결단을 용감한 것이라고 생각하면 그 반대의견을 들어 화나게 해서는 안 되며, 자신의 능력을 과시하면 그가 해내기 어려운 일을 들어 억압해서는 안 된다. 유세자는 군주의 계책과 같은 일을 획책하고[35] 군주와 같은 행위를 하는 다른 사람을 칭찬하며,[36] (군주와 같은 비루한 행위를 한 사람이 있으면) 그 점을 두둔해주어 해가 될 것이 없다고 해야 하며[37] 군주와 같은 실수를 범하는 자가 있으면 그에게 과실이 없음을 명확한 언변으로 덮어주어야 한다. 군주가 유세자의 충심에 대하여 반감을 가지지 않고 언사에 대하여 배척함이 없는 뒤라야 유세자는 그의 지혜와 언변을 마음껏 펼 수 있는 것이다. 바로 이러한 점 때문에 군주의 신임을 얻어 의심받지 않으며 아는 바를 다 말한다는 것은 어려운 일이다. 오랜 시일이 지나서 유세자에 대한 군주의 총애가 깊어지면, 심원한 계략이라도 의심받지 않게 되고 서로 논쟁하여도 죄를 받지 않을 것이니, 유세자는 이해를 명백하게 따지어 군주가 공적을 이룰 수 있게 하며 시비를 직접적으로 지적하여 군주가 언행을 단정히 하도록 한다. 이러한 관계를 서로 유지하게 된다면, 그것은 유세가 성공한 것이다.

이윤(伊尹)[38]은 요리사가 되고 백리해(百里奚)[39]는 포로가 되었는데, 이는 모두 군주에게 등용되기 위한 수단이었다. 그러므로 이 두 사람은 모

---

35) 이것은 간접적으로 군주를 돕는 방법이다.
36) 이것은 간접적으로 군주를 칭찬하는 방법이다.
37) 원문은 "則以飾之無傷也"이나, 『韓非子』에는 그 앞에 "有與同汚者"의 다섯 자가 더 있다. 『史記』의 원문에서는 이 다섯 자가 탈락되어 있으나, 완전한 의미 전달을 위해서 이 다섯 자를 괄호 안에 넣어 번역하였다.
38) 伊尹 : 殷 湯王의 재상으로 '尹'은 관직 이름이다. 그는 湯王에게 등용되기 위해서 처음에는 그의 요리사가 되었다가 후에 湯王에게 재능을 인정받아 재상으로 등용되었다고 한다.
39) 百里奚 : 춘추시대 虞나라의 大夫로서 晉나라가 虞나라를 멸망시키고 百里奚는 포로가 되었다. 그후 晉 獻公은 딸을 秦나라에 시집 보낼 때 그를 侍臣으로 딸려 보냈는데 그는 秦 穆公에게 재능을 인정받아 재상이 되었다.

두 성인이었으면서도 자신의 몸을 수고롭게 하며 이처럼 천한 일을 겪지 않을 수 없었던 것이다. 그렇다면 재능 있는 인재라도 이런 일을 수치스러워할 것이 못 된다.[40]

송(宋)나라에 한 부자가 있었는데, 비가 와서 그의 집 담장이 무너졌다. 그의 아들이 "다시 쌓지 않으면 도둑이 들 것입니다"라고 말하였고, 이웃집 주인도 역시 그렇게 말하였다. 날이 저물자 (도둑이 들어) 과연 많은 재물을 잃었는데, 그 집에서는 그 아들을 매우 똑똑하다고 여기면서도 이웃집 주인에게는 의심을 품었다. 예전에 정 무공(鄭武公)[41]이 호(胡)[42]나라를 정벌하려고 하면서도, 자기 딸을 호나라 군주에게 시집 보냈다. 그리고는 대신들에게 "내가 전쟁을 일으키려 하는데 어느 나라를 치면 좋겠는가?" 하고 묻자, 관기사(關其思)라는 자가 "호나라를 쳐야 합니다"라고 하였다. 그러자 "호나라는 형제의 나라인데 그대는 어찌 호를 치라고 하는가?"라고 하며 관기사를 죽였다. 호나라 군주는 이 소식을 듣고 정나라를 친밀한 우방이라고 여기고는 (정나라의 공격에 대해서) 방비하지 않았다. 그러자 정나라 군사들이 호나라를 습격하여 함락시켰다. 이 두 사람(이웃집 주인과 관기사)이 알고 있던 것은 모두 타당한 것이었거늘 심한 자는 죽음을 당하고 가벼운 자는 의심을 받았으니, 안다는 것이 어려운 일이 아니라 아는 것을 어떻게 처리하느냐가 어려운 일이다.

예전에 미자하(彌子瑕)라는 사람이 위(衛)나라 군주[43]에게 총애를 받았는데, 위나라 국법으로는 군주의 수레를 훔쳐 타는 자는 월형(刖刑)[44]에 처하도록 되어 있었다. 얼마 후에 미자하의 모친이 병이 나자 이 소식을 들은 사람이 밤에 미자하에게 가서 이 사실을 알렸다. 미자하는 군명(君命)을 사칭하여 군주의 수레를 타고 갔다. 군주가 이 일을 알고 미자하를 어질다고 하면서 "효성스럽도다! 어머니를 위해서 월형까지 범하다니"라고 말하였다. 또 미자하가 군주와 과수원에 놀러 갔다가, 복숭아를 먹어보니 맛이 달아 다 먹지 않고 (먹던 것을) 군주에게 바쳤다. 그러자 군주는 "나를 끔찍히도 위해주는구나. 자기 입도 잊어버리고 나를 생각하다니!"라고 말하였다. 그러다가 미자하가 미색(美色)이 쇠해지고 군주의 총애를

---

40) 원문은 "能仕之所設"이나 『韓非子』에는 "能士之所恥"로 되어 있으므로 번역은 이를 따랐다.

41) 武公: 姬掘突을 가리킨다. 기원전 770년에서 기원전 744년까지 재위하였다.

42) 胡: 나라 이름으로 지역은 지금의 安徽省 阜陽縣이며, 일설에는 지금의 河南省 偃城縣 일대라고도 한다. 기원전 495년 楚나라에 의해서 멸망당하였다.

43) 춘추시대 衛나라 군주였던 衛 靈公을 말한다.

44) 刖刑: 다리를 자르는 형벌.

잃었을 때, 군주에게 죄를 지었다. 그러자 군주는 "이자는 예전에 군명을 사칭하여 내 수레를 탔고, 또 먹다 남은 복숭아를 나에게 먹인 자로다"라고 하였다. 미자하의 행위는 처음과 다를 바가 없었으나 전에는 현명하다고 여겨졌으나 후에는 죄를 받은 것은 군주의 애증이 완전히 변하였기 때문이다. 그러므로 군주에게 총애를 받을 때에는 지혜가 군주의 마음에 들어 더욱 친밀해지고, 군주에게 미움을 받을 때에는 죄가 마땅한 것이라 여겨져 더욱더 소원해지는 것이다. 따라서 간언하는 유세자는 군주의 애증을 살펴보고 난 후에 유세하여야만 한다.

　용이란 동물은 잘 길들이면 그 등에 탈 수도 있다. 그러나 그 목줄기 아래에 한 자 길이의 거꾸로 난 비늘이 있는데 사람이 이것을 건드리면 반드시 그 사람을 죽여버린다. 군주에게도 (용처럼) 거꾸로 난 비늘이 있으니, 유세하는 사람이 군주의 거꾸로 난 비늘을 건드리지 않을 수 있으면 거의 성공적인 유세라고 할 수 있을 것이다.

어떤 사람이 한비의 저서를 진(秦)나라에 가지고 갔다. 진왕(秦王)[45]이 「고분」, 「오두」 2편의 문장을 보더니 "아 ! 과인이 이 사람을 만나 그와 사귈 수 있다면 죽어도 여한이 없을 것이다"라고 하였다. 이사(李斯)가 "이것은 한비가 저술한 책입니다"라고 말하자, 진나라는 급히 한(韓)나라를 공격하였다. 한왕(韓王)[46]은 처음에 한비를 등용하지 않았으나 상황이 급해지자 한비를 진나라에 사신으로 파견하였다. 진왕은 한비를 좋아하였으나 아직은 그를 신용하지 않았다. 이사와 요고(姚賈)는 한비를 시기하여 이렇게 비방하였다.

　한비는 한나라의 공자(公子)입니다. 지금 왕께서 천하를 통일하려 하시는데, 한비는 결국 한나라를 위하지 진나라를 위하지 않으리라는 것은 인지상정입니다. 그러나 지금 왕께서 등용하지 않고 오랫동안 억류하였다가 돌려보낸다면 이는 스스로 후환을 남기는 일이오니, 차라리 잘못을 잡아내어 법대로 처형하시는 것이 좋을 것입니다.

진왕은 그 말을 그럴듯하게 여기어 옥리에게 한비를 넘겨 처리하도록 하였다. 이사는 사람을 시켜 한비에게 사약을 보내어 자살하도록 하였다. 한비는 직접 진왕에게 진언하고자 하였으나 진왕을 만날 길이 없었다. 진

---

45)　秦王 : 후일의 秦 始皇을 가리킨다.
46)　韓王 : 韓安을 말한다.

왕은 이를 후회하고 사신을 보내 한비를 사면하려 하였으나 한비는 이미 죽은 뒤였다.

신자(신불해), 한자(한비)는 모두 책을 저술하여 후세에 전하니, 이를 배우는 자가 많이 있다. 나는 다만 한비가 「세난」 편을 저술하고도 자신은 화를 벗어나지 못한 것이 슬플 따름이다.

태사공은 말하였다.

"노자(老子)가 귀히 여긴 도(道)라는 것은 허무(虛無)[47]한 것이며 자연에 순응하여 무위(無爲) 속에서도 각종 변화에 적응하는 것이다. 그러므로 그 저서의 언사는 미묘하고 이해하기가 어렵다. 장자(莊子)는 노자의 도덕을 확대하여 자유분방하게 의론하였는데 그 요지는 자연(自然)으로 귀결된다. 신자(申子)는 부지런히 형명(刑名)에 힘을 썼으며, 한자(韓子)는 법률에 의거하여 모든 세상사를 결단하고 시비를 분명히 하였으나 너무나 가혹하여 은덕이 결핍되어 있다. 이들의 학설은 모두 도덕에 근원을 두고 있기는 하였지만 그중 노자가 가장 심원하다."

---

47) 虛無 : '道'의 본체는 존재하지 않는 곳이 없지만 또 형체가 없어 보이지 않으므로 '虛無'라고 한다.

권64 「사마양저열전(司馬穰苴列傳)」 제4

사마양저(司馬穰苴)[1]는 전완(田完)[2]의 후손이다. 제 경공(齊景公) 때에 진(晉)[3]나라가 아(阿)[4]와 견(甄)[5]을 공략하고 연(燕)나라가 하상(河上)[6]을 침범하였는데, 제나라 군사들이 크게 패하자 경공은 매우 근심하였다. 그러자 안영(晏嬰)[7]이 "양저는 비록 전씨(田氏) 문중의 서자(庶子)이지만 그의 문재(文才)는 뭇 사람을 따르게 할 수 있으며 무공(武功)은 적군을 위협할 수 있을 것이오니, 임금께서는 그를 시험해보시기 바랍니다"라고 하면서 전양저(田穰苴)를 천거하였다. 경공이 양저를 불러 그와 함께 병사(兵事)에 관해서 담론하더니 크게 기뻐하였다. 그리고는 전양저를 장군으로 삼아 군사를 거느리고 연나라와 진나라의 군사를 방어하도록 하였다.

양저가 "신은 본래 미천한 신분이거늘 임금께서 이러한 저를 평민의 무리에서 발탁하시어 대부(大夫)의 윗자리에 있게 하시었으나, 사졸들은 아직 복종하지 않고 백성들은 신임하지 않으니 저는 권력이 미약한 보잘것없는 존재에 불과합니다. 그러하오니 임금께서 총애하시고 온 백성들이 존경하는 인물로 군대를 감독하게 하시기 바랍니다"라고 말하자, 경공은 이를 허락하고 장고(莊賈)[8]를 보내기로 하였다.

---

1) 司馬穰苴：司馬는 西周시대에 개설된 관직 이름으로 大司馬라고도 하였다. 司馬穰苴는 본래 성이 田氏였으나 병법에 정통하여 司馬를 지냈기 때문에 司馬穰苴라고 불렸다.
2) 田完：춘추시대 사람으로 陳 厲公의 아들이다. 政變으로 인해서 齊나라로 도망쳐 田으로 성을 바꾸었으며, 후에 齊나라의 정권을 탈취하여 역사상 '田齊'로 불린다.
3) 晉：춘추시대 말기의 晉나라는 韓, 趙, 魏 삼국으로 분할되었는데, 여기에서는 魏나라를 가리킨다.
4) 阿：齊나라의 지명으로 지금의 山東省 陽谷縣 동북쪽의 阿城鎭을 말한다.
5) 甄：齊나라의 지명으로 지금의 山東省 甄城縣 북쪽이다.
6) 河上：黃河의 南岸으로 지금의 河北省 滄州, 山東省 德州 일대이다.
7) 晏嬰(?-기원전 500년)：字는 平仲이다. 춘추시대 齊나라 사람으로 齊나라의 재상을 지낸 적이 있다.

양저는 제 경공에게 하직인사를 드린 후, "내일 정오에 군문(軍門)에서 만납시다"라고 장고와 약속하였다. 다음날 양저는 먼저 군영으로 달려와 해시계와 물시계를 설치해놓고 장고를 기다렸다. 장고는 원래 교만한 인물로서, 자신의 군대를 거느리는 것이고 또 자신이 감군(監軍)이므로[9] 그리 급히 서두를 것 없다고 생각하고는 친척과 측근들이 송별연을 베풀자 그곳에 머물며 술을 마시고 있었다. 정오가 되어도 장고가 오지 않자, 양저는 해시계를 엎어버리고 물시계를 쏟아버리고는 군영으로 들어가 군대를 순시하고 사병들을 지휘하며 군령(軍令)을 선포하였다. 군령이 다 선포되고 저녁 때가 되어서야 장고가 도착하였다. 양저가 "어찌 약속시간에 늦었소?"라고 말하자 장고는 사죄하며 "대부와 친척들이 송별연을 열어주어 늦었소이다"라고 하였다. 양저는 "장수는 명을 받은 날부터 집을 잊어버려야 하며, 군영에 이르러 군령을 정하게 되면 그 육친을 잊어버려야 하고, 북을 치며 급히 진격할 때에는 자기 몸을 잊어버려야 합니다. 지금 적군이 나라 깊숙이 침입하여 나라 안이 소란스러우며 사졸들은 변경에서 낮에는 땡볕을 쬐고 밤에는 노숙하고 있으며 임금께서는 잠자리에 들어도 편하지 않고 음식을 드셔도 맛있는 줄 모르시오. 백성들의 목숨이 모두 그대에게 달려 있거늘 이런 때에 무슨 송별연이란 말이오?"라고 하더니, 군정(軍正)[10]을 불러 "군법으로는 약속시간에 늦은 자를 어떻게 처리하는가?"라고 물었다. 군정은 "참형(斬刑)에 처합니다"라고 대답하였다. 몹시 겁이 난 장고는 사람을 경공에게로 급히 보내 이런 일을 알리고 구원을 요청하였다. 떠나간 사자가 돌아오기도 전에 양저는 장고를 참수형에 처하여 전군에 본보기로 보이니 전군의 병사들이 모두 두려움에 떨었다. 얼마 후에 경공이 보낸 사자가 부절을 들고 장고를 사면시키려고 말을 달려 군중으로 들이닥쳤다. 그러자 양저가 "장수는 군중에 있는 한, 임금의 명이라도 받아들이지 않을 수 있는 것이다"라고 하고는, 군정에게 "말을 타고 군중을 달린 자는 군법상으로 어떻게 해야 하는가?"[11]라고

8) 莊賈 : 齊나라 大夫로 齊 景公의 寵臣이었다.
9) 원문은 "將己之軍而己爲監"으로, '己'는 모두 莊賈를 가리키며 '將'은 동사로 풀어야 한다. 혹은 "將己之軍而己爲監"으로 되어 있는 판본도 있어, 이를 따르면 '將'을 장군(司馬穰苴)이라는 명사로 풀어 '장군이 이미 군영에 가 있으니 監軍인 자기는 서두를 것 없다'라고 풀 수도 있다.
10) 軍正 : 군의 법무관.

물었다. 군정이 "참형에 처합니다"라고 하자 사자는 크게 두려워하였다. 그러나 양저는 "임금의 사자는 죽일 수 없다"라고 하고는 그의 마부를 참수하고 수레의 왼쪽 부목(駙木)[12]을 잘라내고 왼쪽 곁말의 목을 베고는 전군에 본보기로 보였다. 양저는 사자를 보내 임금에게 보고한 후 출전하였다.

양저는 사졸들의 막사, 우물, 아궁이, 식수, 취사, 문병, 의약 등의 일을 친히 보살피고, 장군에게 주어지는 재물과 양식을 모두 사졸들에게 베풀어주어 자신은 사졸들과 함께 양식을 고루 나누었으며 특히 몸이 약한 사졸들을 잘 보살펴주었다. 그러고는 3일 후에 병사들을 통솔하니, 병자들도 모두 함께 가기를 희망하며 앞을 다투어 용감하게 나서 양저를 위해서 출전하였다.

진(晉)나라 군사들이 이 소식을 듣고는 철수해버렸고, 연나라 군사들도 이 소식을 듣고 황하를 건너 해산해버렸다. 그러자 양저가 그들을 추격하여 잃었던 영토를 수복하고는 병사들을 인솔하여 돌아왔다.

군대가 도성에 도착하기 전에 양저는 사졸들의 무장을 해제하고 군령을 취소하였으며 충성을 맹세하게 한 후에야 도성으로 진입하였다. 경공과 모든 대신들은 교외로 영접을 나와 군사들의 노고를 위로하고 개선의 예식을 마친 후에 궁실로 돌아갔다. 경공은 양저를 접견하고는 그를 높혀 대사마(大司馬)로 임명하였다. 전양저는 날이 갈수록 제나라에서 더욱 존경을 받게 되었다.

얼마 후, 대부인 포씨(鮑氏), 고씨(高氏), 국씨(國氏)[13]의 무리들이 양저를 시기하여 경공에게 중상모략하자 경공은 양저를 파면시켰으며, 양저는 병이 나서 죽었다. 전기(田乞),[14] 전표(田豹)[15]의 무리는 이 일로 인해서 고씨, 국씨 등에게 원한을 품었다. 그후 전상(田常)[16]이 간공(簡

---

11) 원문은 "馳三軍法何?"이나 혹은 "군중에서는 말을 달리지 않기로 되어 있는데, 지금 사자가 말을 달려왔으니 어떻게 처리하는가?(軍中不馳, 今使者馳, 云何?)"라고 되어 있는 판본도 있다.

12) 駙木 : '駙'는 '輔'와 통한다. '駙木'은 수레바퀴 바깥에 수레의 안정성을 높이기 위해서 댄 긴 나무를 가리킨다.

13) 鮑氏, 高氏, 國氏 : 당시 齊나라에서 실권을 장악하고 있던 卿大夫 鮑牧, 高昭氏(이름은 張이다), 國惠子(이름은 夏이다)를 가리킨다.

14) 田乞 : 齊 景公 때의 大夫이며, 田完의 5세손 田無宇의 아들인 田僖子를 말한다.

15) 田豹 : 田氏 문중의 한 사람이다.

公)을 시해하고 나서 고씨, 국씨의 일가족을 모두 주살하였으며, 전상의 증손인 전화(田和)에 이르러 제후(齊侯)로 자립하였고, 전화의 손자 전인제(田因齊)는 제 위왕(齊威王)이 되었다. [17] 제 위왕은 병력을 사용하고 권위를 행사함에 전양저의 병법을 크게 본받았으니, 이로써 제후(諸侯)들은 제나라에 입조(入朝)하게 되었다.

제 위왕은 대신들에게 고대의 『사마병법(司馬兵法)』을 연구하도록 하였는데 전양저의 병법도 그중에 포함시키고 그것을 『사마양저병법(司馬穰苴兵法)』[18]이라고 이름하였다.

태사공은 말하였다.

"내가 『사마병법』을 읽으니 그 내용이 방대하고 심원하여 설사 삼대(三代)[19] (제왕들의) 전쟁에서도 그 내용을 다 발휘하지는 못하였을 것이다. 그러나 그 문장은 칭찬할 바가 많지 않다. [20] 양저(穰苴)라는 사람은 보잘것없는 작은 나라를 위해서 군사를 움직였으니 어찌 『사마병법』에 보이는 겸양의 예절을 지킬 겨를이 있었겠는가? 세상에는 이미 『사마병법』이 많이 퍼져 있으므로 여기서는 논하지 않고 양저의 열전만을 기록하였다."

---

16) 田常 : 齊나라 대신이며, 田乞의 아들인 陳成子를 말한다. 그는 齊 簡公 4년(기원전 481년)에 簡公을 시해하고 齊 平公을 옹립하였으며 자신은 相國이 되어 齊나라의 정권을 장악하였다.

17) 원문은 "至常曾孫和, 因自立爲齊威王"이나, 『史記索隱』에는 "생각컨대 이 문장은 잘못된 것이다. 마땅히 田和가 자립하고 그의 손자인 因齊에 이르러 齊 成王이라고 호칭하였다(按此文誤也. 當云田和自立, 至其孫因齊號爲齊威王)"라고 되어 있다. 周 安王 11년(기원전 391년), 田和가 齊나라 相國으로 있을 때 齊나라 마지막 임금인 齊 康公을 섬으로 축출하자 周 安王 16년(기원전 386년) 周 安王은 정식으로 田和를 齊侯에 봉하였으며, 기원전 356년 田和의 손자(이름은 因齊이다)가 즉위하여 齊 威王이라고 칭하였다. 여기에서는 이러한 역사적 사실에 의거하여 번역하였다.

18) 『司馬穰苴兵法』: 고대 병법서로 『漢書』 「藝文志」에 의하면 총 150편이나, 현존하는 것은 5편뿐이다.

19) 三代 : 夏, 殷, 周의 삼대를 말한다.

20) 원문은 "亦少襃矣"인데, 혹은 '少襃'를 '言過其實'이라고 한 趙恒의 설을 따라 '좀 과장된 바가 있다'라고 옮기기도 한다.

권65 「손자오기열전(孫子吳起列傳)」 제5

　손자(孫子) 무(武)[1]는 제(齊)나라 사람이다. 그는 병법이 탁월하여 오왕(吳王) 합려(闔廬)[2]를 만나게 되었다. 합려가 "그대가 지은 13편의 병서[3]를 다 읽어보았는데 한번 시험삼아 군대를 지휘해 보여줄 수 있겠소?"라고 말하자, 손무는 "좋습니다"라고 대답하였다. 합려가 "그러면 부녀자로도 시험해볼 수 있겠소"라고 물으니, 손무는 "좋습니다"라고 하였다. 이를 허락한 합려는 궁중의 미녀 180명을 불러 모았다. 손자는 그들을 두 편으로 나누어 오왕이 총애하는 희첩 두 명을 각각 두 편의 대장으로 삼았다. 그리고 모든 이에게 창을 들게 하고는 명령을 내렸다. "너희들은 가슴, 좌우의 손, 등을 알고 있는가?"라고 묻자 부녀자들이 "압니다"라고 대답하였다. 손무가 "'앞으로' 하면 가슴 쪽을 보고 '좌로' 하면 왼손 쪽을 보고, '우로' 하면 오른손 쪽을 바라보고 '뒤로' 하면 등 뒤쪽을 보아라"라고 하자 부녀자들이 "네, 그렇게 하겠습니다"라고 대답하였다. 그리고 군령을 선포하고 나서는, 부월(鈇鉞)[4]을 갖추어놓고 결정된 군령에 대해서 여러 차례 되풀이하여 설명하였다. 그런데 북을 치면서 '우로'라는 구령을 내렸지만 부녀자들은 크게 웃기만 하였다. 그러자 손무가 "군령이 불분명하고 호령이 숙달되지 않은 것은 장수의 잘못이다"라고 하고는 다시 여러 차례 반복해서 설명한 후에 북을 치면서 '좌로'라는 구령을 내렸지만 부녀자들은 또 크게 웃기만 하였다. 손무는 "군령이 불분명하고 호령이 숙달되지 않은 것은 장수의 잘못이나, 군령이 이미 분명함에도 불구하고 구령대로 따르지 않는 것은 (병사들의 직속 지휘관인) 대장

---

1)　孫子 武 : 孫武를 가리킨다. 字는 長卿이다. '子'는 고대에 성씨 뒤에 붙히는 존칭어이다.
2)　吳王 闔廬(?-기원전 496년) : 춘추시대 말기 吳나라의 임금으로 이름은 光이다.
3)　13편의 兵書 : 『孫子兵法』을 가리킨다. 「始計」, 「作戰」, 「謀攻」, 「軍形」 등 총 13편으로 되어 있다.
4)　鈇鉞 : 고대 軍法에서 사람을 죽이는 데 사용되던 도끼를 말한다.

의 잘못이다"라고 하며 좌우 양쪽의 대장을 참수하려 하였다. 대(臺) 위에서 이런 광경을 보고 있던 오왕은 자신의 총희(寵姬) 두 명이 참수당하려는 것을 보고는 크게 놀랐다. 급히 전령을 보내 "과인은 이미 장군이 용병(用兵)에 능하다는 것을 알았소. 그 두 명의 희첩이 없으면 과인은 음식을 먹어도 맛있는 줄 모를 것이니 제발 죽이지 말기를 바라오"라고 하였다. 그러자 손무가 "저는 이미 임금의 명을 받아 장수가 되었습니다. 장수가 군중에 있을 때에는 임금의 명이라도 받들지 않을 경우가 있는 것입니다"라고 하더니 결국 대장 두 사람을 참수하여 본보기를 보였다. 그리고는 그들 다음으로 총애받는 희첩을 대장으로 삼아 다시 북을 치니, 부녀자들은 모두 좌로, 우로, 앞으로, 뒤로, 꿇어앉거나 일어서기 등 호령대로 따라 하며 감히 다른 소리를 내지 못하였다. 그러자 손무는 전령을 보내 오왕에게 "부대는 이미 정비되었으니 임금께서는 내려오시어 시험해보십시오. 임금께서 그들을 부리고 싶으시다면 물 속이나 불 속으로 뛰어들라고 해도 가능할 것입니다"라고 하였다. 오왕이 "장군은 숙사로 돌아가 휴식을 취하시오. 과인은 내려가 보고 싶지 않구려"라고 하자, 손무는 "임금께서는 단지 저의 병법 이론만을 좋아하실 뿐이고, 저의 진정한 능력을 실제로 사용하실 줄은 모르십니다"라고 말하였다. 그러자 오왕 합려는 손무가 용병에 뛰어난 것을 인정하고 마침내는 그를 장군으로 삼았다. (그후 오나라가) 서쪽으로 강국인 초(楚)나라를 무찌르고 영(郢)[5]에 진입하였으며,[6] 북쪽으로 제나라와 진(晉)나라를 위협하여 제후들 사이에 명성을 날린 것은 모두 이에 관여한 손무의 힘이 컸다.

손무가 죽고 나서 100여 년 후에 손빈(孫臏)[7]이라는 사람이 출현하였다. 손빈은 아(阿),[8] 견(甄)[9] 지방 일대에서 태어났으며 손무의 후손이

---

5) 郢 : 楚나라의 수도. 지금의 湖北省 江陵縣 동북쪽.
6) 기원전 506년 吳王 闔廬는 伍子胥를 장수로 삼아 다섯 차례나 싸움에 승리하며 楚나라의 수도 郢을 함락시켰다.
7) 孫臏 : 본명은 전해지지 않는다. 臏刑(무릎 뼈를 잘라내는 형벌)을 받았기 때문에 붙여진 이름이나 다음에 "斷其兩足"이라는 기록으로 보면 실제로는 두 다리를 자르는 刖刑을 받은 것이다.
8) 阿 : 齊나라의 읍 이름으로 지금의 山東省 陽谷縣 동북쪽의 阿城鎮이다.
9) 甄 : 衛나라의 읍이었다가 후에 齊나라에 속하게 되었다. 지금의 山東省 甄城縣 북쪽.

다. 손빈은 일찍이 방연(龐涓)[10]과 함께 병법을 배웠다. 방연이 위(魏)나라를 섬기어 혜왕(惠王)의 장군이 된 후에 자신의 재능이 손빈에 미치지 못한다고 스스로 생각하여 몰래 사람을 시켜 손빈을 불렀다. 손빈이 오자 방연은 그가 자기보다 뛰어난 것을 두려워하고 시기하여 손빈에게 죄명을 뒤집어씌워 두 다리를 자르고 묵형(墨刑)[11]을 가하였다. (이렇게 해서라도) 손빈이 숨어 지내며 나타나지 않게 하려고 하였던 것이다. 제나라 사자가 양(梁)[12]에 이르자 손빈은 형벌을 받은 몸이므로 몰래 제나라 사자를 만나 유세(遊說)하였다. 제나라의 사자는 손빈이 대단한 재주를 가진 사람이라 생각하고 몰래 수레에 태워 제나라로 데리고 갔다. 제나라 장군 전기(田忌)는 그의 재능을 인정하여 빈객으로 예우해주었다.

전기는 자주 제나라의 공자(公子)들과 경마(競馬)로 큰 도박을 하곤 하였다.[13] 손빈은 그 말들의 주력(走力)에는 별 차이가 없으나 말에는 상, 중, 하의 등급이 있음을 알고는, 전기에게 "가능한 한 큰 돈을 거십시오. 제가 당신을 이기도록 해드리겠습니다"라고 말하였다. 전기는 그 말을 믿고 제나라 왕, 여러 공자들과 함께 천금의 돈을 걸었다. 시합 때가 되자 손빈은 "지금 장군의 하등마와 상대편의 상등마를 겨루게 하고, 장군의 상등마와 상대편의 중등마를 겨루게 하며, 장군의 중등마와 상대편의 하등마를 겨루게 하십시오"라고 하였다. 세 등급 말의 시합이 끝나자 전기는 2승 1패로 마침내 제나라 왕의 천금을 얻게 되었다. 전기가 손빈을 위왕(威王)에게 천거하자 위왕은 그에게 병법을 물어보고는 드디어 손빈을 스승으로 삼았다.

그후 위(魏)나라가 조(趙)나라를 공격하였을 때, 위급해진 조나라는 제나라에 구원을 요청하였다. 제 위왕(齊威王)이 손빈을 장군으로 삼으려고 하자 손빈은 사양하며 "형벌을 받은 적이 있는 자가 장군이 될 수는 없습니다"라고 하였다. 이에 전기를 장군으로 삼았으며, 손빈은 군사(軍師)로 삼아 치거(輜車)[14] 안에 들어앉아 계략을 짜도록 하였다. 전기가

---

10) 龐涓 : 魏나라 사람으로 孫臏과 함께 병법을 연마한 사람으로 전해진다.
11) 墨刑 : 이마에 먹줄을 쳐 죄인임을 알게 하는 형벌.
12) 梁 : 魏나라의 수도로 大梁이라고 한다. 지금의 河南省 開封市.
13) 원문은 "馳逐重射"로 '馳逐'은 경마, '重射'는 큰 도박을 말한다. 고대에는 승부를 건 도박 등의 유희를 모두 '射'라고 하였다.
14) 輜車 : 포장을 친 수레.

38

병사들을 이끌고 조나라로 가려 하자 손빈은 "어지럽게 엉켜 있는 실을 풀려면 주먹을 꽉 쥐고 쳐서는 안 되며, 싸우는 사람을 말리려면 그 사이에 끼어들어 그저 때려서는 안 됩니다. 강한 부분은 피하고 약한 부분을 공격하면 형세가 불리해지므로 자연히 풀리게 될 것입니다. 지금 위나라와 조나라가 서로 싸우고 있으니, 날렵한 정예 병사들은 모두 국외로 빠져나오고 노약자들만 국내에 남아 있을 것입니다. 그러니 장군은 병사들을 이끌고 속히 대량(大梁)[15]으로 진격하여 그 요로를 장악하고 방비가 허술한 곳을 공격하는 것이 제일 좋습니다. 그러면 그들은 틀림없이 조나라를 포기하고 자기 나라를 구하러 돌아올 것입니다. 이것이야말로 우리들이 조나라의 포위를 풀어주고 위나라를 피폐하게 할 수 있는 상책입니다"라고 말하였다. 전기가 손빈의 계책을 따르니 위나라는 과연 한단(邯鄲)[16]을 떠나 제나라 군대와 계릉(桂陵)[17]에서 교전하였으나 제나라 군대가 위나라 군대를 크게 무찔렀다.

그로부터 13년 후, 위나라와 조나라가 함께 한(韓)나라를 침공하자, 한나라에서는 제나라에 위급함을 알려왔다. 제나라는 전기를 장군으로 삼아 파견하며 곧장 대량으로 진격하게 하였다. 위나라 장군 방연이 이 소식을 듣고는 한나라를 떠나 본국으로 돌아갔으나, 제나라는 이미 국경을 넘어 서쪽으로 진격하였다.[18] 손빈은 전기에게 "저 삼진(三晉)[19]의 병사들은 원래 사납고 용맹스러운 데다 제나라를 깔보고 있으며 제나라 군을 겁쟁이라고 부르고 있습니다. 그런데 전쟁을 잘하는 자는 주어진 형세를 잘 이용하여 자기 쪽에 유리하게 만드는 법입니다. 병법에 '100리 밖까지 급히 추격하여 승리를 얻고자 하면 상장군(上將軍)[20]을 잃게 되고, 50리를 급히 추격하여 승리를 얻고자 하면 군사들의 절반밖에는 도착하지 못한다'[21]라고 하였습니다. 위나라 땅에 들어서면 제나라 군사들에게 10만

---

15) 大梁 : 魏나라의 수도.

16) 邯鄲 : 趙나라의 수도. 지금의 河北省 邯鄲市.

17) 桂陵 : 魏나라 지명. 지금의 山東省 菏澤縣 동북쪽. 일설에는 河南省 長垣縣 서북쪽이라고 한다.

18) 魏나라는 齊나라의 서쪽에 인접해 있었으므로 이미 魏나라 국내가 침공당하였음을 의미한다.

19) 三晉 : 춘추시대 말기 晉나라에서 분할된 韓, 趙, 魏 세 나라를 말하나, 여기서는 주로 魏나라를 가리켜 하는 말이다.

20) 上將軍 : 선봉부대의 主將을 말한다.

개의 아궁이를 만들게 하고 다음날에는 5만 개의 아궁이를 만들게 하며 또 그 다음날에는 3만 개를 만들게 하십시오"라고 하였다. (전기는 그의 말대로 하였다) 방연이 제나라 군을 추격한 지 3일이 되자 매우 기뻐하며 "내가 진작부터 제나라 군사들이 겁쟁이인 줄 알고 있었지. 우리 땅을 침범한지 3일 만에 도망친 병사들이 반을 넘는구나"라고 하였다. 그리고는 그의 보병들을 떼어놓고 단지 날렵한 정예 부대와 함께 이틀 거리를 하루에 달리며 제나라 군을 급히 추격하였다. 손빈이 방연의 추격 일정을 어림잡아보니, 저녁 무렵이면 마릉(馬陵)[22]에 도착할 것이라고 생각되었다. 마릉은 길이 협소하고 양쪽으로 험한 산이 많아 병사들을 매복시키기에 좋았다. 손빈은 큰 나무의 껍질을 벗겨내고 거기에 "방연은 이 나무 아래에서 죽을 것이다"라는 글씨를 썼다. 그리고는 제나라 군사 중에서 활을 잘 쏘는 사람 만 명을 골라 길 양쪽에 매복시키며 "저녁에 불빛이 밝혀지는 것을 보는 즉시 일제히 활을 쏘아라"라고 일러두었다. 방연이 과연 밤에 껍질을 깎아놓은 나무 밑에 이르러 흰 나무에 쓴 글을 발견하고는 불을 밝혀 글씨를 비추었다. 그러자 그 글을 다 읽기도 전에 제나라 군사들의 무수한 화살이 일제히 날아들었다. 위나라 군사들은 혼비백산하여 이리저리 흩어졌다. 방연은 자신의 지혜로는 어쩔 도리 없이 싸움에 패하였음을 알고서는 "네 녀석이 명성을 떨치게 만들었구나"라고 하며 목을 찔러 자결하였다. 제나라 군은 이 승리의 기세를 몰아 위나라 군을 전멸시키고 위나라의 태자(太子) 신(申)[23]을 포로로 잡아 귀국하였다. 손빈은 이 일로 해서 천하에 명성을 날리었으며 대대로 그의 병법이 전해지게 되었다.

오기(吳起)는 위(衛)나라 사람으로 용병(用兵)을 좋아하였다. 일찍이 증자(曾子)[24]에게 배우고 노(魯)나라 군주를 섬겼다. 제나라가 노나라를 공격하자, 노나라에서는 오기를 장군으로 삼으려 하였으나 오기의 아내가 제나라 여자였기 때문에 노나라에서 그를 의심쩍게 생각하였다. 그러자

---

21) 『孫子』「軍爭」편 참조.
22) 馬陵 : 魏나라 지명. 지금의 河北省 大名縣 동남쪽.
23) 太子 申 : 魏 惠王의 태자. 龐涓과 함께 趙나라를 공격하였으며, 이때 군중에 남아 있다가 포로가 되어 후일 齊나라에서 죽었다.
24) 曾子 : 魯나라 사람으로 孔子의 제자인 曾參을 가리킨다.

오기는 출세하기 위해서 그의 아내를 죽여 제나라 편을 들지 않을 것임을 밝혔다. 노나라는 마침내 그를 장군으로 삼았다. 오기는 병사들을 이끌고 제나라를 공격하여 크게 무찔렀다.

그러나 노나라 사람 중에는 오기를 이렇게 비난하는 사람이 있었다. "오기의 사람됨은 시기심이 강하고 잔인하다. 그가 어렸을 때 집에 천금의 재산이 있었지만 벼슬을 구하러 이리저리 돌아다니다 뜻을 이루지 못하고 가산만 탕진하였다. 마을 사람들이 이를 비웃자 오기는 자기를 비방한 30여 명의 사람을 죽이고는 동쪽 성문을 통해서 위(衛)나라를 도망쳐 나왔다. 오기는 어머니와 이별하면서 '저는 경상(卿相)이 되지 않으면 다시는 위나라에 돌아오지 않겠습니다'라고 하고는 자기 팔을 깨물며 맹세하였다. 그리고는 증자를 섬겼으나 얼마 후에 자기 어머니가 죽었는데도 오기는 끝내 돌아가지 않았다. 증자가 오기를 박정하다 하여 그와의 관계를 끊자 오기는 노나라로 가서 병법을 배워 노나라 군주를 섬기게 되었다. 그런데 노나라 군주가 자기를 의심하자 오기는 아내를 죽이면서까지 장군의 자리를 얻었던 것이다. 또 노나라와 같은 작은 나라가 (제나라와 같은 큰 나라와의 싸움에서) 승리하는 명성을 얻게 되었지만 그로 인해서 제후들이 노나라를 공략의 표적으로 삼을 것이다. 게다가 노나라와 위(衛)나라는 형제의 나라25)인데 군주가 오기를 중용하면 이는 위나라를 저버리는 것이다." 그러자 노나라 군주는 오기를 미덥지 않게 여기어 그를 멀리하였다.

이때 오기는 위 문후(魏文侯)26)가 현명하다는 말을 듣고 그를 섬기려 하였다. 문후(文侯)는 이극(李克)27)에게 "오기는 어떠한 사람인가?" 하고 물었다. 이극이 "오기는 탐욕스럽고 여색을 좋아하기는 하지만 용병에서는 사마양저(司馬穰苴)28)도 따라갈 수 없을 정도입니다"라고 하자, 위 문후는 오기를 장군으로 삼아 진(秦)나라를 공격하여 성 다섯 개를 빼앗

---

25) 魯나라는 周公의 아들인 伯禽의 후손이며, 衛나라는 周公의 아우인 康叔의 후손이다.

26) 魏 文侯 : 전국시대 魏나라의 건립자인 魏斯를 말한다. 당시의 제후 중에서 현명하기로 이름이 있었다.

27) 李克 : 魏나라의 賢臣으로 子夏의 제자이다.

28) 司馬穰苴 : 춘추시대 齊나라의 大夫로서 병법에 정통하였던 田穰苴를 말한다. 司馬는 관직 이름이다. 권64 「司馬穰苴列傳」 참조.

았다.

오기는 장군이 되자 가장 신분이 낮은 사졸들과 같은 옷을 입고 식사를 함께 하였다. 잠을 잘 때에는 자리를 깔지 않았으며 행군할 때에는 말이나 수레를 타지 않고 자기가 먹을 식량을 친히 가지고 다니는 등 사졸들과 수고로움을 함께 나누었다. 언제인가 사졸 중에 독창(毒瘡)이 난 자가 있었는데 오기가 그것을 빨아주었다. 사졸의 어머니가 그 소식을 듣고는 통곡하였다. 어떤 사람이 "그대의 아들은 일개 사졸인데 장군이 친히 그 독창을 빨아주었거늘, 어찌하여 통곡하는 것이오?"라고 하자, 그 어머니는 "그렇지 않소. 예전에 오공(吳公), 즉 오기가 그애 아버지의 독창을 빨아준 적이 있었는데 그이는 (감격한 나머지 전쟁티에서) 물러설 줄 모르고 용감히 싸우다가 적에게 죽음을 당하고 말았습니다. 오공이 지금 또 내 자식의 독창을 빨아주었다니 난 이제 그애가 어디서 죽게 될 줄 모르게 되었습니다. 그래서 통곡하는 것입니다"라고 하였다.

문후는 오기가 용병에 뛰어날 뿐만 아니라 청렴하고 공정하여 모든 사졸들의 인망을 얻고 있다고 생각하고는 오기를 서하(西河)[29] 태수로 삼아 진(秦)나라와 한(韓)나라를 방비하도록 하였다.

위 문후가 죽은 후에 오기는 그의 아들 무후(武侯)[30]를 섬기었다. 무후는 배를 타고 서하(西河)[31]를 내려가다가 중간 정도에서 오기를 돌아보며 "정말 훌륭하구나. 이 험고(險固)한 산하야말로 위(魏)나라의 보배로다"라고 말하자, 오기는 "나라의 보배는 임금의 덕행에 있는 것이지 지형의 험고함에 있는 것이 아닙니다. 예전에 삼묘씨(三苗氏)[32]의 나라는 왼쪽으로 동정호(洞庭湖)가 있고 오른쪽으로는 팽려호(彭蠡湖)[33]가 있었으나 덕행과 신의를 닦지 못하여 우(禹)임금에게 멸망당하였습니다. 하(夏) 왕조 걸왕(桀王)[34]의 거처는 황하와 제수(濟水)가 왼쪽에 있고 태산(泰山)과 화산(華山)이 그 오른쪽에 있으며 이궐(伊闕)[35]이 남쪽에 있

---

29) 西河 : 魏나라의 군 이름으로 '河西'라고 부르기도 한다. 관할구역은 지금의 陝西省 동부의 黃河 西岸 지역이다.
30) 武侯 : 魏擊을 말한다. 기원전 386년에서 기원전 371년까지 재위하였다.
31) 西河 : 예전에는 북남 방향으로 흐르는 서부 지역의 황하를 西河라고도 불렀다.
32) 三苗氏 : 有苗氏를 말한다. 虞舜시대 중국 남방의 부락 민족.
33) 彭蠡湖 : 지금의 江西省 북부에 있는 鄱陽湖를 말한다.
34) 桀王 : 폭군으로 유명한 夏나라의 마지막 군주.
35) 伊闕 : 지금의 河南省 洛陽市 동남쪽에 있는 산 이름. 협곡으로 伊水가 흐르고 있

고 양장(羊腸)³⁶⁾이 북쪽에 있었지만, 인정(仁政)을 베풀지 못하여 탕왕 (湯王)³⁷⁾에게 추방당하였습니다. 또 은(殷) 왕조 주왕(紂王)³⁸⁾의 나라는 왼쪽으로는 맹문산(孟門山)³⁹⁾이 있고 오른쪽으로 태행산(太行山)⁴⁰⁾이 있 으며 북쪽으로 상산(常山)⁴¹⁾이 있고 남쪽에는 황하가 지나고 있었지만 정치를 하는 데 덕이 없었으므로 무왕(武王)⁴²⁾에게 죽임을 당하였습니 다. 이런 사실로 보면 (나라를 다스리는 데 중요한 것은) 임금의 덕행에 있는 것이지 지형의 험고함에 있는 것이 아닙니다. 만약 임금께서 덕을 닦지 않으시면 이 배 안에 있는 사람이 모두 적이 될 것입니다"라고 대답 하였다. 그러자 무후는 "옳은 말이오"라고 하였다.

오기가 서하의 태수를 지내면서 명성이 매우 높아졌으나, 위(魏)나라 에서 재상의 관직을 두고 전문(田文)⁴³⁾을 재상으로 삼았다. 기분이 언짢 아진 오기가 전문에게 "당신과 공로를 비교해보고자 하는데 어떻소?"라 고 하자, 전문이 "좋소"라고 대답하였다. 오기가 "삼군(三軍)의 장군이 되어 사졸들이 기꺼이 목숨을 걸고 싸우게 하여 적국에서 감히 우리를 넘 보지 못하게 한 점에서 나와 당신 중 누가 더 낫소?"라고 물으니 전문이 "내가 당신만 못하지요"라고 대답하였다. 또 오기가 "백관(百官)을 다스 리고 만민을 가까이하며 국고를 충실히 한 점에서는 나와 당신 중 누가 더 낫소?"라고 묻자 전문은 "그것도 내가 당신만 못하오"라고 하였다. 또 오기가 "서하를 수비하여 진(秦)나라 군사들이 감히 동쪽으로 침범하 지 못하게 하고 한(韓)나라와 조(趙)나라를 복종하게 한 점에서 나와 당 신 중 누가 낫소?"라고 묻자 전문은 이번에도 "당신이 나보다 낫죠"라고 대답하였다. 그러자 오기는 "이 세 가지 점에서 당신이 모두 나보다 못함 에도 불구하고 나보다 윗자리를 차지하는 것은 어째서인가?"라고 물으니

으며 후일 龍門이라고도 칭하였다. 유명한 龍門石窟이 있는 곳이기도 하다.

36) 羊腸 : 太行山(지금의 山西省 晉城縣 동남쪽)에 있는 坂道(고갯길)로, 양의 창자 처럼 매우 구불구불하기 때문에 '羊腸坂'이라고 부른다.

37) 湯王 : 殷나라를 건립한 왕.

38) 紂王 : 폭군으로 유명한 殷나라의 마지막 군주.

39) 孟門山 : 지금의 山西省 吉縣 서쪽.

40) 太行山 : 지금의 河南省 沁陽縣 북쪽.

41) 常山 : 恒山이라고도 한다. 고대의 五嶽 중에서 北嶽에 해당하는 산으로 지금의 河北省 陽曲縣 서북쪽에 있다.

42) 武王 : 성은 姬, 이름은 發이다. 周 文王의 아들로 周 왕조를 건립하였다.

43) 田文 : 당시 魏나라의 대신으로서 『呂氏春秋』에는 "商文"이라고 되어 있다.

전문이 "임금께서 나이가 어려 나라가 불안하고 대신들이 복종하지 않으며 백성들이 신뢰하지 않고 있소. 이런 때에 재상의 자리가 당신에게 적합하겠소, 아니면 나에게 적합하겠소?"라고 하였다. 오기는 한참 동안 아무 말도 않다가 "당신이 적합하오"라고 하자, 전문은 "이것이 바로 내가 당신보다 윗자리를 차지한 까닭이오"라고 말하였다. 오기는 비로소 자기가 전문만 못하다는 것을 알게 되었다.

전문이 죽은 후에 공숙(公叔)⁴⁴⁾이 재상이 되었다. 공숙은 위(魏)나라 공주를 아내로 얻었으나 오기를 시기하였다. 공숙의 하인이 "오기는 쉽게 내쫓을 수 있습니다"라고 하자 공숙은 "어떻게 말이냐?"라고 물었다. 그 하인은 "오기의 사람됨은 절조가 있고 청렴하며 명예를 중히 여깁니다. 우선 무후께 '오기는 재능 있는 사람입니다. 그런데 주군의 나라는 작고 또 강국인 진(秦)나라와 국경을 접하고 있으니 신은 마음속으로 오기가 우리나라에 오래 머무를 생각이 없을까 염려됩니다'라고 말씀하십시오. 그러면 무후께서 '어찌하면 좋겠소?'라고 물으실 것입니다. 그때 무후께 '시험삼아 공주를 아내로 주겠다고 떠보십시오. 오기에게 머무를 마음이 있으면 반드시 받아들일 것이고 머무를 마음이 없으면 틀림없이 사양할 것이니 이것으로 판단하십시오'라고 말씀하십시오. 그리고는 오기를 초대하여 함께 댁으로 가신 뒤에 공주를 화나게 하여 어르신을 깔보게 하십시오. 오기는 공주가 어르신을 천대하는 것을 보면 틀림없이 (임금의 제안을) 사양할 것입니다"라고 하였다. 이렇게 하여 공주가 위나라 재상을 천대하는 것을 목격한 오기는 과연 위 무후에게 사양의 뜻을 밝혔다. 그러자 무후는 그를 의심하고 믿지 않았다. 오기는 죄를 얻게 될까 두려워 위나라를 떠나 초(楚)나라로 갔다.

초 도왕(楚悼王)⁴⁵⁾은 평소 오기가 현명하다는 말을 듣고 있었으므로 그가 오자마자 초나라의 재상으로 삼았다. 오기는 법령을 정비하고 불필요한 관직을 없애버리고 왕실의 먼 일족들의 봉록을 폐지하여 (그 재원으로) 군사들을 양성하였다. 그 정치의 요체는 병력을 강화하여 합종(合縱)이니 연횡(連橫)이니 하는 유세객들의 주장을 배격하는 데에 있었다. 그리하여 남쪽으로는 백월(百越)⁴⁶⁾을 평정하고 북쪽으로는 진(陳), 채

---

44) 公叔 : 魏나라 대신인 公叔座로서 魏 武侯와 魏 惠王 때 재상을 연임하였다.
45) 楚 悼王 : 이름은 熊疑이다. 기원전 401년에서 기원전 381년까지 재위하였다.

(蔡)⁴⁷⁾를 병합하고 삼진(三晉)⁴⁸⁾을 격퇴하였으며 서쪽으로는 진(秦)나라를 토벌하였으므로, 제후들은 초나라의 강성함을 우려하였다.

예전 초나라의 왕족이었던 자들⁴⁹⁾은 모두가 오기를 미워하였다. 도왕(悼王)이 죽자 왕족과 대신들이 난을 일으켜 오기를 공격하니, 오기는 달아나다가 왕의 시신 위에 엎드렸다. 오기를 공격하던 무리들이 오기에게 화살을 쏘아 죽였는데 그때 도왕의 시신에도 화살이 꽂혔다. 도왕의 장례식이 끝난 후, 태자⁵⁰⁾가 즉위하여 영윤(令尹)⁵¹⁾에게 오기를 사살(射殺)하려고 왕의 시신에 화살을 쏜 자들을 모두 주살하게 하였다. 이로써 오기를 사살한 죄에 연루되어 일족이 처형당한 자가 70여 집에 이르렀다.

태사공은 말하였다.

"세상에서 병사(兵事)를 논하는 자들은 모두 『손자(孫子)』 13편과 『오기병법(吳起兵法)』을 거론한다. 이 두 책은 세상에 많이 알려져 있으므로 논술하지 않고 그들의 행적과 시책에 관해서만 논하였다. 옛말에 '실행에 능한 사람이라고 해서 꼭 말에 능한 것은 아니며, 말에 능한 사람이라고 해서 반드시 실행에 능한 것은 아니다'라고 하였다. 손빈(孫臏)이 방연(龐涓)을 해치운 계략은 뛰어난 것이었으나, 그 전에 (자기 다리가 잘리는) 형벌을 당하는 재난에서 자신을 구해내지는 못하였다. 오기(吳起)는 무후(武侯)에게 지형의 험고함이 임금의 덕행만 못하다고 설득하였으나 그가 초나라에서 행한 일은 각박하고 몰인정하였기 때문에 목숨을 잃었던 것이니, 슬픈 일이로다!"

---

46) 百越 : 고대 남방 각지에 흩어져 살던 越族을 말한다.
47) 陳, 蔡 : 西周 시기의 봉국.
48) 三晉 : 韓, 魏, 趙의 세 나라를 말하나, 여기서는 韓, 魏 두 나라만을 가리킨다.
49) 吳起로 인해서 봉록을 폐지당한 楚나라 왕실의 먼 일족을 말한다.
50) 楚 肅王 (이름은 熊臧이다)을 말한다.
51) 令尹 : 楚나라의 최고 관직의 명칭으로 '相國'에 해당한다.

권66 「오자서열전(伍子胥列傳)」 제6

오자서(伍子胥)는 초(楚)나라 사람으로 이름은 운(員)이라고 하였다. 오운(伍員)의 아버지는 오사(伍奢), 오운의 형은 오상(伍尚)이라고 한다. 그의 선조는 오거(伍擧)[1]라고 하는데, 그는 초 장왕(楚莊王)[2]을 섬기면서 직간(直諫)하는 것으로 명성이 높았으므로 그 후손들은 초나라에서 이름이 알려져 있었다.

초 평왕(楚平王)[3]에게는 건(建)이라는 이름의 태자가 있었다. 평왕은 오사를 태부(太傅)[4]로 삼고 비무기(費無忌)를 소부(少傅)[5]로 삼았는데, 비무기는 태자 건에게 그리 충성스럽지 못하였다. 평왕은 비무기에게 진(秦)나라에서 태자비를 맞이해오도록 하였다. 진나라 여자가 미인이었으므로 비무기는 말을 달려 돌아와서는 평왕에게 "진나라 여자는 절세의 미인이오니 왕께서 스스로 왕비로 맞이하시고 태자에게는 따로 비를 얻어주십시오"라고 보고하였다. 그러자 평왕은 결국 자기가 진나라 여자를 차지하고는 그녀를 끔찍이 총애하여 아들 진(軫)을 낳게 하였다. 그리고 태자에게는 따로 비를 구해주었다.

비무기는 진나라 여자 일로 인하여 평왕에게 환심을 산 후에 태자를 떠나 평왕을 섬기었다. 그는 언젠가 평왕이 죽고 태자가 왕위에 오르게 되면 자기를 죽이지 않을까 두려웠으므로 태자 건을 중상하였다. 건의 모친은 채(蔡)나라 여자로서 평왕의 총애를 받지 못하였으니 평왕은 더더욱 건을 멀리하고 건을 성보(城父)[6]의 수장(守將)으로 삼아 변방을 방비하

---

1) 伍擧 : 伍子胥의 조부.
2) 楚莊王 : 춘추시대 楚나라 군주인 熊侶를 가리킨다. 기원전 613년에서 기원전 591년까지 재위하였다.
3) 楚平王 : 이름은 棄疾이다. 기원전 528년에서 기원전 516년까지 재위하였다.
4) 太傅 : 太子太傅라고도 부른다. 태자를 훈도하는 관직이다.
5) 少傅 : 태자를 훈도하는 관직으로서 太傅의 하속 관직이다.
6) 城父 : 지금의 河南省 平頂山市 서북쪽.

도록 하였다.

얼마 후에 비무기는 또 밤낮으로 왕에게 태자의 허물을 일러바치며 "태자는 진나라 여자의 일로 인하여 반드시 원한을 품고 있을 것이니 왕께서는 좀 경계하시기를 바랍니다. 태자는 성보에 머문 이후로 병사를 거느리고 밖으로는 제후들과 교제하면서 장차 도성으로 침입하여 반란을 일으키려고 합니다"라고 하였다. 평왕은 태자의 태부인 오사를 불러 사실을 캐물었다. 비무기가 평왕에게 태자를 참언한 것임을 안 오사는 "왕께서는 어찌 참언을 일삼는 소인배의 말 때문에 친자식을 멀리 하십니까?"라고 말하였다. 그러자 비무기가 "왕께서 지금 제지하지 못하시면 그들의 음모가 성사되어 왕께서는 포로가 될 것입니다"라고 하였다. 이에 평왕이 노하여 오사를 옥에 가두고 성보의 사마(司馬)인 분양(奮揚)을 보내 태자를 죽이게 하였으나, 분양은 성보에 도착하기 전에 태자에게 사람을 보내 "태자께서는 빨리 도망치십시오. 그렇지 않으면 죽게 될 것입니다"라고 알려주었다. 그러자 태자 건은 송(宋)나라로 도망쳤다.

비무기는 평왕에게 "오사에게는 두 아들이 있는데 모두 재능이 있으니 죽이지 않으면 장차 초나라의 걱정거리가 될 것입니다. 그 아비를 인질로 삼아 그들을 불러들이십시오. 그렇지 않으면 앞으로 초나라의 후환이 될 것입니다"라고 말하였다. 왕은 오사에게 사신을 보내 "너의 두 아들을 불러오면 살려주겠지만, 불러오지 못하면 죽일 것이다"라고 하자, 오사는 "오상은 사람됨이 어질어 부르면 틀림없이 올 것입니다. 그러나 오운은 사람됨이 고집이 세고 참을성이 강해서 큰 일을 이룰 수 있을 것입니다. 그 녀석은 이곳에 오면 부자가 함께 사로잡힐 것이라는 것을 알고는 틀림없이 오지 않을 것입니다"라고 말하였다. 왕은 이 말을 곧이 듣지 않고 사람을 보내 두 아들을 부르며 "너희들이 오면 내가 너희 아비를 살려줄 것이며, 오지 않으면 아비를 당장 죽이겠다"라고 하였다. 오상이 가려고 하자 오운이 "초나라에서 우리 형제를 부르는 것은 우리 아버지를 살려주려는 것이 아니라 도망치는 자가 생기면 나중에 후환이 될 것을 두려워하여 아버지를 인질로 삼고 거짓으로 우리 형제를 부르는 것입니다. 우리 형제가 도착하면 부자가 함께 죽을 것이니 그것이 아버지의 죽음에 무슨 도움이 되겠습니까? 간다면 복수조차 할 수 없게 될 것이니 차라리 다른 나라로 도망쳤다가 병력을 빌려 아버지의 원수를 갚는 것이 나을 것입니다. 다 같이 죽는 것은 아무런 의미가 없습니다"라고 말하였다. 그러자 오상은 "간다고 해도 결국은 아버지의 목숨을 구할 수 없다는 것을 나는 알고 있다. 그러나 아버지께서 목숨을 구하시기 위해서 나를 부르셨는데도 가지 않았다가 나중에도 원수를 갚지 못하면 결국 세상 사람들의 웃음거리가 될 것이 나는 싫구나"라고 하며 오운에게 "너는 달아나거라! 너라면 아버지의 원수를 갚을 수 있을 것이다. 나는 아버지 계신 곳으로 가 함께 죽을 것이다"라고 하였다. 오상이 붙잡히고 나서 사자가 또 오자서를 붙잡으려 하자 오자서가 활을 당겨 사자를 겨냥하니 사자는 감히 접근하지 못하였다. 마침내 도망친 오자서는 태자 건이 송나라에 있다는 것을 듣고 송나라로 가서 그를 섬겼다. 오자서가 도망쳤다는 말을 들은 오사는 "초나라 군주와 신하들은 앞으로 전란에 시달릴 것이다"라고 하였다. 오상이 초나라에 도착하자 초나라에서는 오사와 오상을 모두 죽여버렸다.

오자서가 송나라에 도착한 후 송나라에 화씨(華氏)의 난[7]이 일어나자, 그는 태자 건과 함께 정(鄭)나라로 도망쳤다. 정나라 사람들이 그들을 잘 대우해주었으나 태자 건은 또 진(晉)나라로 떠나갔다. 진 경공(晉頃公)[8]이 "태자는 정나라와 사이가 좋은 데다 정나라에서도 태자를 신임하고 있으니, 태자가 안에서 나를 호응해주고 내가 밖에서 공격하면 정나라를 틀림없이 멸망시킬 수 있을 것이오. 정나라가 멸망하면 태자를 그곳에 봉해주겠소"라고 하였으므로, 태자는 정나라로 돌아갔다. 그러나 거사가 제대로 이루어지기도 전에 그가 공교롭게 개인적인 일로 그의 시종을 죽이려고 하자, 그의 음모를 알고 있었던 시종은 이 사실을 정나라에 밀고하였다. 그러자 정 정공(鄭定公)[9]과 자산(子産)[10]은 태자 건을 주살하였다. 건에게는 승(勝)이라는 이름의 아들이 있었다. 겁이 난 오자서는 승과 함께 오(吳)나라로 달아났다. 그들이 소관(昭關)[11]에 이르렀을 때 소관의

7) 華氏의 난 : 기원전 522년 宋 元公 때, 宋나라 大夫인 華亥, 向寧 등이 일으킨 정변을 말한다.
8) 晉 頃公 : 晉나라 군주로 성은 姬이고 이름은 去疾이다. 기원전 525년에서 기원전 512년까지 재위하였다.
9) 鄭 定公 : 鄭나라의 군주로 성은 姬이고 이름은 寧이다. 기원전 529년에서 기원전 514년까지 재위하였다.
10) 子産 : 公孫僑의 호이다. 그는 鄭나라의 執政大臣이자 춘추시대의 정치가로 유명하다.

관지기가 그들을 체포하려 하였다. 오자서는 승과 헤어져 혼자 도망쳤으나 거의 잡힐 지경에 이르렀다. 추격해오는 자가 뒤에 따라 붙었다. 오자서가 강에 이르렀을 때, 배를 타고 있던 한 어부가 오자서가 위급한 상황에 처해 있음을 알고 오자서를 건네게 해주었다. 오자서는 강을 건너고 나자 자기의 칼을 풀더니 "이 칼은 백금(百金)의 값어치가 있는데 이것을 그대에게 주겠소"라고 하였다. 그러자 그 어부는 "초나라 국법으로는 오자서를 잡는 자에게 조[粟] 5만 석(石)12)과 집규(執珪)13)의 작위를 내린다고 하거늘 이까짓 백금의 칼이 무슨 문제가 되겠소?"라고 하며 받지 않았다. 오자서는 오나라에 도착하기도 전에 병에 걸려 도중에 가던 길을 멈추고서는 걸식을 하기도 하였다. 오나라에 이르니 그때 마침 오왕(吳王) 요(僚)14)가 정권을 장악하고 있었으며, 공자(公子) 광(光)15)이 장군으로 있었다. 오자서는 공자 광을 통하여 오왕을 알현하기를 요청하였다.

얼마 후의 일이었다. 초나라 변읍(邊邑)16)인 종리(鐘離)17)와 오나라의 변읍인 비량지(卑梁氏)18)에서는 모두 누에를 치고 있었는데, 이 두 곳의 여자들이 뽕잎을 다투느라 서로 싸우는 일이 일어나자, 초 평왕은 크게 노하였고 두 나라에서는 병사를 일으켜 서로 공격하게 되었다. 오나라에서는 공자 광에게 초나라를 공격하도록 하였다. 공자 광이 종리와 거소(居巢)19)를 함락시키고 돌아오자, 오자서는 오왕 요에게 "초나라를 멸망시킬 수 있으니, 다시 공자 광을 보내시기 바랍니다"라고 권하였다. 공자 광은 오왕에게 "오자서는 아버지와 형이 초나라에 의해서 죽임을 당하였으니, 그가 왕께 초나라를 치시라고 권하는 것은 자기의 원수를 갚기 위해서일 뿐입니다. 그러나 초나라를 친다고 해도 아직은 멸망시킬 수가 없습니다"라고 말하였다. 공자 광이 오왕을 죽이고 자신이 왕위에 오르려는

11) 昭關 : 楚나라의 관문 이름으로 당시 吳나라와 楚나라 사이의 교통의 요지였다. 지금의 安徽省 舍山縣 서북쪽.
12) 石 : 용량 단위. 고대에는 10斗를 1石으로 하였다.
13) 執珪 : 楚나라의 작위 이름으로, 지위는 봉국의 군주에 상당하였다.
14) 吳王 僚 : 성은 姬이다. 기원전 526년에서 기원전 515년까지 재위하였다.
15) 公子 光 : 吳王 僚의 堂兄弟.
16) 邊邑 : 변경 지역에 위치한 고을.
17) 鐘離 : 현 이름으로 지금의 安徽省 鳳陽縣 동쪽이다.
18) 卑梁氏 : 吳나라 변경의 읍 이름. 지금의 安徽省 天長縣 동북쪽.
19) 居巢 : 지금의 安徽省 巢縣.

속셈이 있음을 알아차린 오자서는 대외적인 일을 이야기할 때가 아니라 여기고는 공자 광에게 전제(專諸)라는 사람을 추천하고, 자기는 물러나 태자 건의 아들 승과 함께 초야에서 농사를 지으며 살았다.

5년 후에 초 평왕이 죽었다.[20] 일찍이 평왕이 태자 건에게서 가로챈 진나라 여자가 아들 진(軫)을 낳았는데, 평왕이 죽고 나자 진이 마침내 후계자가 되었으니 그가 바로 소왕(昭王)[21]이다.

오왕 요는 초나라의 국상을 틈타 두 공자(公子)들[22]에게 병사를 거느리고 초나라를 기습 공격하게 하였다. 그러나 초나라에서는 병사를 출동시켜 오나라 군사의 퇴로를 차단하니 오나라 군사는 되돌아갈 수가 없었다. 한편 오나라에서는 도성이 텅 비게 되자 공자 광이 전제에게 오왕 요를 기습하여 암살하게 하고[23] 스스로 왕위에 오르니 그가 바로 오왕(吳王) 합려(闔廬)[24]이다. 합려가 왕위에 올라 뜻을 이루고 나자 오자서를 불러 행인(行人)[25]을 삼고 그와 함께 국사를 논하였다.

한편 초나라에서는 대신 극완(郤宛)과 백주리(伯州犁)가 주살되자, 백주리의 손자인 백비(伯嚭)가 오나라로 도망쳐오니 오나라에서는 백비도 대부로 삼았다. 앞서 오왕 요가 병사를 거느리고 초나라를 공격하도록 파견하였던 두 공자들은 퇴로가 차단되어 돌아갈 수가 없었다. 그들은 나중에 합려가 오왕 요를 시해하고 왕위에 올랐다는 소식을 듣고는 결국 병사들을 데리고 초나라에 투항하니, 초나라에서는 그들을 서(舒)[26] 땅에 봉하였다.

합려는 왕위에 오른 지 3년째 되던 해에 병사를 일으켜 오자서, 백비와 함께 초나라를 공격하여 서 땅을 함락시키고 예전에 오나라를 배반하였던 두 장군을 마침내 사로잡았다. 합려는 이 여세를 몰아 영(郢)[27]까지 진

---

20) 기원전 516년의 일로, 이때는 吳王 僚의 즉위 12년째 되는 해이다.
21) 昭王 : 기원전 515년에서 기원전 489년까지 재위하였다.
22) 두 公子들 : 吳王 僚의 同母 아우인 蓋餘와 燭庸을 가리킨다.
23) 吳王 僚 12년(기원전 515년), 공자 光이 吳王 僚를 초청하여 연회를 베풀었을 때 專諸는 비수를 물고기 뱃속에 숨겨 가지고 가서 吳王 僚를 찔러 죽이고는 자신도 그 자리에서 죽임을 당하였다.
24) 吳王 闔廬 : 기원전 514년에서 기원전 496년까지 재위하였다.
25) 行人 : 외무대신에 해당하는 관직 이름.
26) 舒 : 지명. 지금의 安徽省 廬江縣 서남쪽.
27) 郢 : 楚나라의 수도. 지금의 湖北省 江陵縣 동북쪽.

격하려고 하였다. 그러자 장군 손무(孫武)가 "백성들이 지쳐 있으니 아직 은 안 됩니다. 잠시 기다리십시오"라고 하니 그냥 회군하였다.

합려 4년에는 오나라가 초나라를 공격하여 육(六)[28]과 잠(潛)[29]을 점 령하였으며, 합려 5년에는 월(越)나라를 공격하여 승리하였다. 합려 6년 에는 초 소왕(楚昭王)이 공자(公子) 낭와(囊瓦)[30]에게 병사를 거느리고 오나라를 공격하게 하였다. 오나라는 오자서에게 반격하도록 하여 초나라 군사를 예장(豫章)[31]에서 크게 무찌르고 초나라의 거소(居巢)를 빼앗았 다.

합려 9년, 오왕 합려는 오자서와 손무에게 "당초 그대들은 영(郢)을 진 격할 수 없다고 하였는데 지금은 과연 어떠한가?"라고 물으니, 두 사람 은 "초나라 장군 낭와는 탐욕스러워 당(唐)과 채(蔡) 나라가 모두 그를 원망하고 있습니다.[32] 왕께서 꼭 초나라를 대대적으로 공격하시려면 반 드시 먼저 당나라와 채나라를 우리 편으로 만드셔야 가능합니다"라고 대 답하였다. 합려가 그 말을 받아들이고 모든 군사를 동원하여 당, 채 두 나라와 함께 초나라를 공격하였다. 오나라는 초나라와 한수(漢水)를 사 이에 두고 진을 쳤다. 오왕의 아우 부개(夫槪)가 병사를 이끌고 종군하기 를 청하였으나 왕이 허락해주지 않자 결국 자기 휘하의 5,000명의 병사로 초나라 장군 자상(子常)[33]을 공격하였다. 자상이 패주하여 정(鄭)나라로 달아났다. 이에 오나라는 승리의 여세를 몰아 진격하며 다섯 번의 전투를 치른 끝에 드디어 영(郢)에 도착하였다. 기묘일(己卯日)[34]에 초 소왕이 달아나니 경진일(庚辰日)에 오왕은 영에 입성하였다. 소왕이 도주하여 운몽(雲夢)[35]으로 들어섰다가 도둑에게 습격을 당하자 소왕은 다시 운

---

28) 六 : 지명. 지금의 安徽省 六安縣.
29) 潛 : 지명. 지금의 安徽省 霍山縣 동북쪽.
30) 公子 囊瓦 : 楚 公子 貞은 字가 子囊인데, 그의 손자는 이름이 瓦이고 字는 子常 이었다. 옛사람들은 항상 조부의 字를 氏로 삼았기 때문에 瓦를 囊瓦라고 부른 것이 다. 여기서의 '公子'는 '公孫'의 잘못으로 보인다.
31) 豫章 : 고대의 지역 이름으로 長江 이북과 淮水 이남 지역을 말한다.
32) 唐과 蔡는 楚나라 변경에 근접한 작은 나라였는데, 두 작은 나라의 군주가 楚나 라를 방문하였을 때 囊瓦가 그들을 억류하여 재물을 요구한 후 3년 후에야 석방하였 기 때문에 두 나라에서는 囊瓦에게 원한을 품고 있었다.
33) 子常 : 囊瓦의 字.
34) 己卯日 : 여기서는 11월의 己卯日을 말한다. 뒤의 庚辰日은 己卯日의 다음날이다.
35) 雲夢 : 楚王의 수렵지로서, 지금의 湖北省 天門縣 서쪽이다.

(郹)³⁶⁾나라로 달아났다. 운공(郹公)³⁷⁾의 아우 회(懷)가 "초 평왕이 우리 아버지를 죽였으니 내가 그의 아들을 죽여도 안 될 것은 없을 것이오"라고 하였다. 운공은 아우가 소왕을 죽일까 두려워 소왕과 함께 수(隨)³⁸⁾나라로 도망쳤다. 오나라 병사들이 수나라를 포위하고 수나라 사람들에게 "한천(漢川)³⁹⁾ 일대의 주(周) 왕실 자손들은 모두 초나라가 멸망시켰다"라고 하자, 수나라 사람들이 소왕을 죽이려고 하였다. 그러나 왕자 기(綦)⁴⁰⁾가 소왕을 숨겨두고 자신이 소왕을 대신하여 당하려고 하였다. 수나라 사람들이 점을 쳐보니 오나라에 소왕을 넘겨주는 것은 불길하다고 하므로, 오나라의 청을 사절하고 소왕을 넘겨주지 않았다.

예전에 오자서와 신포서(申包胥)⁴¹⁾는 친구지간이었다. 오자서가 도망칠 때, 신포서에게 "나는 반드시 초나라를 뒤엎고 말 것이다"라고 하자 신포서는 "나는 반드시 초나라를 보존시킬 것이다"라고 대답하였다. 오나라 병사들이 영에 입성하였을 때 오자서가 소왕을 잡으려고 하였으나 뜻을 이루지 못하자 초 평왕의 묘를 파헤쳐 그의 시신을 꺼내어 300번이나 채찍질한 후에야 그만두었다. 신포서는 산중으로 도망친 후 사람을 보내 오자서에게 "그대의 복수는 너무 심하구나. 내가 듣기로는 '사람이 많으면 한때 하늘을 이길 수 있으나, 일단 하늘의 뜻이 정해지면 사람을 무찌를 수도 있다'라고 하는데 일찍이 평왕의 신하로서 친히 북면(北面)⁴²⁾하여 평왕을 섬겼던 그대가 지금 그 시신을 욕되게 하였으니 이보다 더 천리에 어긋난 일이 있을 수 있겠는가?"라고 전하게 하였다. 그러자 오자서는 "나를 대신해서 신포서에게 사과하고 '해는 지고 갈 길이 멀어 도리에 어긋난 짓을 할 수밖에 없었다'라고 전해주게"라고 하였다. 이에 신포서는 진(秦)나라로 달려가 위급한 상황을 알리고 진나라에 구원을 요청하

---

36) 郹 : 작은 나라의 이름. 후일 楚나라에 멸망당하였다. 지금의 湖北省 安陸縣.
37) 郹公 : 楚王이 봉한 公爵으로 이름은 鬪辛이다.
38) 隨 : 西周 초에 분봉된 제후국으로 성은 姬이다. 지금의 湖北省 隨縣.
39) 漢川 : 漢水를 말한다.
40) 王子 綦 : 楚 昭王의 형인 公子 結을 말한다.
41) 申包胥 : 楚나라 군주 蚡冒의 후손으로, 성은 公孫이다. 申(지금의 河南省 南陽市 북쪽) 땅에 봉해졌기 때문에 申包胥라고 불린다.
42) 北面 : 고대에는 남쪽을 가장 존귀한 방향으로 여기어 군왕은 북쪽에 앉아 남쪽을 향하였으므로 '南面而王'이라고 하였다. 따라서 신하는 자연 북쪽을 향하여 있었으므로 '北面而朝'라고 하였으니 '北面'이란 신하가 되어 군왕을 섬기는 것을 말한다.

였다. 그러나 진나라에서 응해주지 않자 신포서는 진나라의 궁정에 서서 밤낮으로 통곡하니 7일 밤 7일 낮 동안 그 통곡소리가 끊이지 않았다. 그를 불쌍히 여긴 진 애공(秦哀公) [43]이 "초나라가 비록 무도(無道)하기는 하지만 이와 같은 충신이 있으니 어찌 망하게 할 수 있겠는가?"라고 하며, 전차 500대를 파견하여 초나라를 구하고 오나라를 공격하게 하였다. 6월 [44]에 직(稷) [45]에서 오나라 병사를 무찔렀다. 한편 오왕(합려)이 오랫동안 초나라에 머물며 소왕을 찾고 있는 동안 합려의 아우인 부개가 도망쳐 귀국하더니 스스로 왕위에 올랐다. 이 소식을 들은 합려는 초나라를 포기하고 귀국하여 아우인 부개를 공격하였다. 부개는 패주하여 결국 초나라로 도망쳤다. 초 소왕은 오나라에 내란이 일어난 것을 알고는 다시 영(郢)으로 들어가 부개를 당계(堂溪) [46]에 봉하여 그를 당계씨(堂溪氏)라고 하였다. 초나라는 다시 오나라와 교전하여 오나라를 무찌르니 오왕은 귀국해버렸다.

2년 후, 합려는 태자 부차(夫差) [47]에게 병사를 거느리고 초나라를 공격하게 하여 파(番) [48] 땅을 빼앗았다. 초나라는 오나라가 대거 공격해올 것이 두려워 영을 떠나 약(郡) [49]으로 천도하였다. 이때 오나라는 오자서와 손무의 계책으로 서쪽으로는 초나라를 무찌르고 북쪽으로는 제(齊)나라와 진(晉)나라를 위협하였으며, 남쪽으로는 월(越)나라를 굴복시켰다.

그로부터 4년 후, 공자(孔子)가 노(魯) [50]나라의 재상이 되었다.

5년 후, 오나라가 월나라를 공격하였다. 월왕(越王) 구천(句踐) [51]이 반격하여 고소(姑蘇) [52]에서 오나라를 무찌르고 합려의 손가락 [53]에 상처

---

43) 秦哀公 : 秦나라 군주로 기원전 536년에서 기원전 501년까지 재위하였다.

44) 6월 : 闔廬 즉위 10년의 6월을 말한다.

45) 稷 : 지명. 지금의 河南省 桐柏縣으로 『左傳』에는 "稷丘"로 되어 있다.

46) 堂溪 : 지명. 지금의 河南省 西平縣 서쪽.

47) 夫差 : 여기서는 '終纍'라고 함이 마땅하다. 終纍는 夫差의 형이다.

48) 番 : 지명. 지금의 江西省 波陽縣.

49) 郡 : 지명. 지금의 湖北省 宣城縣 동남쪽.

50) 魯 : 옛 나라 이름. 지금의 山東省 서남부 지역.

51) 句踐 : 越나라 군주로 越王 允常의 아들. 기원전 497년에서 기원전 465년까지 재위하였다. '勾踐'이라고도 쓴다.

52) 姑蘇 : 지금의 江蘇省 蘇州市.

53) 원문은 "指"이다. 일설에는 '指'가 '趾'와 통하므로 발가락으로 풀이하기도 한다.

를 입히자 오나라 군사는 퇴각하였다. 합려는 상처가 커져 죽게 되었을
때 태자인 부차에게 "구천이 네 아비를 죽인 일을 너는 잊겠느냐?"라고
묻자, 부차는 "잊지 않을 것입니다"라고 대답하였다. 그날 저녁 합려가
죽으니, 부차는 왕위에 올라 백비를 태재(太宰)[54]로 삼고 군사를 훈련시
켰다. 2년 후, 월나라를 공격하여 부초산(夫湫山)[55]에서 월나라에 승리
를 거두었다. 월왕 구천은 잔병 5,000명을 거느리고 회계산(會稽山)[56]
위에 머물면서 대부 종(種)[57]으로 하여금 후한 예물을 오나라 태재 백비
에게 보내어 나라를 오나라에 바치어 모두가 노복(奴僕)이 되는 조건으로
강화를 청하게 하였다. 오왕이 이를 응낙하려고 하자 오자서가 "월왕은
고통을 잘 견디는 사람입니다. 지금 멸망시키지 않으면 나중에 반드시 후
회하시게 될 것입니다"라고 간언하였다. 그러나 오왕은 이 말을 듣지 않
고 태재 백비의 계책을 채택하여 월나라와 강화하였다.

　그로부터 5년 후, 오왕은 제 경공(齊景公)[58]이 죽자 제나라 대신들이
권력 투쟁을 하며 새 군주가 유약하다는 말을 듣고 군사를 일으켜 북쪽으
로 제나라를 공격하였다. 오자서는 "구천이 한 가지 반찬만으로 식사를
하며 죽은 자를 조문하고 병든 자를 문병하고 있는데, 이것은 장차 그들
을 써먹을 곳이 있기 때문입니다. 이 사람이 죽지 않으면 반드시 오나라
의 우환이 될 것입니다. 지금 오나라에 월나라가 존재한다는 것은 마치
사람에게 뱃속의 질병이 있는 것과 같습니다. 그럼에도 왕께서는 월나라
를 먼저 없애려 하지 않으시고 제나라에만 힘을 쓰고 계시니 어찌 잘못된
일이 아니겠습니까?"라고 간언하였다. 그러나 오왕은 듣지 않고 제나라
를 공격하여 제나라 군사를 애릉(艾陵)[59]에서 대패시키고[60] 마침내 추
(鄒)[61]나라와 노나라 군주를 위협하고서는 귀국하였다. 이후로 오왕은
더욱 오자서의 계책을 소홀히 대하였다.

---

54)　太宰: 왕실의 내외 사무를 관장하는 관직 이름이다.
55)　夫湫山: '夫椒山'이라고도 쓰며 지금의 江蘇省 吳縣 서남쪽이다.
56)　會稽山: 지금의 浙江省 중부 蘇興縣 일대.
57)　大夫 種: 越나라 大夫인 文種을 가리킨다. 字는 少禽으로 楚나라 사람이다.
58)　齊景公: 齊나라의 군주로 이름은 杵臼이다. 기원전 547년에서 기원전 490년까
　　지 재위하였다.
59)　艾陵: 지명. 지금의 山東省 萊蕪縣 동북쪽.
60)　艾陵의 전투는 기원전 484년(周 敬王 36년)의 일이다.
61)　鄒: 옛 나라 이름. 지금의 山東省 일부 지역.

54

그로부터 4년 후, 오왕이 북쪽으로 제나라를 공격하려고 하자 월왕 구천은 자공(子貢)[62]의 계책을 써서 그의 군사를 이끌고 오왕을 돕는 한편 귀중한 보물을 태재 백비에게 바쳤다. 태재 백비는 여러 번 월왕의 뇌물을 받았기 때문에 월왕을 유난히 좋아하고 신임하여 밤낮으로 오왕에게 월왕을 좋게 이야기하였다. 오왕은 백비의 계책을 신용하였다. 오자서가 "월나라는 뱃속에 생긴 병처럼 골치거리이거늘, 이제 월왕의 허황된 감언이설과 속임수를 믿으시고 제나라를 탐내고 계십니다. 제나라를 무찌른다고 해도 자갈밭과 같은 제나라는 아무런 쓸 데가 없습니다. 또 「반경(盤庚)」[63] 편의 고(誥)에도 '예법을 거스르고 불공스러운 행동을 하는 사람은 가볍게는 코를 베고 무겁게는 죽여버려 살아 남지 못하게 하고 이 땅에 번식하지 못하게 하라'라고 하였는데, 이것이 상(商)나라가 흥성한 까닭입니다. 원컨대 왕께서는 제나라를 단념하시고 먼저 월나라를 처리하십시오. 만약 그렇지 않으면 나중에 후회해도 소용이 없을 것입니다"라고 간언하였다. 그러나 오왕은 이 말을 듣지 않고 오자서를 제나라에 사신으로 보냈다. 오자서는 제나라로 떠나려고 할 때 아들에게 "내가 여러 번 왕께 간언을 하였지만 왕께서 내 말을 듣지 않으시는구나. 내가 지금 보기에는 오나라는 곧 멸망할 것이다. 네가 오나라와 함께 망하는 것은 무익한 일이다"라고 하면서 그 아들을 제나라의 포목(鮑牧)[64]에게 맡기고는 오나라로 돌아와 (제나라 정세를) 보고하였다.

오나라의 태재 백비는 원래 오자서와 사이가 나빴으므로 오자서를 참언하여 "오자서의 사람됨은 고집이 세고 사나우며 인정이 없고 시기심이 강하니, 그가 품고 있는 원한이 큰 화근을 일으킬까 근심스럽습니다. 예전에 왕께서 제나라를 공격하시려고 할 때 오자서가 안 된다고 하였지만 왕께서는 결국 제나라를 공격하여 큰 공을 이루셨습니다. 오자서는 자신의 계책이 쓰이지 않은 것을 수치스럽게 여기며 오히려 원망을 품었습니다. 그런데 지금 왕께서 또 제나라를 공격하시려고 하는데 오자서가 멋대로 고집을 부리며 강력히 간하여 왕께서 하시려는 일을 저지하고 비방하는

---

62) 子貢 : 춘추시대 衞나라 사람으로 성은 端木, 이름은 賜이다. 孔子의 제자.
63) 「盤庚」: 『書經』의 편명.
64) 鮑牧 : 齊나라 大夫로서 鮑叔의 후손. 그러나 당시 鮑牧은 피살된 지 4년이나 되었으므로 '鮑氏'의 오기임이 분명하다.

것은 단지 오나라가 실패하여 자기의 계책이 뛰어나다는 것이 증명되기를
바라는 것일 뿐입니다. 지금 왕께서 친히 출정하시고 온 나라의 병력을
총동원하여 제나라를 공격하시려고 하는데, 오자서는 간언이 채택되지 않
았다 하여 사직하고 병을 핑계삼아 출정하지 않으려 하니 왕께서는 이에
대한 방비를 하셔야만 합니다. 이번에 어떤 화(禍)가 일어날지 예상하는
것은 그리 어려운 일이 아닙니다. 또 제가 사람을 시켜 은밀히 오자서를
조사해보니 그가 제나라에 사신으로 갔을 때 자기 아들을 제나라의 포씨
(鮑氏)에게 맡겨두었습니다. 오자서는 신하의 몸으로 국내에서 뜻을 못
이루었다고 해서 밖으로 제후들에게 의탁하려고 하며, 자기는 선왕의 모
신(謀臣)이거늘 지금은 저버림을 당하고 있다고 하여 항상 불평과 원망을
품고 있습니다. 원컨대 왕께서는 속히 이 일을 처리하시십오"라고 하였
다. 그러자 오왕은 "그대의 말이 없었다고 하더라도 나 역시 그를 의심하
고 있었소"라고 하고는, 사신을 보내 오자서에게 촉루(屬鏤)라는 이름의
명검을 내리며 "그대는 이 칼로 죽으라"라고 하였다. 오자서는 하늘을 우
러러보고 탄식하며 "아! 참신(讒臣)[65] 백비가 나라를 어지럽히고 있거
늘 왕은 도리어 나를 주살하시는구나. 내가 그의 아버지를 패자로 만들었
고 그가 왕위에 오르기 전부터 여러 공자(公子)들이 왕위를 다투고 있을
때 내가 죽음으로써 선왕과 그 점을 다투었으니 그렇지 않았다면 그는 거
의 태자가 될 수 없었을 것이다. 그가 왕위에 오르고 나서 나에게 오나라
를 나누어주려고 하였을 때 나는 감히 그것을 바라지 않았다. 그러나 지
금 그는 아첨하는 간신의 말을 듣고 나를 죽이려고 하는구나"라고 말하였
다. 그리고는 그의 문객(門客)에게 "나의 묘 위에 반드시 가래나무〔梓〕를
심어 관재(棺材)[66]로 삼도록 하라. 그리고 내 눈알을 도려내어 오나라
동문(東門) 위에 걸어두어 월나라 군사들이 쳐들어와 오나라를 멸망시키
는 것을 볼 수 있게 하라"고 하고는 스스로 목을 찔러 죽었다. 이 소식을
듣고 크게 노한 오왕은 오자서의 시체를 가져다가 말가죽 자루에 넣어 강
물에 던져버렸다. 오나라 사람들이 그를 불쌍히 여겨 강 기슭에 사당을
세우고 서산(胥山)[67]이라고 이름하였다.

---

65) 讒臣 : 참언을 일삼는 간악한 신하.
66) 棺材 : 원문은 "器"이다. 여기에서는 吳王이 죽으면 그의 관을 짤 목재를 말한다.
67) 胥山 : 산 이름으로 지금의 江蘇省 吳縣 서남쪽이다. 그러나 闔廬 때에 이미 胥山

오왕은 오자서를 죽이고 난 후, 마침내 제나라를 공격하였다. 이때 제나라 포씨가 그의 군주인 도공(悼公)[68]을 죽이고 양생(陽生)을 옹립하였으므로 오왕은 그 역적들을 토벌하려고 하였으나 승리하지 못하고 귀국하였다. 그로부터 2년 후, 오왕은 노(魯), 위(衛) 나라의 군주[69]를 불러 탁고(橐皋)[70]에서 회맹하였다. 그 다음해, 북상하여 황지(黃池)[71]에서 제후들과 대대적으로 회맹하고[72] 주(周) 왕실에 호령하였다. 그러나 월왕 구천이 (이 틈을 타서) 오나라를 기습하여 태자를 죽이고 오나라 군사를 무찔렀다. 이 소식을 듣고 귀국한 오왕은 사신을 보내 후한 예물로 월나라와 강화하였다. 9년 후, 월왕 구천은 마침내 오나라를 멸망시키고 오왕 부차를 죽였으며, 자기 군주에게 불충하였으며 외부에서 많은 뇌물을 받고 자기와 내통하였다는 이유로 태재 백비를 주살하였다.

예전에 오자서와 함께 도망쳤던 초나라 태자 건(建)의 아들 승(勝)은 오나라에 있었다. 오왕 부차 때 초 혜왕(楚惠王)[73]이 초나라로 돌아오도록 승을 부르려고 하자, 섭공(葉公)[74]이 "승은 용맹스러운 것을 좋아하여 죽음도 불사하는 병사들을 은밀히 구하고 있으니, 아마 사사로운 의도가 있을 것입니다"라고 간언하였다. 그러나 혜왕은 듣지 않고 마침내 승을 불러 초나라 변경 지역의 읍인 언(鄢)[75]에 살게 하고 백공(白公)이라고 불렀다. 백공이 초나라로 돌아온 지 3년째 되던 해에 오나라는 오자서를 주살하였다.[76]

백공 승은 초나라로 돌아온 후, 정(鄭)나라가 아버지를 죽인 것에 대해서 원한을 품고 죽음도 불사하는 병사들을 은밀히 양성하여 정나라에 보

이 있었으므로 胥山은 伍子胥로 인해서 명명된 것이 아니라는 설도 있다.

68) 悼公 : 齊 景公의 아들. 기원전 488년에서 기원전 485년까지 재위하였다.
69) 魯 哀公과 衛 出公을 말한다.
70) 橐皋 : 吳나라의 지명. 지금의 安徽省 巢縣 서북쪽.
71) 黃池 : 衛나라의 지명으로 '黃亭'이라고도 불린다. 지금의 河南省 封丘縣 서남쪽.
72) 기원전 482년(周 敬王 38년), 夫差와 晉 定公이 패자의 자리를 쟁취하기 위해서 黃池에서 대회맹을 소집하였는데 史書에서는 이를 '黃池之會'라고 부른다.
73) 楚 惠王 : 楚 昭王의 아들. 기원전 488년에서 기원전 432년까지 재위하였다.
74) 葉公 : 楚나라 귀족으로 성은 沈, 이름은 諸梁, 字는 子高이다. 葉(지금의 河南省 葉縣)에 봉해졌기 때문에 葉公이라고 칭해진다.
75) 鄢 : 옛 지명. 지금의 河南省 鄢陵縣 서북쪽.
76) 권40 「楚世家」에 의하면 白公이 楚나라로 돌아온 것은 周 敬王 33년(기원전 487년)이며 伍子胥가 피살된 것은 周 敬王 36년이므로, 吳나라가 伍子胥를 죽인 것은 白公이 楚나라로 돌아온 지 4년째 되는 해의 일이라고 한다.

복하려고 하였다. 그가 초나라로 돌아온 지 5년째 되던 해, 정나라를 토
벌하기를 요청하자 초나라 영윤(令尹) 자서(子西)가 이를 허락하였다.
그런데 출병도 하기 전에 진(晉)나라가 정나라를 공격하니, 정나라에서
는 초나라에 구원을 요청하였고 초나라에서는 자서를 보내 구원하게 하였
다. 자서는 정나라와 맹약을 맺고서는 돌아왔다. 그러자 백공 승은 노하
여 "원수는 정나라가 아니라 바로 자서이다"라고 하였다. 승이 스스로 칼
을 가니 어떤 사람이 "무엇을 하려고 그러십니까?"라고 묻자, 승은 "자
서를 죽이려고 한다"라고 대답하였다. 이 말을 들은 자서는 웃으며 "승은
아직 알[卵] 정도에 지나지 않으니 무슨 일을 할 수 있겠는가?"라고 말
하였다.

　그로부터 4년 후, [77] 백공 승은 석기(石乞)와 함께 초나라 영윤 자서와
사마(司馬) 자기(子綦)를 기습하여 조정에서 그들을 죽였다. [78] 석기가
"왕을 죽이지 않으면 안 됩니다"라고 하여, 왕(초 혜왕)을 죽이려고 하였
으나 왕은 고부(高府) [79]로 도망쳤다. 석기의 시종인 굴고(屈固) [80]가 초
혜왕을 엎고 소부인(昭夫人) [81]의 궁으로 달아났다. 섭공은 백공이 반란
을 일으켰다는 소식을 듣자 자기 백성들을 거느리고 백공을 공격하였다.
백공의 무리들은 패하자 산중으로 도망하여 자살하였다. 그리고 섭공은
석기를 사로잡아 백공의 시체가 있는 곳을 물으며 말하지 않으면 삶아 죽
이려고 하였다. 석기는 "일이 성공하였다면 경(卿) [82]이 되었겠지만 실패
하였으니 삶겨 죽게 되는 것이 당연한 일이다"라고 하며 끝내 백공의 시
체가 있는 곳을 말하지 않았다. 그러자 결국 섭공은 석기를 삶아 죽이고
혜왕을 찾아 다시 왕으로 세웠다.

---

77) 周 敬王 40년에 晉나라가 鄭나라를 공격하였고 周 敬王 41년(기원전 479년)에
　　白公 勝이 반란을 일으켰으므로 4년 후가 아니라 1년 후이다.
78) 　기원전 479년 白公 勝이 吳나라를 공격하여 승리를 거둔 후, 武將 石乞를 데리고
　　楚 惠王에게 보고를 올리러 조정에 간 때를 이용해서 令尹 子西와 司馬 子綦를 죽여
　　버렸다.
79) 　高府 : 楚나라 도성 안에 있는 창고 이름.
80) 　屈固 : 『左傳』의 기록에 따르면 楚 惠王을 엎고 도망친 자는 屈固가 아니라 圉公
　　陽이라고 한다.
81) 　昭夫人 : 昭王의 부인. 즉 惠王의 모친.
82) 　卿 ; 西周와 춘추 시대에는 周나라 왕과 제후에 속한 고급 대신을 卿이라고 불렀
　　다.

태사공은 말하였다.

"사무친 원한이 사람에게 끼치는 영향은 참으로 크다! 왕이라고 하더라도 신하에게 원한을 사서는 안 되는 것이거늘 하물며 동등한 지위에 있는 사람에게서랴. 일찍이 오자서(伍子胥)가 아버지 오사(伍奢)를 따라 같이 죽었다면 하찮은 땅강아지나 개미와 무엇이 달랐겠는가? 그는 소의(小義)를 버리고 큰 치욕을 갚아 명성이 후세에까지 전해졌다. 슬프도다! 오자서가 강가에서 위급한 상황에 처하고 길에서 걸식을 할 때도 마음속에 잠시라도 초나라의 국도(國都)인 영(郢)을 어찌 잊은 적이 있었겠는가? 그러므로 그는 모든 고초를 참고 견디며 공명을 이룰 수 있었으니, 강인한 대장부가 아니면 어느 누가 이런 일을 이룰 수 있겠는가? 백공(白公)이 만약 스스로 왕위에 오르지 않았다면[83] 그의 공적과 계략도 이루 다 말할 수 없을 것이다."

---

83) 白公 勝은 반란을 일으킨 후 楚 惠王을 억류하고 楚 昭王의 형인 왕자 啓를 왕으로 세우려고 하였다. 그러나 왕자 啓가 응낙하지 않자, 白公 勝은 그를 죽이고 자신이 楚나라 왕이 되었다.

권67 「중니제자열전(中尼弟子列傳)」제7

공자(孔子)[1]는 "나에게 가르침을 받고 육예(六藝)[2]에 통달한 제자가 77명[3]이다"라고 하였는데, 그들은 모두 다 특별한 능력을 소유한 사람들 이었다. 그중에서 덕행에는 안연(顏淵), 민자건(閔子騫), 염백우(冉伯牛), 중궁(仲弓), 정사에는 염유(冉有), 계로(季路), 언어에는 재아(宰我), 자공(子貢), 문학(文學)[4]에는 자유(子遊), 자하(子夏)가 특별히 뛰어났다. 그러나 사(師)[5]는 편벽하였고, 삼(參)[6]은 노둔하였고, 시(柴)[7]는 우직하였고, 유(由)[8]는 조속(粗俗)하였다. 회(回)[9]는 매우 가난하였으며, 사(賜)[10]는 천명을 받지 않고 재물을 불리었지만 시세 파악에 능하였다.

공자가 존경한 사람들로는 주(周)[11]나라의 노자(老子),[12] 위(衛)[13]나라의 거백옥(蘧伯玉),[14] 제(齊)[15]나라의 안평중(晏平仲),[16] 초(楚)[17]나

---

1) 孔子(기원전 551-기원전 479년) : 이름은 丘이고 字는 仲尼이다. 춘추시대 말기의 사상가, 정치가, 교육가이며 儒家의 창시자이다. 전해지기로는 선후로 약 3,000여 명의 제자가 있었다고 하는데, 그중에서 저명한 자가 대략 70여 명이다.
2) 六藝 : 禮, 樂, 射, 御, 書, 數를 이른다.
3) 77명 : 文翁의 『孔廟圖』에서는 "72인"이라고 하였다.
4) 文學 : 고대의 문헌, 즉 孔子가 전한 『詩經』, 『書經』, 『易經』 등을 가리킨다.
5) 師 : 顓孫師를 가리킨다.
6) 參 : 曾參을 가리킨다.
7) 柴 : 高柴를 가리킨다.
8) 由 : 仲由를 가리킨다.
9) 回 : 顏回를 가리킨다.
10) 賜 : 端沐賜를 가리킨다.
11) 周 : 나라 이름.
12) 老子 : 老聃. 성은 李이고 이름은 耳이며 字는 伯陽이다. 전해지기로는 춘추시대의 사상가이자 道家의 창시자라고 한다. 周나라에서 藏書를 관리하는 史官을 지냈으며 孔子가 일찍이 그에게 예에 대해서 물었다고 한다. 권63 「老子韓非列傳」 참조.
13) 衛 : 나라 이름. 개국 군주는 周 武王의 동생 康叔이다. 권37 「衛康叔世家」 참조.
14) 蘧伯玉 : 衛나라의 大夫. 이름은 瑗이다. 孔子가 衛나라에 있을 때, 일찍이 그의 집에 머물렀다.

라의 노래자(老萊子),[18] 정(鄭)[19]나라의 자산(子産),[20] 노(魯)[21]나라의 맹공작(孟公綽)[22] 등이 있었다. 자주 칭찬한 사람들로는 장문중(臧文仲),[23] 유하혜(柳下惠),[24] 동제백화(銅鞮伯華),[25] 개산자연(介山子然)[26]이 있었다. 그러나 후자의 네 사람은 모두 공자보다 앞 시대의 사람들이며 같은 시대의 사람들은 아니었다.

안회(顔回)[27]는 노나라 사람이며 자(字)는 자연(子淵)이다. 그는 공자보다 30년 연하이다. 안연이 인(仁)하게 되는 방법을 묻자, 공자가 "자기의 사욕을 이겨 예(禮)로 돌아가는 것이 그것인데, 그러면 천하 사람들이 그가 인하다고 허여할 것이다"라고 말해주었다. 공자는 안회에 대해서 또 다음과 같이 말하였다.

---

15) 齊 : 옛 나라 이름. 기원전 12세기에 周나라에 의해서 봉해진 제후국이다. 성은 姜이며 개국 군주는 呂尙이다. 권32 「齊太公世家」 참조.

16) 晏平仲 : 이름은 嬰이다. 齊나라의 현명한 大夫이며 靈公, 莊公, 景公 3대를 거쳤다. 권62 「管晏列傳」 참조.

17) 楚 : 옛 나라 이름. 성은 芈이고 시조는 鬻態이다. 권40 「楚世家」 참조.

18) 老萊子 : 춘추시대 말기의 楚나라의 은사. 전해지기로는 蒙山의 남쪽에서 몸소 농사를 짓고 살았으며 효행이 있었다고 한다.

19) 鄭 : 옛 나라 이름. 성은 姬이며 개국 군주는 周 宣王의 동생 鄭 桓公(이름은 友이다). 권42 「鄭世家」 참조.

20) 子産 : 公孫僑. 子産은 字이다. 춘추시대 鄭나라의 현명한 재상이었다.

21) 魯 : 옛 나라 이름. 기원전 11세기에 周나라에 의해서 봉해진 제후국이다. 성은 姬이며 개국 군주는 周公 旦의 아들 伯禽이다. 춘추시대에 이르러서는 국세가 쇠약해졌으며, 그 후기에는 公室이 季孫氏, 孟孫氏, 叔孫氏에 의해서 분할되었다. 권33 「魯周公世家」 참조.

22) 孟公綽 : 魯나라 大夫.

23) 臧文仲 : 魯나라의 大夫 張孫辰을 가리킨다. 莊公, 閔公, 僖公, 文公 4대에 걸쳐서 벼슬살이를 하였다. 그러나 『論語』에 기재된 바에 근거하면, 孔子는 늘 臧文仲을 비평하였다고 한다.

24) 柳下惠 : 춘추시대 魯나라의 현명한 大夫. 성은 展, 이름은 獲, 字는 子禽이다. 柳下는 그의 식읍이며 惠는 諡號이다.

25) 銅鞮伯華 : 銅鞮는 晉나라 大夫 羊舌赤(字는 伯華이다)의 식읍으로서, 지금의 山東省 沁縣 남쪽에 있었다. 옛 사람들은 봉지로써 칭호를 삼는 것을 좋아하여 羊舌赤을 銅鞮伯華라고 칭한 것이다.

26) 介山子然 : 介之推(介子推, 介推라고도 한다)를 가리킨다. 춘추시대 晉나라의 귀족.

27) 顔回(기원전 521-기원전 490년) : 孔子의 제자 중 가장 뛰어났으며, 후대에 復聖으로 추앙받았다.

현(賢)하도다, 회여！대로 만든 한 그릇의 밥과 표주박 한 그릇의 마실 것으로 누추한 마을에 산다면, 다른 사람들은 그것을 견뎌내지 못할 것이 어늘, 안회는 아랑곳없이 자기가 즐거워하는 바를 바꾸지 않는다.

　안회는 공부할 때 질문하는 것이 하나도 없어 어리석은 것 같이 보였는데, 그가 내한테서 물러나 어떻게 생활하는가를 살펴보니, 내가 가르쳐준 바를 충분히 발휘하고 있었다. 안회는 절대로 어리석지가 않느니라！

　등용해주면 배운 도리를 행하고 그렇지 않으면 접어두는 것을 오직 나와 너만 행할 수 있느니라！

　안회는 29세의 나이에 백발이 되었으며 젊은 나이에 죽었다. 공자는 그가 죽자 매우 애통해하였으며, 곡하면서 "나에게 안회가 있은 다음부터 문인들이 나와 더욱 친숙해졌는네……"라고 탄식하였디. 노 애공(魯哀公)[28]이 "제자 중에서 누가 배움을 좋아합니까" 하고 물으니, 공자가 "안회라는 자가 배움을 좋아하여 노여움을 옮기지 않고 잘못을 되풀이하지 않았습니다. 그런데 불행히도 요절하였습니다. 지금은 세상에 배움을 좋아하는 자가 없습니다"라고 답하였다.

　민손(閔損)[29]은 자가 자건(子騫)이며 공자보다 15세 연하이다. 공자는 그에 대해서 "효자로다, 민자건이여！부모와 형제들이 그가 효자라고 하는 칭찬에 다른 사람들이 이의를 달지 못하는구나！"라고 하였다. 그는 더러운 녹을 먹는 것을 매우 달갑게 여기지 않았다. 일찍이 노나라의 대부인 계씨(季氏)[30]가 그를 등용하려 하였을 때, 그의 사자에게 "다시 나를 찾아오는 일이 있다면, 나는 틀림없이 문수(汶水)[31]가에 있을 것이다"라고 말하였다.

　염경(冉耕)[32]은 자가 백우(伯牛)이며 공자는 그에게 덕행이 있다고 생

---

28)　魯 哀公：성은 姬, 이름은 蔣이다. 기원전 494년에서 기원전 466년까지 재위하였다.
29)　閔損(기원전 536-기원전 487년)：魯나라 사람. 孔門에서 덕행으로 顔回와 병칭되었다.
30)　季氏：季孫氏. 춘추시대 후기 魯나라의 정권을 장악하였던 귀족이었다.
31)　汶水：齊나라의 남쪽과 魯나라의 북쪽 경계상에 있었다. 여기서 汶水가에 있겠다라는 말은, 齊나라로 건너가버리겠다는 의미이다.
32)　冉耕(기원전 544년-？)：魯나라 사람. 孔門에서 덕행으로 저명하였다.

각하였다. 백우에게 악질(惡疾)이 있어서 공자가 위문을 갔다가 창문을 통해서 그의 손을 잡으며 "천명이로다! 이 사람에게 이런 질병이 있다니, 천명이로다!"라고 탄식하였다.

염옹(冉雍)[33]은 자가 중궁(仲弓)이다. 중궁이 정치를 행하는 방법에 대해서 묻자, 공자가 "문을 나서서는 큰 손님을 뵙듯이 하고 백성을 부릴 때에는 큰 제사를 받들듯이 하는 것이니, 그리하면 방(邦)[34]에서도 원망하는 사람이 없을 것이요, 가(家)[35]에서도 원망하는 사람이 없을 것이다"라고 대답하였다. 공자는 중궁에게 덕행이 있다고 여겼으며, "옹은 임금의 자리에 앉게 할 만하다"[36]라고 평하였다. 중궁의 부친은 지위가 미천한 사람이었다. 그러나 공자는 중궁을 높이 평가하여 "얼룩소의 새끼라도 털이 붉고 뿔이 곧다면, 사람들이 비록 쓰지 않고자 하여도 산천의 신들이 그것을 놓아두겠는가?"라고 말하였다.

염구(冉求)[37]는 자가 자유(子有)이다. 공자보다 29년 연하이며 노나라 대부인 계씨의 재(宰)[38]가 되었다. 계강자(季康子)[39]가 공자에게 "염구는 인(仁)합니까?"라고 물으니, 공자가 "천실지읍(千室之邑)[40]과 백승지가(百乘之家)[41]에서 군사(軍事)를 다스리게 할 만하지만, 인한지에 대해서는 모르겠습니다"라고 답하였다. 재차 "자로(子路)는 인합니까?"라고 물으니, "염구와 다를 바가 없습니다"라고 답하였다.

염구가 공자에게 "의(義)를 들었으면 바로 행해야 합니까?"라고 물으

---

33) 冉雍(기원전 522년-?) : 魯나라 사람.
34) 邦 : 제후의 봉국을 가리킨다.
35) 家 : 卿, 大夫가 관할하는 봉지를 가리킨다.
36) 仲弓이 寬洪簡重하여 임금의 도량이 있음을 말한 것이다.
37) 冉求(기원전 552-기원전 489년) : 魯나라 사람. 일찍이 魯나라의 귀족인 季孫氏의 家臣이 되었다.
38) 宰 : 大夫의 집안 일을 總管하였던 家臣, 즉 總管을 가리킨다.
39) 季康子 : 季孫肥. 魯 哀公 때의 正卿으로서 당시에 정권을 전횡하였다. 『論語』에 근거해보면, 季康子는 마땅히 '孟武伯'으로 되어야 한다.
40) 邑은 고대의 사람들이 모여 살던 곳인데 公邑과 采邑으로 나누어진다. 公邑은 제후들이 관할하며, 采邑은 제후들이 卿, 大夫들에게 분봉한 영지이다. '千室之邑'은 公邑을 가리킨다.
41) 百乘之家 : 제후가 卿, 大夫에게 분봉한 채읍을 가리킨다.

니, 공자가 "바로 행해야 한다"라고 답하였다. 자로가 "의를 들었으면 바로 행해야 합니까?"라고 물으니, "부형(父兄)이 계시니 어찌 듣고서 바로 행하겠느냐?"라고 답하였다. 자화(子華)⁴²⁾가 괴이하게 여겨 "감히 여쭙겠사온대, 물음이 같은데 대답이 어찌하여 다릅니까?"라고 물으니, "염구는 머뭇머뭇거리는 사람인지라 진취시켜준 것이고, 자로는 남에게 이기려 들기 때문에 억제시켜준 것이다"라고 답하였다.

중유(仲由)⁴³⁾는 자가 자로(子路)⁴⁴⁾이며 노나라의 변(卞) 땅 사람이다. 공자보다 9년 연하이다. 자로는 성질이 거칠고 용맹을 좋아하며 심지(心志)가 강직하였다. 수탉의 꼬리로 관을 만들어 쓰고 수퇘지의 가죽으로 주머니를 만들어 허리에 찼다. 공자의 제자가 되기 전, 한때는 공사를 업신여기며 폭행하려 하였다. 그러나 공자가 예로써 대하며 조금씩 바른 길로 인도해주자, 뒤에 유복(儒服)을 입고 폐백을 드리고서 문인들을 통해서 제자가 되기를 청하였다.

자로가 정치를 행하는 방법에 대해서 묻자, 공자가 "백성들이 마땅히 행해야 할 도리를 솔선수범하고 백성들의 일, 즉 농사와 같은 것에는 몸소 애쓰는 것이다"라고 답하였다. 더 보탤 것을 묻자, "시종여일하게 하는 것이다"라고 말하였다.

자로가 "군자는 용맹을 숭상합니까?"라고 물으니, 공자가 답하여 "군자는 의(義)를 최상의 것으로 삼는다. 군자가 용맹을 좋아하고 의를 숭상하지 않는다면 난을 일으키고, 소인이 용맹을 좋아하고 의를 숭상하지 않는다면 도둑질을 한다"라고 말하였다.

자로는 좋은 말을 듣고 아직 행하지 않았다면, 이것도 아직 행하지 않았는데 또 다른 좋은 말을 듣게 될까봐 염려하였다.

공자는 또 다음과 같이 자로에 대해서 말하였다.

한마디의 말로써 옥사(獄事)의 판결을 내릴 수 있는 자는 유(由)일 것이다.

---

42) 子華: 公西赤의 字.
43) 仲由(기원전 542-기원전 480년): 魯나라 관리, 孔子의 제자. 字가 子路이다. 卞 (지금의 山東省 泗水縣) 사람.
44) 子路: 季路라고도 한다.

유는 용맹을 좋아함이 나를 능가하나, 사리를 재량하여 의(義)에 나아가
지를 못한다.

유는 자기의 명대로 살다가 죽기가 어려울 것이다.

해진 솜 두루마기를 입은 채, 여우나 담비의 가죽으로 만든 갖옷을 입은
자와 함께 서서 부끄러워하지 않을 자는 유일 것이다.

유는 학문이 지고한 경지에 올랐지만 아직 오묘한 경지에는 이르지 못하
였다.

계강자가 "중유는 인(仁)합니까"라고 물으니, 공자가 "천승지국(千乘
之國)에서 그 나라의 군사(軍事)를 다스리게 할 수는 있겠으나, 그가 인
한지는 모르겠습니다"라고 답하였다.

자로는 공자를 배종(陪從)하여 원유(遠遊)하기를 좋아하였는데, 원유
하는 도중에 장저(長沮), 걸닉(桀溺),[45] 삼태기를 맨 노인 등을 만났다.

자로가 계씨(季氏)의 재(宰)가 되었을 때, 계손(季孫)[46]이 "자로는 대
신이라고 말할 수 있습니까?"라고 물으니, 공자가 "인원 수만 채울 뿐인
신하라고 말할 수 있겠습니다"라고 답하였다.

자로가 포(蒲)[47] 지방의 대부(大夫)가 되어 공자에게 작별 인사를 하
러 왔을 때, 공자가 다음과 같이 말하였다.

포 지방은 장사(壯士)가 많고, 또 다스리기가 어려운 곳이다. 다음의 말을
일러주니 명심할지어다. 몸가짐을 공경하게 하면 그 지방의 장사들을 제어
할 수 있을 것이요, 관대하고 올바르면 그곳의 중인(衆人)들을 따르게 할
수 있을 것이며, 공정(恭正)함으로써 그곳을 안정되게 하면 윗사람에게 보
답할 수 있을 것이다.

일찍이 위 영공(衛靈公)[48)]에게는 총애하는 부인이 있었는데 남자(南
子)[49)]라고 불렀다. 영공의 태자 괴외(蒯聵)는 남자에게 죄를 범하고 죽
음이 두려워서 나라 밖으로 도망쳤다.[50)] 영공이 죽자, 영공의 부인인 남

---

45) 長沮, 桀溺 : 사람 이름이지만 진짜 이름은 아니다.
46) 季孫 :『論語』에는 "季子然"으로 되어 있다.
47) 蒲 : 衛나라의 읍 이름. 지금의 河南省 長垣縣.
48) 衛 靈公 : 기원전 534년에서 기원전 493년까지 재위하였다.
49) 南子 : 釐夫人이라고도 한다. 원래 宋나라의 귀족이었다.
50) 衛 靈公 39년(기원전 496년)에 蒯聵는 南子를 죽이려다가 일을 이루지 못하여,
    먼저 宋나라로 도망쳤다가 뒤에 晉나라로 갔다.

자는 공자(公子) 영(郢)을 세우려고 하였다. 그러나 영은 사양하며 "태자는 비록 망명하였지만 그의 아들 첩(輒)이 있습니다"라고 하였다. 이에 위나라는 첩을 임금으로 세웠는데 그가 바로 출공(出公)이다. 출공이 즉위한 지 12년이 되도록 그의 아버지인 괴외는 나라 밖에 살면서 국내로 들어오지를 못하였다. 자로는 이무렵 위나라 대부 공회(孔悝)[51]의 읍재(邑宰)로 있었다. 괴외는 공회와 난을 일으키기로 하고, 꾀를 내어 공회의 집으로 은밀히 숨어들어갔다가 드디어 공회의 무리와 함께 출공을 습격하였다. 출공은 결국 노나라로 도망을 가고 괴외가 즉위하게 되었는데 그가 바로 장공(莊公)이다. 공회가 난을 일으켰을 때 자로는 거기에 있지를 않았는데, 소식을 듣고서 달려갔다. 마침 위나라 성문을 나오는 자고(子羔)[52]와 조우하였는데, 자고가 자공에게 "출공은 도망을 갔고 성문은 이미 닫혔으니 다시 돌아가야지, 들어갔다가는 공연히 화를 당하게 됩니다"라고 말하니, 자로가 "출공의 녹을 먹었다면 그가 어려움에 처하였을 때 회피해서는 안 되는 것이오"라고 말하였다. 이에 자고는 떠나갔고, 마침 성으로 들어가는 사자가 있어서 성문이 열렸을 때, 자로도 따라서 들어갔다. 괴외에게 이르자 괴외가 공회와 함께 대(臺)로 올라왔다. 자로가 말하기를 "임금은 어디에다 공회를 쓰시겠습니까? 그는 필요없는 인간이니 제가 잡아다 죽이겠습니다"라고 하였는데, 괴외가 들어주지를 않아서 자로는 그들이 있던 대(臺)를 불태우려 하였다. 괴외가 두려워 석기(石乞)와 호염(壺黶)[53]에게 자로를 공격하게 하였는데 이 공격에 자로의 갓끈이 끊어졌다. 이에 자로가 외치기를 "군자는 설사 죽더라도 관은 벗지 않느니라" 하고 드디어 갓끈을 다시 매고서 죽었다.

공자가 위나라에서 난리가 일어났다는 이야기를 듣고, "아아, 유(由)가 죽겠구나!"라고 탄식하였는데, 이윽고 과연 그가 죽었다. 공자는 그가 죽은 뒤 "내가 유를 얻은 뒤로부터는 다른 사람들의 험담이 나의 귀에 들리지 않았는데……"[54]라고 탄식하였다. 이때 자공(子貢)은 노나라를 위

---

51) 孔悝 : 衛나라 大夫. 蒯聵의 손위 누나인 伯姬의 아들이었다.
52) 子羔 : 高柴의 字. 당시 子路와 함께 孔悝의 가신으로 있었다.
53) 壺黶 : 권37 「衛康叔世家」에는 "盂黶"으로 되어 있다. 옛날에 '盂'와 '壺'는 독음이 같았다.
54) 子路는 용맹하였기 때문에, 어떤 사람이 孔子를 욕하면 곧장 달려가서 그 사람을 혼을 내주었다. 따라서 孔子의 문하에 子路가 있은 다음부터는 사람들이 감히 孔子

하여 제나라로 출사(出使)하였다.

재여(宰予)[55]는 자가 자아(子我)이며 변설(辯舌)에 능하였다. 그는 공자에게 가르침을 받고 나서 다음과 같이 공자에게 말하였다.

삼년상은 너무 긴 것이 아닙니까? 군자가 삼년간 예를 닦지 않는다면 예는 반드시 무너질 것이며 삼년간 음악을 버려둔다면 음악도 반드시 무너질 것입니다. 묵은 곡식은 이미 다하였고 새 곡식이 이미 익었으며, 나무를 마주 비벼 불씨를 바꾸는 것도 철따라 바뀌었으니, 일년으로 그쳐도 될 듯합니다.

이에 공자가 "그렇게 하면 너는 마음이 편하겠느냐?"라고 물으니, "편하겠습니다"라고 하였는데, "네는 편안하면 그렇게 하도록 해라! 군자는 상(喪)에 처해서는 맛있는 음식을 먹어도 달지가 않고 듣기 좋은 음악을 들어도 즐겁지가 않기 때문에, 그렇게 하지 않는 것이다"라고 하였다. 재아(宰我)가 나가자, 공자는 "재여는 참으로 불인(不仁)하구나! 자식은 태어나 3년 뒤라야 부모의 품에서 벗어난다. 따라서 저 삼년상은 천하의 공통된 예의인 것이다"라고 말하였다.

어느날 재여가 낮잠을 자니, 공자가 "썩은 나무로는 조각을 할 수 없고 더러운 흙으로 쌓은 담에는 흙손질을 할 수가 없느니라"라고 말하였다.

재아가 오제(五帝)[56]의 덕에 대해서 묻자, 공자가 "너는 그것에 대해서 물을 적격자가 아니다"라고 말하였다.

재아가 임치(臨菑)[57]의 대부로 있다가[58] 전상(田常)과 난을 일으켜[59] 이로써 멸족의 화를 당하게 되었는데, 공자는 그것을 부끄럽게 여겼다.

를 욕하지를 못하였다.
55) 宰予(기원전 522-기원전 458년) : 魯나라 사람.
56) 五帝 : 고대의 전설 속의 제왕. 일반적으로는 黃帝, 顓頊, 帝嚳, 唐堯, 虞舜을 가리킨다.
57) 臨菑 : 齊나라의 도성. 지금의 山東省 淄博市 동북쪽.
58) 여기에서는 大夫로 있었던 것이 아니고 臨菑에서 벼슬살이를 하고 있었다는 것을 말한다.
59) 田常은 田成子를 가리킨다. 이름은 恒이며 齊나라의 大臣이었다. 齊 簡公 4년(기원전 481년)에 簡公을 죽이고 平公을 옹립하여 재상이 되었다. 『左傳』哀公 14년을 보면, 宰我는 결코 田常과 함께 난을 일으킨 적이 없었다. 당시 田常과 함께 簡公에게서 총애를 다투는 자로 闞止라는 자가 있었다. 그는 田常의 난 때에 피살되었는데, 이 사람의 字가 바로 子我여서 아마도 착오가 생겼던 것 같다.

단목사(端沐賜)[60]는 위(衛)나라 사람이며 자가 자공(子貢)이다. 공자보다 31년 연하이다. 자공은 변설에 능하여 공자가 늘 그것을 억누르곤 하였다. 한번은 공자가 "너와 안회 중 누가 더 나으냐?"라고 물으니, "제가 어찌 감히 안회를 바라볼 수 있겠습니까? 안회는 하나를 들으면 열을 알고 저는 하나를 알면 겨우 둘을 알 뿐입니다"라고 답하였다.

자공이 가르침을 받고 난 뒤 "저는 어떤 사람입니까?"라고 물으니, 공자가 "너는 그릇이니라"라고 하였는데, "어떤 그릇입니까?"라고 하니, "호련(瑚璉)[61]이다"라고 하였다.

진자금(陳子禽)[62]이 자공에게 "중니(仲尼)께서는 누구에게서 배우셨습니까?"라고 물으니, 자공이 다음과 같이 답하였다.

문왕(文王)과 무왕(武王)의 도가 아직 땅에 떨어지지 않고 사람에게 보존되어 있어, 현자들은 그중에서 큰 것에 대해서 기억하고 있고 그렇지 못한 자라도 작은 것을 기억하고 있습니다. 이처럼 문왕과 무왕의 도가 사람마다에게 있으니, 선생님께서 누구에게인들 배우지 않으셨겠습니까? 그러므로 또한 어찌 고정된 스승을 두셨겠습니까?

진자금이 또 묻기를 "공자께서는 가는 나라마다 그곳의 정치에 대해서 반드시 들으시는데, 그것은 요청한 것입니까, 아니면 상대방에서 요청한 것입니까?"라고 하니, 자공이 다음과 같이 답하였다.

선생님께서는 온화, 선량, 공경, 절제, 겸양하시어 상대방에서 의논을 구하여 듣게 되는 것이니, 굳이 요청이라는 말로 하자면, 선생님의 요청은 다른 사람들의 그것과는 전혀 다를 수밖에 없지요.

자공이 "부유하지만 교만함이 없고 가난하지만 아첨함이 없다면, 어떻습니까?"라고 물으니, 공자가 "그런 대로 괜찮다. 그러나 가난하지만 도를 즐기고 부유하면서도 예를 좋아함만 같지 못하니라"고 답하였다.

전상이 제나라에서 난을 일으키고자 하였으나 제나라의 거족(巨族)인 고씨(高氏), 국씨(國氏), 포씨(鮑氏), 안씨(顏氏)[63]의 세력이 두려웠다. 그래서 그들의 군대를 합쳐 노나라를 정벌하고자 하였다. 공자가 이

---

60) 端沐賜(기원전 520년-?) : 端沐이 성이다.
61) 瑚璉 : 종묘 제사에 쓰는 귀한 그릇.
62) 陳子禽 : 陳亢의 字.
63) 高氏, 國氏, 鮑氏, 顏氏 : 당시 齊나라에서 실권을 쥐고 있던 卿, 大夫 가문.

소식을 듣고 제자들에게 "이 노나라는 조상의 무덤이 있는 부모의 나라인데, 이 나라가 위태로움에 처함이 이와 같으니 그대들은 어찌하여 나서지 않는가?"라고 말하니, 이에 자로가 나서기를 청하였는데 공자가 말렸고, 자장(子張)과 자석(子石)[64]이 나서기를 청하였는데 역시 허락하지 않았다. 이번에는 자공이 나서기를 청하자 비로소 공자가 허락하였다.

이에 자공이 제나라로 가서 전상을 달래었다.

> 당신이 노나라를 정벌하는 것은 잘못된 일입니다. 저 노나라는 정벌하기가 어려운 나라이니, 그 성벽은 얇고 낮고, 성을 둘러싼 해자(垓字) 연못은 좁고 얕으며, 대신들은 위선적이고 쓸 데가 없는 사람들이고, 임금은 어리석고 어질지 못하며, 병사들과 백성들은 또 전쟁을 싫어하니, 이런 나라는 더불어 싸울 바가 못 됩니다. 그러니 오(吳)나라를 정벌함만 못합니다. 저 오나라는 성벽이 높고 두껍고, 해자 연못은 넓고 깊으며, 무기는 견고하고 새로운 것들이고, 군사들은 정예이며, 게다가 현명한 대부(大夫)들로 하여금 지키게 하고 있으니, 이는 정벌하기가 쉬운 상대입니다

그러자 전상이 화를 내면서 "그대가 어렵다고 하는 것은 다른 사람에게는 쉬운 일이고, 그대가 쉽다고 하는 것은 다른 사람들에게는 어려운 일인데도, 이러한 것으로써 나에게 유세하는 것은 무슨 까닭이오?"라고 하였다. 이에 자공이 다음과 같이 답하였다.

> 제가 듣건대, 근심이 내부에 있으면 강한 적을 공격하고 근심이 외부에 있으면 약한 적을 공격한다고 합니다. 그런데 지금 당신의 근심은 내부에 있습니다. 제가 들으니, 당신은 제나라 임금에 의해서 세 번이나 봉해졌는데도 세 번 모두 성사되지 않은 것은, 대신들 중에 반대하는 이가 있었기 때문이었다고 하는데, 지금 만약에 당신이 그들의 군대로써 노나라를 격파하여 제나라의 땅을 넓힌다고 해도, 싸움에 이긴 것으로써 임금의 마음을 교만하게 하고 대신들의 위세를 드날리게 할 뿐, 당신의 공은 거기에 있지 않게 되니, 날로 임금과의 관계만 소원해질 뿐일 것입니다. 이렇게 당신이 위로는 임금의 마음을 교만하게 하고 아래로는 여러 신하들을 방자하게 하고서 당신이 목적하는 바를 이루고자 한다면 이는 안 될 일인 것입니다. 대저 임금이 교만해지면 방자해져 못 할 일이 없을 것이고, 신하들이 교만해지면 권력을 다투게 되는데, 이렇다면 당신은 위로는 임금과 틈이 있게

---

64) 子張은 顓孫師의 字이고, 子石은 公孫龍의 字이다.

되고 아래로는 대신과 서로 권력을 다투게 되니, 제나라에서의 당신의 입지는 더욱 좁아지게 될 것입니다. 때문에 오나라를 공격함만 못하다고 말하는 것입니다. 오나라를 공격하여 싸움에서 이기지 못하면, 백성들은 바깥에서 죽게 되고 대신들의 세력은 안으로 공허해지게 되니, 이렇다면 당신에게는 위로는 강신(强臣)의 적이 없게 되고 아래로는 백성들의 비난이 없어지게 되어, 임금을 고립시켜 제나라를 오로지 좌우할 수 있는 자는 당신밖에 없게 됩니다.

전상이 이 말을 듣고서 "좋소. 비록 그렇지만, 우리의 군대가 이미 노나라로 출동하였으니, 오나라로 방향을 돌리게 한다면 대신들이 의심할 것이니 어찌해야 되겠소?"라고 물으니, 자공이 답하여 "당신은 이핑계 저핑계를 대면서 끝까지 군대를 전진하게 하지 마십시오. 그동안에 제가 오나라 왕을 달래어 노나라를 구원하여 제나라를 공격하게 할 것이니, 그때 당신은 오나라를 맞아 싸우십시오"라고 하였다. 전상이 이를 허락하고 자공으로 하여금 남쪽으로 가서 오나라 왕을 만나보게 하였다.

자공이 오나라 왕을 달래었다.

신이 듣건대, 왕자(王者)는 다른 나라의 후사가 끊어지지 않게 하고, 패자(覇者)는 적을 강하게 함이 없으며, 천균(千鈞)[65]이나 되는 무거운 것일지라도 일수(一銖)나 일량(一兩)[66]밖에 되지 않는 경미한 것이 더해짐으로써 저울추가 움직여진다라고 합니다. 지금 만승(萬乘)의 제나라가 천승(千乘)의 노나라를 공격하여 차지하려고 하는 것은 오나라와 강함을 다투기 위함인데, 저는 진실로 왕을 위해서 염려가 됩니다. 게다가 노나라를 구원하는 것은 명분을 현양(顯揚)하는 것이 되고, 제나라를 징벌하는 것은 크게 이로움이 됩니다. 사수(泗水)가의 제후들을 안무(安撫)한다는 것으로써 난폭한 제나라를 징벌하고 여세를 몰아 진(晉)나라를 굴복시킨다면 이로움이 이보다 큼이 없을 것입니다. 명분은 망해가는 노나라를 존속시키는 데에 있고 실상은 강한 제나라를 곤경에 빠뜨리는 것이니, 지자(智者)라면 의심하지 않고 결행할 것입니다.

그러자 오나라 왕이 다음과 같이 말하였다.

좋소. 비록 그렇지만, 내가 일찍이 월(越)나라와 싸움을 벌여 월나라 왕을

---

65) 鈞은 고대의 중량 단위이다. 1鈞은 30斤이다.
66) 銖와 兩은 고대의 중량 단위이다. 24銖가 1兩이 되고 16兩이 1斤이 된다.

회계산(會稽山)[67]으로 몰아넣어 곤욕을 치르게 한 적이 있는데,[68] 그 일로 해서 월나라 왕은 절치부심(切齒腐心)하여 군사를 양성하면서 나에게 보복할 기회만을 기다리고 있으니, 내가 월나라를 정벌하는 것을 그대가 기다려준다면, 내가 그대의 말을 듣겠소.

이에 자공이 다음과 같이 말하였다.

월나라의 강함은 노나라에 불과하고 오나라의 강함은 제나라와 맞먹을 정도인데, 왕께서 제나라를 놓아두고 월나라를 공격한다면 제나라는 이미 노나라를 평정한 이후일 것입니다. 또한 왕께서는 바야흐로 망해가는 나라를 존속시켜 끊어지는 후사를 이어주는 것으로써 명분을 삼게 되는 것인데도, 작은 월나라를 염려하여 정벌에 나서는 것은 용자(勇者)의 일이 아닙니다. 용자는 어려움을 회피하지 않고, 인자(仁者)는 곤란에 처한 사람을 궁지로 몰아넣지 아니하며, 지자(智者)는 때를 잃지 아니하고, 왕자(王者)는 남의 나라의 후사를 끊지 않음으로써 의(義)를 세우게 됩니다. 지금 월나라를 존속시켜 제후들에게 인(仁)함을 보이고, 제나라에 핍박당하고 있는 노나라를 구원하여 제나라를 징벌하며, 이후 오나라의 위력을 진(晉)나라에 가하여 굴복시킨다면, 제후들은 반드시 서로 이끌면서 오나라에 조회(朝會)하러 올 것이니, 그렇게 됨으로써 패업(覇業)이 이루어질 것입니다. 또 왕께서 월나라를 정 그렇게 염려하신다면, 제가 월나라 왕을 만나 설득시켜 응원군을 보내도록 하겠습니다. 이렇다면 실상은 월나라를 텅 비게 하는 것이고 명분은 제후를 이끌고서 정벌하는 것이 됩니다.

그러자 오나라 왕이 크게 기뻐하며 자공을 월나라로 보냈다. 월나라 왕 구천(句踐)[69]은 길을 청소하고, 교외로 친히 마중을 나와, 몸소 수레를 몰아 숙사에 이른 다음, 자공에게 "여기는 오랑캐 나라인데 대부(大夫)께서 어인 일로 외람되게 오셨소?"라고 말하였다. 이에 자공이 다음과 같이 말하였다.

지금 저는 오나라 왕에게 노나라를 구원하여 제나라를 공격할 것을 유세하

---

67) 會稽山 : 浙江省 중부에 있다.
68) 기원전 494년, 吳나라 왕 夫差가 夫椒에서 越나라 군대를 대파하고, 승세를 몰아 越나라 도읍을 공격하자, 越나라 왕 句踐은 會稽山으로 퇴각하여 수비하다가, 결국은 굴복하였다.
69) 句踐(?-기원전 465년) : 기원전 497년에서 기원전 465년까지 재위하였다. '句'는 '勾'와 통한다.

였는데 그의 뜻은 그것을 원하지만 월나라가 염려되어 말하기를 "내가 월
나라를 정복하고 나서야 가능하다"라고 하였습니다. 이러하니 반드시 월나
라를 공격할 것입니다. 그리고 남에게 보복할 뜻이 없으면서도 남에게 의
심케 한다면 이는 일을 서투르게 하는 것이고, 남에게 보복할 뜻이 있는데
남에게 알게 하였다면 이는 일을 위태로운 지경으로 몰고 가는 것이며, 일
을 미처 실행하기도 전에 발설되었다면 이는 일을 매우 위험스러운 지경으
로 치달리게 하는 것인바, 이 세 가지는 거사(擧事)에서 큰 잘못이라고 말
하지 않을 수가 없는 것입니다.

월나라 왕 구천이 머리를 조아려 절하면서 다음과 같이 말하였다.

과인은 일찍이 과인의 힘을 헤아리지 않고 오나라와 싸움을 벌였다가 회계
에서 큰 곤욕을 치러 그때의 분통함이 골수에 사무쳐, 밤낮으로 복수할 생
각에 입술과 혀가 바싹바싹 타들어가니, 오나라 왕과 함께 죽는 것만이 과
인의 소원이오.

그리고 나서 자공에게 오나라에게 복수할 수 있는 방법에 대해서 물었
다. 이에 자공이 다음과 같이 답하였다.

오나라 왕은 사람됨이 난폭하여 신하들이 견뎌내지를 못하고 있고, 국가는
잦은 전쟁으로써 피폐해져 군사들이 참아내지를 못하고 있으며, 백성들은
왕을 원망하고 대신들은 안으로 동요를 일으키고 있습니다. 그리고 자서
(子胥)[70]는 간(諫)하다가 죽었고, 태재(太宰) 비(嚭)[71]가 나라 일을 주관
하고 있으나, 임금의 잘못에 순응하여 자기의 사욕만을 채우기에 급급하니
이는 나라를 잔해(殘害)하는 다스림입니다. 지금 왕께서 응원군을 보내어
그의 뜻에 투합(投合)하고, 귀중한 보물들을 보내어 그의 환심을 사며, 왕
께서 낮추시어 그를 높이면, 그는 반드시 제나라를 공격할 것입니다. 그리
하여 오나라가 이기지 못하면 왕의 복이시고, 설령 이기더라도 반드시 여
세를 몰아 진(晉)나라를 공격하게 될 터인데, 그러면 제가 그때에 진나라

---

70) 子胥(?-기원전 484년) : 吳나라의 大夫. 성은 伍, 이름은 員, 字는 子胥이다.
    吳나라 왕 夫差 때에 越나라가 화평을 요청해오는 것을 거절하고 齊나라를 정벌하는
    것을 멈출 것을 간하였다가 점점 왕과 소원하게 되었으며, 뒤에 吳나라 왕이 그에게
    칼을 내려 자살할 것을 명하였다.
71) 太宰는 관직 이름인데, 왕가의 내외의 사무를 관장하였다. 嚭의 성은 伯이고, 嚭
    는 이름이다. 그는 吳나라의 大夫였는데, 왕의 비위를 잘 맞추어서 총애를 크게 받
    았다. 吳나라가 망한 후에는 越나라에 투항하여 신하가 되었다(일설에는 句踐에 의
    해서 사살되었다고 한다).

임금을 뵙고서 함께 공격하도록 하겠습니다. 그렇게 되면 오나라의 세력은 반드시 약화될 것입니다. 오나라의 정예 병사들이 제, 진 나라와의 싸움에서 거의 기진맥진하게 되었을 때, 왕께서 그 틈을 타서 공격하신다면 반드시 오나라를 멸망시킬 수 있을 것입니다.

월나라 왕은 크게 기뻐하며 그렇게 할 것을 허락하였다. 자공이 떠날 즈음에 월나라 왕은 황금 100일(百鎰)[72]과 검 한 자루, 좋은 창 두 자루를 선사하였다. 그러나 자공은 그것을 받지 않고 오나라로 갔다.

자공이 오나라 왕에게 다음과 같이 보고하였다.

신이 삼가 대왕의 말씀을 월나라 왕에게 고하니, 그는 두려워하며 말하기를 "고(孤)[73]는 불행히도 어려서 부친을 잃어, 안으로 스스로를 헤아리지 못해서 오나라에 죄를 범하여, 군대는 싸움에서 패하고 몸은 욕됨을 받아 회계산에서 숨어 살게 되어, 나라는 폐허가 되었소. 그런데 대왕의 은혜를 입어 다시 조상에 대한 제사를 받들게 되었으니 죽어도 그 은혜를 잊을 수가 없는데, 어찌 감히 오나라에 대한 도모를 생각하겠소?"라고 하였습니다.

닷새 뒤에 월나라에서 대부(大夫) 문종(文種)을 사신으로 보내었는데, 그는 머리를 조아리며 다음과 같이 오나라 왕에게 아뢰었다.

동해(東海)[74] 구천의 사자(使者) 신 문종이 삼가 대왕의 신하들을 통해서 문안인사를 올립니다. 지금 듣건대, 대왕께서 장차 대의(大義)를 일으켜 강자를 징벌하고 약자를 구원하여 난폭한 제나라를 곤경에 처하게 함으로써 주(周)나라 왕실을 안무하신다고 하니, 나라 안의 사졸 3,000명을 모조리 동원하고, 구천 스스로 무장하여 선두에서 적의 화살과 돌을 받고자 합니다. 그리고 문종 저도 선대에서 물려주신 갑옷 20벌과 도끼, 굴로(屈盧)[75]가 만든 창, 보광검(步光劍)을 받들어 군수(軍帥)에게 하례하겠습니다.

오나라 왕이 크게 기뻐하여 이 말을 자공에게 일러주면서 "월나라 왕이

---

72) 鎰은 중량 단위이다. 1鎰은 22兩(혹 24兩)이다.
73) 孤 : 옛날 王侯들의 자기에 대한 겸칭.
74) 東海 : 越나라는 땅이 東海에 임해 있었기 때문에, 여기에서 東海로써 越나라를 대칭한 것이다.
75) 屈盧 : 창을 잘 만들었다는 옛날의 장인.

몸소 과인을 좇아서 제나라 정벌에 나서겠다고 하니, 허락해도 괜찮겠소?"라고 물으니, 자공이 "안 됩니다. 남의 나라를 텅 비게 하고 남의 군대를 모조리 동원하면서 또 그 임금으로 하여금 좇게 하는 것은 불의(不義)입니다. 임금께서는 그가 보내는 예물과 응원군만을 허락하실 뿐, 그 임금은 사양해야 됩니다"라고 답하였다. 이에 오나라 왕은 자공의 말을 좇아서 월나라 왕이 이 전쟁에 참가하는 것은 사양하였다. 오나라 왕은 드디어 9개 군(郡)[76]의 병사들을 동원하여 제나라의 정벌에 나섰다.

자공이 이 일로 인해서 진(晉)나라로 가서 그 임금[77]을 다음과 같이 달래었다.

신이 듣건대, 생각이 먼저 확정되지 않으면 갑작스러운 일에 잘 대처할 수가 없고 군대가 잘 정비되어 있지 않으면 적에게 이길 수가 없다고 합니다. 지금 제나라와 오나라가 장차 싸울 것인데, 오나라가 이기지 못한다면 월나라가 반드시 오나라를 공격할 것이고, 제나라와 싸워서 이긴다면 반드시 여세를 몰아서 진나라로 쳐들어올 것입니다.

진나라 임금은 크게 두려워 "어떻게 해야 하오?"라고 물으니, 자공이 "군대를 잘 정비하여 기다리십시오"라고 답하였다. 진나라 임금이 그렇게 하겠다고 약속하였다.

자공이 진나라를 떠나서 노나라로 돌아왔을 때, 오나라 왕은 과연 제나라와 애릉(艾陵)에서 전투를 벌였는데,[78] 대승을 거두어 적의 7명의 장군이 이끄는 군사들을 포로로 잡았다.[79] 그리고서는 돌아가지를 않고 여세를 몰아 진나라로 나아갔다. 진나라 군대와는 황지(黃池)[80]에서 마주쳤다. 서로 강함을 다투다가 진나라에서 공격하여 대승을 거두었다.[81] 월나라 왕이 이 소식을 듣고서 강을 건너 오나라를 습격하여 도성(都城)

---

76) 郡 : 춘추시대부터 隋唐까지의 지방 행정구역 이름.
77) 晉 定公을 가리킨다.
78) 艾陵은 지금의 山東省 萊撫縣 동북쪽이다. 이 전투는 기원전 484년, 즉 吳나라 왕 夫差 12년에 있었다.
79) 艾陵 전투에서 吳나라 군은 齊나라의 大將 國書, 副將 高無丕 등 '5명'을 포로로 잡았지 '7명'이 아니다.
80) 黃池 : '黃亭'으로 衛나라의 지명이다. 지금의 河南省 封丘縣 서남쪽.
81) 艾陵 전투 2년 뒤, 吳나라 왕 夫差는 晉 定公과 覇主를 쟁탈하여 제후들로 하여금 黃池에 모이게 하였는데, 역사상 이를 '黃池의 회동(黃池之會)'이라고 부른다. 吳나라와 晉나라는 黃池에서는 결코 싸우지 않았다.

밖 7리쯤에 주둔하였다. 오나라 왕이 이 소식을 듣고서 급히 진나라와의 싸움을 그만두고 회귀하여 오호(五湖)[82]에서 월나라와 싸웠다. 세 번을 싸웠는데 결국은 이기지 못하여 월나라 군대에게 도성이 무너졌고, 월나라는 드디어 왕궁을 포위하여 오나라 왕 부차를 죽이고[83] 그 재상인 백희(伯嚭)를 주륙(誅戮)하였다. 오나라를 격파한 지 3년 뒤에 월나라는 동방의 제후들 사이에서 패자가 되었다.[84]

자공이 한번 나섬에 노나라를 존속시키고 제나라를 혼란에 빠뜨렸으며, 오나라가 망하고 진(晉)나라가 강국이 되었으며 월나라가 패자가 되었으니, 즉 자공이 한번 뛰어다님으로써 국제간의 형세에 균열이 생겨 10년 사이에 다섯 나라에 각각 큰 변동이 생겼던 것이다.

자공은 시세를 보아 물건을 매매하여 이익을 챙기는 것을 좋아하여 때를 보아서 그때그때에 재물을 굴리었다. 그는 남의 장점을 드러내주는 것도 좋아하였으나 남의 잘못을 숨겨주지도 못하였다. 일찍이 노나라와 위(衛)나라에서 재상을 지냈으며[85] 집안에 천금(千金)을 쌓아두기도 하였다. 결국 그는 제나라에서 세상을 마쳤다.

언언(言偃)은 오(吳)나라 사람으로 자가 자유(子遊)이며 공자보다 45년 연하이다.

자유가 공자에게 가르침을 받고 나서 무성(武城)[86]의 재(宰)가 되었다. 공자가 이곳을 지나가다가 읍(邑) 사람들이 거문고를 타며 노래하는 소리를 듣고서 빙그레 웃으면서 "닭을 잡는 데에 어찌 소 잡는 데 쓰는 칼을 사용하는가?"라고 말하자, 자유가 "이전에 저는 선생님께서 군자가 도를 배우면 남을 사랑하게 되고 소인이 도를 배우면 부리기가 쉽다고 하시는 말씀을 들었습니다"라고 말하였다. 이에 공자가 옆에 있던 다른 제자들을 향하여 "언언의 말이 옳다. 내가 방금 한 말은 농담이었다"라고

---

82) 五湖 : 太湖 유역의 모든 호수를 범칭한 것이다.
83) 기원전 473년에 句踐은 吳나라를 멸망시킨 뒤, 夫差를 甬東(지금의 浙江省 定海縣)의 섬으로 귀양 보내려 하였으나, 夫差 스스로 목을 매어 죽었다.
84) 기원전 473년, 즉 吳나라를 멸망시킨 그해에, 句踐은 군대를 이끌고 淮河를 건너서 제후들로 하여금 徐州(지금의 山東省 滕縣 남쪽)에 모이게 하고서 동방의 覇主가 되었다.
85) 이 일은 지금 고증할 길이 없다.
86) 武城 : 魯나라의 읍 이름. 지금의 山東省 費縣 서남쪽에 있었던 南武城이다.

말하였다. 공자는 자유가 문학에 뛰어나다고 생각하였다.

  복상(卜商)⁸⁷⁾은 자가 자하(子夏)이며 공자보다 44년 연하이다.
  자하가 "'어여쁜 웃음에 입 언저리의 아름다움이여, 아름다운 눈의 흑백의 반반함이여, 흰 것으로써 아름다움을 이루었네'⁸⁸⁾라고 하였는데, 이것은 무엇을 말한 것입니까?"라고 물으니, 공자가 답하여 "그림 그리는 일은 흰 바탕을 만든 뒤에 한다는 것이다"라고 하였다. 이 대답에 자하가 "예(禮)가 뒤입니까?"라고 물으니, 공자가 "비로소 상(商)과 더불어 『시경(詩經)』에 대해서 이야기할 만하구나"라고 말하였다.
  자공이 "사(師)와 상(商) 중 누가 더 낫습니까?"라고 물으니, 공자가 "사는 지나친 데가 있고, 상은 미치지 못하는 데가 있다"라고 답하였다. 자공이 또 "그렇다면 사가 더 낫습니까?"라고 물으니, 공자가 "지나친 것은 미치지 못하는 것과 다를 바 없다"라고 하였다.
  공자가 자하에게 "너는 군자 선비가 되어야지 소인 선비가 되어서는 안 되느니라"라고 하였다.
  공자가 세상을 떠난 뒤에, 자하는 서하(西河)⁸⁹⁾에서 학생들을 가르치는 한편 위 문후(魏文侯)의 스승이 되었다.⁹⁰⁾ 그는 자식의 죽음에 너무 슬피 곡하다가 실명(失明)하였다.

  전손사(顓孫師)⁹¹⁾는 진(陳)나라 사람이며 자는 자장(子張)이다. 공자보다 48년 연하이다.

---

87) 卜商(기원전 507년-?) : 晉나라 溫(지금의 河南省 溫縣 서남쪽) 사람. 일설에는 衛나라 사람이라고 한다.
88) 원문은 "巧笑倩兮, 美目盼兮, 素以爲絢兮"인데 앞의 두 구는 『詩經』 「衛風」 "碩人"에 보이며, 뒤의 한 구는 逸詩이다.
89) 西河 : 魏나라 지명. 지금의 山西省, 陝西省 사이의 黃河 좌우에 있었다. 일설에는 지금의 河南省 安陽市에 있었다고 하는데, 당시에 黃河는 安陽市 동쪽을 경유하였는바, 西河는 즉 黃河 서쪽을 의미한다.
90) 魏 文侯는 전국시대 魏나라의 건립자로, 이름은 斯이다. 기원전 446년에서 기원전 396년까지 재위하였다. 魏 文侯는 安邑(지금의 山西省 夏縣 서북쪽)에 도읍하였고, 子夏는 당시 西河에서 가르치고 있었는데, 魏 文侯는 그를 스승으로 삼아서 국정에 대한 가르침을 청하였다.
91) 顓孫師(기원전 503년-?) : 顓孫이 성이다. 陽城(춘추시대의 鄭나라의 읍 이름, 지금의 河南省 登封縣 남동쪽) 사람이다.

　자장이 녹(祿)을 구하는 것을 묻자, 공자가 답하여 "많이 듣고 그중에서 의심나는 것을 빼버린 다음, 그 나머지를 신중히 말한다면 허물이 적을 것이다. 많이 보고서 그중에서 의심나는 것을 빼버린 다음, 그 나머지를 신중히 행한다면 후회가 적을 것이다. 말에 허물이 적고 행동에 후회가 적다면, 녹이 바로 그 안에 있다"라고 하였다.

　다른 날에 자장이 공자를 수행하다가 진(陳)나라와 채(蔡)나라 사이에서 어려움에 처하였을 때, 자기 생각대로 세상에서 행하는 것에 대해서 물으니, 공자가 다음과 같이 답하였다.

> 말이 충신(忠信)스럽고 행동이 착실하고 조심스럽다면, 비록 오랑캐의 땅에 있을지라도 행할 수 있을 것이다. 말이 충신스럽지 못하고 행동이 착실하지 못하고 조심스럽지 않다면, 비록 고향일지라도 행할 수 없을 것이다. 서 있을 때에는 그것이 앞에 나타남을 보고 수레에 있을 때에는 그것이 수레의 가로대에 기대어 있음을 보아야 한다. 그런 뒤에라야 행할 수 있을 것이다.

　자장은 잊어버리지 않기 위하여 그 말을 자기의 허리띠에 적어두었다.

　자장이 공자에게 "선비는 어떠해야 통달(通達)[92]이라고 말할 수가 있습니까?"라고 물으니, 공자가 "무엇이냐, 네가 통달이라고 말하는 것이?"라고 되물었다. 자장이 "국(國)에서도 반드시 이름이 알려지고 가(家)에서도 반드시 이름이 알려지는 것입니다"라고 하였다.[93] 이에 공자가 "이것은 명망이지 통달이 아니다. 대저 통달한 사람은 질직(質直)하여 의(義)를 좋아하고, 남의 말을 잘 살피고 안색을 잘 관찰하며, 겸손하게 자기를 낮추나니, 이렇게 하는 사람은 반드시 통달하게 된다. 명망이 있는 사람은 겉으로는 인(仁)을 취하면서도 행동은 이것에서 어긋나고, 그러면서도 그것을 옳다고 여겨서 조금도 의심하지 않나니, 이렇게 하는 사람은 반드시 명망을 사취(詐取)하게 된다"라고 하였다.

　증삼(曾參)[94]은 남무성(南武城)[95] 사람이며 자가 자여(子輿)이다. 공

---

92)　通達 : 식견이 高超하여 流俗에 힘쓸리지 않는 것을 말한다.
93)　國은 제후가 다스리는 국가이고, 家는 卿, 大夫의 봉지이다.
94)　曾參(기원전 505-기원전 435년) : 魯나라 사람이며 효로써 저명하였다. 전해지기로는 『大學』을 그가 지었다고 한다. 후대에 宗聖으로 추앙받았다.

자보다 46년 연하이다.

공자는 그가 효도에 능통하다고 여겨 가르침을 베풀었다. 그는 『효경(孝經)』[96]을 지었으며 노나라에서 세상을 마치었다.

담대멸명(澹臺滅明)[97]은 무성(武城) 사람이며 자가 자우(子羽)이다. 공자보다 39년 연하이다.

용모가 심히 추악하여 그가 가르침을 청하러 왔을 때, 공자는 그의 재주가 박(薄)할 것이라고 생각하였다. 그러나 가르침을 받고 난 뒤로는, 돌아가서 자기의 덕행을 배양하는 데 힘쓰고, 길을 갈 때에는 절대로 지름길로 가지 않았으며, 공적인 일이 아니면 집정자(執政者)들을 만나지 않았다.

그가 남쪽으로 유력(遊歷)하여 장강(長江)가에 이르렀을 때,[98] 그를 따르는 제자들이 300명이나 되었다. 물건을 남에게서 취함과 남에게 줌, 벼슬에 나아감과 물러남에 완전무결하여 제후들에게 이름이 널리 알려졌다. 공자가 이 이야기를 듣고 "내가 말로써 사람을 취하였다가 재여(宰予)에게서 실수하였고, 용모로써 사람을 취하였다가 자우에게서 실수하였다"라고 탄식하였다.

복부제(宓不齊)[99]는 자가 자천(子賤)이며 공자보다 30년 연하이다.

공자는 자천을 평하여 "군자로다! 그러나 노나라에 군자가 없었더라면, 이 사람이 어떻게 군자가 될 수 있었겠는가?"라고 하였다.

자천이 선보(單父)[100]의 재(宰)로 있다가 어느날 공자에게 들러서 "이 나라에는 저보다 나은 자가 다섯 사람이 있는데, 그들은 저에게 어떻게

---

95) 南武城: 옛 읍 이름, 즉 武城을 말한다. 지금의 山東省 費縣 서남쪽.

96) 『孝經』: 『漢書』「藝文志」에는 "『孝經』은 孔子가 曾子를 위하여 효도에 대해서 진술한 것이다"라고 되어 있다. 『孝經』은 유가 경전의 하나로서 18장으로 구성되어 있다. 작자에 대한 견해는 사실 분분한데, 대체로 孔門의 후학들이 지었다고 여겨지고 있다.

97) 澹臺滅明(기원전 512년-?): 澹臺가 성이다.

98) 전해지기로는 澹臺滅明은 南遊하여 吳나라에 이르렀다고 한다. 지금의 江蘇省 吳縣 동남쪽에 澹臺湖가 있는데, 원래는 澹臺滅明의 옛 거주지였다가, 뒤에 침몰하여 호수가 된 것이다.

99) 宓不齊(기원전 521년-?): 魯나라 사람.

100) 單父: 현 이름. 지금의 山東省 單縣.

다스려야 하는가에 대해서 가르쳐줍니다"라고 하였다. 이 말을 듣고 공자는 "애석하구나, 부제(不齊)가 다스리는 곳이 작은 것이! 만약에 다스리는 곳이 크다면 거의 이상에 가까운 정치를 실현할 수 있을텐데"라고 탄식하였다.

원헌(原憲)[101]은 자가 자사(子思)이다.
자사가 수치[恥]에 대해서 묻자, 공자는 "나라에 도가 있는데도 하는 일 없이 녹이나 먹고 있고, 나라에 도가 없는데도 벼슬자리에 연연하여 녹이나 먹고 있는 것이 수치이니라"라고 하였다.

자사가 공자에게 "남에게 이기려고 하는 것, 자기가 이룬 공에 대해서 자랑하는 것, 남을 원망하는 것, 욕심내는 것을 행하지 않는다면 인(仁)하다고 할 수 있겠습니까?"라고 물으니, 공자가 "실행하기가 어려운 것을 행한다고는 할 수 있겠으나, 인한지 안 한지는 모르겠다"라고 하였다.

공자가 세상을 떠나자 원헌은 궁벽한 곳으로 가서 은거하였다. 어느날 위(衛)나라의 재상으로 있던 자공이 원헌을 방문하였다. 원헌은 비록 해진 의관이지만 단정하게 차려 입고서 그를 맞이하였다. 자공이 그에게 "어찌 이렇게도 곤고(困苦)하게 지내십니까?"라고 하니, 원헌이 "저는 재물이 없는 것을 가난하다고 말하고, 도를 배웠으되 능히 실행하지 못하는 것을 곤고하다고 말한다고 들었습니다. 저는 비록 가난하지만 곤고한 것은 아닙니다"라고 하였다. 자공은 크게 부끄러움을 느꼈고, 이후로 그때 한 말의 잘못에 대해서 종신토록 부끄러움을 느꼈다.

공야장(公冶長)[102]은 제(齊)나라 사람이며 자는 자장(子張)이다.
공자는 일찍이 "공야장은 비록 지금 감옥 속에 있지만, 그러나 그가 죄를 지어서 거기에 있는 것은 아니다"라고 말하고, 자기의 딸을 아내로 삼게 하였다.

남궁괄(南宮括)[103]은 자가 자용(子容)이다.

---

101) 原憲(기원전 515년-?) : 原思, 仲憲이라고도 한다. 魯나라(일설에는 宋나라라고도 한다) 사람. 孔子가 魯나라에서 司寇라는 벼슬에 있을 때 家臣으로 있었다.
102) 公冶長 : 公冶가 성이다. 齊나라(일설에는 魯나라라고도 한다) 사람.

어느날 공자에게 "예(羿)는 활 쏘기에 능하였고 오(奡)는 땅 위에서 배를 움직일 수 있을 만큼 장사였는데도, 모두 제 마땅한 죽음을 얻지 못하였고, 우(禹)와 직(稷)은 몸소 농사를 지으며 고생하였어도 천하를 소유하였습니다"라고 하니, 공자는 묵묵부답이었다. 자용이 나가자 비로소 "군자로다, 저 사람은! 덕을 높일 줄 아는구나, 저 사람은!"라고 하였다. 그리고 공자는 그를 평하여 "나라에 도가 있으면 등용될 것이요 나라에 도가 없더라도 형륙(刑戮)은 면할 것이다"라고 하였다. 그가 『시경』을 읽다가 "백규지점(白珪之玷)"[104]에 이르러 몇 차례나 반복해서 읽자, 자기 형님의 딸로 아내를 삼게 하였다.

공석애(公晳哀)[105]는 자가 계차(季次)이다.

공자는 그를 두고서 "천하의 선비들은 도리를 행함도 없이 대부분 가신(家臣)이 되어서 도읍(都邑)에서 벼슬살이를 하고 있는데, 오직 계차에게만이 이런 일이 없었다"라고 하였다.

증점(曾蒧)은 자가 석(晳)이다.[106] 공자를 곁에서 모시고 있을 때, 공자가 "너의 뜻에 대해서 말해보라"라고 하자, "춘복(春服)이 만들어졌으면 관자(冠者)[107] 5-6명, 동자(童子) 6-7명을 데리고서 기수(沂水)[108]에서 목욕하고 무우(舞雩)[109]의 대(臺) 밑에서 바람을 쐰 다음, 시를 읊조리며 돌아오고 싶습니다"라고 하였다. 공자가 이 말을 듣고서 "나는 점(蒧)을 허여하노라"라고 감탄하였다.[110]

---

103) 南宮括 : 南宮이 성이다. 魯나라 사람.
104) 『詩經』「大雅」"抑"에 白珪에 관한 유명한 4구의 시가 있으니, "흰 옥의 티는 오히려 갈아 없앨 수가 있지만 이 말의 티는 어찌할 수가 없다(白珪之玷, 尙可磨也, 斯言之玷, 不可爲也)"가 그것이다.
105) 公晳哀 : 齊나라 사람. 『孔子家語』에는 "公晳克"으로 되어 있다.
106) 曾蒧은 曾參의 부친이다. '蒧'은 '點'과 통한다. 『孔子家語』에는 字가 "子晳"이라고 되어 있다.
107) 冠子 : 成人을 말한다. 고대에 남자는 20세에 관례를 거행하였다.
108) 沂水 : 西沂水를 가리킨다. 山東省 曲阜市 동남쪽의 尼山 산기슭에서 발원하여 曲阜市를 거쳐 남쪽으로 흘러 泗水로 들어간다.
109) 舞雩 : 魯나라가 기우제를 지내던 곳. 지금의 山東省 曲阜市 남쪽에 있었다.
110) 孔子가 이렇게 曾蒧을 허여한 것은 그가 말한 것이 태평성대의 景象이었기 때문이다.

안무요(顔無繇)[111]는 자가 노(路)이며 안회(顔回)의 부친이다. 부자가 일찍이 각각 다른 때에 공자를 섬겼다.

안회가 죽자 안로(顔路)는 집이 가난하여 공자에게 그가 타는 수레를 팔아서 장례 비용에 대어줄 것을 청하였다. 그러자 공자는 "재주가 있든 없든, 아버지로서 본다면 모두 자식들이다. 공리(孔鯉)[112]가 죽었을 때, 내관(內棺)만 있고 외곽(外槨)은 없었다. 내가 그의 외곽을 마련해주지 못하였던 것은, 내가 일찍이 대부(大夫)였기 때문에 수레 없이 걸어다닐 수가 없어서였다"[113]라고 말하였다.

상구(商瞿)는 노나라 사람이며 자는 자목(子木)이다. 공자보다 29년 연하이다.

공자는 『역경(易經)』을 구(瞿)에게 전수하였고, 구는 초나라 사람 한비자홍(馯臂子弘)[114]에게 전수하였으며, 홍(弘)은 강동(江東)[115] 사람 교자용자(矯子庸疵)[116]에게 전수하였고, 자(疵)는 연나라 사람 주자가수(周子家竪)[117]에게 전수하였으며, 수(竪)는 순우(淳于)[118] 사람 광자승우(光子乘羽)[119]에게 전수하였고, 우(羽)는 제나라 사람 전자장하(田子莊何)[120]에게 전수하였으며, 하(何)는 동무(東武)[121] 사람 왕자중동(王子中同)[122]에게 전수하였고, 동(同)은 치천(菑川)[123] 사람 양하(楊何)[124]

---

111) 顔無繇(기원전 545년-?) : 『孔子家語』에는 이름이 "顔由"라고 되어 있다.
112) 孔鯉(기원전 532-기원전 483년) : 字는 伯魚이며 孔子의 아들이다.
113) 孔子는 일찍이 魯나라의 司寇를 지냈는데 이 司寇 벼슬자리는 大夫의 한 급에 속하였다.
114) 馯臂子弘 : 성은 馯, 이름은 臂, 자는 子弘이다. 『漢書』「儒林傳」에서는 "子弓"이라고 하였다. 孔子의 再傳弟子이다.
115) 江東 : 漢나라 때에는 安徽省 蕪湖市 이하의 양자강 하류 南岸 지구를 江東이라고 하였다.
116) 矯子庸疵 : 성은 矯, 이름은 疵, 자는 子庸이다. 『漢書』「儒林傳」에는 그가 魯나라 사람이라고 되어 있다.
117) 周子家竪 : 성은 周, 이름은 竪, 자는 子家이다.
118) 淳于 : 나라 이름. 춘추시대에는 淳于國이었으나 뒤에 杞나라의 도성이 되었다. 지금의 山東省 安丘縣 동북쪽.
119) 光子乘羽 : 성은 光, 이름은 羽, 자는 子乘이다.
120) 田子莊何 : 성은 田, 이름은 何, 자는 子莊이다.
121) 東武 : 옛날 읍 이름. 지금의 山東省 諸城縣.
122) 王子中同 : 성은 王, 이름은 同, 자는 子中이다.
123) 菑川 : 淄川縣을 가리키는데 이곳은 지금의 山東省 淄博市에 있었다.

에게 전수하였다. 하(何)는 원삭(元朔)[125] 연간에 『역경』을 연구한 것으로 인해서 중대부(中大夫)[126]에 임명되었다.

고시(高柴)[127]는 자가 자고(子羔)이고 공자보다 30년 연하이다.

자고는 신장이 오척(五尺)에도 못 미치었다. 공자에게서 가르침을 받을 때, 공자는 그를 우직하다고 생각하였다.

자로가 자고를 비읍(費邑)[128]의 재(宰)로 삼자, 공자가 "남의 자식을 해치는구나"라고 탄식하였다. 이 말에 자로가 "백성이 있고 사직(社稷)[129]이 있으니, 어찌 꼭 책 읽는 것만을 학문한다고 할 수 있겠습니까?"라고 반문하였다. 그러자 공자가 "이렇기 때문에 나는 말 잘하는 자들을 미워하는 것이다"라고 꾸짖었다.

칠조개(漆雕開)[130]는 자가 자개(子開)이다.

공자가 칠조개로 하여금 벼슬에 나아가게 하니, 칠조개가 "저는 공부가 부족해서 벼슬할 만한 자신이 아직 없습니다"라고 대답하였다. 이 말에 공자는 그의 뜻이 도(道)에 있다는 것을 알고서 기뻐하였다.

공백료(公伯繚)[131]는 자가 자주(子周)이다.

자주가 계손(季孫)에게 자로를 참소하였다. 자복경백(子服景伯)[132]이 이 사실을 공자에게 알리면서 "그의 참소로 해서 계손이 자로에게 의혹의 마음을 가지게 되었는데, 료(繚) 정도는 저의 힘으로도 사형에 처하여 그

---

124) 楊何 : 字는 叔元이다. 저서로 『易傳楊氏』 두 편이 있었으나 이미 실전되었다.
125) 元朔 : 『漢書』 「儒林傳」에는 "元光"으로 되어 있다. 元光(기원전 134-기원전 129년)과 元朔(기원전 128-기원전 123년)은 모두 漢 武帝 때의 연호이다.
126) 中大夫 : 관직 이름. 議論을 관장하였으며 郞中令에 속하였다.
127) 高柴(기원전 521년-?) : 衛나라 사람. 일설에는 齊나라 사람이라고도 한다.
128) 費邑 : 지금의 山東省 費縣 서북쪽.
129) 社稷 : 社는 土神이고 稷은 穀神이다. 고대에 수도와 각 지방의 중심지에는 土神과 穀神을 제사 지내는 社稷壇을 세웠으며, 나라 임금과 지방 장관이 그 제사를 주관하였다. 그러므로 社稷은 국가의 정권을 대표하였다.
130) 漆雕開(기원전 540년-?) : 漆雕는 성이고 開가 이름이다. 魯나라 사람. 일설에는 蔡나라 사람이라고도 한다.
131) 公伯繚 : 公伯이 성이고 繚가 이름이다. 『論語』에는 "公伯寮"로 되어 있다. 魯나라 사람이다. 그가 孔子의 제자가 아니라고 생각하는 사람도 있다.
132) 子服景伯 : 魯나라 大夫이며, 이름은 何이다.

시체를 저잣거리에다 내걸 수 있습니다"라고 말하였다. 이 말에 공자는 "도(道)가 장차 행해지는 것도 천명이고 도가 장차 폐해지는 것도 천명이다. 공백료가 그 천명을 어찌할 수 있겠는가? 내버려두게"라고 말하였다.

사마경(司馬耕)[133]은 자가 자우(子牛)이다.

우(牛)는 말이 많고 성질이 조급하였다. 한번은 인(仁)에 대하여 공자에게 물었는데, 공자가 "인자(仁者)는 말을 함부로 하지 않는다"라고 대답해주었다. 그러자 우가 "말을 함부로 하지 않는다면 이것을 바로 인(仁)이라고 말할 수 있습니까?"라고 재차 물었다. 이 말에 공자가 "말을 실천하기가 어려우니 말을 함부로 할 수 있겠느냐?"라고 대답해주었다.

우가 한번은 군자에 대해서 물었는데, 공자가 "군자는 근심하지 않고 두려워하지 않는다"라고 대답해주었다.[134] "근심하지 않고 두려워하지 않는다면 곧 군자라고 할 수 있습니까?"라고 하니, "안으로 살펴보아 부끄러울 것이 없다면 무엇을 근심하고 무엇을 두려워하겠는가?"라고 공자가 대답해주었다.

번수(樊須)[135]는 자가 자지(子遲)이며 공자보다 36년 연하이다.

번지(樊遲)가 곡물 심는 것에 대해서 배우기를 청하자, 공자가 "나는 숙련된 농사꾼만 못하다"라고 대답해주었고, 채소 심는 것에 대해서 배우기를 청하자, 공자가 "나는 숙련되게 채소를 심는 사람만 못하다"고 대답해주었다. 번지가 나가자, 공자는 "번수는 소인이로구나! 윗사람이 예(禮)를 좋아하면 백성들 중에는 감히 공경하지 않을 이가 없을 것이고, 윗사람이 의(義)를 좋아하면 백성들 중에는 감히 복종하지 않을 이가 없을 것이며, 윗사람이 신(信)을 좋아하면 백성들 중에는 감히 성실하지 않

---

133) 司馬耕 : 司馬가 성이고 이름은 耕이다. 宋나라 사람이다. 牛는 桓魋의 동생인데, 桓魋가 宋나라의 司馬에 임명되었기 때문에, 牛는 드디어 司馬를 성씨로 삼았다.

134) 司馬耕의 형인 桓魋는 宋나라에서 司馬를 맡고 있으면서 난을 일으키려고 하였다. 그래서 司馬耕은 늘 근심스럽고 두려웠다. 때문에 孔子가 이렇게 그를 開導해준 것이다.

135) 樊須(기원전 515년-?) : 齊나라 사람. 일설에는 魯나라 사람이라고도 한다.

을 이가 없을 것이다. 이와 같다면 사방의 백성들이 포대기에 그 자식들을 업고 찾아들 것이니, 농사 짓는 법을 배운다고 해도 그것을 어디에다 쓰겠는가?"라고 말하였다.

번지가 인(仁)에 대해서 묻자, 공자가 "사람을 사랑하는 것이다"라고 하였고, 지(智)에 대해서 묻자 "사람을 아는 것이다"라고 대답해주었다.

유약(有若)[136]은 공자보다 43년 연하이다.

유약은 "예를 운용할 때에는 조화를 귀중하게 여긴다. 선왕(先王)의 도에서도 이것을 좋은 것으로 여겨서 큰 일이든 작은 일이든 이것을 따랐다. 그러나 행해지지 않는 경우도 있으니, 조화만을 알아서 조화에만 힘쓰고 예로써 조절하지 않는다면, 또한 행해지지 않을 것이다"라고 말하였다. 그는 또 "약속이 의(義)에 가깝다면 그때 하였던 약속의 말을 실행할 수 있다. 공손함이 예에 가깝다면 치욕을 멀리할 수 있다. 의지할 때에는 친히 해야 할 사람을 잃어버리지 않는다면 또한 그를 종주(宗主)로 삼을 수 있다"라고 말하였다.

공자가 세상을 떠났어도 제자들은 사모함을 그치지 않았다. 그래서 유약의 모습이 공자와 비슷하여 제자들은 그를 선생으로 세우고서 공자를 섬길 때처럼 하였다. 어느날 한 제자가 그에게 나아가서 다음과 같이 물었다.

옛날에 공자께서는 제가 나갈 때에 제게 우산을 가지고 나가라고 하셨는데, 얼마를 지나지 않아서 과연 비가 내렸습니다. 제가 "선생님께서는 비가 올 줄을 어떻게 아셨습니까?"라고 여쭈니 선생님께서는 "『시경』에서 말하기를 '달이 필(畢)이라는 별에 걸려 있으면 큰 비가 내린다'라고 하지 않았더냐?"라고 말씀하셨습니다. 그래서 제가 유심히 살펴보니, 다른 날에 달이 필(畢)에 걸렸는데도 비는 내리지 않았습니다. 상구(商瞿)가 나이가 많은데도 자식이 없어서 그 모친이 재취(再娶)하게 하려고 하였습니다. 그런데 그때에 공자께서 그를 제나라로 심부름을 보내려고 하셨습니다. 그래서 그의 어머니가 연기해줄 것을 청하였습니다. 이에 공자께서는 "구(瞿)는 나이가 사십이 된 이후에 분명히 다섯 아들을 두게 될 것입니다"라고 말씀하셨습니다. 그런데 과연 그렇게 되었습니다. 감히 묻겠사온대, 선

136) 有若(기원전 508년-?) : 魯나라 사람.

84

생님께서는 어떻게 이것을 아셨을까요?

유약은 묵묵부답한 채 가만히 앉아 있기만 하였다. 그때 질문하였던 제자가 분연히 일어나서 "유자(有子)는 그 자리에서 물러나주시오. 그 자리는 그대가 앉아 있을 자리가 아니오"라고 말하였다.

공서적(公西赤)[137]은 자가 자화(子華)이며 공자보다 42년 연하이다.

자화가 제나라로 심부름을 가게 되었을 때, 염유(冉有)가 그가 없을 동안에 그의 모친이 먹을 양식을 청하였다. 이에 공자가 "1부(釜)를 주어라"라고 하였다. 더 줄 것을 청하자 "1유(庾)를 주어라"라고 하였다. 그런데 염유가 제멋대로 5병(秉)을 주었다.[138] 이에 공자가 "적(赤)이 제나라로 갈 때, 살찐 말을 탔고 가벼운 갖옷을 입고 있었다. 내가 들으니, 군자는 곤궁에 처한 사람은 도와주지만 부자에게는 그렇게 하지 않는다고 하더구나"라고 하였다.

무마시(巫馬施)[139]는 자가 자기(子旗)이며 공자보다 30년 연하이다.

진사패(陳司敗)[140]가 공자에게 "노 소공(魯昭公)[141]은 예를 압니까?"라고 물었다. 이에 공자가 "예를 압니다"라고 대답하였다. 진사패가 물러나와 무마기(巫馬旗)에 읍(揖)하고서 다음과 같이 말하였다.

제가 들으니, 군자는 서로 도와 옳지 못한 행동을 숨겨주는 그런 일을 하지 않는다고 하던데, 군자도 서로 도와 옳지 못한 행동을 숨겨주는 그런 일을 합니까? 노나라 임금은 오(吳)나라 여자를 부인으로 맞아들여 맹자(孟子)라고 이름하였습니다. 그 까닭은, 맹자는 원래 성(姓)이 희(姬)였으므로 서로가 동성(同姓)임을 꺼렸기 때문입니다. 그러니 노나라 임금이 예를 안다고 한다면 천하에 누가 예를 알지 못한다고 말할 수가 있겠습니까?[142]

---

137) 公西赤 : 公西는 성이고 赤이 이름이다. 魯나라 사람이다.
138) 1釜는 6斗 4升이고, 1庾는 16斗이다. 또 1秉은 16斛이므로, 5秉은 80斛이다. 한편 1斛은 10斗이므로 따라서 5秉은 800斗가 된다.
139) 巫馬施(기원전 521년-?) : 巫馬가 성이고 施가 이름. 魯나라 사람이다. 일설에는 陳나라 사람이라고도 한다.
140) 陳司敗 : 陳나라의 司寇(司敗는 司寇이다)를 지냈다. 司敗는 司法을 맡은 관원이다. 일설에는 陳司敗는 성이 陳이고 이름이 司敗라고도 한다.
141) 魯 昭公 : 기원전 541년에서 기원전 510년까지 재위하였다.

시(施)가 이 말을 공자에 고하니, 공자가 "구(丘)는 행복한 사람이다. 허물이 있으면 다른 사람들이 알아서 반드시 일러주기 때문이다. 그러나 신하로서는 임금의 잘못에 대해서 다른 사람에게 말하지 않고 숨기는 것이 예이다"라고 말하였다.

양전(梁鱣) [143]은 자가 숙어(叔魚)이며 공자보다 29년 연하이다.

안행(顏幸) [144]은 자가 자류(子柳)이며 공자보다 46년 연하이다.

염유(冉孺) [145]는 자가 자로(子魯)이며 공자보다 50년 연하이다.

조휼(曹邖)은 자가 지순(子循)이며 공자보다 50년 연하이다.

백건(伯虔)은 자가 자석(子析)이며 공자보다 50년 연하이다.

공손룡(公孫龍) [146]은 자가 자석(子石)이며 공자보다 53년 연하이다.

이상의 자석까지 35명은 나이와 성명이 분명하고 공자에게 가르침을 받고 문답한 것이 서적에 보인다. [147] 그 나머지 42명은 그렇지가 않다. [148]

염계(冉季) [149]는 자가 자산(子產)이다.

공조구자(公祖句玆) [150]는 자가 자지(子之)이다.

진조(秦祖) [151]는 자가 자남(子南)이다.

칠조차(漆雕哆) [152]는 자가 자렴(子斂)이다.

---

142) 魯나라의 임금은 周公의 후예로서 성이 姬이고 吳나라의 임금은 泰伯의 후예로서 성이 또한 姬이다. 당시의 예법에 의하면 同姓은 결혼할 수가 없었다. 동시에 춘추시대에 임금 부인의 칭호는 일반적으로 그녀가 출생한 나라 이름을 그녀의 本姓 위에 더하였다. 따라서 이 부인은 吳나라 사람이고 성이 姬이기 때문에 본래는 마땅히 吳姬로 칭해야 한다. 그러나 姬를 표명하게 되면 魯 昭公이 '同姓不婚'의 예법을 위배하였음을 명백히 보여주게 된다. 때문에 孟子 혹 吳孟子로 개칭한 것이다. '孟'은 排行으로서 '맏이'라는 뜻인데, 즉 장녀임을 이른 것이다.

143) 梁鱣 : 齊나라 사람.

144) 顏幸 : 魯나라 사람.

145) 冉孺 : 魯나라 사람.

146) 公孫龍 : 楚나라(일설에는 衛나라라고도 한다) 사람.

147) 사실은 35명 중에서 나이를 알 수 없는 사람으로 12명이 있고 서적에 기재되어 있지 않는 사람으로 6명이 있다.

148) 42명 중에서 顏驕, 公良孺, 秦商, 叔仲會 등은 『孔子家語』에 기재되어 있다.

149) 冉季 : 魯나라 사람.

150) 公祖句玆 : 公祖가 성이고 句玆는 이름이다.

151) 秦祖 : 秦나라 사람.

152) 漆雕哆 : 魯나라 사람.

안고(顏高)[153]는 자가 자교(子驕)이다.

칠조도보(漆雕徒父).[154]

양사적(壤駟赤)[155]은 자가 자도(子徒)이다.

상택(商澤).[156]

석작촉(石作蜀)[157]은 자가 자명(子明)이다.

임부제(任不齊)[158]는 자가 선(選)이다.

공량유(公良孺)[159]는 자가 자정(子正)이다.

후거(后處)[160]는 자가 자리(子里)이다.

진염(秦冉)은 자가 개(開)이다.

공하수(公夏首)[161]는 자가 승(乘)이다.

해용잠(奚容箴)[162]은 자가 자석(子晳)이다.

공견정(公堅定)[163]은 자가 자중(子中)이다.

안조(顏祖)[164]는 자가 양(襄)이다.

교선(鄡單)은 자가 자가(子家)이다.

구정강(句井疆).[165]

한보흑(罕父黑)[166]은 자가 자색(子索)이다.

진상(秦商)[167]은 자가 자비(子丕)이다.

신당(申黨)[168]은 자가 주(周)이다.

---

153) 顏高 : 孔子가 衞나라에 있을 때 顏高는 일찍이 孔子를 위해서 수레를 몰았다. 『孔子家語』에서는 그가 "孔子보다 50년 연하이다"라고 되어 있다.

154) 漆雕徒父 : 자가 固이고 魯나라 사람이다.

155) 壤駟赤 : 壤駟가 성이고 赤이 이름이다. 秦나라 사람.

156) 商澤 : 자가 子季이고 魯나라 사람이다.

157) 石作蜀 : 石作이 성이고 蜀이 이름이다.

158) 任不齊 : 楚나라 사람.

159) 公良孺 : 公良이 성이고 孺가 이름이다. 陳나라 사람.

160) 后處 : 齊나라 사람.

161) 公夏首 : 公夏가 성이고 首가 이름이다. 魯나라 사람.

162) 奚容箴 : 奚容이 성이고 箴이 이름이다. 衞나라 사람.

163) 公堅定 : 公堅이 성이고 定이 이름이다. 魯나라 사람. 일설에는 晉나라 사람이라고도 한다.

164) 顏祖 : 魯나라 사람.

165) 句井疆 : 衞나라 사람.

166) 罕父黑 : 罕父가 성이고 黑이 이름이다.

167) 秦商 : 楚나라 사람. 일설에는 魯나라 사람이라고도 한다. 孔子보다 4년 연하이다.

안지복(顏之僕)[169]은 자가 숙(叔)이다.

영기(榮旂)[170]는 자가 자기(子祈)이다.

현성(懸成)[171]은 자가 자기(子祺)이다.

좌인영(左人郢)[172]은 자가 행(行)이다.

연급(燕伋)[173]은 자가 사(思)이다.

정국(鄭國)[174]은 자가 자도(子徒)이다.

진비(秦非)[175]는 자가 자지(子之)이다.

시지상(施之常)[176]은 자가 자항(子恒)이다.

안쾌(顏噲)[177]는 자가 자성(子聲)이다.

보숙승(步叔乘)[178]은 자가 자거(子車)이다.

원항적(原亢籍). [179]

악해(樂欬)[180]는 자가 자성(子聲)이다.

염결(廉絜)[181]은 자가 용(庸)이다.

숙중회(叔仲會)는 자가 자기(子期)이다.

안하(顏何)[182]는 자가 염(冉)이다.

적흑(狄黑)[183]은 자가 석(晳)이다.

방손(邦巽)[184]은 자가 자렴(子斂)이다.

---

168) 申黨 : 『論語』에는 "申根"으로 되어 있다. 魯나라 사람.
169) 顏之僕 : 魯나라 사람.
170) 榮旂 : 魯나라 사람.
171) 懸成 : 魯나라 사람.
172) 左人郢 : 左人이 성이고 郢이 이름이다. 魯나라 사람.
173) 燕伋 : 魯나라 사람.
174) 鄭國 : 본명은 鄭邦이다. 漢 高帝 劉邦의 이름을 諱하여 개칭하였다. 魯나라 사람.
175) 秦非 : 魯나라 사람.
176) 施之商 : 魯나라 사람.
177) 顏噲 : 魯나라 사람.
178) 步叔乘 : '步'는 '少'의 오자이다. 少叔이 성이고 乘이 이름이다. 齊나라 사람.
179) 原亢籍 : 『孔子家語』를 살펴보면 이름은 亢, 자가 籍이다. 原思와 동족이니 마땅히 魯나라 사람이다.
180) 樂欬 : 魯나라 사람.
181) 廉絜 : 衞나라 사람.
182) 顏何 : 魯나라 사람.
183) 狄黑 : 衞나라 사람.
184) 邦巽 : 魯나라 사람.

공충(孔忠). [185]

공서여여(公西輿如)[186]는 자가 자상(子上)이다.

공서겸(公西蔵)은 자가 자상(子上)이다.

태사공은 말하였다.

"세상의 학자들 중에는 공자(孔子)의 70여 제자들에 대해서 말하는 사람이 많다. 그러나 칭찬하는 사람들은 혹 실제보다 지나치고, 비방하는 사람들은 혹 참 모습에 미치지 못하는 경우가 있다. 그 어떤 경우이든, 참된 내용을 알지 못하고서 논한 것들이다. 이것들과 비교해볼 때, 공씨(孔氏)의 고문(古文)[187]에 기재된 제자들의 사적이 거의 옳을 것이다. 나는 제자들의 이름과 말을 모두 『논어』에서의 공자와 제자들의 문답에서 취하여 함께 엮어서 이 편을 만들었으며, 의심나는 것은 보류해두었다."

---

185) 孔忠 : 자는 子蔑이며 孔子 형의 아들이다.
186) 公西輿如 : 魯나라 사람. 일설에는 齊나라 사람이라고도 한다.
187) 『論語』를 가리킨다.

권68 「상군열전(商君列傳)」제8

상군(商君)은 위(衛)[1]나라 왕의 여러 첩들이 낳은 공자(公子)들 중의
한 사람으로, 이름은 앙(鞅)이고, 성은 공손(公孫)이다.[2] 그의 선조는
본래 성이 희(姬)였다. 공손앙은 젊어서 형명지학(刑名之學)[3]을 좋아하
였으며, 위(魏)나라의 재상인 공숙좌(公叔座)를 섬겨 중서자(中庶子)[4]가
되었다. 공숙좌는 그가 현명하다는 것을 알았지만, 위(魏)나라 왕에게
아직 추천하지 않았다. 마침 공숙좌가 병에 걸렸으므로, 위 혜왕(魏惠
王)[5]이 직접 가서 문병을 하고 말하기를 "공숙의 병이 만일 회복될 수 없
게 된다면 장차 사직(社稷)[6]을 어떻게 하겠소?"라고 하자, 공숙은 대답
하여 말하기를 "저의 중서자 공손앙은 나이는 비록 적지만 특출난 재능이
있으니 대왕께서는 나라의 대사를 그에게 위임하십시오"라고 하였다. 위
혜왕은 묵묵히 있었다. 위 혜왕이 떠나려고 할 때, 공숙좌는 주위 사람들
을 물리치고 말하기를 "대왕께서 공손앙을 기용하지 않으신다면 반드시

---

1) 衛 : 西周時代 姬姓의 봉국으로, 周 武王의 동생인 康叔이 그 시조이다.
2) 고대에는 姓과 氏를 구별하였는데, 姓은 가족 계통을 표준으로 한 칭호이고, 氏는
   고대 귀족들이 종족 계통을 표준으로 한 칭호로서 姓의 지파이다. 秦漢 이후로 姓과
   氏가 합쳐 하나가 되었다. 여기에서는 "姓公孫氏"를 '姓은 公孫이며'라고 번역하였
   다. 옛 사람들은 나라 이름, 관직 이름, 신분 등으로 姓氏를 삼았는데, 춘추시대에
   는 군주 孫이 모두 公孫으로 불렸기 때문에 公孫으로 姓氏를 삼은 것이다. 또 그는
   원래 衛나라 사람이기 때문에 '衛鞅'이라고 부른 것이며, 후에 商으로 봉해져서 '商
   君'이라고 불렸기 때문에 '商鞅'이라고도 하였다.
3) 刑名之學 : '刑名'은 또 '形名'이라고도 한다. 원래는 형체(혹은 실체)와 명칭을 가
   리킨다. 先秦 法家는 오히려 '刑名'과 '法術'을 연계시켜 '名'을 법령, 명분, 언론 등
   으로 인신시키고 循名責實, 愼賞明罰하는 것이라고 주장하였다. 그래서 후대 사람들
   은 그들의 학설을 '刑名' 혹은 '刑名之學'이라고 불렀다.
4) 中庶子 : 大夫 집안의 집사로, 지위는 舍人보다 약간 높았다.
5) 魏 惠王 : 전국시대 魏나라의 군주로 성이 姬이고 이름은 罃이다. 기원전 369년에
   서 기원전 319년까지 재위하였다. 그는 大梁(지금의 河南省 開封市)으로 천도하였
   기 때문에 또 梁 惠王이라고도 부른다.
6) 社稷 : 고대 제왕이나 제후가 제사 지낸 대상이 土神(社)과 谷神(稷)이기 때문에
   왕왕 社稷으로 '국가'를 대신 지칭하기도 한다.

그를 죽여 국경을 넘지 못하게 하십시오"라고 하였다. 위 혜왕은 승낙하고 떠났다. 공숙좌는 공손앙을 불러 사과하며 말하기를 "오늘 대왕께서 재상이 될 만한 사람을 묻기에 나는 그대를 추천하였소. 그러나 대왕의 안색으로 보아 내 말을 들어주지 않을 것 같소. 나는 군주에게 먼저 충성을 다한 후에 신하를 돌봐야 한다고 생각하였으므로 대왕께 그대를 기용하지 않으시려면 응당 그대를 죽여야 한다고 하였고, 대왕은 나에게 그렇게 하시겠다고 하였소. 그대는 빨리 떠나야만 하오. 그렇지 않으면 잡히게 되오"라고 하였다. 공손앙은 말하기를 "대왕께서는 당신의 말씀을 받아들여 신을 임용할 수 없는데, 또 어찌 당신의 말씀을 받아들여 신을 죽일 수 있겠습니까?"라고 하며 끝내 떠나지 않았다. 위 혜왕은 돌아와서 주위 사람들에게 말하기를 "공숙좌의 병이 위중하여 슬프구나. 과인에게 나라를 공손앙에게 맡기도록 하니, 어찌 제정신이겠는가!"라고 하였다.

공숙좌가 죽은 후, 공손앙은 진 효공(秦孝公)[7]이 전국에 포고령을 내려 어진 이를 구해서 장차 진 목공(秦穆公)[8]의 위업을 계승하여 동쪽의 침략당한 땅을 탈환하려고 한다는 것을 듣고 곧 서쪽 진(秦)나라로 들어가 효공의 총신(寵臣) 경감(景監)[9]의 주선으로 효공을 만나려고 하였다. 효공은 위앙(衛鞅)을 만나 오랜 동안 이야기를 나누었지만, 효공은 때때로 졸며 듣지 않기도 하였다. 위앙이 물러나자, 효공은 경감을 꾸짖으며 말하기를 "그대의 손님은 망령된 사람인데, 어떻게 임용할 수 있겠는가!"라고 하였다. 그래서 경감은 위앙을 책망하였다. 위앙이 말하기를 "저는 공에게 오제(五帝)의 도리[10]를 가지고 진언하였는데, 그것을 이해하지 못하셨군요"라고 하였다. 닷새 후, 경감은 다시 효공에게 위앙을 불러 만나기를 청하였다. 위앙은 다시 효공을 만나 더욱더 열심히 논하였으나 역시 공감을 얻지는 못하였다. 위앙이 물러간 후 효공은 또 경감을 책

---

7) 秦孝公 : 전국시대 秦나라의 군주로, 성은 嬴이고, 이름은 渠梁이다. 기원전 361년에서 기원전 338년까지 재위하였다.

8) 秦穆公 : 秦穆公은 百里奚, 蹇叔, 由余를 謀臣으로 임용하여 晉나라를 공격하여 승리한 후, 서쪽으로 발전하여 그 당시 五覇 중 하나가 되었다.

9) 景監 : 성이 景인 太監을 말한다.

10) 五帝는 전설 속의 다섯 제왕(黃帝, 顓頊, 帝嚳, 堯, 舜)을 가리킨다. 五帝의 도리는 특히 堯임금과 舜임금의 道를 말한다.

망하였고, 경감도 또 위앙을 책망하였다. 위앙이 말하기를 "저는 공에게 삼왕(三王)의 도리[11]로 진언하였는데 아직도 마음에 들지 않으셨군요. 한번 더 저를 만나도록 부탁해주십시오"라고 하였다. 위앙은 또다시 효공을 뵈었다. 효공은 그를 좋게 평가하였지만, 아직 등용하지는 않았다. 위앙이 물러나가자, 효공은 경감에게 말하기를 "그대의 손님은 괜찮은 사람이오. 함께 담론할 만하오"라고 하였다. (이 말을 경감에게 전하여 듣고) 위앙이 말하기를 "저는 공에게 오패(五覇)의 도리[12]로 진언하였는데, 이것을 받아들일 의향이시군요. 그러면 꼭 한 번 더 뵙도록 해주십시오. 이제 저는 무슨 말을 해야 될지 알았습니다"라고 하였다. 위앙은 다시 효공을 뵈었다. 효공은 함께 이야기를 나누는데 열중한 나머지 무릎이 앞으로 나오는 것도 스스로 알지 못하였다. 며칠이고 말을 주고받으며 싫증을 낼 줄 몰랐다. 경감이 말하기를 "그대는 무엇으로 우리 군왕의 마음을 사로잡았소? 우리 군왕께서는 이만저만 기뻐하시는 것이 아니오"라고 하였다. 위앙이 말하기를 "제가 공에게 오제, 삼왕의 도를 실행하면 하(夏), 은(殷), 주(周) 삼대(三代)에 비길 만한 태평을 누릴 것이라고 말씀드렸더니, 공께서 '너무나 길고 멀어서 나는 기다릴 수 없소. 그리고 현명한 군주는 자기가 재위하고 있을 때, 천하에 이름을 나타내려고 하는 법이오. 어찌 답답하게 수십년이나 수백년을 기다린 후에 제왕의 대업을 성취할 수 있다는 말인가?'라고 하셨습니다. 때문에 제가 나라를 강하게 하는 방법을 군왕께 말씀드렸더니 군왕께서 기뻐하신 것뿐입니다. 그러나 역시 은, 주와 덕행을 비교하기는 곤란합니다"라고 하였다.

효공은 위앙의 의견을 받아들여 법도를 바꾸려고 하였으나, 천하 사람들이 자기를 비방할 것이 걱정이 되었다. 위앙은 말하기를 "확신 없는 행동에는 공명이 따르지 않고 확신 없는 사업에는 성공이 없습니다. 또 다른 사람들보다 뛰어난 행동을 하는 자는 원래 세상 사람들의 비난을 받게 마련이며, 탁견을 가진 자는 반드시 백성들에게서 오만하다는 소리를 듣기 마련입니다. 어리석은 자는 이미 이루어진 일에도 어둡지만, 지혜로운

---

11) 三王은 夏 禹王, 商 湯王, 周 文王을 말하는데, 일설에는 夏 禹王, 商 湯王과 周 武王을 지칭한다고도 한다.
12) 五覇는 일반적으로 춘추시대의 齊 桓公, 晉 文公, 秦 穆公, 楚 莊王, 宋 襄王을 가리킨다. 여기에서의 五覇의 도리는 특히 齊 桓公과 晉 文公의 도를 말한다.

자는 그 일을 앞서서 알 수 있습니다. 백성이란 시작할 때 함께 의논할 수는 없으나 성과를 함께 즐길 수는 있습니다. 지고한 덕을 논하는 자는 세속과 타협하지 않으며 큰 성과를 이루는 자는 범인과는 상의하지 않습니다. 그러므로 성인이 나라를 강하게 할 수 있으려면 구습(舊習)을 모범으로 삼지 않으며, 백성들을 이롭게 할 수 있다면 구례(舊禮)를 좇지 않는 것입니다"라고 하였다. 효공이 대답하여 말하기를 "좋소"라고 하였다. 그러나 감룡(甘龍)[13]이 말하기를 "그렇지 않습니다. 성인은 백성들의 풍속을 고치지 않고 교화하며, 지혜로운 자는 법을 고치지 않고 다스립니다. 백성들의 풍속에 따라서 교화하면 노고 없이 성공할 수 있고, 현행법에 따라서 다스리면 관리는 관례에 익숙하고 백성들은 안심할 것입니다"라고 하였다. 위앙이 말하기를 "감룡의 의견은 세속적인 견해입니다. 일반 사람들은 옛 풍속에 안주하고 학자들은 배운 바에 빠져버립니다. 이두 부류의 사람은 법을 지키는 것은 할 수 있지만, 법의 테두리를 벗어난 문제는 함께 논의하지 못합니다. 삼대의 예제(禮制)는 다르지만 왕업을 성취하였고, 오백(五伯)[14]은 법제가 같지 않았으나 모두 패자가 되었습니다. 지혜로운 자는 법을 만들고, 어리석은 자는 법에 제지당하고, 현명한 자는 예를 고치고, 평범한 자는 예에 구속됩니다"라고 하였다. 두지(杜摯)가 말하기를 "100배의 이익이 없으면 법을 고쳐서는 안 되며 10배의 효과가 없으면 기(器)를 바꿔서는 안 됩니다. 고법(古法)을 본받으면 잘못이 없고 고례(古禮)를 따르면 간사함이 없습니다"라고 하였다. 위앙이 말하기를 "세상을 다스리는 방법은 한 종류만 있는 것이 아닙니다. 그나라에 이로우면 고법을 본받을 필요는 없습니다. 그러므로 은 탕왕(殷湯王)과 주 무왕(周武王)은 고법을 따르지 않았지만 왕업을 이루었고, 하 걸왕(夏桀王)이나 은 주왕(殷紂王)은 예를 바꾸지 않았지만 멸망하였습니다. 그러므로 고법을 반대하는 사람이 비난받아서는 안 되며 고례를 따르는 사람이 칭찬받을 것도 없습니다"라고 하였다. 효공이 말하기를 "좋소"라고 하였다. 마침내 위앙을 좌서장(左庶長)[15]으로 삼고 고법을 바꾸어 새로운 강령을 정하도록 하였다.

---

13) 甘龍 : 秦나라의 대신.
14) 五伯 : 즉 五覇를 가리킨다.
15) 左庶長 : 秦나라의 작위는 총 20등급인데, 左庶長은 그중 11번째 등급이다.

　(새로운 법에 의하여) 열 집을 십(什)으로, 다섯 집을 오(伍)로 짜서 서로 감시하고 적발하여 연좌하게 하였다. 고발하지 않는 사람은 허리를 자르는 형벌에 처하였고, 나쁜 짓을 한 자를 고발하는 사람은 적의 머리를 벤 자와 같은 상을 주고, 나쁜 짓을 한 자는 적에게 항복한 사람과 같은 벌을 받았다. 백성들 가운데 두 사람 이상의 성년 남자가 따로 분가하지 않는 자는 부세(賦稅)를 두 배로 하였다. 군공(軍功)이 있는 사람은 각각 그 공의 크고 작음에 따라 윗자리의 벼슬을 받았고, 사사로이 다투는 자는 각각 그 가볍고 무거운 것에 따라 형벌을 받았다. 밭갈이와 베짜기를 본업으로 삼고 곡식이나 비단을 많이 수확하는 사람은 본인의 부역(賦役)과 부세를 면제받았다. 상공업에 종사하며 게을러서 가난한 자는 전부 체포하여 관청의 노비로 삼았다. 군주의 친척이라도 군공이 없으면 심사를 거쳐 족보에 올릴 수 없었다. 가격(家格)의 존비, 작위, 봉록의 등급을 분명히 규정하고 각각 차등을 두어 토지와 집, 남녀 노비의 수, 의복의 종류와 형식은 작위의 등급에 따라서 결정되었다. 군공이 있는 사람은 영예를 누리지만, 군공이 없는 사람은 설령 부유하여도 영예를 누릴 수 없었다.

　이리하여 법령은 작성되었으나 아직 포고하지는 않았다. 백성들의 불신을 염려하였기 때문이었다. 그래서 3장(丈)이나 되는 나무를 국도(國都)의 저잣거리의 남문에 세우고, 모인 백성들 중에서 "이것을 북문으로 옮겨놓을 수 있는 자에게 10금(金)[16]을 준다"[17]라고 하였다. 백성들은 이것을 이상히 여겨 옮기지 못하였다. 다시 "옮길 수 있는 자에게는 50금을 준다"라고 하였다. 어떤 한 사람이 이것을 옮기자 즉시 50금을 주어 백성을 속이지 않는다는 것을 밝혔다. 그리고 나서 드디어 법령을 공포하였다.

　새로운 법이 백성들에게 시행된 지 1년 만에 진나라의 백성들 중 국도까지 올라와 새 법령의 부당함을 호소하는 자가 천 명을 헤아릴 정도였다. 이때 태자가 법을 위반하였다. 위앙은 말하기를 "법이 통행되지 못하는 것은 위에서부터 이것을 위반하기 때문이다"라고 하였다. 그는 법에

---

16) 金 : 고대 화폐의 단위로, 漢代 1金은 황금 1斤을 가리킨다.

17) 고대의 國都의 남쪽에는 조정, 뒤쪽에는 시장, 왼쪽에는 祖廟, 오른쪽에는 社稷이 있었다.

따라 태자를 처벌하려고 하였다. 그러나 태자는 군주의 후사로 형벌을 줄 수 없었으므로, 그의 태부(太傅) 공자 건(虔)을 처형하고 그의 태사(太師) 공손고(公孫賈)를 경형(黥刑)[18]에 처하였다. 그 다음날부터 진나라의 백성들은 모두 새로운 법령을 준수하게 되었다. 법령이 시행된 지 10년이 되자, 진나라의 백성들은 매우 만족해하였고, 길에 떨어진 물건을 줍지 않았고, 산에 도적이 없었으며, 집집마다 풍족하고, 사람들마다 넉넉하였다. 백성들은 국가를 위한 전쟁에는 용감하였고, 개인적인 싸움에는 겁을 먹었다. 그래서 도시나 시골이나 잘 다스려졌다. 예전에 법령의 부당함을 말하였던 진나라의 백성들 중에 지금에 와서 법령의 장점을 말하는 자가 있었다. 위앙이 말하기를 "이런 자들은 모두가 교화를 어지럽히는 백성이다"라고 하였다. 그들을 전부 변방 지역으로 옮겼다. 그 이후로 백성들은 감히 새로운 법에 대해서 논의하지 못하였다.

그리고 왕은 위앙을 대량조(大良造)[19]로 삼았다. 위앙은 병사를 이끌고 위(魏)나라의 안읍(安邑)[20]을 포위하여 항복시켰다. 이로부터 3년이 지나 함양(咸陽)[21]에 궁궐과 궁정을 건축하였으며, 진나라는 국도를 옹(雍)[22]에서 함양으로 옮겼다. 그리고 명령을 내려 백성들 중 부자나 형제가 한집안에 사는 것을 금지하였다. 작은 향(鄕)과 읍(邑)과 촌락을 모아 현(縣)으로 삼고, 현령(縣令)이나 현승(縣丞)을 두었는데, 모두 31개 현이 있었다. 농지를 정리하여 경지간의 종횡의 둑길이나 경계를 터버리고 경작하게 하여 부세를 공평하게 하였다. 또한 도량형을 통일하였다. 이것을 실시한 지 4년 만에 공자 건이 또 법령을 위반하여 의형(劓刑)에 처해졌다. 다시 5년이 지나자 진나라 백성들은 부강해졌다. 천자가 조상의 제사를 지낸 고기를 효공(孝公)에게 하사하니 여러 제후들이 모두 축

---

18) 黥刑 : 고대 肉刑의 일종으로, 칼로 범인의 이마나 볼 등을 찢어 글자를 새기는 형벌이다.

19) 大良造 : 즉 大上造를 말한다. 秦나라의 15번째 등급의 작위로, 지위는 재상에 상당한다. 秦나라는 孝公 10년(기원전 352년)에 商鞅을 大良造로 임명하였다.

20) 安邑 : 魏나라 국도로 지금의 山西省 夏縣 서북쪽에 위치하였다. 권15 「六國年表」와 권44 「魏世家」에 의하면, 惠王 19년에 긴 성을 쌓아 固陽을 막았으나, 20년에 秦나라의 商鞅이 固陽을 포위하여 항복시켰다. 이곳의 安邑은 固陽으로 간주된다. 固陽은 지금의 내몽고 자치구의 固陽縣에 해당한다.

21) 咸陽 : 지금의 陝西省 咸陽市 동북쪽으로 20리 떨어진 곳이다.

22) 雍 : 秦나라의 故都로 지금의 陝西省 鳳翔縣 남쪽이다.

하해주었다.

그 다음해 제(齊)나라가 마릉(馬陵)[23]에서 위(魏)나라 군사를 물리치고 위나라의 태자 신(申)을 사로잡았으며 장군 방연(龐涓)을 죽였다. 그 다음해 위앙이 효공에게 말하기를 "진과 위 나라는 사람의 배나 심장에 병이 난 것에 비유됩니다. 위나라가 진나라를 병합하지 못하면 진나라가 위나라를 병합할 것입니다. 무엇 때문이겠습니까? 위나라는 험준한 산맥의 서쪽에 자리하여 안읍에 국도를 세웠으며, 진나라와는 황하를 경계로 하여 독천산(獨擅山) 동쪽의 이로움을 독차지하고 있습니다. 유리하면 서쪽으로 향하여 진나라를 침략하고, 피폐하면 동쪽으로 발전합니다. 지금 진나라는 군주의 현명함과 성스러운 덕 아래에서 강성해졌습니다. 그러나 위나라는 지난해에 제나라에 대패하여 제후들이 그를 모반하였으므로, 이 기회에 위나라를 정벌할 수 있습니다. 위나라가 진나라의 공격을 감당하지 못하면 반드시 동쪽으로 이동할 것입니다. 동쪽으로 이동하면 진나라는 황하와 효산(崤山)의 요충지를 차지하여 동쪽으로 제후들을 제압할 수 있는데, 이것이 제왕의 대업입니다"라고 하였다. 효공은 그렇다고 생각하였다. 그래서 위앙이 이끄는 병사들로 하여금 위나라를 정벌하게 하였다. 위나라에서는 공자 앙(卬)[24]이 이끄는 병사들로 하여금 진나라를 공격하게 하였다. 양군이 서로 대치하였는데, 위앙은 위나라의 장군 공자 앙에게 편지를 보냈다. "저는 본시 공자와는 친숙한 사이였습니다. 비록 지금은 서로 두 나라의 장수가 되었지만, 차마 어떻게 공격할 수 있습니까? 공자와 직접 만나 회견하여 맹약을 하고 즐겁게 마시고 전쟁을 중지하고 진과 위 나라를 평안하게 합시다." 위나라의 공자 앙은 그 말이 옳다고 생각하고 맹약을 끝내고 술을 마셨다. 한편 위앙은 미리 매복시킨 병사들에게 위나라의 공자 앙을 덮치게 하여 그를 사로잡고 위나라 군을 쳐서 전부 격파하고 진나라로 돌아왔다. 위 혜왕의 군사는 제와 진 나라

---

23) 馬陵 : 魏나라 지명. 지금의 河北省 大名縣 동남쪽. 일설에는 지금의 河南省 范縣 서남쪽이라고도 한다. 기원전 342년, 魏나라가 韓나라를 공격하자, 韓나라는 齊나라에 구원을 요청하였다. 齊나라는 田忌를 장군으로, 孫臏을 軍師로 삼아 파견하여 魏나라를 토벌하고 韓나라를 구하였다. 魏나라는 龐涓과 태자 申의 병사를 파견하여 싸움에 응하였다. 이듬해, 魏나라 군사는 馬陵에서 패하였고, 龐涓은 자살하였으며, 태자는 포로가 되어 후에 齊나라에서 죽었다.
24) 公子 卬 : 魏나라의 公族.

에게 여러 차례 격파당하여 국내는 텅 비었고 나날이 땅은 줄어들어 두려
웠으므로 사신을 보내어, 황하 서쪽의 땅[25]을 갈라 진나라에게 바치고 강
화하였다. 그리고 드디어 안읍을 떠나 대량(大梁)[26]으로 천도하였다. 양
혜왕(梁惠王)이 말하기를 "과인은 공숙좌의 말을 듣지 않은 것이 한스럽
다"라고 하였다. 위앙이 위나라 군을 격파하고 돌아오자, 진나라에서는
앙에게 오(於)와 상(商)[27] 등의 15개 읍을 봉하고 상군(商君)이라고 불
렀다.

상군이 진나라의 재상이 된 지 10년이 되자, 군주의 일족이나 외척 중
에서 상앙을 원망하는 자가 많아졌다. 조량(趙良)[28]이 상군을 만났다.
상군은 말하기를 "내가 당신을 만날 수 있었던 것은 맹난고(孟蘭皐)를 만
났기 때문입니다. 나는 지금 교제하고 싶습니다만 어떻습니까?"라고 하
였다. 조량이 대답하여 말하기를 "저는 굳이 원하지 않습니다. 공구(孔
丘)의 말에 '현명하고 백성을 사랑하며 재능 있는 자를 추천하면 영화로
워질 수 있고, 현명하지 못하거나 불초(不肖)한 자를 불러 모아 왕이 되
면 몰락하게 된다'라고 하였습니다. 저는 현명하지 못하기 때문에 감히
분부를 따를 수 없습니다. 또 저는 '있어서는 안 될 지위에 있는 것을 탐
위(貪位)라고 하고, 받아서는 안 될 명예를 지니고 있는 것을 탐명(貪
名)이라고 한다'라는 말을 들었습니다. 제가 당신의 뜻을 받아들인다면
탐위와 탐명하는 사람이 될까 두렵습니다. 때문에 감히 명령을 듣지 못하
는 것입니다"라고 하였다. 상군이 말하기를 "선생은 내가 진나라를 다스
리는 것이 불만입니까?"라고 하였다. 조량이 대답하여 말하기를 "반성하
면서 다른 사람의 말에 귀를 기울이는 것을 총(聰)이라고 하고, 마음속에
있는 눈으로 보는 것을 명(明)이라고 하며, 자기가 자기 자신에게 이기는
것을 강(强)이라고 합니다. 순(舜)임금의 말에도 '스스로 낮추면 더욱더
높아진다'라고 하였습니다. 당신은 순임금의 도를 실행하셔야겠지요. 저
의 의견을 물을 것도 없습니다"라고 하였다. 상앙이 말하기를 "원래 진나

---

25) 황하 서쪽의 땅이란 현재 陝西省 合陽縣, 澄城縣, 大荔縣 일대 지역에 상당한다.
26) 大梁 : 지금의 河南省 開封市.
27) 商은 지금의 陝西省 商縣 동쪽 90리쯤 되는 곳에 있었고, 그 서쪽으로 200여 리
    떨어진 곳에 있는 於가 있었다.
28) 趙良 : 秦나라의 은사.

라는 융적(戎翟)의 풍습을 받아서 부자간의 구별도 없이 한 집에서 살고
있었으나, 지금 내가 그런 풍습을 고쳐서 남녀의 구별을 있게 하고 큰 궁
문을 세웠으니 노(魯)나라나 위(衞)[29]나라만큼 된 것입니다. 당신이 내
가 진나라를 다스리는 것을 볼 때 오고대부(五羖大夫)[30]의 현명함과 비
교하여 누가 낫다고 생각합니까?"라고 하였다. 조량이 대답하여 말하기
를 "천 마리의 양가죽은 한 마리 여우의 겨드랑이 가죽만 못합니다. 천
사람의 아부하는 말은 한 사람이 바른 표정으로 직언하는 것만 못합니다.
주 무왕(周武王)은 신하들이 바른 표정으로 직언하는 것으로 흥성하였
고, 은 주왕(殷紂王)은 신하들이 감히 간언하지 못하였으므로 망하였습
니다. 당신께서 만약 무왕을 그르다고 생각하지 않는다면, 제가 하루 종
일 정직하게 말씀드려도 주살하지 않을 것인데, 가능하겠습니까?"라고
하였다. 상군이 말하기를 "이런 말이 있습니다. '겉으로 응수하는 말은
허황되고, 내심에서 나오는 말은 진실되며, 쓴 말은 약이고 달콤한 말은
독이다.' 선생께서 과감하게 진정으로 하루 종일 바른 말을 해준다면 나
에게 약이 될 것입니다. 나는 선생을 섬기려 하는데 선생께서는 어째서
사양하시려 합니까!"라고 하였다. 조량이 말하기를 "무릇 오고대부는 형
(荊)[31] 땅의 보잘것없는 사람이었습니다. 진 목공(秦穆公)이 현명하다는
소문을 듣고 만나기를 원하였지만 가려고 해도 여비가 없었으므로 자신을
진나라의 나그네에게 팔아 남루한 홑옷을 입고 소를 치게 되었습니다. 1
년이 지나서야 목공은 이 일을 알게 되어 백리해를 소 치는 신분에서 끌
어올려 백관의 윗자리에 오르게 하였지만 진나라에서는 감히 불만을 품은
자가 없었습니다. 그가 진(秦)나라의 재상이 된 지 6, 7년이 지나서 동쪽
으로 정(鄭)[32]나라를 쳤고, 세 번 진(晉)나라의 군주를 세웠고, 한번 형

---

29) 魯, 衞 : 西周 때 중원 지역의 문화 선진국.
30) 五羖大夫 : 즉 晉나라 大夫 百里奚를 가리킨다. 百里奚는 본래 秦나라의 大夫였
　　다. 晉나라가 虞나라를 멸망시켰을 때 포로가 되었는데, 후에 秦 穆公 부인의 陪嫁
　　노예로 秦나라로 보내졌다. 百里奚는 이를 치욕스럽게 생각하고 秦나라에서 楚나라
　　로 도망쳐 왔는데, 楚나라 변방 지역에서 楚나라 사람에게 체포되었다. 그후 그가
　　재능 있는 사람임을 알아본 秦 穆公이 다섯 장의 검은 색 양가죽으로 그를 사서 돌
　　아오게 하여 大夫로 삼았으므로 五羖大夫라고 불리게 되었다. 그는 蹇叔, 田余 등과
　　함께 秦 穆公이 패업을 이룰 수 있도록 도왔다.
31) 荊 : 楚나라의 다른 이름.
32) 鄭 : 秦나라의 商邑 북쪽에 위치하였다. 지금의 陝西省 華縣 일대에 해당된다.

(荊)나라로부터의 재난에서 진(晉)나라를 구해주었습니다. 국내에 교화를 베풀어 파인(巴人)까지 공물을 가져왔고, 은덕을 제후에게 베풀어 팔방의 오랑캐까지 귀속시켰습니다. 유여(由余)33)도 소문을 듣고 문을 두들겨 뵙기를 청하였습니다. 오고대부는 진(秦)나라의 재상이 되자 피곤해도 수레를 앉아서 타지 않았으며,34) 더워도 수레 덮개를 씌우지 않았습니다. 국도 안에서 행차할 때에는 뒤따르는 수레를 거느리지 않고 무기를 가진 호위병도 없었습니다. 그의 공로와 명예는 부고(府庫)35)에 보존되고 덕행은 후세까지 전해지고 있습니다. 오고대부가 죽자 진나라의 남녀들은 눈물을 흘렸고 아이들은 노래를 부르지 않았으며, 절구질을 할 때도 저가(杵歌)를 부르지 않았습니다. 이것이 오고대부의 덕입니다. 그런데 당신이 진나라 왕을 만날 때 총애를 받고 있던 경감에게 소개를 부탁한 것은 명예로운 행위라고는 말할 수 없습니다. 진나라의 재상이 되어 백성의 이익을 중요한 일로 삼지 않고 거대한 궁궐을 세운 것은 공적이 될 만한 행위가 못 됩니다. 태자의 사(師)와 부(傅)를 처형하고 먹물을 들이고 가혹한 형벌로 백성을 살상한 것은 다른 사람의 원한을 사고 자신에게 화를 불러들이는 것입니다. 당신의 교령(敎令)이 백성들에게 영향을 끼치는 정도는 군왕의 명령보다도 깊고, 백성들이 당신의 부름에 호응하는 것은 군왕의 명령보다도 신속합니다. 지금 당신은 또 권위를 세우려고 법도를 바꾸고 있는데, 이것을 당신이 교화를 시행하는 것이라고는 말할 수 없습니다. 당신은 또한 남면(南面)36)하여 과인(寡人)이라 칭하고 날마다 진나라의 귀공자를 핍박하고 있습니다. 『시경(詩經)』에서, '쥐에게 예의가 있는데, 사람으로서 예의가 없구나. 사람으로서 예의가 없으면, 어째서 일찍 죽지 않는가'37)라고 하였습니다. 이 시로써 보면, 당신에게 축복

---

33) 由余 : 본래는 晉나라 사람인데, 西戎(서방 민족)으로 도망갔다. 戎王은 그를 秦나라로 파견하여 그곳의 虛實을 관찰하도록 하였다. 秦 穆公은 그가 재능이 있음을 알아보고 놓아주지 않고 머물도록 하였으며, 아울러 戎王에게는 여자와 가무단을 보내 由余와의 관계를 끊게 하였다. 由余는 西戎으로 돌아온 후, 여러 차례 간언을 하였지만 戎王은 들어주지 않았다. 그래서 由余는 戎을 떠나 秦나라로 투항하여 穆公을 도와서 西戎을 정벌할 계획을 세웠으며, 12國을 합병하여 覇西戎이라고 하였다.

34) 고대의 수레는 모두 서서 타는 것이었는데, 오직 존경받는 노인의 수레에만 좌석을 설치하였다.

35) 府庫 : 史籍을 수장하는 창고.

36) 南面 : 고대 군왕은 남쪽을 향하여 앉았기 때문에 南面이라고 하였다. 여기에서는 衛鞅이 商君으로 봉해진 것을 가리킨다.

을 준다고는 말하지 못합니다. 공자 건(虔)은 벌써 8년 동안이나 문을 닫고 나오지 않고 있고, 당신은 또한 축환(祝歡)[38]을 사형에 처하고, 공손고를 경형(黥刑)에 처하였습니다. 『시경』에 이르기를 '인심을 얻는 자는 일어나고, 인심을 잃는 자는 망한다'라고 하였습니다. 이러한 몇 가지 일들은 인심을 얻을 만한 행위는 못 됩니다. 당신이 외출할 때에는 뒤따르는 후거(後車)가 수십 량이고, 수레에는 무사를 무장시키고 신체가 강하고 힘이 장사인 사람에게 수행하도록 하고, 창을 가진 자가 수레 옆에 붙어서 달리고 있습니다. 『서경(書經)』에 '덕을 믿는 자는 번창하고, 힘을 믿는 자는 망한다'라고 하였는데, 당신은 마치 아침 이슬과 같이 위태롭습니다. 그런데도 아직 목숨을 늘여 장수하기를 원하십니까? 그렇다면 어째서 상과 오의 15개 읍을 돌려주고, 전원으로 물러나 화초에 물을 주는 생활을 하지 않습니까? 동굴 속에 숨어 지내는 현인을 세상에 나오도록 진공(秦公)에게 권하고, 노인을 봉양하고 고아를 기르며 부모와 형을 공경하고 공로 있는 자에게 알맞은 지위를 주고 덕 있는 자를 존중하지 않습니까? 이렇게 한다면 조금은 마음이 편해질 수 있을 것입니다. 그런데 당신은 아직도 상과 오의 부유함을 탐내고 진나라의 정치를 전행(專行)하여 백성들의 원한을 사고 계십니다. 진왕이 하루아침에 세상을 떠나시어 조정에 서지 못하시게 되면, 진나라에서 당신을 잡아 체포하려는 자들이 어찌 적다고 하겠습니까? 당신의 파멸은 발끝을 세우고 기다리는 것처럼 순식간의 일이 될 것입니다"라고 하였다. 상군은 이 말을 따르지 않았다.

이로부터 다섯 달 후, 진 효공이 죽고 태자(太子)[39]가 자리를 이었다. 그러자 공자 건의 무리가 상군이 모반하려 한다고 밀고하였으므로 관리를 보내어 상군을 잡으려고 하였다. 상군은 도망하여 변방의 함곡관에 이르러 객사에 묵으려고 하였다. 객사의 주인은 이 사람이 상앙이라는 것을 알지 못하고 말하기를 "상군의 법에 여권(旅卷)이 없는 분을 머물게 하면 손님에 연좌되어 벌을 받게 됩니다"라고 하였다. 상군은 한숨을 쉬며 말

---

37) 이 시구는 『詩經』 「鄘風」 "相鼠"에 보인다. '相鼠'라는 것은 쥐의 한 종류로서 사람을 보면 앞다리를 서로 교차시켜 마치 두 손을 모은 것 같기 때문에 '禮鼠'라고도 부른다.
38) 祝歡 : 사람 이름. 아마도 태자의 師傅인 것 같다.
39) 太子 : 이름은 駟이다. 惠文王으로 세워졌다.

하기를 "아! 법을 만든 폐해가 이곳까지 이르렀구나"라고 하였다. 상군은 그곳을 떠나 위(魏)나라로 갔다. 위나라 사람들은 상앙이 공자 앙을 속여 위나라 군을 격파시킨 것을 원망하였으므로 받아주지 않았다. 상군은 다른 나라로 가려고 하였다. 위나라 사람이 말하기를 "상군은 진(秦)나라의 적이다. 진나라는 강력한데 그 나라의 적이 위나라로 들어왔으니 돌려보내지 않으면 안 된다"라고 하였다. 그래서 진나라로 돌려보냈다. 상군은 다시 진나라로 들어가 상읍(商邑)으로 가서 따르는 무리들과 더불어 읍의 병사를 내어 북쪽으로 정(鄭)나라를 쳤다. 진나라는 군사를 내어 상군을 쳐서 정나라의 면지(黽池)⁴⁰⁾에서 그를 죽였다. 진 혜왕은 상군을 거열형(車裂刑)⁴¹⁾에 처하고 말하기를 "상앙처럼 모반하지 말라!"라고 하였다. 그리고는 상군의 일족을 멸하였다.

태사공은 말하였다.

"상군(商君)은 천성이 각박한 사람이다. 그가 당초 제왕의 도로써 효공(孝公)에게 유세한 것을 살펴보면, 허위의 설을 늘어놓은 것이지 그의 진심이 아니었다. 군주의 총애를 받은 태감(太監)에게 주선을 부탁하고 등용된 후에는 공자 건(虔)을 처형하고 위나라의 장군 앙(卬)을 속이고 조량(趙良)의 충고를 따르지 않은 것은 역시 상군이 은정이 적음을 충분히 증명해준다. 나는 일찍이 상군이 저술한 「개새(開塞)」, 「경전(耕戰)」⁴²⁾ 등을 읽었는데, 그 내용이 본인의 행적과 비슷하였다. 상군이 결국 진나라에서 악명을 얻게 된 것은 그만한 이유가 있는 것이다."

---

40) 黽池 : 지금의 河南省 黽池縣 서남쪽 彤城을 말한다.
41) 車裂刑 : 속칭 '五馬分尸'라고도 한다. 고대의 가장 잔혹한 사형방법의 한 종류로, 사람의 머리와 사지를 다섯 수레에 나누어 묶고 다섯 필의 말로 하여금 끌어당기게 하여 찢어 죽이는 형벌이다.
42) 「開塞」, 「耕戰」 : 모두 『商君書』의 편명이다.

권69 「소진열전(蘇秦列傳)」제9

소진(蘇秦)은 동주(東周)[1]의 낙양(雒陽)[2] 사람이다. 동쪽의 제(齊)[3] 나라로 가서 스승을 찾아 귀곡선생(鬼谷先生)[4]에게 학습하였다.

본국을 떠나 수년 동안 유세하였으나, 큰 곤란을 겪고 집으로 돌아왔다. 이때 형제, 형수, 누이, 아내, 첩이 모두 속으로 그를 비웃으며 말하기를 "주(周)나라 사람들의 풍속에 따르면, 그들은 농업을 주로 하고 공업과 상업에 진력하여 10분의 2의 이익을 올리는 데 힘을 쓰고 있습니다. 그런데 당신은 근본을 버리고 입이나 혀끝을 놀리는 것만 섬기고 있으니, 곤궁한 것은 또한 마땅한 것이지 않습니까?"라고 하였다. 소진은 이 말을 듣고 부끄럽고 스스로 상심하여 곧 문을 잠그고 나오지도 않고 그의 책을 꺼내어 두루 보고 말하기를 "무릇 선비가 이미 머리를 숙여가며 글을 배우고도 또한 존귀하고 영화로움을 취할 수 없다면, 비록 많은 책을 읽는다고 하더라도 무슨 소용인가?"라고 하였다. 그리고는 『주서(周書)』 「음부(陰符)」[5]를 구해서 머리를 박고 그것을 읽었다. 이윽고 1년이 지나서 남의 마음속을 알아내는 술법을 생각하고는 말하기를 "이 방법만 있으면 당대의 군주를 설득할 수 있을 것이다"라고 하였다. 그리고는 주 현왕(周顯王)[6]을 만나려고 하였다. 그러나 현왕의 측근들은 평소부터 익히

---

1) 東周 : 전국시대의 한 제후국을 가리킨다. 周 考王은 일찍이 西周의 제후국을 나누어 봉하고, 수도를 河南(지금의 河南省 洛陽市 서쪽)에 세웠다.

2) 雒陽 : 즉 洛陽을 말한다. 西周 때에는 '洛邑'이라고 하였는데, 전국시대에는 '洛陽'으로, 漢代에는 '洛'을 '雒'으로 바꾸었다.

3) 齊 : 기원전 11세기에 周나라가 나누어 봉한 제후국으로, 지금의 山東省 북부 지역에 해당하며, 수도는 營丘(지금의 淄博市 동북쪽)에 세웠다. 전국시대 초기에 田氏 성을 가진 대신에게 정권을 빼앗겨 姜氏의 齊나라는 멸망당하였다.

4) 鬼谷先生 : 전국시대 縱橫家로, 鬼谷에서 거주하였으므로 '鬼谷子'라고 불렀다. 鬼谷은 지금의 河南省 登封縣 동쪽이다.

5) 『周書』「陰符」 : 고대의 병법에 관한 서적으로 이미 실전되었다. 지금 전해지는 『陰符經』은 『黃帝陰符』 혹은 『太公陰符』라고 하는데, 이것은 道家書에 속한다.

6) 周 顯王 : 기원전 368년에서 기원전 321년까지 재위하였다.

그를 알고 있었기에 모두들 그를 경시하고 믿지 않았다.

따라서 소진은 서쪽으로 가서 진(秦)[7]나라에 이르렀는데, 때마침 진효공(秦孝公)[8]이 세상을 떠났으므로 그의 아들 진 혜왕(秦惠王)[9]에게 말하기를 "진나라는 사방이 요새와 같은 나라로서 산에 둘러싸였고, 물을 끼고 있으며, 동쪽으로는 함곡관(函谷關)과 황하(黃河)가 있으며, 서쪽으로는 한중(漢中)[10]이 있고, 남쪽으로는 파군(巴郡)[11]과 촉군(蜀郡)[12]이 있으며, 북쪽으로는 대군(代郡)[13]과 마읍(馬邑)[14]이 있으니, 이는 천연의 창고라고 할 수 있습니다. 진나라 백성들에게 병법의 가르침을 받게 하면 천하를 병탄할 수 있으며, 제왕(帝王)이라고 칭하면서 다스릴 수 있을 것입니다"라고 하였다. 진나라 왕이 대답하기를 "새의 깃털이 성장하지 않으면 높이 날 수가 없고, 우리나라의 정치가 밝지 못하면 천하를 병탄할 수는 없소"라고 하였다. 그 당시 진나라는 마침 상앙(商鞅)[15]을 주살한 직후라서 유세하며 변론하는 선비를 미워하여 그를 등용하지 않았던 것이다.

따라서 소진은 또다시 동쪽의 조(趙)[16]나라로 왔다. 이때 조 숙후(趙

---

7) 秦 : 기원전 8세기에 周나라가 나누어 봉한 제후국으로, 춘추시대에는 雍(지금의 陜西省 鳳翔縣 동남쪽)에 수도를 세웠는데, 전국시대 秦 孝公 때 咸陽(지금의 陜西省 咸陽市 동북쪽)으로 천도하였다.

8) 秦 孝公 : 嬴渠梁. 기원전 361년에서 기원전 338년까지 재위하였다. 商鞅의 變法을 사용하여 秦나라로 하여금 더욱더 부강해지게 하였다.

9) 秦 惠王 : 秦 惠文王 嬴駟를 가리킨다. 기원전 337년에서 기원전 311년까지 재위하였다. 일찍이 回河 서쪽을 빼앗고, 巴와 蜀을 공격하여 멸망시켰으며, 楚나라의 漢中을 공격하여 취하였다.

10) 漢中 : 군 이름. 지금의 陜西省 秦嶺 이남 南鄭 지역을 가리킨다.

11) 巴郡 : 지금의 四川省 동부 지역을 가리킨다.

12) 蜀郡 : 지금의 四川省 중서부 지역을 가리킨다.

13) 代郡 : 지금의 河北省 서북부, 山西省 동북부 지역을 가리킨다.

14) 馬邑 : 지금의 山西省 朔縣.

15) 商鞅(기원전 390-기원전 338년) : 衛나라 사람 公孫鞅을 가리킨다. 秦 孝公 때, 左庶長으로 임명되어 變法을 실행하여 秦나라가 부강해지는 기초를 세웠다. 후에 공이 있어서 大良造로 승진하였으며, 商(지금의 陜西省 商縣 동남쪽)에 봉해졌고, 호를 商君이라고 하였기 때문에 '商鞅'이라고 칭해졌다. 秦 孝公이 죽은 후, 귀족들에게 억울하게 모함을 받아 수레에 묶여 사지를 찢기는 형벌을 받아 죽었다.

16) 趙 : 戰國七雄의 하나. 趙나라를 개국한 군주는 趙籍이고, 晉陽(지금의 山西省 太原市 동남쪽)에 수도를 정하였다가 후에 鄲邯으로 천도하였다.

肅侯)[17]가 그의 아우 성(成)을 상(相)으로 삼고 봉양군(奉陽君)[18]이라고 불렀는데, 봉양군은 소진을 좋아하지 않았다.

소진은 또다시 연(燕)[19]나라로 주유하였다. 1년여가 지나고 나서 연 문후(燕文侯)[20]를 만났다. 그는 연 문후에게 다음과 같이 유세하였다.

"연나라 동쪽에는 조선(朝鮮)과 요동(遼東)이 있고, 북쪽으로는 임호 (林胡)와 누번(樓煩)이 있으며, 서쪽으로는 운중(雲中)[21]과 구원(九 原)[22]이 있고, 남쪽으로는 호타하(嘑沱河)[23]와 역수(易水)[24]가 있습니 다. 국토는 종횡으로 2,000여 리가 되며, 무장병이 수 십만이고, 전차가 600대, 군마가 6,000필이 있고, 식량은 몇년을 견딜 수 있습니다. 남쪽으 로는 갈석(碣石),[25] 안문(雁門)[26]과 같은 비옥한 토지가 있고, 북쪽으로 는 대추와 밤의 수입이 있습니다. 백성들은 밭을 갈지 않아도 대추와 밤 으로 충분합니다. 이는 이른바 하늘이 준 보고라고 할 수 있습니다.

안락하고 일이 없어 전쟁에 지고, 장수를 죽게 만든 것을 보이지 않는 나라는 연나라 이외에는 없습니다. 대왕께서는 그러한 까닭을 알고 계십 습니까? 연나라가 왜구의 침입을 받지 않고 무장병이 피해를 받지 않은 까닭은 조(趙)나라가 그 남쪽을 가리고 있기 때문입니다. 진(秦)나라와 조나라가 다섯 차례 싸워 진나라가 두 번 이기고, 조나라가 세 번 이겼습 니다. 그러나 그 때문에 진나라와 조나라는 서로 피폐하게 되었습니다. 그러므로 왕께서는 연나라를 온전하게 하고 그 배후를 제압하고 계십니 다. 이것이 이제까지 연나라가 왜구의 침입을 받지 않은 까닭입니다. 또 한 진나라가 연나라를 치려면 운중과 구원을 넘고 대군(代郡)과 상곡(上

17) 趙 肅侯 : 趙語를 가리킨다. 기원전 349년에서 기원전 326년까지 재위하였다.
18) 奉陽君 : 즉 公子 成을 가리킨다. 趙 惠文王 4년(기원전 295년)에 그는 趙나라 대 신과 함께 公子 章의 난을 평정하였다.
19) 燕 : 나라 이름. 기원전 11세기에 周나라가 나누어 봉한 제후국. 지금의 河北省 북부와 遼寧市 서쪽 끝 지역에 위치하였으며, 薊(지금의 北京城 서남쪽 끝)에 수도 를 두었다.
20) 燕 文侯 : 燕 文公을 가리킨다. 기원전 361년에서 기원전 333년까지 재위하였다.
21) 雲中 : 군 이름. 지금의 내몽고 자치구 경내.
22) 九原 : 군 이름. 지금의 내몽고 后套 및 그 동쪽 일대.
23) 嘑沱河 : 물 이름. 河北省 서쪽에 있으며, 山西省 五臺山 동북쪽에서 발원한다.
24) 易水 : 물 이름. 지금의 河北省 서쪽에 위치하며, 易縣 지역에서 발원한다.
25) 碣石 : 산 이름. 지금의 河北省 樂亭縣 서남쪽에 위치하며, 北魏 때 바다 속으로 침몰하였다. 일설에는 河北省 昌黎縣 북쪽에 있다고도 한다.
26) 雁門 : 군 이름. 지금의 山西省 북부와 내몽고 자치구 남부 지역.

谷)²⁷⁾을 통과하여 수천리를 거치지 않으면 안 됩니다. 설령 진나라가 연나라의 성을 얻는다고 하더라도 어떠한 계책으로도 도저히 지킬 수 없습니다. 진나라가 연나라를 침해할 수 없는 것은 또한 명백한 것인데, 이제 조나라가 연나라를 친다면 호령을 내린 지 열흘도 채 못 되어 수 십만의 군사가 동원(東垣)²⁸⁾에 진을 치게 될 것입니다. 또 호타하를 건너고 역수를 건넌 지 4-5일도 못 되어 연나라의 국토에 이를 수 있습니다. 따라서 진나라가 연나라를 공격하면 천리 밖에서 싸우게 되고, 조나라가 연나라를 치면 백리 안에서 싸우게 되는 것입니다. 따라서 백리 안의 근심거리인 조나라를 생각하지 않고 천리 밖에 있는 진나라를 중시한다면, 이보다 더 큰 허물은 없을 것입니다. 이런 연고로, 원컨대 대왕께서는 조나라와 합종(合縱)²⁹⁾하십시오. 천하가 하나로 되면 연나라에는 반드시 우환이 없게 될 것입니다."

문후가 말하기를 "그대의 말은 옳다고 하나 우리나라는 약소하고, 서쪽으로는 강대한 조나라가 핍박하고, 남쪽으로는 제나라에 근접해 있소. 제나라와 조나라는 강성한 나라인데, 그대는 반드시 합종을 이루어 연나라를 안전하게 해준다고 하니, 과인은 거국적으로 그대를 따르겠소"라고 하였다.

그리하여 따라서 소진에게 거마(車馬)와 금백(金帛)을 주어서 조나라로 가게 하였다. 그러나 봉양군이 이미 죽었으므로 소진은 즉시 조 숙후에게 설득하며 다음과 같이 말하였다.

"천하의 재상과 신하 및 벼슬하지 않은 선비에 이르기까지 모두들 대왕께서 의를 행하시는 것을 고결하고 현명하다고 생각하고 있으며, 어전에서 마음으로부터 충성을 보여드리겠다고 오래전부터 생각해왔습니다. 비록 봉양군이 현명한 선비를 질시하여 등용하지 않았고, 대왕께서는 국정을 맡지 않으셨으므로 빈객이나 유세하는 선비가 감히 스스로 어전 앞에서 의견을 개진하는 자가 없었습니다. 그런데 지금 봉양군이 작고하였으

---

27) 上谷 : 군 이름. 지금의 河北省 북부 지역.
28) 東垣 : 趙나라의 읍 이름.
29) 合縱 : 전국시대 약소국가가 연합하여 강대국을 공격하는 것을 合縱이라고 불렀다. 다시 말해서 전국시대 후기에 秦나라가 가장 강대해지자 齊, 楚, 燕, 趙, 韓, 魏 등의 나라가 연합하여 秦나라에 대항하였던 것을 가리킨다.

니, 대왕께서는 곧 백성들과 서로 친하실 수 있게 되었으니, 신은 감히 어리석은 생각을 진언하고자 합니다.

　제가 잠시 대왕을 위하여 생각해보면, 백성들을 안정시켜 평안무사함을 구하는 것이 최선의 길이니, 새로운 사건을 일으켜 백성들을 수고롭게 해서는 안 됩니다. 백성들을 안정시키는 근본적인 계책은 우방국을 선택하는 데 있습니다. 교제할 우방국을 알맞게 선택하면 백성들은 안정될 수 있고, 교제할 우방국을 잘못 선택하면 백성들은 안정을 얻을 수 없게 됩니다. 제게 외환(外患)에 관해서 말씀드리도록 허락해주십시오. 만일 제나라와 진(秦)나라가 모두 조(趙)나라의 적국이 된다면, 백성들은 안정을 얻을 수 없을 것이고, 진나라에 의지하여 제나라를 공격하면 백성들은 안정을 얻을 수 없을 것이며, 제나라에 의지하여 진나라를 공격하면 백성들은 안정을 얻을 수 없을 것입니다. 때문에 다른 나라의 군주를 모해하려고 하거나 다른 나라를 공격하려고 하면 항상 다른 국가와의 외교관계를 공개적으로 단절하는 대가가 따르는 것입니다. 저는 대왕께서 신중한 태도를 견지하여 이와 같은 마음을 드러내지 않으시기를 희망합니다. 그러면 조나라의 이해(利害)에 대해서 흑백(黑白)을 구분하고 음양(陰陽)을 구별하는 것처럼 논하기를 청합니다. 대왕께서 진실로 저의 충고를 들으실 수 있다면, 연나라는 반드시 모직물, 갖옷, 개, 말 등이 생산되는 땅을 바칠 것이고, 제나라는 반드시 물고기와 소금이 생산되는 해변의 땅을 바칠 것이며, 초(楚)[30]나라는 반드시 귤과 유자가 생산되는 땅을 바칠 것이고, 한(韓), 위(魏), 중산(中山) 등의 나라는 모두 대왕과 후비들에게 부세를 거두는 사읍(私邑)을 바칠 것이고, 대왕의 존귀한 친척과 부형 또한 제후에 봉해질 수 있을 것입니다. 무릇 토지를 탈취하고 권리를 빼앗는 것은 춘추오패(春秋五覇)[31]가 다른 나라의 군대를 소멸시키고 다른 나라의 장수를 포로로 하는 수단을 이용하여 구하였던 것이고, 자기의 친척을 제후로 봉하거나 존귀한 신분이 되게 하는 것은 은 탕왕(殷湯王)이나 주 무왕(周武王)이 나라의 임금을 내쫓거나 죽이는 방법으로 쟁

---

30)　楚 : 나라 이름. 지금의 河南省 남쪽, 湖南省, 安徽省, 江西省 일대이다. 후에 楚惠王이 越나라를 공격하여 지금의 江蘇省, 浙江省까지 영토를 확대시켰다. 처음에는 郢에 도읍을 정하였고, 후에 鄀으로, 다음에는 壽春으로 도읍을 옮겼다.

31)　春秋五覇 : 춘추시대 때를 전후로 하여 覇로 칭해진 다섯 나라의 제후, 즉 齊 桓公, 晉 文公, 秦 穆公, 宋 襄公, 楚 莊王을 가리킨다.

취하였던 것입니다. 지금 대왕께서 팔짱을 낀 채로 이 두 가지를 얻으실 수 있도록 하려는 것이 제가 대왕을 위해서 실현시키고자 하는 것입니다.

지금 대왕께서 진(秦)나라를 지원하신다면, 진나라는 틀림없이 한(韓)³²⁾나라와 위(魏)³³⁾나라를 쇠약하게 할 수 있을 것이고, 만일 제나라를 지원하신다면, 제나라는 반드시 초나라와 위나라를 쇠약하게 할 수 있을 것입니다. 위나라가 쇠약해지면 하외(河外)의 땅을 진나라에 갈라줄 것이고, 한나라가 약해지면 의양(宜陽)³⁴⁾을 진나라에 바칠 것입니다. 의양을 바치면 상군(上郡)³⁵⁾에 이르는 길이 끊어질 것이고, 하외를 갈라주면 상군으로 통하는 길이 막히게 될 것입니다. 초나라가 쇠약해지면 조나라는 지원을 잃게 될 것입니다. 이 세 방면의 대책은 심사숙고하지 않을 수 없는 것입니다.

대체로 진(秦)나라 군사가 지도(軹道)를 공격하여 취하면 남양(南陽)³⁶⁾은 위험하게 될 것이고, 남양을 탈취하여 주나라 수도를 포위하면 조나라는 무기를 들고 스스로 지키게 될 것이며, 위(衛)나라를 차지하여 권읍(卷邑)³⁷⁾을 취하면 제나라는 반드시 진(秦)나라에게 신하라고 칭하게 될 것입니다. 진나라의 탐욕은 이미 산동(山東)³⁸⁾의 각 나라로부터 어느 정도 만족을 얻었으므로 반드시 병사를 일으켜 조나라를 공격할 것입니다. 진나라 군대가 황하를 건너고 장하(漳河)를 넘어 파오(番吾)³⁹⁾를 점거하면 진과 조 두 나라의 군대는 반드시 한단성(邯鄲城)⁴⁰⁾ 아래에서 교전하게 될 것입니다. 이것이 바로 신이 대왕을 위해서 걱정하는 것입니다.

---

32) 韓 : 지금의 山西省 동남쪽 구석과 河南省 중부 지역에 위치하였는데, 개국 군주는 韓虔이었으며, 수도를 陽翟으로 정하였다가 후에 新鄭으로 옮겼다.

33) 魏 : 戰國七雄의 하나로, 개국 군주는 魏斯이고, 수도를 安邑에 정하였는데, 후에 魏 惠王이 大梁으로 천도하였기 때문에 魏나라를 梁나라라고도 칭한다.

34) 宜陽 : 韓나라의 읍 이름. 지금의 河南省 宜陽縣.

35) 上郡 : 지금의 陝西省 북쪽과 내몽고 鄂托克旗 일대.

36) 南陽 : 지금의 河南省 서남쪽 일대.

37) 卷邑 : 지금의 河南省 原陽縣 지역.

38) 山東 : 전국시대에는 통칭 崤山 혹은 華山 동쪽을 '山東'이라고 하였다. 당시 이른 바 '關東'과 함의는 서로 같다. 어떤 때에는 광범위하게 秦 이외의 여섯 나라의 영토를 가리키기도 한다.

39) 番吾 : 趙나라의 지명. 지금의 河北省 磁縣.

40) 邯鄲城 : 趙나라의 도성. 지금의 河北省 邯鄲市.

지금 산동 일대에 세워진 국가들 가운데 조나라보다 강대한 나라는 없습니다. 조나라의 영토는 사방 2,000여 리이고, 무장병사는 수 십만 명이고, 전쟁용 수레는 천 량이나 되며, 전쟁용 말은 만 필이나 있고, 식량은 몇년을 공급할 수 있을 만큼 풍부합니다. 서쪽으로는 상산(常山)⁴¹⁾이 있고, 남쪽으로는 장하가 있으며, 동쪽으로는 청하(淸河)⁴²⁾가 있고, 북쪽으로는 연나라가 있습니다. 연나라는 본래 약소국으로 두려워할 존재가 안 됩니다. 진(秦)나라가 천하에서 해로운 존재로 여기는 것 중 조나라만한 나라가 없습니다. 그러나 진나라가 감히 병사를 내어 조나라를 공격하지 못하는 까닭은 무엇이겠습니까? 한(韓)과 위(魏) 나라가 배후에서 힘을 합치지 않을까 두렵기 때문일 것입니다. 그러한즉 한과 위 나라는 조나라의 남쪽 방벽인 셈입니다. 진나라가 한과 위 나라를 공격하려면 큰 산이나 강이 없으므로 누에가 뽕잎을 갉아 먹듯이 점진적으로 그들의 땅을 차지하여 국도까지 이르게 될 것입니다. 한과 위 나라는 진나라에 저항할 수 없으므로 반드시 신하라고 칭하고 굴복할 것입니다. 진나라로서는 한과 위 나라가 견제하는 힘이 없다면 진나라의 전란의 화는 반드시 조나라로 집중될 것입니다. 이것이 바로 신이 대왕을 위해서 걱정하는 것입니다.

신이 듣기로는 요임금은 300무(畝)가 없었으며, 순임금은 지척(咫尺)의 땅이 없었지만 천하를 차지하였고, 우임금은 100명이 모여 사는 마을이 없었지만 천하의 제후를 통솔하여 왕업을 성취하였고, 탕왕과 무왕의 사수(射手)는 3,000에 불과하였고, 수레는 300대에 불과하였으며, 병사는 3만에 불과하였지만 천자의 자리에 올랐다고 합니다. 이것은 그들이 천하의 얻는 방법을 확실하게 가지고 있었기 때문입니다. 이 때문에 현명한 군주는 밖으로는 적의 강함과 약함을 헤아리고, 안으로는 병사의 자질의 우열을 헤아리면 두 군대가 서로 접전하기를 기다리지 않아도 승패와 존망의 관건이 이미 가슴속에 있게 됩니다. 어찌 일반 사람들의 말에 가려 분명하지 못한 태도로 대사를 결정하겠습니까!

신이 천하의 지도를 근거로 하여 생각해보니, 제후의 땅은 진(秦)나라

---

41) 常山 : 산 이름. 지금의 河南省 曲陽縣 서북쪽. 원래 이름은 '恒山'인데, 후에 漢文帝 劉恒의 諱를 피해서 '常山'이라고 하였다.
42) 淸河 : 옛날 물 이름. 당시에는 齊와 越 두 나라의 경계선상에 위치하였다.

보다 다섯 배나 되고, 제후의 사병을 헤아려보니 진나라보다 열 배나 됩니다. 여섯 나라가 하나가 되어 힘을 합쳐 서쪽으로 진나라를 공격하면 진나라는 반드시 패할 것입니다. 그러나 지금 대왕께서는 서쪽으로 향하여 진나라를 섬겨 진나라에게 신하라고 하고 계십니다. 무릇 다른 사람을 격파하는 것과 다른 사람에게 격파당하는 것, 다른 사람에게 신하라고 하는 것과 다른 사람이 자기에게 신하라고 하는 것을 어찌 같은 날에 논할 수 있습니까!

연횡(連橫)[43]을 주장한 사람은 모두 각 나라의 토지를 분할하여 진(秦)나라에 주려고 합니다. 진나라는 패업을 성취하면 누대와 정각을 더욱 높고 크게 세우고, 궁전을 더욱 화려하게 꾸미고, 하루 종일 생황(笙簧)과 거문고의 아름다운 소리를 들으며, 앞에는 누대와 궁궐과 큰 수레가 있고, 뒤에는 교태가 넘치는 아름다운 여자들이 있게 할 것입니다. 각 나라는 진나라에게 재난을 입었지만, 각 나라의 근심을 분담하지는 않습니다. 때문에 연횡을 주장하는 사람은 밤낮으로 진나라의 권세에 의지하여 각 나라를 겁주어 토지를 나누어주기를 요구할 것입니다. 때문에 저는 대왕께서 이 문제를 자세히 생각해보시기를 희망합니다.

신은 현명한 군주는 의심나는 것에 대해서 결단을 내리고 참언을 버리고 떠도는 말의 흔적을 끊어버리며 파벌의 문을 막는 데 뛰어나다고 들었습니다. 그렇기 때문에 주상(主上)을 존경하고 영토를 확대하고 병력을 증강시키는 계책을 어전에서 충심으로 진술할 수 있습니다. 잠시 대왕을 위해서 계략을 세워보면, 합종하여 한, 위, 제, 초, 연, 조 나라를 통일하여 진(秦)나라에 반대하는 것만 못합니다. 지금 천하의 장수와 재상들을 원수(洹水)[44]가로 모이도록 하여 서로 인질을 교환하고 백마를 죽여 맹서를 하여 공동으로 이렇게 맹약하게 해야 합니다. '진나라가 만일 초나라를 공격한다면 제와 위 나라는 각기 정예 부대를 파견하여 초나라를 원조하고, 한나라는 진나라의 식량운송로를 차단시키며, 조나라는 장하를 건너고, 연나라는 상산 북쪽 지역을 지킨다. 진나라가 만일 한과 위

---

43) 連橫 : 전국시대 때, 약소국이 강대국을 따라 다른 약소국을 공격하는 것을 말한다.

44) 洹水 : 물 이름. 지금의 河南省 북쪽 지역. 이 물은 林縣의 隆慮山을 나와 동쪽으로 흘러 內黃縣 북쪽으로 흘러들어가 衞河로 들어간다.

나라를 공격한다면, 초나라는 진나라의 퇴로를 끊고, 제나라는 정예 부대를 파견하여 한과 위 나라를 지원하며, 조나라는 장하를 건너고, 연나라는 운중(雲中)을 지킨다. 진나라가 만일 제나라를 공격하면, 초나라는 진나라의 퇴로를 끊고, 한나라는 성고(城皐)[45]를 지키고, 위나라는 진나라가 제나라를 공격하는 길을 차단하고, 조나라는 장하를 건너 박관(博關)[46]을 지나고, 연나라는 정예 부대를 파견하여 제나라를 원조한다. 진나라가 만일 연나라를 공격한다면, 조나라는 상산을 지키고, 초나라는 무관(武關)[47]에 군대를 주둔시키고, 제나라는 발해(渤海)를 건너고, 한과 위 나라는 모두 정예 부대를 파견하여 연나라를 원조한다. 진나라가 만일 조나라를 공격하면, 한나라는 의양에 군대를 주둔시키고, 초나라는 무관에 군대를 주둔시키며, 위나라는 황하 남서쪽에 군대를 주둔시키고, 세나라는 청하를 건너며, 연나라는 정예 부대를 파견하여 조나라를 원조한다. 각 나라가 맹약에 따라 일을 처리하지 않으면, 다섯 나라의 군대가 공동으로 그 나라를 공격한다.' 여섯 나라가 합종연맹을 하여 공동으로 진나라에 대항하면, 진나라의 군대는 반드시 감히 함곡관(函谷關)[48]으로 달려나와 산동을 위협하지 못할 것입니다. 이와 같게 되면 패주의 사업은 성공하게 됩니다."

조나라 왕은 말하기를 "과인은 나이가 어리고 왕위에 오른 지도 얼마 되지 않으며, 일찍이 국가를 오랜 동안 편안하게 다스리는 계책에 대해서는 들어본 적이 없었소. 지금 그대가 천하를 보존하고 각 나라를 안정되게 할 좋은 뜻을 가졌으니, 과인은 진실로 전국의 백성들을 인솔하여 그대의 말을 따르기를 원하오"라고 하였다.

그리고 장식된 수레 100대와 함께 황금 1,000일(鎰),[49] 백옥 100쌍, 비단 1,000필을 갖추어 소진으로 하여금 각 제후들을 설득시키도록 하였다.

---

45) 城皐: 韓나라의 읍 이름. 지금의 河南省 榮陽縣 서쪽 汜水鎭에 위치하였다.
46) 博關: 지명. 지금의 山東省 東荏縣 서북쪽 博平鎭에 위치하였다.
47) 武關: 지명. 지금의 陝西省 商南縣 南丹江가에 있다.
48) 函谷關: 지금의 河南省 靈寶縣 동북쪽에 위치하였다. 산의 계곡이 마치 상자처럼 깊고 험하여 붙여진 이름이다. 동쪽으로 崤山에서 서쪽으로 潼津에 이르며, '天險'이라고도 부른다.
49) 鎰: 고대의 숭량 단위로서 1鎰은 20兩 혹은 24兩이다.

이 당시 주나라 천자가 문왕과 무왕을 제사 지내고 남은 고기를 진 혜왕(秦惠王)에게 주었다. 혜왕은 서수(犀首)[50]를 파견하여 위(魏)나라를 공격하도록 하여 장수 용고(龍賈)[51]를 사로잡고, 위나라의 조음(雕陰)[52]을 점령하고, 아울러 동쪽으로 진군하려고 하였다. 소진은 진(秦)나라 병사가 조나라에 이르게 될 것을 두려워하여 곧 장의(張儀)[53]를 격분시켜 진나라로 투항하도록 하였다.

그리고 소진은 한 선왕(韓宣王)에게 다음과 같이 유세하였다.

"한나라는 북쪽으로는 공읍(鞏邑)과 성고와 같은 견고한 성과 연못이 있고, 서쪽으로는 의양과 상판(商阪)과 같은 요새가 있으며, 동쪽으로는 완읍(宛邑)과 양읍(穰邑)과 유수(洧水)가 있고, 남쪽으로는 형산(陘山)이 있으며, 토지는 사방 900여 리이고, 무장병력은 수십만 명이며, 천하의 강한 활과 강한 쇠뇌는 모두 한나라에서 생산됩니다. 계자(谿子)에서 생산되는 쇠뇌, 소부(少府)에서 생산되는 시력(時力), 거래(距來) 등의 명궁(名弓)은 모두 600보 밖까지 쏠 수 있습니다. 한나라의 병사들이 떡 버티고 쏘면 100발이 연속해서 발사됩니다. 멀리서 맞으면 화살 끝이 보이지 않을 정도로 가슴에 박히고, 가까운 데서 맞으면 화살의 끝이 가슴을 덮을 정도로 깊이 들어갑니다. 한나라 병사들의 칼과 갈라진 창은 모두 명산(冥山)에서 생산되고, 당계(棠谿), 묵양(墨陽), 합부(合賻), 등사(鄧師), 원풍(宛馮), 용연(龍淵), 태아(太阿) 등지에서 생산되는 것은 모두 육지에서는 소나 말을 벨 수 있고, 물에서는 고니나 기러기를 베고, 적과 싸울 때에는 견고한 갑옷이나 쇠방패를 쪼갭니다. 이처럼 가죽으로 만든 깍지[抉]로부터 방패의 끈 등 구비하지 않은 것이 없습니다. 한나라의 병사의 용감함에 의지하여 견고한 갑옷을 입고 강한 쇠뇌를 밟고 예리한 칼을 차고 있으면 한 사람이 100명의 적병을 감당할 수 있는데, 이것은 지나친 말이 아닙니다. 한나라가 병력의 강대함과 대왕의 현명함에 의지하고 있으면서 서쪽으로 진(秦)나라를 받들어 손을 모아 굴복한다면,

---

50) 犀首 : 본래 魏나라 무관 이름인데, 여기에서는 魏나라 사람 孫衍을 가리킨다. 그 당시 孫衍은 秦나라에서 관리로 있었다.

51) 龍賈 : 魏나라의 장수.

52) 雕陰 : 지명. 지금의 陝西省 甘泉縣 남쪽.

53) 張儀 : 魏나라 사람으로 저명한 縱橫家이다. 秦 惠王 때, 秦나라의 재상으로 임명되었고, 武安君으로 봉해졌다.

그것은 국가의 치욕이며 천하 사람들에게 놀림거리가 되는 것이니, 이보다 더 심한 모욕은 없을 것입니다. 때문에 대왕께서 이 문제를 자세히 생각해보시기를 희망합니다.

대왕께서 만일 진나라에게 굴복한다면, 진나라는 대왕에게서 의양과 성고를 취해서 갈 것입니다. 지금 토지를 바치면, 내년에 또다시 토지를 나누어달라고 요구할 것입니다. 요구하는 대로 주면 결국에는 줄 땅이 없을 것이고, 땅을 주지 않으면 이전의 외교적 약속을 무시하고 후환만을 안겨줄 것입니다. 다시 말해서 대왕의 토지는 한도가 있지만 진나라의 탐욕스러운 요구는 한도가 없다는 것입니다. 이것은 이른바 원한을 사고 불행을 초래하는 격입니다. 싸우지도 않고 토지는 남의 것이 되어버리는 것이지요. 저는 속담에 '차라리 닭의 부리가 될지언정 소의 꼬리가 되지 말라'라는 말을 들었습니다. 지금 대왕께서 만일 서쪽으로 투항하여 손을 모아 굴복하여 신하의 신분으로 진나라를 받든다면, 이것은 소의 꼬리가 되는 것과 무엇이 다르겠습니까? 대왕께서 현명함과 강대한 군대를 가지고서도, 오히려 소의 꼬리라는 오명을 받게 된다면, 대왕을 위하는 저로서는 그것을 부끄럽게 느끼게 될 것입니다."

그러자 한나라 왕은 금방 안색이 바뀌고 팔을 세우고 눈을 부라리고 보검을 잡고 고개를 들어 하늘을 바라보며 긴 한숨을 쉬고 말하기를 "나는 비록 현명하지는 못하지만 반드시 진나라를 섬기려는 것은 아니오. 지금 그대는 조나라 왕의 가르침으로 나를 깨우쳤소. 나는 나의 국가를 그대에게 의탁하기를 간절히 원하며 그대의 생각에 따르겠소"라고 하였다.

소진은 또 위 양왕(魏襄王)에게 다음과 같이 유세하였다.

"대왕의 국토는 남쪽으로는 홍구(鴻溝),[54] 진(陳),[55] 여남(汝南),[56] 허(許),[57] 언(鄢),[58] 곤양(昆陽),[59] 소릉(召陵),[60] 무양(舞陽),[61] 신도

---

54) 鴻溝 : 운하. 지금의 河南省 滎陽縣 북쪽으로부터 황하의 물을 끌어 동쪽으로 흐르게 하였다가 開封에서 남쪽으로의 흐름을 꺾어 淮陽縣에 이르러서 潁水로 들어가게 하였다.

55) 陳 : 지명. 춘추시대 陳나라의 옛 땅으로, 지금의 河南省 淮陽縣 일대이다.

56) 汝南 : 지명. 지금의 河南省 上蔡縣 일대.

57) 許 : 지금의 河南省 許昌縣 일대.

58) 鄢 : 지금의 河南省 鄢城縣 일대.

59) 昆陽 : 읍 이름. 지금의 河南省 葉縣.

(新都), [62] 신처(新郪) [63]가 있고, 동쪽으로는 회하(淮河), 영수(潁水), [64] 자조(煮棗), [65] 무서(無胥) [66]가 있으며, 서쪽으로는 장성(長城) [67]을 경계로 하고, 북쪽으로는 황하 남서쪽에 권(卷), 연(衍), [68] 산조(酸棗) [69]가 있으며, 국토는 사방 천리입니다. 땅은 명목상 비록 작지만, 마을과 농지가 매우 밀집되어 있어 목축할 만한 곳조차도 없습니다. 백성이 많고 수레와 말이 많아서 밤낮으로 왕래하여 끊일 사이가 없으며, 그것이 지나가는 소리가 요란하여 마치 삼군(三軍) [70]의 병사가 행진하는 것 같습니다. 제가 잠시 헤아려보니, 대왕의 국가의 역량은 초나라보다 작지 않습니다. 그러나 연횡을 주장하는 사람들은 대왕을 위협하여 호랑이나 이리처럼 흉악한 진(秦)나라와 교제하여 천하를 취하도록 하려고 하고, 끝내는 진나라가 대왕의 국가를 해롭게 할 우려가 있는데도 그 재앙을 돌아보지 않고 있습니다. 강대한 진나라의 세력에 의지하여 안으로는 다른 나라의 군주를 위협하니, 이보다 심한 죄는 없습니다. 위나라는 천하의 강국이고, 대왕은 천하의 현명한 국왕이십니다. 지금 대왕께서 서쪽으로 투항하여 진나라를 받들 뜻이 있고, 자칭 진나라의 동쪽의 속국이라고 하며, 진나라를 위해서 제왕의 궁전을 건축하고 진나라의 복식제도를 받아들이며, 봄과 가을마다 진나라에 예를 바치고 제사를 올린다면, 사사로이 대왕을 위하는 저로서는 치욕을 느낄 것입니다.

저는 월왕(越王) 구천(句踐) [71]이 피로한 병사 3,000명으로 오왕(吳王)

---

60) 召陵 : 읍 이름. 지금의 河南省 郾城縣 동쪽.
61) 舞陽 : 읍 이름. 지금의 河南省 舞陽縣 서쪽 지역에 위치하였다.
62) 新都 : 읍 이름. 지금의 河南省 新野縣.
63) 新郪 : 읍 이름. 즉 郪丘. 지금의 安徽省 太和縣 서북쪽에 위치하였다.
64) 潁水 : 淮河에서 가장 큰 지류로, 지금의 河南省 동쪽과 安徽省 서북쪽 지역으로 흐른다.
65) 煮棗 : 읍 이름. 지금의 山東省 菏澤縣 서남쪽.
66) 無胥 : 지명.
67) 長城 : 춘추전국 시대 각국이 서로 방어하기 위해서 지형이 험준한 곳에 성벽을 수축하였다.
68) 衍 : 지명. 지금의 河南省 鄭州市 북쪽.
69) 酸棗 : 읍 이름. 지금의 河省省 延津縣 서남쪽.
70) 三軍 : 全軍. 당시 큰 나라의 군대 편제는 上, 中, 下 혹은 左, 中, 右 혹은 前, 中, 後 三軍으로 나뉘었다.
71) 句踐 : 춘추시대 말기의 越나라 군주. 일찍이 吳나라에게 패하여 굴복하고 강화를 하였다. 그후 땔나무에 누워 쓸개를 맛보며 강력해지려고 각고의 노력을 하고, 范蠡

부차(夫差)[72]를 간수(干遂)[73]에서 사로잡았고, 주 무왕(周武王)은 병사 3,000명과 전차 300대를 가지고 목야(牧野)[74]에서 은 주왕(殷紂王)을 제압하였다고 들었습니다. 설마 그들이 병사의 수가 많은 것에 의지하였겠습니까? 아닙니다. 단지 그들은 자신들의 위력을 충분히 발휘하였을 뿐입니다. 저는 지금 사사로이 대왕의 군사역량의 실제 상황을 들었는데, 정예 병사가 20만이고, 창두(蒼頭)가 20만이며, 충봉(沖鋒) 부대 20만, 잡역부 10만, 전차 600대, 군마 5,000필이 있다고 하였습니다. 이것은 월왕 구천과 주 무왕의 병력을 훨씬 뛰어넘는 것입니다. 지금 대왕께서는 신하들의 말을 듣고 신하의 신분으로 진나라를 섬기려고 하십니다. 만일 진나라에 복종하여 섬기려면 반드시 토지를 쪼개주어 충성을 표시해야만 되는데, 이것은 무력을 사용하지도 않고 국가의 역량이 하루아침에 사라지는 것입니다. 무릇 신하들 중에서 진나라에 복종하여 섬길 것을 건의하는 자들은 모두 간신이지 충신이 아닙니다. 그들은 군주의 신하로서 자기 군주의 토지를 나누어 외국과의 우의관계를 구하여 일시적인 성공만을 구하고 그후의 결과는 돌아보지 않는 자들입니다. 국가의 이익을 파괴하여 개인적인 성취를 이루고, 밖으로는 강대한 세력에 의지하고, 안으로는 자기의 군주를 위협하며 토지를 나누어줄 것을 구하는 것이기 때문입니다. 대왕께서 이 점을 분명하게 살펴보시기를 희망합니다.

『주서(周書)』[75]에서 말하기를 '처음에 싹을 자르지 않아 덩굴이 기다랗게 얽히는 것을 어떻게 하겠는가? 작을 때 베지 않으면 장차 도끼를 사용해야 한다'라고 하였습니다. 사전에 깊이 생각하지 않고, 사후에 큰 화가 이르면 어떻게 하시겠습니까? 대왕께서 만일 저의 의견을 들으시고 여섯 나라가 합종하여 전심전력으로 뜻을 통일하면 강력한 진나라의 침입을 만나지는 않을 것입니다. 때문에 저희 조나라 왕께서는 저를 보내시어 어리석은 계책을 제시하고 분명한 공약을 받들도록 하였습니다. 대왕의

와 文種 등을 임용하여 국정을 정돈하여 10년 만에 吳나라를 멸망시켰다.

72) 夫差 : 춘추시대 말기의 吳나라 군주. 일찍이 越나라 병사를 크게 무찔렀지만, 후에 오히려 越나라에게 패하여 자살하였다.

73) 干遂 : 지명. 지금의 江蘇省 蘇州市 서북쪽.

74) 牧野 : 지명. 지금의 河南省 汲縣 북쪽.

75) 『周書』 : 즉 『逸周書』를 가리킨다. 지금 70편이 전하는데, 이것은 周代 政令에 관한 기록이나.

분부에 따라 사람들을 부르겠습니다."

위나라 왕은 대답하여 말하기를 "나는 불초하여 일찍이 훌륭한 가르침을 들은 적이 없었소. 지금 당신은 조나라 왕의 지시로 나를 계도하였소. 나는 전국의 백성들을 인솔하여 당신의 의견에 따르기를 원하오"라고 하였다.

소진은 이어서 동쪽으로 가서 제 선왕(齊宣王)에게 다음과 같이 유세하였다.

"제나라는 남쪽으로는 태산(泰山)이 있고, 동쪽으로는 낭야산(琅琊山)[76]이 있으며, 서쪽으로는 청하(淸河)가 있고, 북쪽으로는 발해가 있으니, 이것은 이른바 사면이 모두 천연의 요새인 나라입니다. 제나라의 토지는 사방 2,000여 리이고, 무장한 병사는 수 십만 명이며, 비축한 식량은 산더미 같습니다. 삼군(三軍)의 정예는 오국(五國)[77]의 병사에 상당하여 공격할 때에는 날카로운 칼이나 좋은 활로 화살을 쏘는 것 같고, 전투할 때에는 우레처럼 힘이 있으며, 물러날 때에는 비바람처럼 재빨리 흩어집니다. 설사 군사행동이 있더라도 태산을 떠나거나 청하를 넘거나 발해를 건넌 적은 없습니다. 임치(臨菑)[78]에는 7만 호가 있으니, 제가 헤아려보아도 집집마다 남자 세 명이 있다고 가정하면 21만 명이나 되니, 먼 곳의 현이나 읍으로부터 병사들을 징발할 필요도 없이 임치의 병사만으로도 21만 명이나 됩니다. 임치는 매우 풍족하고 튼실하며, 그곳의 백성들은 큰 생황을 불고 비파를 뜯고 거문고를 타며 아쟁을 켜고, 닭싸움을 붙이고 개경주를 즐기며 윷놀이와 공치기를 즐기지 않는 자가 없습니다. 임치의 도로는 수레바퀴끼리 서로 부딪치고 사람들은 어깨와 어깨끼리 비비게 되며 옷을 연이어 휘장을 이루고 옷소매를 들어 장막을 이루며, 사람들이 땀을 뿌리면 비가 될 것 같습니다. 집집마다 튼실하고 사람들마다 풍족하며, 모두들 높고 먼 곳에 뜻을 두고 의기가 양양합니다. 대

---

76) 琅琊山 : 지금의 山東省 膠南縣 남쪽에 위치하며, 黃海에 임하고 있다.
77) 원문은 "五家"로서, 이것은 燕, 趙, 韓, 魏, 齊 나라를 가리킨다. 이와 다른 설로는 齊나라의 管仲이 창립한 사병을 징집하는 기본 조직이라는 것으로, 다섯 집을 1軌로 하고, 한 집마다 장정 한 명씩을 차출하고 다섯 사람을 하나의 대오로 삼았다는 것이다.
78) 臨菑 : 齊나라의 도성. 지금의 山東省 淄博市 동북쪽.

왕의 현명하심과 제나라의 강대함에 천하의 누구도 대항할 수 없습니다. 그런데 지금 대왕께서는 서쪽으로 투항하여 진나라를 받들어 모시려고 합니다. 대왕을 위하는 저로서는 그것이 치욕스럽게 생각됩니다.

또 한과 위 나라가 진나라를 매우 두려워하는 까닭은 그들이 진나라의 변방과 인접해 있기 때문입니다. 두 나라의 군대가 한번 출동하면 정면으로 교전을 벌여 열흘을 넘기지 않아서 승패의 관건이 결정될 것입니다. 만일 한과 위 나라가 진나라를 이긴다면 자신의 병력 또한 절반은 잃게 되어 사방의 국경을 수비할 힘이 없게 될 것입니다. 만일 승리할 수 없다면 국가의 위태로움과 멸망이 뒤따르게 될 것입니다. 이것은 한과 위 나라가 진나라와 싸우기를 꺼려하고 가볍게 진나라의 신하가 되려는 이유입니다. 만일 지금 진나라가 제나라를 공격한다면 이와 같지 않을 것입니다. 진나라는 한과 연 나라의 토지를 등지고 위(衛)나라의 양진(陽晉)[79]의 길을 지나 항보(亢父)[80]의 요새를 지나야만 하는데, 그곳은 전쟁용 수레가 나란히 갈 수 없고 기병이 병행할 수 없는 곳으로 단지 100명으로 그 요새를 지키면 1,000명으로도 감히 통과하지 못합니다. 진나라 군사는 비록 깊숙히 들어가려고 생각하지만, 이리처럼 때때로 퇴로를 돌아보며 감히 곧장 전진하지 못하고 한과 연 나라가 배후에서 위협할까 걱정을 하게 될 것입니다. 때문에 진나라는 두려움과 의심스러움을 동시에 가지고 있으면서 다른 사람에게는 허황되고 과장되게 소리를 치고 있으며 교만하고 제멋대로이면서도 감히 전진하지 못하는 것입니다. 그러한즉 진나라가 제나라를 위태롭게 할 수 없음은 또한 분명합니다.

진나라가 제나라를 어떻게 할 수 없음을 깊이 생각하지도 않고 서쪽으로 투항하여 진나라를 섬기려고 한다면, 그것은 대왕의 신하들에게 책략상 과실이 있는 것입니다. 지금 대왕께서 만일 저의 권고를 들으시면 진나라에게 신하라고 칭하는 오명을 입지 않을 수 있고, 또 국가를 나날이 강대하게 하여 실리를 얻게 될 수 있을 것입니다. 때문에 저는 대왕께서 이 문제를 유념하여 생각해보시기를 원합니다."

제나라 왕이 말하기를 "나는 어리석은 사람이오. 제나라는 치우친 먼 땅에 있으면서 바다에 의지하고 있소. 이곳은 길이 끊긴 동쪽 구석의 나

---

79) 陽晉 : 지금의 山東省 鄆城縣 서쪽.
80) 亢父 : 齊나라의 읍 이름. 지금의 山東省 濟寧市 서남쪽.

라이기 때문에 일찍이 당신의 가르침을 듣지 못하였소. 지금 당신이 조나라 왕의 지시로 나를 깨우쳤소. 나는 진심으로 전국의 백성들을 인솔하여 당신의 의견을 따르기를 원하오"라고 하였다.

소진은 그리고 서남쪽으로 가서 초 위왕(楚威王)에게 다음과 같이 유세하였다.

"초나라는 천하의 강국이고, 대왕은 천하의 현명한 국왕이십니다. 초나라는 서쪽으로는 검중(黔中), [81] 무군(巫郡) [82]이 있고, 동쪽으로는 하주(夏州), [83] 해양(海陽) [84]이 있으며, 남쪽으로는 동정호(洞庭湖), [85] 창오(蒼梧) [86]가 있고, 북쪽으로는 형색(陘塞), [87] 순양(郇陽) [88]이 있으며, 국토는 사방 5,000리이고, 무장한 부대는 100만이며, 전쟁용 수레는 1,000대이고, 전쟁용 말은 만 필이며, 식량은 10년을 견딜 수 있습니다. 이것은 패왕(覇王)이 될 수 있는 자본입니다. 초나라의 강대함과 대왕의 현명하심에 의지하면 천하에서 당할 수 있는 자는 없습니다. 지금 대왕께서 서쪽으로 향하여 진나라를 섬기려고 한다면, 제후 가운데 서쪽으로 향하여 장대(章臺) [89] 아래로 입조하지 않는 자가 없을 것입니다.

진나라가 해롭다고 생각하는 나라로는 초나라만한 경우가 없습니다. 초나라가 강대하면 진나라가 약소하고, 진나라가 강대하면 초나라가 약소합니다. 쌍방의 세력은 양립할 수 없습니다. 때문에 저는 대왕을 위해서 계략을 짜냈는데, 합종하여 친교를 맺는 것만큼 진나라를 고립시키는 것은 없습니다. 대왕께서 합종하여 친교를 맺지 않으시면, 진나라는 반드시 양군(兩軍)을 일으켜 한쪽 군대는 무관으로 출격시키고 다른 한쪽 군대는 검중으로 내려오게 함으로써 언영(鄢郢) [90] 일대를 동요시킬 것입니다.

81) 黔中 : 군 이름. 지금의 湖南省, 湖北省, 四川省과 貴州省의 경계지역.
82) 坐郡 : 군 이름. 지금의 四川省 東端.
83) 夏州 : 지금의 湖北省 漢陽縣 북쪽.
84) 海陽 : 楚나라 동쪽 지역으로 지금의 江蘇省 秦縣이다.
85) 洞庭湖 : 즉 青草湖를 가리킨다. 지금의 湖南省 岳陽市 부근.
86) 蒼梧 : 즉 九疑山을 말한다. 지금의 湖南省 寧遠縣 남쪽.
87) 陘塞 : 산 이름. 지금의 河南省 漯河市 동쪽.
88) 郇陽 : 읍 이름. 당시 三晉에 속하고 楚나라의 경계에 없었다. 따라서 후대 사람들은 新陽, 順陽, 旬陽의 잘못된 표기일 수 있다고 추측하고 있다.
89) 章臺 : 秦나라 渭南離宮의 누대 이름. 지금의 陝西省 西安市 서북쪽.
90) 鄢郢 : 楚나라의 수도. 지금의 湖北省 宣城縣 남쪽. 춘추시대 말기에 吳나라가 楚

신은 모든 일은 혼란스럽게 되기 전에 다스리고, 해로운 일은 발생하기 전에 제어해야 한다고 들었습니다. 우환이 닥친 후에 이것을 근심하면 아무런 소용이 없습니다. 그러므로 대왕께서는 이 점을 신속히 숙고하시기를 희망합니다.

대왕께서 만일 진실로 제 의견을 들으실 수 있다면, 저는 산동의 각 나라를 불러 대왕께 사계절의 예물을 바치고 대왕의 영명한 지시를 받아들이도록 하고 국가를 대왕께 의탁하게 하고 왕족의 운명을 대왕께 맡기고 병사를 훈련시키고 무기를 만들어 대왕의 지휘에 따르게 하겠습니다. 대왕께서 진실로 신의 어리석은 계책을 사용하실 수 있다면 한, 위, 제, 연, 조, 위 나라의 절묘한 음악과 미녀가 반드시 대왕의 후궁에 가득 찰 것이고, 연과 대(代)에서 생산되는 낙타와 훌륭한 말은 반드시 대왕의 마구간에 찰 것입니다. 그러므로 합종이 성공하면 초나라가 천하의 왕으로 칭해지고, 연횡이 이루어지면 진나라가 천하의 제왕이 되는 것입니다. 지금 대왕께서 패왕의 사업을 버리고 다른 사람을 섬기는 오명을 쓰려고 하시니, 대왕을 위하는 저로서는 그렇게 할 수는 없습니다.

무릇 진은 호랑이나 이리와 같은 나라로 천하를 집어삼킬 야심을 품고 있습니다. 진나라는 천하의 원수입니다. 연횡을 주장하는 사람들은 모두 각 나라의 토지를 분할하여 진나라에 바치려고 하는데, 이것은 원수를 존경하고 적을 공경하도록 하는 것입니다. 대개 사람의 신하가 되어 그 군주의 토지를 쪼개어주고 밖에 있는 강포한 호랑이나 늑대와 같은 진나라와 교섭을 벌여 다른 나라를 침략하게 하는 자는 자기의 국가가 갑자기 진나라의 침입을 받았을 때에는 오히려 이 땅의 재앙을 돌아보지 않을 것입니다. 밖으로 강대한 진나라의 권세에 의지하며 안으로 자기의 군주를 위협하여 토지를 나누어 진나라에 주도록 요구하는 것은 국가를 배반하고 군주에게 불충하는 일로서 이보다 더한 것이 없을 것입니다. 그러므로 만일 합종하여 서로 친하면 각 나라는 토지를 나누어 초나라를 섬길 것이고, 연횡이 성공하면 초나라는 토지를 떼어 진나라를 섬겨야 할 것입니다. 이 두 가지가 책략의 높고 낮음에는 서로 거리가 있습니다. 이 양자 중 대왕께서는 어느 쪽에 서시겠습니까? 그러므로 저희 조나라 왕께서

나라를 침범하여 郢으로 들어가자, 楚 昭王은 郢에서 鄀으로 천도하였는데, 鄀은 즉 鄢邑을 말한다. 이로부터 鄢郢이라고 부르게 되었다.

저를 파견하여 어리석은 계책을 올려 명확한 공약을 받아오도록 하셨습니다. 그것은 모두 대왕께서 사람들을 깨우치는 데 달려 있습니다."

초나라 왕이 말하기를 "우리나라는 서쪽으로 진나라와 국경을 접하고 있소. 진나라는 파(巴)와 촉(蜀)[91]을 탈취하여 한중(漢中)[92]을 병탄할 야심을 품고 있소. 진나라는 호랑이나 이리와 같은 나라이니 친할 수 없소. 한과 위 나라는 항상 진나라의 침략의 위협을 받고 있으므로 그들과는 대사를 모의할 수 없소. 만일 그들과 대사를 모의한다면, 아마 그들이 우리를 배반하고 진나라에 붙을 것이오. 이와 같이 되면 계략을 실행하기도 전에 국가는 위험해질 것이오. 스스로 생각해보았는데, 초나라가 진나라를 감당하는 것은 승산이 없소. 조정에서 신하들과 상의해도 기대할 것이 없소. 그래서 나는 침상에서 편안히 누워 자지 못하고, 음식을 먹어도 단맛을 느끼지 못하며, 마음은 걸어놓은 깃발처럼 흔들려 의지할 곳이 없소. 지금 그대가 천하를 통일하기 위해서 각 나라를 단결시켜 멸망의 위기에 처해 있는 국가를 보존하려고 하니, 나는 나라를 그대에게 의탁하고, 그대의 의견을 따르기를 원하오"라고 하였다.

이렇게 하여 여섯 나라는 합종을 성립시키고 힘을 합치게 되었다. 소진은 합종의 맹약의 장(長)이 되고 아울러 여섯 나라의 재상을 겸임하였다.

소진은 북쪽으로 조나라 왕에게 경위를 보고하러 가는 도중에 낙양을 지나게 되었다. 마차, 화물을 비롯하여 제후들이 각기 소진을 호송하는 사자를 파견하여 그 행렬이 국왕에 비길만 하였다. 주 현왕(周顯王)은 이런 상황을 듣고 놀라고 두려운 나머지 길을 청소하고 교외까지 사람을 보내 그를 위로하도록 하였다. 소진의 형제, 처, 형수는 곁눈으로 볼 뿐 감히 고개를 들어 그를 보지 못하였고, 고개를 숙이고 식사하는 시중을 들었다. 소진은 웃으며 그의 형수에게 말하기를 "당신은 전에는 오만하더니 지금은 어떻게 공손합니까?"라고 하였다. 형수는 몸을 굽혀 얼굴을 땅에 대고 사죄하며 말하기를 "나는 지금 계자(季子)[93]의 지위가 존귀하고 재

---

91) 巴, 蜀 : 모두 나라 이름이다. 巴는 지금의 川東, 鄂西 일대에 위치하며, 후에 秦나라가 병탄하여 그곳에 巴郡을 설치하였다. 蜀은 지금의 四川省 중서부 지역으로 후에 秦나라가 병탄하여 그곳에 蜀郡을 설치하였다.

92) 漢中 : 지금의 陝西省, 湖北省 교차 지역에 위치하였다.

93) 季子 : 蘇秦의 字.

물이 매우 많은 것을 보았기 때문입니다"라고 하였다. 소진은 길게 탄식하며 말하기를 "나는 똑같은 사람인데, 부귀해지자 친척이 나를 경외하고, 가난할 때에는 나를 경시하니, 하물며 일반 사람들이야 오죽하랴! 만일 내가 낙양 근교의 좋은 밭 두 이랑만이라도 있었다면 설마 여섯 나라의 인수(印綬)를 찰 수 있었을까?"라고 하였다. 당시 그는 천금(千金)을 풀어 일족과 친구들에게 나누어주었다. 일찍이 소진이 연나라로 갈 때, 다른 사람에게 100전(百錢)을 빌려 노자로 삼았다. 그는 부귀해지자 100금(百金)으로 이것을 갚았다. 그리고 일찍이 그에게 여러 가지로 은혜를 베풀었던 사람들에게 보답을 하였다. 그의 종자들 중 유독 한 사람만 보수를 받지 못하여 자진해서 말하자 소진이 대답하여 말하기를 "나는 결코 너를 잊지 않았다. 너는 처음 나를 따라 연나라로 갔을 때, 역수(易水)⁹⁴⁾가에서 두번 세번 나를 버리려고 하였는데, 그때 나는 곤란한 처지에 놓여 있었기 때문에 너를 매우 원망하였다. 때문에 너를 맨 뒤로 미루었던 것이다. 너에게도 지금 보수를 주겠다"라고 하였다.

소진은 이미 여섯 나라의 합종연맹을 맺고 조나라로 돌아왔다. 조 숙후는 그를 무안군(武安君)으로 봉하였다. 소진은 곧 합종맹약을 담은 서신을 진나라로 보냈다. 그로부터 진나라의 군대가 감히 함곡관을 넘보지 못한 것이 15년이나 되었다.

그후 진나라는 서수(犀首)에게 명하여 제와 위 나라를 속여 진나라와 함께 조나라를 치게 하여 합종의 맹약을 깨려고 하였다. 그 결과 제와 위 나라가 조나라를 공격하였다. 조나라 왕이 소진을 꾸짖자 소진은 두려워서 스스로 연나라에 사신으로 가서 반드시 제나라에 보복하자고 제의하였다. 이로써 소진이 조나라를 떠나자 합종의 맹약은 완전히 깨져버렸다.

진 혜왕(秦惠王)은 그의 딸을 연나라의 태자의 아내가 되도록 하였다. 이해에 연 문후(燕文侯)가 세상을 떠났고, 그 자리에 태자가 올랐는데, 이 사람이 연 이왕(燕易王)⁹⁵⁾이다. 이왕이 막 왕위에 올랐을 때, 제 선왕(齊宣王)은 연나라가 상중임을 틈타 연나라를 토벌하여 성 10개를 탈취하였다. 이왕은 소진에게 말하기를 "이전에 선생께서 연나라로 왔을

---

94) 易水 : 지금의 河北省 서쪽.
95) 燕 易王 : 성은 姬이고, 周 顯王 37년(기원전 332년)에 즉위하였다.

때, 선왕께서는 선생에게 자금을 주어 조나라 왕을 가서 만나도록 하여 드디어 여섯 나라의 합종이 약정되었소. 지금 제나라가 먼저 조나라를 공격하고, 이어서 또 연나라를 공격하였소. 연나라는 선생 때문에 천하의 조소거리가 되었소. 선생은 연나라를 위해서 침략당한 땅을 되찾아줄 수 있소?"라고 하였다. 소진은 매우 부끄러워하면서 말하기를 "대왕을 위해서 빼앗긴 땅을 되찾아오겠습니다"라고 하였다.

소진은 제나라 왕을 만나 재배하고 고개를 숙여 경하를 나타내고 고개를 들어 조위를 표하였다. 제나라 왕이 말하기를 "무엇 때문에 경축과 조위를 이어서 신속하게 표하는 것이오?"라고 하였다. 소진이 말하기를 "제가 듣기로는, 굶주린 사람이 굶주리면서도 오훼(烏喙)라는 독초만은 먹지 않는 까닭은 그것이 배에 가득 차면 찰수록 굶어 죽는 것과 똑같이 해롭기 때문이라고 합니다. 지금 연나라는 비록 약소하지만, 연나라 왕은 진나라 왕의 작은 사위입니다. 대왕께서 연나라의 성 10개를 탐하여 취하였으나, 그로부터 오랜 동안 강대한 진나라와 원수가 되었습니다. 만일 약소한 연나라가 선봉이 되고 강대한 진나라가 연나라의 뒤에서 따르며 엄호하여 천하의 정예 병사를 불러들이게 한다면 그것은 아마도 오훼를 먹는 것과 다름이 없을 것입니다"라고 하였다. 제나라 왕은 소진의 말을 듣고 걱정하며 안색이 바뀌어 말하기를 "그러면 어떻게 하면 좋겠소?"라고 하였다. 소진이 말하기를 "신이 듣기로는, 옛날에 사태의 발전을 잘 제어하는 사람은 화를 복으로 바꾸고, 실패한 기회를 이용하여 성공을 얻는다고 합니다. 대왕께서 만일 저의 계책을 들으신다면 응당 연나라의 성 10개를 돌려주셔야 합니다. 연나라는 이유 없이 성 10개를 돌려받게 되면 틀림없이 기뻐할 것입니다. 진나라 왕은 대왕께서 자기 때문에 연나라의 성 10개를 돌려주었음을 알고 또한 틀림없이 좋아할 것입니다. 이것은 이른바 원수를 버리고 반석 같은 튼튼한 친구를 얻는 것입니다. 연과 진 나라가 모두 제나라를 섬기게 되면 대왕께서 천하에 호령을 해도 감히 복종하지 않는 자가 없을 것입니다. 이것이 패왕의 사업입니다"라고 하였다. 제나라 왕이 말하기를 "옳소"라고 하였다. 그리고 연나라의 성 10개를 돌려주었다.

어떤 사람이 소진을 참언하여 말하기를 "소진은 오른쪽과 왼쪽으로 왔다갔다하며 나라를 팔고 반복이 무상한 사람이므로, 장차 반란을 일으킬 사람입니다"라고 하였다. 소진은 제나라에서 누명을 쓸 것이 두려워서 연나라로 돌아왔다. 그런데 연나라 왕은 그를 본래의 관직에 복직시키지 않았다. 소진은 연나라 왕을 만나서 말하기를 "신은 동주(東周)의 비천한 사람입니다. 조금의 공로도 없는데 대왕께서는 종묘에서 저에게 관직을 주셨고, 아울러 조정에서 예로써 대하셨습니다. 지금 저는 대왕을 위해서 제나라의 군대를 물리치고 성 10개를 돌려 받았으니, 이치에 따라 말하면 대왕께서는 저를 더욱 친근하게 대하셔야만 합니다. 지금 제가 연나라로 돌아왔지만, 대왕께서 저에게 관직을 주시지 않는 것은 반드시 어떤 사람이 성실하지 못함을 죄명으로 삼아 대왕께 저를 모함한 것이 분명합니다. 사실 저의 성실하지 못함은 대왕의 복입니다. 신이 듣기로는, 충성스럽고 신실한 사람은 모두 자기를 위한 행위이며, 나아가 취함을 강구하는 사람은 모두 다른 사람을 위한 행위라고 합니다. 제가 제나라 왕을 설득한 것은 결코 제나라 왕을 속인 것이 아닙니다. 제가 연로한 어머니를 동주에 두고 온 것은 본래 개인적인 이익을 버리고 다른 사람을 도우려고 나아가 취함을 강구한 것입니다. 만일 지금 증삼(曾參)[96]과 같은 효자, 백이(伯夷)[97]와 같은 청렴한 인물, 미생(尾生)[98]과 같은 신의 있는 인물이 있어서, 이런 세 사람을 찾아 대왕을 섬기도록 하면 어떻겠습니까?"라고 하였다. 왕이 대답하여 말하기를 "만족하오"라고 하였다. 소진이 말하기를 "증삼과 같은 효자는 효의 도를 지켜 그의 부모 곁을 떠나 밖에서 하루 저녁도 자지 않았을 것입니다. 대왕께서는 어떻게 그로 하여금 천리 밖으로 가서 위기에 빠진 약소한 연나라의 국왕을 섬기도록 하실 수 있으십니까? 또 청렴한 백이는 의리를 지켜 고죽군(孤竹君)의 후사가 되지 않고 무왕(武王)의 신하가 되는 것도 기꺼워하지 않고 제후로 책봉되는 것을 받지 아니하고 수양산 아래에서 굶어 죽었습니다. 왕께서 또한 이러한 인물을 천리 밖으로 보내어 제나라의 진취적인 사업을 어떻게 하게 하실 수

---

96) 曾參 : 춘추시대 말기의 魯나라 사람으로, 孔子의 제자이며 孝로써 이름을 빛냈다. 후세 봉건 통치자들에 의해서 '宗聖'으로 존중되었다.

97) 伯夷 : 商나라 말기의 孤竹君의 맏아들이다. 孤竹君은 둘째 아들 叔齊를 계승자로 삼았다. 孤竹君이 죽은 후 叔齊가 자리를 양도하였으나, 伯夷는 받아들이지 않았다. 후에 두 사람은 모두 周나라로 투항하였다. 그후 이 두 사람은 모두 周 武王이 商紂王을 토벌하는 것에 반대하였는데, 결국 武王이 商나라를 멸망시키자 首陽山으로 피난갔다.

98) 尾生 : 고대 전설상의 신의를 지킨 사람.

있겠습니까? 그리고 신의를 지킨 미생은 다리 밑에서 여인과 기약을 하였으나 그의 여인이 오지 않자, 물이 이르러도 떠나가지 않고 다리 기둥을 껴안고 죽었습니다. 이 정도까지 신의가 있는 자를 왕께서 또 어찌 천리 밖에 보내어 제나라의 강병을 물리칠 수 있게 하시겠습니까? 신은 소위 충신이므로 위에 죄를 지은 것입니다"라고 하였다. 연나라 왕은 말하기를 "그대는 충신스럽지 못하였을 뿐인데, 어찌 충신이면서 죄를 얻을 수 있겠는가?"라고 하니, 소진이 대답하여 말하기를 "그렇지 않습니다. 신이 듣건대, 어떤 사람이 관리가 되어 멀리 떠나갔는데, 그의 아내가 다른 사람과 사통하였다고 합니다. 그 남편이 돌아올 때가 되자, 그 사통한 자가 그것을 걱정하자 아내가 말하기를 '걱정하지 마십시오. 나는 이미 독약을 탄 술을 만들어놓고 그를 기다리고 있습니다.' 사흘이 지나자 그 남편이 과연 돌아왔는데, 아내는 첩으로 하여금 독주를 들고 그에게 권하게 하였습니다. 첩은 술에 독이 있음을 말하고 싶었으나 그가 말을 하게 되면 주모가 내쫓기게 될까봐 두려웠고, 말을 안 하자니 그가 그 주인을 죽이게 될까 두려웠습니다. 그래서 거짓으로 쓰러지면서 술을 엎질러버렸습니다. 주인은 크게 화를 내며 그녀에게 채찍을 50대나 쳤습니다. 고로 첩은 한 번 쓰러져서 술을 엎어 위로는 주인을 살게 하고, 아래로는 주모를 살게 하였으나, 채찍질에서 벗어나지를 못하였으니, 어찌 충신이면서도 죄가 없었겠습니까? 무릇 신의 과실은 불행하게도 이러한 것과 비슷합니다"라고 하였다. 연나라 왕은 말하기를 "선생은 다시 옛날의 관직에 나아가시오"라고 하였다. 그리고 그를 더욱더 예우하였다.

연 이왕(燕易王)의 모친은 연 문후의 부인으로서 소진과 사통하였다. 연 이왕은 이 사실을 알고도 오히려 소진을 더욱더 우대하였다. 소진은 피살될까 두려워하며 연나라 왕에게 권하여 말하기를 "제가 연나라에 있으면, 천하에 연나라의 지위를 제고하게 할 수 없으나, 만일 이곳을 떠나 제나라에 있으면 연나라는 반드시 지위가 중시될 것입니다"라고 하였다. 연나라 왕이 말하기를 "모든 것은 오직 선생의 임의대로 하시오"라고 하였다. 따라서 소진은 거짓으로 연나라에서 죄를 얻어 제나라로 망명해가니, 제 선왕은 그를 객경(客卿)으로 삼았다. 제 선왕이 죽고 제 민왕(齊湣王)[99]이 즉위하자 소진은 민왕을 설득하여 선왕을 후하게 장사 지내어

---

99) 齊 湣王 : 일찍이 韓과 魏 나라를 연합하여 앞뒤로 하여 楚, 秦, 燕 三國과 싸워

효도를 분명히 하고 높게 궁실을 짓고 대대적으로 정원을 넓혀 자신의 득의를 밝혔는데, 사실 이것은 제나라를 격파시키고 피폐해지게 만들어 연나라를 위하려고 하는 것이다. 연 이왕이 죽고 연나라의 쾌(噲)가 국왕이 되어 즉위하였다. 후에 제나라의 대부 가운데 소진과 국왕의 총애를 다투는 자가 많아 사람을 보내서 소진을 암살하려고 하였으나 소진은 죽지 않고 중상을 입은 채 달아났다. 제나라 왕은 사람을 보내서 가해자를 찾도록 하였으나 찾지 못하였다. 소진은 임종할 때 제나라 왕에게 말하기를 "제가 죽으면 신을 거열형(車裂刑)에 처하여 시장 사람들에게 보이시고 '소진이 연나라를 위해서 제나라를 혼란스럽게 하였다'라고 선포하십시오. 이와 같이 하면 신을 살해하려고 한 자를 반드시 체포할 수 있을 것입니다"라고 하였다. 그래서 제나라 왕이 그의 말대로 하자 소진을 죽인 자가 과연 자수해왔고, 제나라 왕은 그를 죽였다. 연나라에서는 이 소식을 듣고 말하기를 "제나라에서 소진 선생을 위해서 원수를 갚았구나!"라고 하였다.

소진이 죽은 후, 소진이 은밀히 제나라를 파괴하려고 하였던 사실이 대대적으로 드러났다. 제나라는 후에 그 사실을 알고 연나라를 원망하였다. 연나라는 매우 두려워하였다. 소진의 동생은 소대(蘇代)라고 하고, 소대의 동생은 소려(蘇厲)라고 한다. 이 두 사람은 형이 성공하는 법을 보고 모두 역시 발분하여 학문에 정진하였다. 소진이 죽자, 소대는 연나라 왕을 만나려고 하면서 소진의 옛 일을 계승하려고 한다고 하면서 말하기를 "저는 본래 동주(東周)의 비루한 곳에 사는 사람입니다. 저는 사사로이 대왕의 의기가 매우 높다는 것을 듣고 비천하고 어리석음을 무릅쓰고 호미와 괭이를 던지고 대왕을 섬기려고 왔습니다. 제가 한단(邯鄲)에 가보니 눈에 띄는 것이 동주에서 듣던 것과는 거리가 멀었으므로 실망하였습니다. 이제 연나라의 조정에 와서 대왕의 신하들을 보니 왕께서는 천하의 현명한 군왕이라는 인상을 받았습니다"라고 하였다. 연나라 왕이 말하기를 "그대가 말하는 현명한 군왕이란 어떤 것이오?"라고 하니, 소대는 말하기를 "제가 듣기로는 현명한 군왕은 반드시 사람들이 자기의 과실을 논

승리하여 한 차례 秦 昭王과 함께 東帝와 西帝로 불렸다. 후에 五國이 연합하여 齊나라를 공격하자 莒으로 나왔다가 오래지 않아 楚나라의 장수에게 살해되었다.

의하는 것을 들으려고 하는 반면 사람들이 자신의 뛰어난 점에 관해서 칭찬하는 것을 듣기를 바라지 않는 것이라고 합니다. 저는 대왕께서 제가 대왕의 과실을 지적하도록 허락해주시기를 원합니다. 제와 조 나라는 연나라의 원수이고, 초와 위 나라는 연나라의 동맹국입니다. 현재 대왕께서는 원수를 끼고 동맹국을 공격하고 있으니, 이것은 연나라의 행동에 이로운 것이 아닙니다. 대왕께서 스스로 생각해보시면 이것이 책략상의 잘못이라고 생각하게 될 것입니다. 이러한 과실을 대왕께 말하지 않는 사람은 충신이 아닙니다"라고 하였다. 연나라 왕이 말하기를 "제나라는 본래 나의 원수이므로 내가 토벌해야 하는 국가이오. 단지 나는 국력이 미약하고 역량이 충분하지 못해 행동하지 못하는 것을 걱정할 뿐이오. 당신은 연나라가 현재 가지고 있는 역량에 의지하여 제나라를 토벌할 수 있을 것이오. 그러므로 나는 이 나라를 당신에게 위탁시키려고 하오"라고 하였다. 소대는 대답하여 말하기를 "천하에는 전투력을 가진 일곱 나라가 있는데, 그중 연나라는 약소한 지위에 놓여 있습니다. 단독으로 싸운다는 것은 불가능한 일입니다. 만일 의존할 곳이 있다면 그 나라는 반드시 그 지위가 높아지게 될 것입니다. 남쪽으로 초나라에 의지하면 초나라의 지위가 높아질 것이고, 서쪽으로 진나라에 의지하면 진나라의 지위가 높아질 것이며, 중원의 한, 위 나라에 의지하면 한, 위 나라의 지위가 높아질 것입니다. 그리고 만일 연나라가 의지하는 국가의 지위가 높아지면, 그것은 반드시 대왕의 지위 또한 높아지게 할 것입니다. 지금 제나라의 군주가 연장(年長)으로 혼자 뜻대로 결정합니다. 연속으로 남쪽으로 초나라를 5년 동안 공격하여 비축해두었던 재물은 다 소모되었고, 서쪽으로 진나라를 3년간 포위하여 병사들은 견딜 수 없을 정도로 지쳐 있으며, 북쪽으로 연나라와 교전하여 연나라의 전군대를 격멸하고 장수 두 명을 포로로 잡았습니다. 그런 연후에 남은 병력으로 남쪽의 5,000대의 전차를 가진 송나라를 공격하여 격파시키고, 12개의 작은 나라를 병합하였습니다. 이와 같은 군주는 침략하려는 마음으로 그의 백성들의 역량을 고갈시킨 것으로, 그에게서 취할 만한 점이 무엇이 있겠습니까! 하물며 제가 듣건대, 연속해서 싸우면 백성들은 피로해지고, 장기간 싸우면 병사들은 지친다고 하였습니다"라고 하였다. 연나라 왕이 말하기를 "내가 들은 바로는 제나라에는 청제 (青濟) [100]와 탁하 (濁河) [101]가 있어서 나라를 굳게 지키고, 장성 (長城)¹⁰²⁾과 거방 (鉅防)¹⁰³⁾이 있어서 요새가 된다고 하는데, 과연 그러하오?"라고 하였다. 소대는 대답하여 말하기를 "천시 (天時)는 그 나라에 유리한 기회를 주지 않았습니다. 비록 맑은 제수와 탁한 황하가 있다고 하더라도 어찌 견고하게 지킬 수 있겠습니까? 하물며 이전에 제수 이서 (以西) 지역에서 징병하지 않은 것은 조나라를 방비하기 위함이었고, 황하 이북 지역에서 징병하지 않은 것은 연나라를 방지하기 위함이었습니다. 지금 제수 이서와 황하 이북 일대에서는 모두 징병하였고, 전국이 모두 피로해 있습니다. 교만한 군주는 반드시 이 (利)를 좋아하고, 망국의 신하는 반드시 재물을 탐낸다고 합니다. 대왕께서 진실로 조카와 동생을 인질로 제나라에 보내고 진주와 보옥과 비단으로 제나라 왕의 좌우 신하들의 신임을 얻는 것을 부끄럽게 여기시지 않는다면 제나라는 연나라를 덕으로 삼아 가볍게 송나라를 멸망시킬 것입니다. 그렇게 되어 제나라가 송나라와 싸워 피로해지면, 제나라는 쉽게 멸망하게 될 것입니다"라고 하였다. 연나라 왕은 말하기를 "나는 드디어 당신에게 의지하여 하늘의 뜻을 잇는구려"라고 하였다. 연나라는 공자 한 명을 제나라에 인질로 보냈다. 소려 (蘇厲)는 연나라에서 파견한 인질을 통해서 제나라 왕을 만나려고 하였다. 제나라 왕은 소진을 원망하고 있었으므로 소려를 구금하려고 하였다. 연나라에서 인질로 보내진 공자는 그를 위해서 사죄하였으므로, 후에 소려는 예물을 바치고 제나라의 신하가 되었다.

연나라의 재상 자지 (子之)¹⁰⁴⁾는 소대와 인척관계를 맺어 연나라의 실권을 쥐려고 하였으므로, 곧 소대를 파견하여 인질이 된 공자를 모시도록 하였다. 제나라는 소대로 하여금 연나라로 돌아가 보고하도록 하였고, 연왕 쾌는 묻기를 "제나라 왕은 패자가 될 수 있소?"라고 하였다. 소대가 말하기를 "불가능합니다"라고 하였다. 연나라 왕이 말하기를 "무엇 때문이오?"라고 하자, 소대는 대답하기를 "제나라 왕은 그의 신하를 신임하지

---

100) 靑濟 : 물 이름.
101) 濁河 : 물 이름. 지금의 이름은 北洋河이다. 지금의 山東省 益都縣 서쪽에서 발원하여 동북쪽으로 壽光縣까지 흘러서 淸水泊으로 들어간다.
102) 長城 : 齊나라 북쪽 지역에 쌓은 성으로 서쪽으로는 지금의 山東省 平陰縣에서 시작하여 泰山을 지나 동쪽으로 琅琊山에 닿는다.
103) 鉅防 : 거대한 방어공사. 지금의 山東省 平陰縣 서북쪽에 있다.
104) 子之 : 燕나라 대신. 燕王 噲가 기원전 318년에 군주의 자리를 子之에게 양도하였다. 그는 기원전 319년에 齊나라가 燕나라를 격파하였을 때 살해되었다.

않습니다"라고 하였다. 그래서 연나라 왕은 곧 권력을 자지에게 집중시켜 위임하고 오래지 않아 그에게 자리를 양위하였으므로 연나라는 큰 혼란을 맞게 되었다. 제나라가 연나라를 공격하여 연나라 왕 쾌와 자지를 살해하였다. 연나라에서는 소왕(昭王)을 세웠으나, 소대와 소려는 이로부터 다시는 연나라로 들어가지 않았으며, 모두 최후에는 제나라에 투항하였다. 제나라에서는 그들을 후하게 대우하였다.

소대가 위(魏)나라를 지날 때, 위나라는 연나라를 위해서 소대를 잡아 두었다. 제나라에서는 사람을 보내 위나라 왕에게 말하게 하였다. "제나라는 송나라의 토지를 경양군(涇陽君)[105]에게 줄 것을 제의하더라도 진나라는 반드시 받아들이지 않을 것입니다. 진나라가 제나라를 제어하여 송나라의 토지를 얻는 것을 좋아하지 않아서가 아니라 제나라 왕과 소선생을 믿지 않아서입니다. 지금 제와 위 나라가 이처럼 심하게 조화를 이루지 못하면 제나라는 다시 진나라를 속일 수 없습니다. 진나라가 제나라를 믿으면 제와 진 나라가 연합할 것이고, 경양군은 송나라 토지를 얻게 될 것인데, 이것은 위나라에 이로운 일이 아닙니다. 왕께서는 소선생으로 하여금 동쪽의 제나라로 돌아가게 하는 것만 못합니다. 이와 같이 하면 진나라는 반드시 제나라를 의심하고 소선생을 믿지 않을 것입니다. 제와 진두 나라가 합작하지 않으면, 천하의 형세는 큰 변동이 일어나지 않을 것이고, 제나라를 토벌할 형세가 이루어지게 될 것입니다." 위나라는 소대를 풀어주었다. 소대가 송나라에 도착하자, 송나라에서는 그를 후하게 대접하였다.

제나라가 송나라를 공격하였으므로 송나라는 위급해졌다. 소대는 연 소왕에게 한 통의 편지를 써서 보냈다.

연나라가 대국의 지위에 있으면서 제나라에 인질을 보냈다는 것은 명성을 밑으로 떨어뜨리고 권력을 손상시킨 처사입니다. 대국의 신분으로 제나라를 도와 송나라를 공격하면 백성들이 피로하게 되고 재력이 소모되게 됩니다. 송나라를 패배시켜 초나라의 회수 이북 지역을 침략하여 강대한 제나라를 이롭게 하는 것은, 적은 나날이 강대해지는데 자기의 국가는 오히려 피해를 입는 경우입니다. 이 세 가지는 국가에게는 모두 큰 손실입니다.

---

105) 涇陽君 : 秦 昭王의 동생.

그러나 대왕께서 또 이와 같은 것을 계속하시려는 것은 제나라의 신임을 얻기 위함이기도 합니다. 그런데 제나라는 오히려 신용을 지키지 않았다는 죄명을 대왕께 씌워서 연나라를 꺼리는 것이 더욱 심해질 것이고, 이것은 대왕의 책략이 틀렸음을 설명하는 것이 됩니다. 송나라를 초나라의 회수 이북 지역과 합친다면 그 강대함은 만승의 국가가 될 것이고, 제나라가 그 것을 병합하면 또 하나의 제나라가 탄생될 것입니다. 북이(北夷)[106]의 토지는 사방 700리인데, 여기다가 노(魯)와 위(衛) 나라를 더하면 강대한 만승의 국가가 될 것이고, 제나라가 그것을 병합하면 두 개의 제나라가 탄생될 것입니다. 하나의 제나라의 강대함이 있어도 연나라는 두려워하며 지탱하지 못하는데, 앞으로 세 개의 제나라의 역량이 연나라의 머리를 짓누르게 된다면 그 피해는 틀림없이 클 것입니다.

　비록 이와 같을지라도, 지혜로운 자는 화를 이용하여 복을 얻고 실패를 성공으로 바꿉니다. 제나라의 자색 비단은 흰 비단을 염색한 것이지만, 가격은 열 배나 되고, 월왕 구천은 일찍이 회계산으로 쫓겨났지만 오히려 강대한 오나라를 멸망시키고 천하를 제패하였습니다. 이러한 것은 모두 화를 복으로 바꾸고 실패를 성공으로 바꾼 예입니다.

　지금 왕께서 만일 화를 이용하여 복을 만들고 실패를 성공으로 바꾸려고 하신다면 제나라를 패자로 만들어 추앙해서는 안 됩니다. 그러자면 사자를 주 왕실에 보내어 제나라를 맹주로 받들 것을 맹세하고 진나라와의 맹약서를 불태워버리고 "가장 좋은 계책은 진나라를 멸망시키는 것이고, 그 다음 계책은 반드시 영원히 그 나라를 배척하는 것입니다"라고 말씀하십시오. 진나라를 배척하여 파멸을 기다리면 진나라 왕은 반드시 우려하게 될 것입니다. 진나라는 최근 5대 이래로, 항상 각 나라를 공격하여 토벌해왔습니다만, 현재는 제나라 밑에 몸을 굽히고 있으니, 진나라 왕의 뜻은 만일 제나라를 궁지에 몰아넣을 수만 있다면 진나라의 역량이 기우는 것도 두려워하지 않고 성공을 얻으려고 할 것입니다. 그런데도 왕께서는 어찌 변사(辯士)를 보내어 다음과 같은 말로 진나라 왕을 설득시키지 않으십니까? "연과 조 나라가 송나라를 격파하고 제나라를 비대하게 하고 그 나라를 추숭하며 그 밑에 있는 것은 연과 조 나라가 결코 어떠한 이익을 얻으려고 해서가 아닙니다. 연과 조 양국은 그로부터 이익을 얻을 수는 없지만, 형세가 이렇게 되는 것은 진나라 왕을 믿지 않는 데 있습니다. 그러면 왕께서는 어째서 믿을 만한 사람을 파견하여 연과 조 나라에 연락하지 않고, 경

---

106)　北夷 : 齊 桓公이 정복한 山戎, 北狄, 令支, 孤竹 등의 부족 혹은 국가를 가리킨다.

양군과 고릉군(高陵君)으로 하여금 먼저 연과 조 나라로 가게 하십니까? 진나라가 만일 변심하게 된다면 그들을 인질로 삼을 수 있을 것인데 말입니다. 이와 같이 되면, 연과 조 나라는 진나라를 믿게 될 것입니다. 진나라는 서제(西帝)가 되고 연나라는 북제(北帝)가 되고 조나라는 중제(中帝)가 되어 삼제(三帝)를 세워서 천하를 호령하게 됩니다. 한과 위 나라가 복종하지 않는 경우에는 진나라가 그것을 치고, 제나라가 복종하지 않는 경우에는 연과 조 나라가 그것을 치면, 천하의 누가 감히 순종하지 않겠습니까? 천하가 순종하면 한과 위 나라를 시켜 제나라를 공격하게 하고, '반드시 송나라의 토지를 돌려주고 초나라의 회수 이북 지역을 돌려주시오'라고 경고를 하십시오. 송나라의 토지를 돌려주고 초나라의 회수 이북 지역을 돌려주는 것은 연과 조 양국에 이로운 것입니다. 그리고 삼제(三帝)가 병립하는 것 또한 연과 조 양국이 바라는 것입니다. 실제로 자기가 요구하는 이익을 얻고 명분상 자기가 추구하는 것에 이른다면, 연과 조 나라가 제나라를 버리는 것은 짚신을 벗어던지는 것과 같이 할 것이기 때문입니다. 만일 대왕이 연과 조 나라와 싸우지 않는다면 제나라의 패업은 반드시 성공할 것입니다. 각 나라가 제나라를 돕는데 대왕께서 복종하지 않으신다면, 대왕께서는 각국의 공격을 초래하게 될 것입니다. 각 나라가 제나라를 돕고 대왕 또한 그 나라를 따르신다면, 대왕의 명성은 또 땅으로 떨어지게 될 것입니다. 만일 연과 조 나라와 싸워 취하여 대왕의 국가를 안정되게 지킬 수 있다면 명성은 또 높이 올라가게 될 것이고, 연과 조 나라와 싸워 취하지 않고 대왕의 국가가 위험에 처하게 된다면 대왕의 명성은 떨어질 것입니다. 무릇 높아지는 것과 안정된 것을 버리고 위험한 것과 낮아지는 것을 선택한다면, 그것은 총명한 사람이 취하는 행동이 아닙니다." 진나라 왕은 이런 말을 들으면 틀림없이 그의 심장을 찔린 것 같을 것입니다. 그러니 왕께서는 어째서 변사로 하여금 이러한 말로 진나라를 설득시키도록 하지 않으셨습니까? 진나라 왕은 틀림없이 쟁취할 것이고, 제나라는 반드시 정벌될 것입니다.

진나라와 교제하는 것은 중요한 외교이고, 제나라를 토벌하는 것은 정당한 이익이 됩니다. 중요한 외교사무를 진지하게 처리하고 정당한 이익을 추구하는 것은 성왕(聖王)의 사업입니다.

연 소왕은 그의 편지를 읽고 말하기를 "선왕께서는 일찍이 소진의 은덕을 입었으나 자지의 난으로 인해서 소씨 형제는 연나라를 떠났다. 연나라가 제나라를 보복하려면 소씨 형제가 아니고서는 할 수 없다"라고 하였다. 그래서 소대를 돌아오도록 하고 다시 후하게 대우하고 그와 제나라를 공격할 것을 상의하였다. 마침내 제나라를 쳐부수자 제 민왕은 달아났다.

그후 오랜 시간이 지난 뒤 진나라는 연나라 왕을 초대하였다. 연나라 왕이 가려고 하자 소대는 저지하며 말하였다.

초나라는 지(枳)[107] 땅을 얻어 국가가 멸망하였고, 제나라는 송 땅을 얻어 국가가 멸망하였는데 제와 초 나라는 지 땅과 송 땅을 차지하였으나 진나라를 섬기지 않은 것은 무엇 때문입니까? 전공(戰功)이 있는 국가는 진나라의 숙적이기 때문입니다. 진나라가 천하를 취한 것은 정의에 의거한 것이 아니라 폭력에 의지한 것입니다. 진나라는 폭력을 사용하고 천하에 공공연히 선포하였습니다.

초나라에 통고하기를 "촉 땅의 군대가 배를 타고 민강(泯江)에 떠서 여름의 수세(水勢)를 타고 장강으로 내려오면 닷새면 영도(郢都)에 도달할 수 있다. 한중의 군대가 배를 타고 파강(巴江)[108]을 나와 여름의 수세를 타고 한수(漢水)[109]로 내려오면 나흘이면 오저(五渚)에 도달할 수 있다. 내가 집접 완(宛)에서 군대를 집결하여 수읍(隨邑)[110]을 따라 내려가면 현명한 사람이라도 계략할 겨를이 없을 것이고, 용감한 사람이라도 노하여 응전할 겨를이 없을 것이므로, 나는 매처럼 날쌔고 확실하게 당신들을 진격할 것이다. 당신들은 천하의 군대를 기다려 함곡관을 공격하러 오는 것을 기다리려고 하니, 아주 멀고도 한가한 이야기가 아닌가!"라고 하였습니다. 초나라 왕은 이런 연고로 해서 전후로 17년간 진나라를 섬겼습니다.

진나라는 바로 한나라에 경고하여 말하기를 "우리 군대가 소곡(少曲)[111]에서 출발하면 하루면 태행산(太行山)의 통로를 차단할 수 있다. 우리 군대가 의양(宜陽)에서 출발하여 평양(平陽)[112]에 도달하면 이틀 이내에 당신의 나라는 전영토가 동요될 것이다. 우리 군대가 동주(東周)와 서주(西周)를 지나 정(鄭)[113]에 도달하면 닷새 안에 당신의 국도는 점령당할 것이

---

107) 枳 : 읍 이름. 지금의 四川省 涪陵縣.
108) 巴江 : 湖北省 동부에 위치하며 漢水와 인접해 있다.
109) 漢水 : 원류는 陝西省 寧江縣으로 동남쪽으로 흘러 陝西省 남부와 湖北省 서북부와 중부를 거쳐 武漢市에서 장강으로 들어온다.
110) 隨邑 : 춘추시대 후기에 楚나라의 속국이 되었는데, 위치는 지금의 湖北省 隨縣이었다.
111) 少曲 : 지금의 河南省의 孟縣 서북쪽.
112) 平陽 : 韓나라의 읍 이름. 지금의 山西省 臨汾市 서남쪽.

다"라고 하였습니다. 한나라는 상황이 확실히 이와 같음을 인정하고 진나라를 섬겼습니다.

진나라는 위나라에 바로 통고하여 다음과 같이 말하였습니다. "우리 군대가 안읍(安邑)[114]을 공격하고 여극(女戟)[115]을 포위하면 한나라의 태원(太原)[116]은 석권될 것이다. 우리 군대가 직접 지도(軹道)로 내려가 남양(南陽)[117]과 봉릉(封陵)과 기읍(冀邑)[118]을 지나 동주와 서주를 포위할 것이다. 여름의 수세를 틈타 가벼운 전투용 배를 띄워 강력한 쇠뇌를 앞세우고 예리한 창을 뒤에서 따르게 하여 형택(滎澤)[119]의 물목을 터놓으면 위나라의 대량(大梁)[120]은 없어질 것이다. 백마(白馬)[121]의 물목을 터놓으면 위나라의 외황(外黃)[122]과 제양(濟陽)은 없어질 것이다. 숙서(宿胥)[123]의 물목을 터놓으면 위나라의 허(虛)[124]와 돈구(頓丘)[125]가 없어질 것이다. 육지로 공격하면 하내(河內)를 격파하고, 수로로 공격하면 대량을 격멸할 것이다." 위나라는 상황이 확실히 이와 같음을 인정하고 진나라를 섬겼습니다.

진나라는 안읍을 공격하려고 하였으나 제나라가 그것을 구원하여 송나라 땅을 제나라에게 줄 것을 두려워하였습니다. 그래서 송나라에 대한 처리를 제나라에 맡겨서 말하기를 "송나라 왕은 무도하여 과인의 모습과 똑같이 나무 인형을 만들어 그 얼굴에 화살을 쏘았습니다. 과인의 국토와 송나라는 단절되었고, 군대는 송나라와 멀므로 나아가 그를 공격할 수 없습니다. 대왕께서 만일 송나라를 공격하여 병합할 수 있다면 과인은 마치 본인이 그것을 가지고 있는 것처럼 기쁨을 느끼게 될 것입니다"라고 하였습니다. 후에 진나라는 안읍을 빼앗고 여극을 포위하자, 또 송나라를 공격하여 격

---

113) 鄭 : 新鄭을 말한다. 韓나라의 도성으로 지금의 河南省 新鄭縣이다.
114) 安邑 : 전국시대 초기 魏나라의 수도로, 지금의 山西省 夏縣 서북쪽에 위치하였다.
115) 女戟 : 太行山 서쪽에 위치하였다.
116) 太原 : 지금의 山西省 太原市에 위치하였다. 일설에는 '太行'이라고 하였다.
117) 南陽 : 지금의 河南省 濟源縣과 獲嘉縣 일대.
118) 冀邑 : 지금의 山西省 稷山縣.
119) 滎澤 : 연못 이름. 지금의 河南省 鄭州市 서북쪽.
120) 大梁 : 魏나라의 도성. 지금의 河南省 開封市.
121) 白馬 : 물 이름. 지금의 河南省 滑縣 남쪽.
122) 外黃 : 魏나라의 읍 이름. 지금의 河南省 民權縣 서북쪽.
123) 宿胥 : 옛날 물 이름. 지금의 河南省 浚縣 서남쪽 淇河와 衛河가 만나서 이루어진다.
124) 虛 : 魏나라의 읍 이름. 지금의 河南省 延津縣 동쪽.
125) 頓丘 : 魏나라의 읍 이름. 지금의 河南省 淸豐縣 서남쪽.

파시킨 것을 제나라의 죄명으로 돌렸습니다.

진나라가 한나라를 공격하려고 할 때, 각 나라들이 그를 구원할 것을 두려워하여 제나라를 각 나라에 위탁하였습니다. 그리고 말하기를 "제나라왕은 네 번이나 나와 맹약을 맺었으나 네 번이나 나를 속였으며, 각 나라를 인솔하여 우리나라를 공격하려고 결심한 것은 앞뒤로 세 차례나 된다. 제나라가 있는 한 진나라는 없고, 진나라가 있는 한 제나라는 없다. 나는 그를 토벌하여 반드시 멸망시킬 것이다"라고 하였습니다. 후에 진나라는 의양과 소곡을 탈취하였으며, 인읍(藺邑)[126]과 이석(離石)[127]을 점령하자, 또 제나라를 친 것을 제후들의 죄명으로 덮어씌웠습니다.

진나라가 위나라를 치려고 할 때, 먼저 초나라를 추숭하고 남양(南陽)을 초나라에 주고 말하기를 "나는 본래 한나라와 절교하려고 하였다. 균릉(均陵)[128]을 빼앗고 맹(鄈)의 요새를 막아서 만일 그것이 초나라에 유리하나면 나는 내가 그곳을 점령한 것처럼 기쁠 것이다"라고 하였습니다. 후에 위나라는 동맹국을 버리고 진나라와 연합하자, 진나라는 또 맹의 요새를 막은 것을 초나라의 탓으로 돌렸습니다.

진나라의 군대가 위나라를 치다가 임중(林中)[129]에서 위험에 처하였을 때, 연과 조 나라가 위나라에 붙을 것을 염려하여 교동(膠東)[130]을 연나라에 주고 제수 이서 지역을 조나라에 주었다. 후에 진나라가 위나라와 화해하자 공자 연(延)을 인질로 잡고 위나라 장수 서수(犀首)를 이용하여 군대를 조직하고 조나라를 공격하였습니다.

진나라가 초석(譙石)[131]에서 조나라와 싸우다가 좌절당하고 양마(陽馬)[132]에서 실패하자 위나라를 추숭하여 섭(葉)과 채(蔡)를 위나라에 맡겼습니다. 후에 진나라가 조나라와 화해하자 위나라를 위협하고, 위나라에 땅을 주지 않았습니다. 패배하여 궁지에 몰리면 태후(太后)[133]의 아우 양후(穰侯)를 시켜 화친하도록 하고, 승리하면 외삼촌 양후와 어머니를 속였습니다.

연나라를 질책하면서 말하기를 "교동을 탈취한 것을 구실로 삼고"라고

---

126) 藺邑 : 지금의 山西省 離石縣 서쪽.
127) 離石 : 읍 이름. 지금의 山西省 離石縣.
128) 均陵 : 韓나라의 지명. 지금의 湖北省 均縣 북쪽.
129) 林中 : 韓나라의 읍 이름. 지금의 河南省 尉氏縣 서쪽.
130) 膠東 : 지금의 山東省 遼東半島.
131) 譙石 : 趙나라의 지명으로 지금의 어느곳에 해당하는지 불분명하다.
132) 陽馬 : 趙나라 지명이나 지금의 어느곳인지는 분명하지 않다.
133) 太后 : 秦 昭王의 어머니.

하였고, 조나라를 질책하면서 말하기를 "제수 이서 지역을 탈취한 것을 구실로 삼으며"라고 하였으며, 위나라를 질책하면서 말하기를 "섭과 채를 탈취한 것을 구실로 삼고"라고 하였고, 초나라를 질책하면서 말하기를 "맹애의 요새를 막는 것을 구실로 삼는다"라고 하였으며, 제나라를 질책하면서 말하기를 "송나라를 깨뜨린 것을 구실로 삼는다"라고 하였습니다. 이와 같이 진나라 왕의 외교 사령은 둥근 고리처럼 돌고, 군사수법은 흉악하였으므로 태후도 제어할 수 없었고 양후도 말릴 수 없었습니다.

용고(龍賈)와의 전투,[134] 안문(雁門)[135]에서의 전투, 봉릉(封陵)에서의 전투,[136] 고상(高商) 전투, 조장(趙莊)과의 전투 등 진나라가 죽인 삼진(三晉)[137] 지역의 백성은 수 백만 명이나 되고, 현재 생존하는 자들은 모두 진나라가 살해한 자가 남긴 고아와 과부들이고, 서하(西河) 밖, 상락(上雒)의 땅, 삼천(三川)[138] 일대 등 삼진의 땅으로 진나라에게 침략된 땅이 그 절반이나 됩니다. 진나라가 만든 재앙은 이렇게 큽니다. 그런데도 연과 조 나라에서 진나라로 간 사람들은 모두 다투어 자국의 군주에게 진나라를 섬길 것을 말합니다. 이것이야말로 제가 가장 우려하는 바입니다.

연 소왕은 진나라에 가지 않았다. 소대는 다시 연나라에서 중용되었다. 연나라는 소진의 시대처럼 제후들에게 합종의 맹약을 맺게 하려고 하였다. 제후들 중에는 합종하는 자도 있고 하지 않는 자도 있었다. 그러나 천하는 이 일로 인하여 소대의 합종책을 중시하게 되었다. 소대와 소려는 모두 천수를 누렸으며 그 이름은 제후들 사이에 알려졌다.

태사공은 말하였다.

"소진(蘇秦)의 형제 세 사람들은 모두 제후들에게 유세하여 이름을 빛냈으며, 그들의 학설은 권모와 변사에 뛰어났다. 소진은 제나라에서 반간(反間)[139]의 이름을 쓰고 죽었다. 천하 사람들은 모두 그를 비웃었으므로

---

134) 魏 襄王 5년에 秦 惠王은 犀首를 파견하여 魏나라를 공격하고 魏나라의 장수 龍賈를 포로로 잡았다. 앞의 〈주 50〉, 〈주 51〉 참조.

135) 韓 宣惠王 19년에 秦나라는 岸門에서 韓나라의 군대를 무찔렀다.

136) 魏 哀王 16년, 秦나라는 封陵에서 魏나라 군대를 격파시켰다.

137) 三晉 : 춘추시대 말기의 晉나라는 韓, 趙, 魏 三家로 구분되어 각기 자립된 나라를 세웠는데, 역사에서는 이를 '三晉'이라고 칭한다.

138) 三川 : 지금의 河南省 황하 이남의 伊水와 洛水 유역이다. 黃河, 洛河, 伊河 유역 사이를 옛날에는 三川이라고 하였다.

그의 학설을 공개적으로 익힐 수 없었다. 그러나 세상에 퍼진 소진의 사적에는 이설이 많다. 시대를 달리하는 사적이라도 모두 소진에게 끌어다 붙였다. 소진이 평민의 신분에서 입신하여 6국을 연결시켜 합종을 맺게 한 것은 그의 재지가 일반 사람을 뛰어넘는다는 것을 설명하는 것이다. 따라서 나는 시간의 순서에 따라 그의 경력과 사적을 나열함으로써 그 혼자만 악평을 받지 않도록 하였다."

---

139) 反間 : 첩자를 이용하여 적의 내부를 이간시켜 자기 쪽의 승리를 이끌게 하는 것을 말한다.

권70 「장의열전(張儀列傳) 제10

장의(張儀)는 위(魏)[1]나라 사람이다. 일찍이 소진(蘇秦)[2]과 함께 귀곡선생(鬼谷先生)[3]을 스승으로 모시고 유세술(遊說術)을 배웠는데 소진은 스스로 장의에 미치지 못한다고 여겼다.

장의는 학업을 마치자 제후들에게 유세하였다. 일찍이 초(楚)[4]나라의 재상[5]과 술을 마시던 중, 조나라의 재상이 벽(璧)[6]을 잃어버렸다. 재상의 문객(門客)들이 장의에게 혐의를 두고는 "장의는 가난하여 행실이 좋지 않습니다. 분명 그가 상군(相君)의 벽을 훔쳤을 것입니다"라고 하였다. 그리고는 함께 장의를 붙잡아서 수백 대의 매질을 하였지만 장의가 승복하지 않으니 그를 놓아주었다. 장의의 아내가 "아! 당신께서 글을 읽어서 유세하지 않았던들 어찌 이런 수모를 당하셨겠소?"라고 하였다. 이에 장의는 자기 아내에게 "내 혓바닥을 보시게. 아직 붙어 있지 않은가!"라고 하였다. 장의의 아내는 웃으면서 "혀는 붙어 있구려"라고 대꾸하니, 장의는 "그러면 된 거요"라고 하였다.

소진은 이미 조(趙)[7]나라 임금[8]을 설득하여 합종(合縱)[9]을 약조하고

---

1) 魏 : 戰國七雄의 하나. 지금의 山西省과 河南省에 위치하였다. 安邑에 도읍하였다가 惠王 때에 大梁으로 도읍을 옮겼다. 기원전 235년 秦나라에 멸망당하였다.
2) 蘇秦 : 東周 洛陽 사람. 縱橫家의 合縱說을 주장한 대표적 인물. 권69 「蘇秦列傳」 참조.
3) 鬼谷先生 : 성은 王이다. 鬼谷(지금의 河南省 登封縣 동쪽)에 거처하였기 때문에 鬼谷先生이라고 불렸다고 전해진다. 楚나라 사람으로 縱橫家의 인물이며, 현재 『鬼谷子』가 전해오나 사실은 후대 사람들의 僞作으로 알려져 있다.
4) 楚 : 戰國七雄의 하나. 西周시기에 荊山 일대에 나라를 세우고 丹陽에 도읍하였다. 나중에 郢都(지금의 湖北省 江陵縣 서북쪽)로 천도하였다. 기원전 223년 秦나라에 멸망당하였다.
5) '楚나라의 재상'은 楚나라의 令尹이던 昭陽을 가리킨다.
6) 璧 : 玉器의 하나. 고리 모양이며 가운데에 '好'라고 부르는 구멍이 나 있다. 귀족들의 朝聘과 제사, 장례 등에 사용된 禮器이다.
7) 趙 : 戰國七雄의 하나. 晉陽(지금의 山西省 太原市)에 도읍하였다가 나중에 邯鄲(지금의 河北省 邯鄲市)으로 천도하였다. 기원전 222년 秦나라에 멸망당하였다.

재상이 되었다. 그러나 진(秦)[10]나라가 제후를 공격하자 합종의 맹약이 깨어져서 서로 배반하게 될까 두려웠다. 아무리 생각해보아도 진나라에 보내서 힘을 쓸 만한 사람이 떠오르지 않았다. 이에 은밀하게 사람을 보내서 넌지시 장의에게 이렇게 권유하도록 하였다. "선생께서는 애초에 소진과 좋은 사이셨습니다. 지금 소진은 이미 요로에 들어가 있거늘, 선생께서는 어째서 그를 찾아가 선생께서 바라는 바를 이루도록 요청하지 않으십니까?" 장의는 이에 조나라로 가서 명함을 올리고 소진에게 만나기를 청하였다. 소진은 문지기에게 일러 그를 들여보내지 말도록 하고, 아울러 여러 날 동안이나 떠나지도 못하게 하였다. 얼마 후, 소진은 장의를 만나서는 그를 당하(堂下)에 앉게 하고, 하인배들이나 먹는 음식을 내려 주었다. 그리고는 잘못을 하나하나 들추면서 그를 꾸짖었다. "어떡하다가 자네 같은 재능을 지니고서도 스스로를 이처럼 곤란하고 수모를 겪는 지경에 이르게 하였는가? 내가 어찌 자네를 임금께 천거하여 부귀하게 해 줄 수 없겠는가마는, 자네는 거두어 쓸 만한 존재가 못 되네." 소진은 말을 마치고는 장의를 사절하여 떠나도록 하였다. 장의는 올 때에는 옛 친구이므로 도움이 되리라고 생각하였다가 도리어 모욕을 당한지라 화가 치밀었다. 생각해보니 제후들 가운데 섬길 만한 자는 아무도 없지만, 진(秦)나라만은 조나라를 곤경에 빠뜨릴 수 있다고 여겨서 마침내 진나라로 들어갔다.

소진은 곧장 자기 사인(舍人)[11]에게 말하였다. "장의는 천하에 현능한 인물이라네. 나는 아마도 그를 능가할 수 없을걸세. 지금은 요행히 내가 먼저 등용되었지만, 진나라의 실권을 잡아 휘두를 사람은 장의뿐일걸세. 그러나 그는 빈털털이라서 천거될 기회를 얻지 못할걸세. 나는 그가 작은 이익에 탐닉하여 큰 뜻을 이루지 못할까 염려스러웠기 때문에 고의로 그

---

8) 趙 肅侯로 기원전 349년에서 기원전 326년까지 재위하였다.

9) 合縱 : 秦나라 이외의 제후국이 서로 연합하여 서로 지원하면서 秦나라에 맞서는 계책. '合從'이라고도 하며, '從親'이라고 하기도 한다.

10) 秦 : 戰國七雄의 하나. 襄公 때 개국하여 雍(지금의 陝西省 鳳翔縣 동남쪽)에 도읍하였다가 나중에 咸陽(지금의 陝西省 咸陽市 동북쪽)으로 천도하였다. 기원전 221년 중국을 통일하고 秦 왕조를 세웠다. 자세한 사적은 권5 「秦本紀」와 권6 「秦始皇本紀」에 실려 있다.

11) 舍人 : 家臣. 주위에서 가깝게 지내는 門客으로 전국시대 王公과 귀족들은 모두 舍人을 두었다.

를 불러다 모욕을 주어서 그를 분발시킨 것일세. 자네는 내 대신 눈치채지 못하게 그를 보살펴주게." 그리고는 조나라 임금에게 청하여 금폐(金幣)[12]와 거마(車馬)를 내어서는 사람을 시켜 가만히 장의를 뒤따라가 그와 함께 먹고 자면서 차츰 그에게 접근하여, 그에게 거마와 금전을 필요한 곳에 쓰도록 주어서 돕되 사실을 알리지는 말도록 분부하였다. 장의는 마침내 진 혜왕(秦惠王)[13]을 만나보게 되었고, 혜왕은 그를 객경(客卿)[14]으로 삼고 그와 더불어 제후를 정벌할 일을 의논하게 되었다.

소진의 사인이 장의에게 하직하고 돌아가려고 하자, 장의는 "당신의 도움으로 현달(顯達)하게 되었소. 이제 그 은덕에 보답하려고 하는 터인데 무엇 때문에 떠나려는 거요?"라고 물었다. 사인이 대답하기를 "저는 선생을 모릅니다. 선생을 아는 분은 바로 소군(蘇君)이십니다. 소군께서는 진나라가 조나라를 정벌하여 합종의 맹약이 깨어질 것을 근심하여, 선생만이 진나라의 정권을 잡고 휘두를 수 있다고 여기셨습니다. 그래서 선생을 분노하게 만들고, 저를 시켜서 몰래 선생에게 비용을 보태드리게 한 것입니다. 이 모두가 소군의 모계(謀計)입니다. 이제 선생께서 등용되셨으니 저는 돌아가 복명(復命)하겠습니다"라고 하였다. 장의는 "아! 이는 나의 술책(術策)에 있는 것인데도 내가 미처 깨닫지 못하였구나! 내가 소진에게 미치지 못하는 것이 분명하구나. 이제 내가 새로이 등용되었으니 어찌 조나라를 정벌할 계책을 꾸미겠소? 나를 대신하여 소선생에게 고맙다고 전해주시오. 소군이 살아 있는 한 내가 무슨 말을 할 수 있겠으며, 소군이 자리에 있는 한 내가 감히 무슨 짓을 할 수 있겠는가라고 말이오"라고 말하였다.

장의는 진나라의 재상이 된 다음, 격문(檄文)을 써서 초나라의 재상에게 고하였다. "지난날 내가 그대와 술을 마실 때, 나는 그대의 벽을 훔치지 않았건만 그대는 나에게 매질을 하였도다. 이제 그대는 그대의 나라를 잘 지키도록 하라. 내 그대 나라의 성읍(城邑)을 훔칠지니."

---

12) 金幣 : 金錢과 幣帛을 가리킨다.
13) 秦 惠王 : 秦 惠文王을 가리킨다. 기원전 333년에서 기원전 311년까지 재위하였다.
14) 客卿 : 타국에서 벼슬살이하는 나그네로서의 신하. 賓客의 예로 대접하므로 客卿이라고 부른다.

저(苴)[15]와 촉(蜀)[16]이 서로를 공격하고는, 제각기 진(秦)나라에 와서 위급함을 호소하였다. 진 혜왕은 군대를 일으켜 촉나라를 치고자 하였다. 그러나 길이 험난하고 좁아서 가기가 어려울 것으로 판단되는 데다 한(韓)[17]나라가 진나라를 침범해올 가능성이 있었다. 혜왕은 먼저 한나라를 친 다음, 촉나라를 치려고 하니 불리하게 될까 염려스럽고, 먼저 촉나라를 치려고 하니 한나라가 진나라의 빈 틈을 타서 습격해올까 염려되어 결정을 내리지 못하고 있었다. 사마조(司馬錯)[18]가 혜왕의 면전에서 장의와 논쟁을 벌였다. 사마조는 촉나라를 치고자 하였으나, 장의는 "한나라를 치는 편이 낫습니다"라고 하였다. 혜왕은 "그 이유를 들어봅시다"라고 하였다.

장의는 이렇게 말하였다. "먼저 위(魏)나라, 초나라와 모두 친선한 다음, 군대를 삼천(三川)[19]으로 보내어 십곡(什谷)[20]의 어귀를 막고 둔류(屯留)의 길목[21]을 차단합니다. 위나라를 시켜서 남양(南陽)[22]에서 길을 막게 하고, 초나라는 남정(南鄭)[23]으로 진격하게 합니다. 그리고 진나라 군대는 신정(新鄭)[24]과 의양(宜陽)[25]을 쳐서 이주(二周)[26]의 교외로 진

---

15) 苴 : 蜀에서 분봉된 작은 나라로 지금의 四川省과 陝西省 경계 지역에 위치하였다.
16) 蜀 : 나라 이름. 지금의 四川省 중서부에 위치하였다. 巴子城(지금의 巴縣)에 도읍하였다.
17) 韓 : 戰國七雄의 하나. 景侯가 세운 나라. 지금의 山西省 동남쪽 모퉁이와 河南省 중부에 자리잡았으며, 陽翟(지금의 河南省 禹縣)에 도읍하였다가 나중에 新鄭(지금의 河南省 新鄭縣)으로 천도하였다. 기원전 230년 秦나라에 멸망당하였다.
18) 司馬錯 : 秦나라의 장수. 秦나라가 蜀을 멸망시킨 후 蜀郡 太守에 輔任되었다.
19) 三川 : 지명. 지금의 河南省 서북부로 黃河, 伊河, 洛河가 흘러 지나가는 데서 유래된 이름이다.
20) 什谷 : 지명. 지금의 河南省 鞏縣 동북쪽.
21) 屯留는 韓나라의 고을 이름이다. 지금의 山西省 屯留縣. 屯留의 길목은 屯留 경내 太行山의 구불구불한 阪道를 가리킨다.
22) 南陽 : 韓나라와 楚나라에 나뉘어 소속되었다. 지금의 河南省 서남부 일대.
23) 南鄭은 韓나라의 고을 이름으로 지금의 河南省 新鄭縣에 해당되나, 여기에서 南鄭이라고 하는 것은 鄭 땅의 남쪽을 가리키는 것으로 漢中의 南鄭을 가리키는 것이 아니다.
24) 新鄭 : 韓나라의 고을 이름. 지금의 河南省 伊川縣 서남쪽.
25) 宜陽 : 韓나라의 고을 이름. 지금의 河南省 宜陽縣 서쪽.
26) 二周 : 西周와 東周. 西周는 周 考王이 분봉한 작은 나라로 河南(지금의 河南省 洛陽市 서쪽)에 도읍하였으며 기원전 256년 秦나라에 멸망당하였고, 東周는 西周에서 분열되어나온 작은 나라로 鞏에 도읍하였으며 기원전 249년 역시 秦나라에 멸망당하였다.

격하여 주(周)나라 왕의 잘못을 성토하고, 다시 초나라와 위나라의 땅을 점령합니다. 그렇게 되면 주나라 왕은 구원받을 수 없다는 것을 스스로 깨닫고 구정(九鼎)²⁷⁾의 보기(寶器)를 내놓을 수밖에 없을 것입니다. 구정을 차지하고 도적(圖籍)²⁸⁾을 손아귀에 넣은 다음, 천자를 끼고서 천하제후들을 호령한다면 천하에서 감히 명을 듣지 않는 자가 없을 것이니, 이는 왕자(王者)의 업(業)인 것입니다. 지금 촉나라는 서쪽의 구석진 나라이자 융적(戎翟)²⁹⁾의 무리입니다. 때문에 군사를 피로하게 하고 백성들을 고달프게 하더라도 명분을 얻기에는 부족하며, 그들의 땅을 손에 넣더라도 실리(實利)와는 거리가 있습니다. 신이 듣기에는 명분을 다투는 자는 조정에서 다투고 이익을 다투는 자는 저잣거리에서 다툰다고 합니다. 지금 삼천과 주 왕실은 천하의 조정이자 저잣거리와 같은 곳입니다. 그런데 대왕께서는 여기에서 다투지 않고 융적에서 다툰다면, 이는 왕업(王業)과는 거리가 먼 일입니다."

이에 사마조가 말하였다. "그렇지 않습니다. 신이 들으니 나라를 부유하게 만들고자 하는 사람은 자기의 땅을 넓히기에 힘쓰고, 군대를 강성하게 만들고자 하는 사람은 자기의 백성을 부유하게 만들기에 힘쓰며, 왕업을 이루고자 하는 사람은 덕정(德政)을 널리 펴기에 힘쓴다고 합니다. 이세 가지가 갖추어지면 왕업은 거기에 따라오는 것입니다. 지금 대왕의 경우에는 국토가 좁고 백성들이 빈곤합니다. 때문에 신은 상대하기 쉬운 나라부터 추진하시기를 바랍니다. 촉나라는 서쪽의 구석진 나라로 융적의 수장(首長)입니다. 게다가 걸(桀),³⁰⁾ 주(紂)³¹⁾와 같은 난폭함을 지니고 있으니, 우리 진나라가 그것을 공격한다면 마치 이리나 승냥이가 양떼를 쫓듯이 쉬울 것입니다. 그들의 땅을 얻으면 충분히 국토를 넓힐 수 있고,

---

27) 九鼎 : 夏나라 禹임금이 만든 것이라고 전해지는, 고대의 나라를 전하는 상징으로 삼던 寶器.
28) 圖籍 : 지도와 戶籍.
29) 戎翟 : 華夏 이외의 부족을 총체적으로 가리키는 말이다. 戎은 고대 서방 각 부족에 대한 통칭이고, 翟은 '狄'이라고도 하는데, 이는 고대 북방 부족에 대한 통칭이었다. 흔히 東夷, 西戎, 南蠻, 北狄이라고 한다.
30) 桀 : 夏나라의 마지막 군주로 포학무도하여 商 湯王에게 정벌당하고 남방으로 달아났다가 죽었다. 권2 「夏本紀」 참조.
31) 紂 : 商나라의 마지막 군주. 잔혹하고 무도하여 백성들의 반항을 불러일으켰다. 나중에 周 武王에게 정벌당하고 스스로 분신 자살하였다. 권3 「殷本紀」 참조.

그들의 재물을 손에 넣으면 백성을 부유하게 할 수 있습니다. 군사들을 배불리 먹이면서 많은 사람을 잃지 않고서도 저들을 굴복시킬 수 있을 것입니다. 한 나라를 빼앗을지라도 천하가 포악하다고 하지 않을 것이며, 서해(西海)[32]의 이익을 독차지하더라도 천하가 탐욕스럽다고 비난하지 않을 것입니다. 이는 우리가 명분과 실속을 한꺼번에 얻을 수 있는 것이며, 포악한 난행(亂行)을 그치게 한다는 명분 또한 있는 것입니다. 지금 한나라를 치고 주 천자를 위협한다면 이는 오명(汚名)을 남기게 될 뿐 아니라 반드시 이익이 된다고 할 수도 없으며, 게다가 불의(不義)한 짓을 하였다는 이름이 남게 됩니다. 천하가 원하지 않는 것을 치는 것은 위험합니다. 신이 그 이유를 말씀드리겠습니다. 주나라는 천하의 종실(宗室)이며, 제나라는 한나라의 여국(與國)[33]입니다. 주나라가 구정(九鼎)을 잃게 되고, 한나라가 삼천(三川)을 잃게 될 것을 스스로 깨닫게 된다면 두 나라는 힘과 머리를 한데 모아, 제나라와 조나라를 통하여 초나라와 위나라에 구원을 요청할 것입니다. 주나라가 구정을 초나라에 넘겨주고, 국토를 위나라에 주더라도 대왕께서는 그것을 막을 수 없을 것입니다. 이것이 신이 위태롭다고 하는 바입니다. 그것은 촉나라를 치는 것만큼 완전하지 못합니다."

혜왕은 "좋소. 과인은 그대의 의견에 따르겠소"라고 하였다. 드디어 군사를 일으켜 촉나라를 쳤다. 10월에 점령하여 촉나라를 평정한 다음, 촉나라 왕을 낮추어 후(侯)로 칭호를 고치고[34] 진장(陳莊)을 촉나라의 재상으로 삼았다. 촉나라가 진나라에 소속되자 진나라는 더욱 강대해지고 부유하게 되어 제후들을 경시하였다.

진 혜왕 10년에 공자(公子) 화(華)에게 장의와 더불어 포양(蒲陽)[35]을 포위하게 하여 항복을 받았다. 장의는 진나라 임금에게 말하여 그 땅을 다시 위(魏)나라에 돌려주고, 진나라의 공자 요(縣)를 위나라에 인질로 보냈다. 장의는 그 일로 위나라 임금을 설득하여 말하기를 "진나라 임금

---

32) 西海 : 서방의 산물이 풍부한 지역을 의미한다. 지금의 四川省 일대를 가리킨다.
33) 與國 : 서로 동맹한 나라.
34) 원문에는 "貶蜀王更號爲侯"라고 하였는데, 권5 「秦本紀」와 권15 「六國年表」에는 모두 "災蜀," 즉 '蜀나라를 멸망시켰다'라고 하여 서로 부합되지 않는다.
35) 蒲陽 : 魏나라의 고을 이름. 지금의 山西省 隰縣.

이 위나라를 매우 후하게 대우하니, 위나라에서 사례가 없어서는 안 됩니다"라고 하였다. 위나라는 상군(上郡)[36]과 소량(少梁)[37]을 진나라에 바치고 진 혜왕에게 사례하였다. 진 혜왕은 이에 장의를 재상으로 삼고 소량을 하양(夏陽)이라고 개명(改名)하였다.

장의는 진나라의 재상을 지낸 지 4년 만에 혜왕을 왕(王)으로 세웠다.[38] 다시 1년이 지나서 그는 진나라의 장수가 되어 섬(陝)을 빼앗고 상군에 요새를 쌓았다.

그로부터 2년 후, 사신으로 제나라, 초나라의 재상과 설상(齧桑)[39] 동쪽에서 회합하였다. 돌아와서는 진나라의 재상을 사직하고 위(魏)나라의 재상이 되어 진나라를 위하여 일을 꾀하였는데, 먼저 위나라로 하여금 진나라를 섬기게 하여 제후들도 그것을 본받게 하려고 하였던 것이다. 그러나 위나라 임금이 장의의 의견을 따르려고 하지 않았다. 진나라 임금은 성을 내고 위나라를 쳐서 곡옥(曲沃)[40]과 평주(平周)[41]를 빼앗고는 은밀하게 장의를 더욱 후대하니, 장의는 면목이 없어서 돌아가 복명할 도리가 없었다. 장의가 위나라에 머문 지 4년 만에 위나라에서는 양왕(襄王)[42]이 죽고 애왕(哀王)[43]이 즉위하였다. 장의는 다시 애왕을 설득하였지만 애왕은 듣지 않았다. 이에 장의는 남몰래 진나라로 하여금 위나라를 치게 하였다. 위나라는 진나라와 싸워서 패배하고 말았다.

이듬해, 또 제(齊)[44]나라가 침범하여 관진(觀津)[45]에서 위나라 군사를 격파하였다. 진나라는 다시 위나라를 치고자 하여, 먼저 한나라의 신차

---

36) 上郡 : 고을 이름. 지금의 陝西省 서북부와 내몽고 자치구 鄂托克旗 일대에 위치하였다.
37) 少梁 : 고을 이름. 지금의 陝西省 韓城縣 남쪽.
38) 秦나라는 孝公 이전에는 모두 公이라고 하였으나, 惠王이 즉위하여 처음으로 君이라고 하며 王을 칭한 것이 이때부터 시작되었다.
39) 齧桑 : 魏나라의 고을 이름. 지금의 江蘇省 沛縣 서남쪽.
40) 曲沃 : 고을 이름. 지금의 河南省 三門峽市 서남쪽.
41) 平周 : 고을 이름. 지금의 河南省 介休縣 서쪽.
42) 魏 襄王 : 魏嗣를 가리킨다. 기원전 334년에서 기원전 319년까지 재위하였다.
43) 魏 哀王 : 기원전 318년에서 기원전 296년까지 재위하였다.
44) 齊 : 戰國七雄의 하나. 기원전 11세기에 周나라에서 분봉된 제후국으로 지금의 山東省 북부에 위치하였으며 나중에 동부로 확장되었다. 춘추시대 말기에 대신 田氏의 손아귀로 왕권이 넘어갔다. 威王 때 개혁을 진행하여 국력이 강성해지자 王을 칭하였다. 기원전 221년 秦나라에 멸망당하였다. 권32 「齊太公世家」 참조.
45) 觀津 : 趙나라의 고을 이름. 지금의 河北省 武邑縣 동남쪽.

(申差)가 거느린 군대를 깨뜨리고 8만 명을 베니 제후들이 크게 두려워하였다. 이에 장의는 다시 위나라 왕을 설득하였다. "위나라는 국토가 사방 천리가 못 되며, 군사는 30만 명에 지나지 않습니다. 국토는 사방이 평탄하여 제후들이 사방에서 공격해들어올 수 있습니다. 이름난 높은 산이나 큰 하천의 가로막힌 것이 없기 때문에 신정(新鄭)에서 대량(大梁)에 이르는 200여 리는 수레나 말을 몰고 사람이 달려서 크게 힘들이지 않고 도달할 수 있습니다. 위나라는 남쪽으로 초나라와 국경을 맞대었고, 서쪽으로는 한나라와 이웃하고 있습니다. 북쪽으로는 조나라와 접경하였고, 동쪽으로는 제나라와 경계를 마주하고 있습니다. 사방의 수비병과 정장(亭鄣)[46]을 지키는 자는 10만을 넘어섭니다. 위나라의 지세는 본래부터 전쟁터입니다. 위나라가 남쪽으로 초나라와 한패가 되고 제나라와 가담하지 않는다면, 제나라가 그 동쪽을 칠 것입니다. 동쪽으로 제나라의 한편이 되고 조나라의 편에 들지 않는다면, 조나라가 그 북쪽을 공격할 것입니다. 한나라에 가담하지 않는다면, 한나라가 그 서쪽을 칠 것이고, 초나라와 선린(善隣)하지 않는다면, 초나라가 그 남쪽을 공격할 것입니다. 이것이 이른바 사분오열(四分五裂)의 지세라는 것입니다. 그리고 합종을 하는 제후들은 그것으로 사직(社稷)을 편안하게 하고 임금을 높이며 군대를 강대하게 하여 이름을 드러내고자 합니다. 이제 합종하는 자가 천하를 통일하고자 형제처럼 되기를 약속하고 백마(白馬)를 잡아 원수(洹水)[47]가에서 맹약하여 서로 굳게 지키기로 하였습니다. 그러나 같은 부모에게서 난 형제도 오히려 서로 재물을 다투는 일이 있습니다. 그런데 거짓과 속임수로 이랬다 저랬다 하는 소진(蘇秦)의 계략을 믿으려고 하니, 그것이 성공할 수 없다는 것은 역시 명백합니다. 대왕께서 진나라를 섬기지 않으면 진나라가 군대를 동원하여 하외(河外)[48]를 치고, 권(卷),[49] 연(衍),[50] 산조(酸棗)[51]에 웅거하면서 위(衛)[52]나라를 협박하여 양진(陽

---

46) 亭鄣 : 변방의 방어용 보루.
47) 洹水 : 安陽河. 지금의 河南省 북부를 흘렀다.
48) 河外 : 당시 魏나라 사람들이 黃河 남쪽과 서쪽을 '河外'라고 하고, 黃河 북쪽과 동쪽을 '河內'라고 불렀다.
49) 卷 : 魏나라의 고을 이름. 지금의 河南省 原陽縣 서쪽.
50) 衍 : 魏나라의 고을 이름. 지금의 河南省 鄭州市 북쪽.
51) 酸棗 : 魏나라의 고을 이름. 지금의 河南省 延津縣 서남쪽.
52) 衛 : 지금의 河南省 북쪽에 위치하였던 나라로 朝歌(지금의 河南省 淇縣)에 도읍

晉)[53]을 취할 것이니, 그렇다면 조나라는 남하하지 않을 것입니다. 조나라가 남하하지 않는다면 위(魏)나라도 북상하지 않을 것입니다. 위나라가 북상하지 않는다면 합종의 책략은 끊어져버릴 것입니다. 합종의 책략이 끊어져버린다면 대왕의 나라는 위태롭지 않기를 바라더라도 위태로울 수밖에 없습니다. 진나라가 한나라를 꺾고 위나라를 친다면, 한나라는 진나라를 두려워하게 되어 진나라와 한나라가 한편이 될 것이니 그렇게 되면 위나라는 우두커니 서서 파멸로 치달을 것입니다. 이것이 신이 대왕을 위하여 근심하는 것입니다. 대왕을 위한 계책으로는 진나라를 섬기는 것이 최상입니다. 진나라를 섬기면 초나라와 한나라는 감히 움직이지 못할 것이 분명합니다. 초나라와 한나라의 근심이 없다면 대왕께서는 베개를 높이 하고 편히 주무실 수 있고 나라에는 아무런 근심이 없을 것이 분명합니다. 그리고 진나라가 약화시키고자 하는 나라는 초나라만한 나라가 없습니다. 또한 초나라를 약화시킬 수 있는 나라로는 위(魏)나라만한 것이 없습니다. 초나라가 부유하고 강대하다는 명성이 있기는 하나 실상은 허명(虛名)입니다. 초나라의 군사가 많다고는 하나 쉽게 패주하여 굳게 지켜 싸우지는 못합니다. 위나라의 군대를 모조리 동원하여 남쪽으로 초나라를 친다면 분명 승리할 것입니다. 초나라의 땅을 베어서 위나라에 보태고 초나라가 쇠퇴하여 진나라에 귀속하게 되면, 화를 다른 나라로 돌리고 위나라는 편안해질 것이니 이는 최선의 길입니다. 대왕께서 신의 진언(進言)을 따르지 않으신다면 진나라는 갑사(甲士)[54]를 동원하여 동쪽으로 위나라를 칠 것이니, 그렇게 되면 진나라를 섬기려고 해도 섬길 수 없을 것입니다. 합종(合縱)을 주장하는 사람들은 큰 소리만 치고 믿을 만한 말은 적습니다. 제후 한 사람만 설득하면 봉후(封侯)가 되기 때문에 천하의 유세하는 사람들은 모두들 밤낮없이 팔을 걷어붙이고 눈을 부릅뜨고 이를 갈면서 합종의 유익함을 떠벌리며 남의 임금을 설득하려고 하는 것입니다. 임금된 자는 그들의 교묘한 언론을 현명하다고 여겨 걸려들게 되는 것이니 어찌 현혹되지 않을 수 있겠습니까? 신이 듣자니 깃털도 쌓으

하였다가 나중에 楚丘(지금의 河南省 滑縣), 帝丘(지금의 河南省 濮陽縣 서남쪽), 野王(지금의 河南省 沁縣 서남쪽) 등지로 도읍을 옮겼다. 기원전 209년 秦나라에 멸망당하였다.
53) 陽晉 : 고을 이름. 지금의 山東省 鄆縣 서쪽.
54) 甲士 : 중무장한 군사.

면 배를 가라앉히고, 가벼운 사람도 떼를 지어 타면 수레의 축(軸)이 부러지며, 여러 사람의 입[口]은 무쇠도 녹게 만들고, 여러 사람의 비방은 사람을 파멸시킬 수 있다고 합니다. 그러므로 대왕께서는 계교와 의론을 잘 살펴서 결정하십시오. 그리고 신에게 잠시 위나라를 떠나 있도록 허락해주십시오."

애왕은 드디어 합종의 맹약을 배반하고 장의를 통하여 진나라에 화평을 청하였다. 장의는 돌아가서 다시 진나라의 재상이 되었다. 3년 뒤, 위나라는 다시 진나라를 배반하고 합종책을 따랐다. 이에 진나라는 위나라를 쳐서 곡옥을 빼앗았다. 이듬해, 위나라는 다시 진나라를 섬겼다.

진나라가 제나라를 치려고 하자 제나라와 초나라가 합종을 맺었다. 이에 장의는 초나라로 가서 재상이 되었다. 초 회왕(楚懷王)[55]은 장의가 온다는 소식을 듣고 상등(上等)의 객사(客舍)를 비워 몸소 장의를 객사로 안내한 다음 "여기는 구석지고 누추한 나라입니다. 선생께서는 무엇을 가르쳐주시겠소?"라고 물었다. 장의는 초나라 임금을 설득하였다. "대왕께서 진정 신의 말을 따라서 관문(關門)을 닫고 제나라와의 합종의 맹약을 끊어버린다면, 신은 상(商), 오(於) 일대의 땅[56] 600리를 초나라에 바치고, 진나라의 여인을 대왕의 시첩(侍妾)이 되게 할 것이며, 진나라와 초나라는 서로 며느리를 맞아오고 딸을 시집 보내 영원히 형제의 나라가 되게 하겠습니다. 이는 북쪽으로는 제나라를 약화시키고 서쪽으로는 진나라에 보탬이 되게 하는 계책으로 이보다 더 좋은 방법이 없는 것입니다." 초나라 임금은 매우 기뻐하며 허락하였다. 여러 신하들도 모두 축하하였다. 그러나 진진(陳軫)만이 이것을 우려하니 초나라 임금이 화를 내며 말하였다. "과인이 전쟁을 일으키고, 군사를 동원하는 일 없이 600리의 땅을 얻게 되어 여러 신하들이 모두 축하하거늘 그대만이 우려하는 것은 어째서인가?" 진진은 "그렇지 않습니다. 신이 보기에는 상, 오의 땅은 얻을 수 없고, 제나라와 진나라는 힘을 합치게 될 것입니다. 그렇게

---

55) 楚 懷王：熊槐. 기원전 328년에서 기원전 299년까지 재위하였다. 잔혹한 통치와 부패한 정치로 秦나라의 공격을 받고는 기원전 299년 講和를 위하여 秦나라로 유인되어 들어갔다가 억류되어 3년 뒤 그곳에서 죽었다.
56) 商, 於의 땅은 지금의 河南省 淅川縣 서남쪽 일대이다.

되면 필시 환란(患亂)을 초래하게 될 것입니다"라고 대답하였다. 이에 초나라 임금은 "근거가 있는 말인가?"라고 물으니, 진진은 이렇게 대답하였다. "진나라가 초나라를 중시하는 이유는 제나라와 사이가 좋기 때문입니다. 이제 관문을 닫고 제나라와의 합종의 맹약을 끊는다면 초나라는 고립됩니다. 진나라가 어찌 고립된 나라와의 친교를 탐하여 상, 오의 땅 600리를 주겠습니까? 장의는 진나라에 도착하면 분명 대왕을 저버릴 것입니다. 이는 북쪽으로 제나라와의 친교를 끊고, 서쪽으로 진나라에서 근심을 불러오는 것이니, 진과 제 두 나라의 군대가 함께 쳐들어올 것이 분명합니다. 대왕을 위한 최선의 계책은 은밀하게 제나라와 합작하면서 겉으로는 절교하는 체하고, 장의에게 사람을 딸려 보내 실제로 우리에게 땅을 준 다음에 제나라와의 관계를 끊더라도 늦지 않을 것입니다. 만일 우리에게 땅을 주지 않는다면 은밀하게 제나라와 협력하는 것입니다." 초나라 임금은 "진자(陳子)는 입 다물고 더 이상 아무 말 말고, 과인이 땅을 얻는 것이나 기다리시오"라고 하였다. 이에 초나라 재상의 인(印)을 장의에게 주고 예물을 후하게 내렸다. 드디어 관문을 닫아 제나라와의 맹약을 끊고, 장군 한 사람을 장의에게 딸려 보냈다.

　장의는 진나라에 도착하자 거짓으로 수레 줄을 놓친 것처럼 꾸며 수레에서 떨어져 3개월 동안이나 조정에 나아가지 않았다. 초나라 임금은 그 소문을 듣고는 "장의가 과인의 제나라에 대한 절교(絶交)가 부족하다고 여겨서 그러는가?"라고 하고는, 드디어 용사(勇士)를 송(宋)[57]나라 보내어 송나라의 부절(符節)[58]을 빌려가지고 북쪽으로 가서 제나라 임금을 비난하게 하였다. 제나라 임금은 몹시 화를 내면서 부절을 꺾어버리고 진나라에 대하여 자신을 낮추었다. 진나라와 제나라의 친교가 성사되자 장의는 비로소 조정에 나아가 초나라의 사신에게 이르기를 "신이 소유한 봉읍(奉邑) 6리를 대왕께 바치고자 합니다"라고 하니, 초나라의 사신은 "신이 우리 임금께 명령을 받은 것은 상오의 땅 600리입니다. 6리라고는 들은 적이 없습니다"라고 하였다.

　사신이 돌아가 초나라 임금에게 복명하니 초나라 임금은 몹시 화를 내

---

57) 宋 : 지금의 河南省 동부와 山東省, 江西省, 安徽省 접경에 위치하였던 나라로 商
　　丘(지금의 河南省 商丘市 남쪽)에 도읍하였다.
58) 符節 : 고대에 사신이 지니고 다니던 信標.

면서 군사를 일으켜 진나라를 치려고 하였다. 진진은 "신이 말을 해도 좋을는지요? 진나라를 치는 것은 땅을 베어 진나라에 주는 것만 못합니다. 진나라에 뇌물을 주고 그들과 합세하여 제나라를 친다면 우리가 땅을 진나라에 내주고 제나라에서 보상받는 것이니 그렇게 하면 그래도 나라를 보존할 수 있습니다"라고 하였다. 초나라 임금은 이를 듣지 않고는 결국 군사를 일으켜 장군 굴개 (屈匄)로 하여금 진나라를 치게 하였다. 진나라는 제나라와 연합하여 초나라를 공격하여 8만 명을 베고 굴개를 죽이고, 결국 단양 (丹陽)⁵⁹⁾과 한중 (漢中)⁶⁰⁾의 땅을 빼앗아갔다. 초나라는 다시 더 많은 군사를 일으켜 진나라를 습격하였다. 남전 (藍田)⁶¹⁾에 이르러 큰 전투를 벌였으나 초나라 군대는 크게 패하고 말았다. 이에 초나라는 두 성을 할양하고 진나라와 강화하였다.

진나라가 초나라 검중 (黔中)⁶²⁾의 땅을 얻고자 하여 무관 (武關)⁶³⁾ 밖의 땅과 바꾸기를 요구하였다. 초나라 임금은 "땅을 바꾸는 것은 원하지 않소. 장의를 보내주신다면 검중의 땅을 그냥 바치겠소"라고 하였다. 진나라 임금은 장의를 보내고 싶었지만 차마 말을 꺼내지 못하였다. 장의가 가기를 자청하니, 혜왕은 "초나라 임금은 선생이 상, 오의 땅을 주겠다고 한 약속을 저버린 것에 화가 나 있소. 이는 선생에 대한 원한을 풀어보려는 것이오"라고 하였다. 장의는 "진나라는 강하고 초나라는 약합니다. 또 신은 근상 (靳尙)⁶⁴⁾과 사이가 좋습니다. 근상은 초나라 임금의 부인 (夫人)인 정수 (鄭袖)를 뫼시고 있는데, 정수의 말이라면 초나라 임금이 모두 들어줍니다. 또 신이 대왕의 부절 (符節)을 받들고 사신으로 가는데 초나라가 어찌 감히 저를 죽일 수 있겠습니까? 설령 신이 죽는다고 하더라도 진나라가 검중의 땅을 얻는다면 그것은 신이 가장 바라는 것입니다"라고 하였다.

장의는 결국 초나라에 사신으로 갔다. 초 회왕은 장의가 이르자 즉시

---

59) 丹陽 : 지금의 陝西省과 河南省을 흐르는 丹江 이북을 가리킨다.
60) 漢中 : 고을 이름. 지금의 陝西省 남부와 湖北省 서북쪽.
61) 藍田 : 고을 이름. 지금의 陝西省 藍田縣 서쪽.
62) 黔中 : 고을 이름. 지금의 湖北省 서남부와 湖南省 서북부, 四川省 黔江 유역에 해당한다.
63) 武關 : 지금의 陝西省 丹鳳縣 동남쪽의 商南縣 남쪽 丹江 유역에 위치하였던 關으로 關의 밖이 곧 商於 지구이다.
64) 靳尙 : 당시 楚나라의 大夫.

옥에 가두고 죽이려고 하였다. 근상이 정수에게 "부인께서도 임금께 천대 받게 되리라는 것을 아십니까?"라고 물으니, 정수는 "무슨 말씀이오?" 라고 되물었다. 근상은 "진나라 임금이 장의를 몹시 아끼니 분명 그를 옥 에서 꺼내려고 할 것입니다.[65] 지금 상용(上庸)의 여섯 고을[66]을 초나라 에 뇌물로 주고 미인을 초나라에 바치며, 궁중의 노래 잘하는 여인을 시 녀로 삼게 하려고 합니다. 초나라 임금은 땅을 소중하게 여기고 또 진나 라를 존대하니 진나라의 여인은 필시 귀하게 될 것이고 부인께서는 배척 당하게 될 것입니다. 그러니 말씀을 드려서 장의를 석방하는 편이 낫습니 다"라고 하였다. 이에 정수는 밤낮으로 회왕에게 말하였다. "신하된 사람 은 각각 자기 임금을 위하여 힘을 다하는 것입니다. 지금 우리의 땅이 아 직 진나라에 들어가지 않았는데도 진나라가 장의를 보내온 것은 대왕을 대단히 존중하기 때문입니다. 대왕께서 이에 사례하지도 않고 장의를 죽 인다면 진나라는 분명 크게 노하여 초나라를 칠 것입니다. 소첩(小妾)은 자모(子母)가 함께 강남(江南)으로 옮겨가 진나라에게 어육(魚肉)이 되 는 일이 없기를 바랄 뿐입니다." 회왕은 후회하고 장의를 석방하여 전처 럼 후하게 예우하였다.

장의는 옥에서 풀려나 미처 초나라를 떠나기 전에 소진이 죽었다는 소 문을 들었다. 이에 초나라 임금을 설득하였다. "진나라의 국토는 천하의 반을 차지하고 있고, 군대는 사방을 둘러싸고 있는 나라들의 군대에 필적 할 만합니다. 험지(險地)로 둘러싸여 있고 황하가 띠처럼 둘러 있어, 사 방으로 견고하게 막혀 있습니다. 호분(虎賁)[67]의 군사가 100만 여 명이 요, 병거(兵車)가 1,000승(乘)[68]이며, 기마(騎馬)가 만 필(匹)이고, 군 량은 산더미처럼 쌓여 있습니다. 법령이 엄격하고 사졸들은 어려운 것도 편안하게 여기고 죽는 것도 마다하지 않습니다. 임금은 현명하고도 엄격 하며, 장수는 지혜롭고도 용감하여, 군대를 출동시키지 않더라도 상산 (常山)[69]의 요새를 석권하여 천하의 척추를 꺾고야 말 것입니다. 따라서

---

65) 원문에는 "秦나라 임금이 張儀를 무척 아꼈으나 그를 꺼내주려 하지 않았다(秦王 甚愛張儀而不欲出之)"라고 하였으나, 司馬貞이 『史記索隱』에서 '不'자를 '必'자로 보 았는데, '不'로 보면 전후 문맥상 의미가 통하지 않는다.

66) 지금의 湖北省 房縣, 竹山縣, 保廉縣, 竹溪縣 등지에 해당된다.

67) 虎賁 : '虎奔'이라고도 한다. 용맹한 병사를 가리킨다.

68) 乘 : 고대에 말 네 필을 1乘이라고 하였다.

천하에서 남보다 늦게 복종하는 자는 남보다 먼저 멸망할 것입니다. 또 합종하는 나라들은 양떼를 몰아서 사나운 호랑이를 공격하는 것과 다름이 없습니다. 호랑이와 양이 상대가 되지 않음은 명백합니다. 지금 대왕께서는 호랑이의 편이 되지 않고 양떼의 편이 되었습니다. 신은 대왕의 계책이 잘못되었다고 생각합니다. 대체로 천하의 강국은 진나라가 아니면 초나라요, 초나라가 아니면 진나라입니다. 두 나라가 서로 다툰다면 그 형세는 양립할 수 없을 것입니다. 대왕께서 진나라의 편이 되지 않는다면, 진나라는 군대를 파견하여 의양(宜陽)을 점거할 것이므로 한나라의 상지(上地)⁷⁰⁾는 고립되어버릴 것입니다. 진나라의 군대가 하동(河東)⁷¹⁾으로 내려와 성고(成皐)⁷²⁾를 탈취하게 되면, 한나라는 분명 진나라에 입조(入朝)할 것이요, 위나라는 대세를 따라 움직일 것입니다. 진나라가 초나라의 서쪽을 치고, 한나라와 위나라가 그 북쪽을 친다면 사직이 어찌 위태하지 않겠습니까? 또 합종론자들은 약소국을 규합하여 지극히 강한 나라를 쳐서 적을 헤아리지 않고 섣불리 싸움을 벌이니, 나라는 가난한데도 번번이 전쟁을 일으킨다면 망할 수밖에 없습니다. 신이 들으니 '군사력이 대등하지 못한 자는 싸움을 돋우지 말며, 군량(軍糧)이 대등하지 못한 자는 지구전(持久戰)을 벌이지 말라'고 합니다. 합종을 주장하는 자들은 말을 과장하고 꾸며내서 임금의 절개를 높다고 추켜올리면서 이로운 것에 대해서만 말하고 해로운 점은 언급하지 않기 때문에 결국은 진나라의 공격을 초래하더라도 어쩔 도리가 없는 것입니다. 그러므로 대왕께서는 심사숙고하시기 바랍니다. 진나라는 서쪽으로 파(巴)와 촉(蜀)을 점유하여, 큰 배에 양곡을 싣고 민산(汶山)⁷³⁾을 출발하여 강을 타고 내려오면 초나라에 이르기까지는 모두 3,000여 리입니다. 배를 두 척씩 짝지우고 병졸들을 태우는데, 매 짝마다 사졸 50명씩과 석 달분의 군량을 싣고 물결을 타고 내려온다면, 하루에 300리는 갈 수 있으니 거리가 멀다고는 하나 소나 말의 힘을 빌리지 않고도 열흘 이내에 간관(扞關)⁷⁴⁾에 이를 것입

---

69) 常山 : 원래 이름은 '恒山'으로 漢 文帝 劉恒의 이름을 避諱하여 常山이라고 하였다. 고대에는 '北嶽'이라고 불렸으며, 지금의 河北省 曲陽縣 서쪽에 있다.

70) 上地 : 上黨郡을 가리킨다. 지금의 山西省 長治市 일대.

71) 河東 : 지금의 山西省 서남부 황하의 東岸을 가리킨다.

72) 成皐 : 고을 이름. 지금의 河南省 滎陽縣 서쪽의 氾水鎭.

73) 汶山 : '岷山'이라고도 한다. 지금의 四川省 북부에 있는 산.

니다. 간관이 놀라 흔들리게 되면 국경의 동쪽은 모조리 성을 지키기만
하는 형세가 될 것이고, 검중과 무군은 적의 손아귀에 들어가버릴 것입니
다. 진나라가 군사를 이끌고 무관(武關)을 빠져나와 남쪽으로 진격한다
면 북부는 고립되고 말 것입니다. 진나라의 군대가 초나라를 치면 위기는
석 달 안에 끝장날 것이지만, 초나라가 제후의 구원을 기다리는 것도 반
년 이상은 걸릴 것이므로 그 형세가 필요한 때에 미치지 못합니다. 약소
국들의 구원을 기다리면서 강력한 진나라의 화란을 잊고 있는 것, 이것이
대왕을 위하는 신이 근심하는 것입니다.

　대왕께서는 일찍이 오(吳)[75]나라와 싸울 적에, 다섯 번 싸워서 세 번
승리하였지만 전투에 나선 군사들을 모두 잃었고, 한 쪽 구석의 새로 얻
은 성(城)을 지키느라고 백성들은 고달프게 살고 있습니다. 신이 들으니
공이 크면 쉽게 위태로워지고, 백성들은 고달프면 윗사람을 원망한다고
합니다. 위태로워지기 쉬운 공을 지키느라 강한 진나라의 마음을 거스르
는 것은 신이 생각컨대 대왕께 위험하다고 여겨집니다.

　그리고 진나라가 15년 동안이나 군사를 함곡관(函谷關)[76] 밖으로 내보
내 제나라나 조나라를 치지 않은 것은 천하를 통째로 집어삼키려는 꿍꿍
이속이 있기 때문입니다. 초나라는 일찍이 진나라와 충돌하여 한중에서
싸운 적이 있습니다. 초나라는 승리하지 못하여 열후(列侯)[77]나 집규(執
珪)[78] 중 죽은 자가 70여 명이나 되었으며, 끝내 한중을 빼앗기고 말았
습니다. 초나라 임금은 너무도 분노하여 군사를 일으켜 진나라를 습격하
여 남전에서 전투를 벌였으니, 이는 실로 호랑이 두 마리가 서로 치고 받
는 것과 같은 것입니다. 결국 진나라와 초나라는 서로 타격을 입게 되었
고, 한나라와 위나라는 전력(全力)으로 그 후방을 쳤으니, 이보다 위험
한 계책은 없습니다. 대왕께서는 깊이 헤아리시기 바랍니다.

　진나라가 군사를 파병하여 위(衛)나라의 양진(陽晉)을 공격하면, 이는

---

74)　扞關 : '江關'이라고도 한다. 지금의 四川省 奉節縣 동쪽에 있던 關.
75)　吳 : '句吳'라고도 부른다. 지금의 江蘇省과 上海市 대부분과 安徽省, 浙江省 일부
　　를 차지하였던 고대 국가. 吳(지금의 江蘇省 蘇州市)에 도읍하였으며, 기원전 473년
　　越나라에 멸망당하였다.
76)　函谷關 : 지금의 河南省 靈室縣 동북쪽에 위치하였던 關.
77)　列侯 : 작위 이름. '徹侯'라고도 한다. 西漢시기에는 武帝의 이름을 避諱하여 '通
　　侯'라고 하였다. 秦나라의 20등급의 작위 가운데 가장 높은 등급이었다.
78)　執珪 : 작위 이름. 秦나라의 최고 작위의 하나로 '執圭'라고도 한다.

천하의 가슴을 억누르는 것과 같을 것입니다. [79] 대왕께서 군대를 총동원하여 송나라를 치신다면 몇달내로 송나라를 빼앗을 수 있을 것이며, 송나라를 이끌고 동쪽으로 진격한다면 사수(泗水) 주변 제후국들[80]은 모두 대왕의 손아귀에 들어올 것입니다.

천하에 신의로 합종의 맹약을 맺어 서로를 튼튼하게 한다는 것을 주장하는 자가 소진입니다. 소진은 무안군(武安君)[81]에 봉해지고 연(燕)[82]나라의 재상이 되어서는 곧, 은밀하게 연나라 임금과 짜고 제나라를 정벌한 다음, 그 땅을 나누어 가질 것을 꾀하였습니다. 이에 거짓으로 연나라에 죄를 지었다 하고는 제나라로 달아나니, 제나라 임금은 그를 받아들여 재상으로 삼았습니다. 2년 만에 그 음모가 발각되자 제나라 임금은 너무도 분노하여 소진을 저잣거리에서 거열형(車裂刑)[83]에 처하였습니다. 한낱 사기꾼인 소진에 의해서 천하를 경영하고 제후들을 통일하는 것은 불가능하다는 것이 분명합니다.

지금 진나라는 초나라와 국경을 맞대고 있으니, 실로 그 형세로 보아 가깝게 지내야 할 나라입니다. 대왕께서 진심으로 신의 진언을 받아들이실 수 있다면, 신은 진나라의 태자를 초나라에 인질로 들여보내고 초나라의 태자를 진나라에 인질로 들여보내기를 청합니다. 또 진나라의 여인을 대왕의 시첩으로 삼게 하고, 만 호(戶)의 도회지를 바쳐서 대왕의 탕목읍(湯沐邑)[84]으로 삼게 해야 합니다. 길이 형제의 나라가 되어서 종신토록 서로 치고 정벌하는 일이 없도록 해야 할 것입니다. 신이 생각컨대 이보

---

79) 秦나라가 衞나라의 陽晉을 공격하여 함락하고자 한 것은 常山을 천하의 척추라고 가정한다면 衞나라의 陽晉은 秦, 晉, 齊, 楚 등 여러 나라의 요충이 되는 심장부에 해당되므로 秦나라가 일단 이곳을 점령하게 되면 다른 나라들을 쉽게 제어할 수 있다는 이점이 있었기 때문이다.

80) 泗水 유역의 宋, 魯, 鄒 등의 여러 나라를 가리킨다. 泗水는 지금의 山東省 중부를 흐른다.

81) 武安君 : 봉호. 봉읍이 武安(지금의 河北省 武安縣 서남쪽)에 있었으므로 붙은 이름이다.

82) 燕 : 戰國七雄의 하나. 기원전 11세기에 周나라로부터 분봉된 제후국으로 지금의 河南省 북부와 遼寧省 서쪽 끝에 위치하였다. 기원전 222년 秦나라에 멸망당하였다.

83) 車裂刑 : 고대 형벌의 하나. 말 다섯 필을 머리와 사지에 방향을 달리하여 매달아 동시에 달리게 하여 사지를 찢어 죽이는 잔혹한 형벌.

84) 湯沐邑 : 원래는 고대에 제후들이 제왕을 조회할 때 제왕이 자신이 통치하는 구역의 일부를 제후에게 하사하여 여러 가지 비용을 충당하는 데 쓰도록 한 것을 가리켰으나 나중에는 황제, 황후, 공주 등의 사유토지를 지칭하게 되었다.

다 나은 계책은 없다고 여겨집니다."

그리하여 초나라 임금은 이미 장의를 데려왔기 때문에 다시금 검중의 땅을 베어 진나라에 주어 장의의 진언을 따르고자 하였다. 굴원(屈原)[85] 이 아뢰기를 "이전에 대왕께서 장의에게 속으셨기에 장의가 오면 신은 대왕께서 그를 삶아죽일 것[86]이라고 생각하였습니다. 지금 차마 죽일 수는 없다고 하더라도, 다시 그의 간사한 말을 따라서는 안 됩니다"라고 하였다. 회왕은 "장의를 용서하고 검중을 얻는 것은 큰 이득이오. 약속하고 난 다음 그것을 저버려서는 안 되오"라고 하였다. 그리하여 마침내 장의를 용서하고 진나라와 친교를 맺었다.

장의는 초나라를 떠나 한나라로 가서 한나라 임금을 설득하였다. "한나라는 지세가 험난한 산지에 자리잡고 있습니다. 오곡(五穀) 가운데 콩 아니면 보리가 소출(所出)될 뿐이고, 백성들은 대부분 콩밥에 명아주국을 먹고 삽니다. 단 한 해만 흉년이 들어도 백성들은 술지게미와 쌀겨로 된 음식조차 배불리 먹지 못합니다. 국토는 900리에 지나지 않으며, 두 해를 견딜 만한 군량도 비축되어 있지 못합니다. 대왕의 군대를 추산하여보니 모두 30만 명에 지나지 않고, 또 거기에는 시도(廝徒)[87]와 부양(負養)[88]이 포함되어 있습니다. 변방의 요정(徼亭)[89]과 관문(關門)의 요새를 지키는 자를 제외하면, 병력은 20만 명에 지나지 않을 뿐입니다. 진나라는 중무장한 군사가 100만 여 명이 넘고, 병거는 1,000승에 달하며, 기마는 만 필이나 됩니다. 호분(虎賁)의 전사(戰士) 중 날랜 동작으로 투구도 쓰지 않은 채 손으로 턱을 감싸며 창을 휘둘러 적진으로 달려드는 자가 이루 셀 수 없을 정도입니다. 진나라는 병마가 훌륭하고 기병이 많아 앞발을 쳐들고 뒷발로 땅을 차면 단번에 세 길을 내닫는 놈만도 이루 셀 수 없을 지경입니다. 산동(山東)의 전사는 갑옷을 입고 투구를 쓰고 싸우지만, 진나라의 군사들은 갑옷을 벗어 던지고 맨 발에 어깨를 드러낸

---

85) 屈原(기원전 340-기원전 278년) : 楚나라의 정치가이자 시인. 「離騷」를 비롯한 다수의 楚辭 작품으로 이름이 난 걸출한 애국주의자. 권84 「屈原賈生列傳」 참조.
86) '烹'이라고 하는데, 이것은 솥에 넣어 삶아 죽이는 고대 형벌의 하나이다.
87) 廝徒 : 잡역에 종사하는 병사.
88) 負養 : 물건을 져나르는 잡부.
89) 徼亭 : 변방에 있는 驛站.

채, 적진으로 뛰어들어 왼손에는 적의 수급(首級)을 들고, 오른쪽 옆구리에는 포로를 낚아챕니다. 진나라의 군사와 산동의 군사는 마치 맹분(孟賁)[90]이 겁부(怯夫)[91]와 대결하는 것 같고, 무거운 힘으로 억누르는 것이 마치 오획(烏獲)[92]이 어린아이와 싸우는 것 같습니다. 맹분이나 오획과 같은 용사들을 독전(督戰)하여 말 안 듣는 약소국을 치는 것은 마치 1,000균(鈞)[93]의 무거운 것을 새알 위에 내려놓는 것과 다를 것이 없으니, 요행으로도 벗어날 수는 없음이 뻔합니다.

군신(群臣)과 제후들은 국토가 협소한 것은 헤아리지 않고 합종을 주장하는 유세객들의 감언이설에 현혹되어 한패가 되어서는 서로 말을 꾸며대면서 '나의 계책을 따르면 강성해져서 천하의 패자가 될 수 있다'고 큰소리를 칩니다. 사직의 장구한 이익을 돌아보지 않고 한순간의 감언이설을 들으니, 남의 임금을 망치는 것이 이보다 더한 것은 없습니다.

대왕께서 진나라를 섬기지 않으면 진나라는 군대를 출동시켜 의양을 점거하고 한나라의 상지(上地)를 차단할 것이며, 동쪽으로 성고(成皐)와 형양(榮陽)[94]을 빼앗을 것입니다. 그렇게 되면 홍대(鴻臺)의 궁전과 상림(桑林)의 금원(禁苑)[95]은 적의 손아귀에 들어가고 말 것입니다. 성고를 봉쇄하고 상지를 고립시키면 대왕의 나라는 토막나고 말 것입니다. 먼저 진나라를 섬기면 편안할 것이고, 진나라를 섬기지 않으면 위태로울 것입니다. 화를 만들어놓고 복이 오기를 바라는 것은 계책이 엉성하여 뼈아픈 후회를 초래하는 것입니다. 진나라를 거역하고 초나라에 순종한다면 아무리 멸망하지 않으려고 해도 불가능한 것입니다.

때문에 대왕을 위한 계책으로서는 진나라를 섬기는 것이 최상입니다. 진나라가 하고자 하는 일로는 초나라를 약화시키는 것이 최우선이고, 초

---

90) 孟賁 : 전국시대 衛나라의 大力士.
91) 怯夫 : 겁쟁이 사내.
92) 烏獲 : 秦 武王이 거느렸던 力士.
93) 鈞은 무게를 재는 단위로 1鈞은 30斤에 해당한다. 1,000鈞은 3만 斤에 해당되나, 통상 대단히 무거운 것의 비유로 쓰인다.
94) 榮陽 : 고을 이름. 지금의 河南省 榮陽縣 동북쪽.
95) 鴻臺의 궁전과 桑林의 禁苑은 모두 韓나라의 宮苑이다. '苑'은 금수와 각종 식물 '을 기르는 곳으로 대부분 제왕과 귀족들이 소요하고 수렵하던 경치 좋은 園林을 말한다. 원문에는 "桑林之苑"이라고 되어 있으나 '禁苑'이라고 옮긴 것은 통상 이곳이 일반인들이 출입이 통제되어 흔히 '禁苑'이라고 불렸기 때문이다.

나라를 약화시킬 나라로는 한나라가 가장 적합합니다. 이는 한나라가 초
나라보다 강하기 때문이 아니라 지세(地勢)가 그러하기 때문입니다. 지
금 대왕께서 서쪽으로 진나라를 섬기고 초나라를 친다면 진나라 임금은
기뻐할 것이 분명합니다. 초나라를 쳐서 그 땅을 얻고 화를 전환하여 진
나라를 기분 좋게 하는 것이 최상의 계책인 것입니다."

　한나라 임금은 장의의 계책을 따랐다. 장의가 돌아가 복명하니 진 혜왕
은 다섯 고을을 장의에게 봉읍(封邑)하고 그를 무신군(武信君)이라고 불
렀다.

　진 혜왕은 장의를 동쪽으로 보내 제 민왕(齊湣王)[96]을 설득하게 하였
다. "천하의 강국 가운데 제나라를 능가할 나라는 없습니다. 대신(大臣)
과 부형(父兄)들은 수도 많고, 또한 풍요하고도 즐겁게 살고 있습니다.
그러나 대왕을 위하여 계책을 내는 자들은 모두 한때의 임기응변의 변론
만을 하면서 장구한 이익은 돌아보지 않습니다. 합종을 주장하며 대왕을
설득하는 자들은 틀림없이 '제나라는 서쪽에 강한 조나라가 있고, 남쪽에
한나라와 위나라가 있습니다. 제나라는 바다를 등지고 있는 나라로, 국토
는 넓고 백성이 많으며 군대는 강하고 용감하여 백 개의 진나라가 있다고
하더라도 어떻게 할 수 없습니다'라고 할 것입니다. 대왕께서는 그 말을
옳다고 여기면서도 실상을 따져보지 않으십니다. 합종론자들은 붕당(朋
黨)[97]을 만들어 서로 두둔하면서 합종으로 모든 것이 해결된다고 생각합
니다. 신이 들으니 제나라가 노(魯)[98]나라와 세 차례 싸워서 노나라가
모두 이겼으나 나라가 위태로워지더니 곧 이어 멸망하고 말았다고 합니
다. 비록 전쟁에서 승리하였다는 명성은 얻었지만 나라가 망하는 결과를
가져왔던 것입니다. 이는 무엇 때문입니까? 제나라는 크고 노나라는 작
기 때문입니다. 지금 진나라와 제나라는 마치 제나라와 노나라의 관계와

---

96)　齊湣王 : 田地를 말한다. 기원전 323년에서 기원전 284년까지 재위하였다. 일찍
　이 秦昭王과 더불어 東帝, 西帝로 칭할 정도로 막강한 세력을 과시하였다. 후에 燕
　나라 군사에게 도성을 공격당하여 피난하던 중 楚나라의 장수에게 살해되었다.
97)　朋黨 : 같은 부류의 사람들이 사적인 이익을 위하여 결탁하여 만든 소규모의 집단
　을 이른다.
98)　魯 : 지금의 山西省 서남쪽에 위치하였던 나라로 曲阜(지금의 山東省 曲阜市)에
　도읍하였다. 기원전 256년 楚나라에 멸망당하였다. 孔子가 태어난 나라이다. 권33
　「魯周公世家」 참조.

같습니다. 진나라와 조나라가 황하와 장하(漳河)⁹⁹⁾에서 싸웠는데, 두 차례 싸워서 조나라가 두 번 모두 진나라를 격파하였습니다. 파오(番吾)¹⁰⁰⁾에서 두 차례 싸워서 또 모두 진나라를 격파하였습니다. 그러나 네 차례 싸운 뒤에 조나라가 잃은 군사는 수 십만 명이며, 한단(邯鄲)¹⁰¹⁾만이 겨우 보존되었을 뿐입니다. 전쟁에서 승리하였다는 명성은 얻었지만 나라는 이미 파탄되고 말았습니다. 이것은 무엇 때문입니까? 진나라는 강하고 조나라는 약하기 때문입니다.

지금 진나라와 초나라는 딸을 시집 보내고 며느리를 맞아오면서 형제의 나라가 되었습니다. 한나라는 의양을 진나라에 바치고, 위나라는 하외(河外)¹⁰²⁾를 진나라에 바쳤습니다. 또 조나라는 민지(澠池)¹⁰³⁾에 입조(入朝)하고 하간(河間)¹⁰⁴⁾의 땅을 할양하여 진나라를 섬깁니다. 대왕께서 진나라를 섬기지 않는다면 한나라와 위나라를 몰아 제나라의 남쪽을 칠 것이며, 조나라 군대를 총동원하여 청하(淸河)¹⁰⁵⁾를 건너서 박관(博關)¹⁰⁶⁾으로 진격할 것이니 그렇게 되면 임치(臨菑)¹⁰⁷⁾와 즉묵(卽墨)¹⁰⁸⁾은 적의 수중에 들어가게 될 것입니다. 나라가 어느날 갑자기 공격을 받게 되면 진나라를 섬기려 한다고 하더라도 불가능할 것입니다. 그러므로 대왕께서는 이 점을 잘 생각하시기 바랍니다."

제나라 임금은 "제나라는 외지고 보잘것없이 동해가에 숨어 있어서¹⁰⁹⁾ 이제껏 사직의 장구한 이익에 대하여 들어보지 못하였소"라고 말하고는 장의의 의견을 따르기로 하였다.

---

99) 漳河 : 지금의 河北省, 河南省 변경을 흐르는 강. 일설에는 邯鄲 북쪽의 洺水를 가리킨다고도 한다.
100) 番吾 : 趙나라의 고을 이름. 지금의 河北省 磁縣.
101) 邯鄲 : 趙나라의 도성. 지금의 河北省 邯鄲市 서남쪽.
102) 河外 : 당시 黃河 남쪽과 서쪽을 가리키던 말로 여기에서는 曲沃(지금의 山西省 聞喜縣 동북쪽)과 平周(지금의 山西省 介休縣 서쪽)를 가리킨다.
103) 澠池 : 韓나라의 고을 이름. 지금의 河南省 澠池縣 서쪽.
104) 河間 : 黃河와 漳河 중간 지역을 가리킨다.
105) 淸河 : 지금의 河南省 黃縣 남쪽에서 발원하여 당시 齊나라와 趙나라 사이에 흐르던 강.
106) 博關 : 지금의 山東省 荏平縣 서북쪽에 있던 關.
107) 臨菑 : 齊나라의 도성. 지금의 山東省 淄博市 동북쪽.
108) 卽墨 : 齊나라의 고을 이름. 지금의 山東省 平度縣 서남쪽.
109) 당시 齊나라가 중국의 동쪽 바닷가의 북쪽 귀퉁이에 위치하였기 때문에 이르는 말로, 여기에서 말하는 東海는 지금 우리나라의 西海(黃海)에 해당된다.

　　장의는 제나라를 떠나 서쪽으로 가서 조나라 임금[110]을 설득하였다.
"저희 진나라 임금께서 사신을 보내서 우둔한 계책을 대왕께 진언하게 하
셨습니다. 대왕께서 천하의 제후들을 거두고는 진나라를 따돌리니 진나라
군대가 감히 함곡관을 나오지 못한 것이 15년이나 됩니다. 대왕의 위엄이
산동에 떨쳐지니 저희 진나라는 두려움에 움츠린 채 무기를 정비하고 군
사를 조련하며, 전차와 마필(馬匹)을 갖추고, 말 타기와 활 쏘기를 익히
며, 농사에 힘써서 군량을 비축하고, 사방의 국경을 지키면서 근심과 두
려움에 휩싸인 채 감히 동요하지 못하였습니다. 이는 오직 대왕께서 진나
라의 과실을 꾸짖는 데에 마음을 두고 계셨기 때문입니다. 이제 대왕의
힘[111]으로 진나라는 파, 촉을 얻고 한중을 병합하였으며 양주(兩周)를 손
아귀에 넣어 구정(九鼎)을 옮기고 백마진(白馬津)[112]을 지키게 되었습니
다. 진나라가 한쪽에 치우쳐 있는 먼 나라이기는 하지만 오랜 세월 동안
사무친 분노와 원한을 품어왔습니다. 이제 진나라는 낡은 갑옷과 피폐한
군사이나마 민지에 주둔시키고 황하와 장하를 건너 파오를 점거하려고 합
니다. 한단에서 서로 만나, 갑자일(甲子日)에 전투를 벌여 은 주왕(殷紂
王)을 정벌한 것처럼 결판을 내시기 바랍니다.[113] 삼가 사신을 보내서 미
리 알려드리는 바입니다.

　　대왕께서 합종을 신뢰하신 것은 소진을 믿었기 때문입니다. 소진은 제
후들을 현혹하여 옳은 것을 그르다 하고 그른 것을 옳다고 하였습니다.
제나라에서 배반하려다가 저자에서 거열형을 당하는 결과를 자초하였습니
다. 그러니 천하를 하나로 결속할 수 없음이 명백합니다. 지금 초나라는
진나라와 형제의 나라가 되었고 한나라와 위나라는 동번(東藩)의 신하[114]
라고 자처하며, 제나라는 어염(魚鹽)의 산지를 헌상하였으니, 이는 조나

---

110)　당시 趙나라 임금은 武靈王으로 그는 기원전 325년에서 기원전 299년까지 재위
　　　하였다. 군사개혁을 시행하여 中山과 林胡 등을 연달아 멸망시키고 국위를 떨쳤다.
　　　후에 내란이 일어나 沙丘宮에서 포위당하여 굶어 죽었다.
111)　여기에서 '대왕의 힘'이라고 한 것은 趙나라의 위협에 대비하여 秦나라가 자구책
　　　으로 무기를 정비하고 군사를 조련하며 군량을 비축하는 등, 현재의 강국이 될 수
　　　있었다는 데에 대한 역설적 표현이다.
112)　白馬津 : 지금의 河南省 滑縣 동북쪽에 있던 포구.
113)　전하는 바에 의하면 周 武王이 殷 紂王을 정벌하여 商나라의 교외에서 결전을
　　　치른 날이 바로 甲子日이었다고 한다.
114)　東藩의 신하는 東方 藩國의 신하라는 말로, 藩國은 분봉 또는 신하로 복종하는
　　　나라라는 의미이다.

라의 오른팔을 잘라버린 셈입니다. 도대체 오른팔을 잘리고 남과 싸우고, 자기 패를 잃고 외톨이가 되었으면서 위태롭지 않기를 바란다면 그것이 어찌 가능하겠습니까?

이제 진나라가 세 사람의 장군을 보낸다면, 1군(軍)은 오도(午道)[115]를 차단하고 제나라에 통보하여 군사를 일으켜 청하를 건너 한단의 동쪽에 주둔하게끔 할 것입니다. 또 1군은 성고에 주둔하여, 한나라와 위나라의 군대를 몰아 하외에 주둔하게 할 것이며, 나머지 1군은 민지에 주둔하게 할 것입니다. 네 나라[116]가 연합하여 조나라를 쳐서 격파하고는 조나라의 땅을 넷으로 분할할 것입니다. 그러므로 감히 우리의 뜻을 숨기지 않고 미리 대왕께 알려드리는 것입니다. 신이 대왕을 위하여 생각하건대, 대왕께서는 진나라 임금과 민지에서 회동하여 얼굴을 맞대고 대화를 통하여 수습하고 무력에 의한 정벌이 없도록 요청하시는 것이 최상의 계책이라고 생각합니다. 대왕께서는 계책을 결정하시기 바랍니다."

조나라 임금은 이렇게 말하였다. "선왕(先王) 때에 봉양군(奉陽君)[117]이 마음대로 권세를 농단(壟斷)하면서 선왕을 속이고는 일을 자기 멋대로 처리하였소. 과인은 스승의 가르침을 받고 있던 터이라, 국가의 계책에는 참여하지 않았소. 선왕께서 여러 신하들을 남겨둔 채 붕어하셨을 때, 과인은 아직 나이가 어리고 새로이 즉위하였던 터이나 마음속에는 본시 의구심이 들었소. 한결같이 합종을 하여 진나라를 섬기지 않는 것은 국가의 장구한 이익이 아니라고 말이요. 이에 생각을 바꿔서 땅을 할양하여 지난날의 과오를 사과하고 진나라를 섬기기를 원하였소. 마침 수레를 마련하여 떠나려는 참인데 사자(使者)의 명쾌한 가르침을 듣게 된 것이라오."

조나라 임금이 장의의 진언을 받아들이자, 장의는 곧 조나라를 떠났다.

북쪽으로 연나라에 간 장의는 연 소왕(燕昭王)[118]을 설득하였다. "대왕

---

115) 午道 : 縱橫을 가리킨다. 그는 엇갈린 큰 길을 말한다. 趙나라의 동쪽, 齊나라의 서쪽에 위치하였다.
116) 秦, 齊, 韓, 梁의 네 나라를 가리킨다.
117) 奉陽君 : 趙 肅侯의 아우 趙成으로, 그는 相國에 임명되었다.
118) 燕 昭王 : 姬平. 일설에는 姬職이라고도 한다. 정치를 개혁하고 인재를 초치하여 5국을 연합하여 齊나라를 공격하고 전성기를 구가하였다. 기원전 311년에서 기원전 279년까지 재위하였다.

께서는 조나라와 가장 가깝게 지내십니다. 그러나 지난날 조양자(趙襄子)[119]는 자신의 손위 누이를 대(代)[120]나라 임금의 아내로 삼게 하고 대(代)를 병탄할 뜻을 품고는, 대나라의 임금과 구주(句注)[121]의 요새지에서 만나기로 약속하였습니다. 그는 대장장이에게 금두(金斗)[122]를 만들게 하였는데, 사람을 칠 수 있도록 자루를 길게 만들도록 하였습니다. 대나라 임금과 술을 마시면서 몰래 요리사에게 '술자리가 흥이 오르거든 뜨거운 국을 올리면서 금두를 돌려 잡고 그를 쳐라'라고 하였습니다. 이에 술자리가 한창 흥겨울 무렵, 뜨거운 국을 올리고 요리사는 술을 따르다가 금두를 돌려 잡고 대나라의 임금을 때렸습니다. 결국 대나라의 임금은 뇌장(腦漿)이 땅바닥에 흩어지면서 죽고 말았습니다. 그의 누이는 이 소식을 듣고 비녀를 갈아서 자결하고 말았습니다. 이 때문에 지금까지 미계산(摩笄山)[123]이라는 이름이 전해지고 있습니다. 대나라 임금이 죽은 이야기는 세상 사람들이 모두 알고 있습니다.

조나라 임금이 포악하고 친애함이 없다는 것은 대왕께서도 분명하게 보셨습니다. 그런데도 조나라 임금을 가까이할 수 있겠습니까? 조나라는 군사를 일으켜 연나라를 쳐서 두 차례나 연나라의 도읍을 포위하고 대왕을 위협하여, 대왕께서는 10개의 성을 베어주고 사과하셨습니다. 지금 조나라 임금은 이미 민지에서 입조하여 하간의 땅을 바치고 진나라를 섬기는데, 이제 대왕께서 진나라를 섬기지 않으신다면 진나라는 운중(雲中)[124]과 구원(九原)[125]으로 군사를 보내어 조나라 군대를 몰아 연나라를 칠 것입니다. 그렇게 된다면 역수(易水)[126]와 장성(長城)[127]은 대왕의 수중에 남아 있지 않게 될 것입니다.

그리고 지금 조나라는 진나라의 군현(郡縣)[128]과 마찬가지이므로 함부

---

119) 趙襄子 : 趙無恤. 춘추시대 말기 晉나라의 大夫.
120) 代 : 지금의 河北省 蔚縣 동북쪽에 위치하였던 나라로 기원전 475년 趙襄子에게 멸망당하였다.
121) 句注 : 지금의 山西省 代縣 서북쪽에 위치한 산으로 고대의 군사적 요충지였다.
122) 金斗 : 금속으로 만든 국자. '斗'는 '枓'로도 쓴다.
123) 摩笄山 : 지금의 河北省 宣化縣 동남쪽에 있는 산이다.
124) 雲中 : 趙나라의 고을 이름. 지금의 내몽고 자치구 托克托縣 일대.
125) 九原 : 趙나라의 고을 이름. 지금의 내몽고 자치구 包頭市 서쪽.
126) 易水 : 易縣에서 발원하는 하천으로 지금의 河北省 경내를 흐른다.
127) 長城 : 燕나라의 長城을 가리킨다. 지금의 河北省 易縣 일대.
128) 郡縣 : 고대의 행성구역 체계로 周나라 때의 제도로는 縣이 郡을 관할하였으나

로 군사를 일으켜서 칠 수도 없습니다. 지금 대왕께서 진나라를 섬긴다면 진나라 임금은 분명히 기뻐할 것이며, 조나라는 함부로 움직이지 못할 것입니다. 이는 서쪽으로는 강한 진나라의 원조가 있고 남쪽으로는 제나라와 조나라의 근심이 없기 때문입니다. 그러므로 대왕께서는 이 점을 잘 헤아리시기 바랍니다."

연나라 임금은 "과인은 만이(蠻夷)로서 구석진 곳에 처해 있어서 다 큰 사내인데도 식견이 어린아이 같아 올바른 계책을 얻기에는 부족하였소. 이제 상객(上客)께서 다행히 가르쳐주셨으니, 서쪽으로 진나라를 섬기기를 바라오. 항산(恒山)[129]의 끝에 있는 5개의 성을 바치겠소이다"라고 하였다. 연나라 임금이 장의의 말을 따르니, 장의는 복명하기 위하여 돌아갔다. 그가 미처 함양에 도착하기 전에 진나라에서는 혜왕이 죽고 무왕(武王)[130]이 즉위하였다.

진 무왕은 태자 때부터 장의를 달가워하지 않았는데, 그가 임금이 되자 군신들이 대부분 장의를 비방하여 "장의는 신의가 없고 여기저기에 나라를 팔아서 자신의 주장이 받아들여지기를 구하고 있습니다. 진나라가 다시 그를 등용한다면 아마도 천하의 웃음거리가 될 것입니다"라고 하였다. 제후들은 장의와 무왕 사이에 틈이 있다는 말을 듣고는 모두 연횡을 배반하고 다시 합종하였다.

진 무왕 원년에 군신들이 밤낮으로 장의를 헐뜯는 데다 제나라까지도 또 책망해왔다. 장의는 죽게 될 것을 두려워하여 진 무왕에게 이렇게 말하였다. "신에게 어리석은 계책이 있습니다. 아뢰게 해주십시오." 임금이 "어떤 계책이오?"라고 물으니, 장의는 이렇게 대답하였다. "진나라의 사직을 위한 계책이온대, 동방에 커다란 정변이 있은 뒤라야 대왕께서 제후의 많은 땅을 할양받으실 수 있습니다. 지금 들으니, 제나라 임금이 무척 신을 미워한다고 하니 신이 있는 곳이면 반드시 군사를 이끌고 와서 칠 것입니다. 그러므로 신은 이 불초한 몸을 이끌고 위(魏)나라로 가기를 바

秦나라 때부터 郡이 縣을 관할하였다.

129) 恒山 : 常山을 가리킨다.

130) 秦 武王 : 嬴蕩. 기원전 310년에서 기원전 307년까지 재위하였다. 힘 자랑하기를 좋아하여 鼎을 들다가 발을 헛딛어 허벅지가 부러져 죽었다.

랍니다. 그러면 제나라는 반드시 군사를 일으켜 위나라를 칠 것입니다. 위나라와 제나라의 군대가 성 아래에서 맞붙어 싸우느라 그곳을 떠나지 못할 때, 대왕께서는 그 틈을 타서 한나라를 쳐서 삼천(三川)으로 진격하고, 군사를 함곡관 밖으로 내보내어 공격하지 않은 채 주나라에 접근하면 주나라에서는 틀림없이 제기(祭器)를 내놓을 것입니다. 천자를 끼고 천하의 도적(圖籍)을 점검하는 것, 이것이 왕자(王者)의 업(業)입니다."

진나라 임금은 그럴듯하게 여기고는 드디어 병거(兵車) 30승을 갖추어 장의를 위나라로 들여보냈다. 제나라는 과연 군사를 일으켜 위나라를 공격하였다. 위 애왕(魏哀王)이 두려워하니 장의는 "임금께서는 염려하지 마십시오. 제나라가 전쟁을 중지하도록 하겠습니다"라고 안심시켰다. 장의는 자신의 사인(舍人)인 풍희(馮喜)를 초나라에 보내, 초나라 임금의 사신의 명의를 빌려서 제나라에 가서 제나라 임금에게 말하게 하였다. "대왕께서는 장의를 몹시 미워하고 계십니다. 그러면서도 대왕께서는 진나라보다 더 장의에게 의탁하고 계십니다."

제나라 임금은 "과인은 장의를 미워하기 때문에 장의가 있는 곳이면 반드시 군사를 일으켜 그를 치는데, 어째서 장의에게 의탁한다고 하는 거요?"라고 물었다. 이에 대답하기를 "그것이 바로 대왕께서 장의에게 의탁하는 것입니다. 장의가 진나라를 떠나올 때 사실 진나라 임금과 이렇게 약속하였다고 합니다. '대왕을 위한 계책이온대, 동방에 커다란 정변이 있은 뒤라야 대왕께서 제후의 많은 땅을 할양받으실 수 있습니다. 지금 들으니, 제나라 임금이 무척 신을 미워한다고 하니 신이 있는 곳이면 반드시 군사를 이끌고 와서 칠 것입니다. 그러므로 신은 이 불초한 몸을 이끌고 위나라로 가기를 바랍니다. 그러면 제나라는 반드시 군사를 일으켜 위나라를 칠 것입니다. 위나라와 제나라의 군대가 성 아래에서 맞붙어 싸우느라 그곳을 떠나지 못할 때, 대왕께서는 그 틈을 타서 한나라를 쳐서 삼천으로 진격하고, 군사를 함곡관 밖으로 내보내어 공격하지 않은 채 주나라에 접근하면 주나라에서는 틀림없이 제기(祭器)를 내놓을 것입니다. 천자를 끼고 천하의 도적(圖籍)을 점검하는 것, 이것이 왕자(王者)의 업(業)입니다'라고 하였습니다. 진나라 임금은 그러리라고 여겨서 병거 30승을 갖추어 장의를 위나라에 들여보낸 것입니다. 지금 장의가 위나라에 들어오니 임금께서는 과연 그를 쳤습니다. 이는 임금께서 안으로는 나라를 피폐하게 만들고, 밖으로는 여국(與國)을 쳐서 이웃의 적국을 넓혀주는 데에 스스로 가담하심으로써 장의로 하여금 진나라 임금의 신임을 받게 만드는 것입니다. 이것이 바로 신이 대왕께서 장의에게 의탁하고 계시는 것이라고 말씀드리는 것입니다." 제나라 임금은 "그렇구려"라고 하고는 드디어 공격을 중지하였다.

장의는 위나라의 재상이 된 지 1년 만에 위나라에서 죽었다. [131]

진진(陳軫)은 유세하는 사람이다. 장의와 함께 진 혜왕(秦惠王)을 섬겼는데, 모두 중요한 인물이 되어 임금의 총애를 다투었다. 장의는 진나라 임금에게 진진을 헐뜯어 이렇게 말하였다. "진진이 많은 예물을 지니고 진나라와 초나라 사이에 사신으로 왕래하는 것은 국교(國交)를 위한 것입니다. 지금 초나라가 진나라에는 친선을 더하지 않으면서 진진에게는 후대하는 것은, 진진이 자신을 위하는 바가 크고 대왕을 위하는 것은 적기 때문입니다. 게다가 진진은 진나라를 떠나 초나라로 가려고 합니다. 대왕께서는 어째서 그 이유를 물어보지 않으십니까?"

진나라 임금은 진진에게 "과인이 들으니 그대는 진나라를 떠나 초나라로 가려고 한다는데, 그것이 사실인가?"라고 물었다. 진진은 "그렇습니다"라고 대답하였다. 진나라 임금이 "장의의 말이 사실이로구나!"라고 하니, 진진은 "장의뿐 아니라 길 가는 행인들도 모두 알고 있을 겁니다. 옛날 오자서(伍子胥)[132]는 자신의 임금에게 충성하였기 때문에 온 천하가 그를 자기 신하로 삼으려고 서로 다투었으며, 증삼(曾參)[133]은 자기 어버이에게 효도하기 때문에 온 천하가 그를 자식으로 삼기를 원하였습니다. 그러므로 노복(奴僕)을 팔 때, 그 마을을 미처 벗어나기도 전에 팔리는 사람이 좋은 노복입니다. 소박 맞고 쫓겨온 아낙이 같은 마을에서 시집가게 되면 그 사람은 좋은 아낙입니다. 지금 진진이 자신의 임금에게 충성스럽지 않다면 초나라 또한 어떻게 진진을 충성스럽다고 여기겠습니까? 충성을 하는데도 버림받으려 하는데 신이 초나라로 가지 않으면 어

---

131) 당시는 秦 武王 2년, 魏 哀王 10년으로, 기원전 309년이다.
132) 伍子胥 : 춘추시대 楚나라의 大夫. 권66 「伍子胥列傳」 참조.
133) 曾參 : 춘추시대 魯나라 사람. 孔子의 제자로 효로써 이름이 났다. 권67 「仲尼弟子列傳」 참조.

디로 가겠습니까?"라고 대답하였다. 임금이 그의 말을 옳다고 여기고 드디어 그를 잘 대우하였다.

진나라에 있은 지 1년이 지나자 진 혜왕은 결국 장의를 재상으로 등용하였고, 진진은 초나라로 달아났다. 초나라에서는 그를 중용하지 않았으면서도 진진을 진나라에 사신으로 보냈다. 진진은 위(魏)나라에 들러서 서수(犀首)를 만나보고자 하였으나, 서수는 핑계를 대면서 만나주지 않았다. 진진은 "내가 일 때문에 왔는데 공이 만나주지 않으니 나는 떠나겠소. 지체할 수가 없소이다"라고 하였다. 이에 서수가 진진을 만나자, 진진은 "공은 아래서 술을 즐겨 마시는 거요?"라고 물었다. "할 일이 없기 때문이오"라고 서수가 대답하였다. 이에 진진은 "그렇다면 내가 공에게 일에 넌더리가 나도록 해드려도 되겠소?"라고 물었다. "어떻게 말이오?" 서수가 되물으니, 진진은 다음과 같이 대답하였다. "전수(田需)[134]가 제후와 합종을 맺으려고 하나 초나라 임금은 의심하면서 아직 그를 믿지 않고 있소. 공이 위나라 임금에게 '신이 연나라와 조나라의 임금과 오랜 교분이 있습니다. 그런데 그들이 여러 차례 사람을 보내와서는, 한가하면서도 어쩌면 얼굴 한번 뵈지 않느냐고 합니다. 바라건대 가서 배알할 수 있도록 해주십시오'라고 하시오. 임금이 공에게 허락하더라도 공은 많은 수레를 요구하지 말고, 30승을 뜰에 벌려놓고서 연나라와 조나라에 가노라고 떠벌리시오."

연나라와 조나라의 유세객들이 이 소식을 듣고는 수레를 달려 자기 임금에게 보고하고, 사람을 시켜 서수를 영접하게 하였다. 초나라 임금은 이 소문을 듣고 발끈 성을 내면서 "전수는 과인과 약조하였다. 그런데도 서수는 연나라와 조나라에 갔으니 이는 과인을 기만한 것이다"라고 하였다. 초나라 임금은 전수의 합종설을 듣지 않았다. 제나라는 서수가 북쪽으로 간다는 말을 듣고, 사람을 시켜 그에게 일을 일임하였다. 서수는 드디어 제, 연, 조 세 나라 재상의 직무를 맡게 되어 모든 일이 그에게서 결정되었다. 진진은 마침내 진나라에 이르렀다.

그무렵 한나라와 위나라가 서로 싸운 지 1년이 지나도록 결판이 나지 않았다. 진 혜왕이 이를 구원하려고 하여 신하들에게 물으니, 어떤 사람은 구원하는 편이 낫다고 하고, 어떤 사람은 구원하지 않는 편이 낫다고

---

134) 田需 : 魏나라의 재상.

하였다. 혜왕이 망설이고 있는데, 진진이 마침 진나라에 도착하였다. 혜왕은 그에게 "그대는 과인을 떠나 초나라에 가서도 과인을 생각하였소?"라고 물었다. 진진은 "대왕께서는 장석(莊舃)이라는 월(越)[135]나라 사람에 대해서 들어보신 적이 있으신지요?"라고 되물었다. 혜왕이 "들어본 적이 없소"라고 하니, 진진은 이렇게 말하였다. "장석이라는 월나라 사람이 초나라에 벼슬하여 집규(執珪)가 되었는데, 얼마 후에 병이 났습니다. 초나라 임금은 '장석은 본래 월나라의 미천한 사람이다. 지금은 초나라에서 벼슬하여 집규가 되어 존귀하고 부유하게 되었는데, 아직도 월나라를 생각할까?'라고 물었습니다. 중사(中謝)[136]가 대답하기를 '사람은 병이 났을 때 고향을 생각하는 법입니다. 그가 월나라를 생각한다면 월나라 말을 할 것이고 월나라를 생각하지 않는다면 초나라 말을 할 것입니다'라고 하였습니다. 사람을 시켜 가서 들어보게 하였더니 월나라 말을 하였다고 합니다. 지금 신은 버림받고 쫓겨서 초나라로 갔지만 어찌 진나라 말을 하지 않았겠습니까?"

"좋소. 지금 한나라와 위나라가 싸움을 벌인 지가 1년이 되었는데도 그치지를 않소. 어떤 사람은 과인이 그것을 구원하는 편이 낫다고 하고, 어떤 사람은 구원하지 않는 편이 좋다고 하는데, 과인으로서는 결정을 내릴 수가 없소. 그대는 그대의 임금을 위하여 계책을 내는 여력(餘力)으로 과인을 위하여 계책을 내어주구려." 혜왕이 이렇게 말하자, 진진은 다음과 같이 대답하였다. "대왕께서는 일찍이 변장자(卞莊子)라는 사람이 호랑이를 찔러 죽인 일에 대해서 들어보신 적이 있는지요? 변장자가 호랑이를 찌르려고 하니 객관(客館)의 심부름하는 아이가 이를 말리면서 '호랑이 두 마리가 소를 막 잡아 먹으려 합니다. 먹어봐서 맛이 좋으면 분명히 서로 다툴 것입니다. 다투게 되면 서로 싸울 것은 뻔하고, 서로 싸우게 되면 큰 놈은 상처를 입고 작은 놈은 죽게 됩니다. 상처를 입은 놈을 찔러 죽이면 한꺼번에 두 마리 호랑이를 잡았다는 명성을 들을 것입니다'라고 하였습니다. 변장자도 그러리라 여기고 서서 기다렸습니다. 조금 있으

---

135) 越：지금의 江蘇省 동남부, 安徽省 남부, 江西省 동부 및 浙江省 북부에 위치하였던 고대 국가. 會稽(지금의 浙江省 會稽市)에 도읍하였다. 기원전 306년 楚나라에 멸망당하였다.
136) 中謝：시종관.

니 과연 두 호랑이가 싸워서 큰 놈은 상처를 입고 작은 놈은 죽었습니다. 변장자가 상처를 입은 놈을 찔러 죽이니, 단번에 호랑이 두 마리를 잡는 공을 세웠다고 합니다. 지금 한나라와 위나라가 싸움을 벌인 지가 1년이 되도록 그치지 않으니 큰 나라는 타격을 받고 작은 나라는 멸망할 것이 분명합니다. 타격을 받은 나라를 정벌한다면 일거양득의 이득이 있을 것입니다. 이는 바로 변장자가 호랑이를 찔러 죽인 것과 같은 경우입니다. 신의 임금과 대왕께 대한 계책이 무엇이 다르겠습니까?" 혜왕은 "좋소"라고 하고는 결국 구원하지 않았다. 과연 큰 나라는 타격을 입었고, 작은 나라는 멸망하고 말았다. 에에 진나라는 군사를 일으켜 정벌하여 크게 격파하였으니, 이는 모두 진진의 계책이었던 것이다.

서수(犀首)는 위(魏)나라 음진(陰晉)[137] 사람이다. 이름은 연(衍)이고, 성은 공손씨(公孫氏)로 장의와는 사이가 좋지 않았다.

장의가 진나라를 위하여 위나라에 가자, 위나라의 임금은 장의를 재상으로 삼았다. 서수는 그것을 불리하게 여겨서는 사람을 시켜 한나라의 공숙(公叔)[138]에게 이렇게 말하였다. "장의가 이미 진나라와 위나라를 연합하게 하였습니다. 그는 '위나라는 한나라의 남양(南陽)을 공격하고, 진나라는 한나라의 삼천(三川)을 공격할 것이다'라고 하였습니다. 위나라 임금이 장의를 소중히 여기는 것은 한나라의 땅을 빼앗고자 하기 때문입니다. 더구나 한나라의 남양은 이미 빼앗길 위기에 있습니다. 공께서는 무엇 때문에 소인에게 작은 일이라도 맡겨서 공을 이루게 하지 않으십니까? 그렇게 하면 진나라와 위나라의 친교를 방해할 수 있을 것입니다. 그러면 위나라는 분명히 진나라를 처단할 생각으로 장의를 버리고, 한나라와 연합하여 소인을 재상으로 삼을 것입니다."

공숙은 그 말을 유리하게 여기고는 남양의 땅을 서수에게 맡겨 공을 세우게 하였다. 서수는 결국 위나라의 재상이 되었고, 장의는 위나라를 떠나버렸다.

의거(義渠)[139]의 임금이 위나라에 입조하였다. 서수는 장의가 다시 진

---

137) 陰晉 : 고을 이름. 지금의 陝西省 華陰縣 동쪽.
138) 公叔 : 韓나라의 太子 公叔伯嬰을 가리킨다.
139) 義渠 : 북족 이름. 西戎의 일파로 지금이 陝西省과 甘肅省 일대에 거처하였다.

나라의 재상이 되었다는 소식을 듣고 이것을 꺼려하였다. 그리하여 서수는 의거의 임금에게 "행로가 멀어서 다시 들르시기가 어려울 터이니 사정을 말씀드리겠습니다"라고 하고는 이렇게 말하였다. "중국(中國)[140]에 아무런 일이 없으면 진나라는 필시 임금의 나라를 불사르고 짓밟을 것입니다. 그러나 일이 벌어지게 되면 진나라는 서둘러 사신들 편에 많은 예물을 보내서 임금의 나라를 떠받들게 될 것입니다.[141]"

다섯 제후국들[142]이 진나라를 공격하였다. 마침 진진이 진나라 임금에게 말하기를 "의거의 임금은 만이 가운데 현군(賢君)입니다. 그에게 뇌물을 써서 그의 마음을 달래는 것이 좋겠습니다"라고 하였다. 진나라 임금은 "좋소"라고 하고는 즉시 채색 비단 1,000필(匹)과 여인 100명을 예물로 의거의 임금에게 보냈다. 의거의 임금이 여러 신하들을 모아놓고 의논하면서 "이것이 바로 공손연(公孫衍)이 말하던 것인가?"라고 하고는, 이에 군사를 일으켜 진나라를 습격하여 진나라의 군대를 이백(李伯)[143]에서 대파하였다.

장의가 죽자 서수는 진나라에 들어가 재상이 되었다. 그는 일찍이 다섯 나라의 재상의 인(印)을 차고 맹약의 수장이 되었다.

태사공은 말하였다.

"삼진(三晉)[144]에는 임기응변의 변사(辯士)가 많았다. 합종론과 연횡론을 내세워서 진(秦)나라를 강성하게 만든 자들은 대개 모두가 삼진의 사람들이다. 장의(張儀)가 한 일은 소진(蘇秦)보다 더 심하다. 그런데도 세상 사람들이 소진을 미워하는 것은, 그가 먼저 죽었기 때문에 장의가 그의 단점을 들추어내어 그것으로 자신의 주장을 유리하게 하여 연횡의 길을 이룩하였기 때문이다. 요컨대 이 두 사람은 실로 위험한 인물이었다고 하겠다!"

기원전 270년 秦나라에 병탄되었다.
140) 여기에서 中國이라고 함은 中原 일대의 여러 제후국, 즉 山東 六國을 가리킨다.
141) '中國에 아무런 일이 없으면'이라고 하는 것은 山東의 여러 제후국들이 合縱하여 秦나라를 공격하는 일이 일어나지 않음을 가리키는 것이며, 아래 문장의 '일이 벌어지게 되면'은 山東의 제후국이 秦나라를 공격한다는 것을 의미한다.
142) 楚, 魏, 齊, 韓, 趙의 다섯 나라를 가리킨다.
143) 李伯 : 지명. 『戰國策』에는 "李帛"으로 되어 있다. 지금의 어디인지 알 수 없다.
144) 三晉 : 원래 晉나라로부터 나누어진 韓, 趙, 魏의 세 나라를 가리킨다.

권71 「저리자감무열전(樗里子甘茂列傳)」 제11

저리자(樗里子)¹⁾의 이름은 질(疾)인데, 그는 진 혜왕(秦惠王)²⁾의 이복 동생이다. 그의 어머니는 한(韓)³⁾나라 여자이다. 저리자는 언변이 유창하고 지혜가 뛰어나서 진나라 사람들은 그를 '지낭(智囊)'⁴⁾이라고 불렀다.

진 혜왕 8년,⁵⁾ 저리자는 우경(右更)⁶⁾에 제수되고 장수가 되어 곡옥(曲沃)⁷⁾을 정벌하러 나섰는데, 그곳 백성들을 모두 쫓아내고 그 성의 땅을 탈취하여 진나라에 편입시켰다. 혜왕 25년에는 저리자를 장수로 삼아 조(趙)⁸⁾나라를 치게 하여, 조나라 장수 장표(莊豹)를 사로잡고 인(藺)⁹⁾을 함락시켰다. 이듬해, 위장(魏章)¹⁰⁾을 도와 초(楚)나라를 쳐서 초나라의 장수 굴개(屈丐)를 격파하고 한중(漢中)¹¹⁾을 차지하였다. 진나라는 저리자를 봉하여 엄군(嚴君)¹²⁾이라고 불렀다.

진 혜왕이 죽고 태자가 즉위하여¹³⁾ 장의(張儀)¹⁴⁾와 위장을 축출하고

---

1) 樗里는 고을 이름이다. 지금의 陝西省 西安市 서북쪽. 그 고을에 커다란 樗樹가 있었던 데서 이런 이름을 얻었다.
2) 秦 惠王：秦 惠文王. 기원전 337년에서 기원전 311년까지 재위하였다.
3) 韓：戰國七雄의 하나로 지금의 山西省 동남쪽 모퉁이와 河南省 중부 지방에 위치하였으며, 처음에는 陽翟(지금의 河南省 禹縣)에 도읍하였다가 나중에 新鄭(지금의 河南省 新鄭縣)으로 옮겼다. 권45「韓世家」참조.
4) 智囊：지혜가 출중한 사람을 비유하는 말.
5) 惠王 8년은 기원전 330년에 해당된다.
6) 右更：秦나라 때의 관직 이름으로 최저 등급으로부터 14번째 등급이다.
7) 曲沃：魏나라의 고을 이름. 지금의 河南省 三門峽市 서남쪽.
8) 趙：戰國七雄의 하나로 지금의 山西省 중부와 陝西省 동북쪽 모퉁이, 河南省 서남쪽에 위치하였다. 첫 도읍지는 晉陽(지금의 山西省 太原市 서남부)이며, 나중에 邯鄲(지금의 河北省 邯鄲市)으로 옮겼다.
9) 藺：趙나라의 고을 이름. 지금의 山西省 離石縣 서쪽.
10) 魏章：秦나라의 장수.
11) 漢中：지금의 陝西省 남부, 湖北省 북부에 위치하였다.
12) 嚴은 秦나라의 고을 이름이다.
13) 秦 武王을 가리킨다. 이름은 嬴蕩으로 기원전 310년에서 기원전 307년까지 재위

저리자와 감무(甘茂)를 각각 좌승상(左丞相)과 우승상(右丞相)으로 삼았
다.[15] 진나라는 감무에게 한나라를 치게 하여 의양(宜陽)[16]을 함락시켰
다. 저리자에게 수레 100승(乘)을 이끌고 주(周)나라에 들어가게 하니,
주나라에서는 사졸(士卒)을 내보내 매우 공손하게 그들을 맞이하였다.
초나라 임금[17]이 그 소문을 듣고서 분노하여 진나라 객을 존대하였다고
하여 주나라를 책망하였다. 유등(游騰)[18]이 주나라를 위해서 초나라 임
금을 설득하였다. "지백(知伯)[19]이 구유(仇猶)[20]를 칠 때, 그에게 광거
(廣車)를 선물로 보내고[21] 군대를 뒤따라 보냄으로써 구유는 결국 멸망하
였습니다.[22] 그 이유는 거기에 대비하지 않았기 때문입니다. 제 환공(齊
桓公)[23]이 채(蔡)[24]나라를 칠 때에는 초나라를 성토한다고 내세우면서
실제로는 채나라를 습격하였습니다. 지금 진나라는 무서운 나라로 저리자
에게 수레 100승을 이끌고 주나라에 들어가게 하였습니다. 주나라는 구
유와 채나라의 선례를 거울삼아 긴 창을 든 군사를 앞세게 하고 강한 쇠
뇌를 멘 군사들을 뒤에 배치하여, 저리자를 경호하는 것이라는 구실을 붙
이지만 실상은 그를 가둔 것입니다. 그리고 저 주나라가 어찌 자국의 사
직을 근심하지 않겠습니까? 하루아침에 나라를 잃어버림으로써 대왕에게

하였다.

14) 張儀 : 魏나라 귀족의 후손으로 秦 惠文王 때 宰相에 임명되고 武信君으로 봉해졌
    다. 권70「張儀列傳」참조.

15) 左丞相, 右丞相 : 관직 이름. 전국시대에 처음 설치되었는데, 百官의 우두머리로
    군주를 보필하고 政務를 총괄하였다.

16) 宜陽 : 韓나라의 고을 이름. 지금의 河南省 宜陽縣 서쪽.

17) 楚 懷王 熊槐를 가리킨다. 기원전 328년에서 기원전 299년까지 재위하였다.

18) 游騰 : 사람 이름. 자세한 사적은 알 수 없다.

19) 知伯 : 춘추시대 말기 晉나라의 대신 荀瑤를 가리킨다.

20) 仇猶 : 나라 이름. 지금의 山西省 盂縣에 있었다.

21) 원문에는 "遺之廣車"라고 되어 있는데, 『戰國策』과 『韓非子』의 기록에 따라 "遺之
    大鐘, 載以廣車," 즉 '큼직한 종을 주조하여 커다란 수레에 실어 보냈다'로 보는 것
    이 타당하다.

22) 知伯이 仇猶를 치고자 하였는데, 길이 험난하여 행군이 곤란하자, 종을 주조하여
    큰 수레에 실어 仇猶에 보냈다. 이에 仇猶는 큰 길을 닦고서 맞이하였다. 그 결과
    知伯의 군사는 이 길을 통하여 일거에 仇猶를 멸망시켰다고 전해진다.

23) 齊 桓公 : 이름은 姜小白이다. 기원전 685년에서 기원전 643년까지 재위하였다.
    춘추시대 첫번째의 覇主로 자세한 사적은 권32「齊太公世家」참조.

24) 蔡 : 기원전 11세기에 周나라로부터 분봉된 제후국으로 지금의 河南省 중부에 위
    치하였다. 도읍은 上蔡였다. 권35「管蔡世家」참조.

까지 근심을 끼치게 될까봐 두려워한 것입니다.”초나라 왕은 이에 기뻐하였다.

진 무왕이 죽고 소왕(昭王)25)이 즉위하자 저리자는 더욱 존중받았다.

소왕 원년,26) 저리자가 포(蒲)27)를 치려고 하였다. 포의 수비장은 두려운 나머지 호연(胡衍)28)에게 구원을 요청하였다. 이에 호연은 포를 위하여 저리자에게 말하였다. “공께서 포를 치는 것이 진(秦)나라를 위한 것이오? 아니면 위(魏)29)나라를 위한 것이오? 위나라를 위한 것이라면 좋소마는, 진나라를 위한 것이라면 득이 될 게 없소이다. 저 위(衛)30)나라가 위(衛)나라로 존립할 수 있는 것은 포가 있기 때문이오. 지금 포를 친다면 포는 위(魏)나라로 들어가버릴 것이오. 그렇게 된다면 위(衛)나라도 분명 위(魏)나라에 종속될 것이오. 예전에 위(魏)나라가 서하(西河)31) 밖의 땅을 잃고도 회복하지 못하였던 것은 군대가 약하였기 때문이오. 지금 위(衛)나라를 위(魏)나라에 병합한다면 위(魏)나라는 필시 강해질 것이오. 위(魏)나라가 강해지는 날에는 서하 밖의 땅은 분명 위태롭게 될 것이오. 또 진나라 임금이 장차 공이 한 일이 진나라를 위태롭게 하고 위(魏)나라를 이롭게 한 것임을 알게 되면 진나라 임금은 필시 공에게 벌을 내릴 것이오.”“그러면 어떻게 하는 것이 좋겠소?”라고 저리자가 물었다. “공께서는 포를 내버려두고 치지 마시오. 내가 일단 공을 위하여 들어가 유세하여 위(衛)나라 임금께 공의 덕택임을 알리겠소.”“좋소이다.” 호연이 포에 들어가 현령에게 “저리자는 포의 약점을 잘 알고 있소이다. 그는 ‘포를 함락하고야 말겠다’라고 하오. 내가 잘 말해서 포에 대한 포위를 풀고 공격하지 않도록 하겠소”라고 하였다. 포의 현령은 두려워하며 거듭 절하고는 “제발 그렇게만 해주십시오”라고 하였다. 그리고

---

25) 秦 昭王 : 秦 昭襄王 嬴稷으로 기원전 306년에서 기원전 251년까지 재위하였다.

26) 昭王이 즉위한 원년은 기원전 306년에 해당된다.

27) 蒲 : 衛나라의 고을 이름. 지금의 河南省 長垣縣.

28) 胡衍 : 衛나라의 대신.

29) 魏 : 戰國七雄의 하나. 지금의 陝西省과 山西省의 경계 지역으로부터 河南省 동북부에 이르는 지역에 위치하였다. 처음에는 安邑(지금의 山西省 夏縣 서북쪽)에 도읍하였다가 나중에 大梁(지금의 河南省 開封市)으로 옮겼다.

30) 衛 : 지금의 河南省 중부에 위치하였다. 朝歌(지금의 淇縣)에 처음 도읍하였다가 나중에 楚丘(지금의 滑縣), 帝丘(지금의 濮陽縣), 野王(지금의 沁陽縣)으로 여러 차례 옮겼다. 권37「衛康叔世家」참조.

31) 西河 : 지금의 陝西省 동쪽, 黃河 西岸 일대.

168

는 금 300근을 바치면서 "진나라의 군사가 정말로 물러가기만 한다면 반드시 위(衛)나라 임금께 아뢰어 선생께서 존귀한 자리에 오를 수 있도록 하겠습니다"라고 덧붙였다. 그리하여 호연은 포에서 금을 받고, 그 자신은 위(衛)나라에서 귀한 신분이 되었다. 이에 저리자는 마침내 포에 대한 포위를 풀고서 군대를 옮겨 피지(皮氏)[32]를 공략하였다. 피지가 항복하지 않자 다시 그대로 떠나버렸다.

소왕 7년, 저리자가 죽자 위하(渭河)[33]의 남쪽에 있는 장대(章臺)[34]의 동쪽에 장사 지냈다. 저리자는 "100년이 지난 다음, 이 자리에는 내 무덤을 끼고서 천자의 궁전이 들어설 것이다"라고 말하였다. 저리자 질의 저택은 소왕의 사당 서쪽, 위하 남쪽에 음향(陰鄕)[35]의 저리(樗里)에 있었다. 때문에 세상 사람들은 그를 '저리자'라고 불렀다. 한(漢)나라가 건국되었을 당시, 장락궁(長樂宮)[36]이 그의 무덤 동쪽에 위치하고 미앙궁(未央宮)[37]이 그 서쪽에 자리잡았고, 무고(武庫)[38]가 그의 무덤 정면에 자리잡았다. 진나라 사람들의 속담에 "힘은 임비(任鄙),[39] 지혜는 저리(樗里)"라는 말이 있다.

감무(甘茂)는 하채(下蔡)[40] 사람이다. 하채의 사거선생(史擧先生)에게서 백가(百家)의 학설을 배웠다. 장의, 저리자를 통하여 진 혜왕을 알현하기를 청하였다. 혜왕은 그를 보고 기뻐하여 장수로 삼고는 위장(魏章)을 도와 한중(漢中)을 정벌하도록 하였다.

혜왕이 죽고 무왕(武王)이 즉위하였다. 장의와 위장은 진나라를 떠나 동쪽 위(魏)나라로 가버렸다. 촉후(蜀侯) 휘(輝)[41] 재상 진장(陳壯)이

---

32) 皮氏:魏나라의 고을 이름. 지금의 山西省 河津縣 서쪽.
33) 渭河:甘肅省 渭源縣에서 발원하여 陝西省 중부를 가로질러 흐르는 강.
34) 章臺:秦나라의 別宮. 지금의 陝西省 西安市 서북쪽에 옛 터가 남아 있다.
35) 陰鄕:고을 이름.
36) 長樂宮:西漢시기의 궁전의 하나로 지금의 陝西省 西安市 서북쪽 외곽의 옛 長安城 동남쪽 모퉁이에 위치하였다.
37) 未央宮:西漢시기의 皇宮으로 역시 西安市의 옛 長安城 서남쪽에 자리하였다.
38) 武庫:각종 器物을 넣어두는 창고로 未央宮 안에 있었다.
39) 任鄙:秦나라의 力士로 후에 漢中 郡守가 되었다.
40) 下蔡:고을 이름. 지금의 安徽省 鳳臺縣.
41) 蜀侯 輝:蜀侯로 봉해진 秦나라의 公子 嬴輝를 가리킨다. 蜀은 지금의 四川省 중서부에 위치하였으며, 나중에 郡으로 개편되었다.

반란을 일으키자 진나라는 감무를 시켜서 촉을 평정하였다. 감무가 돌아
오자, 그를 좌승상으로 삼고 저리자를 우승상으로 삼았다.

진 무왕 3년, 무왕은 감무에게 "과인은 수레가 겨우 지나다닐 정도인
삼천(三川)⁴²⁾의 땅을 얻어 주나라 왕실을 엿보고자 하오. 그렇게 된다면
과인은 죽더라도 이름은 남을 것이오"라고 말하였다. 이에 감무는 "제가
위(魏)나라에 가서 한(韓)나라를 치도록 위나라와 약조를 하겠습니다.
상수(向壽)⁴³⁾에게 명령하여 보좌해서 같이 가도록 해주십시오"라고 대답
하였다. 감무는 위나라에 이르자 상수에게 이렇게 말하였다. "자네는 돌
아가서 대왕께 '위나라는 신의 제의를 수락하였습니다. 그러나 대왕께서
는 한나라를 치지 마시기 바랍니다'라고 내가 말하더라고 아뢰게. 일이
성사되면 모두 자네의 공으로 돌리겠네." 상수가 돌아가 감무의 말을 임
금에게 전하였다. 왕은 감무를 식양(息壤)⁴⁴⁾에서 영접하였다. 감무가 도
착하자 진 무왕이 감무에게 그렇게 한 이유를 물으니, 감무는 이렇게 대
답하였다. "의양(宜陽)⁴⁵⁾은 큰 고을입니다. 또 상당(上黨),⁴⁶⁾ 남양(南
陽)⁴⁷⁾에는 재물과 양식을 비축한 지 오래되었습니다. 이름은 현(縣)이라
고 하지만 실은 군(郡)입니다.⁴⁸⁾ 지금 대왕께서 여러 곳의 험지(險地)를
배후에 두고 천리 먼 길을 가서 공격하게 하시는 것은 곤란한 일입니다.
옛날 증삼(曾參)⁴⁹⁾이 비읍(費邑)에 살 적에 노나라 사람 가운데 증삼과
이름이 같은 사람이 사람을 죽였습니다. 누군가가 증삼의 어머니에게 '증
삼이 사람을 죽였다'라고 하였습니다. 그러나 증삼의 어머니는 태연하게
베를 짰습니다. 얼마 후, 또 한 사람이 와서 '증삼이 사람을 죽였다'라고

---

42) 三川 : 지금의 河南省 洛陽 일대로 黃河, 伊河, 洛河가 그 경내를 통과하여 흐르
　는 데서 유래된 지명이다.
43) 向壽 : 그에 대한 사적은 알 수 없다.
44) 息壤 : 秦나라의 고을 이름.
45) 宜陽 : 韓나라의 고을 이름. 지금의 河南省 서남부 南陽市 일대.
46) 上黨 : 韓나라의 고을 이름. 지금의 山西省 동남부 長治市 일대.
47) 南陽 : 지역 이름. 지금의 河南省 서남부 南陽市 일대. 당시는 楚나라와 韓나라에
　나뉘어 소속되었다.
48) 원문에 "名曰縣, 其實郡也"라고 하였는데, 郡과 縣은 모두 고대의 지방 행정구역
　단위로 西周시기에는 縣이 크고 郡이 작았으나 춘추전국의 교체시기에는 郡이 縣보
　다 큰 행정 단위로 바뀌었다.
49) 曾參 : 춘추시대 말기의 魯나라 武城(지금의 山東省 費縣) 사람. 孔子의 제자로
　효로써 이름이 났다.

말하였습니다. 그러나 그 어머니는 여전히 태연하게 베를 짰습니다. 조금 뒤에 또 한 사람이 와서 '증삼이 사람을 죽였다'라고 말하였습니다. 그 어머니는 북을 내던지고 베틀에서 내려와 담을 넘어 달아났습니다. 증삼의 현능함과 그에 대한 어머니의 믿음으로도 세 사람이 그를 의심하자 증삼의 어머니는 겁을 덜컥 내고 말았습니다. 지금 신의 현능함이 증삼만 못하고 임금께서 신을 신뢰함 또한 증삼에 대한 그 어머니의 믿음만 못하십니다. 또한 신을 의심하는 사람은 비단 세 사람뿐이 아닌지라 신은 대왕께서 언제 북을 내던지실까 염려스럽습니다. 지난날, 장의는 서쪽으로 파(巴), 촉(蜀)⁵⁰⁾의 땅을 병탄하고 북쪽으로 서하(西河) 밖의 땅을 개척하였으며, 남쪽으로 상용(上庸)⁵¹⁾을 빼앗았습니다. 그러나 천하 사람들은 장의의 공이 크다고 말하지 않고 선왕(先王)을 현명하다고 하였습니다. 위 문후(魏文侯)⁵²⁾는 악양(樂羊)으로 하여금 중산(中山)⁵³⁾을 공격하게 하여 3년 만에 함락시켰습니다. 악양이 개선하여 논공행상(論功行賞)을 할 적에, 문후는 악양을 비방하는 한 상자나 되는 글을 꺼내 보였습니다. 이에 악양은 재배(再拜)하고 머리를 조아리며 이렇게 말하였습니다. '이것은 신의 공이 아니고 대왕의 힘입니다.' 지금 신은 기려지신(羈旅之臣)⁵⁴⁾입니다. 때문에 저리자, 공손석(公孫奭) 두 사람이 한(韓)나라를 친 일을 가지고 시비한다면, 대왕께서는 필시 그 말을 받아들이게 될 것입니다. 그렇게 된다면 왕께서는 위(魏)나라 왕을 속이고 신은 공중치(公仲侈)⁵⁵⁾에게 원망을 사게 될 것입니다." 진 무왕은 "과인은 그들의 말을 듣지 않기로 그대에게 맹세하겠소"라고 대답하였다. 마침내 승상 감무를 시켜서 군사를 거느리고 의양을 치게 하였다. 5개월이 지나도록 함락시키지 못하자 저리자와 공손석이 과연 이 문제를 들고 나왔다. 무왕이

---

50) 巴, 蜀 : 나라 이름. 巴는 지금의 四川省 동부, 湖南省 동부 일대에 위치하였으며 秦나라에 합병되어 郡으로 개편되었다. 蜀은 四川省 중서부로 巴子城(지금의 巴縣)에 위치하였으며, 역시 秦나라에 병탄되어 侯國이 되었다가 나중에 郡으로 개편되었다.

51) 上庸 : 고을 이름. 지금의 湖北省 竹山縣 서남쪽.

52) 魏 文侯 : 이름은 魏斯로, 魏나라를 세웠다. 기원전 445년에서 기원전 396년까지 재위하였다.

53) 中山 : 나라 이름. 춘추시대에 白狄族이 세웠다. 지금의 河北省 正定縣 일대에 위치하였으며 전국시대 초기에 于顧(지금의 定縣)에 도읍을 세웠다.

54) 羈旅之臣 : 타국에 머물며 벼슬한 나그네로서의 신하를 가리킨다.

55) 公仲侈 : 당시 韓나라의 相國이었다.

감무를 소환하여 싸움을 중지시키려고 하였다. 이에 감무는 "식양(息壤)
이 저기 있습니다"라고 하였다. 왕이 말하기를 "그렇소"라고 하였다.[56]
그리하여 대대적으로 많은 군사를 일으켜 감무로 하여금 공격하게 하였
다. 마침내 6만 명의 적을 베고 의양을 함락시켰다. 한 양왕(韓襄王)[57]
은 공중치를 보내 사죄하고 진나라와 강화하였다.

진 무왕은 마침내 주나라에 이르러 그곳에서 죽었다. 무왕의 아우가 즉
위하니 그가 진 소왕(秦昭王)[58]이다. 소왕의 어머니 선태후(宣太后)는
초(楚)나라 사람이었다. 초 회왕(楚懷王)[59]은 지난번 진나라가 초나라를
단양(丹陽)[60]에서 격파할 때, 한나라가 구원해주지 않았던 사실에 앙심
을 품고 군대를 동원하여 한나라의 옹지(雍氏)[61]를 포위하였다. 한나라
는 공중치를 보내서 위급한 상황을 진나라에 알렸다. 그러나 진나라에서
는 소왕이 막 즉위하였고, 또 태후가 초나라 사람이었던지라 한나라를 구
원하려고 하지 않았다. 공중치가 감무에게 사정하자 감무는 한나라를 위
하여 진 소왕에게 말하였다. "공중치는 지금 진나라의 구원을 받을 수 있
다고 믿기 때문에 감히 초나라에 대항하는 것입니다. 지금 옹지가 포위되
었는데 진나라 군사가 효(崤)[62]로 내려가지 않는다면, 공중치는 앞으로
머리를 빳빳이 쳐든 채 진나라에 입조(入朝)하지 않을 것이고, 공숙(公
叔)[63]은 나라를 들어 남쪽의 초나라와 연합하려고 할 것입니다. 초나라
와 한나라가 연합한다면 위(魏)나라도 감히 그들의 말을 듣지 않을 수 없
을 것입니다. 그렇게 되면 진나라를 칠 형세가 갖추어질 것입니다. 앉아
서 남의 공격을 기다리는 것과 남을 먼저 공략하는 것 중 어느것이 유리
하겠는지요?" 진 소왕은 "좋소"라고 대답하고는 이에 군대를 효에 내려

---

56) 원문에는 "甘茂曰, 息壤在彼, 王曰, 有之"라고 하였는데, 이것은 당초 그곳에서
  甘茂와 秦 武王이 韓나라를 공격하기로 약조한 사실을 가리킨다.
57) 韓 襄王 : 韓倉을 가리킨다. 기원전 311년에서 기원전 296년까지 재위하였다.
58) 秦 昭王 : 秦 昭襄王을 가리킨다. 기원전 306년에서 기원전 251년까지 재위하였
  다.
59) 楚 懷王 : 熊槐를 가리킨다. 기원전 328년에서 기원전 299년까지 재위하였다. 기
  원전 299년에 秦나라로 편입된 후 3년 뒤 秦나라에서 죽었다.
60) 丹陽 : 陝西省과 河南省 사이에 흐르는 丹江 이북 지역을 가리킨다.
61) 雍氏 : 韓나라의 고을 이름. 지금의 河南省 禹縣 동북쪽.
62) 崤 : 지금의 河南省 서쪽에 있는 산.
63) 公叔 : 韓나라의 太子 公叔伯嬰을 가리킨다.

172

보내서 한나라를 구원하니, 초나라의 군사가 물러갔다.

진나라는 상수(向壽)를 시켜서 의양을 평정하고, 저리자와 감무에게 위(魏)나라의 피지(皮氏)를 치게 하였다. 상수는 선태후의 외족(外族)으로 어려서부터 소왕과 사이 좋게 성장한 덕으로 임용되었던 것이다. 상수가 초나라에 가자 초나라에서는 진나라가 상수를 귀하게 여긴다는 말을 듣고, 그를 후히 대접하였다.

상수가 진나라를 위하여 의양을 지키면서 한나라를 치려고 하였다. 한나라의 공중치는 소대(蘇代)[64]를 시켜서 상수에게 전하게 하였다. "새도 급하면 수레를 뒤엎는다고 합니다. 공께서 한나라를 깨뜨리고 공중치에게 치욕을 안겨주려고 하는데, 공중치는 나라를 거두어 다시 진나라를 섬기려고 하면서 그 자신은 필시 봉읍(封邑)될 것이라고 여기고 있습니다. 그런데 지금 공께서는 초나라에 해구(解口)[65]의 땅을 주고 초나라의 소영윤(小令尹)을 두양(杜陽)[66]에 봉하였습니다. 진나라와 초나라가 연합하여 다시 한나라를 친다면 한나라는 반드시 멸망할 것입니다. 한나라가 멸망하면 공중치는 직접 자신의 사적인 무리들을 거느리고 진나라를 막으려고 할 것입니다. 공께서는 이 점을 잘 생각하십시오." 상수는 "내가 진나라와 초나라를 연합하려는 것은 그것으로 한나라를 치려는 것이 아닙니다. 그대는 상수를 위하여 이것을 공중치에게 잘 전해주시오. '진나라와 한나라는 서로 연합할 만하다'라고 말이오"라고 말하였다. 이에 소대는 이렇게 대답하였다. "공께 아뢸 말씀이 있습니다. 사람들이 말하기를 '귀하게 여겨지는 까닭을 귀하게 여기는 자는 귀하게 된다'라고 합니다. 임금께서는 공을 아끼시는 것이 공손석을 가까이하는 것만 못하고, 공을 지혜와 능력이 있다고 여기시는 것이 감무만 못합니다. 그런데 지금 공손석과 감무, 두 사람은 모두 진나라의 국사(國事)를 직접 행하지 못하고 공께서만 임금과 함께 국사를 주관하는 것은 무엇 때문이겠습니까? 저 두 사람은 그렇게 할 수 있는 길을 잃어버렸습니다. 공손석은 한(韓)나라 편을 들었고, 감무는 위(魏)나라 편을 들었기 때문에 임금의 신임을 잃었던 것입니다. 지금 진나라와 초나라가 힘을 다투는데 공께서 초나라 편을 들

---

64) 蘇代 : 東周 洛陽(지금의 河南省 洛陽市) 사람으로 蘇秦의 아우이다.
65) 解口 : 秦나라의 지명. 지금의 河南省 洛陽市 동남쪽.
66) 杜陽 : 秦나라의 지명. 지금의 陝西省 鱗游縣 서북쪽.

면 이는 공손석이나 감무와 같은 길을 걷는 것이 됩니다. 공께서 무엇을 가지고 그들과 다르다고 하겠습니까? 사람들은 모두 초나라는 변신에 뛰어나다고 합니다. 그런데도 공께서는 극구 그렇지 않다고 부인하시니, 이는 스스로 책임을 져야 하는 것입니다. 공께서는 임금과 의논하여 초나라의 속임수에 대비할 것을 꾀하고 한나라와 친선하여 초나라에 대비하는 것만 못합니다. 이와 같이 하면 근심은 없을 것입니다. 한나라가 분명 먼저 나라를 들어 공손석을 좇고, 그 다음에는 나라를 감무에게 맡길 것입니다. 한나라는 공의 원수입니다. 그러나 지금 공께서 한나라와 친선하여 초나라에 대비한다고 말하면, 이는 '외부로부터 인재를 등용할 때에는 원수도 마다하지 않는다'라고 하는 경우인 것입니다." 이에 상수는 "그렇소. 나는 한나라와 협조하기를 무척 원하오"라고 하였다. 소대는 "감무는 공중치에게 진나라가 빼앗은 무수(武遂)[67]를 반환하고 의양에서 사로잡은 한나라의 백성들을 돌려보내겠노라고 하였습니다. 공께서는 지금 맨입으로 한나라의 마음을 얻고자 하시니 매우 어렵습니다"라고 대답하였다. "그렇다면 어떻게 하는 것이 좋겠소? 무수는 결국 얻을 수 없을테고." 상수가 재차 물으니, 소대는 이렇게 대답하였다. "공께서는 어째서 진나라의 위엄을 가지고 한나라를 위하여 영천(潁川)[68]을 초나라에게 요구하지 않습니까? 이것은 한나라가 의지하는 땅입니다. 공께서 그것을 요구하여 얻게 되면 진나라의 정령(政令)이 초나라에 행해지고, 그 땅으로 인해서 한나라에 은덕을 입힐 수 있게 됩니다. 공께서 요구하여 얻지 못하게 되면 그것은 한나라와 초나라 사이의 원한이 풀리지 않아서 서로가 진나라로 달려갈 것입니다. 진나라와 초나라가 힘을 다투는 동안 공께서 천천히 초나라를 책망하고 한나라의 마음을 수습한다면 그것은 진나라에 유리한 일입니다." "그럼 어떻게 하면 좋겠소?" 상수의 물음에 소대가 대답하였다. "이렇게 하는 것이 좋을 것입니다. 감무는 위(魏)나라의 마음을 수습하여 제나라를 취하려고 하고, 공손석은 한나라의 마음을 수습하여 제나라를 취하려고 합니다. 이제 공께서 의양을 취하여 공을 세운 데다 초나라와 한나라의 마음을 수습하여 안정시키며, 제나라와 위나라의

---

67) 武遂 : 韓나라의 고을 이름. 지금의 山西省 坦曲縣 동남쪽.
68) 潁川 : 옛 도읍인 陽翟(지금의 河南省 禹縣)이 있던 지역으로 지금의 河南省 중부에 해당된다.

과실을 꾸짖으면 그것으로 공손석과 감무는 할 일이 없을 것입니다. [69]"

감무는 마침내 진 소왕에게 말하여 무수를 다시 한나라에 돌려주었다. 상수와 공손석이 반대하였지만 받아들여지지 않았다. 상수와 공손석은 이 일로 인하여 감무를 원망하여 그를 참소하였다. 감무가 두려워하여 위 (魏)나라의 포판(蒲阪)[70]을 치는 일을 중지하고 도망쳐버렸다. 저리자는 위나라와 강화하고 전쟁을 중지시켰다.

감무는 진나라에서 도망하여 제나라로 달아나서 소대를 만났다. 소대가 제나라를 위하여 진나라에 사신으로 가게 되자 감무가 말하였다. "신은 진나라에 죄를 짓고 두려워 달아났지만 몸을 의탁할 곳이 없습니다. 신이 들으니 가난한 여인과 부유한 여인이 함께 길쌈을 하였는데, 가난한 여인이 말하기를 '나는 촛불을 살 만한 돈이 없습니다. 그런데 그대의 촛불에는 다행히 남는 빛이 있으니, 저에게 그 남는 빛을 나누어주십시오. 그대의 밝음을 덜지 않고서도 한 사람이 편익을 얻을 수 있습니다'라고 하였다고 합니다. 지금 신은 곤궁합니다. 그런데 공께서 이제 진나라에 사신 가시는 길에 나섰습니다. 저의 처자(妻子)가 진나라에 있으니 공께서는 그들을 광명(光明)으로 구제해주십시오." 소대는 허락하고 드디어 진나라에 사신으로 갔다. 그리고 진나라 임금을 설득하였다. "감무는 비상한 인물입니다. 그는 진나라에 있는 동안 여러 대에 걸쳐 중용되었습니다.[71] 효(崤)의 요새[72]로부터 귀곡(鬼谷)[73]에 이르기까지 지형의 생김생김을 훤히 꿰뚫고 있습니다. 그가 만일 제나라로 하여금 한나라, 위나라와 맹약하게 하여 거꾸로 진나라를 친다면 진나라에 이롭지 않을 것입니다." 진나라 임금은 "그러면 어떻게 하면 좋겠소?"라고 물었다. 이에 소대는 "대왕께서는 많은 예물을 보내고 봉록(俸祿)을 후하게 하여 그를 맞아들이는 편이 낫습니다. 그가 오게 되거든 즉시 그를 귀곡에 유폐시키고 종

---

69) 公孫奭과 甘茂는 韓나라와 魏나라를 연합하여 齊나라를 공략할 수 없다는 말이다.

70) 蒲阪 : 지금의 山西省 永濟縣.

71) 甘茂는 秦나라 惠王, 武王, 昭王 3대에 걸쳐 중용되었다.

72) 崤山을 가리킨다. 앞의 〈주 62〉 참조.

73) 鬼谷 : 秦나라의 지명. 지금의 陝西省 淳化縣 북쪽으로 陽城의 鬼谷과는 다른 곳이다.

신토록 나오지 못하게 하십시오"라고 하니, 진나라 임금은 "좋소"라고 하였다. 진나라 임금은 즉시 그에게 상경(上卿)의 벼슬을 주고 재상의 인(印)을 보내서 그를 제나라로부터 맞아오려고 하였으나 감무는 오지 않았다. 소대가 제 민왕(齊湣王)[74]에게 말하였다. "감무는 현능한 사람입니다. 지금 진나라가 그에게 상경의 벼슬을 주고 재상의 인으로 그를 초빙해가려고 하나 감무는 대왕께서 내려주신 은덕 때문에 대왕의 신하되는 것을 기뻐하는지라 사양하고 돌아가지 않습니다. 지금 대왕께서는 어떻게 그를 예우하시렵니까?" "좋소." 제나라 임금은 이렇게 말하고 즉시 그에게 상경의 벼슬을 주고 제나라에 머물러 있게 하였다. 그래서 진나라에서도 제나라에 뒤질세라 감무를 복권(復權)시켜주었다.[75]

제나라가 감무를 초나라에 사신으로 보내니, 조 회왕(楚懷王)은 진나라와 새로 혼인관계를 맺어 친선하였다. 진나라에서는 감무가 초나라에 있다는 말을 듣고 사람을 시켜 초나라 임금에게 말하였다. "감무를 진나라에 보내주십시오." 초나라 임금은 범연(范蜎)에게 물었다. "과인이 진나라에 재상을 추천하려는데 누가 좋겠소?" 범연은 "신은 그러한 인물을 알 만한 식견이 없습니다"라고 하였다. 이에 초나라 임금이 "과인은 감무를 재상으로 추천하고자 하는데 괜찮겠소?"라고 물으니, 범연은 이렇게 대답하였다. "안 됩니다. 그의 스승 사거(史擧)는 하채의 감문(監門)[76]이었습니다. 크게는 임금을 섬기는 일을 하지 않았고 작게는 제 집안을 돌보지 않았습니다. 구차하게 벼슬 않고 지내면서 원만한 것으로 세상에 이름이 알려졌습니다. 감무는 그를 섬기고 따랐습니다. 그러므로 그는 현명한 혜왕(惠王), 명찰(明察)한 무왕(武王), 그리고 변설(辯舌)에 능한 장의(張儀)도 잘 섬겼으며, 열 가지의 벼슬을 역임하였으나 허물을 만든 적이 없습니다. 감무는 진정 현명한 사람입니다. 그러나 진나라의 재상으로 추천하는 것은 안 됩니다. 진나라에 현능한 재상이 있는 것은 초나라의 이익이 아닙니다. 그리고 임금께서는 예전에 언젠가 소활(召滑)을 월(越)[77]나라에 임용하게 하신 적이 있습니다. 그런데 장의(章義)가 내란

---

74) 齊湣王 : 기원전 323년에서 기원전 284년까지 재위하였다.
75) 秦나라에서 甘茂를 후대한 것은 그로 하여금 齊나라에서 등용되지 않도록 하려는 의도에서이다.
76) 監門 : 문지기.
77) 越 : 지금의 江蘇省 남부, 安徽省 남부, 江西省 동부와 浙江省 북부에 위치하였던

을 일으켜 월나라가 어지러워지자, 초나라는 남쪽으로 여문(厲門)⁷⁸⁾을 막고 월나라의 강동(江東)⁷⁹⁾을 초나라의 군(郡)으로 편입시켰습니다. 대왕의 공이 그러할 수 있었던 것은 월나라는 어지러웠던 반면 초나라는 잘 다스려졌기 때문입니다. 대왕께서는 지금 이런 계책을 월나라에 쓰실 줄은 아시면서 진나라에 쓰는 것은 잊고 계십니다. 신은 대왕께서 크게 잘못하신다고 생각합니다. 그러니 대왕께서 만약 진나라에 재상을 추천하고자 한다면 상수가 가장 적임자입니다. 상수는 진나라 임금과 가깝습니다. 어려서는 서로 옷을 돌려 입었고, 성장하여서는 수레를 함께 타고 다니며 일을 처리하였습니다. 대왕께서는 반드시 상수를 진나라의 재상이 되게 하십시오. 그렇게 하는 것이 초나라의 이익입니다." 이에 사신을 보내어 진나라 임금에게 청하여 상수를 진나라의 재상으로 삼게 하였다. 진나라가 드디어 상수를 재상으로 삼으니, 감무는 결국 진나라로 다시 들어가지 못하고 위나라에서 죽었다.

감무에게는 감라(甘羅)라는 손자가 있었다.

감라는 감무의 손자이다. 감무가 죽은 후, 감라는 12세의 나이에 진나라의 재상이던 문신후(文信侯) 여불위(呂不韋)⁸⁰⁾를 섬겼다.

진 시황제(秦始皇帝)⁸¹⁾가 강성군(剛成君) 채택(蔡澤)⁸²⁾을 연(燕)⁸³⁾나라에 사신으로 보낸 지 3년 만에 연나라 임금 희(喜)⁸⁴⁾가 태자 단(丹)⁸⁵⁾을 진나라에 인질로 들여보냈다. 진나라는 장당(張唐)⁸⁶⁾을 보내 연나라의 재상이 되게 하고 연나라와 연합하여 조나라를 쳐서 하간(河間)⁸⁷⁾의

고대 국가. 會稽(지금의 江蘇省 紹興市)에 도읍하였다. 권41 「越王句踐世家」 참조.

78) 厲門: 關 이름. 당시 남쪽으로 통하는 요새였다. 지금의 어디에 해당하는지는 알 수 없다.

79) 江東: 長江 하류의 安徽省 蕪湖 이남 兩岸을 가리킨다.

80) 呂不韋: 衛나라 濮陽(지금의 河南省 濮陽縣 서남쪽) 사람. 大商 출신으로 후에 秦나라의 相國을 지냈으며 文信侯에 봉해졌다. 『呂氏春秋』를 남겼다.

81) 秦始皇帝: 嬴政. 六國을 통일하고 秦 왕조를 건립하였다. 기원전 246년에서 기원전 210년까지 재위하였다. 권6 「秦始皇本紀」 참조.

82) 蔡澤: 燕나라 사람으로 秦 昭王 때 相國을 지냈다. 剛成君에 봉해졌다.

83) 燕: 戰國七雄의 하나. 기원전 11세기에 周나라로부터 분봉된 제후국. 지금의 河南省 북부와 遼寧省 서쪽 끝에 위치하였다. 권34 「燕召公世家」 참조.

84) 姬喜를 가리킨다. 기원전 251년에서 기원전 221년까지 재위하였다.

85) 太子 丹: 姬丹. 燕王 喜의 태자로 秦 始皇을 죽이기 위해서 자객 荊軻를 보냈다.

86) 張唐: 본명은 張卿이고, 자가 唐이다.

땅을 확장하고자 하였다. 장당이 문신후에게 이르기를 "신이 일찍이 진소왕(秦昭王)을 위하여 조나라를 쳤는데, 조나라가 신을 원망하여 말하기를 '장당을 사로잡는 자에게는 100리의 땅을 주겠노라'고 하였습니다. 지금 연나라에 가려면 반드시 조나라를 거쳐야 하므로 신은 갈 수가 없습니다"라고 하였다. 문신후는 불쾌하였지만 강요할 수는 없었다. 이에 감라가 "군후(君侯)께서는 무엇 때문에 그렇게도 불쾌한 얼굴을 하십니까?"라고 물었다. "내가 강성군 채택으로 하여금 연나라를 섬기게 한 지 3년 만에 연나라가 태자 단을 인질로 보내왔기에, 내가 몸소 장경(張卿)에게 연나라에 가서 재상이 되었으면 하였건만 그는 가려고 하지를 않소." 문신후가 이렇게 말하자, 감라는 "신이 그를 가도록 하겠습니다"라고 하였다. 이에 문신후는 "그만두게. 내가 직접 청해도 듣지 않는데 그대가 어떻게 그를 보낼 수 있다는 말인가?"라고 꾸짖었다. "항탁(項囊)은 나서 일곱 살 때에 공자(孔子)의 스승이 되었습니다. 군후께서 신을 시험해보실 일이지 어떻게 휘몰아 꾸짖으시는지요?" 감라는 이렇게 대답하고 장경에게 이르기를 "그대와 무안군(武安君)[88] 중에 누구의 공이 더 큽니까?"라고 물었다. 장경은 "무안군은 남쪽으로 강한 초나라를 꺾었고, 북쪽으로는 연나라와 조나라를 위압하였으며, 싸우면 이기고 공격하면 탈취하기를 거듭하였소. 그리하여 성읍(城邑)을 쳐부수고 함락시킨 것이 이루 헤아릴 수 없을 정도라오. 나의 공은 무안군에 미치지 못하오"라고 대답하였다. 이에 감라는 또 "응후(應侯)[89]가 진나라에서 국사(國事)를 제멋대로 주무르는 것이 문신후와 비교하여 누가 심합니까?"라고 물었다. "응후의 권세는 문신후에 미치지 못하오." 장경의 대답이었다. 감라는 "그대는 응후가 전횡함이 문신후에 미치지 못한다는 것을 확실히 알고 있습니까?"라고 물었다. "알고 있소." 장경이 이렇게 대답하자, 감라는 "응후가 조나라를 치려고 하였을 때, 무안군은 이를 어렵게 여겼습니다. 이 때문에 함양(咸陽)[90]에서 7리 떨어진 두우(杜郵)[91]에 이르러

87) 河間 : 지금의 河北省 獻縣 일대.
88) 武安君 : 白起. 秦나라의 名將.
89) 應侯 : 范睢를 가리킨다. 魏나라 사람으로 秦나라에 가서 昭王을 유세하여 相國에 오르고 應侯에 봉해졌다.
90) 咸陽 : 秦나라의 도성. 지금의 陝西省 咸陽市 동북쪽.
91) 杜郵 : 亭 이름. 지금의 陝西省 咸陽市 동북쪽.

178

사사(賜死)되었습니다. [92] 이제 문신후께서 몸소 그대에게 연나라의 재상이 되기를 청하였는데도 그대는 가지 않으려고 하니, 나는 그대가 어디에서 죽음을 맞이할는지 알 수 없습니다"라고 말하였다. "젊은이의 말대로하겠소." 장당은 이렇게 말하고 여장(旅裝)을 준비하였다.

떠나기까지는 아직 날짜의 여유가 있었다. 감라가 문신후에게 말하였다. "신에게 수레 5승(乘)만 빌려주십시오. 장당을 위하여 먼저 조나라에 가서 알리고자 합니다." 문신후가 바로 궁중에 들어가 시황제에게 말하기를 "옛날의 감무의 손자 감라는 나이가 어리기는 하나 명문가(名門家)의 자손으로 제후들이 모두 그에 대하여 알고 있습니다. 이번에 장당이 병을 핑계삼아 연나라에 가지 않으려는 것을 감라가 설득하여 떠나도록 하였습니다. 지금 먼저 조나라에 가서 알려주고자 합니다. 그를 보내도록 허락해주시기를 바랍니다"라고 하였다. 시황제는 감라를 불러 그를 조나라에 사신으로 보냈다. 조 양왕(趙襄王)[93]은 교외에 나와 감라를 영접하였다. 감라는 조나라 임금에게 "대왕께서는 연나라의 태자 단이 진나라에 인질로 있다는 소문을 들으셨는지요?"라고 물었다. "들었소이다." 조나라 임금의 대답에 감라는 또 "장당이 연나라의 재상으로 간다는 말은들으셨는지요?"라고 물었다. 조나라 임금은 "들었소"라고 대답하였다. 이에 감라는 조나라 임금을 설득하였다. "연나라의 태자 단이 진나라에 인질로 간 것은 연나라가 진나라를 속이지 않는다는 뜻이고, 장당이 연나라에 재상으로 가는 것은 진나라가 연나라를 속이지 않는다는 의미입니다. 연나라와 진나라가 서로 속이지 않으면 조나라를 칠 것이니, 그것은 위험합니다. 연나라와 진나라가 서로 속이지 않는 것은 다른 이유가 없습니다. 조나라를 쳐서 하간의 땅을 확장하자는 것입니다. 대왕께서 5개의 성을 베어 신에게 주셔서 하간의 땅을 확장하도록 하는 편이 낫습니다. 그렇게 하신다면 연나라의 태자 단을 돌려보내고 강한 조나라와 연합하여 약한 연나라를 치게 하겠습니다." 조나라 임금은 즉석에서 직접 5개의 성을 베어 진나라에 주어서 하간을 넓히게 하였고, 진나라에서는 연나라의

---

92) 秦 昭王이 白起에게 咸陽을 떠날 것을 강권하여 白起가 咸陽의 西門을 빠져나가 杜郵에 이르렀을 때, 昭王이 사자를 보내 검을 내리고 자결하도록 하였다.

93) 趙 襄王 : 趙 悼襄王 趙偃을 가리킨다. 기원전 244년에서 기원전 236년까지 재위하였다.

태자를 돌려보냈다. 조나라는 연나라를 쳐서 상곡(上谷)[94]의 30개 성을 빼앗고는 그 가운데 11개의 성을 진나라에 주었다.

감라가 돌아와 복명하니 진나라 임금은 감라를 봉읍(封邑)하여 상경(上卿)으로 삼고, 지난날 감무가 소유하였던 전답과 저택을 다시 그에게 하사하였다.

태사공은 말하였다.

"저리자(樗里子)는 진(秦)나라 임금과 형제 사이였으므로[95] 중용되는 것은 사실 당연한 것이다. 그러나 진나라 사람들이 그의 지혜를 칭송하였기 때문에, 그의 사적에 대하여 비교적 많이 실은 편이다. 감무(甘茂)는 하채(下蔡)의 미천한 집안 출신으로 제후들에게 이름을 떨치고 강대한 제나라와 초나라에서 중용되었다. 감라(甘羅)는 나이는 어리지만 한 가지 기묘한 술책을 내어서 명성을 후세에 남겼다. 독행(篤行)의 군자는 아닐지라도 전국시대의 책사(策士)[96]라고는 하겠다. 진나라가 강성해질 무렵, 천하에는 더욱 권모와 술수가 횡행하였다."

---

94) 上谷 : 고을 이름. 지금의 河北省 서북부.
95) 樗里子는 秦 惠王과 이복 형제이다.
96) 策士 : '謀士'라고도 한다. 전국시대 제후에게 유세하던 遊說客을 이른다.

권72 「양후열전(穰侯列傳)」 제12

양후(穰侯)¹⁾ 위염(魏冉)은 진(秦)²⁾나라 소왕(昭王)³⁾의 모친 선태후(宣太后)의 동생이다. 그 선대는 초(楚)⁴⁾나라 사람이며 성은 미씨(芈氏)⁵⁾이다.

진 무왕(秦武王)⁶⁾이 세상을 떠났을 때, 왕위를 계승할 자식이 없어서 그 동생을 왕에 세웠는데, 그가 바로 소왕(昭王)이다. 소왕의 모친의 원래 호칭은 미팔자(芈八子)였으나 소왕이 즉위하였을 때, 선태후로 개칭하였다. 선태후는 무왕의 모친은 아니다. 무왕의 모친은 혜문후(惠文后)인데 무왕보다 먼저 죽었다. 선태후에게는 두 동생이 있었다. 첫째는 아버지가 다른 큰 동생인 양후(穰侯)이다. 그의 성은 위(魏), 이름은 염(冉)이다. 둘째는 배다른 동생 미융(芈戎), 즉 화양군(華陽君)⁷⁾이다. 소왕의 아버지가 다른 동생으로는 고릉군(高陵君), 경양군(涇陽君)⁸⁾이 있었다. 이중에서 위염이 가장 현명하여 혜왕(惠王),⁹⁾ 무왕 때부터 관리로 임용되어 국정에 참여하였다. 무왕이 세상을 떠났을 때에 그의 여러 동생

---

1) 穰은 읍 이름으로 지금의 河南省 鄧縣이다.
2) 秦: 周 平王 때 봉해져 제후국이 되었다. 영토는 지금의 陝西省 중부와 甘肅省 동남단에 걸쳐 있었다. 춘추시대에 雍(지금의 陝西省 鳳翔縣 동남쪽)에 도읍하였으며, 일찍이 서쪽 오랑캐들 사이에서 霸라고 칭해졌다. 전국시대에 七雄의 하나가 되었으며 도읍을 咸陽(지금의 陝西省 咸陽市 동북쪽)에 건립하였다. 권5「秦本紀」 참조.
3) 昭王: 秦 昭襄王 嬴稷이다. 기원전 306년에서 기원전 251년까지 재위하였다.
4) 楚: 西周 때에 荊山 일대에서 건국되었다. 도읍을 丹陽(지금의 湖北省 秭歸縣 동남쪽)에 건립하였으며, 영토가 확장되어 양자강 중하류까지 이르렀다. 뒤에 여러 번 천도하였지만 모두 郢으로 이름하였다. 戰國七雄의 하나였으며 기원전 223년에 秦나라에 멸망당하였다. 권40「楚世家」 참조.
5) 芈氏: 楚나라 왕족의 선조의 성이다.
6) 秦 武王: 嬴蕩을 가리킨다. 기원전 310년에서 기원전 307년까지 재위하였다.
7) 華陽은 읍 이름이다. 지금의 陝西省 商縣 경계.
8) 高陵은 현 이름으로 지금의 陝西省 高陵縣이다. 涇陽은 읍 이름으로 지금의 陝西省 涇陽縣 서북쪽이다.
9) 惠王: 惠文王 嬴駟를 말한다. 기원전 337년에서 기원전 311년까지 재위하였다.

들이 왕위 쟁탈전을 벌였지만, 소왕이 위염의 힘을 업고서 등극하였다. 소왕이 즉위하였을 때, 위염을 장군에 임명하여 함양(咸陽)¹⁰⁾을 수비하게 하였다. 이때에 위염은 계군(季君)¹¹⁾의 난을 평정하였고, 무왕의 후(后)를 위(魏)¹²⁾나라로 축출하였으며, 소왕의 여러 형제들 중에서 소왕에게 불만을 품고 있던 자들을 모두 죽여 진나라에서 위세를 떨치었다. 그런데 소왕은 아직 어려서 선태후가 섭정을 하였고, 위염에게 국정을 주도하게 하였다.

소왕 7년¹³⁾에 저리자(樗里子)가 죽어 경양군을 제(齊)¹⁴⁾나라에 인질로 보내었다. 조(趙)¹⁵⁾나라 사람 누완(樓緩)이 진(秦)나라로 와서 승상(丞相)이 되었는데, 조나라에서는 그가 진나라의 승상이 된 것이 이롭지 못할 것이 없다고 여겨, 구액(仇液)을 진나라에 사신으로 보내어 위염을 진나라의 승상에 앉힐 것을 청하게 하였다. 구액이 떠나려고 할 때, 그의 문객(門客)인 송공(宋公)이 그에게 다음과 같이 말하였다.

진나라가 공(公)의 말씀을 들어주지 않는다면, 누완은 반드시 공을 원망하게 될 것입니다. 때문에 공께서는 미리 누완에게 "당신을 위하여 진나라에다 위염을 승상에 앉히는 것을 급히 하지 말라고 청하겠습니다"라고 말해두는 것이 좋습니다. 진나라 왕은 조나라가 위염을 승상에 앉히는 것을 급히 하지 말라고 청하는 것을 보면, 공의 말씀을 들어주지 않을 것입니다. 공이 말씀하시어 일이 원래 의도대로 이루어지지 않으면, 이로써 누완에게 덕을 베푸는 것이 되고, 일이 이루어진다면 위염이 공에게 틀림없이 고마움을 느끼게 될 것입니다.

---

10) 咸陽 : 秦나라의 도성. 지금의 陝西省 咸陽市 동북쪽.

11) 季君 : 公子 壯을 가리킨다.

12) 魏 : 戰國七雄의 하나. 지역은 지금의 陝西省, 山西省 경계 지역에서 河南省 동북부에 걸쳐 있었다. 安邑(지금의 山西省 夏縣 동북쪽)에 도읍을 건립하였으며 뒤에 大梁(지금의 河南省 開封市)으로 천도하였다. 권44 「魏世家」 참조.

13) 昭王 7년 : 기원전 300년에 상당한다.

14) 齊 : 田氏 성의 나라를 가리킨다. 戰國七雄의 하나였으며 지역은 지금의 山東省 북부, 동부에 걸쳐 있었다. 도읍을 臨菑(지금의 山東省 淄博市 동북쪽)에 건립하였다. 권46 「田敬仲完世家」 참조.

15) 趙 : 戰國七雄의 하나. 지역은 지금의 山西省 중부, 陝西省 동북쪽 모퉁이, 河北省 서남부에 걸쳐 있었다. 처음에 晉陽(지금의 山西省 太原市 서남쪽)에다 도읍하였으며, 뒤에 邯鄲(지금의 河北省 邯鄲市)으로 천도하였다.

구액은 그의 말을 좇았다. 진나라는 과연 누완을 면직시키고 위염을 승상에 앉혔다.

진나라에서 여례(呂禮)를 죽이고자 하였기 때문에, 여례가 제나라로 도망을 갔다. 소왕 14년에 위염은 백기(白起)[16]를 천거하여 상수(向壽)를 대신해서 군대를 이끌고 한(韓)[17]나라와 위(魏)나라를 공격하게 하였다. 이궐(伊闕)[18]에서 적을 격파하여 24만 명을 참수하고 위나라 장수 공손희(公孫喜)를 포로로 잡았다. 이듬해에 또 초나라의 완읍(宛邑), 섭읍(葉邑)[19]을 취하였다. 위염이 칭병(稱病)하여 승상에서 물러날 것을 청하자 진나라에서는 객경(客卿)인 수촉(壽燭)을 승상에 앉혔다. 이듬해에 수촉이 면직되자 다시 위염을 승상에 앉히고는, 위염을 양(穰) 땅에다 봉하고 거기에다 도읍(陶邑)[20]을 더 주어 양후(穰侯)라고 하였다.

양후는 봉해진 지 4년 뒤에 군대를 이끌고서 위(魏)나라를 공격하였다. 위나라는 하동(河東)[21] 땅 400리를 헌납하였다. 또 위나라의 하내(河內)[22]를 점령하여 크고 작은 성 60여 개를 취하였다. 소왕 19년에 진나라는 서제(西帝)라고 칭하고 제나라는 동제(東帝)라고 칭하였다. 그로부터 한 달쯤 지나 여례가 다시 진나라로 돌아왔으며, 제나라와 진나라는 각각 다시 칭호를 제(帝)에서 왕(王)으로 되돌렸다. 위염은 다시 승상이 되었으며, 6년 뒤에 물러났다. 물러난 지 2년 만에 다시 승상이 되었다. 4년 뒤 백기에게 초나라의 도성 영(郢)을 점령하게 하였으며, 거기에다 남군(南郡)[23]을 두었다. 이 공로로 백기를 봉하여 무안군(武安君)으로 삼았다. 백기는 위염이 신임하여 천거한 사람인데 그 두 사람은 서로 잘 지냈다. 이때에 양후는 왕실보다 더 부유하였다.

소왕 32년에 양후는 군대를 이끌고 위(魏)나라를 공격하여 위나라 장

16) 白起 : 秦나라의 名將. 권73 「白起王翦列傳」 참조.
17) 韓 : 戰國七雄의 하나. 지역은 지금의 山西省 동남쪽 모퉁이와 河南省 중부에 걸쳐 있었다. 처음에 陽翟(지금의 河南省 禹縣)에 도읍하였으며 뒤에 新鄭(지금의 河南省 新鄭縣)으로 천도하였다. 권45 「韓世家」 참조.
18) 伊闕 : 산 이름. 일명 龍門山. 지금의 河南省 洛陽市 남쪽.
19) 宛邑은 지금의 河南省 南陽市에 있었고, 葉邑은 지금의 河南省 葉縣 남쪽에 있었다.
20) 陶邑 : 지금의 山東省 定陶縣 서북쪽.
21) 河東 : 당시에는 지금의 山西省 남부의 黃河 東岸 지구를 가리켰다.
22) 河內 : 지금의 河南省 황하 이북 지역을 가리킨다.
23) 南郡 : 지역은 지금의 湖北省 중서부에 있었으며 다스리는 곳은 郢에 있었다.

군 망묘(芒卯)를 패주시키고, 북택(北宅)[24]으로 진입하여 위나라의 도성인 대량(大梁)을 포위하였다. 이때 위나라 대부(大夫) 수고(須賈)가 양후에게 다음과 같이 유세를 하였다.

저는 우리나라의 고관들이 왕에게 "옛날에 혜왕(惠王)[25]께서 조나라를 정벌하실 때 삼량(三梁)[26]의 전투에서 승리하고 한단(邯鄲)[27]을 점령하였는데, 조나라는 끝끝내 땅을 떼주지 않았으며, 마침내는 한단을 수복하였습니다. 제나라가 위(衛)[28]나라를 공략하였을 때, 옛 도읍인 초구(楚丘)를 빼앗았고 대부 자량(子良)을 죽였는데도 위나라는 끝끝내 땅을 떼어주지 않았고, 마침내는 초구를 회복하였습니다. 위나라와 조나라가 국가를 온전히 보존시키고 강한 군대를 가지고 있으면서도 제후들에게 합병되지 않았던 까닭은, 그들이 능히 어려움 속에서도 견뎌내고 그리고 영토를 소중히 여겨 적에게 떼어주지 않았기 때문입니다. 여기에 반해서 송(宋)[29]나라와 중산국(中山國)[30]은 적의 여러 번의 정벌에 땅을 떼주어, 나라도 그에 따라서 망해버렸습니다. 신들은 위나라와 조나라는 본받을 만하고 송나라와 중산국은 경계삼을 만하다고 생각합니다. 그리고 진나라는 탐욕스럽고 잔폭한 나라여서 선린(善隣)을 모릅니다. 우리 위나라를 잠식하여 옛 진(晉)나라의 땅을 다 삼켜버렸고, 포연(暴鳶)을 물리쳐 8개의 현(縣)을 빼앗았는데, 그 땅을 다 접수하기도 전에 또 군대를 출동시켰습니다. 그러니 왕께서는 절대로 그들의 말을 들어주어서는 안 됩니다. 지금 만약에 왕께서 초나라와 조나라를 배신하고 진나라와 화평을 맺는다면, 초나라와 조나라는 분노하여 왕을 버리고서 진나라를 다투어 섬길 것이며, 진나라에서는 그들을 반드시 용납할 것입니다. 그래서 진나라가 그들의 군대와 연합하여

24) 北宅 : 읍 이름. '宅陽'이라고도 한다. 지금의 河南省 鄭州市 북쪽에 있었다.
25) 惠王 : 魏罃을 가리킨다. 기원전 370년에서 기원전 335년까지 재위하였다.
26) 三梁 : 읍 이름으로, 즉 南梁을 말한다. 혹자는 지금의 河北省 永年縣 동쪽에 있었던 曲梁이라고도 한다.
27) 邯鄲 : 趙나라의 도성. 지금의 河北省 邯鄲市 서남쪽.
28) 衛 : 전국시대의 작은 나라. 도읍을 차례로 楚丘(지금의 河南省 滑縣), 濮陽(지금의 河南省 濮陽縣), 野王(지금의 河南省 沁陽縣)으로 옮겼다. 권37 「衛康叔世家」 참조.
29) 宋 : 영토는 지금의 河南省 동부와 山東省, 江蘇省, 安徽省 경계 지역에 걸쳐 있었다. 도읍은 商丘(지금의 河南省 商丘縣 남쪽)에 있었다. 기원전 286년 齊나라에 의해서 멸망당하였다.
30) 中山國 : 춘추시대에 白狄이 세운 나라. 영토는 지금의 河北省 正定縣 동북쪽에 있었으며, 전국시대 초기에 顧(지금의 河北省 定縣)에다 도읍을 세웠다. 기원전 296년에 趙나라에 의해서 멸망당하였다.

우리를 공격한다면, 우리나라는 반드시 망하고 말 것입니다. 원컨대 왕께서는 절대로 진나라와 화평을 맺지 마십시오. 그래도 왕께서 화평을 꼭 맺고 싶으시다면, 땅을 조금 떼어주되 반드시 인질을 잡아야 합니다. 그렇지 않다면 틀림없이 그들에게 속고 말 것입니다"라고 간언하는 것을 직접 들었는데 장군께서는 이런 간언(諫言)에 대해서 심사숙고하시기를 바랍니다. 『주서(周書)』에서 이르기를 "천명(天命)은 불변적인 것이 아니다"라고 하였는데, 이는 요행을 계산에 넣어서는 안 된다는 말입니다. 전에 포연을 물리치고 8개의 현을 빼앗았던 것은, 장군의 군대가 훌륭해서도 아니고 계략이 뛰어나서도 아니며, 단지 하늘이 주신 행운이 많았기 때문이었습니다. 지금 또 망묘를 패주시키고 북택으로 진입하여 대량을 포위하고 있는데, 장군 쪽에서는 하늘이 주시는 행운은 불변적이라고 멋대로 생각하고 있지만, 지자(智者)들은 그렇게 여기지 않습니다. 제가 듣건대, 위나라에서는 100개의 현이나 되는 곳에서 정예의 병사들을 징집하여 대량을 수비하게 하고 있다고 하는데, 신이 생각컨대 족히 30만은 될 것입니다. 30만의 병력으로서 높이가 7인(七仞)[31]이나 되는 성을 수비하고 있으니, 제가 생각컨대 탕왕(湯王)과 무왕(武王)이 다시 태어난다고 해도 쉽게 공략하지 못할 것입니다. 초와 조 나라의 군대를 가볍게 여겨 등지고, 7인이나 되는 성을 타고 올라가 30만이나 되는 군사와 싸워서 이기고자 하는 것은, 하늘과 땅이 생긴 이래로 이제껏 없었던 무모한 싸움입니다. 공격해도 이기지 못할 것이요, 이 때문에 진나라 군대는 반드시 피폐해질 것이며, 장군의 봉지인 도읍(陶邑)마저 분명히 잃게 될 것인즉, 이렇게 되면 장군께서 이전에 세웠던 공들은 모두 폐기되고 말 것입니다. 지금 위나라에서는 이 상황을 어떻게 처리해야 할지를 몰라서 고민 속에 빠져 있으니, 땅을 조금만 할양받겠다고 제의하면 곧 응해올 것입니다. 그리고 장군께서는 초와 조 나라의 군대가 오기 전에 속히 이렇게 하도록 하십시오. 그리하여 위나라에게서 땅을 조금 할양받는 것으로서 화평을 맺게 되면, 초와 조 나라는 위나라가 선수친 것에 대해서 분노하여 반드시 진나라를 다투어 섬길 것인즉, 이로써 합종(合縱)은 깨어지게 되고, 장군께서는 이 이후로 새로운 대책을 세울 수 있을 것입니다. 또 장군께서는 땅을 얻기 위하여 무력을 쓸 필요가 어디에 있습니까? 옛 진(晉)나라의 땅을 다 차지하였으니 진(秦)나라에서 공격하지 않아도 위나라는 반드시 강읍(絳邑), 안읍(安邑)[32]을

---

31) 仞은 길이의 단위로서 周나라 제도에서는 1仞이 8尺이었다.
32) 絳邑은 지금의 山西省 侯馬市 동북쪽에 있었다. 安邑은 魏나라의 옛 도성으로, 지금의 山西省 夏縣 서북쪽에 있었다.

바칠 것입니다. 또 도읍(陶邑)으로 통하는 두 길[33])을 개통하여 옛 송(宋)나라의 땅을 거의 다 차지한다면, 위나라에서는 배기지 못하고서 반드시 선보(單父)를 바칠 것입니다. 진나라 군대는 온전하게 보전되고, 장군께서는 이 국면에서 칼자루를 쥐게 되니, 무엇을 구한들 얻지 못하겠으며, 무엇을 한들 이루지 못하겠습니까? 장군께서는 이를 심사숙고하여 위험천만한 일을 행하지 않기를 바랍니다.

이 말에 양후는 "좋소"라고 응낙하고 대량(大梁)의 포위를 풀었다.

이듬해에 위나라가 진나라를 등지고 제나라와 합종하였다. 이에 진나라에서는 양후에게 위나라를 공격하게 하였다. 4만 명을 참수하고 위나라 장수 포연(暴鳶)을 패주시켰으며, 세 현을 탈취하였다. 이 공로로 양후는 봉지가 더 늘어나게 되었다.

다음해에 양후는 백기(白起) 및 객경(客卿)인 호양(胡陽)과 다시 조, 한, 위 나라를 공격, 화양(華陽)에서 망묘(芒卯)를 격파하여 10만 명을 참수하였으며, 위나라의 권(卷), 채양(蔡陽), 장사(長社) 및 조나라의 관진(觀津)을 탈취하였다.[34] 그리고는 조나라에게 관진을 되돌려주면서, 그 대가로 조나라로 하여금 진나라의 군대를 더해서 제나라를 공격하게 하였다. 제 양왕(齊襄王)[35])은 두려워서 소대(蘇代)[36])에게 비밀리에 양후에게 편지를 보내게 하였는데, 그 편지의 내용은 다음과 같다.

제가 길을 왕래하는 사람들에게 들으니, 진나라가 장차 조나라에 군사 4만을 더해주어 제나라를 공격케 할 것이라고 하였습니다. 그러나 저는 제나라 왕에게 "진나라 왕은 현명하고 계략에 뛰어나며 양후는 지략이 있고 일을 처리하는 것에 능하니, 조나라에 군사 4만을 더해주어 제나라를 공격케 하는 일을 반드시 하지 않을 것이다"라고 아뢰었습니다. 왜 제가 이렇게 말하였겠습니까? 삼진(三晉), 즉 한, 위, 조 세 나라가 일치 단결하면 진나라에게는 큰 적이 됩니다. 왜냐하면 진나라에서는 그들을 무수히 배신하고 속였으면서도 한번도 사과한 적이 없기 때문입니다. 지금 제나라를 격

---

33) 兩道는 河西, 河東 兩道를 가리킨다는 설과 北道(絳邑, 安邑)와 南道(宋, 單父)를 가리킨다는 설이 있다.

34) 卷은 읍 이름이며 지금의 河南省 原陽縣 서쪽에 있었고, 蔡陽은 읍 이름으로 지금의 湖北省 棗陽縣 서남쪽에 있었다. 長社도 읍 이름으로 지금의 河南省 長葛縣 동쪽에 있었고, 觀津도 읍 이름으로 지금의 河北省 武邑縣 동남쪽에 있었다.

35) 齊 襄王 : 田法章을 가리킨다. 기원전 283년에서 기원전 265년까지 재위하였다.

36) 蘇代 : 蘇秦의 동생이며 縱橫家이다.

파하여 조나라를 살찌운다면, 조나라는 진나라에게 큰 적이 되어, 결국 진나라에 불리할 것입니다. 이것이 첫번째 이유입니다. 진나라의 모사(謀士)들은 "삼진과 초나라에게 제나라를 격파케 하고, 이 싸움으로 인해서 그들이 피폐해진 다음, 그들을 제압해야 합니다"라고 틀림없이 말할 것입니다. 그러나 제나라는 피폐해진 나라이니, 만약에 천하의 각국의 병력을 동원하여 공격한다면, 마치 1,000균(千鈞)이나 나가는 쇠뇌로써 곪아 있는 종기를 터트리는 것과 같아서, 제나라는 반드시 망할 것이겠지만, 삼진과 초나라는 어찌 피폐해지겠습니까? 이것이 두번째 이유입니다. 진나라가 병력을 조금 출동시키면 삼진과 초나라는 믿지 않을 것이고, 많이 출동시키면 삼진과 초나라는 진나라에 제압당할 것이라고 여길 것입니다. 그리고 제나라는 두려워서 진나라가 아닌 삼진과 초나라로 붙을 것입니다. 이것이 세번째 이유입니다. 진나라가 제나라 땅을 분할하여 가지는 것으로써 삼신과 초나라를 유혹한다면, 그들은 거기에다 군대를 진주시킬 것이어서 진나라는 오히려 그들에게서 공격을 받게 될 것입니다. 이것이 네번째 이유입니다. 이러한 것들은 모두 삼진과 초나라가 진나라를 이용해서 제나라를 도모하고 제나라를 이용해서 진나라를 도모하는 것이니, 그들은 얼마나 지혜롭고 진나라와 제나라는 얼마나 어리석은 짓을 하는 것입니까? 이것이 다섯번째 이유입니다. 때문에 위나라에서 안읍(安邑)을 할양받아 잘 다스림만 못한 것입니다. 진나라가 안읍을 소유한다면 한(韓)나라는 형세상 반드시 상당(上黨)[37]을 바칠 것입니다. 이렇게 되면 천하의 위장(胃腸)을 차지하게 되는 것인즉, 군대를 출동시켰다가 돌아오지 못할까 염려하는 것과 비교해볼 때 어느 것이 이롭겠습니까? 때문에 저는 "진나라 왕은 현명하고 계략에 뛰어나며 양후는 지략이 있고 일을 처리하는 것에 능하니, 조나라에 군사 4만을 더해주어 제나라를 공격케 하는 일을 반드시 하지 않을 것이다"라고 제나라 왕에게 말씀드린 것입니다.

이 편지를 잃고서 양후는 군대를 이끌고 귀국해버렸다.

소왕 36년에 양후가 객경(客卿)인 조(竈)와 의논하여 제나라를 공격해서 강(剛), 수(壽) 두 읍을 탈취하여 그의 영지인 도읍(陶邑)을 확장하고자 하였다. 이에 자칭 장록선생(張祿先生)이라고 하던 위(魏)나라 사람 범수(范睢)가 "양후가 제나라를 공격함에 삼진(三晉)을 건너뛰어 원

---

37) 上黨 : 군 이름. 지금의 山西省 동남부 長治市 일대에 있었으며, 관할구역은 壺關 (지금의 長治市 동남쪽)에 있었다.

정하려고 한다"라고 기롱하면서 소왕에게 유세를 청하였다. 소왕이 범수를 불러들이니, 범수는 선태후(宣太后)의 전제(專制) 및 양후가 제후들 사이에서 권력을 제멋대로 휘두르는 일, 경양군(涇陽軍)과 고릉군(高陵軍) 등이 왕실보다 더 부유한 것 등에 대해서 말하였다. 소왕은 깨닫는 바가 있어 양후를 사임시키고, 양후를 비롯한 경양군 등에게 모두 함양(咸陽)을 떠나 함곡관(函谷關) 너머에 있는 자기들의 봉지로 가게 하였다. 양후가 자기의 봉지로 떠날 때, 따르는 짐수레가 무려 1,000승(乘)이 넘었다.

양후는 도읍(陶邑)에서 죽었으며 거기에 묻혔다. 그가 죽고 난 뒤에 진나라에서는 도읍을 다시 회수하여 군(郡)을 두었다.

태사공은 말하였다.

"양후(穰侯)는 진 소왕(秦昭王)의 친 외삼촌이다. 진나라가 동쪽으로 영토를 확장하여 제후들의 세력을 약화시키고, 그리고 일찍이 천하에서 제(帝)라고 칭하면서 천하 사람들에게 서쪽을 향하여 머리를 조아리게 하였던 것은, 모두 양후의 공 때문이었다. 그러나 그의 부귀가 절정에 이르렀을 때, 한 사내[38]가 끼어들어 말 한마디를 함으로써 실권(失權)하여 울분 속에서 죽었으니, 황차 진나라 사람이 아니면서 진나라에 들어와 벼슬하던 객경(客卿)에 대해서는 말할 것이 뭐 있겠는가!"

---

38) 范雎를 가리킨다.

권73 「백기왕전열전(白起王翦列傳)」제13

백기(白起)는 미읍(郿邑)¹⁾ 사람이다. 그는 용병(用兵)에 뛰어났으며 진 소왕(秦昭王)²⁾을 섬겼다. 소왕 13년에 백기는 좌서장(左庶長)³⁾이 되었으며, 군대를 이끌고서 한(韓)⁴⁾나라의 신성(新城)⁵⁾을 공격하였다. 이 해에 양후(穰侯)⁶⁾가 진(秦)나라에서 승상이 되었으며, 대역사(大力士)인 임비(任鄙)를 발탁하여 한중(漢中)⁷⁾의 군수(郡守)로 삼았다. 그 이듬해, 백기는 좌경(左更)⁸⁾이 되었으며, 이궐(伊闕)⁹⁾에서 한, 위(魏)¹⁰⁾ 두 나라 연합군을 공격하여 24만 명을 참수하고, 또 위나라 장수인 공손희(公孫喜)를 포로로 잡았으며, 5개의 성을 함락시켰다. 이 공로로 백기는 국위(國尉)¹¹⁾가 되었다. 뒤이어 황하를 건너 한나라의 안읍(安邑)¹²⁾에서부터 동쪽을 취하여 간하(乾河)¹³⁾에 이르렀다. 이듬해에 백기는 대량조(大

---

1) 郿邑 : 지금의 陝西省 眉縣 동쪽.
2) 秦 昭王 : 秦 昭襄王. 기원전 306년에서 기원전 251년까지 재위하였다.
3) 左庶長 : 官爵 이름. 20등급의 관작 중에서 10번째 등급이다.
4) 韓 : 戰國七雄의 하나. 영토는 지금의 山西省 동남쪽 모퉁이와 河南省 중부에 걸쳐 있었다. 처음에는 陽翟(지금의 河南省 禹縣)에다 도읍을 세웠고 뒤에 新鄭(지금의 河南省 新鄭縣)으로 천도하였다. 권45 「韓世家」 참조.
5) 新城 : 읍 이름. 지금의 河南省 伊川縣 서남쪽.
6) 穰侯 : 魏冉. 秦 昭王의 외삼촌. 여러 차례 相國에 임명되었으며 穰(지금의 河南省 鄧縣)에 봉해졌다. 권72 「穰侯列傳」 참조.
7) 漢中 : 군 이름. 지금의 陝西省 남부와 湖北省 서북부에 걸쳐 있었으며, 관할지역은 南鄭(지금의 陝西省 漢中市)에 있었다.
8) 左更 : 관작 이름. 20등급의 관작 중에서 12번째 등급이다.
9) 伊闕 : 산 이름. 지금의 河南省 洛陽市 남쪽. 伊水가 그 사이를 흘러가면서 빈 틈을 만들었기 때문에, 이와 같이 이름한 것이다.
10) 魏 : 戰國七雄의 하나. 영토는 지금의 陝西省, 山西省 경계 지역에서 河南省 동부에 걸쳐 있었다. 처음에는 安邑(지금의 山西省 夏縣 서북쪽)에다 도읍하였으며 뒤에 大梁(지금의 河南省 開封市)으로 천도하였다. 권44 「魏世家」 참조.
11) 國尉 : 무관 이름인데, 즉 太尉를 가리킨다.
12) 安邑 : 원래는 魏나라의 옛 도읍이었으나 이때는 秦나라에 속해 있었다. 여기서부터 동쪽이 韓나라 영토였다.
13) 乾河 : 옛 물 이름. 일명 '敎河'라고 하였다. 옛날의 흔적이 지금의 山西省 垣曲縣

良造)¹⁴⁾가 되었다. 위나라를 함락시켜 크고 작은 61개 성을 취하였다. 이듬해에 객경(客卿)인 조(錯)와 원성(垣城)¹⁵⁾을 공격해서 함락시켰다. 5년 뒤에 백기는 조(趙)¹⁶⁾나라를 공격해서 광랑성(光狼城)¹⁷⁾을 함락시켰다. 7년 뒤에 백기는 초(楚)¹⁸⁾나라를 공격하여 언(鄢), 등(鄧)¹⁹⁾ 등 5개 성을 함락시켰다. 그 이듬해에 재차 초나라를 공격해서 영(郢)²⁰⁾을 함락시키고, 이릉(夷陵)²¹⁾을 불태웠으며, 동쪽으로 경릉(竟陵)²²⁾에 이르렀다. 초 경양왕(楚頃襄王)은 두려워서 언영(鄢郢)을 떠나 동쪽의 진(陳)²³⁾으로 옮겨갔다. 진나라는 영에다 남군(南郡)²⁴⁾을 두었다. 이 공로로 백기는 무안군(武安君)이 되었다. 무안군은 승세를 타고서 또 무군(巫郡),²⁵⁾ 검중군(黔中郡)²⁶⁾을 취하였다. 진 소왕 34년에 백기는 위나라를 공격하여 화양(華陽)²⁷⁾을 함락시켰고, 망묘(芒卯)²⁸⁾를 패주시켰으며,

---

동쪽에 있다.

14) 大良造 : 관직 이름. 전국시대 초기에는 秦나라에서 전국의 군정의 대권을 장악한 최고의 관직이었다. 뒤에 작위 이름이 되었는데, 20등급 중에서 16번째였다. 일명 '大上造'라고도 한다.

15) 垣城 : 읍 이름. 지금의 山西省 垣曲縣 동남쪽.

16) 趙 : 戰國七雄의 하나. 영토는 지금의 陝西省 동북쪽 모퉁이, 山西省 중부, 河北省 서남쪽에 걸쳐 있었다. 처음에는 晉陽(지금의 山西省 太原市 서남쪽)에 도읍하였으며 뒤에 邯鄲(지금의 河北省 邯鄲市 서남쪽)으로 천도하였다. 권43「趙世家」참조.

17) 光狼城 : 옛 흔적이 지금의 山西省 高平縣 서쪽에 있다.

18) 楚 : 戰國七雄의 하나. 영토는 지금의 河南省 남부, 湖北省, 湖南省, 安徽省, 江西省, 江蘇省, 浙江省 일대에 걸쳐 있었다. 처음에는 丹陽(지금의 湖北省 秭歸縣 동남쪽)에다 도읍하였으며 뒤에 郢(지금의 湖北省 江陵縣 서북쪽), 鄢郢(郡), 陳(郢陳), 壽春(또한 郢으로 불렀다)으로 천도하였다. 권40「楚世家」참조.

19) 鄢은 읍 이름으로, 지금의 湖北省 宜城縣 남쪽에 있었다. 鄧은 지금의 湖北省 襄樊市 북쪽에 있었다. 일설에는 지금의 河南省 鄧縣이라고도 한다.

20) 郢 : 楚나라의 도성. 이곳은 鄢郢, 즉 鄢(혹은 郡)이다. 楚 昭王은 郢에서 鄢으로 옮겨가서도 이 읍을 '郢'으로 불렀다. 또한 '鄢郢'으로 이름하기도 하여 원래의 鄢 도성과 구별하였다.

21) 夷陵 : 읍 이름. 楚나라 선왕들의 묘지. 지금의 湖北省 宜昌市 동남쪽.

22) 竟陵 : 읍 이름. 지금의 湖北省 潛江縣 서북쪽.

23) 陳 : 지금의 河南省 淮陽縣. 楚나라는 도읍을 陳으로 옮긴 후, 陳을 '郢'으로 개명하였다. 때문에 '郢陳'으로도 불렸다.

24) 南郡 : 지금의 湖北省 중서부에 있었으며, 다스리는 곳은 郢에 있었다.

25) 巫郡 : 지금의 四川省, 湖北省 경계 지역에 있었으며, 다스리는 곳은 巫縣(지금의 四川省 巫山縣 북쪽)에 있었다.

26) 黔中郡 : 지금의 湖南省, 湖北省, 四川省, 貴州省 경계 지구에 걸쳐 있었으며 다스리는 곳은 臨沅(지금의 湖南省 常德市)에 있었다.

삼진(三晉)[29]의 장수를 포로로 사로잡고, 13만 명을 참수하였다. 조나라의 장수 가언(賈偃)과 싸워서는 황하에다 가언의 병졸 2만 명을 수장시켰다. 소왕 43년에 백기는 한나라의 형성(陘城)[30]을 공격하여 5개 성을 함락시키고 5만 명을 참수하였다. 소왕 44년에 백기는 남양(南陽)[31] 태행산(太行山)의 구불구불한 비탈길[32]을 공격하여 끊어버렸다.

45년에 한나라의 야왕(野王)[33]을 공격하였다. 야왕이 항복하자 한나라에서 상당(上黨)[34]으로 가는 길이 끊어졌다. 상당의 군수(郡守)인 풍정(馮亭)이 그곳의 백성들과 상의하여 다음과 같이 말하였다.

> 우리 한나라의 도성인 남정(南鄭)과 길이 끊어졌으니 한나라에서는 필히 우리를 보호할 수 없을 것이다. 그러나 진(秦)나라의 군대는 나날이 다가오고 있고 한나라에서는 맞이하여 싸울 수가 없으니, 상당 전체가 조나라에 귀순하는 것이 좋을 듯하다. 만약에 조나라에서 우리들을 받아들인다면, 진나라는 분노하여 분명히 조나라를 공격할 것이다. 그리고 조나라가 공격을 받게 되면 반드시 한나라와 친교를 맺게 될 것인데, 한나라와 조나라가 하나가 된다면 진나라를 당해낼 수 있을 것이다.

사람을 보내어 조나라에 통지하니 조 효성왕(趙孝成王)은 평양군(平陽君), 평원군(平原君)과 숙의를 하였다.[35] 평양군은 "받지 않는 것이 좋습니다. 받아들인다면 화가 득보다 클 것입니다"라고 말하였다. 평원군은 "받을 어떤 이유가 없는데도 한 군(郡)을 얻게 되는 것이니 받아들이는 것이 좋겠습니다"라고 하였다. 결국 조나라에서는 이를 받아들였으며, 풍

---

27) 華陽 : 읍 이름. 지금의 河南省 新鄭縣 동쪽.
28) 芒卯 : 齊나라 사람으로서 魏나라의 丞相에 임명되었다.
29) 三晉 : 韓, 趙, 魏 세 나라를 가리킨다. 어떤 때는 그중의 한두 나라를 가리킬 수도 있는데, 그들은 모두 晉나라가 분립된 것이기 때문이다.
30) 陘城 : 읍 이름. 지금의 山西省 侯馬市 동북쪽.
31) 南陽 : 지금의 河南省 濟源縣 일대.
32) 이 길은 지금의 山西省 晉城縣 남쪽에 있었다.
33) 野王 : 읍 이름. 지금의 河南省 沁陽縣.
34) 上黨 : 韓나라의 군 이름. 지금의 山西省 동남부에 있었으며, 다스리는 곳은 壺鄭(지금의 山西省 長治市 동남쪽)에 있었다.
35) 趙 孝成王은 趙丹을 말한다. 그는 기원전 265년에서 기원전 245년까지 재위하였다. 平陽君은 趙豹를 가리킨다. 그는 趙 惠文王과 같은 어머니의 형제이며 平陽(지금의 河南省 滋縣 동쪽)에 봉해졌다. 平原君은 趙勝을 말한다. 그는 趙 惠文王의 동생이며 東武城(지금의 山東省 武城縣 서북쪽)에 봉해졌다. 일찍이 趙나라의 丞相으로 있었으며 食客이 수천명이 있었다고 한다.

정(馮亭)을 화양군(華陽君)[36]으로 삼았다.

46년에 진나라는 한나라의 구지(緱氏), 인(藺)[37]을 공격하여 함락시켰다.

47년에 진나라는 좌서장(左庶長) 왕흘(王齕)에게 한나라를 공격하게 하여 상당을 취하였다. 이에 상당의 백성들은 조나라로 달아났고, 조나라는 군대를 장평(長平)[38]에 진주시켜 상당의 백성들을 안무(安撫)하였다. 4월에 왕흘이 이 일로 해서 조나라를 공격하였다. 조나라에서는 염파(廉頗)[39]를 장수로 삼아서 맞아 싸우게 하였다. 조나라의 군사들이 진나라의 척후병(斥候兵)들을 공격하였으나, 오히려 조나라의 비장(裨將) 가(茄)가 죽임을 당하였다. 6월에 진나라 군대가 조나라 군대를 격파하여 2개의 요새를 취하고 4명의 위(尉)[40]를 포로로 잡았다. 7월에 조나라 군대는 보루를 쌓고 수비하였다. 진나라에서는 또 그 보루를 공격하여 2명의 위(尉)를 포로로 잡아 진세(陣勢)를 허물고서 서쪽에 위치해 있던 보루를 취하였다. 염파는 보루를 더욱 견고히 하여 진나라 군대를 기다렸고, 진나라에서는 여러 차례 싸움을 걸었으나 조나라 군대는 보루를 나가지 않았다. 조나라 왕은 이 때문에 여러 차례 염파를 책망하였다. 이때에 진나라 쪽에서는 승상인 응후(應侯)[41]가 첩자들에게 천금(千金)을 휴대시켜 조나라로 가서 이간질하게 하였다. 첩자들은 조나라로 가서 "진나라에서 두려워하는 바는 마복군(馬服君)[42]의 아들인 조괄(趙括)[43]이 장수가 되는 것일 뿐이다. 염파는 상대하기가 쉽고, 또 머지 않아서 항복할 것이다"라는 말을 퍼뜨렸다. 조나라 왕은 이미 염파의 군대가 손실이 많을 뿐 아니라 싸움에 여러 차례 패배하였는데도 만회하려 하지는 않고, 오히려 보루를 굳건히 하며 감히 싸우지 않으려는 것에 분통하고 있던 차

---

36) 이곳의 華陽은 趙나라의 지명이다. 지금의 河北省 曲陽縣의 서북쪽.
37) 緱氏는 읍 이름으로 지금의 河南省 偃師縣 동남쪽에 있었다. 藺은 옛 지명으로 지금의 山西省 離石縣 서쪽에 있었다.
38) 長平 : 城 이름. 옛 터가 지금의 山西省 高平縣 서북쪽에 있다.
39) 廉頗 : 趙나라의 名將으로 信平君에 봉해졌다.
40) 尉 : 무관의 관직 이름. 직위가 장군 아래이다.
41) 應侯 : 范睢이다. 원래는 魏나라 사람이었으나 秦나라로 가서 丞相에 임명되었으며, 應侯에 봉해졌다.
42) 馬服君 : 趙나라의 명장이었던 趙奢를 가리킨다.
43) 趙括 : 그의 부친 趙奢가 전수해준 병법을 죽도록 외웠을 뿐, 실제의 작전경험이 부족하였다고 전해진다.

에, 또 진나라에서 이간질하는 말까지 듣자, 곧 조괄로 하여금 염파를 대신하게 하여 진나라를 공격하게 하였다. 진나라 쪽에서는 조괄이 장군이 되었다는 소문을 듣게 되자, 은밀히 무안군(武安君) 백기(白起)를 상장군(上將軍)[44]으로, 왕흘을 그의 부장(副將)으로 삼았다. 그리고 군중에는 이러한 사실을 누설하는 자가 있다면 바로 사형에 처하겠다는 엄명을 내렸다. 조괄은 도착하자 바로 출병시켜 진나라 군대를 공격하였다. 진나라 군대는 거짓으로 패주하면서 두 곳에 복병을 배치하여 습격준비를 하게 하였다. 조나라 군대는 이런 속사정도 모르고 추격하여 진나라의 보루까지 이르렀다. 진나라의 보루는 함락되지 않았고, 이런 와중에 진나라의 복병 2만 5,000명이 조나라 군대의 후방을 차단하였다. 또 진나라의 기병(騎兵) 5,000명이 진영 사이로 뚫고 들어와 조나라의 군대는 양분되었으며 식량 보급로가 끊어졌다. 아울러 진나라 쪽에서는 경무장 병사들을 출동시켜 공격하였다. 조나라 쪽에서는 전세가 불리해지자 보루를 쌓아 견고하게 수비하면서 구원병을 기다렸다. 진나라 왕은 조나라 쪽의 식량 보급로가 끊어졌다는 전황보고를 받고서, 친히 하내(河內)로 행차하여 그곳의 백성들에게 작위(爵位)[45] 1등급씩을 내리면서 15세 이상 되는 남자들을 전원 징발하여 장평(長平)으로 보내어 조나라 쪽의 구원병과 식량이 오는 것을 막게 하였다.

9월에 이르자 조나라의 군사들은 밥을 먹어본 지가 46일째에 접어들어, 안으로 은밀히 서로를 죽여 잡아먹기에 이르렀다. 그래서 진나라 군대를 공격해서 탈출하고자 4개의 부대를 만들어 4-5차례에 걸쳐 시도하였지만 성공하지를 못하였다. 마침내 조괄이 정예 병사들을 출병시켜 친히 싸웠지만 그 자신이 전사하고 말았다. 조괄이 죽자 그의 군대 40만 명이 무안군에게 투항하였다. 무안군은 이 상황에 이르러서 심사숙고하였다.

전에 상당을 함락시켰을 때 그곳의 사람들은 진나라의 백성이 되는 것을 원하지 않고 조나라로 귀순하였다. 지금의 조나라 사졸들도 장차 마음을 바꿀 것이니 다 죽이지 않으면 뒤에 난을 일으킬 것이다.

---

44) 上將軍 : 고대에는 제왕이 군대를 통솔하면 '上將軍'으로 칭하였는데, 이는 최고 統帥의 뜻이었다. 전국시대에 이르러 비로소 武將이 上將軍에 임명되었으며, 직위는 大將軍의 위에 있었다.

45) 爵位 : 고대에 제왕이 신하에게 봉하는 등급이 작위였다. 전국시대 秦나라에서는 戰功에 따라서 작위 20등급을 제정하였다.

이에 속임수를 써서 그들을 모두 구덩이에 매장해버렸으며, 단지 어린 아이 240명만을 돌려보냈다. 이로써 전후(前後) 합쳐 참수되고 포로가 된 사람이 무려 45만 명에 달하니 조나라 사람들은 크게 공포에 떨었다.

48년 10월에 진나라는 다시 상당군(上黨郡)을 평정하였다. 이어 진나라는 군대를 둘로 편성해서, 왕흘은 피뢰(皮牢)[46]를 공격하여 함락시켰고, 사마경(司馬梗)은 태원(太原)[47]을 평정하였다. 한과 조 두 나라는 두려워서 소대(蘇代)에게 후한 예물로써 진나라의 승상 응후(應侯)를 달래게 하였다. "무안군(武安君)이 조괄(趙括)을 죽였습니까?" "그렇소이다." "곧 한단(邯鄲)[48]을 포위하실 작정입니까?" "그렇소이다." "조나라가 망하면 진나라 왕은 천하의 제왕이 될 것이고 무안군은 삼공(三公)[49]이 될 것입니다. 무안군은 진나라를 위하여 전승(戰勝)하여 70여 개의 성을 취하였습니다. 남쪽으로는 언(鄢), 영(郢), 한중(漢中)을 평정하였고, 북쪽으로는 조괄의 군대를 격파하였으니, 비록 주공(周公), 소공(召公), 여망(呂望)의 공훈[50]일지라도 이것보다 더하지는 못할 것입니다. 지금 조나라가 망하고 진나라 왕이 천하의 제왕이 되면 무안군은 반드시 삼공(三公)이 될 것인데, 그대는 그보다 아랫자리에 서 계실 수 있습니까? 비록 그보다 아랫자리가 되지 않으려고 해도 좀처럼 그것은 뜻대로 되지 않을 것입니다. 진나라가 일찍이 한나라를 공격하여 형구(邢丘)를 포위하고 상당(上黨)을 곤경에 처하게 하였는데, 상당의 백성들은 오히려 조나라로 귀부(歸附)하였습니다. 천하의 사람들이 진나라의 백성이 되기를 원하지 않은 지가 이미 오래되었습니다. 지금 조나라가 망하면 조

46) 皮牢 : 韓나라의 읍 이름. 지금의 山西省 翼城縣 동쪽.

47) 太原 : 지금의 山西省 중부에 있었다.

48) 邯鄲 : 趙나라의 도성. 지금의 河北省 邯鄲市 서북쪽.

49) 三公 : 고대에 국가의 군정의 대권을 주관하던 최고의 장관들을 가리킨다. 周代에는 太師, 太傅, 太保가 三公이었다.

50) 周公은 姬旦을 가리킨다. 周 武王의 동생이며 채읍이 周(지금의 陝西省 岐山縣 북쪽)에 있었기 때문에 周公으로 칭해졌다. 일찍이 武王이 商나라를 멸하는 데에 협조하여 周 왕조를 건립하였다. 武王 사후에는 成王이 아직 어렸기 때문에, 섭정하여 周 왕조의 통치를 공고히 하였다. 召公은 姬奭을 가리킨다. 채읍이 召(지금의 陝西省 岐山縣 서남쪽)에 있었기 때문에 召公으로 칭하였다. 周 武王을 도와서 商나라를 멸하였으며, 成王 때에는 太保에 임명되었다. 周公과 陝을 기점으로 분할하여 서쪽 방면을 맡아서 다스렸다. 呂望의 성은 姜이고 氏는 呂이며 이름은 尙이고 호는 太公望이다. 西周 초기에 太師(軍事統帥)에 임명되어 周 武王이 商나라를 멸하는 데에 보좌하여 공을 세웠다.

나라의 북쪽 지역의 사람들은 연(燕)[51)]나라로, 동쪽 지역의 사람들은 제 (齊)[52)]나라로, 남쪽 지역의 사람들은 한과 위 나라로 귀부할 것인즉, 그 대가 얻는 백성들은 얼마 되지를 않을 것입니다. 그것은 차라리 한과 조 두 나라에게서 땅을 일부분 할양받는 것으로 일을 매듭하여 무안군의 공 이 되지 못하게 함만 못합니다.”이에 응후가 진나라 왕에게 “진나라의 사졸들은 지금 피로한데, 만약에 한과 조 나라가 땅을 일부분 할양하여 화평을 구하는 것을 허락해주신다면, 사졸들은 쉴 수가 있을 것입니다”라 고 말하였다. 왕이 이를 응낙하여 한나라에서는 원옹(垣雍),[53)] 조나라에 서는 여섯 개의 성을 할양받는 것으로써 강화하였다. 이리하여 정월에 모 두 군대를 철수시켰다. 뒤에 무안군이 이 내막을 듣게 되어, 응후와 틈이 생겼다.

9월에 진나라에서는 다시 출병시켜 오대부(五大夫)[54)] 왕릉(王陵)에게 조나라의 한단을 공격하게 하였다. 이때에 무안군은 병이 들어 출정하지 못하였다. 49년 정월에 왕릉이 한단을 공격하였으나 별로 얻은 것이 없어 진나라에서는 지원군을 급파하였다. 그러나 왕릉은 다섯 부대를 잃었을 뿐이었다. 무안군의 병에 조금 차도가 있자, 진나라 왕은 무안군에게 왕 릉을 대신하게 하려고 하였다. 그러나 무안군은 사자(使者)에게 다음과 같이 말하며 사양하였다.

한단은 실로 공격하기 쉬운 곳이 아니다. 또한 제후들의 구원군이 날로 다 가오고 있는데 저 제후들은 우리 진나라를 원망한 지 오래되었다. 지금 우 리 진나라는 비록 장평(長平)에서 적군을 격파하였다고는 하지만, 사졸들 중에서 전사한 자가 과반수이므로 국내는 텅 비어 있는 실정이다. 그런데 도 원정하여 한단을 공격한다면 조나라와 제후의 군대들에게 협공을 당하 여 필히 패하고 말 것이다.

이에 왕이 출정할 것을 친히 명하였으나 무안군은 응하지 않았다. 이번

---

51) 燕 : 戰國七雄의 하나. 영토는 지금의 河北省 북부와 遼寧省 서부에 걸쳐 있었다. 薊(지금의 北京市 서남쪽 모퉁이)에 도읍하였다. 권34 「燕召公世家」 참조.
52) 齊 : 戰國七雄의 하나. 지역은 지금의 山東省 북부와 동부에 걸쳐 있었다. 도읍은 臨菑(지금의 山東省 淄博市 동북쪽)에 있었다. 일찍이 장기간 秦나라와 동서로 대치 하였다. 권32 「齊太公世家」 참조.
53) 垣雍 : 읍 이름. 지금의 河南省 原陽縣 서남쪽.
54) 五大夫 : 작위 이름. 秦나라의 20등급의 작위 중에서 9번째이다.

에는 응후(應侯)로 하여금 청하게 하였으나 그는 끝내 사양하였다. 무안군은 병을 핑계대고 자리에 누워버렸다.

진나라 왕은 왕릉을 왕흘(王齕)로 대체하여 무려 8-9개월여에 걸쳐 한단을 포위하였으나 함락시키지 못하였다. 초나라는 춘신군(春申君)에게 위나라의 신릉군(信陵君)과 함께 수 십만의 병력으로 진나라 군대를 공격하게 하여 막대한 피해를 입혔다. [55] 무안군이 "진나라 왕은 나의 계모(計謀)를 듣지 않더니만 지금 어떠한가!"라고 탄식하였다. 진나라 왕이 이 말을 듣고 노하여 무안군에게 출정할 것을 강요하였으나 무안군은 병이 중하다고 하며 응하지 않았고 응후가 청해도 마찬가지였다. 이에 진나라 왕은 무안군을 면직(免職)시켜 사졸로 격하해서 음밀(陰密)[56]로 옮겨가게 하였다. 그러나 무안군은 병 때문에 바로 떠나지 못하고 석 달을 더 체류하였다. 이때 제후들의 공격이 치열해졌고 진나라 군대는 거듭 퇴각하였다. 급보를 알리는 사자들이 연일 함양에 이르렀다. 진나라 왕이 화가 나서 사람을 시켜 무안군 백기(白起)를 몰아내자, 그는 더 이상 함양에 있을 수가 없었다. 무안군이 함양 서문(西門)에서 10리쯤 떨어진 두우(杜郵)[57]에 이르렀을 때, 진 소왕(秦昭王)은 응후를 비롯한 군신들과 백기에 관해서 상의하면서 "백기가 떠날 때 불만에 가득 찬 원망하는 기색으로 말을 하였다"라고 말하고, 사자에게 검을 내리어 무안군에게 자결하게 하였다. 무안군이 검으로 자결할 즈음 "내가 하늘에 무슨 죄가 있어서 이런 지경에 이르렀는가?"라고 탄식하고, 이윽고 "나는 진실로 죽어 마땅하다. 장평의 전투에서 조나라 사졸 수십만이 항복하였거늘 내가 속여서 구덩이에 묻어버렸으니, 내가 죽지 않는다면 누가 죽어야 한다는 말인가?"라고 하고서 드디어 스스로 목숨을 끊었다. 무안군이 죽었을 때에는 진 소왕 50년 11월이었다. 비록 그가 죽었으나 그의 죄가 아니어서 진나라 사람들은 그를 불쌍히 여겼고, 향읍(鄕邑)에서는 모두 그를 제사 지냈다.

---

55) 春申君은 黃歇이다. 楚나라의 귀족으로 吳(지금의 江蘇省 蘇州市)에 봉해졌다. 호가 春申君이다. 권78「春申君列傳」참조. 信陵君은 魏나라의 公子 魏無忌를 가리킨다. 그는 魏 安釐王의 같은 어머니 형제로 信陵(寧陵葛鄕, 지금의 河南省 寧陵縣)에 봉해졌기 때문에 信陵君이라고 칭한다. 권77「魏公子列傳」참조.

56) 陰密: 읍 이름. 지금의 甘肅省 靈臺縣 서남쪽.

57) 杜郵: 亭 이름. 지금의 陝西省 咸陽市 동북쪽.

왕전(王翦)은 빈양(頻陽) 동향(東鄕) 사람이다.[58] 어려서부터 군사(軍事)를 좋아하였으며 진 시황(秦始皇)[59]을 섬겼다. 시황 11년에 왕전은 장군이 되어 조나라의 연여(閼與)를 공격하여 9개의 성을 함락시켰다.[60] 18년에 또 조나라를 공격하였다. 1년여 뒤에 마침내 조나라는 함락되고 왕[61]이 항복하였다. 진나라는 조나라 영토를 완전히 평정한 다음 군(郡)으로 삼았다. 이듬해 연나라에서 형가(荊軻)를 보내어 진나라 왕을 살해하려는 사건이 발생하였다.[62] 이에 진나라 왕은 왕전을 보내어 연나라를 공격하게 하였다. 연나라 왕 희(喜)[63]는 요동(遼東)[64]으로 달아났고, 왕전은 연나라 도성인 계(薊)를 평정하고 나서 귀환하였다. 그리고 또 진나라에서는 왕전의 아들인 왕분(王賁)을 보내어 형(荊)[65]나라를 공격하게 하였다. 형나라의 군대를 패배시키고 귀환하는 도중에 위(魏)나라를 공격하였는데, 위나라 왕[66]이 항복하여 드디어 위나라를 평정하였다.

진 시황은 삼진(三晉)을 이미 멸하였고 연나라 왕을 요동으로 패주하게 하였으며 수 차례 형나라의 군대를 격파하였다. 진나라의 장군 중에 이신(李信)이라는 자가 있었다. 그는 나이가 젊고 용감하였다. 그는 일찍이 수천명의 군대로써 연나라 태자 단(丹)을 추격하여 연수(衍水)가에서 연

---

58) 頻陽은 秦나라의 현 이름이다. 지금의 陝西省 富平縣 동북쪽. 東鄕은 鄕 이름이다.

59) 秦 始皇 : 성은 嬴이고 이름은 政이다. 秦 왕조의 건립자로, 기원전 246년에서 기원전 210년까지 재위하였다. 권6「秦始皇本紀」참조.

60) 閼與 : 趙나라의 읍 이름. 지금의 山西省 和順縣 서북쪽.

61) 趙 幽繆王 趙遷을 가리킨다. 기원전 235년에서 기원전 228년까지 재위하였다.

62) 荊軻는 衞나라 사람으로 燕나라를 遊歷하다가 燕나라 태자 丹에 의해서 秦 始皇의 살해 임무를 띠고 秦나라에 파견되었다. 그는 갈 때에 秦나라에서 도망온 장군 樊於期의 首級 및 비수를 싼 督亢(지명이다)에 관한 지도를 휴대하였다. 지도를 바치고, 이어 秦 始皇이 그것을 펼쳤을 때 비수가 드러나자, 그 비수로 찔렀으나 실패하였고, 그 결과 살해되었다. 권86「刺客列傳」참조.

63) 燕王 喜 : 성은 姬이고 이름이 喜이다. 기원전 254년에서 기원전 222년까지 재위하였다. 뒤에 秦나라의 포로가 되었다.

64) 遼東 : 군 이름. 지금의 遼寧省 大淩河에서 동쪽 방면에 있었으며 관할지역은 襄平(지금의 遼陽市)에 있었다.

65) 荊 : 楚나라의 별칭. 楚나라는 처음에 荊山(지금의 湖北省 南漳縣 서남쪽)에다 나라를 건립하였기 때문에, 荊으로 별칭한 것이다. 그리고 秦나라가 莊襄王의 성명이 嬴子楚이기 때문에, 이것을 諱하여 楚를 荊으로 칭하였다는 설도 있다.

66) 이때 魏王의 성은 魏이고 이름은 假이다. 기원전 227년에서 기원전 225년까지 재위하였다.

나라 군대를 격파하고 끝내 단을 포로로 잡았다. [67] 시황은 그를 현능하고 용감하다고 여겼다. 시황이 그에게 "짐이 형나라를 공격해서 취하고자 하는데, 그대 생각에는 얼마의 병력이면 충분하다고 생각하는가?"라고 물었더니, 그는 "20만이면 충분합니다"라고 대답하였다. 시황이 왕전에게 똑같은 질문을 하니, 왕전은 "60만이 아니면 안 됩니다"라고 대답하였다. 시황은 "왕장군은 늙었소이다. 어찌 이렇게도 겁이 많소! 이장군은 과감하면서도 용감하니 그의 말이 옳소이다"라고 말하고서, 이신으로 하여금 몽염(蒙恬)[68]과 함께 60만의 병력을 이끌고서 형나라를 공격하게 하였다. 왕전은 자기의 말이 수용되지 않자, 병을 핑계대고 직위에서 물러나자기의 고향인 빈양으로 돌아가버렸다. 이신은 평여(平與)를 공격하고 몽염은 침(寢)을 공격하여[69] 형나라의 군대를 대파시켰다. 이신은 또 언영(鄢郢)[70]을 공격하여 함락시켰으며, 이후 군대를 이끌고 서쪽으로 나아가서 몽염과 성보(城父)[71]에서 조우하였다. 형나라의 군대는 이 틈을 타서 3일 밤낮을 강행군으로 뒤쫓아가서 이신의 군대를 대파하였고, 두 성채로 진입하여 7명의 도위(都尉)를 사살하여, 결국 진나라 군대는 패주하게 되었다. [72]

시황은 이 소식에 접해서 대노하고, 몸소 말을 빈양으로 몰아 왕전을 보고서 "짐이 장군의 계모(計謀)를 쓰지 않았더니 이신이 과연 우리의 군대를 욕되게 하였소이다. 지금 들으니 형나라의 군대가 날로 서쪽으로 전진하고 있다고 하니, 장군이 비록 몸은 편치 않지만, 그래도 어찌 차마

---

67) 丹의 성은 姬이다. 燕나라 왕 喜의 太子이다. 처음에 秦나라에 인질이 되었으나, 뒤에 도망하여 燕나라로 돌아왔다. 이때 秦나라는 이미 韓, 趙 양국을 멸하였는데, 荊軻를 보내어 秦 始皇을 살해하려고 도모하였으나 실패하였다. 秦나라 군대가 燕나라를 격파하였을 때, 그도 그의 부친을 따라서 遼東으로 피하였으나, 그의 부친에 의해서 참수되어 秦나라에 바쳐졌다.

68) 蒙恬: 秦나라의 名將. 秦나라가 통일한 후, 그는 匈奴를 격파하여 河南의 땅(지금의 내몽고 河套 일대)를 접수하였으며, 아울러 長城을 축조하였다. 뒤에 秦 2세에게 핍박을 당하여 자살하였다.

69) 平與는 楚나라의 읍 이름으로 지금의 河南省 平與縣 북쪽에 있었다. 寢은 楚나라의 읍 이름으로 지금의 安徽省 臨泉縣에 있었다.

70) 鄢郢: 읍 이름으로 일명 郢이라고도 한다. 楚나라는 郢에서 鄢으로 천도하고서도 여전히 '郢'으로 명명하였고, 또 원래의 郢과 구별하기 위하여 '鄢郢'으로도 이름하였다. 지금의 湖北省 宜城縣 동남쪽에 있었다. 앞의 〈주 20〉 참조.

71) 城父: 楚나라의 읍 이름. 지금의 河南省 平頂山市 서북쪽.

72) 都尉: 무관 이름인데 장군보다는 직위가 낮다.

과인을 버릴 수가 있겠소!"라고 사과하면서 통사정하였다. 그러나 왕전은 사양하면서 "노신의 몸은 병들고 정신은 맑지 못하니 대왕께서는 다른 현능한 장군을 쓰십시오"라고 하였다. 시황이 다시 사과하고서 "됐소! 장군은 더 이상 나의 청을 거절하지 마시오"라고 하였다. 왕전이 "폐하께서 부득이 신을 쓰시겠다고 한다면 60만이 아니면 안 됩니다"라고 하니, 시황은 "장군의 말대로 하겠소이다"라고 하였다. 왕전이 60만을 거느리고 출정할 때, 시황은 파상(灞上)까지 전송하였다. 거기에서 떠나려고 할 즈음 왕전은 시황에게 아주 많은 좋은 전답과 저택, 동산, 연못을 청하였다. 시황이 "장군은 떠나려고 하는 마당에 어찌 가난을 염려하오?"라고 하니, 왕전이 "폐하의 장군들 중에는 공을 세워도 지금껏 후(侯)에 봉해진 자가 없습니다. 그래서 폐하께서 신을 친근히 대하실 때, 신 또한 내 맞추어 동산과 연못 등을 청하여 자손들의 생업으로 삼고자 하는 것입니다"라고 대답하였다. 시황은 이 말에 대소(大笑)하였다. 왕전은 함곡관에 이르러서 사자를 조정으로 다섯 번이나 보내어 좋은 밭 등을 계속해서 청하였다. 그러자 혹자가 "장군의 청은 너무 심한 것 같습니다"라고 말하였다. 이 말에 왕전은 "그렇지가 않다. 황제는 성품이 거칠고 남을 신임하지 않는 사람이다. 지금 진나라의 전군을 나에게 맡겼는데, 내가 전답과 저택을 많이 청구하여 자손의 생업으로 삼음으로써 내 스스로 황제를 위하여 명을 바치겠다는 결의를 보여주지 않는다면, 황제는 도리어 나를 의심할 것이 아니겠느냐?"라고 답하였다.

　형나라에서는 왕전이 이신을 대신하여 더 많은 군대로써 공격해온다는 소식에 나라 안의 전병력을 동원하여 준비를 하였다. 그러나 뜻밖에도 왕전은 형나라에 이르러 성채를 견고히 하며 수비만 할 뿐, 싸우려고 하지 않았다. 형나라의 군대가 수 차례 싸움을 걸어왔으나 그는 끝내 나오지 않았다. 왕전은 날마다 병사들에게 휴식을 주면서 목욕하게 하고, 좋은 음식으로써 위무(慰撫)하며, 몸소 병사들과 음식을 함께 들었다. 얼마 동안을 이러다가 왕전이 사람을 시켜서 "군중에서는 무슨 놀이를 하고 있는가?"라고 물으니, "한참 투석(投石)과 장애물 넘기를 하고 있습니다"라고 하였다. 이에 왕전이 "사졸들을 싸움에 쓸 수 있겠다"라고 하였다. 형나라는 여러 차례 싸움을 걸었으나 진나라에서 불응하자, 이에 병사들을 이끌고서 동쪽으로 나아갔다. 왕전은 이 틈을 타서 전병력으로 추격하여 형나라의 군대를 대파하였다. 기(蘄)[73]의 남쪽에 이르러 형나라의 장군 항연(項燕)을 죽이니 형나라의 군대는 드디어 패주하였다. 진나라에서는 승세를 타고서 형나라의 성읍(城邑)들을 평정하였다. 1년여가 지난 뒤, 형나라의 왕인 부추(負芻)[74]를 사로잡았고, 결국 형나라의 영토를 평정하여 군현(郡縣)으로 삼았다. 이 기회를 이용해서 백월(百越)도 정복하였다.[75] 그리고 왕전의 아들 왕분과 이신은 연과 제 나라를 격파하여 평정하였다.

진 시황 26년에 천하를 완전히 병합하였는데, 왕씨(王氏)와 몽씨(蒙氏)의 공이 많았기 때문에 그들의 이름이 후대로 전해졌다.[76]

진나라 2세(二世) 때에 왕전 및 그의 자식 왕분은 모두 이미 죽었고, 진나라는 또 몽씨를 멸하였다.[77] 진승(陳勝)[78]이 진나라에 반기를 들었을 때, 진나라에서는 왕전의 손자인 왕리(王離)를 보내어 조(趙)나라를 공격하게 하였는데, 조나라 왕[79] 및 장이(張耳)[80]를 거록(巨鹿)[81]에서 포위하였다. 이를 두고서 혹자가 "왕리는 진나라의 명장이다. 지금 강한 진나라의 군대를 거느리고서 새로 만들어진 조나라를 공격하고 있는데 반드시 이길 것이다"라고 말하니, 그의 빈객(賓客)이 "그렇지 않습니다. 3대째 장군을 하는 자는 반드시 패합니다. 왜냐하면 조부와 부친 대에 살

---

73) 蘄 : 楚나라의 읍 이름. 지금의 安徽省 宿州市 동남쪽.
74) 負芻 : 熊負芻를 가리키는데, 그는 기원전 227년에서 기원전 223년까지 재위하였다.
75) 百越 : 부족 이름. 당시 長江 중하류 이남에 광범하게 분포되어 있고 부락이 아주 많았기 때문에, 百越이라고 칭한 것이다.
76) 王氏는 王翦, 王賁 부자를 가리킨다. 蒙氏는 蒙驁, 蒙武, 蒙恬 3대를 가리킨다.
77) 二世는 嬴胡亥이다. 통치기간 중에 백성들의 고통을 돌보지 않고 폭정을 행하다가, 이윽고 陳勝, 吳廣이 영도한 농민의거에 의한 침중한 타격하에서, 환관인 趙高의 핍박으로 자살하였다. 기원전 210년에서 기원전 207년까지 재위하였다. 蒙氏는 蒙恬, 蒙毅 형제를 가리킨다.
78) 陳勝(? -기원전 208년) : 陽城(지금의 河南省 登封縣 동남쪽) 사람이다. 秦나라 말기 농민의거의 주동자이다. 권48 「陳涉世家」 참조.
79) 趙歇을 가리킨다. 秦나라 말기 농민전쟁중에 張耳, 陳餘에 의해서 趙나라 왕으로 옹립되었다.
80) 張耳 : 大梁(지금의 河南省 開封市) 사람이다. 反秦 의거중에 陳餘와 함께 陳勝에게 의탁하였으며, 명을 받들어 옛 趙나라 땅을 공략해서 평정하였다. 뒤에 項羽를 추종하여 常山王에 봉해졌다. 최후에는 劉邦에게 귀순해서 趙나라 왕에 봉해졌다. 권89 「張耳陳餘列傳」 참조.
81) 巨鹿 : 성 이름. 지금의 河北省 平鄕縣 서남쪽.

벌(殺伐)함이 많아서 그 후손은 재앙을 받기 때문입니다. 왕리를 보자면 그가 바로 3대째의 장군입니다"라고 말하였다. 과연 왕리가 거록성을 포위한 지 얼마 되지 않아서, 항우(項羽)[82]가 조나라를 구제하여 진나라 군대를 격파해서 왕리를 사로잡았고, 왕리의 군은 제후들에게 투항하였다.

　태사공은 말하였다.

　"속어(俗語)에 이르기를 '자〔尺〕가 비록 긴 것이기는 하지만, 상대적으로 더 긴 것과 비교하였을 때에는 짧고, 치〔寸〕가 비록 짧은 것이기는 하지만 상대적으로 더 짧은 것과 비교하였을 때에는 길다'[83]라고 하였다. 백기(白起)는 적정(敵情)을 헤아려 능란한 임기응변과 기계(奇計)를 무궁무진하게 내어 이름이 천하를 진동시켰다. 그러나 응후(應侯)와의 틈에서 생긴 자기의 환란은 구제하지를 못하였다. 왕전(王翦)은 진나라의 장군이 되어 여섯 나라를 멸망시켰고, 그 당시 진 시황(秦始皇)은 노장(老將)인 그를 스승으로 모시었다. 그러나 진나라를 도와서 덕을 세워 그 근본을 굳건히 하지는 못하였고, 구차히 영합해서 일신의 안일만을 취하여 살다가 죽었다. 그러니 그의 손자 왕리(王離)가 항우(項羽)에게 포로가 된 것이 또한 마땅하지 아니한가? 백기와 왕전에게는 각각 이런 단점이 있었던 것이다."

---

82)　項羽 : 項籍(기원전 232-기원전 202년)의 字이다. 下相(지금의 江蘇省 宿遷縣 서남쪽) 사람이다. 秦 왕조를 전복한 후, 자립해서 西楚覇王이 되었다. 뒤에 劉邦에게 패하자 자살하였다. 권7 「項羽本紀」 참조.
83)　모든 사물에는 단지 상대적인 우열이 있을 뿐임을 말한 것이다.

권74 「맹자순경열전(孟子荀卿列傳)」 제14

태사공(太史公)은 말하였다.

"내가 『맹자(孟子)』[1]를 읽다가 양 혜왕(梁惠王)[2]이 '어떻게 하면 우리 나라를 이롭게 할 수 있겠습니까?'라고 질문한 대목에 이르러 일찍이 책을 덮고 탄식하지 않은 적이 없었다. 아! 이롭다고 하는 것은 진실로 어지러운 것의 시작이구나! 공자(孔子)가 이로운 것을 말하는 것이 드물었던 것은 항상 그 (어지러운 것의) 근원을 막기 위함이었다. 그런 까닭에 '이로운 것에 따라 행동하면 원망(怨望)이 많다'라고 하였다. 천자(天子)로부터 서민에 이르기까지 이로움을 좋아해서 생긴 병폐가 어찌 다르겠는가!"

맹가(孟軻)[3]는 추(騶)[4]나라 사람으로, 자사(子思)[5]의 제자에게서 학문을 배웠다. 도(道)가 이미 통달하게 되어 제 선왕(齊宣王)[6]에게 유세하여 섬기고자 하였으나 선왕이 그를 등용하지 않았다. 맹가가 양(梁)[7]나라에 갔으나 혜왕은 그가 말하는 것을 믿지 않았고, 맹가를 보고 그의 말은 현실과 거리가 멀어 당시의 사정에 맞지 않는다고 생각하였다. 당시

---

1) 『孟子』: 儒家의 경전 가운데 하나로 孟子와 그의 제자들이 함께 편찬하였다. 모두 7편으로 그 속에는 孟子의 정치활동, 정치학설, 철학, 윤리, 교육사상 등이 기록되어 있다. 南宋 때 朱熹가 『孟子』와 『論語』, 『大學』, 『中庸』을 합하여 '四書'라고 하였다.
2) 梁 惠王: 魏 惠王인 魏罃을 가리킨다. 기원전 370년에서 기원전 335년까지 재위하였다.
3) 孟軻(약 기원전 372-기원전 289년): 字는 子輿(일설에는 子車라고도 한다)이며 孔子의 학설의 계승자로 儒家의 대표적인 인물이다.
4) 騶: '鄒'와 같다. 작은 나라의 이름으로, 지금의 山東省 鄒縣 일대에 위치하였다.
5) 子思(기원전 483-기원전 403년): 子思는 그의 字로, 孔子의 손자이다.
6) 齊 宣王: 기원전 342년에서 기원전 324년까지 재위하였다.
7) 梁: 魏나라의 별칭. 魏 惠王이 安邑(지금의 山西省 夏縣 북쪽)에서 大梁(지금의 河南省 開封市)으로 도읍을 옮겼기 때문에 魏를 梁으로도 일컫는다.

진(秦)나라는 상군(商君)[8]을 등용하여 나라를 부유하게 하고 군대를 강하게 하였고, 초(楚)나라와 위(魏)나라는 오기(吳起)[9]를 등용하여 싸움에서 이기고 적을 약하게 하였다. 제(齊)나라의 위왕(威王)과 선왕(宣王)은 손자(孫子),[10] 전기(田忌)[11]의 무리를 등용하여 제후들이 동쪽을 향하여 제나라에 조회(朝會)하게 하였다. 천하는 바야흐로 합종(合縱)[12]과 연횡(連衡)[13]에 힘썼으며, 남을 공격하고 정벌하는 것을 현명하다고 여겼다. 그래서 맹가는 당(唐),[14] 우(虞)[15]와 삼대(三代)[16]의 덕정(德政)을 논술하였지만, 그가 가는 곳마다 그 내용과 부합되지 않았다. 물러나와 만장(萬章)[17]의 무리들과 함께 『시경(詩經)』, 『서경(書經)』을 순서에 따라 편집하고, 중니(仲尼)[18]의 뜻을 논술하여 『맹자』 7편을 썼다. 그 뒤로 추자(騶子)의 무리가 있었다.

제나라에는 세 사람의 추자가 있었다. 제일 먼저의 추기(騶忌)[19]는 거

---

8) 商君(기원전 390-기원전 338년) : 公孫鞅. 衛나라 사람. 秦 孝公을 도와 變法을 실행하였고, 秦나라가 부강하게 되는 기초를 다졌다. 戰功으로 인해서 商(지금의 陝西省 商縣 동남쪽)에 봉해져서 商君이라고 불렀으며, 商鞅이라고도 한다. 저작으로 『商君書』가 있다. 권68 「商君列傳」 참조.

9) 吳起 : 衛나라 左氏(지금의 山東省 曹縣 북쪽) 사람. 일찍이 魏나라 장군으로 있으면서 여러 차례 전공을 세웠다. 후에 楚나라의 令尹으로 있으면서 楚 悼王을 보좌하여 變法을 실행하였고, 楚나라의 부강을 촉진하였다. 권65 「孫子吳起列傳」 참조.

10) 孫子 : 孫臏을 가리킨다. 齊나라 阿(지금의 山東省 陽谷縣 동북쪽) 사람. 일찍이 齊 威王의 軍師로 있었다. 桂陵과 馬陵에서 魏나라 군사를 물리쳤다. 저작으로 『孫臏兵法』이 있다. 권65 「孫子吳起列傳」 참조.

11) 田忌 : 齊나라의 장군. 일찍이 군사를 이끌고 두 차례나 魏나라 군사를 크게 물리쳤다.

12) 合縱 : 六國이 연합하여 秦나라에 대항하려는 조직과 책략을 말한다.

13) 連衡 : '連橫'이라고도 한다. 秦나라가 몇 나라와 연합하여 다른 나라들을 공격하려는 조직과 책략을 말한다.

14) 唐 : 陶唐氏를 말한다. 전설상의 고대 부락 이름으로 平陽(지금의 山西省 臨汾市 서남쪽)에 거주하였다. 堯임금이 그 영수이다.

15) 虞 : 虞氏를 말한다. 전설상의 고대 부락 이름으로 蒲阪(지금의 山西省 永濟縣 서쪽)에 거주하였다. 舜임금이 그 영수이다.

16) 三代 : 夏, 商, 周 3대를 가리킨다.

17) 萬章 : 孟軻의 제자.

18) 仲尼(기원전 551-기원전 479년) : 孔丘를 가리킨다. 字가 仲尼이다. 춘추시대 때 魯나라 鄹邑(지금의 山東省 曲阜市 동남쪽) 사람. 유가학파의 창시자이다. 권47 「孔子世家」 참조.

19) 騶忌 : 일찍이 齊나라 재상으로 있었고, 下邳(지금의 江蘇省 邳縣 서남쪽)에 봉해

문고를 타는 것으로써 제 위왕(齊威王)에게 벼슬을 구하여, 국정에 참여할 수 있게 되자 봉읍을 받고 성후(成侯)가 되었으며 재상의 인장을 받았다. 그는 맹자보다 앞서 살았다.

그 다음은 추연(騶衍)[20]으로 맹자보다 후대 사람이다. 추연은 나라를 가진 자가 더 음란하고 사치하여 도덕을 숭상할 수 없으므로, 「대아(大雅)」에서 말한 것처럼 도덕을 먼저 자신의 몸에 정제한다면 비로소 그 덕을 백성들에게까지 미칠 수 있음을 보았다. 그래서 깊이 음양(陰陽)의 소멸과 성장 변화를 관찰하고, 기이하고 현실과 거리가 먼 변화를 기술하여 「종시(終始)」, 「대성(大聖)」편 등 10만여 자를 지었다. 그 말들이 멀고 크고 종잡을 수 없어서 변함없는 도리에 맞지 않으나, 먼저 작은 사물을 검증하고 난 후에 그것을 추론하여 확대해나가 무한한 곳까지 이르렀다. 우선 먼저 현재로부터 시작하여 황제(黃帝)[21]까지를 서술하였는데, 이는 모두 학자들이 공동으로 서술한 것으로 대체로 시대의 흥함과 쇠함에 따랐다. 그리고는 그 길흉의 징조와 국가의 제도를 기재한 뒤에 그것으로 미루어 먼 곳까지 이르게 하였는데, 이때에는 천지가 생기기 전의 깊고 멀고 신비하여 가히 생각하여 찾아낼 수 없는 곳에까지 이르렀다. 먼저 중국의 이름난 산, 큰 강, 깊은 계곡, 들짐승과 날짐승, 물과 뭍에서 생장하는 동물 중 가장 진귀한 것들을 묘사하고, 그것으로 미루어 사람들이 볼 수 없는 요원한 이역(異域)에까지 이르렀다. 천지가 나누어진 이래 오행(五行)이 차례로 옮겨가 (각 시대의) 다스림이 각기 그 마땅함을 얻고, (하늘의 명령과 사람의 일이) 이에 상응하는 것을 인용하여 설명하였다. 그는 유가에서 말하는 중국은 천하를 81개로 나누었을 때, 단지 그 한 부분만을 차지하는 것이라고 여겼다. 중국을 적현신주(赤縣神州)라고 이름하였다. 적현신주 안에는 9개의 주(州)가 있는데 하우(夏禹)[22]가 정

져서 成侯라고 칭하였다.

20) 騶衍(약 기원전 305-기원전 240년) : 齊나라 사람으로 陰陽家의 대표적인 인물. 五德終始의 학설을 내놓았고, 춘추전국 시대 때 유행하던 五行을 가지고 사회, 역사의 변동과 왕조의 흥망성쇠를 설명하였다. 저작으로 『鄒子』, 『鄒子終始』가 있는데 지금은 전하지 않는다.

21) 黃帝 : 전설상의 中原 각 부락의 공동 조상.

22) 夏禹 : 전설상의 고대 부락연맹의 영수. 성은 姒이고, 이름은 文命이다. 원래는 夏虞氏 부락의 영수였으나, 舜임금의 명을 받아 홍수를 다스렸다. 공적이 커서 舜임금에 의해서 그의 후계자가 되었다. 권2 「夏本紀」 참조.

리한 9주(九州)²³⁾라고 말하는 것이 바로 이것이다. 그러나 이러한 주는 주로서 셀 만한 것이 못 된다. 중국 이외에도 적현신주와 같은 것이 9개나 되는데 그것이 바로 9주이다. 거기에는 작은 바다가 있어 9주를 두루고 있는데, 백성들과 짐승들이 서로 통하지 않으며 그 한 구역 안에 있는 것을 1주(一州)라고 하였다. 이와 같은 것이 9개이며, 거기에 큰 바다가 있어 그 밖을 두루고 있는데, 그것이 하늘과 땅의 끝이다. 추연이 기술한 것은 모두 이와 같은 종류이다. 그러나 그 요점은 반드시 인의와 절약, 근검 그리고 군신, 상하, 육친(六親)²⁴⁾ 사이의 일에 귀착되는데, 그 처음은 크고 넘친다. 왕공 대인(王公大人)이 처음 그의 학설을 들으면 깜짝 놀라 그의 설에 감화되지만, 그 뒤에는 그것을 실행할 수 없었다.

이것으로 추자는 제나라에서 소중하게 여겨졌다. 그가 양나라에 갔는데 혜왕이 교외에까지 나와 영접하여 손님과 주인의 예로써 대우하였다. 그가 조(趙)나라에 갔을 때 평원군(平原君)²⁵⁾은 옆으로 걸어가면서 옷자락이 자리를 쓸 정도로 경의를 표시하였다. 연(燕)나라에 가니 소왕(昭王)²⁶⁾이 빗자루를 가지고 길을 쓸면서 앞에서 길을 인도하였고, 제자의 자리에 앉아서 가르침을 받기를 청하였으며, 갈석궁(碣石宮)²⁷⁾을 건축하여 그를 머무르게 하면서 몸소 찾아가 그를 스승으로 섬겼다. 이때 「주운(主運)」편을 지었다. 그가 제후들을 유세하며 존경받고 예우받은 것이 이와 같았으니, 어찌 중니가 진(陳)과 채(蔡)에서 굶주려 얼굴에 주린 기색이 있었던 일이나, 맹가가 제와 양 나라에서 곤란을 겪은 일과 같은 일이 있었겠는가? 그런 까닭에 무왕(武王)²⁸⁾이 인의(仁義)로써 주왕(紂王)²⁹⁾을 정벌하고 왕이 되었지만, 백이(伯夷)³⁰⁾는 굶주리면서도 주(周)

---

23) 九州 : 전설상의 중국 고대의 행정구역. 『書經』「禹貢」편에 따르면 그 명칭은 冀州, 兗州, 靑州, 徐州, 揚州, 荊州, 豫州, 梁州, 雍州이다.

24) 六親 : 통상적으로 부모, 형제, 부부를 말한다.

25) 平原君 : 趙勝을 가리킨다. 趙 惠文王의 아우. 東武城(지금의 山東省 武城縣 서북쪽)에 봉해져서 平原君이라고 하였다. 일찍이 趙나라의 재상으로 있었는데, 식객이 수천명이나 있었다. 권76「平原君虞卿列傳」참조.

26) 昭王 : 燕 昭王 姬平(일설에는 姬職이라고도 한다)을 가리킨다. 기원전 311년에서 기원전 279년까지 재위하였다.

27) 碣石宮 : 궁 이름. 옛 터가 지금의 北京市 서쪽 교외에 있다.

28) 武王 : 周 武王인 姬發을 가리킨다. 부친인 文王의 유지를 받들어 商나라를 멸하고 西周 왕조를 건립하였다. 권4「周本紀」참조.

29) 紂王 : 商나라의 마지막 군주. 포학무도하여 뒤에 周 武王의 공격을 받아 牧野의

나라의 곡식을 먹지 않았던 것이며, 위 영공(衛靈公)³¹⁾이 군사에 관한 일을 물었을 때 공자는 대답하지 않았던 것이고, 양 혜왕이 조나라를 치고자 도모하니 맹가는 옛날 주나라의 대왕(大王)³²⁾이 빈(邠)³³⁾을 버리고 떠난 것을 칭찬하였던 것이다. 이러한 일들이 어찌 세속에 아첨하며 구차하게 영합하려는 뜻이 있어서였겠는가! 네모난 장부를 둥근 구멍에 넣으려고 하니 안으로 들어갈 수 있겠는가! 어떤 사람이 말하기를 이윤(伊尹)³⁴⁾이 솥을 짊어지고 탕(湯)³⁵⁾을 격려하여 왕이 되도록 하였으며, 백리해(百里奚)³⁶⁾는 수레 아래서 소를 먹여 진 목공(秦穆公)에게 등용되어 그를 패자로 만들었으니, 이는 모두 먼저 상대방의 뜻에 영합한 이후에 그를 대도(大道)로 인도하라는 것이다. 추연의 말이 비록 일반적인 법칙을 초월하였지만, 그 역시 혹시 백리해가 소를 먹인 것이나 이윤이 솥을 짊어진 것과 같은 뜻이 있지 않았겠는가!

추연을 비롯하여 제나라의 직하선생(稷下先生),³⁷⁾ 즉 순우곤(淳于髡)³⁸⁾ 신도(愼到),³⁹⁾ 환연(環淵),⁴⁰⁾ 접자(接子),⁴¹⁾ 전병(田騈),⁴²⁾ 추석(騶奭)⁴³⁾과 같은 무리가 각자 글을 지어 국가의 치란(治亂)의 일들을 논

전투에서 패하여 자결하였다. 권3 「殷本紀」 참조.

30) 伯夷 : 商나라 말기 孤竹君의 장남.
31) 衛 靈公 : 姬元. 기원전 534년에서 기원전 492년까지 재위하였다.
32) 大王 : 周나라의 古公亶父를 가리킨다. '大'는 '太'와 통한다.
33) 邠 : 지명. 지금의 山西省 彬縣 동북쪽.
34) 伊尹 : 商나라의 대신. 伊는 관직 이름이고, 尹은 그의 이름이다.
35) 湯 : 商나라를 일으킨 군주. 권3 「殷本紀」 참조.
36) 百里奚 : 춘추시대 때 秦나라의 大夫. 원래는 虞나라의 大夫였으나, 秦 穆公을 도와 秦나라가 패업을 세우는 데 커다란 역할을 하였다.
37) 稷下先生 : 齊나라 威王, 宣王 때 齊나라의 성문인 稷門 아래에 모여들었던 많은 학자들을 총칭하는 말이다. 稷下는 지명으로, 齊나라 도성인 臨菑(지금의 山東省 淄博市 동북쪽)의 稷門 부근의 지방을 가리킨다.
38) 淳于髡 : 齊나라 학자. 齊 威王 때 大夫가 되어 여러 차례 威王과 鄒忌에게 간언하여 내정을 개혁하였다.
39) 愼到(약 기원전 395-기원전 315년) : 法家. 저작에 『愼子』 42편이 있으나, 지금은 전하지 않고 7편만 전해진다.
40) 環淵 : 道家. '蜎淵'이라고도 한다. 저작에 『蜎子』 13편이 있으나, 지금은 전하지 않한다.
41) 接子 : 道家. 저작에 『接子』 42편이 있으나, 지금은 전하지 않는다.
42) 田騈 : 道家. 저작에 『田子』 25편이 있는데, 지금은 전하지 않는다.
43) 騶奭 : 陰陽家. 저작에 『騶奭子』 12편이 있으나, 지금은 전하지 않는다.

술하여 이로써 당시의 군주들에게 읽혀지기를 간구하였으니, 이 어찌 이루 다 말할 수 있겠는가?

순우곤은 제나라 사람이다. 그는 견문이 넓고 기억력이 뛰어났으나 학문에 주된 견해가 없었다. 그의 풍간(風諫)과 유세는 안영(晏嬰)[44]의 사람됨을 사모하였다. 그러나 상대방의 뜻을 이어받고 안색을 살피는 데에만 힘썼다. 어느 식객이 순우곤에게 양 혜왕을 뵙게 해주었는데, 혜왕이 좌우의 신하들을 물리치고 혼자 앉아 두 번이나 그를 보았지만 순우곤은 끝내 아무 말이 없었다. 혜왕이 이를 이상하게 여기고, 소개한 식객을 꾸짖으며 말하기를 "그대가 순우곤 선생은 관중(管仲),[45] 안영이 미치지 못한다고 칭찬하여 과인이 그를 만나보았지만 그에게서 얻은 것이 없었다. 그를 상대하여 말하기에 과인이 부족하기 때문인가? 이것이 무슨 까닭인가?"라고 하였다.

식객이 순우곤에게 말하니, 그는 "확실히 그렇습니다. 제가 전에 왕을 뵈었을 때 왕의 뜻은 말 달리는 데 있었습니다. 뒤에 다시 왕을 뵈오니 왕의 뜻은 음악 소리에 있었습니다. 때문에 제가 침묵하였던 것입니다"라고 말하였다. 식객이 왕에게 상세하게 이야기하니 왕이 매우 놀라며 "아! 진실로 순우곤 선생이야말로 성인이로다! 전에 순우곤 선생이 왔을 때에는 어떤 사람이 좋은 말을 바쳤는데, 마침 과인이 그 말을 보기도 전에 선생이 도착하였던 것이오. 뒤에 다시 선생이 왔을 때에는 어떤 사람이 노래 잘하는 사람을 소개하였는데 마침 그를 시험해보기도 전에 역시 선생이 도착하였던 것이오. 과인이 비록 사람들을 물리치게 하였으나 나의 마음은 그들에게 있었으니, 바로 그런 일이 있었던 것이오"라고 말하였다.

뒤에 순우곤이 왕을 뵙고 한 번 이야기하니 3일 밤낮을 계속하며 게을리함이 없었다. 혜왕이 공경과 재상의 지위로 그를 대우하려고 하였으나 순우곤은 사양하고 물러갔다. 그래서 혜왕이 전송하는 데 4마리의 말이 끄는, 앉아서 타는 수레에 그를 태우고 비단 묶음에 구슬을 더하였으며,

---

44) 晏嬰: 字는 平仲이며, 夷維(지금의 山東省 高密縣) 사람이다.
45) 管仲: 춘추시대 때 齊나라의 대신. 이름은 夷吾이며, 字는 仲이다. 齊 桓公을 도와 그를 춘추시대 제일의 패자로 만들었다. 지금 전하는 『管子』는 후세 사람들의 偽作으로 권62 「管晏列傳」에 자세한 기록이 있다.

황금 100일(鎰)⁴⁶⁾을 주었다. 순우곤은 죽을 때까지 벼슬을 하지 않았다.

신도는 조나라 사람이다. 전병과 접자는 제나라 사람이다. 환연은 초나라 사람이다. 모두 황제(黃帝)와 노자(老子)의 도덕에 관한 학술을 배워 그 뜻을 발휘하고 상세히 설명하였다. 그래서 신도가 12편의 이론을 저술하고, 환연이 상, 하 편을 저술하였으며, 전병과 접자도 모두 논술한 바가 있었다.

추석은 제나라의 여러 추자 가운데 한 명으로, 역시 비교적 많은 부분에서 추연의 학설을 채택하여 글을 지었다. 제나라 왕이 그러한 것을 좋아하여 순우곤으로부터 그 이하 여러 사람들을 다 열대부(列大夫)라고 이름하고, 그들을 위하여 번화한 거리에 저택을 짓고 높은 문과 커다란 집에 살게 하면서 그들을 존경하고 총애하였다. 그리고는 이것을 천하의 제후들과 빈객들에게 보여서 제나라는 천하의 어진 선비들을 초빙하였다고 말하게 하였다.

순경(荀卿)은 조나라 사람이다. 그의 나이 50세에 비로소 제나라에 와서 학설을 유세하였다. 추연의 학술은 멀고 크며 넓고 웅변적이었다. 추석 역시 문장은 좋으나 시행되기가 어려웠다. 순우곤과 오랫동안 함께 있으면 때때로 유익한 말을 얻을 수 있었다. 그래서 제나라 사람들이 칭송하여 말하기를 "하늘을 말하는 자는 추연이며, 용을 새기는(문장을 수식하는) 자는 추석이며, 곡과(穀過)를 지지는[炙](지혜가 끝없는) 자는 순우곤이다"라고 하였다.

전병의 무리는 이미 다 죽었다. 제 양왕(齊襄王)⁴⁷⁾ 때에는 순경이 가장 지위가 높은 스승이었다. 제나라에서는 여전히 열대부가 모자라면 보충하였는데, 순경이 3차례나 좨주(祭酒)가 되었다. 제나라 사람 가운데 어떤 사람이 순경을 모함하자 순경은 초나라로 갔고, 춘신군(春申君)⁴⁸⁾이 그를 난릉령(蘭陵令)으로 삼았다. 춘신군이 죽자 순경도 면직되었고, 이로 인하여 그는 난릉에 거처를 정하고 살았다.

---

46) 鎰은 고대의 중량 단위로, 1鎰은 20兩 혹은 24兩이다.
47) 齊 襄王：田法章. 기원전 283년에서 기원전 265년까지 재위하였다.
48) 春申君：黃歇. 楚나라 귀족으로 左徒, 令尹을 지냈다. 吳(지금의 江蘇省 蘇州市)에 봉해졌기 때문에 春申君이라고 하였다.

이사(李斯)[49]는 일찍이 그의 제자였으며, 그후 이사는 진(秦)나라의 재상이 되었다. 순경은 멸망된 국가와 혼미한 군주가 서로 이어지고, 대도(大道)를 따르려고 하지 않고 무속에 미혹되고, 길흉의 징조를 믿고, 비속한 유생들은 작은 일에 구애되며, 장주(莊周)[50]와 같은 무리들이 변론에 능하여 풍속을 어지럽히는 당시 혼탁한 시대의 정치를 미워하였다. 그래서 유가(儒家), 묵가(墨家), 도가(道家)가 행한 성취와 실패를 고찰하고 차례로 정리하여 수만 글자의 저작들을 남기고 죽었다. 그를 난릉에 장사 지냈다.

조나라에는 공손룡(公孫龍)[51]이 있었는데 그는 견백동이(堅白同異)의 궤변[52]을 하였고, 또 극자(劇子)[53]의 언설이 있었다. 위(魏)나라에는 이회(李悝)[54]가 있었는데 그는 땅의 힘을 다하여 나라를 부유하게 하라고 가르쳤다. 초나라에는 시자(尸子),[55] 장로(長盧)[56]가 있었고, 아(阿)[57]에는 우자(吁子)[58]가 있었다. 맹자로부터 우자에 이르기까지 세상에는 그들의 많은 저술이 알려졌다. 그런 까닭에 그 내용을 논하지는 않겠다. 묵적(墨翟)[59]은 송(宋)[60]나라의 대부로서 수성(守成)과 방어의 전술에

---

49) 李斯 : 楚나라 上蔡(지금의 河南省 上蔡縣 서남쪽) 사람. 秦 始皇 때 丞相이 되어 그를 도와 전제주의의 중앙집권정치를 시행하였고, 뒤에 秦 二世에 의해서 피살되었다. 권87「李斯列傳」참조.
50) 莊周(약 기원전 369-기원전 286년) : 宋나라 蒙(지금의 河南省 商丘縣 동북쪽) 사람. 그는 老子의 道德自然의 학설을 계승, 발전시켰으며, 저작에『莊子』가 있다.
51) 公孫龍은 名家의 대표적 인물이다. 저작에『公孫龍子』가 있다.
52) 堅白同異는 전국시대 趙나라의 公孫龍이 주장한 궤변이다. 즉 눈으로 돌을 보면 희다는 것은 알 수 있으나 견고하다는 것은 알 수 없다. 그러나 손으로 돌을 만져보면 견고하다는 것은 알 수 있으나 희다는 것은 알 수 없다는 것이다. 그러므로 견고한 흰 돌이라는 것은 동시에 성립될 수 없는 개념이라는 논법을 사용하여, 옳은 것을 그른 것이라고 하고 같은 것을 다르다고 말하는 변설이다.
53) 劇子 : 法家. 저작에『劇子』9편이 있으나, 지금은 전하지 않는다.
54) 李悝 : 일찍이 魏 文侯의 재상이었다. 그는 당시 각국의 법률을 모아『法經』을 편찬하였으나 지금은 전하지 않는다.
55) 尸子 : 尸佼를 가리킨다. 雜家. 저작에『尸子』20편이 있으나, 지금은 전하지 않는다.
56) 長盧 : 道家. 저작에『長盧子』9편이 있다.
57) 阿 : 읍 이름. 齊나라의 땅으로 지금의 山東省 陽谷縣 동북쪽에 있었다.
58) 吁子 : 吁嬰을 가리킨다. 저작에『吁子』18편이 있다.
59) 墨翟(약 기원전 468-기원전 376년) : 宋나라 사람으로 뒤에 魯나라에 거주하였다. 墨家 학파의 창시자. 저작에『墨子』가 있다.

능하였으며 비용을 절약할 것을 주장하였다. 어떤 사람은 그를 공자(孔子)와 같은 때의 사람이라고 말하기도 하고, 어떤 사람은 공자보다 뒤에 살았던 사람이라고도 하였다.

---

60) 宋 : 작은 나라 이름. 지금의 河南省 동북쪽.

권75 「맹상군열전(孟嘗君列傳)」 제15

　맹상군(孟嘗君)[1]은 이름은 문(文)이며, 성은 전씨(田氏)이다. 문의 아버지는 정곽군(靖郭君)[2] 전영(田嬰)[3]이다. 전영은 제 위왕(齊威王)[4]의 막내 아들로서 제 선왕(齊宣王)[5]의 이복 동생이다. 전영은 위왕 때부터 관직에 등용되어 정사에 관여하였으며, 성후(成侯)인 추기(鄒忌),[6] 전기(田忌)[7]와 함께 장군이 되어 위(魏)나라를 구원하고 한(韓)나라를 공격하였다. 성후는 전기와 왕의 총애를 다투었는데, 성후가 전기를 모함하였다. 전기가 두려워하여 제나라 변방의 고을을 공격하였으나 이기지 못하고 도망갔다. 마침 위왕이 죽고 선왕이 즉위하였는데, 성후가 전기를 모함한 사실을 알고 이에 다시 전기를 불러 장군으로 삼았다.

　선왕 2년에 전기와 손빈(孫臏)[8] 그리고 전영이 함께 위(魏)나라를 공

---

1)　孟嘗君 : 田文의 시호. 『史記索隱』에는 '孟'은 田文의 별명이며, '嘗'은 봉읍 이름으로, 땅이 薛邑 근처에 있었다고 한다.
2)　靖郭君 : 원래는 田嬰의 시호라고 전해지나, 『史記索隱』에는 田嬰이 죽은 뒤 봉읍의 이름으로 인해서 생긴 별명이라고 한다.
3)　田嬰 : 원래는 齊 威王의 막내 아들이라고 전해오나, 『史記索隱』에는 다만 齊나라 왕족의 방계혈족이라고 한다.
4)　齊 威王 : 田因齊. 기원전 378년에서 기원전 343년까지 재위하였다. 그는 정치를 개혁하고, 국력이 점차 강해지자 처음으로 왕이라고 칭하였다. 일찍이 臨淄 稷下에 학관을 설치하여 사방에서 학자들을 불러 배움을 구하여 당시 여러 학파들이 모이는 중심이 되었다.
5)　齊 宣王 : 田僻彊. 기원전 342년에서 기원전 324년까지 재위하였다.
6)　鄒忌 : 齊나라의 재상. 下邳(지금의 江蘇省 邳縣 서남쪽)에 봉해져서 成侯라고 칭하였다.
7)　田忌 : 齊나라의 장군. 徐州(지금의 山東省 滕縣 남쪽)에 봉을 받았다. 桂陵(지금의 河南省 長垣縣 서북쪽, 일설에는 지금의 山東省 荷澤縣 서남쪽이라고도 한다)과 馬陵(지금의 河南省 范縣 서남쪽, 일설에는 지금의 河北省 大名縣 동남쪽이라고도 한다)에서 魏나라의 군대를 크게 무찔렀다. 鄒忌와 사이가 좋지 않아 모함을 받아 楚나라로 달아났다.
8)　孫臏 : 齊나라 阿邑(지금의 山東省 陽谷縣 동북쪽) 사람. 일찍이 龐涓과 함께 병법을 배웠는데, 뒤에 龐涓이 魏나라 장군으로 등용되자 그의 재능을 시기하여 그를 속여 魏나라로 보내 臏刑에 처하게 하였기 때문에 孫臏이라고 불렀다. 뒤에 桂陵과 馬

격하여 마릉(馬陵)에서 패배시켰고, 위나라 태자인 신(申)을 사로잡고
장군 방연(龐涓)[9]을 죽였다. 선왕 7년에 전영이 한나라와 위나라에 사자
로 가니 한나라와 위나라가 제나라에 복종하였다. 전영은 한 소후(韓昭
侯)[10]와 위 혜왕(魏惠王)[11]과 함께 동아(東阿)[12]의 남쪽에 가서 그들로
하여금 제 선왕을 만나 맹약하고 돌아가게 하였다. 이듬해 전영은 다시
위 혜왕과 견(甄)[13]에서 만났다. 그해에 양 혜왕(梁惠王)이 죽었다. 선
왕 9년에 전영은 제나라의 재상이 되었다. 제 선왕과 위 양왕(魏襄王)[14]
이 서주(徐州)[15]에서 만나 서로 왕이라고 칭하기로 하였다. 초 위왕(楚
威王)[16]이 그 소식을 듣고 전영을 꾸짖었다. 이듬해 초나라가 서주에서
제나라 군사를 공격하여 패배시키고, 사람을 시켜 전영을 추방시키려고
하였다. 전영이 장축(張丑)을 시켜 초 위왕에게 유세하니, 위왕이 마침
내 중지하였다. 전영이 제나라에서 재상으로 있은 지 11년 만에 제 선왕
이 죽고, 제 민왕(齊湣王)[17]이 즉위하였다. 민왕이 즉위한 지 3년 만에
전영을 설(薛)[18]에 봉하였다.

처음 전영에게는 아들이 40여 명이나 있었는데, 그중 천한 첩에게서 난
문(文)이라는 아들이 있었다. 문은 5월 5일에 태어났다. 전영이 아이의
어미에게 "키우지 말라"라고 말하였다. 그러나 그 어미가 몰래 거두어 길
렀다. 문이 장성하자 그의 어미가 형제들을 통해서 전영에게 자식인 문을
만나게 하였다. 전영이 노하여 그 어미에게 "내가 너에게 이 아이를 버리

陵에서 魏나라의 군사를 크게 무찔렀다. 저작으로는 『孫臏兵法』이 있다.
9) 龐涓 : 魏나라의 장군. 기원전 354년에 그는 진격하여 趙나라의 수도 邯鄲을 포위
   하였는데, 이듬해 齊나라가 孫臏의 책략을 사용하여 趙나라를 구하였고, 龐涓은 桂
   陵에서 포로가 되었다. 기원전 342년에 그가 韓나라를 공격하였는데, 이듬해 齊나라
   가 孫臏의 책략을 사용하여 韓나라를 구하였고, 그는 馬陵에서 크게 패하여 스스로
   자결하였다.
10) 韓昭侯 : 기원전 358년에서 기원전 333년까지 재위하였다. 일찍이 申不害를 재
   상으로 등용하여 정치를 안정시켰다.
11) 魏惠王 : 魏罃. 기원전 370년에서 기원전 335년까지 재위하였다.
12) 東阿 : 阿邑을 가리킨다. 지금의 山東省 陽谷縣 동북쪽.
13) 甄 : 읍 이름. 지금의 山東省 甄城縣 북쪽.
14) 魏襄王 : 魏嗣. 기원전 334년에서 기원전 319년까지 재위하였다.
15) 徐州 : 읍 이름. 지금의 山東省 滕縣 남쪽.
16) 楚威王 : 熊商. 기원전 339년에서 기원전 329년까지 재위하였다.
17) 齊湣王 : 田地. 기원전 323년에서 기원전 284년까지 재위하였다.
18) 薛 : 읍 이름. 지금의 山東省 滕縣 남쪽.

라고 하였는데 감히 아이를 키운 것은 무슨 까닭이냐?"라고 물었다. 문이 머리를 조아리며 "군께서 5월에 태어난 아이를 키우지 않는 것은 무슨 까닭이십니까?"라고 말하였다. 전영이 "5월에 태어난 아이는 키가 문설주 높이와 같아지면 장차 그 부모에게 이롭지 않기 때문이다"[19]라고 대답하였다. 문이 "사람이 태어날 때 그 운명은 하늘에서 받는 것입니까, 아니면 문설주에서 받는 것입니까?"라고 물었다. 전영은 대답이 없었다. 문이 말하기를 "반드시 하늘에서 명을 받는다면 군께서는 무엇을 근심하십니까? 또 반드시 문설주에서 명을 받는다면 즉 계속 문설주를 높이면 누가 그 높이를 따라 클 수가 있겠습니까?"라고 하였다. 전영이 "그대는 그만두어라"라고 말하였다.

　얼마 지나서 문이 한가한 틈을 타서 아버지 전영에게 "아들의 아들은 무엇이라고 합니까?"라고 묻자 전영은 "손자라고 한다"라고 대답하였다. "손자의 손자는 무엇이라고 합니까?"라고 묻자 "현손이라고 한다"라고 대답하였다. "현손의 손자[20]를 무엇이라고 합니까?"라고 묻자 "알 수 없다"라고 대답하였다. 문이 "군께서 권력을 잡고 제나라에서 세 명의 왕에 걸쳐 재상직에 있었으나 제나라는 그 영토를 넓히지 못하였고, 군의 개인 집은 만금의 부를 쌓았지만 문하에는 한 명의 어진 사람도 보이지 않습니다. 제가 듣기로는 장수의 집안에는 반드시 장수가 있고, 재상의 집안에는 반드시 재상이 있다고 하였습니다. 지금 군의 후궁들은 무늬 있는 고운 명주 옷을 밟고 있지만, 선비들은 짧은 바지도 얻어 입지 못하고, 하인과 첩들은 쌀밥과 고기 반찬을 남기지만, 선비들은 술지게미와 겨도 배불리 먹지 못하고 있습니다. 지금 군께서는 오히려 저장한 것이 남아돌 정도로 많은 것을 축적하여 알지도 못하는 어떤 사람에게 주려고 하여 국가의 일이 날로 손상되는 것을 잊고 계시는데, 저는 은근히 그것이 이상하다고 생각합니다"라고 하였다. 그래서 전영이 마침내 문을 예우하여 집안 일을 돌보게 하고 빈객들을 대접하게 하였다. 그러자 빈객들이 날로 모여들어 문의 명성이 제후들에게 알려졌다. 제후들이 모두 사람을 시켜

---

19)　고대의 미신에 의하면 5월 5일에 태어나는 아이는 만약 그 아이가 사내이면 그가 아버지를 죽이고, 계집이면 어머니를 해친다고 여겼다.
20)　『爾雅』「釋親」에 의하면 玄孫의 밑에는 來孫, 昆孫, 仍孫, 云孫 등 4代의 호칭이 있다.

설공(薛公) 전영에게 문을 태자로 삼으라고 하니 전영이 그것을 허락하였다. 전영이 죽으니 시호를 정곽군(靖郭君)이라고 하였다. 문이 과연 대를 이어 설의 영주가 되니, 이 사람이 바로 맹상군(孟嘗君)이다.

맹상군이 설에 있으면서 제후와 빈객 그리고 죄를 짓고 도망친 사람들을 부르니 그들이 모두 맹상군에게 모여들었다. 맹상군은 집의 재산으로써 빈객들을 후하게 대접하였다. 이 때문에 천하의 선비들이 다 모였다. 식객이 수천명이 되었지만, 그는 귀천의 구분 없이 한결같이 자신과 동등하게 대우하였다. 맹상군이 객을 대접하며 앉아서 이야기할 때에는 병풍 뒤에 항상 시사(侍史)[21]가 있었는데, 맹상군이 객과 이야기하면서 친척이 살고 있는 곳을 물으면 그가 책임지고 기록하였다. 객이 가면 맹상군은 사람을 시켜 방문하고, 그 친척에게 예물을 주었다. 맹상군이 일찍이 객을 대접하며 저녁 밥을 먹고 있을 때 어떤 사람이 불빛을 가렸다. 객은 밥이 같지 않다고 노하여 밥을 먹지 않고 나가려고 하였다. 맹상군이 일어나 스스로 자신의 밥그릇을 들고 객의 밥과 비교해 보이니 객이 부끄러워 스스로 목을 찌르고 죽었다. 이로 인해서 선비들이 맹상군에게 더욱 많이 모여들었다. 맹상군은 객을 가리지 않고 모두에게 잘 대우하였다. 사람들은 각자가 스스로 맹상군이 자신과 친하다고 여겼다.

진 소왕(秦昭王)[22]이 맹상군이 어질다는 소문을 듣고 먼저 경양군(涇陽君)[23]을 제나라에 인질로 보내놓고 맹상군을 만나기를 요구하였다. 맹상군이 장차 진나라에 들어가려고 하니, 빈객 중에는 그가 진나라에 가기를 바라는 자가 없어 그에게 가지 말라고 간하였으나 듣지 않았다. 소대(蘇代)[24]가 말하였다.

오늘 아침 제가 밖에서 돌아오는데 나무인 형과 흙 인형이 말하는 것을 들었습니다. 나무 인형이 "하늘에서 비가 오면 그대는 장차 무너질 것이다"라고 말하였습니다. 흙 인형은 "나는 흙에서 태어났으니 무너져도 흙으로

---

21) 侍史 : 귀족 관리 밑에서 문서업무를 담당하는 사람.
22) 秦 昭王 : 昭襄王 嬴稷을 말한다. 기원전 306년에서 기원전 251년까지 재위하였다. 魏나라와 楚나라의 땅을 빼앗고, 뒤에 長平(지금의 山西省 高平縣 서북쪽)에서 趙나라 군사를 크게 무찔러 秦나라가 통일을 이루는 데 기초를 다졌다.
23) 涇陽君 : 嬴市. 秦 昭襄王의 동생. 涇陽(지금의 陝西省 涇陽縣)에 봉해졌다.
24) 蘇代 : 東周 洛陽(지금의 河南省 洛陽市 동쪽) 사람. 縱橫家.

돌아갈 뿐이다. 만약 하늘에서 비가 오면 그대는 떠내려가 멈추는 곳을 알지 못한다"라고 하였습니다. 지금 진나라는 호랑이와 이리 같은 나라입니다. 그런데 군께서 가고자 하시니 만약 다시 돌아오지 못하면 흙 인형의 비웃음을 면치 못할 것입니다.

그래서 맹상군이 가지 않았다.

제 민왕(齊湣王) 25년에 다시 이야기가 되어 맹상군이 진나라에 들어가니 진 소왕은 맹상군을 진나라의 재상으로 삼으려고 하였다. 어떤 사람이 진 소왕에게 유세하기를 "맹상군은 어질고 또 제나라의 왕족인데 지금 진나라의 재상으로 삼는다면, 그는 반드시 제나라를 먼저 생각하고 진나라를 나중에 생각할 것이니, 그렇게 되면 진나라는 위태로워질 것입니다"라고 하였다. 그래서 진 소왕은 마침내 중지하였다. 맹상군을 가두고 그를 죽이려고 모의하였다. 맹상군은 사람을 시켜 소왕이 총애하는 첩을 배알하고 풀어줄 것을 청하였다. 애첩이 말하기를 "저는 답례로 맹상군의 흰 여우 가죽으로 만든 옷을 원합니다"라고 하였다. 이때 맹상군에게는 흰 여우 가죽으로 만든 가죽옷이 하나 있었는데 값이 천금이나 되고 천하에 둘도 없는 것으로 진나라에 들어와 소왕에게 그것을 바쳤으므로 다른 흰 여우 가죽옷은 없었다. 맹상군이 이것을 걱정하여 두루 식객들에게 물어보았으나 대답할 수 있는 사람이 없었다. 가장 아래쪽에 앉아 개의 흉내를 내어 도적질을 하는 사람이 있었는데, 그가 말하기를 "신이 흰 여우 가죽옷을 훔쳐올 수 있습니다"라고 하였다. 그래서 밤에 개의 흉내를 내어 진나라의 궁중 창고에 들어가 전에 바쳤던 흰 여우 가죽옷을 훔쳐 가지고 와서 진 소왕의 애첩에게 바쳤다. 애첩이 그를 위하여 진 소왕에게 말하니, 소왕이 맹상군을 풀어주었다. 맹상군이 빠져나오자 바로 말을 타고 달려가 봉전(封傳)25)을 고치고 이름과 성을 바꾸어 관(關)을 나가려고 하였다. 한밤중에 함곡관(函谷關)26)에 도착하였다. 진 소왕이 맹상군을 풀어준 것을 후회하여 그를 찾았으나 이미 떠나고 없어서 즉시 사람을 시켜 말을 타고 그를 쫓게 하였다. 맹상군이 함곡관에 도착하였으나 관의

25) 封傳 : 당시 관문을 통과하는 통행증. 나무판을 사용하여 만든 것으로, 윗면에 성명 등의 사항을 쓰고, 다시 나무판을 사용하여 봉한 뒤 인장을 찍었다. 때문에 封傳이라고 한다.
26) 函谷關 : 관문 이름. 옛 터가 지금의 河南省 靈寶縣 동북쪽에 있다. 당시 秦나라가 동쪽의 여러 나라와 교통하던 중요한 길목이었다.

법으로는 닭이 울어야 객들을 내보냈기 때문에 맹상군은 추격하는 사람들이 도착할 것이 두려웠다. 식객 가운데 맨 끝에 앉은 자가 닭울음을 흉내내자 다른 닭들이 모두 울어, 마침내 봉전을 보이고 관을 빠져나왔다. 그들이 관을 나오자마자 과연 진나라의 추격자들이 관에 도착하였으나 이미 맹상군이 관을 나간 뒤였기 때문에 그들은 돌아갈 수밖에 없었다. 처음에 맹상군이 이 두 사람을 빈객의 무리에 넣었을 때 빈객들이 모두 수치스러워하였지만, 맹상군이 진나라에서 곤란을 겪었을 때 마침내 이 두 사람이 그를 구출하였던 것이다. 그후부터는 빈객들이 모두 그들을 탄복하였다.

맹상군이 조(趙)나라를 지나자, 조나라의 평원군(平原君)[27]이 그를 빈객으로 대우하였다. 조나라의 사람들이 맹상군이 어질다는 소문을 듣고 나와서 그를 보고는 모두 다 웃으며 말하기를 "처음에 설공은 키가 크고 장대하다고 생각하였는데, 이제 그를 보니 왜소하고 약한 소장부일 따름이다"라고 하였다. 맹상군이 그 소리를 듣고 노하였다. 그와 함께 동행하였던 빈객들이 수레에서 내려 칼을 빼고는 수백명을 죽이고 마침내 한 고을을 전멸시키고 돌아갔다.

제 민왕은 자신이 맹상군을 보냈기 때문에 스스로 덕이 없다고 여겼다. 그는 맹상군이 도착하자 바로 제나라의 재상으로 삼고 정사를 맡겼다.

맹상군은 진나라에 원한이 있었는데 장차 제나라가 한나라, 위나라를 도와 초나라를 공격하게 되자, 이 기회를 이용해서 한나라, 위나라와 함께 진나라를 공격하기 위해서 서주(西周)에서 군사와 식량을 빌리려고 하였다. 소대가 서주를 위해서 맹상군에게 말하였다.

> 군께서 제나라의 힘을 이용하여 한나라와 위나라를 위하여 초나라를 공격한 지 9년, 완(宛)과 섭(葉)[28]의 북쪽을 빼앗아 한나라와 위나라를 강하게 하였는데, 지금 다시 진나라를 공격하여 그들을 이롭게 하려고 합니다. 한나라와 위나라에게 남쪽으로부터 초나라에 대한 근심이 없고 서쪽으로부터 진나라에 대한 근심이 없다면, 오히려 제나라가 위태로울 것입니다. 한나라와 위나라는 반드시 제나라를 가볍게 여기고 진나라를 두려워할 것이

---

27) 平原君 : 趙勝. 趙 武靈王의 아들. 東武城(지금의 山東省 武城縣 서북쪽)에 봉해졌다.
28) 宛, 葉 : 모두 읍 이름으로 宛은 지금의 河南省 南陽市이고, 葉은 葉縣 남쪽이다.

니, 신은 군을 위하여 그것을 위험하게 생각합니다. 군께서는 저희 서주 (西周)를 진나라와 깊이 협력하게 하시고, 서주를 공격도 하지 마시고, 군사와 식량을 빌리지도 않으시는 것이 낫겠습니다. 군께서 함곡관에 도착하여도 진나라를 공격하지 마시고, 서주로 하여금 군의 심정을 진 소왕에게 "설공은 반드시 진나라를 깨뜨려서 한나라와 위나라를 강하게 하지는 않을 것입니다. 그가 진나라를 공격하려는 까닭은 대왕께서 초나라 왕으로 하여금 동국(東國)[29] 땅을 베어 제나라에 주게 하고, 진나라는 초 회왕(楚懷王)[30]을 풀어주어 이로써 화친하기를 바라기 때문입니다"라고 말하게 하십시오. 군께서는 서주로 하여금 이러한 방법으로써 진나라에 은혜를 베풀게 하시면, 진나라는 자기 나라의 군대가 깨지지도 않고 또한 동국 땅을 가지며 자기들의 화(禍)도 면할 수 있으니, 진나라는 반드시 그렇게 하고자 할 것입니다. 초나라 왕이 풀려나오면 반드시 제나라에 감격할 것입니다. 제나라가 동국을 얻으면 더욱 강해질 것이고, 설(薛)은 대대로 근심이 없을 것입니다. 진나라가 크게 약해지지 않은 채, 삼진(三晉)[31]의 서쪽에 있으면, 삼진은 반드시 제나라를 귀중하게 여길 것입니다.

설공이 "좋소"라고 말하였다. 한나라와 위나라로 하여금 다시 진나라와 사귀게 하고, 세 나라로 하여금 서로 공격하지 않게 하였으며, 서주에서 군사와 식량을 빌리지도 않았다. 이때 초 회왕이 진나라에 들어갔는데, 진나라가 그를 억류하자 소대는 그를 꼭 구출하고자 하였다. 진나라는 과연 초 회왕을 내보내지 않을 수 없었다.

맹상군이 제나라의 재상이 되니 그의 사인(舍人)인 위자(魏子)가 맹상군을 위하여 봉읍의 세금을 거두어들였는데, 봉읍을 세 차례나 왕복하면서도 한차례도 세금을 가져오지 않았다. 맹상군이 그에게 물으니 대답하기를 "어진 사람이 있어서 제가 가만히 그에게 주었습니다. 때문에 세금을 가져오지 못하였습니다"라고 말하였다. 맹상군이 화내며 위자를 물러나게

---

29) 東國 : 徐나라를 가리킨다. 西周 초기에 東夷의 일부인 徐戎이 세웠다. 지금의 江蘇省 泗洪縣 일대를 중심 지역으로 삼았는데, 춘추시대 때 楚나라에 의해서 멸망당하였다.

30) 楚 懷王 : 熊槐. 기원전 328년에서 기원전 299년까지 재위하였다. 그가 통치하던 기간중 정치가 부패하여 秦나라와 齊나라에 패하여 漢中 등의 땅을 빼앗겼다. 기원전 299년에 속아서 秦나라에 갔다가 억류되어, 3년 뒤에 秦나라에서 죽었다.

31) 三晉 : 韓나라, 趙나라, 魏나라 세 나라를 가리킨다. 이 세 나라는 晉나라에서 분할되어나왔는데 어떤 때에는 그중의 한 나라나 두 나라를 가리키기도 한다. 여기에서는 韓나라와 魏나라를 가리킨다.

220

하였다. 몇년 지나 어떤 사람이 제 민왕에게 맹상군을 헐뜯어 말하기를 "맹상군이 장차 반란을 일으키려고 합니다"라고 하였다. 전갑(田甲)도 민왕을 위협하자, 민왕은 마음속으로 맹상군을 의심하였고, 맹상군은 마침내 달아났다. 위자가 곡식을 주었던 그 어진 사람이 그 소식을 듣고 곧 글을 올려 맹상군은 반란을 일으키지 않을 것이며, 자신이 몸으로써 그것을 맹세하겠다고 하고는 마침내 왕궁 문 앞에서 스스로 목을 찔러 맹상군의 결백을 증명하였다. 민왕이 이에 놀라 행적을 조사하여 물어보니 맹상군은 과연 반란을 꾸미지 않았고 이에 다시 맹상군을 부르니 맹상군은 병을 구실삼아 사직을 청하여 설에서 노년을 보내고자 하였다. 민왕이 그것을 허락하였다.

그 뒤 진나라에서 도망쳐온 장군 여례(呂禮)가 제나라에서 재상이 되자 소대를 핍박하려고 하였다. 소대가 맹상군에게 일러 말하였다.

주최(周最)[32]는 제나라에서 신임이 매우 두터웠는데, 제나라 왕이 그를 쫓아내고 친불(親弗)[33]의 말을 듣고 여례를 재상으로 삼고자 하는 것은 진(秦)나라와 관계를 맺고자 하기 때문입니다. 제나라와 진나라가 합치게 되면 친불과 여례는 중용될 것입니다. 친불과 여례가 중용되면 제나라와 진나라는 반드시 군을 가벼이 여길 것입니다. 군께서는 급히 군사를 이끌고 북쪽으로 가서서 조나라 군사를 공격하여 이로써 진나라와 위나라가 화친하게 하고, 주최를 불러들여 후하게 대우하고, 또 제나라 왕의 신임을 회복하게 하여, 천하의 정국변화를 막으시는 것이 낫겠습니다. 제나라가 진나라와 관계를 맺지 않으면 즉 천하는 제나라로 모일 것이며, 친불은 반드시 달아날 것이니 그러면 제나라 왕은 누구와 함께 나라를 다스리겠습니까!

그래서 맹상군이 그의 계책을 따르니, 여례가 맹상군을 미워하여 그를 해치려고 하였다. 맹상군이 두려워서 마침내 진나라의 재상인 양후(穰侯) 위염(魏冉)[34]에게 다음과 같은 편지를 보냈다.

32) 周最：周나라 왕족의 策士. 『戰國策』에는 "周冣"라고 쓰여 있다.
33) 親弗：사람 이름.
34) 魏冉：齊나라 대신. 원래는 楚나라 사람으로 秦 昭王의 외삼촌이다. 秦 武王이 죽은 뒤 내란이 일어나자, 그가 昭王을 옹립하였다. 처음에는 장군으로 등용되었다가 나중에 재상이 되었다. 穰邑(지금의 河南省 鄧縣)에 봉해졌기 때문에 穰侯라고 부르며, 뒤에 또 陶邑(지금의 山東省 定陶縣 서북쪽)에 봉해졌다.

듣자니 진(秦)나라는 여례로써 제나라와 관계를 맺으려고 한다고 합니다. 제나라는 천하의 강국인데 만약 그렇게 된다면 반드시 가볍게 여겨질 것입니다. 제나라와 진나라가 서로 연합하여 삼진(三晉) 위에 군림하면 여례는 반드시 두 나라의 재상을 겸할 것이며 이것은 그대가 제나라를 통해서 여례를 중하게 만드는 것과도 같습니다. 만약 제나라가 천하의 군사적 위협에서 면할 수 있다면, 제나라는 틀림없이 그대를 깊이 원수로 여길 것입니다. 그러니 그대가 진나라 왕에게 권하여 제나라를 공격하게 하는 것이 낫겠습니다. 제나라가 깨지면 내가 청하여 빼앗은 땅을 그대에게 봉하도록 하겠습니다. 제나라가 깨지면 진(秦)나라는 진(晉)나라가 강해지는 것을 두려워할 것이니, 진(秦)나라는 반드시 그대를 중용하여 진(晉)나라와 관계를 맺으려고 할 것입니다. 진(晉)나라는 제나라에 의해서 피폐되어 진(秦)나라를 두려워할 것이며, 진(晉)나라는 반드시 그대를 중용하여 진(秦)나라와 관계를 맺으려고 할 것입니다. 이렇게 되면 그대는 제나라를 깨뜨려서 공을 세우는 것이 되고, 진(晉)나라를 끼고 중용하게 되는 것입니다. 이것은 그대가 제나라를 깨뜨려서 봉읍을 정하고, 진(秦)나라와 진(晉)나라가 함께 그대를 중시하게 만드는 길입니다. 만약 제나라가 깨지지 않는다면 여례는 다시 등용되고 그대는 틀림없이 매우 어려워질 것입니다.

그래서 양후가 진 소왕에게 말하여 제나라를 공격하도록 하자, 여례가 달아났다.

뒤에 제 민왕은 송(宋)나라를 멸망시키자 더욱 교만해져, 맹상군을 제거하려고 하였다. 맹상군이 두려워하여 마침내 위(魏)나라로 갔다. 위 소왕(魏昭王)[35]은 그를 재상으로 삼고 서쪽으로 진(秦)나라, 조나라와 협력하고, 연(燕)나라와 함께 제나라를 쳐서 깨뜨렸다. 제 민왕은 달아나 거(莒)[36]에 있다가 마침내 거기에서 죽었다. 제나라에서는 양왕(襄王)[37]이 즉위하자 맹상군은 제후들 사이에서 중립을 지켜 어느 한 곳에 속하는 데가 없었다. 제 양왕은 새로 즉위하자 맹상군을 두려워하여 그와 화친하고 다시 설공과 친하였다. 문(文)이 죽으니 시호를 맹상군이라고

---

35) 魏 昭王 : 魏遫. 기원전 295년에서 기원전 277년까지 재위하였다.
36) 莒 : 읍 이름. 지금의 山東省 莒縣.
37) 齊 襄王은 田法章을 가리킨다. 齊 湣王의 아들. 기원전 283년에서 기원전 265년까지 재위하였다. 湣王이 피살된 뒤 성과 이름을 고치고 남의 집에 고용살이를 하다가 뒤에 莒邑 사람들에 의해서 옹립되었다. 뒤에 田單이 燕나라 군대를 무찌르고 齊나라를 회복하자, 그를 맞이하여 복위시켰다. 권46 「田敬仲完世家」 참조.

하였다. 여러 아들들이 서로 자리를 다투니, 제나라와 위나라가 설을 멸망시켰다. 맹상군은 후사가 없어져서 후대가 끊겼다.

처음에 풍환(馮驩)은 맹상군이 빈객을 좋아한다는 말을 듣고 짚신을 신고 와서 그를 만났다. 맹상군이 말하기를 "선생은 먼 길에서 오셨는데, 나에게 무엇을 가르쳐주시겠습니까?"라고 하였다. 풍환이 말하기를 "군께서 선비를 좋아한다는 말을 듣고 가난한 몸을 군에게 의지하려고 합니다"라고 하였다. 맹상군이 풍환을 전사(傳舍)³⁸⁾에 머무르게 한 지 10일이 지나서 맹상군이 전사장에게 "객은 무엇을 하고 있는가?"라고 묻자, 그는 "풍환은 매우 가난하여 다만 칼 한 자루만 가지고 있는데, 그것도 떼풀로 얽어맨 것입니다. 그 칼을 두드리며 노래하기를 '긴 칼아! 돌아가자. 식사에 생선 반찬이 없구나'라고 하였습니다"라고 대답하였다. 맹상군이 그를 행사(幸舍)³⁹⁾로 옮기게 하고, 식사에도 생선 반찬을 놓게 하였다. 5일 뒤에 또 전사장에게 물으니 "객이 다시 칼을 두드리며 노래하기를 '긴 칼아! 돌아가자. 나가려고 해도 수레가 없구나'라고 하였습니다"라고 대답하였다. 맹상군이 그를 대사(代舍)⁴⁰⁾로 옮기게 하고 드나들 때도 수레를 타게 하였다. 5일 뒤에 맹상군이 다시 전사장에게 물으니 전사장이 "선생이 또 칼을 두드리며 노래하기를 '긴 칼아! 돌아가자. 집이 없구나'라고 하였습니다"라고 대답하였다. 맹상군이 언짢아하였다.

1년이 지나도록 풍환은 말을 하지 않았다. 맹상군은 그때 제나라의 재상으로 있었으며, 설에 만호(萬戶)를 봉으로 받았다. 그의 식객은 3,000명이어서 그 봉읍의 세금으로는 식객들을 대접하기에는 부족하여 사람을 시켜서 설 땅의 사람들에게 돈을 대부해주었다. 1년이 되어도 수입이 없었고, 돈을 빌려간 사람 가운데 많은 사람들이 그 이자를 낼 수 없어서, 맹상군은 식객들을 대접하기에 부족하였다. 맹상군이 그것을 걱정하여 좌우의 사람들에게 "어떤 사람이 설에 가서 빚을 거두어올 수 있겠는가?"라고 묻자 전사장이 "대사(代舍)의 식객 중에 풍공(馮公)은 용모와 체격이 뛰어나고 말을 잘하며 나이가 많으나 다른 재능이 없으니 마땅히 그를

---

38) 傳舍 : 식객들이 휴식하고 잘 수 있도록 제공한 방.
39) 幸舍 : 중간급의 식객이 머무르는 방.
40) 代舍 : 최고급의 식객이 머무르는 방.

보내 빚을 거두어오게 하는 것이 좋겠습니다"고 대답하였다. 맹상군이 마침내 풍환에게 가서 그 일을 청하여 "빈객들이 나의 불초함을 알지 못하고 다행히도 나에게 온 사람이 3,000여 명이나 되는데 봉읍의 수입으로는 빈객들을 대접하기에 부족하기 때문에 이자를 얻으려고 설에서 돈을 빌려주었습니다. 그런데 설에서는 해마다 수확이 들어오지 않고, 돈을 빌려간 백성들의 대부분도 그 이자를 갚을 수가 없습니다. 이제 빈객들이 식사하기에도 부족하지 않을까 하여 걱정이 되니, 선생이 그것을 책임지고 거두어주기를 원합니다"라고 하자 풍환이 "알겠습니다"라고 대답하였다.

풍환이 하직인사를 하고 떠나 설에 도착하여 맹상군에게 돈을 빌려 쓴 사람을 다 불러 모아 이자 10만 전을 거두었다. 그래서 많은 술을 빚고 살찐 소를 사서 돈을 빌려간 사람을 다 모았는데, 이자를 줄 수 있는 사람도 다 오게 하고, 이자를 줄 수 없는 사람도 역시 다 오게 해서는 모두 돈의 차용증서를 가져오게 하여 그것을 합쳐보았다. 다 함께 모일 날을 정하고 이날 소를 잡고 술판을 벌였다.

술자리가 한창 무르익었을 때 전과 같이 증서를 꺼내어 합쳐보고는 이자를 줄 수 있는 사람에게는 기한을 정해주고, 가난하여 이자를 줄 수 없는 사람에게는 그 증서를 받아서 불태워버렸다. 풍환이 말하였다.

> 맹상군께서 돈을 빌려준 까닭은 가난하여 자본금이 없는 백성들을 위하여 그들이 본업(本業)[41]에 힘쓰게 하기 위해서입니다. 이자를 받는 까닭은 빈객들을 대접할 것이 없기 때문입니다. 이제 부유한 사람은 기한을 정해주고, 가난하여 어려운 사람은 증서를 태워 그것을 포기하게 합니다. 그러니 여러분들은 마음껏 음식이나 드십시오. 이러한 주인이 있으니, 어찌 그를 저버릴 수 있겠습니까?

그러자 앉아 있던 사람들이 모두 일어나서 두 번 절하였다.

맹상군은 풍환이 증서를 불태웠다는 소식을 듣고 노하여 사자를 시켜 풍환을 불러들였다. 풍환이 도착하자 맹상군이 말하였다.

> 나의 식객이 3,000명이기 때문에 설에서 돈을 빌려준 것입니다. 나의 봉읍의 수입은 적은데 백성들의 대부분은 오히려 때가 되어도 그 이자를 주지 않습니다. 그래서 빈객의 식사대접이 부족할까봐 선생에게 청하여 그것을 책임지고 거두게 한 것입니다. 들으니 선생은 돈을 받아 많은 고기와 술을

---

41) 本業 : 고대에는 농업을 '本業'이라고 부르고, 수공업을 '末業'이라고 불렀다.

갖추고 증서를 불태웠다고 하니 어찌 된 일입니까?

풍환이 말하였다.

그렇습니다. 고기와 술을 많이 갖추지 않으면 사람들이 다 모일 수가 없으며, 여유가 있는 사람과 부족한 사람을 알 수가 없습니다. 여유가 있는 사람에게는 기한을 정해주어야 합니다. 그러나 여유가 없는 사람에게는 비록 그것을 10년씩이나 지키게 하여 독촉해도 이자만 점점 늘어날 것이며, 급해지면 그들은 달아나 스스로 그 증서를 버릴 것입니다. 만약 급하게 독촉하여 마침내 받을 수 없게 된다면, 위로는 선생께서 이익을 좋아하여 선비나 백성들을 사랑하지 않는 것이며, 아래로는 백성들이 선생을 떠나 빚을 갚지 않는다고 하는 이야기를 듣게 될 것이니, 이것은 선비와 백성들을 격려하고 선생의 명성을 드러내게 하는 것이 아닙니다. 쓸데없는 빈 빚 증서를 불태워서 가히 받을 수 없는 헛 계산을 버리게 하여 설의 백성들로 하여금 선생과 친하게 하고 선생의 훌륭한 명성을 드러나게 하려고 한 것입니다. 선생께서는 어째서 그것을 의심하십니까?

맹상군은 마침내 손뼉을 치면서 그에게 감사하였다.

제나라 왕은 진(秦)나라와 초나라의 비방에 현혹되어 맹상군의 명성이 그의 군주보다도 높고 제나라의 권력을 제마음대로 휘두른다고 여기고 마침내 맹상군을 쫓아냈다. 모든 빈객들이 맹상군이 파면되는 것을 보고 다 떠나버렸다. 풍환이 말하기를 "저에게 진나라에 타고 들어갈 수 있는 수레 한 승(乘)[42]을 빌려주시면 반드시 선생께서 제나라에 중용되게 하고 선생의 봉읍이 더욱 넓어지도록 하겠습니다. 되겠습니까?"라고 하였다. 맹상군이 마침내 수레와 돈을 준비하여 그를 보냈다. 풍환이 마침내 서쪽으로 가서 진나라 왕에게 유세하였다.

천하의 유세하는 선비들이 서쪽으로 수레를 끌고 말을 달려서 진나라에 들어오는데, 진나라를 강하게 하고 제나라를 약하게 하려고 하지 않는 사람이 없습니다. 또 수레를 끌고 말을 달려서 동쪽으로 제나라에 들어오는 사람은 제나라를 강하게 하고 진나라를 약하게 하려고 하지 않는 사람이 없습니다. 왜냐하면 이 두 나라는 자웅을 다투는 나라여서 세력이 양립하여 두 나라가 다 수컷이 될 수는 없으며 최후에 수컷이 되는 나라는 천하를 얻을 것이기 때문입니다.

---

42) 고대에는 네 마리의 말이 끄는 수레 한 대를 1乘이라고 하였다.

진나라 왕이 꿇어앉아 그에게 "어떻게 해야 진나라가 암컷이 되지 않을 수 있겠소?"라고 묻자 풍환이 "왕께서도 역시 제나라가 맹상군을 파면시킨 것을 알고 계십니까?"라고 말하였다. 진나라 왕이 "들었소"라고 대답하였다. 풍환이 말하였다.

천하에서 제나라를 중하게 만든 사람은 맹상군입니다. 지금 제나라 왕이 비방을 듣고 맹상군을 파면시켰으니 그의 마음은 원망하여 반드시 제나라를 배반할 것입니다. 그가 제나라를 배반하고 진나라에 들어오면 제나라와 인사(人事)의 실정을 진나라에 모두 다 이야기할 것이며, 그러면 제나라의 땅을 얻게 될 것이니 어찌 다만 수컷만 될 뿐이겠습니까? 왕께서는 급히 사자를 시켜 예물을 싣고 가서 은밀히 맹상군을 맞이하시고, 가히 시기를 놓치지 마십시오. 만약 제나라가 깨닫고 다시 맹상군을 등용한다면 자웅의 소재는 알 수 없을 것입니다.

진나라 왕이 크게 기뻐하며, 마침내 수레 10승(乘)과 황금 100일(鎰)을 보내 이로써 맹상군을 맞이하게 하였다.

풍환이 진나라 왕과 하직하고 사자보다 먼저 가서 제나라에 도착하여 제나라 왕에게 유세하였다.

천하의 유세하는 선비들이 동쪽으로 수레를 끌고 말을 달려서 제나라에 들어오는데, 제나라를 강하게 하고 진나라를 약하게 하려고 하지 않는 사람이 없습니다. 무릇 제나라와 진나라는 자웅을 다투는 나라로 진나라가 강하면 즉 제나라는 약하게 되니, 두 나라가 모두 수컷이 될 수 있는 것은 아닙니다. 지금 제가 가만히 들으니 진나라에서 사자를 보내 수레 10승에 황금 100일을 싣고 맹상군을 맞이하게 하였다고 합니다. 맹상군이 서쪽으로 가지 않으면 그만이지만, 서쪽으로 가서 진나라의 재상이 되면 즉 천하는 그에게로 돌아가 진나라는 수컷이 되고 제나라는 암컷이 될 것이니, 암컷이 되면 임치(臨菑)[43]와 즉묵(卽墨)[44]은 위태로워질 것입니다. 왕께서는 어째서 진나라의 사자가 도착하기 전에 먼저 맹상군을 다시 등용하시고 봉읍을 더 넓혀주어서 그에게 사과하지 않습니까? 맹상군은 반드시 기뻐하며 그것을 받을 것입니다. 진나라가 비록 강한 나라이지만 어찌 남의 나라의 재상을 맞이하겠다고 청하겠습니까? 진나라의 음모를 꺾어서 그들이

---

43) 臨菑 : 齊나라의 도성. 지금의 山東省 淄博市 동북쪽.
44) 卽墨 : 읍 이름. 당시 齊나라의 중요한 城邑으로 지금의 山東省 平度縣 동남쪽이다.

강한 패자가 되려고 하는 책략을 끊어야 합니다.

제나라 왕이 "좋소"라고 말하고 마침내 사람을 시켜 국경에 도착하여 진나라의 사자를 살펴보게 하였다. 진나라 사자의 수레가 마침 제나라의 국경으로 들어오려고 하자 사자가 급히 돌아와서 그것을 알리니 왕이 맹상군을 불러 재상의 지위를 회복시켰고 옛 봉읍의 땅을 다시 주고 또 천호를 더하였다. 진나라의 사자는 맹상군이 다시 제나라의 재상이 되었다는 말을 듣고 수레를 되돌려 돌아갔다.

제나라 왕이 비방을 하여 맹상군을 파면시키자 모든 식객들이 다 맹상군을 떠난 바 있다. 뒤에 제나라 왕이 불러 그를 회복시키니 풍환은 빈객들을 맞이하였다. 빈객들이 도착하기 전에 맹상군이 크게 탄식하여 말하였다.

내가 항상 빈객을 좋아하여 그들을 대접함에 감히 실수한 것이 없었으며, 식객이 3,000여 명이나 되었던 것은 선생께서도 아는 바입니다. 식객들은 내가 하루 만에 파직되는 것을 보고 다 나를 저버리고 가서 나를 돌보는 사람이 없었습니다. 이제 선생에 의해서 다시 그 지위를 얻었지만, 식객들은 무슨 면목으로 나를 다시 볼 수 있다는 말입니까? 만약 다시 나를 보는 사람이 있다면 반드시 그 얼굴에 침을 뱉고 그를 크게 욕보일 것입니다.

풍환이 말고삐를 메어놓고 수레에서 내려와 절을 하였다. 맹상군도 수레에서 내려와 그를 맞으며 "선생이 식객들을 대신해서 사과하시는 것입니까?"라고 말하자 풍환이 "식객들을 대신해서 사과하는 것이 아닙니다. 선생께서 말을 실수하셨기 때문입니다"라고 하였다. "무릇 물건에는 반드시 그렇게 되는 결과가 있고, 일에는 당연히 그렇게 되는 도리가 있습니다. 선생께서는 그것을 아십니까?"라고 하니 맹상군이 "나는 어리석어 선생이 말하는 바를 알지 못하겠습니다"라고 대답하였다. 그러자 풍환이 말하였다.

살아 있는 것이 반드시 죽는다는 것은 사물의 필연적 결과이며, 부유하고 귀하면 선비가 많고 가난하고 천하면 친구가 적은 것은 일의 당연한 면모입니다. 선생께서는 아침에 시장에 모이는 사람들을 보지 못하셨습니까? 날이 밝으면 어깨를 비비고 다투며 문으로 들어가는데, 날이 저문 뒤에는 시장을 지나는 사람들이 어깨를 늘어뜨리며 돌아보지 않습니다. 이것은 아침을 좋아하고 저녁을 미워하는 것이 아니라, 기대하는 물건이 그 안에는 없기 때문입니다. 이제 선생께서 지위를 잃으니 빈객들이 다 떠나갔는데, 이것을 가지고 선비들을 원망하면서 일부러 빈객들의 길을 끊을 필요는 없습니다. 선생께서는 예전과 같이 빈객들을 대우하시기를 바랍니다.

맹상군이 두 번 절하며 "삼가 그 말씀을 따르겠습니다. 선생의 말을 듣고 어찌 감히 가르침을 따르지 않겠습니까?"라고 말하였다.

태사공은 말하였다.

"내가 일찍이 설(薛)을 지난 적이 있는데, 그 마을은 대체로 흉포한 젊은이들이 많아 추(鄒)나라나 노(魯)나라와는 달랐다. 그 까닭을 물으니 '맹상군(孟嘗君)이 천하의 협객과 무뢰배를 불러 모으니 설 땅에 들어온 자가 대략 6만여 호(戶)가 되었다'라고 하였다. 세상에 전하는 말에 의하면 맹상군이 빈객을 좋아하여 스스로 즐거워하였다고 하는데, 그 이름이 헛된 것만은 아니었다!"

권76 「평원군우경열전(平原君虞卿列傳)」 제16

　평원군(平原君)¹⁾ 조승(趙勝)은 조(趙)나라의 공자(公子)들 가운데 한 사람이다. ²⁾ 형제 가운데 조승이 가장 현명하고 빈객을 좋아하여 그에게 모인 빈객들이 몇천명이나 되었다. 평원군은 조나라의 혜문왕(惠文王)³⁾과 효성왕(孝成王)⁴⁾ 때 재상으로 있었는데, 세 번이나 재상을 그만두었다가 세 번 다시 재상의 지위에 올랐고, 동무성(東武城)⁵⁾에 봉해졌다.

　평원군의 집 누각이 민가를 내려다보고 있었다. 그 민가에 절름발이가 있었는데, 그가 절룩거리며 물을 길었다. 평원군의 애첩이 누각 위에 있다가 내려다보고 크게 웃었다. 다음날 절름발이가 평원군의 집 문 앞에 와서 청하여 말하기를 "저는 선생께서 선비를 좋아한다고 들었습니다. 선비들이 수천리를 멀다 하지 않고 오는데, 이는 선생께서 선비를 귀하게 여기고 첩을 천하게 여길 줄 알기 때문입니다. 저는 불행하게도 허리가 굽은 병이 있는데 선생의 첩이 내려다보고 저를 비웃었습니다. 저는 저를 비웃은 자의 머리를 얻기 원합니다"라고 하였다. 평원군이 웃으며 "약속하겠다"라고 대답하였다. 절름발이가 돌아가자 평원군이 웃으며 "그 작자가 한번 웃었다는 이유로 내 애첩을 죽이려고 하니 이는 너무 심하지 않은가?"라고 말하며 끝내 그녀를 죽이지는 않았다. 그러자 1년 남짓 사이에 빈객과 문하(門下)의 사인(舍人)들이 조금씩 떠나더니 떠난 자가 절반이 넘게 되었다. 평원군이 이를 이상하게 여겨 말하기를 "내가 여러분들을 대우할 때 일찍이 감히 예의를 잃지 않았는데, 어째서 떠나는 자가

---

1)　平原君 : 趙勝의 봉호. 맨 처음의 봉지가 平原(지금의 山東省 平原縣 서남쪽)에 있었기 때문에 平原君이라고 불렀다.

2)　公子는 일반적으로 왕의 형제나 조카들을 일컫는다. 趙勝은 趙 武靈王의 아들이며 趙 惠文王의 동생이다.

3)　趙 惠文王은 趙何를 가리킨다. 기원전 298년에서 기원전 266년까지 재위하였다.

4)　趙 孝成王은 趙丹을 가리킨다. 기원전 266년에서 기원전 245년까지 재위하였다.

5)　東武城 : 읍 이름. 지금의 山東省 武城縣 서북쪽. 당시 趙나라 서북쪽에 또 하나의 武城이 있어서 '東'자를 붙여서 구별하였다.

이렇게 많은가?"라고 하였다. 문하의 한 사람이 앞으로 나와 말하기를 "선생께서 절름발이를 비웃은 자를 죽이지 않았기 때문에 선비들은 선생께서 여색(女色)을 좋아하고 선비를 천하게 여긴다고 생각하여 떠나가는 것입니다"라고 하였다. 그래서 평원군은 마침내 절름발이를 비웃은 애첩을 죽이고 머리를 베어 자신이 직접 문 앞에 가서 절름발이에게 주고 사과하였다. 그후에 문하에는 다시 선비들이 점점 모여들었다. 이때 제(齊)나라에는 맹상군(孟嘗君)이 있었고, 위(魏)나라에는 신릉군(信陵君)이 있었으며, 초(楚)나라에는 춘신군(春申君)이 있어서 서로 경쟁하며 선비들을 대접하고 있었다.

진(秦)나라가 한단(邯鄲)을 포위하자, 조나라는 평원군을 시켜 초나라에 구원을 청하여 합종하게 하라고 하자, 평원군은 식객과 문하에서 용기와 힘이 있고 문무(文武)를 겸비한 자 20명과 함께 가기로 약속하였다. 평원군이 말하기를 "문(평화로운 방식)으로 승리를 취할 수 있다면 잘된 일입니다. 문으로 승리를 취할 수 없다면 회의하는 궁전 아래에서 피를 마시며[6] 반드시 맹약을 맺고 돌아오겠습니다. 선비는 바깥에서 찾지 않고, 저의 식객과 문하에서 뽑으면 족합니다"라고 하였다. 19명을 얻었으나 나머지 한 명은 취할 사람이 없어서 미처 20명을 채우지 못하였다.

문하에 모수(毛遂)라는 사람이 있었는데 앞에 나아가 평원군에게 스스로 추천하여 말하기를 "제가 들으니 선생께서는 장차 초나라와 합종하고자 하여 식객과 문하의 20명과 함께 가기를 약속하고, 사람을 외부에서 찾지 않기로 하셨습니다. 이제 한 사람이 모자라니 선생께서는 저를 가지고 인원을 채워서 함께 가시기를 원합니다"라고 하였다. 평원군이 말하기를 "선생이 나의 문하에 있은 지 오늘로 몇 해나 되었습니까?라고 하였다. 모수가 말하기를 "오늘로 3년이 되었습니다"라고 하였다. 평원군이 말하기를 "무릇 현명한 선비의 처세라고 하는 것은 비유하자면 주머니 속에 있는 송곳과도 같아서 당장에 그 끝이 드러나 보이는 것입니다. 지금 선생께서 나의 문하에 있은 지 오늘까지 3년이지만 좌우에서 칭찬하여 말

---

6) 고대의 맹약을 다짐하는 일종의 의식. 맹약에 참여한 사람들이 피를 마심으로써 맹약을 지킬 것을 표시하였다. 일설에는 손가락에 피를 묻혀 입가에 바르기도 하였다고 한다.

하는 것이 없었고 나도 들은 적이 없으니 이는 선생에게 뛰어난 것이 없기 때문입니다. 선생은 갈 수 없으니 그냥 이대로 계시오"라고 하였다. 모수가 말하기를 "저는 오늘에서야 선생의 주머니 속에 있기를 청합니다. 저로 하여금 일찍부터 주머니 가운데 있게 하였다면 자루까지도 벗어나왔을 것이니 아마도 그 끝만 보이지는 않았을 것입니다"라고 하였다. 평원군이 마침내 모수를 데리고 함께 떠났다. 19명은 서로 눈빛으로 모수를 비웃었지만 소리를 내지는 않았다.

　모수가 초나라에 도착하기 전에 19명과 의논을 하는데 19명이 모두 탄복하였다. 평원군이 초나라와 합종하기 위하여 그 이해관계를 이야기하는데 해가 뜰 때 시작하여 한낮이 될 때까지도 결정을 내리지 못하였다. 19명이 모수에게 말하기를 "선생이 당(堂) 위에 오르시시요"라고 하였다. 모수가 왼손에는 칼을 쥐고 오른손에는 칼자루를 잡고 한 걸음에 한 계단씩 빠르게 위로 올라가 평원군에게 "합종의 이로움과 해로움은 두 마디면 결정되는 것인데 해가 뜰 때부터 합종을 이야기하여 한낮이 되도록 결정을 하지 못하는 것은 무슨 까닭입니까?"라고 물었다. 초나라 왕[7]이 평원군에게 "저 손님은 누구입니까?"라고 물었다. 평원군은 "그 사람은 저의 사인입니다"라고 대답하였다. 초나라 왕이 꾸짖으면서 "어째서 내려가지 않느냐? 내가 그대의 주인과 함께 이야기하고 있는데 그대는 무엇을 하고 있느냐!"라고 말하였다. 모수가 칼을 만지면서 앞에서 말하였다.

　　왕께서 저를 꾸짖는 것은 초나라의 사람이 많다고 생각하시기 때문입니다. 그러나 지금 왕께서는 열 걸음 안에 초나라의 사람이 많은 것을 믿을 수는 없습니다. 왕의 목숨은 저의 손에 달려 있습니다. 우리 주인이 앞에 있는데 꾸짖는 것은 무슨 까닭입니까?

　　또 제가 들으니 탕왕(湯王)[8]은 사방 70리의 땅으로 천하에서 왕 노릇을 하였고, 문왕(文王)[9]은 사방 100리의 땅으로 제후들을 신하로 삼았다고 하였는데, 이 모두가 어찌 그 군사가 많았기 때문이었겠습니까? 진실로

---

7) 楚 考烈王인 熊完을 가리킨다. 기원전 262년에서 기원전 238년까지 재위하였다.
8) 湯王 : 商나라의 건립자. 원래는 商族의 우두머리였으나, 주변의 나라를 공격하여 당시의 강국이 되었고, 마침내 商나라를 세웠다. 권3「殷本紀」참조.
9) 文王 : 周 文王인 姬昌을 가리킨다. 商나라 말기 周族의 우두머리. 商나라 紂王 때 西伯이었다. 그의 통치기간중 虞나라와 芮나라를 복종하게 하였고, 黎, 邘, 崇 등의 나라를 멸망시켰다. 도읍을 豊邑(지금의 陝西省 西安市 서남쪽)에 세웠다. 권4「周本紀」참조.

그 세력에 의지해서 위엄을 잘 떨쳤기 때문입니다. 지금 초나라의 땅이 사방 5,000리이고, 병기를 가진 군사가 100만 명인데, 이는 패자로서 왕이 될 만한 바탕입니다. 이러한 초나라의 강대함을 천하에 당해낼 나라가 없습니다.

백기(白起)[10]와 같이 한낱 하찮은 자가 수만의 무리를 이끌고 군대를 일으켜 초나라와 전쟁하여 한 번 싸워서 언영(鄢郢)[11]을 빼앗고, 두 번 싸워서 이릉(夷陵)[12]을 불사르고, 세 번 싸워서 왕의 조상을 욕보였습니다. 이것은 백세(百世)의 원한이며 또한 조나라도 수치스러워하는 일입니다. 그런데 왕께서는 이러한 수치스러움을 깨닫지 못하고 계십니다. 합종은 초나라를 위한 것이지 조나라를 위한 것은 아닙니다. 우리 주인이 앞에 있는데 꾸짖는 것은 무슨 까닭입니까?

초나라 왕이 말하기를 "과연 그렇소. 진실로 선생의 말이 맞소. 삼가 사직을 받들어 합종하겠소"라고 하였다. 모수가 "합종을 결정하였습니까?"라고 묻자 초나라 왕이 "결정하였소"라고 대답하였다. 모수가 초나라 왕의 좌우 신하들에게 "닭과 개와 말의 피[13]를 가지고 오라"고 말하였다. 모수가 구리 쟁반을 받쳐들고 무릎을 꿇은 채 그것을 올리며 초나라 왕에게 말하기를 "왕께서 마땅히 피를 마셔 합종의 맹약을 결정하십시오. 그 다음 차례는 우리 주인이고, 또 그 다음 차례는 저입니다"라고 하였다. 마침내 합종의 맹약이 어전 위에서 결정되자 모수는 왼손으로 쟁반의 피를 들고 오른손으로 19명을 불러서 말하기를 "공들은 서로 당 아래에서 이 피를 마십시오. 소위 그대들은 다른 사람의 힘에 의지하여 일을 이루었으니까 말입니다"라고 하였다.

평원군이 합종을 결정짓고 돌아갔다. 그는 초나라에 돌아와서 이야기하였다.

---

10) 白起 : 秦나라의 장군. 권73 「白起王翦列傳」 참조.
11) 鄢郢 : 楚나라의 도읍. 郢이라고도 한다. 지금의 湖北省 宜城縣 남쪽. 楚 昭王이 郢에서 鄢으로 도읍을 옮겼기 때문에, 鄢을 郢이라고 고쳤다. 때문에 '鄢郢'이라고 부른다.
12) 夷陵 : 楚나라 선왕들의 묘지로, 지금의 湖北省 宜昌縣 동남쪽에 위치하였다.
13) 고대에 피를 마시며 맹약을 할 때 사용되는 동물의 피는 맹약을 하는 사람의 신분에 따라 구별되었다. 제왕은 소와 말을 사용하고, 제후들은 개와 돼지를 사용하고, 大夫 이하의 사람들은 닭을 사용하는데, 여기에서는 필요한 동물의 피를 모두 가리킨다.

나는 감히 다시는 선비를 고르지 못하겠소. 내가 선비를 고른 것이 많으면 천명, 적어도 백여 명으로 제 스스로 천하의 인재들을 한 사람이라도 잃지 않았다고 여겼는데, 지금 나는 하마터면 모수선생을 잃을 뻔하였소. 모수 선생이 한번 초나라에 가니 조나라를 구정(九鼎), 대려(大呂)[14]보다도 무겁게 만들었소. 모수선생의 세 치의 혀는 백만의 군사보다도 강하였소. 나는 감히 다시는 인재를 고르지 않겠소.

그래서 모수를 상객(上客)으로 삼았다.

평원군이 조나라에 돌아오니 초나라에서는 춘신군을 장수로 하여 군대를 이끌고 달려가 조나라를 구원하게 하였고, 위나라의 신릉군도 진비(晉鄙)의 군대를 속여 빼앗아 조나라를 구하러 갔다. 그들이 나 이르기도 전에 진나라가 급하게 한단을 포위하니 한단이 매우 위급하게 되어 항복할 지경에 놓이자 평원군이 이를 걱정하였다.

한단의 전사(傳舍)[15]를 관리하는 사람의 아들인 이동(李同)[16]이 평원군에게 말하기를 "선생께서는 조나라가 망하는 것이 걱정되지 않습니까?"라고 하였다. 평원군이 "조나라가 망하면 나도 포로가 될텐데 어째서 걱정되지 않겠는가?"라고 대답하였다. 이동이 말하였다.

한단의 백성들은 사람의 뼈를 태우고 자식을 서로 바꾸어 먹고 있으니 실로 위급하다고 말할 수 있습니다. 그런데 선생의 후궁들은 100여 명을 헤아리고, 비첩들도 무늬 있는 비단옷을 입고 쌀밥과 고기 반찬을 남깁니다. 한편 백성들은 거친 옷도 다 갖추어지지 않았고, 술지게미와 쌀겨도 넉넉하지 않습니다. 백성들이 곤궁하고 병기가 다하여 어떤 사람은 나무를 깎아 창과 화살을 만드는 데 선생의 기물(器物)과 종경(鍾磬)은 전과 다름이 없습니다. 만약 진(秦)나라가 조나라를 무너뜨린다면 선생께서 어찌 이런 것들을 가질 수 있겠습니까? 만약 조나라가 안전함을 얻는다면 선생께서 어찌 이런 것이 없음을 근심하겠습니까? 이제 선생께서 진실로 부인과 그 아랫사람들을 군졸 사이에 편성하시어 일을 나누어 하게 하시고 집에 있는

---

14) 九鼎, 大呂 : 고대에 가장 귀하다고 전해져 내려오는 器物을 말한다. 九鼎은 夏禹때 주조되었다고 전해지며, 大呂는 周나라 종묘의 큰 종이다.
15) 傳舍 : 고대에 官에서 제공하여 왕래하는 행인들이 머무르게 한 여관.
16) 李同 : 본명은 李談인데, 司馬遷의 부친의 이름이 '談'이기 때문에, 이를 피하여 '同'이라고 하였다.

것을 다 나누어 군졸들에게 베풀어주신다면 군졸들은 위태롭고 곤궁한 때를 당하였으니 쉽게 감격할 것입니다.

이에 평원군은 그 말을 좇아 행하니 죽음을 각오한 군사 3,000명을 얻게 되었다. 이동이 드디어 3,000명을 이끌고 진나라로 달려가니 진나라 군사는 그로 인해서 30리나 물러났다. 때마침 초나라와 위나라의 구원군도 도착하니 진나라의 군사는 물러나고 한단은 다시 보존되었다. 이동이 전사하였기 때문에 그의 아비를 봉하여 이후(李侯)[17]라고 하였다.

우경(虞卿)은 신릉군이 한단을 보존하게 한 것은 평원군 때문이라고 하여 평원군을 봉할 것을 청하였다. 공손룡(公孫龍)[18]이 그 소문을 듣고 밤에 수레를 몰고 와서 평원군을 보고 "제가 들으니 우경이 신릉군이 한단을 보존케 한 공로를 가지고 선생을 위해서 봉읍을 청하고자 한다니 그런 일이 있습니까?"라고 물으니 평원군이 "그렇소"라고 대답하였다. 공손룡이 말하였다.

> 그것은 정말 옳지 않습니다. 또한 왕께서 선생을 조나라의 재상으로 삼은 것은 선생만한 지혜와 재능을 가진 사람이 조나라에 없어서가 아닙니다. 동무성을 떼어 선생을 봉한 것은 선생께서만 공이 있고 조나라 사람들 가운데에는 공이 있는 자가 없기 때문이 아닙니다. 그것은 선생께서 왕의 친척이기 때문입니다. 선생께서 재상의 인장을 받고도 무능하다고 사양하지 않고, 땅을 떼어 받고도 공이 없다고 말하지 않은 것은, 그 역시 선생 스스로 왕의 친척이라고 여기기 때문입니다. 이제 신릉군이 한단을 보존케 한 공로를 가지고 봉읍을 청하는 것은 친척으로서 성을 받고 또 조나라 사람으로서 공을 계산하는 것입니다. 때문에 이것은 정말 옳지 않습니다. 또한 우경은 양다리를 걸치고 있는데 일이 이루어지면 우권(右券)[19]을 쥐고서 보답을 요구할 것이며, 일이 이루어지지 않더라도 봉읍을 받도록 청하였다는 것을 빌미로 선생에게서 호감을 얻을 것입니다. 선생께서는 결코 듣지 마십시오.

---

17) 李侯 : 봉지가 李(지금의 河南省 溫縣 서남쪽)에 있었기 때문에 '李侯'라고 하였다.

18) 公孫龍(기원전 320-기원전 240년) : 趙나라 사람. 전국시대 후기에 형식논리와 궤변을 주장한 名家. 저작에 『公孫龍子』가 있다.

19) 右券 : 고대에는 계약을 할 때 계약서를 오른쪽과 왼쪽 둘로 나누어 쌍방이 각각 한쪽씩 나누어 가졌다. 채권자는 오른쪽이나 왼쪽 중 하나를 가지고 채무자에게 돈을 요구한다.

평원군은 마침내 우경의 말을 듣지 않았다.

평원군은 조 효성왕(趙孝成王) 15년[20]에 죽었다. 자손이 대를 잇다가 후에 조나라와 함께 망하였다.

평원군은 공손룡을 후하게 대우하였다. 공손룡은 견백(堅白)의 논리[21]에 뛰어났다. 추연(鄒衍)[22]이 조나라를 지나면서 대도(大道)를 말하자 평원군은 마침내 공손룡을 멀리하였다.

우경(虞卿)이라는 사람은 유세를 하는 선비이다. 그는 짚신을 신고 우산을 쓰고 와서 조 효성왕을 유세하였다. 그를 한 번 만나보고는 조나라 왕이 황금 100일(鎰)과 흰 구슬 한 쌍을 하사하였고, 두번째 만나보고는 조나라의 상경(上卿)[23]으로 삼았다. 때문에 우경(虞卿)[24]이라고 불렀다.

진(秦)나라와 조나라가 장평(長平)에서 싸웠으나 조나라는 이기지도 못하였고, 도위(都尉)[25] 한 명까지 잃었다. 조나라 왕이 누창(樓昌)과 우경을 불러서 말하기를 "군대가 싸워서 이기지 못하였고, 도위마저 죽었다. 과인이 갑옷을 걷어붙이고 진나라 군대를 습격하고자 하는데 어떻게 생각하는가?"라고 하였다. 누창이 말하기를 "도움이 되지 않습니다. 귀한 사신을 보내 강화를 요청하는 것만 못합니다"라고 하였다. 우경이 말하기를 "누창이 강화를 말하는 것은 강화를 하지 않으면 조나라의 군대가 반드시 패한다고 여기기 때문입니다. 그러나 강화를 결정하는 것은 진나라에 달려 있습니다. 또한 왕께서 진나라를 판단하시기에 그들이 조나라의 군대를 깨뜨리고자 한다고 생각하십니까? 그렇지 않다고 생각하십니

---

20) 기원전 251년에 해당되는데, 권15「六國年表」, 권43「趙世家」에는 모두 "孝成王 14년"으로 기록되어 있어 서로 차이가 있다.

21) 이것은 전국시대 趙나라의 公孫龍이 주장한 궤변이다. 즉 눈으로 돌을 보면 희다는 것은 알 수 있으나 견고하다는 것은 알 수 없다. 또 손으로 돌을 만져보면 견고하다는 것은 알 수 있으나 희다는 것은 알 수 없다. 그러므로 '견고한 흰 돌'이라는 것은 동시에 성립될 수 없는 개념이라는 논법을 사용하여, 옳은 것을 그른 것이라고 하고 같은 것을 다르다고 말하는 변설을 말한다.

22) 鄒衍：齊나라 사람. 전국시대 때의 유명한 陰陽家. 권74「孟子荀卿列傳」참조.

23) 上卿：周나라 때의 관제. 재상에 해당된다.

24) 虞卿：'虞'는 두 가지 해석이 있는데 하나는 성이 虞이기 때문에 그가 지은 책의 이름을 『虞氏春秋』라고 하였고, 다른 하나는 지명으로 봉읍이 虞(지금의 山西省 平陸縣 동북쪽)에 있었다고 한다.

25) 都尉：무관 이름. 직위는 대략 장군보다 낮다.

까?"라고 하였다. 왕이 말하기를 "진나라는 조금의 힘이라도 남기지 않고 반드시 조나라의 군대를 깨뜨리려고 할 것이다"라고 하였다. 우경이 말하였다.

> 왕께서는 저의 말을 들으시고 사신을 보내 귀중한 보물을 가지고 가서 초나라와 위(魏)나라를 끌어들이십시오. 초나라와 위나라는 왕의 귀중한 보물을 얻고자 하여 반드시 우리나라의 사신을 받아들일 것입니다. 조나라 사신이 초나라와 위나라에 들어가면 진나라는 반드시 천하가 합종하려는 것인 줄 알 것이며 또 반드시 두려워할 것입니다. 이와 같다면 강화는 가능할 것입니다.

조나라 왕이 듣지 않고 평원군과 함께 강화를 하기 위하여 정주(鄭朱)를 진나라로 들여보냈다.

진나라에서는 그들을 맞이하였다. 조나라 왕이 우경을 불러 "과인이 평양군(平陽君)[26]을 시켜 진나라와 강화하게 하였는데 진나라가 이미 정주를 맞이하였소. 그대의 생각은 어떠한가?"라고 물었다. 우경은 이렇게 대답하였다.

> 대왕께서는 강화를 하실 수 없을 것이며, 군대는 반드시 깨질 것입니다. 지금 천하의 전쟁의 승리를 축하하는 사람들이 모두 진나라에 있습니다. 정주는 귀한 사람입니다. 그가 진나라에 들어가니 진나라 왕[27]과 응후(應侯)[28]는 틀림없이 그를 드러나게 중시하여 이로써 천하에 과시할 것입니다. 초나라와 위나라는 조나라가 진나라와 강화한다고 여겨서 반드시 대왕을 구원하지 않을 것입니다. 진나라는 천하가 대왕을 구원하지 않을 것을 알고 있으니 강화는 이루어지지 않을 것입니다.

응후는 과연 정주를 드러내어 천하의 전쟁승리 축하객들에게 과시하였고, 끝내 강화를 승낙하지 않았다. 조나라는 장평에서 크게 패하여 마침내 한단이 포위되어 천하의 웃음거리가 되었다.

진나라가 한단의 포위를 풀자 조나라 왕이 입조(入朝)하여 조학(趙郝)

---

26) 平陽君:趙豹. 趙 惠文王의 동생이며 孝成王의 숙부. 平陽(지금의 河北省 臨漳縣 서쪽)에 봉해졌다.

27) 秦 昭襄王 嬴稷을 가리킨다. 기원전 306년에서 기원전 251까지 재위하였다. 권5 「秦本紀」 참조.

28) 應侯:范睢를 가리킨다. 魏나라 사람으로 字는 叔이다. 권79 「范睢蔡澤列傳」 참조.

을 시켜 진나라에 복종하여 섬기기로 약속하고 6개의 현(縣)을 떼어주어 강화하게 하였다. 우경은 조나라 왕에게 "진나라가 대왕을 공격하다가 지쳐서 돌아갔다고 생각하십니까? 계속 공격할 힘이 있는데도 대왕을 아껴서 공격을 그만두었다고 생각하십니까?"라고 물었다. 왕은 "진나라가 나를 공격할 때 온 힘을 다 기울였으니 반드시 지쳐서 돌아간 것이다"라고 대답하였다. 우경이 말하기를 "진나라가 그들의 힘으로 취할 수 없는 곳을 공격하다가 지쳐서 돌아갔는데, 대왕께서는 또 힘으로 취할 수 없는 곳을 진나라에 주려고 하니, 이것은 진나라를 돕고 자기 스스로를 공격하는 일입니다. 내년에 진나라가 다시 대왕을 공격한다면 대왕께서는 구출될 방법이 없습니다"라고 말하였다. 왕이 우경의 이야기를 조학에게 말하였다. 조학이 말하기를 "우경은 진실로 진나라의 힘이 도달할 수 있는 바를 다 알 수 있을까요? 진실로 진나라의 힘이 공격을 계속할 수 없다는 사실을 안다면 탄환(彈丸)만한 작은 땅도 줄 수가 없습니다. 만약 진나라가 내년에 다시 대왕을 공격한다면 대왕께서는 어째서 영토 안의 땅을 떼어 강화하지 않겠습니까?"라고 하였다. 왕이 말하기를 "그대의 말을 들어 땅을 떼어준다면 그대는 반드시 내년에 진나라가 나를 다시 공격하지 않게 할 수 있는가?"라고 하였다. 조학이 대답하였다.

그것은 감히 신이 책임질 수 있는 것이 아닙니다. 예전에 삼진(三晉)[29]이 진나라와 사귀어 서로 화친하였습니다. 지금 진나라가 위나라나 한나라와는 화친하면서 대왕을 공격하는 것은 대왕께서 진나라를 섬기는 것이 한나라나 위나라만 못하기 때문입니다. 지금 신이 대왕을 위하여 친교를 저버린 공격을 풀게 하고 관(關)을 열어 예물을 통하게 하여 한나라나 위나라와 동등하게 교유한다고 할지라도, 내년에 대왕께서만 혼자 진나라의 공격을 받게 되신다면 그것은 바로 대왕께서 진나라를 섬긴 것이 한나라나 위나라만 못하였기 때문일 것입니다. 그것은 신이 감히 책임질 수 있는 것이 아닙니다.

왕이 그 말을 우경에게 하니 우경이 말하였다.

조학이 말하기를 '강화를 하지 않아 내년에 진나라가 다시 대왕을 공격한다면 대왕께서는 영토 안의 땅을 떼어주지 않고도 강화하실 수 있습니까?'라

---

29) 三晉 : 韓나라, 趙나라, 魏나라를 가리킨다.

고 하였는데, 만약 지금 강화한다고 해도 조학은 또 반드시 진나라가 다시 공격하지 않는다고는 할 수 없다고 말하였습니다. 지금 비록 6개의 성을 떼어준다고 한들 무슨 유익함이 있겠습니까? 내년에 다시 공격한다면 또 그들의 힘으로 취할 수 없는 땅을 떼어주고 강화를 할 것입니다. 이것은 스스로 멸망하는 방법이니 강화를 하지 않음만 못합니다.

진나라가 비록 공격을 잘한다고 할지라도 6개의 현을 취할 수는 없으며, 조나라가 비록 잘 지킬 수 없을지라도 끝내 6개의 성까지 잃지는 않을 것입니다. 진나라가 지쳐서 돌아갔으니 군사들은 반드시 피폐하였을 것입니다. 우리는 6개의 성으로 천하를 거두고 이로써 피폐해진 진나라를 공격한다면 그것이 우리로서는 6개의 성을 천하에 주고 진나라에게서 보상을 받는 길일 것입니다. 우리나라로서는 오히려 그것이 이익입니다. 누가 앉아서 땅을 떼어주어 스스로를 약하게 하여 이로써 진나라를 강하게 만들겠습니까?

지금 조학이 '진나라가 한나라나 위나라와는 화친하면서 대왕을 공격하는 것은 대왕께서 진나라를 섬기는 것이 한나라나 위나라만 못하였기 때문이다'라고 말하였는데, 이는 대왕으로 하여금 매년 6개의 성을 가지고 진나라를 섬기게 하는 것으로, 그렇게 되면 앉아서 성을 다 잃게 될 것입니다. 내년에 진나라가 다시 땅을 떼어줄 것을 요구한다면 대왕께서는 장차 그것을 주시겠습니까? 만약 주시지 않는다면 예전의 공을 포기하고 진나라에 화(禍)를 도발하는 것이 될 것입니다. 만약 그것을 준다고 하더라도 그때는 줄 만한 땅이 없습니다.

옛말에 '강한 자는 공격을 잘하고 약한 자는 수비를 잘못한다'라고 하였습니다. 이제 앉아서 진나라의 요구를 듣는다면 진나라의 군사는 애를 쓰지도 않고 많은 땅을 얻는 것이니, 이는 진나라를 강하게 하고 조나라를 약하게 하는 것입니다. 더욱더 강한 진나라로 하여금 더욱더 약한 조나라를 베어 가는 것이니 그들의 계책은 그치지 않을 것입니다. 또한 대왕의 땅은 다하게 되는데 진나라의 요구는 끝이 없을 것입니다. 이는 끝이 있는 땅으로 끝이 없는 요구에 응한다면 그 추세는 반드시 조나라를 없어지게 할 것입니다.

조나라 왕이 계책을 결정짓지 못하고 있을 때 누완(樓緩)[30]이 진나라에서 돌아왔다. 조나라 왕이 누완과 의논하면서 "진나라에 땅을 주는 것이 낫겠소? 주지 않는 것이 낫겠소?"라고 물었다. 누완이 사양하면서

---

30) 樓緩 : 趙나라의 신하로 親秦派의 辯士이다.

"그것은 신이 알 수 있는 것이 아닙니다"라고 대답하였다. 왕이 말하기를 "비록 그렇다고 할지라도 시험삼아 그대의 의견을 말해보라"라고 하였다. 누완이 말하였다.

대왕께서도 역시 공보문백(公甫文伯)[31]의 어머니에 대해서 들어보셨습니까? 공보문백이 노(魯)나라에서 벼슬을 하다가 병들어 죽자 규방에서 자살한 여자가 2명이나 있었습니다. 그의 어머니가 그 소식을 듣고도 울지 않았습니다. 그녀의 집안 일을 돌보는 여자가 말하기를 '자식이 죽었는데도 어째서 울지 않습니까?'라고 하자 그 어머니가 말하기를 '공자(孔子)는 현인인데 노나라에서 쫓겨났을 때 내 자식은 그를 따라가지 않았습니다. 이제 자식이 죽으니 그 부인들이 그를 위하여 자살한 자가 2명이나 되니, 이와 같다면 그는 틀림없이 덕행 있는 사람에게는 박하고 부인들에게는 후하게 대하였을 것입니다'라고 하였다. 때문에 어머니가 이 말을 하면 어진 어머니가 되는 것이고, 아내가 이 말을 하면 반드시 질투하는 아내임을 면하지 못할 것입니다. 이렇듯 그 말은 같으나 말하는 사람이 다르면 듣는 사람의 마음도 변하는 것입니다.

이제 신이 진나라에서 방금 돌아와서 주시지 말라고 말한다면 그것은 좋은 계책이 아니며, 그것을 주시라고 말한다면 대왕께서는 신이 진나라를 위한다고 여길 것이 두려워서 감히 대답하지 않았던 것입니다. 신으로 하여금 대왕을 위하여 계책을 말할 수 있게 하신다면, 땅을 주는 것이 좋겠다는 것이 제 생각입니다.

왕이 "알겠소"라고 하였다.

우경이 그 소리를 듣고 들어가 왕을 만나 말하기를 "그 말은 아름답게 꾸민 말입니다. 대왕께서는 절대로 땅을 주지 마십시오"라고 하였다. 누완이 그 소리를 듣고 가서 왕을 만났다. 왕이 또 우경의 말을 누완에게 하니 누완이 대답하였다.

그렇지 않습니다. 우경은 하나만 알고 둘은 알지 못합니다. 무릇 진나라와 조나라가 적이 되어 전쟁을 하니 천하가 다 즐거워하는 것은 무슨 까닭입니까? 그들은 모두 '내가 강한 나라에 의지하여 약한 나라를 괴롭힐 것이다'라고 생각하기 때문입니다. 이제 조나라의 군사들이 진나라에 의해서 어려움을 당하니 천하의 전쟁승리 축하객들이 다 반드시 진나라에 있을 것

---

31) 公甫文伯 : 魯 定公 때의 大夫.

입니다. 때문에 빨리 땅을 떼어주고 강화를 하여 천하를 의심케 하고, 이로써 진나라의 마음을 위로하는 것만 못합니다. 그렇지 않으면 천하가 장차 진나라의 노여움을 이용하고 조나라의 피폐함을 타서 조나라를 참외처럼 쪼개려고 할 것입니다. 조나라가 망하면 어찌 진나라를 도모하겠습니까? 그런 까닭에 우경은 하나만 알고 둘은 모르는 것입니다. 대왕께서는 이것으로 결정하시고 다시는 의논하지 않으시기를 원합니다.

우경이 그 소리를 듣고 가서 왕을 만나 말하였다.

누완이 진나라를 위하여 하는 일은 위험한 것입니다. 이는 천하로 하여금 조나라를 더욱 의심하게 할 뿐이지, 어찌 진나라의 탐심을 위로할 수 있겠습니까? 어째서 그것이 조나라의 약점을 천하에 보이는 것이라고는 말하지 않습니까? 또한 신이 땅을 주시라고 말씀드린 것은 정말로 주시라고 한 것은 아닙니다. 진나라가 대왕께 6개의 성을 요구하고 있지만, 대왕께서는 6개의 성을 제나라에 뇌물로 주십시오. 제나라는 진나라와 깊은 원수 사이입니다. 제나라 왕이 6개의 성을 얻으면 조나라와 힘을 합쳐 서쪽으로 진나라를 공격할 것입니다. 제나라가 대왕의 제안을 따르는 데에는 사자의 말이 채 끝나기를 기다리지도 않을 것입니다. 즉 이것은 대왕께서 제나라에서 땅을 잃고 진나라에서 보상받는 길입니다. 그렇게 되면 조나라와 제나라는 깊은 원한을 갚을 수 있고, 대왕께서는 천하에 일을 처리하는 능력이 있음을 보이게 되는 것입니다. 대왕께서 이렇게 선포하시면 군사들이 국경을 엿보기도 전에, 신은 진나라의 많은 뇌물이 조나라에 이르고, 도리어 대왕께 강화를 요청할 것이라고 생각됩니다. 진나라와 강화하는 것을 승낙하시면 한나라와 위나라가 그 소식을 듣고 반드시 왕을 중하게 여길 것입니다. 대왕을 중하게 여긴다면 반드시 귀중한 보물을 가지고 와서 앞을 다투어 대왕께 드릴 것입니다. 그렇게 되면 대왕께서는 한 번에 세 나라와 화친을 맺게 되고 진나라와는 지위를 바꾸게 되는 것입니다.

조나라 왕이 "좋소"라고 말하였다. 조나라 왕은 곧 우경을 시켜 동쪽으로 가서 제나라 왕[32]을 만나게 하여 함께 진나라를 칠 것을 도모하게 하였다. 우경이 돌아오기도 전에 진나라의 사자가 이미 조나라에 와 있었다. 누완이 그 소식을 듣고 도망가버렸다. 그래서 조나라는 성 한 개를 우경에게 봉하였다.

---

32) 田建을 가리킨다. 기원전 264년에서 기원전 221년까지 재위하였다.

오래되지 않아 위나라가 합종할 것을 청하였다. 조 효성왕이 우경을 불러 의논하려고 하였다. 우경은 궁중에 가는 길에 평원군을 예방하니 평원군은 다음과 같이 말하였다. "모쪼록 대왕께 합종하는 것이 좋겠다고 말씀드려주시기를 원합니다." 우경이 조정에 들어와 왕을 만났다. 왕이 "위나라가 합종을 청하였소"라고 말하자 우경이 "위나라가 잘못하였습니다"라고 대답하였다. 왕이 "과인은 아직 허락하지 않았소"라고 말하자 우경이 "대왕께서 잘못하셨습니다"라고 대답하였다. 왕이 "위나라가 합종을 청하자 그대는 위나라가 잘못하였다고 말하였고, 과인이 아직 허락하지 않았다고 하였을 때도 또 과인이 잘못하였다고 말하였는데, 그렇다면 결국 합종이 옳지 않다는 것인가?"라고 물었다. 대답하기를 "신이 알고 있기로는 작은 나라가 큰 나라와 일을 할 때, 만약 승리하면 큰 나라가 그 복을 받고 패하면 작은 나라가 그 화를 입는다고 합니다. 지금 위나라는 작은 나라인데도 그 화를 청하였습니다. 또한 대왕께서는 큰 나라인데도 그 복을 사양하였습니다. 때문에 신은 대왕께서 잘못하셨고 위나라도 역시 잘못하였다고 말한 것입니다. 가만히 보니 합종을 하는 것이 적당하겠습니다"라고 하였다. 왕이 "좋소"라고 대답하였다. 그리고 나서 위나라와 합종의 맹약을 하였다.

우경은 위제(魏齊)와의 관계[33] 때문에 만호후(萬戶侯)와 공경(公卿)과 재상의 인장도 중하게 여기지 않고 위제와 함께 외진 작은 길로 달아나, 마침내 조나라를 떠나 대량(大梁)에서 고통을 받았다. 위제가 이미 자살하여 죽은 이후, 우경은 이루지 못한 그의 뜻을 드디어 책으로 저술하였으니, 위로는 『춘추(春秋)』[34]에서 뽑고 아래로는 현실 중에서 관찰하여 「절의(節義)」, 「칭호(稱號)」, 「췌마(揣摩)」, 「정모(政謀)」 등 모두 8편

---

33) 魏齊는 魏나라의 재상으로 일찍이 范雎를 죽이려고 한 적이 있는데, 후에 范雎가 秦나라의 재상이 되자 秦나라의 강함을 믿고 魏나라를 향하여 魏齊를 요구하였다. 이에 魏齊는 趙나라로 도망가서 平原君의 집에 숨어 있었다. 秦나라 왕이 또 趙나라 왕을 향하여 魏齊를 요구하자 趙나라 왕이 두려워하여 平原君의 집을 포위하고 魏齊를 사로잡으려고 하였다. 魏齊가 다시 도망가서 虞卿을 만났다. 虞卿은 재상의 인장도 버리고 魏齊와 함께 信陵君의 집으로 갔다. 그러나 信陵君이 그들을 만나주지 않자, 魏齊는 수치스러움에 자살하였고, 虞卿도 이로 인하여 大梁에서 고생을 하였다.

34) 『春秋』: 유가 경전의 하나. 편년체로 된 春秋史書. 전하는 말에 의하면 孔子가 魯나라의 사관이 편찬한 『春秋』에 근거하여 다시 정리하고 수정하여 이루어진 것이라고 한다. 魯 隱公 원년(기원전 722년)에서 시작하여 魯 哀公 14년(기원전 481년)까지 약 242년간의 역사를 기록하였다.

을 지었다. 이로써 국가의 득실을 풍자하였는데 세상에서는 그것을 전하여 『우씨춘추(虞氏春秋)』라고 하였다.

태사공은 말하였다.

"평원군(平原君)은 혼란한 시대에 새가 하늘 높이 나는 것처럼 뛰어났던 재주 있는 공자(孔子)이다. 그러나 그는 나라를 다스리는 커다란 도리를 보지 못하였다. 항간에서는 '이익이라고 하는 것은 지혜를 어둡게 만든다'라고 하였다. 평원군이 풍정(馮亭)의 사악한 유세[35]를 좋아하여 조나라로 하여금 장평(張平)에서 군사 40만여 명을 산 채로 매장하게 하였고, 한단(邯鄲)을 거의 망하게 하였다. 우경(虞卿)의 사태를 헤아리고 상황을 참작하여 조나라를 위하여 도모한 계획은 얼마나 교묘하였는가! 위제(魏齊)가 죽는 것을 차마 보지 못하여, 마침내 대량(大梁)에서 고통을 받았다. 평범한 사람도 또한 그것이 옳지 않음을 아는데 하물며 현인이야? 그러나 우경이 그러한 고통과 근심이 없었다면, 역시 책을 써서 이로써 자신을 후세에 드러내지 못하였을 것이다."

---

35) 趙 孝成王 4년(기원전 262년)에 秦나라가 韓나라를 공격하자 韓나라 왕이 上黨 지역을 떼어 秦나라에 주었다. 이때 馮亭은 秦나라에 귀순하려고 하지 않고 趙나라에 투항하려고 사자를 파견하여 趙나라 왕에게 유세하였다. 당시 趙豹는 반대를 하였지만 趙勝은 17개의 城邑을 탐하여 趙나라 왕에게 馮亭의 투항을 받아들이도록 권유하였는데, 이로 인해서 長平의 전투가 일어나게 되었다.

권77 「위공자열전(魏公子列傳)」[1] 제17

위(魏)나라의 공자(公子) 무기(無忌)는 위 소왕(魏昭王)의 막내 아들이며, 위 안희왕(魏安釐王)의 이복 동생이다.[2] 소왕이 죽고 안희왕이 즉위하자, 공자를 봉하여 신릉군(信陵君)[3]이라고 하였다. 이때 범수(范雎)[4]가 위나라에서 도망하여 진(秦)나라의 재상이 되었는데, 그는 위제(魏齊)를 원수로 여기고 있었기 때문에, 진나라의 군사들로 하여금 대량(大梁)[5]을 포위하게 하였고, 화양(華陽)[6]에서 진을 치고 있는 위나라의 군사를 물리치고 망묘(芒卯)[7]를 도망치게 하였다. 위나라 왕과 공자는 그것을 근심하고 있었다.

공자의 사람됨이 어질어 선비를 존중하였고, 그 선비가 어질거나 불초하거나를 막론하고 모두에게 다 겸손하게 예를 갖추어 그들과 사귀었고, 감히 자신의 부귀함으로 선비들에게 교만하게 대하지 않았다. 때문에 선

---

1) 보통은 「信陵君列傳」이라고 하지만, 「太史公自序」에 의해서 「魏公子列傳」이라고 하였다.

2) 魏 昭王은 魏遫을 가리킨다. 그는 전국시대 때 魏나라의 다섯번째 임금으로 魏 襄王의 아들이다. 기원전 295년에서 기원전 277년까지 재위하였다. 魏 安釐王은 魏圉를 가리킨다. 그는 魏나라의 여섯번째 군주로 昭王의 아들이다. 기원전 278년에서 기원전 243년까지 재위하였다.

3) 信陵君 : 봉호. 信陵 지방의 영주로 봉을 받았기 때문에 信陵君이라고 칭하였다. 信陵은 魏나라의 고을 이름으로 지금의 河南省 寧陵縣 서쪽이다.

4) 范雎(?-기원전 255년) : 字는 叔이며 魏나라 사람이다. 魏나라 大夫 須賈에 의해서 모함을 받아 魏나라 재상 魏齊에 의해서 죽을 뻔하였다. 뒤에 秦나라로 도망가서 이름을 張祿이라고 고치고 秦 昭王의 신임을 얻어 재상이 되었다. 권79 「范雎蔡澤列傳」 참조.

5) 大梁 : 魏나라의 도성. 지금의 河南省 開封市 서북쪽.

6) 華陽 : 산 이름. 지금의 河南省 密縣.

7) 芒卯 : 魏나라의 장군. 『戰國策』 「魏策」과 권44 「魏世家」의 기록에 따르면 芒卯가 달아난 것은 秦 昭王 34년(기원전 273년)으로 당시 秦나라의 재상은 魏冄이었다. 范雎가 秦나라의 재상이 된 것은 秦 昭王 42년(기원전 265년)으로, 앞뒤로 무려 8년의 차이가 있다. 여기에서 秦나라가 魏나라를 공격한 것이 魏齊에 대한 원한 때문이라고 한 본문의 기록은 시간적으로 잘못된 것이다.

비들이 사방 몇천리에서 앞을 다투어 그에게로 모여드니 식객이 3,000명이나 되었다. 당시 제후들은 공자가 어질고 식객이 많아 감히 군사를 일으켜 위나라를 침범하려는 생각을 하지 못한 것이 10여 년[8]이나 되었다.

공자가 위나라 왕과 바둑을 두고 있을 때 북쪽의 변경에서 봉화가 올랐다고 하면서 "조(趙)나라가 침범해오는데 지금 국경을 넘어서 침범하려고 합니다"라는 전갈이 있었다. 위나라 왕이 바둑 두는 것을 멈추고 대신들을 소집하여 대책을 의논하려고 하였다. 공자가 왕을 말리며 말하기를 "조나라 왕은 사냥을 하고 있을 뿐이지 위나라를 침범하려는 것은 아닙니다"라고 하면서 다시 전과 다름없이 바둑을 두었다. 왕은 두려운 나머지 바둑에 마음이 생기지 않았다. 오래되지 않아 다시 북쪽 지방으로부터 전언(傳言)이 왔다. "조나라 왕은 사냥을 할 따름이지 침범하려는 것이 아닙니다"라고 하였다. 위나라 왕이 크게 놀라 말하기를 "공자는 어떻게 그것을 알았는가?"라고 물었다. 공자가 말하기를 "신의 식객 중에 조나라 왕의 은밀한 일까지 정탐해올 수 있는 자가 있어서 그가 매번 조나라 왕이 하는 일을 신에게 보고하는데, 신은 이로써 그것을 알 수 있었습니다"라고 하였다. 그후로 왕은 공자의 현명함과 능력을 두려워하여 감히 공자에게 국정을 맡기려고 하지 않았다.

위나라에 한 은사가 있었는데, 그의 이름은 후영(侯嬴)이라고 하였다. 그는 나이가 70세인데 집이 가난하여 대량의 이문(夷門)[9]을 지키는 문지기로 있었다. 공자가 그 소문을 듣고 후영을 초빙하려고 후한 재물을 보내려고 하였다. 그러나 후영은 받으려고 하지 않고 다만 "몸을 닦고 행실을 깨끗이 한 지 수십년, 마침내 성문을 지키며 곤고하게 산다고 하여 공자의 재물을 받을 수는 없습니다"라고 말하였다. 그래서 공자는 술자리를 베풀고 크게 빈객들을 모았다. 자리가 정해지자 공자는 거마(車馬)를 뒤따르게 하고 왼쪽 자리를 비워둔 채[10] 스스로 이문의 후생(侯生)을 맞이

---

8) 10여 년 : 대체로 魏 安釐王 12년부터 30년(기원전 265-기원전 247년)까지 18년간의 형세를 가리킨다. 이 기간 동안 魏나라는 제후들의 침략을 받지 않았을 뿐만 아니라 다른 나라를 도와 秦나라의 침략을 저지하였다.

9) 夷門 : 大梁城에는 20개의 성문이 있는데 그중 東門을 夷門이라고 하였다.

10) 고대에 수레를 탈 때에는 왼쪽 자리를 귀하게 생각하였다. 信陵君은 존경의 뜻을 표시하기 위해서 자신은 오른쪽 자리에 앉아 말을 끌고, 왼쪽 자리는 侯嬴을 위해서 비워두었던 것이다.

하러 갔다. 후생이 다 떨어진 의관을 정제하고 바로 수레에 올라 공자보
다 상석에 앉으면서도 사양하지 않은 것은 공자를 살펴보고자 함이었다.
공자는 말고삐를 쥐고 더욱 공손하게 대하였다. 후생이 또 공자에게 말하
기를 "신에게는 시장 도살장에 친구가 하나 있는데 수레를 끌고 거기를
지나갔으면 합니다"라고 하였다. 공자가 수레를 끌고 시장으로 들어가니,
후생이 내려 그의 친구 주해(朱亥)를 만나 일부러 오랫동안 서서 그와 이
야기하면서 곁눈질하며 가만히 공자를 관찰하였다. 공자의 안색은 더욱
온화하였다. 이때 공자의 집에서는 위나라의 장상, 왕족, 빈객들이 가득
모여 공자가 연회를 시작하기를 기다리고 있었다. 시장 사람들이 모두 공
자가 말고삐를 쥐고 있는 것을 보았고, 수레를 따르던 자들도 모두 속으
로 후생을 욕하였다. 후생은 공자의 안색이 끝까지 변하지 않는 것을 보
고, 친구와 이별하고 수레에 올랐다. 집에 도착하자 공자는 후생을 인도
하여 상석에 앉게 하고 두루 빈객들을 소개하니 빈객들이 모두 놀랐다.
술자리가 무르익자 공자가 일어나 후생의 앞에서 장수를 기원하는 술잔을
올렸다. 이에 후생이 공자에게 말하기를 "저도 오늘 공자를 위해서 힘을
다한 것으로 충분하다고 생각합니다. 저는 바로 이문의 문지기인데도 공
자께서 친히 수레를 끌고 오셔서 몸소 많은 사람들이 앉아 있는 자리에서
저를 맞이하셨고, 원래는 저의 친구를 방문하지 않아도 되지만 오늘 공자
께서는 특별히 거기까지 들리셨습니다. 그러나 저는 바로 공자의 명성을
드높이고자 일부러 오랫동안 공자의 수레를 시장 가운데 세우게 하고 친
구에게 가서 공자를 관찰하였는데 공자께서는 더욱 공손하셨습니다. 시장
사람들은 모두 저를 소인이라고 하였고, 공자를 덕행이 있으면서도 선비
에게 몸을 낮추는 사람이라고 하였습니다"라고 하였다. 술자리를 마치자,
마침내 후생은 위 공자의 상객(上客)이 되었다.

　후생이 공자에게 말하기를 "신이 들렀던 백정 주해는 현인이지만, 세상
사람들은 그가 현인인지를 알지 못합니다. 그런 까닭에 도살장 사이에 숨
어 사는 것입니다"라고 하였다. 공자가 가서 여러 차례 그에게 청하였지
만, 주해가 고의로 답례를 표시하는 것까지도 마다하여 공자는 이를 이상
하게 여겼다.

　위 안희왕 20년에 진 소왕(秦昭王)[11]은 이미 장평(長平)에 주둔한 조

나라의 군사를 물리치고, 또 군사를 진격시켜 한단(邯鄲)을 포위하였다.
공자의 누이가 조 혜문왕(趙惠文王)의 아우인 평원군(平原君)의 부인이
었는데, 여러 차례 위나라 왕과 공자에게 편지를 보내 위나라에 구원을
청하였다. 위나라 왕이 장군 진비(晉鄙)로 하여금 군사 10만 명을 이끌
고 조나라를 구하게 하였다. 진(秦)나라 왕이 사자를 보내 위나라 왕에게
통고하기를 "내가 조나라를 공격하여 짧은 시간에 항복을 받을 것이다.
제후들 가운데 감히 조나라를 구하는 자가 있다면 조나라를 함락시킨 이
후에 반드시 군사를 옮겨 먼저 그를 칠 것이다"라고 하였다. 위나라 왕이
이를 두려워하여 사람을 시켜 진비의 진격을 멈추게 한 채 군사를 업
(鄴)[12]에 머무르게 하여, 명목상으로는 조나라를 구한다고 하면서 실제
로는 양다리를 걸치며 형세만 관망하고 있었다. 조나라 평원군은 사자를
계속 끊이지 않고 위나라로 보내 위 공자를 책망하면서 말하기를 "승(勝)
이 스스로 공자와 혼인관계를 맺은 까닭은 공자는 의리가 고매하여 다른
사람의 급한 곤란함을 구해줄 수 있다고 여겼기 때문입니다. 이제 한단이
진나라에 의해서 항복하기 직전인데도 위나라의 구원병이 오지 않으니 어
찌 공자가 다른 사람의 곤란함을 구해줄 수 있다고 하겠습니까? 또한 공
자께서는 나를 가벼이 여겨 진나라에 항복하게 내버려두고 있는데, 공자
의 누이가 불쌍하지도 않습니까?"라고 하였다. 공자가 이것을 두려워하
여 여러 차례 위나라 왕에게 조나라를 구원해줄 것을 청하고, 또 빈객과
변사들을 통하여 여러 가지 이유로 유세하였으나, 위나라 왕이 진나라를
두려워하여 끝내 공자의 요청을 들어주지 않았다. 공자는 스스로 끝내 왕
에게서 승낙을 얻을 수 없다고 판단하고, 자신만 혼자 살아남아 조나라로
하여금 망하도록 내버려둘 수는 없다고 결정하였다. 이에 빈객들을 청하
여 수레 100여 대를 준비하여 빈객들과 진나라의 군대로 들어가 조나라와
함께 죽기로 하였다.

---

11) 秦 昭王(기원전 324-기원전 251년) : 전국시대 때 秦나라의 임금으로 昭襄王을
   가리킨다. 기원전 306년에서 기원전 251년까지 재위하였다. 魏冉, 范睢를 재상으로
   삼고 司馬錯, 白起 등을 장군으로 삼아 동진정책을 추진하여 周 赧王의 항복을 받아
   냈고, 계속 여섯 나라의 합종책을 깨뜨려 많은 중요 전략지역을 빼앗아 黔中(지금의
   湖南省 沅陵縣 서쪽), 巫郡(지금의 四川省 巫山縣 일대), 南陽(지금의 湖南省 南陽
   縣 일대), 上黨(지금의 山西省 長治市 일대) 등에 郡을 설치하여 秦나라가 천하를
   통일하는 데 기초를 세웠다.
12) 鄴 : 고을 이름. 지금의 河北省 臨漳縣 서남쪽.

그리고 공자는 가다가 이문에 들러 후생을 만나 그에게 진나라의 군대에 들어가 죽고자 하는 상황을 다 알렸다. 이별하고 가는데 후생이 말하기를 "공자께서는 분발하십시오. 노신(老臣)은 따라갈 수가 없습니다"라고 하였다. 공자는 몇리를 가는 동안에 마음이 불쾌하여 말하기를 "내가 후생을 대접함에 부족함이 없었다는 것은 천하가 다 아는데, 이제 내가 죽으러 가는데도 후생은 일언반구도 송별하는 말을 하지 않으니 나에게 무슨 잘못이 있기 때문인가?"라고 하였다. 그는 다시 수레를 끌고 돌아와 후생에게 물었다. 후생이 웃으며 말하기를 "신은 본래 공자께서 다시 돌아오실 줄 알고 있었습니다"라고 하였다. 후생이 말하기를 "공자께서 선비를 좋아하신다는 명성은 천하가 다 알고 있습니다. 이제 곤경에 빠지셔서 아무 방법도 없이 진나라의 군내로 들어가고자 하시니, 비유하자면 그것은 고기를 굶주린 호랑이에게 던지는 것과 같으니 무슨 효과가 있겠습니까? 만약 그렇다면 어디에다 빈객들을 쓰겠습니까? 공자께서는 신을 후하게 대접하셨지만, 신은 공자께서 가시는데도 마중하지 않았으니 이로 인해서 공자께서 원망하여 다시 오실 줄 알았던 것입니다"라고 하였다. 공자가 두 번 절을 하며 방법을 물었다. 이에 후생이 사람들을 물리치고 은밀히 말하기를 "제가 들으니 진비(晉鄙)의 병부(兵符)[13]가 항상 왕의 침실 안에 있다고 합니다. 여희(如姬)는 가장 총애를 받아 왕의 침실 안에까지 출입할 수 있으니 그녀가 힘을 쓴다면 병부를 훔칠 수 있을 것입니다. 신이 들으니 여희의 부친이 다른 사람에 의해서 피살되어 그녀가 3년 동안이나 한을 품었고, 왕으로부터 그 이하의 사람들도 모두 그 부친의 원한을 갚아주려고 하였으나 그 원수를 찾을 수가 없었다고 합니다. 여희가 공자에게 울며 말하자 공자께서는 식객을 시켜서 그 원수의 목을 베게 하여 여희에게 바쳤습니다. 여희는 공자를 위해서 죽기까지도 사양하지 않으려고 하였지만 방법이 없었습니다. 공자께서 진실로 한번 입을 열어 여희에게 도움을 청한다면 여희는 반드시 허락할 것입니다. 그

---

13) 兵符 : 군사상 사용하는 符節. 전국시대, 秦, 漢 나라 때 제왕이 신하에게 병권을 주거나 군대를 일으킬 때 사용하는 信物이다. 금, 동, 옥 등으로 주조하여 호랑이 모양을 만들었기 때문에 '虎符'라고도 한다. 뒷면에는 글이 새겨져 있으며, 두 쪽으로 나누어 오른쪽 절반은 조정에서 보관하고 왼쪽 절반은 신하에게 주었다. 군대를 일으킬 때에는 반드시 사신으로 하여금 符節을 합치게 한 연후에야 비로소 그 효력을 발생할 수 있었다.

리하여 호부를 얻으면 진비의 군대를 빼앗아 북쪽으로 가서 조나라를 구하고, 서쪽으로 진나라 군대를 물리친다면 그것은 5패(五覇)[14]의 공업(功業)과도 같은 것입니다"라고 하였다. 공자가 그의 계책을 따라서 여희에게 도움을 청하였다. 여희는 과연 진비의 병부를 훔쳐서 공자에게 주었다.

공자가 떠나려고 하자 후생이 말하기를 "장수가 밖에 있을 때에는 임금의 명령도 받지 않지 않을 수가 있는데 그것도 국가를 유익하게 하는 것입니다. 공자께서 만일 병부를 맞추어도 진비가 공자에게 군사를 내어주지 않고 다시 왕에게 청한다면 사태는 반드시 위급해질 것입니다. 때문에 저의 친구인 백정 주해를 함께 데리고 가십시오. 이 사람은 역사(力士)입니다. 진비가 들으면 다행이고 듣지 않는다면 그를 죽이십시오"라고 하였다. 그러자 공자가 울었다. 후생이 말하기를 "공자께서는 죽는 것이 두렵습니까? 어찌하여 우십니까?"라고 하자 공자가 말하기를 "진비는 용맹스러운 노장으로 아마 내가 가도 듣지 않을 것이니, 반드시 그를 죽여야 되는 까닭에 우는 것이지 어찌 죽음을 두려워해서이겠는가?"라고 하였다. 공자가 주해에게 같이 갈 것을 청하였다. 주해가 웃으며 말하기를 "신은 시장에서 칼을 가지고 짐승을 죽이는 백정으로 공자께서 여러 차례 방문하셨지만 답례마저도 하지 않은 것은 그러한 것이 작은 예의일 뿐 아무 소용도 없는 것이라고 여겼기 때문입니다. 이제 공자께서 위급한 일이 있으시니 이때야말로 제가 목숨을 바칠 때입니다"라고 하며 마침내 공자와 함께 갔다. 공자가 가면서 후생과 작별을 하였다. 후생이 말하기를 "저도 마땅히 따라가야 하지만 늙어서 갈 수가 없습니다. 대신 저는 일정을 계산하여 공자께서 진비의 군대에 도착하시는 날에 북쪽을 향하여 목을 잘라 자결함으로써 공자께 보답하겠습니다." 마침내 공자가 떠났다.

업(鄴)에 도착하자 공자는 위나라 왕의 명령이라고 속이고 진비를 대신하려고 하였다. 진비가 병부를 합하고 나서도 그를 의심하며 손을 들어 공자를 보고 말하기를 "지금 제가 10만의 대군을 거느리고 국경에 주둔하고 있는데 이는 국가의 중대한 임무입니다. 지금 공자께서 단신으로 와서 저를 대신하려고 하는데 어찌 된 것입니까?"라고 하면서 들으려고 하지

---

14) 五覇 : 춘추시대 때의 齊 桓公, 晉 文公, 楚 莊王, 吳王 闔閭, 越王 句踐을 가리킨다. 일설에는 齊 桓公, 晉 文公, 宋 襄公, 秦 穆公, 楚 莊王이라고도 한다.

않았다. 주해가 소매에서 40근이나 되는 철추(鐵椎)를 꺼내서 진비를 때려 죽였다. 마침내 공자가 진비의 군대를 통솔하고 군중(軍中)을 향하여 명령을 내리기를 "아비와 자식이 함께 군중에 있는 자는 아비가 돌아가고, 형과 아우가 함께 군중에 있는 자는 형이 돌아가고, 독자(獨子)로서 형제가 없는 자는 돌아가 부모를 봉양하라"라고 하였다. 이렇게 하여 병사 8만 명을 선발하여 얻고, 병사들을 진격시켜 진나라 군사를 공격하였다. 진나라 군대가 포위를 풀고 돌아가니 마침내 한단을 구하고 조나라를 보존하게 되었다. 조나라 왕과 평원군이 몸소 국경에서 공자를 맞이하였고, 평원군은 몸소 화살통을 지고 공자를 위해서 길을 인도하였다. 조나라 왕이 두 번 절하고 말하기를 "예로부터 현인들은 많았지만 아직 공자(公子)에 미칠 수 있는 사람은 없습니다"라고 하였다. 이때 평원군은 감히 자신을 신릉군(信陵君)과 비교하지 않았다. 공자가 후생과 작별하고 진비의 군대에 이르렀을 때 후생은 과연 북쪽을 향하여 스스로 목을 찔러 죽었다.

위나라 왕은 공자가 병부를 훔치고 진비를 속여서 죽인 것에 화를 냈으며, 공자도 역시 스스로 이 사실을 알고 있었다. 공자는 진나라를 물리치고 조나라를 보존하자 장수들로 하여금 군사를 이끌고 위나라로 돌아가게 하였고, 공자 자신은 식객들과 함께 조나라에 머물렀다. 조 효성왕은 공자가 진비의 군사를 속여 빼앗아 조나라를 보존하게 한 것에 감격하여 평원군과 의논하여 5개의 성을 공자에게 봉읍으로 주려고 하였다. 공자가 그것을 듣고 마음에 교만과 자부심이 생기고, 얼굴에 스스로 공이 있다고 여기는 빛이 있었다. 식객 중에 어떤 사람이 공자에게 말하기를 "일에는 가히 잊어야만 하는 것과 잊지 말아야 하는 것이 있습니다. 무릇 남이 공자에게 베푼 은덕은 공자께서 잊지 말아야 하며, 공자가 남에게 베푼 은덕은 공자께서 잊으시기를 바랍니다. 또 위나라 왕의 명령을 속여 진비의 군사를 빼앗아 조나라를 구한 것은 조나라의 입장에서는 공이 있지만 위나라의 입장에서 보면 충신이 아닌 것입니다. 공자께서는 이에 스스로 교만하여 공이 있다고 하시니, 가만히 보건대 그것은 공자께서 취할 태도가 아닙니다"라고 하였다. 그러자 공자가 즉시 자책하며 부끄러워 어쩔 줄 몰라하는 것 같았다. 조나라 왕은 스스로 길을 청소하고 몸소 영접하여 주인의 예를 집행하면서 공자를 이끌고 서쪽 계단으로 오르게 하였다. 공자가 한쪽으로 걸으며 사양하고는 동쪽 계단으로 올랐다. 스스로 죄과(罪過)를 말하면서 위나라를 저버렸으므로 조나라에도 공이 없다고 하였다. 조나라 왕은 날이 저물 때까지 술을 마셨으나 차마 입으로 5개의 성을 헌납하겠다고 말하지 못하였다. 왜냐하면 공자가 너무 사양하였기 때문이다. 마침내 공자가 조나라에 머무르게 되었다. 조나라 왕은 호(鄗)[15]를 공자에게 탕목읍(湯沐邑)[16]으로 주었고, 위나라도 다시 신릉군을 공자로 봉하였다. 공자는 조나라에 머물렀다.

공자는 조나라에 두 사람의 처사(處士)가 있는데 모공(毛公)이라는 사람은 도박을 하는 무리에 숨어 있고, 설공(薛公)이라는 사람은 술을 파는 집에 숨어 있다는 소문을 듣고, 이 두 사람을 만나려고 하였으나, 두 사람은 스스로 몸을 숨기고 공자를 만나려고 하지 않았다. 공자는 그들이 있는 곳을 듣고 이에 은밀히 가서 이 두 사람과 사귀는 것을 매우 좋아하였다. 평원군이 그 소문을 듣고 부인에게 말하기를 "처음에 나는 부인의 동생인 공자가 둘도 없는 인물이라고 들었는데, 지금 내가 들으니 망령되게도 도박하는 무리나 술 파는 자와 사귄다고 하니 공자는 망령된 사람일 뿐이오"라고 하였다. 부인이 그 이야기를 공자에게 알리니 공자가 이에 부인과 작별하여 떠나려고 하면서 말하기를 "처음에 나는 평원군이 어질다고 들었소. 그래서 위나라 왕을 저버리고 조나라를 구하여 평원군을 만족시켰던 것이오. 그러나 평원군에게는 친구를 사귐에 한낱 호걸스러운 행동만 있었을 뿐 선비를 구하려는 생각은 들어 있지 않았소. 나는 대량에 있을 때부터 항상 이 두 사람이 어질다고 들어왔던 터라, 조나라에 와서는 그들을 만나지 못할까 두려웠소. 또한 내가 그들을 좇아 사귀더라도 항상 그들이 나를 좋아하지 않을까 두려워하였소. 이제 평원군이 이것을 부끄러움으로 여기니 더불어 사귀기에는 부족한 인물이라고 생각하오"라고 하면서 행장을 차려 떠나려고 하였다. 부인이 이 사실을 평원군에게 자세히 이야기하였다. 평원군이 이에 관을 벗어 사죄하며 공자를 머물게

---

15) 鄗 : 고을 이름. 지금의 河北省 柏鄉縣 북쪽.
16) 湯沐邑 : 춘추시대 이전에 天子가 제후들에게 入朝 때 목욕하여 몸을 깨끗하게 할 수 있도록 하사한 장소. 전국시대 이후에도 湯沐邑의 명칭은 계속 존재하고 있었으나, 실제적으로는 임금이 대신들에게 하사한 봉읍을 가리킨다.

하였다. 평원군의 문하에 있는 식객들이 이 소문을 듣고 절반 가량이나 평원군을 떠나 공자에게로 왔고, 천하의 선비들도 다시 공자에게로 돌아왔다. 그래서 공자의 식객이 평원군의 식객보다 많아졌다.

공자가 조나라에 10년 동안 머물며 위나라로 돌아가지 않았다. 진(秦)나라에서는 공자가 조나라에 있다는 소식을 듣고 밤낮으로 군사를 일으켜 동쪽으로 위나라를 공격하였다. 위나라 왕이 그것을 근심하여 사신을 시켜 공자에게 다시 돌아오라고 청하였다. 공자는 위나라 왕이 자기를 노여워하고 있는 것을 두려워하여 자기 문하의 식객들에게 경고하기를 "감히 위나라 왕의 사신들을 나에게 안내하는 자는 모두 죽이리라"라고 하였다. 빈객들도 모두 위나라를 저버리고 조나라에 온 사람들이어서 감히 공자에게 돌아가라고 권하는 사람이 없었다. 모공과 설공 두 사람이 가서 공자를 보고 말하기를 "공자는 조나라에서 중하게 여겨지고, 명성이 제후들에게 알려진 것은 다만 위나라가 있기 때문입니다. 지금 진나라가 위나라를 공격하여 위급한데도 공자는 걱정도 하시지 않고 있는데, 만약 진나라가 대량을 무너뜨리고 선왕의 종묘를 허물어뜨리게 내버려둔다면 공자께서는 장차 무슨 면목으로 천하에 서시겠습니까?"라고 하였다. 이 말이 끝나기도 전에 곧 공자의 얼굴빛이 변하더니 그는 급히 수레를 준비하도록 시키고는 돌아가 위나라를 구출하려고 하였다.

위나라 왕은 공자를 보고 함께 울면서 상장군의 인(印)을 주었고, 이로써 공자는 마침내 장군이 되었다. 위 안희왕 30년에 공자는 사자를 시켜 두루 제후들에게 알렸다. 제후들은 공자가 장군이 되었다는 소식을 듣고 각자 군사를 파견하여 위나라를 구하게 하였다. 공자가 다섯 나라의 군사를 이끌고 황하(黃河) 이남 지역에서 진나라 군사를 물리쳐 몽오(蒙驁)[17]를 달아나게 하였다. 이 승세를 몰아 다시 진나라 군사를 추격하여 함곡관(函谷關)에 이르러 진나라 군사를 억누르니 마침내 진나라 군사들이 감히 나오지 못하였다. 이때에 공자의 위세는 천하를 진동시켰고, 제후들의 식객들이 병법을 올리자 공자가 거기에다 이름을 붙여주었으므로 세상에서는 이 책을 『위공자병법(魏公子兵法)』이라고 불렀다.

---

17) 蒙驁 : 秦나라의 上卿. 뒤에 장군으로서 韓, 趙, 吳 나라를 공격하여 공을 세웠다.

진나라 왕이 이를 근심하여 금 만 근을 위나라에서 사용하여 진비의 식객들을 찾아 그들로 하여금 위나라 왕에게 다음과 같이 공자를 비방하게 하였다. "공자는 도망하여 국외에서 10년간이나 있었는데도 지금은 위나라의 장군이 되었고, 제후들의 장군들까지도 모두 그에게 속해 있습니다. 제후들은 다만 위 공자만을 알 뿐, 위나라 왕은 알지 못합니다. 공자 역시 이때를 이용해서 남면(南面)하면서 왕이 되려고 하며, 제후들도 공자의 위세를 두려워하여 함께 그를 왕으로 세우려고 하고 있습니다." 진나라는 여러 차례 첩자를 시켜 거짓으로 공자가 즉위하여 위나라 왕이 되었는지 안 되었는지 축하인사를 하게 하였다. 위나라 왕이 날마다 그 비방을 듣게 되자 이를 믿지 않을 수 없었고, 후에 과연 다른 사람을 시켜 공자 대신 장군으로 삼았다. 공자도 자신이 비방으로 인해서 다시 쫓겨나자, 이에 병을 핑계로 사양하며 조정에 나가지 않았고, 빈객들과 밤새도록 술자리를 벌여 독한 술을 마시며 많은 여자들을 가까이하였다. 밤낮으로 즐기고 마시기를 4년, 마침내 그는 술병이 들어 죽었다. 그해에 위 안희왕 역시 죽었다.

진나라는 공자가 죽었다는 소식을 듣고 몽오를 시켜 위나라를 공격하여 20여 개 성을 빼앗고 처음으로 동군(東郡)[18]을 설치하였다. 그 뒤로 진나라는 조금씩 위나라를 잠식하여 18년 만에 위나라 왕[19]을 사로잡고 대량을 파괴하였다.

고조(高祖)[20]가 아직 미천하고 나아가 어렸을 때 여러 차례 공자가 어질다는 소리를 들었다. 그래서 황제에 즉위한 뒤 대량을 지날 때마다 항상 공자에게 제사를 지냈다. 고조 12년에 경포(黥布)[21]를 공격하고 돌아오면서 공자를 위하여 묘지기의 집 다섯 채를 지어 매년 4계절마다 공자를 제사 지내게 하였다.

---

18) 東郡 : 지금의 河北省 동남단과 山東省 서부 일대. 郡 정부가 濮陽(지금의 河南省 濮陽縣 서남쪽)에 있었다. 秦나라의 동쪽에 위치하였으므로 '東郡'이라고 하였다.
19) 魏 景湣王의 아들을 가리킨다. 기원전 227년에서 기원전 225년까지 재위하였다.
20) 高祖 : 漢 高祖 劉邦을 가리킨다.
21) 黥布(? - 기원전 195년) : 英布를 말한다. 어렸을 때 黥刑을 받아 '黥布'라고 하였다. 劉邦이 項羽와 싸울 때 공을 세워 淮南王이 되었으나, 뒤에 劉邦을 반대하다가 劉邦에 의해서 토벌되었다. 권91 「黥布列傳」 참조.

태사공은 말하였다.

"내가 대량(大梁)의 옛 터를 지나면서 이문(夷門)이라고 하는 곳을 물어서 찾아보았다. 이문이라는 곳은 성의 동문이었다. 천하의 다른 공자들도 역시 선비들을 좋아하였지만 신릉군(信陵君)만이 세속에 숨어 있는 선비들과 접촉하였고 아랫사람들과 사귀는 것을 부끄러워하지 않았으니, 여기에는 까닭이 있었다. 그가 제후들 가운데 으뜸이었다는 것이 거짓은 아니었다. 고조(高祖)는 매번 대량을 지날 때마다 백성들로 하여금 그의 제사 받드는 것을 끊이지 않게 하였다고 한다."

권78 「춘신군열전(春申君列傳)」제18

춘신군(春申君)은 초(楚)나라 사람으로, 이름은 헐(歇)이고 성은 황씨(黃氏)이다. 그는 각지를 유학하여 해박한 지식을 가졌으며 초 경양왕(楚頃襄王)[1]을 섬겼다. 경양왕은 황헐(黃歇)이 변론에 뛰어났으므로 진(秦)나라에 사신으로 파견하였다. 이보다 앞서 진 소왕(秦昭王)[2]은 백기(白起)[3]로 하여금 한(韓)나라와 위(魏)나라를 공격하게 하였다. 화양(華陽)[4]에서 한나라와 위나라의 군사를 무찌르고 위나라의 장수 망묘(芒卯)를 생포하자, 한나라와 위나라는 굴복하고 진나라를 섬겼다. 그래서 진소왕은 장차 백기에게 명령하여 한, 위 나라와 함께 초나라를 치려 하고 있었다. 그 군사가 아직 출병하지 않았을 때, 초나라의 사신 황헐이 마침 진나라에 도착하여 진나라의 계책을 듣게 되었다. 당시 진나라가 앞서 백기에게 초나라를 공격하게 하여 무군(巫郡)[5]과 검중군(黔中郡)[6]을 탈취하였고, 언영(鄢郢)[7]을 빼앗고 동쪽으로는 경릉(竟陵)[8]까지 공격해들어갔기 때문에, 초 경양왕은 수도를 동쪽의 진현(陳縣)[9]으로 옮겼다. 황헐은 일찍이 초 회왕(楚懷王)[10]이 꾀임에 빠져 진나라로 들어갔다가 속임수에 걸려 붙들려 있다가 죽는 것을 보았다. 경양왕은 회왕의 아들로 진나라가 그를 가벼이 보고 한 번 군사를 일으키기만 하면, 초나라가 망하게 될 것 같아 두려워하고 있었다. 이에 황헐은 진 소왕을 설득하기 위해

---

1) 楚 頃襄王 : 熊橫. 기원전 296년에서 기원전 263년까지 재위하였다.
2) 秦 昭王 : 秦 昭襄王 嬴稷을 가리킨다. 기원전 306년에서 기원전 251년까지 재위하였다.
3) 白起 : 秦나라의 名將. 권73 「白起王翦列傳」 참조.
4) 華陽 : 지금의 河南省 新鄭市 북쪽.
5) 巫郡 : 지금의 四川省 동부.
6) 黔中郡 : 지금의 湖南省 서북부와 湖北省, 四川省, 貴州省의 일부분에 해당한다.
7) 鄢郢 : 楚나라의 수도. 지금의 湖北省 宜城縣 남쪽.
8) 竟陵 : 지금의 湖北省 潛江縣 서북쪽.
9) 陳縣 : 지금의 河南省 淮陽縣.
10) 楚 懷王 : 熊槐. 기원선 328년에서 기원진 299년까지 재위히였다.

서 다음과 같은 글을 올렸다.

천하에 진나라와 초나라보다 더 강한 나라는 없습니다. 지금 들으니 대왕
께서 초나라를 공격하려고 하신다는데, 이것은 마치 두 마리의 호랑이가
서로 싸우는 것과 같습니다. 즉 두 마리의 호랑이가 서로 싸우는 사이에
힘이 약한 개가 그 기회를 틈타 이익을 볼 것인데, 이는 초나라와 친선을
유지하는 것만 못합니다. 소인이 그 이유를 들어 설명드리고자 합니다. 제
가 듣기로 '사물의 이치가 극(極)에 달하면 다시 처음으로 돌아가는데, 겨
울과 여름이 서로 변화하는 것은 이와 같은 이치이다. 일이 발전하여 극에
달하면 위험해지는데, 장기 말을 쌓으면 무너지는 것이 이러한 이치이다'
라고 합니다. 지금 귀국(貴國)의 영토는 서쪽과 북쪽의 두 변방을 차지하
고 있는데 인류가 있은 이래로 이처럼 넓은 토지를 가진 나라는 일찍이 없
었습니다. 선왕 문왕(文王), 장왕(莊王) 및 대왕의 3대[11]에 걸쳐 진나라
에서는 땅을 제(齊)나라와 접속시켜 그것으로써 제후들간에 합종의 유대를
끊고자 하는 일을 잊은 적이 없었습니다. 대왕께서 성교(盛橋)를 한나라에
재상으로 추천하여 보내셨는데, 성교는 그가 관할하던 토지를 진나라에 바
쳤습니다. 이것은 대왕께서는 군대를 일으키지 않고 위엄을 부리지 않고서
도 백리의 토지를 얻으신 것이니, 대왕은 실로 유능한 분이시라고 말할 수
있습니다. 대왕께서 군사를 일으켜 위(魏)나라를 침공하여 대량(大梁)[12]
의 문호를 막고, 하내(河內)[13]를 공략하여 연(燕),[14] 산조(酸棗),[15] 허
(虛),[16] 도(桃)[17]를 얻어 형(邢)[18]에 들어갈 수 있으셨습니다. 이리하여
위나라의 군사는 구름처럼 흩어져 도망칠 뿐 감히 구원할 생각을 하지 못
하였습니다. 이로 보면 대왕의 공덕은 크다고 하겠습니다. 또 대왕께서는
용병(用兵)을 중지하시어 널리 수많은 백성을 휴식케 하였다가 2년 후에
다시 군사를 일으켜 포(蒲),[19] 연(衍),[20] 수(首),[21] 원(垣)[22]을 점령하

---

11) 원문에는 "先帝文王, 莊王之身, 三世……"로 되어 있는데 秦나라에는 '莊王'이 없
　다. 또한 『戰國策』에는 "文王, 武王, 王之身三世……"라고 되어 있는 것으로 보아,
　莊王을 '武王'으로 고쳐야 하고, '王'자가 하나 더 들어가야 옳다.
12) 大梁 : 魏나라의 도성. 지금의 河南省 開封市.
13) 河內 : 지금의 河南省 黃河 이북 지역.
14) 燕 : 지금의 河南省 延津縣 동북쪽.
15) 酸棗 : 지금의 河南省 延津縣 서남쪽.
16) 虛 : 지금의 河南省 延津縣 동쪽.
17) 桃 : 지금의 河南省 長垣縣 서북쪽에 위치한 城이다.
18) 邢 : 즉 邢丘를 가리킨다. 지금의 河南省 溫縣 동쪽.
19) 蒲 : 지금의 河南省 長垣縣.

고, 인(仁), 평구(平丘)[23]를 공격하고, 황(黃), 제양(濟陽)[24]을 포위함으로써 위나라가 굴복하였습니다. 대왕께서는 또 복(濮), 역(歷)[25] 이북의 땅을 나누어 취하시고, 제나라와 진나라 사이의 허리 부분을 관통하여 연결하고 초나라와 조(趙)나라 사이의 등뼈 부분을 끊어버리셨습니다. 천하의 제후들이 여섯 차례에 걸쳐 군사를 집결시키기는 하였으나, 감히 구원하지는 못하였습니다. 이로 보아 대왕의 위력 또한 극도에 이르고 있습니다.

대왕께서 만약 이미 가지고 계신 공적과 명망을 유지하시고, 공격하여 탈취하시려는 야심을 버리시고 인의(仁義)의 마음을 함양하시어 뒷날의 후환을 방지하신다면, 삼왕에 대왕을 더하여 사왕(四王)이 되고, 오패에 대왕을 더하여 육패(六覇)로 칭하게 될 것입니다. 그러나 대왕께서 만약 백성이 많고 무력이 강한 것만을 믿고, 위나라를 멸망시킨 위력을 빌려서 힘으로 천하의 제후들을 복종시키려고 하신다면, 후환이 있을까 두렵습니다. 『시경(詩經)』에 이르기를 "처음이 없는 사람은 없으나, 끝을 잘 맺는 사람은 드물다"[26]라고 하였고, 『역경(易經)』에는 "여우가 물을 건너다 끝내는 꼬리를 적신다"[27]라고 하였습니다. 이것은 모두 시작은 쉽지만 결과가 어렵다는 것을 말한 것입니다. 이렇게 된다는 것을 어떻게 알 수 있겠습니까? 옛날에 지씨(智氏)는 조(趙)나라를 공격하는 이익만을 내다보았지 유차(榆次)[28]에서의 화를 예측하지는 못하였고, 오(吳)나라가 제나라를 침공하는 것이 좋은 줄만 알았지 간수(干隧)[29]에서의 참패를 예상하지는 못하였습니다. 이 두 나라는 공적을 얻지 못한 것은 아니지만, 앞의 이익이 뒤에 우환으로 바뀔 줄은 예상하지 못하였습니다. 오나라는 월(越)나라를 믿고서 군사를 거느리고 제나라로 진공하여 애릉(艾陵)[30]에서 제나라 군대를 격파한 후 되돌아오다 삼저포(三渚浦)[31]에서 월나라 왕에게 생포당하였

---

20)　衍 : 지금의 河南省 鄭州市 북쪽.
21)　首 : 지금의 河南省 睢縣 동남쪽.
22)　垣 : 지금의 山西省 垣曲縣 동남쪽.
23)　仁은 현 이름으로, 즉 任城을 가리킨다. 지금의 山東省 曲阜市 일대. 平丘는 지금의 河南省 封丘縣 동쪽이다.
24)　黃은 지금의 河南省 蘭考縣 서쪽이고, 濟陽은 지금의 河南省 蘭考縣 동북쪽이다.
25)　濮은 지금의 河南省 封丘縣이고, 歷은 濮의 인근 지명이다.
26)　『詩經』「大雅」"蕩" 참조.
27)　『周易』「下經」"未濟卦" 참조. 원래 "……小狐汔濟, 濡其尾, 無攸利"로 되어 있다.
28)　榆次 : 지금의 山西省 太原市 동남쪽.
29)　干隧 : 지금의 江蘇省 蘇州市로 吳王 夫差가 자결한 장소이다.
30)　艾陵 : 지금의 山東省 萊蕪縣 동북쪽.

습니다. 지씨는 한(韓)나라와 위(魏)나라를 믿고서 한나라와 위나라의 군사를 거느리고 조나라를 공격하였습니다. 진양성(晉陽城)[32]을 포위하여 승리를 눈앞에 두었을 때, 한나라와 위나라가 그를 배반하여 지백요(智伯瑤)는 착대(鑿臺)[33] 아래에서 살해당하였습니다. 지금 대왕께서는 초나라가 망하지 않는 것만 시기할 뿐 초나라가 망하면 한나라와 위나라가 강대해진다는 것을 잊고 계십니다. 신이 대왕을 위해서 생각할 때 그것은 찬성할 일이 못 됩니다.

『시경』에 이르기를 "병사를 잘 다스리는 사람은 근거지를 벗어나 멀리 원정을 가지 않는다"[34]라고 하였는데, 이것으로 보아 초나라는 진나라 편이고 이웃 나라인 한과 위 나라가 오히려 진나라의 적입니다. 『시경』에는 또 "이리저리 날뛰는 교활한 토끼도 개를 만나면 잡히게 된다. 그러므로 다른 사람의 생각을 나는 추측해서 알 수 있다"[35]라고 하였습니다. 지금 대왕께서 한나라와 위나라를 믿으시는 것은 다만 그들 두 나라가 대왕께 잘하는 것만 믿으시는 것으로, 이것은 마치 오나라가 월나라를 믿는 것과 똑같습니다. 소인이 듣기로 "적은 용서할 것이 못 되며, 시기는 놓칠 것이 아니다"라고 하였습니다. 소인은 한과 위 나라가 말을 공손히 하며 진나라의 근심을 덜어줄 것처럼 하는 것은 실상 진나라를 속이려 하는 것이 아닌가 염려스럽습니다. 왜냐하면 진나라는 한나라와 위나라에 오랫동안 은덕을 베풀지 않았고, 오히려 대대로 원한을 사고 있었기 때문입니다. 무릇 한나라와 위나라의 부모 형제들은 계속해서 진나라에 의해서 10대 동안 죽임을 당해왔습니다. 그들의 국토는 황폐되고 사직은 파괴당하고 종묘도 파손당하였습니다. 그들은 배가 갈리고 창자가 파헤쳐지고, 목이 잘리고, 얼굴이 뭉개지고, 머리와 몸통이 분리되고, 몸은 풀밭에 흩어지고, 머리통은 땅에 나둥그러진 채, 서로 국경에서 바라보고 있습니다. 또 부모, 자식, 늙은이, 젊은이들의 손과 목을 묶어 줄줄이 연결한 무리의 포로들이 길 위에 끊일 날이 없습니다. 죽은 사람의 영혼은 홀로 슬퍼할 뿐, 제사를 지내줄 유족마저 없습니다. 백성들은 삶을 영위할 수가 없고, 가족들과 뿔뿔이 흩어져 여기저기 떠돌다가 노예나 첩이 된 사람이 천하에 가득 차게 되었습니다. 그러므로 한나라와 위나라가 멸망하지 않는 한 장차 그것은 진나

---

31) 三渚浦 : 지금의 江蘇省 蘇州市 동북쪽.
32) 晉陽은 지금의 山西省 太原市 서남쪽이다.
33) 鑿臺 : 지금의 山西省 楡次市 남쪽에 위치하였던 누대 이름.
34) 『詩經』「周書」"大武" 참조.
35) 『詩經』「小雅」"巧言" 참조.

라의 후환이 될 것입니다. 그런데 지금 대왕께서는 그들에 의지해서 초나라를 공격하려 하고 계시니 이 어찌 잘못된 것이 아니겠습니까?

다시 말해서 대왕께서 초나라를 공격하신다면 장차 어떻게 출병하실 것입니까? 대왕께서는 장차 원수인 한나라와 위나라에게 길을 빌리려고 하십니까? 그렇게 되면, 군대를 출병시킨 그날부터 대왕께서는 곧 되돌아오지 못할까를 걱정하셔야 합니다. 이것은 곧 대왕께서 군사를 보내 원수인 한나라와 위나라를 돕는 것이 되기 때문입니다. 대왕께서 만약 원수인 한나라와 위나라에게 길을 빌리지 않는다면 반드시 수수(隨水)[36]의 오른쪽 땅을 공격하셔야 하는데, 수수의 오른쪽 땅은 모두 넓고 큰 하천이거나 산림계곡이어서 농사를 지을 수 없는 곳입니다. 그러므로 대왕께서 만약 그곳을 점령하신다고 하더라도 토지를 얻었다고 할 수가 없습니다. 그렇게 되면 대왕께서 초나라를 공격하였다는 이름만 얻을 뿐 실질적인 이익은 하나도 없으시게 될 것입니다.

하물며 대왕께서 초나라를 공격하게 되면 네 나라, 즉 제, 조, 한, 위나라가 반드시 대왕에게 대항할 것입니다. 진나라와 초나라의 군대가 오랜 기간에 걸쳐 마주 싸우게 되면, 그 동안에 위나라는 출병하여 유(留),[37] 방여(方與),[38] 질(銍),[39] 호릉(湖陵),[40] 탕(碭),[41] 소(蕭),[42] 상(相)[43]을 공격하여 원래 옛 송(宋)나라의 토지[44]를 전부 위나라가 차지하게 될 것입니다. 또 제나라는 남진하여 초나라를 공격함으로써 사수(泗水) 유역[45]을 차지하게 될 것입니다. 이러한 곳들은 모두 사통팔달의 평원으로 비옥하고 풍요로운 땅인데, 결국 제와 위 나라만이 싸워서 이득을 독점하게 되는 것입니다. 대왕께서 초나라를 공격하는 것은 중원지대에서 한나라와 위나라를 쌀찌게 하고 제나라를 강하게 만드는 결과가 되고 말 뿐입니다. 한나라와 위나라가 강대해지면 충분히 진나라에 맞서서 대항할 수가 있게 되며, 제나라는 남쪽으로는 사수(泗水)로 경계를 삼고, 동쪽으로는 대해(大海)를 등지고, 북쪽으로는 황하를 의지하게 됨으로써 후환이 없어

---

36) 隨水 : 지금의 湖北省 隨州市 서쪽 지역.
37) 留 : 지금의 江蘇省 沛縣 동남쪽.
38) 方與 : 지금의 山東省 魚臺縣 서쪽.
39) 銍 : 지금의 安徽省 宿州市 서쪽.
40) 湖陵 : 일명 '胡陵'이라고도 한다. 지금의 山東省 魚臺縣 동남쪽.
41) 碭 : 지금의 安徽省 碭山縣 남쪽.
42) 蕭 : 나라 이름. 지금의 安徽省 蕭縣 서북쪽.
43) 相 : 지금의 安徽省 淮北市 서북쪽.
44) 지금의 河南省 동부와 山東省, 江蘇省, 安徽省의 중간 지역을 가리킨다.
45) 원래는 魯나라의 남쪽 땅이었으나 전국시대에 楚나라 땅이 되었다.

져 천하의 국가들 중에서 제나라와 위나라의 강성함에 견줄 나라가 없게
되는 것입니다. 제나라와 위나라가 땅을 얻어 이득을 누리며 거짓으로 진
나라를 섬기고 있으면 1년 후에는 비록 스스로 제(帝)가 되기에는 부족하
다고 할지라도 대왕께서 제(帝)라고 칭하는 것을 방해할 만한 힘을 갖추고
도 남을 것입니다.

　무릇 대왕과 같이 광대한 국토와 많은 백성, 강력한 군대를 구비하고 있
으면서 한 번 거사(擧事)하여 초나라와 원수관계를 만들고, 한과 위 양국
으로 하여금 귀중한 제호(帝號)를 제나라에 바치도록 만드는 것은 대왕의
실책이 아니겠습니까? 소인이 대왕을 위해서 생각해보건대, 초나라와 친
선을 도모하는 것보다 나은 것이 없다고 봅니다. 진나라와 초나라가 하나
로 합쳐 한나라를 상대하게 되면 한나라는 반드시 손을 쓸 수가 없게 될
것입니다. 대왕께서 동산(東山)의 험요(險要)를 의지하고 곡하(曲河)의
편리함을 이용하신다면 한나라는 반드시 대왕 관내(關內)의 제후로 남게
될 것입니다. 이런 뒤에 대왕이 10만의 군사로써 한나라의 수도 정(鄭)을
지키게 되면 위나라는 가슴이 서늘하게 될 것입니다. 허(許)와 언릉(鄢
陵)[46]에서 성문을 닫고 방어할 것이고, 상채(上蔡)와 소릉(召陵)[47]을 왕
래할 수 없게 되어 위나라도 대왕 관내의 제후로 남게 될 것입니다. 대왕
께서 초나라와 친선하게 되면 한과 위 두 대국의 국왕을 관내의 제후로 만
들게 될 것이고, 제나라와 국경을 맞대게 되면 제나라 서쪽의 광대한 토지
는 손을 움직이지 않아도 차지하게 될 것입니다. 이렇게 되면 대왕의 토지
는 서해에서 동해에 이르게 되어 천하를 손에 넣게 되는 것입니다. 이렇게
되면 연나라와 조나라는 제나라와 초나라의 도움을 얻지 못하게 되고, 제
나라와 초나라는 연나라와 조나라의 원조를 얻지 못하게 됩니다. 그러한
후에 연나라와 조나라를 공포에 떨게 하고, 이어서 제나라와 초나라를 동
요시키면, 이 네 나라들을 공격을 가하지 않고서도 복종시킬 수 있을 것입
니다.

　이에 진 소왕이 "과연 그렇군!"이라고 말하고, 곧 백기의 출병을 제지
시키고 아울러 한나라와 위나라의 출병을 사절하였다. 또 초나라에 사신
과 예물을 보내며 동맹국이 될 것을 약속하였다.[48]

---

46)　許는 지금의 河南省 許昌市 동쪽이고, 鄢陵은 鄢陵縣 서북쪽이다.
47)　上蔡는 지금의 河南省 上蔡縣 서남쪽이고, 召陵은 郾城縣 동쪽이다.
48)　이것은 楚 頃襄王 27년(기원전 272년)의 일이다.

황헐은 그 약속을 받고 초나라에 돌아오자, 초나라는 황헐과 태자 완(完)을 진나라에 볼모로 보냈다. 진나라가 그들을 인질로 잡아둔 지 몇해가 지났을 무렵, 초 경양왕이 병이 났으나 태자는 귀국할 수가 없었다. 초나라의 태자는 진나라 재상 응후(應侯)[49]와 사이가 좋았다. 그래서 황헐은 응후에게 "그대는 정말로 초나라의 태자와 사이가 좋습니까?"라고 묻자, 응후가 "그렇소"라고 대답하였다. 또 황헐이 "지금 초나라 왕이 병에 걸렸는데 아마도 회복하지 못할 것 같습니다. 그러니 진나라는 초나라의 태자를 돌려보내는 것이 좋을 것 같습니다. 태자가 능히 왕위를 잇게 되면, 그는 반드시 진나라를 소중히 섬길 것이며, 그대의 은혜를 잊지 않게 될 것입니다. 이렇게 되면 동맹의 관계가 더욱 가까워지는 것이고, 또 덕을 만승(萬乘)의 나라에 베푸는 것이 됩니다. 만약 돌아가지 못하게 되면 태자는 단지 함양(咸陽)의 한낱 지위도 벼슬도 없는 한 평민에 불과할 뿐입니다. 초나라가 새로 태자를 세우게 되면 반드시 진나라를 섬기지 않을 것이 뻔한 일입니다. 동맹국을 잃고 만승국과의 화친을 끊는 것은 좋은 계책이 아닙니다. 그대는 이 일을 심사숙고해주시기를 원합니다"라고 말하자 응후는 이러한 일들을 진나라 왕에게 아뢰었다. 이에 진나라 왕이 "초나라 태자의 스승을 먼저 초나라에 보내어 초나라 왕의 병세를 살핀 후에 그가 돌아온 다음 다시 대책을 의논하자"라고 하였다. 황헐은 초나라 태자를 위해서 한 가지 계책을 꾸며 말하기를 "진나라가 태자를 억류시켜놓는 것은 그로 인해서 이익을 얻으려 하는 것입니다. 그러나 지금 태자에게는 진나라에 이익을 줄 만한 힘이 없습니다. 저는 그 점을 매우 걱정하고 있습니다. 지금 초나라에는 양문군(陽文君)[50]의 두 아들이 국내에 있습니다. 국왕이 만약 숨을 거두게 되면 태자께서 초나라에 안 계시기 때문에 양문군의 아들이 틀림없이 왕위를 계승할 사람으로 확정될 것이고, 태자께서는 왕위를 계승하여 종묘의 제사를 받들 수 없게 될 것입니다. 사신들과 함께 진나라를 빠져나가는 도리밖에 없습니다. 제가 여기 머물러서 죽음으로써 뒷처리를 감당하겠습니다"라고 말하였다. 이에 태자는 곧 옷을 갈아입고 초나라 사신의 마부로 변장해서 함곡관을 빠져나갔다. 그리고 황헐은 태자의 숙소에 남아서 계속 병이 났다는 핑계로

---

49) 應侯 : 즉 范睢를 가리킨다. 권79 「范睢蔡澤列傳」 참조.
50) 陽文君 : 楚 頃襄王의 형제.

빈객 만나는 것을 사절하였다. 태자가 이미 멀리 달아나서 진나라의 병사가 쫓아갈 수 없게 되었을 때, 황헐은 곧 직접 진 소왕에게 "초나라 태자는 벌써 귀국길에 올라 함곡관을 나가 멀리 가 있습니다. 달아나게 한 신의 죄는 죽어 마땅합니다. 청컨대 죽음의 죄를 내려주십시오"라고 하자, 진 소왕은 크게 노하여, 그가 자결하려는 것을 놓아두려 하였으나, 이때 응후가 "황헐은 신하된 자로서 목숨을 바쳐 그의 군주를 섬겼습니다. 태자가 왕위에 오르게 되면 반드시 황헐을 등용할 것입니다. 그러므로 죄의 옳고 그름을 가리지 마시고 그를 돌려보내어 초나라와 친선을 유지하는 것이 좋을 것이옵니다"라고 아뢰자, 이내 진나라 왕은 황헐을 돌려보내주었다.

황헐이 초나라로 돌아온 지 3개월이 지나자 초 경양왕이 죽고, 태자 완(完)이 왕위를 계승하니, 그가 곧 초 고열왕(楚考烈王)[51]이다. 고열왕 원년, 왕은 황헐을 재상에 등용하고 춘신군(春申君)에 봉하여 회수 이북 지역의 12개 현을 봉토로 주었다. 15년이 지나 황헐은 초나라 왕에게 "회수 이북 지역은 초나라 변경에서 제나라와 맞닿아 있어서, 사태가 위급하니 군(郡)으로 직접 관할하는 것이 편리할 줄 압니다"라고 아뢰고는, 회수 이북의 12개 현을 왕에게 바치고 그 대신 강동(江東)[52]에 봉지를 요청하자, 고열왕은 이를 허락하였다. 이에 춘신군은 곧 오허(吳墟)[53]에다 성을 쌓고 그곳을 자신의 봉읍으로 삼았다.

춘신군이 초나라의 재상이었을 당시, 제나라에는 맹상군(孟嘗君)[54]이 있었고, 조나라에는 평원군(平原君)[55]이 있었으며, 위나라에는 신릉군(信陵君)[56]이 있었다. 이들은 앞을 다투어 사인(士人)들을 공손히 접대하고 빈객들을 초치하는 데 서로 힘을 기울여 경쟁하였고, 그 빈객들의 힘을 이용하여 나라의 정치를 돕는 한편, 자신들의 권력을 굳히려 하고 있었다.

춘신군이 초나라의 재상이 된 지 4년째 되던 해에, 진나라는 조나라의

---

51) 楚 考烈王 : 熊完. 기원전 262년에서 기원전 238년까지 재위하였다.
52) 江東 : 지금의 安徽省 蕪湖市 이하의 長江 남안 지역.
53) 吳墟 : 吳나라의 옛 성 터. 지금의 江蘇省 蘇州市.
54) 孟嘗君 : 田文을 가리킨다. 권75「孟嘗君列傳」참조.
55) 平原君 : 趙勝을 가리킨다. 권76「平原君虞卿列傳」참조.
56) 信陵君 : 魏無忌를 가리킨다. 권77「魏公子列傳」참조.

장평 (長平) [57]에 있는 40만 군사를 공격하여 무찔렀다. 5년째 되던 해에, 진나라는 한단 (邯鄲) [58]을 포위하였다. 한단에서는 그 위급함을 초나라에 알렸다. 초나라는 춘신군으로 하여금 병사를 이끌고 가서 그들을 구원하게 하였다. 그러나 진나라 군사가 이미 돌아가버렸으므로 춘신군도 곧 되돌아왔다. 춘신군이 재상이 된 지 8년째 되던 해에, 그는 북쪽으로 노 (魯)나라를 공격하여 멸망시키고, 순경 (荀卿) [59]을 난릉령 (蘭陵令) [60]으로 임명하였다. 이때부터 초나라는 다시 강성해지기 시작하였다.

조나라의 평원군이 춘신군에게 사신을 보내왔다. 춘신군은 그들을 상등 (上等)의 빈객이 머무는 곳에 기거하게 하였다. 조나라의 사신들은 초나라에서 자신들을 과시하려고, 머리에는 대모잠 (瑇瑁簪) [61]을 꽂고 칼집에는 구슬 등 여러 옥으로 장식하고서 춘신군의 문객과 만날 것을 청하였다. 당시 춘신군의 문객은 3,000명이 넘었는데, 그중 상등의 빈객들은 모두 구슬로 장식된 신발을 신고 있었으므로, 그들을 만나본 조나라 사신들은 오히려 매우 부끄러워하지 않을 수 없었다.

춘신군이 재상이 된 지 14년째 되던 해에, 진나라에는 장양왕 (莊襄王) [62]이 즉위하여 여불위 (呂不韋) [63]를 재상에 임명하고 문신후 (文信侯)에 봉한 다음, 동주 (東周)를 점령하였다.

춘신군이 재상이 된 지 22년째 되던 해에, 각 제후국들은 진나라의 끊임없는 공격을 걱정하여서, 곧 서로 연합해서 서쪽의 진나라를 공격하기로 하고, 초나라 왕이 합종책 (合縱策)의 맹주가 되고, 춘신군이 모든 일을 처리하였다. 그들이 함곡관에 도착하였을 때, 진나라 군사의 공격을 받고 그만 대패해 흩어져버렸다. 그리하여 초 고열왕은 그 책임을 물어 춘신군을 책망하였고, 끝내는 이 일로 해서 고열왕과 춘신군의 사이는 더욱 벌어지게 되었다.

이무렵 문객 중에 관진 (觀津) [64] 사람인 주영 (朱英)이라는 자가 있었는

---

57) 長平 : 지금의 山西省 高平縣 서북쪽에 위치한 城.
58) 邯鄲 : 趙나라의 수도. 지금의 河北省 邯鄲市.
59) 荀卿 : 전국시대 趙나라 사람. 권74「孟子荀卿列傳」참조.
60) 蘭陵은 지금의 山東省 蒼山縣 서남쪽이다.
61) 瑇瑁簪 : 瑇瑁의 뿔로 만든 머리에 하는 장식품이다. 비녀의 일종이다.
62) 莊襄王 : 嬴子楚를 가리킨다. 기원전 249년에서 기원전 247년까지 재위하였다. 秦 始皇의 부친.
63) 呂不韋 (? -기원진 235년) : 권85「呂不韋列傳」참조.

데, 그가 춘신군에게 다음과 같이 말하였다.

　　사람들은 모두 초나라는 본래 강하였으나 춘신군이 초나라를 약하게 만들
　　었다고 생각하고 있습니다. 그러나 저는 그렇게 생각하지 않습니다. 선왕
　　이 살아 계셨을 때 진나라와 20년 동안 친선을 유지하여, 진나라는 초나라
　　를 공격하지 않았습니다. 무엇 때문입니까? 진나라는 면애(黽阨)의 요새
　　를 넘어서 초나라를 공격한다는 것이 불편하였기 때문이며, 또한 서주와
　　동주에게 길을 빌려야 하였으며, 한나라와 위나라를 등지고서 초나라로 공
　　격해오는 것이 불가능하였기 때문입니다. 그러나 지금은 그렇지 않습니다.
　　위나라는 머지 않아 멸망할 나라여서 허와 언릉을 애석하게 여김이 없이
　　선뜻 진나라에 할양할 것입니다. 그렇게 되면 진나라 군대와 진(陳)은 단
　　지 160리밖에 떨어져 있지 않게 되어, 소인이 보는 바로는 진나라와 초나
　　라와의 투쟁이 갈수록 빈번하게 일어날 것 같습니다.

　초나라는 이리하여 진(陳)을 떠나 수춘(壽春)[65]으로 천도하였다. 그러
자 진(秦)나라는 위(衛)나라를 야왕(野王)[66]으로 옮기고, 그곳에 동군
(東郡)[67]을 설치하였다. 이러한 까닭으로 춘신군은 자기 봉읍인 오(吳)
에 머물러 살면서 그곳에서 재상의 일을 보게 되었다.

　초 고열왕에게는 자식이 없었다. 춘신군은 이 일을 걱정하여 아이를 낳
을 만한 여자를 물색하여 왕에게 차례로 바쳤다. 그 수가 매우 많았으나
끝내 자식을 낳지 못하였다. 조(趙)나라 사람 이원(李園)이 자신의 여동
생을 데리고 와서 그녀를 초나라 왕에게 바치려고 하였으나, 왕이 아이를
낳을 수 없다는 이야기를 듣고서 시간이 지나면 누이가 총애를 받지 못할
까 두려워하였다. 그래서 이원은 먼저 춘신군을 모시기로 하여 그의 사인
(舍人)이 되었다. 그리고 얼마 안 있어 휴가를 요청해 고향으로 갔다가
고의로 휴가 기간을 어기고, 돌아와서 춘신군을 만나니 춘신군은 그에게
늦은 이유를 물었다. 그는 "제나라의 왕이 사신을 보내와 나의 누이를 데
려가려고 하였습니다. 그래서 그들과 함께 술자리를 같이하다 늦어지고
말았습니다"라고 대답하였다. 이에 춘신군이 "폐백을 받았소?"라고 묻
자, 이원이 "아직 받지 않았습니다"라고 대답하였다. 춘신군이 "내가 만

---

64)　觀津 : 지금의 河北省 武邑縣 동남쪽.
65)　壽春 : 지금의 安徽省 壽縣 서남쪽.
66)　野王 : 지금의 河南省 沁陽縣.
67)　東郡 : 지금의 河南省 동북부와 山東省 서부 지역.

나볼 수 없겠소?"라고 묻자, 이원이 "예"라고 대답하였다. 그래서 이원은 그의 누이를 춘신군에게 바치자, 곧 춘신군의 사랑을 받아 아이를 임신하게 되었다. 이원은 누이가 임신한 것을 알고서 곧 누이와 계략을 모의하였다. 이원의 누이동생은 한가한 때를 틈타 춘신군에게 다음과 같이 말하였다.

> 초나라 왕은 당신을 소중히 여기시어, 그 사랑하는 정도는 형제라도 그럴 수가 없을 것입니다. 지금 당신께서는 초나라의 재상을 맡으신 지 20년이나 되었습니다. 그러나 왕께는 아들이 없습니다. 만약 100년 후에 국왕의 형제에게로 왕위가 바뀌게 된다면 초나라는 임금이 바뀔텐데, 그렇게 되면 옛날의 친함으로 상공을 소중히 여겨주고 또 어떻게 계속해서 사랑을 받을 수 있겠습니까? 뿐만 아니라 당신의 지위는 높고, 권력을 장악한 지 오래이므로 국왕 형제들의 눈에는 거슬리는 행동이 많았을 것입니다. 형제들이 만약 왕위에 오르게 되면 재앙은 장차 당신에게 미칠 것인데, 어떻게 재상인(印)과 강동(江東)의 봉지를 보존할 것입니까? 지금 당신만이 소첩(小妾)이 당신의 아이를 임신하고 있다는 것을 알 뿐, 다른 사람들은 이 사실을 모르고 있습니다. 제가 당신의 사랑을 받게 된 것은 아직 얼마 되지 않습니다. 만약 당신의 높은 지위를 빌려서 저를 초나라 왕에게 바쳐주신다면 초나라 왕은 반드시 저를 총애하실 것입니다. 그리고 제가 천행으로 사내 아이를 낳게 되면, 곧 당신의 아들이 국왕이 되는 것입니다. 그렇게 되면 당신께서는 초나라를 몽땅 손아귀에 넣게 되는 것입니다. 당신에게 뜻하지도 않은 화가 미치는 것을 생각할 때 어느 쪽이 더 좋겠습니까?

춘신군은 이 말이 그럴듯하게 생각되었으므로, 곧 이원의 누이를 내보내서 관사에 기거하게 한 후 초나라 왕에게 그녀를 천거하였다. 그러자 초나라 왕이 왕궁으로 그녀를 불러들여 사랑을 나눈 끝에 그녀는 사내 아이를 낳게 되었다. 그 아들은 태자에 봉해지고, 이원의 누이는 왕후가 되었다. 그래서 초나라 왕은 이원을 귀하게 여겼으므로, 이원은 곧 정치에 관여하게끔 되었다.

이원은 그의 누이를 왕궁에 들여보내 왕후에 오르게 하였고, 누이의 아들이 태자로 봉해지자, 다음에는 춘신군이 비밀을 누설하거나 또 그 일로 더욱더 교만해질까를 두려워하여서, 비밀리에 결사대를 양성하여 춘신군을 죽여 그의 입을 봉하고자 하였다. 나라 사람들 중에는 이런 비밀을 알고 있는 사람이 많았다.

춘신군이 재상이 된 지 25년째 되는 해에, 초 고열왕이 병이 났다. 주영이 춘신군에게 "인간 세상에는 바라지도 않은 행운이 올 수도 있고, 바라지도 않은 불행이 올 수도 있습니다. 지금 당신은 그러한 생각하지 못한 화와 복이 일어날 수 있는 세상에 살고 계시고, 언제 돌아가실지 모르는 임금을 섬기고 계신데, 어떤 경우에든 그런 화를 막아낼 수 있는 인재를 구해두지 않으시렵니까?"라고 말하자, 춘신군은 "바라지도 않았는데 찾아오는 행운이란 어떤 것이오?"라고 물었다. 주영이 이르기를 "당신은 초나라의 재상을 20여 년 지냈는데, 비록 명목상은 재상이지만 실제로는 초나라 왕이나 다름없습니다. 지금 초나라 왕은 병들어 있어 머지 않아 돌아가실 것입니다. 그러면 당신은 어린 임금을 보좌하게 되어 그를 대신해서 국정을 관리하게 되는데, 이는 마치 이윤(伊尹)[68]이나 주공(周公)[69]과 같은 것입니다. 국왕이 장성하게 되면 정권을 그에게 돌려주든지, 그렇지 않으면 스스로 왕이 되어 고(孤)라 일컬으며 초나라를 다스리면 됩니다. 이것이 곧 바라지도 않았던 행운이 찾아온다고 하는 것입니다"라고 대답하였다. 춘신군은 또 "그러면 바라지도 않은 화가 찾아온다는 것은 어떤 것이오?"라고 물었다. 주영이 "이원은 당신이 계심으로 해서 권력을 잡을 수 없기 때문에 당신을 원수로 알고 벌써 오래전부터 결사대를 양성하고 있습니다. 초나라 왕이 돌아가시면, 이원은 반드시 먼저 궁궐에 진입하여 권력을 잡고서, 당신을 죽여서 입을 봉하려고 할 것입니다. 이것이 곧 바라지도 않았던 화가 찾아온다는 것입니다"라고 대답하였다. 춘신군이 "그러면 바라지도 않았는데 찾아온 인재란 누구요?"라고 묻자, 주영이 "저를 낭중(郞中)[70]에 임명해주십시오. 초나라 왕이 세상을 떠나면, 이원은 반드시 먼저 궁궐로 진입할 것입니다. 그때 제가 당신을 위해서 이원을 죽이겠습니다. 이것이 곧 바라지도 않았는데 찾아온 인재라는 것입니다"라고 대답하였다. 춘신군이 "그만두시오. 이원은 단지 연약하고 무능한 사람일 뿐이오. 또 나는 그와 매우 친한데 장래에 어찌

---

68) 伊尹: 商나라 초기의 대신.

69) 周公: 周 武王의 동생. 권33 「魯周公世家」 참조.

70) 郞中: 마차, 말, 성문을 관리하는 벼슬. 궁궐 안에서는 임금의 신변을 보호하고, 밖에서는 작전을 맡아보았다.

그와 같은 사태가 있을 수 있겠소!"라고 말하였다. 주영은 자신의 의견이 받아들여지지 않을 것으로 알고, 화가 자기 몸에 미치게 될 것이 두려워 곧 도주해버렸다.

17일 후, 초 고열왕이 죽었다. 이원은 과연 먼저 궁중에 진입하여 결사대를 극문(棘門)[71] 안에 매복시켰다가 춘신군이 극문을 들어서자마자, 결사대에게 그를 협공하여 찔러 죽이게 하고, 머리를 잘라 극문 밖에 버렸다. 이어서 관리를 파견하여 춘신군 일가를 몰살시켰다. 이원의 누이는 처음에 춘신군의 사랑을 받아 임신한 후 초나라 왕에게 바쳐져 아들을 낳았는데, 그 아들이 왕위에 오르니 이가 곧 초 유왕(楚幽王)[72]이다.

이해가 진 시황(秦始皇)이 제위에 오른 지 9년째 되던 해였다. 노애(嫪毐)[73]가 진나라에서 반란을 일으켰다가 발각되어 삼족이 몰살당하였고, 여불위(呂不韋)가 벼슬에서 쫓겨났다.

태사공은 말하였다.

"내가 초나라로 가서, 춘신군(春申君)의 옛 성을 구경하였는데 궁실이 자못 웅장하고 화려하였다. 처음에 춘신군이 진 소왕(秦昭王)을 설득하고 죽음을 무릅쓰고 초나라 태자를 귀국시킨 것은 그 얼마나 뛰어난 지혜였던가! 그러나 후에 이원(李園)에게 잡히고 만 것은 늙었기 때문이었으리라. 속담에 '마땅히 결단을 내려야 할 때 결단을 못 내리면, 도리어 화를 입게 된다'라고 하였는데, 춘신군이 주영(朱英)의 진언을 받아들이지 않은 것이 바로 그것이다."

---

71) 棘門 : 壽春, 즉 楚나라의 궁문을 가리킨다.
72) 楚 幽王 : 熊悍. 기원전 237년에서 기원전 228년까지 재위하였다.
73) 嫪毐 : 呂不韋의 舍人.

권79 「범수채택열전(范睢蔡澤列傳)」 제19

범수(范睢)[1]는 위(魏)나라 사람으로 자(字)가 숙(叔)이었다. 일찍이 각국을 다니면서 제후들에게 유세하던 끝에 위나라 왕을 섬기려고 하였다. 그러나 집이 가난하여 활동 경비가 없어, 먼저 위나라의 중대부(中大夫)[2] 수고(須賈)를 섬기게 되었다.

수고가 위 소왕(魏昭王)[3]의 명을 받들어 제(齊)나라에 사신으로 갔는데, 범수도 동행하였다. 몇 개월을 머물렀으나 수고는 제나라로부터 제대로 회답을 얻지 못하였다. 그 사이 제 양왕(齊襄王)[4]은 범수가 언변이 뛰어나고 말재주가 있다는 것을 듣고는 곧 사람을 보내어 10근(斤)의 황금과 술과 쇠고기를 보냈으나, 범수는 이를 거절하고서 받지 않았다. 이 사실을 안 수고는 범수가 위나라의 기밀을 제나라에 제공하였기 때문에 이러한 예물을 받게 되었으리라 생각하고 대노하였다. 그러나 그는 범수로 하여금 술과 안주만 받아들이고 황금은 되돌려보내게 하였다. 위나라로 돌아온 이후, 수고는 마음속으로 범수를 미워하여 이 일을 위나라의 재상에게 보고하였다. 이때 위나라 재상은 위나라의 공자인 위제(魏齊)였다. 위제는 매우 화가 나서 사인(舍人)을 시켜 범수를 고문하게 하여 갈비뼈와 이빨을 부러뜨렸다. 범수가 죽은 척하자 곧 대자리로 말아서 변소에 버려두었다. 그리고 술에 취한 뭇 빈객들로 하여금 차례로 그의 몸에 소변을 보게 하였다. 고의로 그를 모욕하여 후대 사람들을 경계시키고, 기밀을 함부로 발설하지 못하게 하려 함이었다. 범수가 대자리에 싸인 채 간수에게 "당신이 나를 나갈 수 있게 해준다면, 나는 반드시 그대

---

1) 范睢 : 錢大昕의 『通鑑注辨正』과 王先愼의 『韓非子集解』에서는 "범저(范雎)"로 표기되어 있다.
2) 中大夫 : 당시는 大夫의 벼슬을 上, 中, 下 3급으로 나누었다.
3) 魏 昭王 : 이름은 遫이고, 魏 襄王의 아들이다. 기원전 259년에서 기원전 277년까지 재위하였다.
4) 齊 襄王 : 田法章. 기원전 283년에서 기원전 265년까지 재위하였다.

에게 후한 사례를 하겠소"라고 말하자, 간수가 곧 위제에게 대자리 속의
시체를 내다버려야겠다고 말하자, 위제도 술에 취해서 무의식중에 "그렇
게 하라"라고 하였다. 그리하여 범수는 몸을 피할 수 있었다. 후에 위제
는 후회하고 사람을 시켜 사방을 뒤져서 그를 찾게 하였다. 위나라 사람
정안평(鄭安平)이 이 이야기를 듣고서 곧 범수를 데리고 도망하여 숨어
살며, 범수의 이름을 고쳐 장록(張祿)이라고 하였다.

이 당시, 진 소왕(秦昭王)은 알자(謁者)⁵⁾ 왕계(王稽)를 위나라에 사신
으로 보냈다. 정안평은 포졸로 위장하고서 왕계의 시중을 들었다. 왕계가
"위나라에 나와 함께 서쪽으로 유세를 갈 수 있는 현명한 인재가 있습니
까?"라고 묻자, 정안평이 "저의 마을에 장록선생이 계신데, 당신을 뵙고
서 천하의 대사(大事)를 의논하고 싶어합니다. 그분은 원수관계에 있는
사람이 있어서 낮에는 얼굴을 나타낼 수가 없습니다"라고 하자, 왕계가
"저녁에 당신과 함께 오시오"라고 하였다. 정안평이 밤에 장록과 함께 왕
계를 만났다. 이야기가 다 끝나기도 전에 왕계는 범수가 재능이 있음을
알고, 그에게 "선생께서는 삼정(三亭)⁶⁾의 남쪽에서 저를 기다려주십시
오"라는 은밀한 약속을 한 후에 헤어졌다.

왕계는 위나라와 하직하고 약속한 장소를 지나가다, 범수를 태우고 진
(秦)나라로 들어갔다. 그들이 호(湖)⁷⁾에 이르렀을 때, 규모가 큰 수레와
기마대가 서쪽에서 오는 것을 보고서, 범수가 "저기 오는 사람은 누구입
니까?"라고 묻자, 왕계가 "진나라의 재상 양후(穰侯)⁸⁾가 동쪽의 현읍
(縣邑)을 순시하러 가는 것이오"라고 말하였다. 범수가 "제가 듣기로는
양후가 진나라의 정권을 독점하고서, 각국의 유세가들이 국내에 들어오는
것을 싫어한다고 하던데, 그가 저를 욕보일지 모르니 차라리 잠시 수레
안에 숨는 것이 좋겠소"라고 하였다. 잠시 후에, 양후는 과연 다가와서
수레를 멈추고 왕계의 수고를 위로하면서 말하기를 "관동(關東)⁹⁾에 무슨

변화가 있었습니까 ? "라고 묻자, 왕계가 "없었습니다"라고 대답하였고,
양후가 또 왕계에게 "알자선생께서는 제후의 유세가 따위를 데리고 오지
않았겠지요 ? 그런 자들은 아무 쓸모도 없고, 단지 백성과 나라에 혼란만
초래할 뿐이오"라고 말하자, 왕계는 "감히 그럴 리 있겠습니까 ? "라고 말
하고는, 즉시 그들은 하직하고 헤어졌다. 범수가 "제가 듣기로는 양후가
굉장히 지모가 있는 사람이라고 하였는데, 일 처리가 느린 사람이군요.
그는 방금 수레 안에 외래인이 있는지를 의심은 하였지만, 조사하는 것은
잊고 있었습니다"라고 말하였다. 그리고 수레에서 내려 도망가면서 "이
일을 반드시 후회할 것이다"라고 하였다. 10여 리쯤 가자, 과연 양후는
기마병을 보내와 수레를 다시 수색하게 하였지만, 아무도 없었기 때문에
돌아가버렸다. 왕계는 마침내 범수와 함께 함양(咸陽)[10]으로 들어갔다.

왕계는 진나라 왕에게 사신 갔다온 일들을 보고하고, 그 기회에 "위나
라에 장록이라는 사람이 있는데, 그는 천하의 유명한 유세가입니다. 그의
말이 '진나라는 위태하기가 계란을 쌓아놓은 것보다 더 급한 위기를 맞고
있으나, 소인을 임용하시면 무사할 수 있을 것입니다. 그러나 그러한 것
들은 글로써 전달할 수 없는 것입니다'라고 하므로, 제가 그를 데리고 왔
습니다"라고 말하였다. 진나라 왕이 이를 믿지 않고서, 범수에게 단지 거
처와 하찮은 식사만을 제공하였다. 범수는 이러한 상황에서 1년여를 기다
렸다.

당시는 소왕이 즉위한 지 36년이나 지난 상태였다. 그동안에 진나라는
남쪽으로 초나라를 공격하여 언영(鄢郢)[11]을 점령하고, 초 회왕(楚懷
王)[12]을 진나라에 구금시켰다가 진나라에서 죽게 하였다. 또 동쪽으로
제나라를 공격하여 점령하였다.[13] 제 민왕(齊湣王)은 일찍부터 제(帝)라
고 칭하였는데, 점령당한 후에는 제의 칭호를 쓰지 않았다.[14] 진나라는

---

10) 咸陽 : 秦나라의 수도. 지금의 陝西省 西安市 동쪽.
11) 鄢郢 : 지금의 湖北省 宜城縣 남쪽.
12) 楚 懷王 : 기원전 328년에서 기원전 299년까지 재위하였다. 기원전 296년에 秦나
  라에서 죽었다. 권40 「楚世家」 참조.
13) 秦 昭王 22년(기원전 285년)의 일이다.
14) 秦 昭王 19년(기원전 288년) 10월, 昭王이 스스로 西帝라고 칭하고, 魏冉을 齊
  나라에 파견하여 齊 湣王을 尊稱하여 東帝라고 칭하였다. 12월 齊 湣王이 蘇代의 건
  의를 받아들여 황제 칭호를 秦나라에 반납하자, 秦 昭王도 황제 칭호를 버리고 왕이
  라고 칭하였다.

여러 차례 삼진(三晉)[15]에게 시달린 일이 있어서, 소왕은 천하의 유세가라도 싫어하고 믿지 않았던 것이다.

　양후(穰侯)와 화양군(華陽君)[16]은 소왕의 어머니인 선태후(宣太后)[17]의 동생이었고, 경양군(涇陽君)과 고릉군(高陵君)은 소왕과 어머니가 같은 동생들이었다. 양후는 재상이 되고, 3명은 모두 차례로 장군이 되어 모두 봉지를 얻게 되었으며, 태후가 총애한 까닭으로 양후 개인의 재산이 왕실을 능가할 정도였다. 이무렵 양후가 진나라의 장군이 되어 한나라와 위나라를 넘어 제나라의 강읍(綱邑)[18]과 수읍(壽邑)[19]을 공격하여 자신의 봉지인 도읍(陶邑)[20]를 확장하려고 하였다. 이에 범수가 곧 진나라 왕에게 상소하였다.

　　소인이 듣기로 "영명한 군주가 나라를 다스리게 되면 공이 있는 사람은 반드시 상을 받게 되고, 능력이 있는 사람은 반드시 관직을 얻게 된다. 또 공로가 큰 사람은 그의 봉록이 후하고, 공로가 많은 사람은 그의 벼슬이 높으며, 백성을 잘 다스리는 사람은 그의 관직이 높다. 그러므로 재능이 없는 사람은 감히 관직에 오르지 못하고, 재능이 있는 사람은 그가 가진 재능을 덮어 숨길 수가 없다"라고 하였습니다. 만약 대왕께서 제가 드린 말씀이 실행될 수 있는 것이라고 여기신다면, 곧 추진해주십시오. 그렇게 하면 대왕의 정치적 시행에 커다란 이익이 있을 것입니다. 만약 제가 드린 말씀이 실행될 수 없는 것이라고 여기신다면, 오랫동안 저를 머물러 있게 해도 무익한 일입니다. 속담에 "어리석은 군주는 그가 총애하는 사람에게만 상을 주고 미워하는 사람에게는 벌을 준다. 그러나 영명한 군주는 그렇게 하지 않는다. 상은 반드시 공로가 있는 사람에게 내리고 형벌은 반드시

15) 三晉 : 晉나라의 대신인 韓, 魏, 趙 三家가 晉나라에서 갈라져나와 각기 나라를 세웠기 때문에 이들을 가리켜 '三晉'이라고 하였다.

16) 華陽君 : 羋戎을 가리킨다. 新城君이라고도 한다. 宣太后와 아버지가 같은 동생이다. 華陽은 지금의 河南省 新鄭縣 북쪽이다.

17) 宣太后 : 楚나라의 귀족 출신으로, 秦 惠文王의 왕비이며 昭王의 어머니이다. 昭王이 19세에 즉위하자 그녀가 실권을 장악하였고, 아버지가 다른 형제 魏冉을 재상에 임용하고 그를 穰侯에 봉하였고, 또 그의 동생을 華陽君에, 그의 두 아들을 涇陽君과 高陵君에 각각 봉하였다. 昭王 41년에 范雎가 재상에 임용되고서야 그녀는 권력을 상실하였다.

18) 綱邑 : 지금의 山東省 寧陽縣 동북쪽.

19) 壽邑 : 지금의 山東省 東平縣 서남쪽.

20) 陶邑 : 지금의 山東省 定陶縣 서북쪽.

죄를 지은 자에게 내린다"라고 하였습니다. 지금 저의 가슴은 형틀을 받을 자격이 없고, 저의 허리로는 도끼를 맞을 자격이 없는 천한 몸입니다. 그런데 어찌 감히 확실하지 않는 일로써 대왕을 시험하려 하겠습니까? 저를 천한 사람이라고 하여 가볍게 여기실지라도, 저를 책임지고 천거한 사람이 왕을 배반할 인물이 아니라는 것은 믿으시겠죠.

또 저는 주(周)나라에는 지액(砥砨)이 있었고, 송(宋)나라에는 결록(結綠)이 있었고, 양(梁)나라에는 현려(縣藜)가 있었고, 초(楚)나라에는 화박(和朴)이 있었다고 들었습니다. 이 네 덩어리의 보옥은 모두 흙 속에서 나온 것으로, 처음에는 옥을 다듬는 뛰어난 장인들도 모두 버렸던 것입니다. 그러나 그들은 모두 천하의 이름난 보물이 되었습니다. 그렇다면 성왕(聖王)들이 버린 사람이라고 해서 반드시 나라를 부강하게 할 수 없는 사람이라고 할 수는 없는 것입니다.

저는 대부의 봉지를 부유하게 하는 인재는 나라 안에서 찾아내고, 제후의 나라를 부강하게 할 줄 아는 인재는 천하에서 찾아낸다고 들었습니다. 천하에 영명한 군주가 있으면 다른 제후들이 마음대로 인재를 얻을 수 없다는 것은 무엇 때문입니까? 이것은 영명한 군주가 그와 같은 인재를 제후들로부터 빼앗아오기 때문입니다. 뛰어난 의사는 병자의 생과 사를 알아낼 수 있고, 훌륭한 군주는 일의 성패를 알아낼 수 있습니다. 이익이 된다고 생각하시면 즉시 그것을 실행하고, 해가 된다고 생각하시면 즉시 버리고, 의심이 가시면 조금씩만 그것을 실행해보는 것입니다. 만약 순(舜)임금[21]과 우(禹)임금[22]이 다시 태어난다고 하더라도, 이러한 이치는 고칠 수 없는 일입니다. 마음속에 있는 절실한 이야기를 감히 글로 써낼 수 없으며, 또 천박한 말들은 대왕께서 들으실 가치조차도 없습니다. 추측해보건대 대왕께서 지금껏 저를 내버려두신 것은, 제가 어리석어서 대왕의 마음을 감동시키지 못한 것입니까, 아니면 저를 소개시켜준 신하의 지위가 비천하여 믿으실 수 없어서입니까? 만약 이 두 가지 원인이 모두 아니라면 대왕께서 구경 다니시고 남은 여가에 대왕을 뵈올 수 있는 영광을 주시기를 바랍니다. 만약 소인이 드리는 말씀에 한마디라도 쓸모 없는 것이 있다면, 사형이라도 달게 받겠습니다.

진 소왕은 이 글을 보고 크게 기뻐하며, 곧 왕계에게 사과하고 전거(傳車)[23]를 보내 범수를 불러오게 하였다.

---

21) 舜임금 : 권1 「五帝本紀」 참조.
22) 禹임금 : 권2 「夏本紀」 참조.

274

이렇게 하여 범수를 이궁(離宮)²⁴⁾에서 접견하려고 하였는데, 그는 궁중의 통로를 알지 못하는 것처럼 가장하고 후궁들이 왕래하는 영항(永巷)을 통해서 들어갔다. 이때 진나라 왕이 도착하자 환관이 크게 노하여 그를 내몰면서 "대왕께서 행차하셨다"라고 말하자, 범수가 함부로 지껄이면서 "진나라에 무슨 왕이 있느냐? 진나라에는 단지 태후와 양후가 있을 뿐인데"라고 말하였다. 범수는 이렇게 하여 소왕을 진노하게 할 생각이었다. 소왕이 도착해서 범수가 환관과 다투는 소리를 듣고, 곧 나아가 범수에게 사과하고 영접하면서 "과인이 일찍이 몸소 가르침을 받았어야 하는데, 의거(義渠)의 일²⁵⁾로 바빠서 아침 저녁으로 몸소 태후에게 여쭙고 지금에서야 의거의 일이 끝나서, 그대의 가르침을 받으러 올 수 있었소. 과인은 어리석고 영민하지 못하니, 과인으로 하여금 삼가 주객의 예로써 가르침을 받게 해주시오"라고 말하였다. 이에 범수는 공손히 사양하였다. 이날 범수가 왕을 접견하는 상황을 살펴본 신하들은 숙연해지고 얼굴 색을 바꾸지 않은 사람이 없었다.

진나라 왕은 좌우의 사람들을 모두 나가게 하여, 궁중에는 다른 사람이 아무도 없게 하였다. 진나라 왕이 무릎을 꿇고 요청하기를 "선생께서는 과인에게 어떤 가르침을 주시겠소?"라고 묻자, 범수가 "예, 예"라고만 말하였다. 잠시 후에 진나라 왕은 또 무릎을 꿇고 청하여 "선생께서는 과인에게 어떤 가르침을 주시겠소?"라고 묻자, 범수는 또 "예, 예"라고만 말하였다. 세 번이나 이렇게 하였다. 진나라 왕이 또 무릎을 꿇고서 "선생께서는 끝내 과인에게 가르침을 주시지 않으려 하오?"라고 말하자, 범수가 "감히 그럴 리가 있겠습니까? 제가 듣기로 옛날 여상(呂尙)²⁶⁾이 문왕(文王)²⁷⁾을 만났을 때, 그는 단지 어부로서 위수(渭水)²⁸⁾가에서 고기

23) 傳車 : 손님을 실어나르는 전용 수레.
24) 離宮 : 제왕이 正宮 이외의 임시로 머무는 궁실.
25) 義渠는 西戎의 한 부락 이름이다. 당시 義渠王과 宣太后와의 관계가 애매하였는데, 宣太后가 甘泉에서 몰래 義渠王을 사살하자 昭王이 군대를 일으켜 義渠를 멸망시킨 일을 가리킨다.
26) 呂尙 : 姜望. 周 武王을 보좌하여 商나라를 멸망시키는 데 공을 세웠다. 齊에 봉해지고 '太公'이라고 칭하였다. 속칭 '姜太公'이라고 한다. 권32「齊太公世家」참조.
27) 周 文王 姬昌을 가리킨다. 商 紂王 때 西伯이 되어 伯昌이라고도 한다. 商나라 말기의 周族의 영수이다. 통치기간중에 국력이 강성하였으며, 豐邑(지금의 陝西省 西安市)에 도읍을 정하고 50년간 재위하였다. 권4「周本紀」참조.
28) 渭水 : 즉 渭河를 가리킨다. 陝西省 중부에 위치하며, 黃河로 흘러들어가는 최대

를 잡고 있었을 뿐입니다. 그렇게 만나게 된 것은 두 사람의 사이가 멀었기 때문이었으나, 그곳에서 이야기를 주고받은 결과 문왕은 그의 말에 감복하여 그를 곧 태사(太師)[29]에 임명하고서 수레에 태워 함께 돌아오게 되었습니다. 그것은 여상의 말의 뜻이 깊었던 때문입니다. 그리하여 문왕은 여상에게서 힘을 얻어 마침내 천하를 통일하였습니다. 만약 처음에 문왕이 여상을 멀리하고서 그와 함께 긴밀한 이야기를 나누지 않았더라면 주나라는 천하를 통일할 기회를 얻지 못하였을 것이며, 문왕과 무왕이 왕업(王業)을 이룰 수 있었겠습니까? 지금 저는 타향에 살고 있는 외지인으로, 대왕과는 관계가 소원합니다. 그러나 소인이 말하려고 하는 것은 모두 대왕의 잘못을 바로 잡으려는 것뿐이며, 또 대왕의 가까운 골육간에 관한 이야기입니다. 어리석은 저는 오로지 모든 충성을 다 바치고 싶습니다만, 아직 대왕의 속마음을 잘 모르겠습니다. 이것이 곧 대왕께서 세 차례나 저에게 물으셨는데, 제가 감히 대답을 드리지 못한 이유입니다. 제가 무엇을 두려워서 감히 말씀드리지 않은 것이 아닙니다. 저는 제가 오늘 앞에서 이렇게 말하고, 내일 뒤에서 처형당할 수도 있다는 것도 알고 있습니다. 그러나 저는 도피할 생각은 없습니다. 단지 대왕께서 진정으로 저의 의견을 받아들이시어 실행하신다면, 처형당하는 것도 두려워하지 않을 것이고, 쫓겨나는 것도 걱정하지 않을 것이며, 온 몸에 옻칠을 하고 문둥병자로 가장을 하거나, 머리를 풀어헤치고 미치광이로 꾸미는 한이 있더라도[30] 저는 그것을 부끄러워하지 않겠습니다. 오제(五帝)와 같은 성인도 죽었고, 삼왕(三王)과 같이 어진 분도 죽었고, 오패(五覇)와 같이 어진 사람도 죽었고, 오획(烏獲)이나 임비(任鄙)[31]와 같은 장사도 죽었고, 성형(成荊), 맹분(孟賁), 왕경기(王慶忌), 하육(夏育)이 그렇게 용맹스러웠지만 결국 죽었습니다. 죽는다는 것은 사람으로서는 피할 수 없는 것입니다. 반드시 그렇게 될 몸을 가지고 조금이라도 진나라에 도움

의 지류이다. 呂尙과 周 文王은 渭水가의 磻溪(지금의 陝西省 玉鷄市 동남쪽)에서 만났다.

29) 太師 : 西周 때 설치한 관직으로, 원래는 고급 무관이었으나 후에 임금을 보좌하는 관직으로 바뀌었다.

30) 몸에 옻칠을 하면 등창이 나는데, 이렇게 하면 문둥병자처럼 보이게 할 수 있다. 즉 "漆身爲厲, 被髮爲狂"의 행위를 함으로써, 다른 사람의 이목을 피하려는 것이다.

31) 烏獲, 任鄙 : 두 명 모두 秦나라의 大力士이다.

이 될 수 있다면, 이것이 곧 제가 바라는 최대의 희망인데, 제가 또 무엇을 두려워하겠습니까? 오자서(伍子胥)[32]가 초나라를 탈출할 때 자루 속에 숨어서 소관(昭關)[33]을 탈출하여, 밤에는 걷고 낮에는 숨으며 능수(陵水)[34]에 도착해서는 먹을 것이 없었고, 오나라 시장에서는 무릎으로 땅을 기고 머리를 조아리면서 옷을 벗어 몸을 드러내고 배를 두드리고 피리를 불며 구걸하고 살다가, 마침내 오나라를 일으키고 합려(闔閭)[35]를 패왕이 되게 하였습니다. 제가 만약 오자서처럼 꾀를 다할 수 있게만 해주신다면, 비록 감옥에 갇히는 몸이 되어 평생 동안 다시 대왕을 뵈올 수 없더라도 저의 주장이 실현되는 것인데 제가 또 무엇을 걱정하겠습니까? 기자(箕子)[36]와 접여(接輿)[37]가 온 몸에 옻칠을 하고 문둥병자로 가장하고, 머리를 풀고 미치광이로 꾸몄어도 모두 그의 군주들을 도울 수는 없었습니다. 만약 제가 기자와 똑같은 행동을 하게 되더라도, 현명한 군주에게 도움이 된다면 그것이 저에게는 최대의 영광인데, 제가 그 무엇을 부끄러워하겠습니까? 다만 제가 두려워하는 것은 제가 죽은 후에 천하의 선비들이 제가 충성을 다하고도 죽임을 당하는 것을 보고, 그로 인해서 입을 닫고 발을 싸맨 채 아무도 진나라로 오지 않으려 하지 않을까 하는 것입니다. 대왕께서 위로는 태후의 위엄을 두려워하고, 아래로는 간신들의 아첨에 미혹되고, 깊은 궁궐 속에 거주하시면서 시종들의 보호에서 벗어나지 못하고, 평생 동안 미혹에 사로잡혀 간악한 신하를 가려내지 못하신다면, 결과적으로 크게는 나라가 망하고 작게는 대왕께서 홀로 고립되어 위험한 처지에 놓이게 되는 것입니다. 이것이 곧 제가 두려워하는 것입니다. 곤궁하게 되고 굴욕적인 일이나 죽임을 당하고 쫓겨나는 화는, 제가 두려워하는 바가 아닙니다. 제가 죽어 진나라가 안정되고 태평스러워진다면, 제가 죽는 것이 살아가는 것보다 더 나은 것입니다"라고 말하

---

32) 伍子胥 : 춘추시대 吳나라의 大夫. 권66 「伍子胥列傳」 참조.
33) 昭關 : 춘추시대 吳와 楚 나라 사이의 교통 요충지로, 지금의 安徽省 含山縣 북쪽 小峴山이다.
34) 陵水 : 즉 溧水를 말한다. 伍子胥가 밥을 얻어 먹던 곳이다.
35) 闔閭 : 춘추시대 말기의 吳나라의 임금. 권31 「吳太伯世家」 참조.
36) 箕子 : 商나라의 귀족. 紂王의 숙부로 太師를 맡아보았고, 箕(지금의 山西省 太谷縣 동남쪽)에 봉해졌다. 일찍이 紂王에게 간언하였다가 감옥에 갇혔으며, 周 武王이 商나라를 멸한 후에야 석방되었다.
37) 接輿 : 춘추시대 楚나라의 은사.

였다.

진나라 왕이 무릎을 꿇은 채 "선생께서는 무슨 말씀을 그렇게 하시오? 진나라는 한쪽으로 치우쳐 궁벽된 곳이고, 과인 또한 어리석고 재능이 없는데 선생께서 욕됨을 무릅쓰고 여기까지 오신 것은 하늘이 과인으로 하여금 선생에 힘입어 선왕의 종묘사직을 보존케 하신 것이오. 과인이 선생의 가르침을 받을 수 있다면, 이것은 하늘이 선왕을 총애하시어 그 고아인 과인을 버리지 않으신 것이오. 선생께서는 어찌 그렇게 말씀하시오? 일이 크든 작든 위로는 태후에 관한 일로부터 아래로는 대신들에 관한 일까지 선생께서 전부 과인에게 가르침을 주시고, 과인을 의심하지 말아주시오"라고 말하였다. 이 말에 범수가 절을 하자, 진나라 왕도 절하였다.

그러한 후에 범수가 "대왕의 나라는 사방의 요새로 견고합니다. 북쪽에는 감천(甘泉)[38]과 곡구(谷口)[39]가 있고, 남쪽에는 경수(涇水)[40]와 위수(渭水)가 있고, 오른쪽에는 농산(隴山)[41]과 촉산(蜀山)[42]이 있고, 왼쪽에는 함곡관(函谷關)[43]과 판(阪)[44]이 있습니다. 그리고 용맹스러운 병사 100만과 전차 1,000승(乘)이 있어서, 기회가 유리하면 나아가서 공격하고 불리하면 후퇴하여 지키면 됩니다. 이것이 곧 대왕의 땅입니다. 백성들은 사사로운 싸움에는 겁을 먹고 앞으로 나아가지 않지만, 나라를 위한 전쟁에서는 용감하게 앞으로 나가 싸웁니다. 이것이 곧 대왕의 백성입니다. 대왕께서는 지리적 조건과 인적 조건을 다 갖추고 계십니다. 진나라 병사의 용감함과 전차의 많음에 의지해서 제후들을 평정할 수 있습니다. 이것은 마치 한로(韓盧)[45]가 절뚝거리는 토끼를 잡는 것과 같습니다. 이렇게 하면 패왕(覇王)의 공업(工業)을 이룩할 수 있는 것입니다. 그러나 많은 신하들은 그들의 직위를 감당해내지 못하고, 오늘날까지 15년 동안

---

38) 甘泉: '甘泉山'으로, 일명 '鼓原'이라고도 한다. 지금의 陝西省 淳化縣 서북쪽.
39) 谷口: 仲山의 골짜기로 그 지방이 추우므로 '寒門'이라고도 한다. 지금의 陝西省 涇陽縣 서북쪽.
40) 涇水: 渭水의 지류로 陝西省 중부에 위치한다.
41) 隴山: 지금의 六盤山 남단을 말한다.
42) 蜀山: 지금 四川省 중부에 있는 崇山의 준령을 말한다.
43) 函谷關: 지금의 河南省 靈寶縣 동북쪽.
44) 阪: 崤山 일대의 험악한 지형. 지금의 陝西省 潼關縣에서 河南省 新安縣 일대까지 동서로 걸쳐 있다.
45) 韓盧: 韓나라의 이름난 사냥개.

함곡관을 닫고, 감히 군사를 일으켜 산동 각국[46]을 엿보지 못하고 있습니다. 이것은 곧 양후가 진나라를 위해서 꾀하는 데 충성을 다하지 않고, 대왕의 계획 중에도 잘못된 것이 있기 때문입니다"라고 말하자, 진나라 왕이 무릎을 꿇은 채 "과인의 계획 중 잘못된 것에 대해서 듣고 싶소"라고 말하였다.

그러나 좌우에 숨어서 몰래 엿듣는 사람이 매우 많았다. 범수는 이를 두려워하여 내부의 모순에 대해서는 감히 말하지 못하고, 먼저 외교업무에 대해서 이야기하면서 진나라 왕의 태도를 관찰하였다. 그는 앞으로 다가앉으면서 "양후가 한나라와 위나라를 넘어가서 제나라의 강읍(綱邑), 수읍(壽邑)을 공격하려는데 이것은 좋은 방법이 아닙니다. 소규모의 군대를 출동시켜서는 제나라를 공격할 수 없고, 대규모의 군대를 출동시키면 진나라에 해가 되기 때문입니다. 소인이 추측컨대 대왕께서는 진나라에서는 소규모의 군대를 출동시키고 모자라는 병력은 한나라와 위나라의 군사로 보충하려고 하시지만, 그것은 합리적인 방법이 아닙니다. 지금 동맹국인 제나라가 친절하지 못하다고 해서, 다른 나라의 국경을 넘어가서 그들을 공격하려고 해서야 되겠습니까? 아무래도 이러한 계획은 소홀한 점이 있습니다. 또 옛날에 제 민왕(齊湣王)이 남쪽의 초나라를 공격해서 초나라 군대를 격파하고 초나라 장수를 죽여서 사방 1,000여 리의 땅을 점령하였습니다. 그러나 후에 제나라는 한평의 땅도 얻지 못한 꼴이 되었는데, 어찌 땅을 차지하고 싶지 않아서였겠습니까? 그것은 형세가 급박하여 땅을 점령할 수가 없었기 때문입니다. 각국 제후들은 제나라가 지쳐 있고 군신(君臣)이 단결되어 있지 않음을 보고, 곧 군사를 일으켜 제나라를 공격하자 제나라는 대패하였고, 장수는 욕을 당하고 병사들은 꺾이고 말았습니다. 제나라에서는 모두 국왕을 비난하였고, 어떤 사람이 왕에게 '이러한 계획은 누가 세운 것입니까?'라고 묻자, 임금이 '문자(文子)[47]가 세운 계획이오'라고 대답하자, 대신들이 모두 들고 일어나 문자를 축출하였습니다. 제나라가 대참패를 당한 이유는 제나라가 초나라를 공격하는 틈을 타서 한나라와 위나라가 강대해졌기 때문입니다. 즉 병기를 적에게 빌려주고 식량을 도적에게 보태주는 꼴이 된 것입니다. 대왕께서는 오히

---

46) 동쪽의 여섯 나라를 가리킨다.
47) 文子 : 田文을 가리킨다. 권75 「孟嘗君列傳」 참조.

려 멀리 떨어진 나라와는 우호관계를 맺고, 근접한 국가를 공격하시는 것
이 최고의 작전입니다. 이렇게 하여야만 1촌(寸)의 땅을 얻으면 곧 그것
이 대왕의 1촌 땅이 되는 것이고, 1척(尺)의 땅을 얻으면 곧 그것이 대왕
의 1척 땅이 되는 것입니다. 그런데 지금 인접한 국가는 방치하고 멀리
원정을 가려고 하시니, 이것 역시 크게 잘못된 것이 아닙니까? 옛날 중
산(中山)[48]의 토지가 사방 500리였는데, 중산과 가장 가까이 있는 조
(趙)나라가 그것을 단독으로 차지하였습니다. 명분은 명분대로 얻고 이익
은 조나라로 돌아간 것입니다. 그러나 천하의 어느 나라도 이를 방해하지
못하였습니다. 지금 한나라와 위나라가 중원 지역에 위치하여, 천하의 중
추지대를 차지하고 있습니다. 대왕께서 만약 패왕이 되시려면, 반드시 중
원 지역의 국가와 가까워져서 천하의 승추를 장악하고 그러한 후에 초나
라와 조나라를 제압하셔야 합니다. 초나라가 강대해지면 조나라를 내 편
으로 끌어들이고, 조나라가 강대해지면 초나라를 내 편으로 만드십시오.
초나라와 조나라가 모두 내 편이 되면 제나라는 반드시 진나라를 두려워
할 것입니다. 제나라가 두려워하게 되면 반드시 말을 공손히 하고 풍부한
재물로써 진나라를 섬길 것입니다. 또 제나라가 내 편이 되면 한나라와
위나라도 손아귀에 넣을 수 있게 될 것입니다"라고 말하였다. 진 소왕이
"과인이 오래전부터 위나라와 친하게 지내려고 하였으나, 위나라는 변화
가 많은 나라여서 친하게 지내지 못하였는데, 위나라와 친하게 지내려면
어떻게 하면 되겠소?"라고 묻자, 범수가 대답하기를 "대왕께서 겸손한
말과 풍부한 예물로써 그들을 섬기십시오. 그래도 안 되면 땅을 떼어서
그들에게 뇌물로 주십시오. 그래도 안 된다면 군사를 일으켜 그들을 공격
하십시오"라고 하였다. 진나라 왕이 "선생의 가르침을 잘 들었소"라고 말
하고, 곧 범수를 객경(客卿)에 임명하고 군사에 관한 일을 상의하게 되었
는데, 마침내 범수의 계획을 받아들여 오대부(五大夫)[49] 관(綰)을 보내
위나라를 공격하여 회읍(懷邑)[50]을 함락시켰다. 2년 후에는 형구(邢
丘)[51]를 함락시켰다.

---

48) 中山 : 나라 이름으로, '鮮虞'라고도 한다. 지금의 河北省 正定縣 동북쪽.
49) 五大夫 : 벼슬 이름으로, 秦나라의 20등급 중 제9등급에 해당한다.
50) 懷邑 : 춘추시대에는 鄭나라에 속하였고, 전국시대에는 魏나라에 속하였다. 지금
　의 河南省 武陟縣 서남쪽.
51) 邢丘 : 지금의 河南省 溫縣 동쪽.

객경 범수가 진 소왕에게 "진나라와 한나라 접경지역의 지형이 마치 수를 놓은 것과 같이 복잡하게 되어 있습니다. 진나라에 들어와 있는 한나라의 땅이 마치 나무에 좀벌레가 붙어 있고, 사람 몸의 내장에 병이 있는 것과 같습니다. 천하에 아무런 변화가 없다면 괜찮습니다만, 천하가 변화한다면 진나라의 적으로 한나라보다 더한 나라가 없을 것입니다. 그러므로 대왕께서는 한나라를 내 편으로 해두는 것이 좋겠습니다"라고 권고하자, 소왕이 "과인이 본래 한나라를 내 편으로 만들어두고 싶었는데 한나라가 듣지를 않소. 어떻게 처리하는 것이 좋겠소?"라고 묻자, 범수가 "한나라가 어떻게 듣지 않을 수 있겠습니까? 대왕께서 군대를 파견하여 동쪽으로 형양(滎陽)[52]을 공격하면 공읍(鞏邑)[53]과 성고(成皐)[54]의 도로는 곧 불통됩니다. 북쪽으로는 태행산(太行山)의 험로를 차단해버리면 상당(上黨)[55]의 군대가 남하하지 못하게 됩니다. 다시 말해서 대왕께서 군대를 일으켜 형양을 공격하시기만 하면 한나라는 삼분됩니다.[56] 이렇게 되면 한나라는 반드시 망하게 된다는 것을 빤히 알면서 어찌 듣지 않을 수 있겠습니까? 만약 한나라가 이것을 따르면 대왕께서는 패왕의 대업을 달성하기 위한 계획을 세우실 수 있게 됩니다"라고 대답하자, 소왕이 "좋소"라고 하고, 즉시 사신을 한나라에 보내려고 하였다.

범수는 날이 갈수록 진나라 왕과 가까워졌고, 이렇게 소왕에게 진언하면서 지낸 지 어느덧 몇년이 지났다. 범수는 비로소 기회를 보아 진나라 왕에게 진언하기를 "소인이 산동에 있을 때, 제나라에는 단지 전문(田文)이 있을 뿐 제나라 왕이 있다고는 듣지 못하였습니다. 또 진나라에는 태후(太后), 양후(穰侯), 화양군(華陽君), 고릉군(高陵君), 경양군(涇陽君)이 있을 뿐이지 진나라에 왕이 존재한다고 듣지 못하였습니다. 대체로 나라의 정사를 마음대로 할 수 있는 것을 왕이라고 부르고, 사람에게 이익과 해를 줄 수 있는 권력을 가진 사람을 왕이라고 하며, 사람을 살리고 죽이고 하는 위력을 가지고 있는 사람을 왕이라고 합니다. 그런데 지금 태후는 왕을 돌보지 않고 아무 거리낌 없이 제멋대로 행동하고, 양후는

---

52) 滎陽 : 지금의 河南省 滎陽縣 동북쪽.
53) 鞏邑 : 지금의 河南省 鞏邑.
54) 成皐 : '虎牢'라고도 한다. 지금의 河南省 滎陽縣 서쪽 汜水鎭.
55) 上黨 : 지금의 山西省 長治市 북쪽.
56) 新鄭 이남, 宜陽 일대, 上黨 일대로 삼분되었다.

외국에 사신으로 다녀와도 대왕께 여쭙거나 보고하지 않습니다. 화양군과 경양군도 자기들 마음대로 백성들을 벌 주고 살육하는 행동을 자행하고 있습니다. 또 고릉군은 정책개정 및 관리임용에 관한 문제들을 대왕께 여쭙지도 않고 자기 마음대로 하고 있습니다. 이와 같은 네 종류의 귀족이 있는데 어찌 국가가 위태롭지 않을 수 있겠습니까? 대왕께서 이들 네 사람의 아랫자리에 서시게 되면 실제로는 왕이 아닙니다. 이와 같이 된다면, 왕의 권력은 기울어지지 않을 수 없고, 명령도 왕으로부터 나갈 수 없게 됩니다. 나라를 잘 다스리는 군주는 대내적으로는 자신의 위신을 공고히 하고, 대외적으로는 자신의 권력을 엄중히 한다고 들었습니다. 양후는 왕의 권한을 가로채서 마음대로 사신을 보내 제후들을 다루고 천하의 땅을 나누어 사람을 봉하고 적을 무찌르고 다른 나라를 치는 등, 진나라의 국사를 독점하다시피 하고 있습니다. 전쟁에 이기면 그 이익을 자기의 봉읍인 도(陶)[57]의 것으로 만들어 다른 제후들에게 피해를 입히고, 싸움에 패하게 되면 백성들을 원망하고 그 화를 다른 나라에 돌리고 있습니다. 옛 시(詩)에 '나무 열매가 너무 많으면 가지를 상하게 할 수 있고, 가지가 상하게 되면 나무의 정기를 해친다. 수도가 너무 크면 나라가 위태롭고 신하가 높으면 임금은 낮아진다'라고 하였습니다. 최저(崔杼)와 요치(淖齒)가 제나라를 장악하자, 최저는 제 장공(齊莊公)의 다리를 화살로 쏘아 죽였고, 요치는 제 민왕(齊湣王)의 힘줄을 뽑아내어 하룻밤 동안 묘당의 대들보에 매달아 죽였습니다. 이태(李兌)[58]가 조나라를 장악하자 주부(主父)[59]를 사구(沙丘)[60]에 가두어서 100일 만에 굶겨 죽였습니다. 지금 진(秦)나라에는 태후와 양후가 정권을 잡고 있고, 고릉군, 화양군, 경양군이 그들을 보좌하고 있어서 종국에는 진나라 왕을 제거할 수 있을 것입니다. 이들이 요치, 이태와 같은 무리라고 할 수 있습니다. 하(夏), 상(商), 주(周) 삼대의 왕조가 차례로 망한 까닭은 군주가 국가의 대권을 신임하는 신하들에게 주어버리고, 자신은 술과 사냥에 몰두하고 조정을 돌보지 않은 데 있습니다. 그러한 군주가 신임한 사람들은 하

---

57) 陶 : 穰侯가 받은 봉국을 가리킨다.
58) 李兌 : 趙나라의 대신. 권43 「趙世家」 참조.
59) 主父 : 즉 趙 武靈王을 말한다. 武靈王이 처음에 자칭 왕이라 하였다가 재위 27년 (기원전 299년) 5월에 公子 何를 왕에 앉히고 자칭 '主父'라고 하였다.
60) 沙丘 : 지금의 河北省 廣宗縣 서북쪽 大平臺를 가리킨다.

나같이 덕이 있고 유능한 사람들을 시기하여, 아래를 누르고 위를 가로막
아, 개인의 사사로운 목적만 실현시켰고, 군주를 위해서는 충성하지 않는
데도 임금이 그것을 모르고 있었기 때문에 나라가 망하게 되었던 것입니
다. 지금 진나라에서는 지방 수령을 비롯한 수많은 조정 대신들로부터 심
지어는 대왕의 좌우의 시종에 이르기까지 재상 양후의 측근이 아닌 자가
없습니다. 소인이 보는 바로는 대왕께서는 지금 조정에서 완전히 고립되
어 있습니다. 소인이 두려워하는 것은 만세(萬世) 후에 진나라를 통치하
는 사람이 대왕의 자손이 아닐 것이라는 것입니다"라고 말하였다. 소왕은
이 말을 듣고서 매우 두려워하며 "과연 그렇소"라고 말하였다. 그리하여
태후를 패출시키고, 양후, 고릉군, 화양군, 경양군을 함곡관 밖으로 내
쫓기로 하였다. 진나라 왕은 범수를 진나라 재상에 임명하고, 양후의 재
상 인(印)을 회수하였고 그를 도읍(陶邑)으로 돌려보냈다. 현의 관리로
하여금 짐을 실어갈 수레와 소를 양후에게 제공하도록 하였는데 수레가
1,000대를 넘었다. 함곡관에 도착하여 관리가 그의 귀중품들을 조사하는
데, 보물 그릇과 진귀한 물건들이 왕실보다 더 많았다.

진 소왕이 범수를 응읍(應邑)[61]의 땅에 봉하고, 응후(應侯)라고 불렀
다. 이때가 진 소왕이 재위한 지 41년째 되던 해였다.

범수가 진나라의 재상이 되었지만, 진나라에서는 그를 장록(張祿)이라
고 부르고 있었기 때문에, 위(魏)나라에서는 이를 모르는지라 범수는 이
미 죽은 지 오래인 것으로 생각하고 있었다. 위나라는 진나라가 동쪽으로
한(韓)나라와 위나라를 공격하려 한다는 말을 듣고서, 곧 수고(須賈)를
진나라에 사신으로 파견하였다. 범수는 이 사실을 듣고서 자신의 신분을
감추고 변장하여 떨어진 옷을 입고 인적이 뜸한 길을 통해서 빈관(賓館)
으로 찾아가 수고를 만났다. 수고가 그를 보자마자 놀라서 "범숙(范叔)은
그동안 무사하였던가?"라고 묻자, 범수가 "그렇습니다"라고 대답하였다.
수고가 웃으면서 "범숙은 진나라에 와서 유세를 하고 있는가?"라고 묻
자, 범수가 "아닙니다. 저는 이전에 위나라 재상의 미움을 받았습니다.
그래서 이곳으로 도망왔습니다. 그런데 어찌 감히 유세를 하겠습니까?"
라고 대답하였다. 수고가 "지금 범숙은 무슨 일을 하나?"라고 묻자, 범

---

61) 應邑 : 지금의 河南省 魯山縣 동쪽.

수가 "다른 사람에게 고용되어 일합니다"라고 대답하였다. 수고가 마음속으로 그를 불쌍히 여겨 그를 자리에 앉혀 술과 밥을 대접하면서 "범숙이 이토록 고생을 하고 있다는 말인가?"라고 말하면서, 한 벌의 두터운 명주 솜옷을 그에게 주면서, 수고는 "진나라의 재상 장선생을 자네는 아는가? 내가 듣기로 그는 진나라 왕의 총애를 받고 있어서, 천하의 모든 일들은 재상의 의견에 의해서 결정된다는데, 지금 나의 일도 성공하느냐 못하느냐가 전부 재상인 장선생에게 달려 있네. 자네 혹시 재상과 친한 사람을 알고 있지 않은가?"라고 묻자, 범수가 "저의 주인이 그를 잘 알고 있습니다. 그래서 저도 한 번 재상을 뵈온 적이 있습니다. 어디 한번 주인에게 부탁해서 재상을 만나보도록 해드리겠습니다"라고 대답하였다. 수고가 "나의 말[馬]은 병들고 수레도 차축(車軸)이 무너졌으며, 네 필의 말이 끄는 큰 수레가 없어서 대문을 나설 수가 없네"라고 말하자, 범수가 "제가 대신해서 저의 주인에게 네 필의 말이 끄는 수레를 빌려다 드리겠습니다"라고 말하였다.

범수가 되돌아갔다가, 네 필의 말이 끄는 수레를 끌고 와서, 몸소 수고를 태워 수레를 몰고 진나라 재상의 저택으로 들어갔다. 그러자 저택 안에 있던 사람들 중에 범수를 알고 있는 사람은 모두 피해 숨어버렸다. 수고는 이상하게 생각하였다. 재상 집무실 입구에 도착하여서 범수는 수고에게 "잠시 기다리시지요. 제가 먼저 들어가서 재상에게 알리겠습니다"라고 말하였다. 수고가 입구에서 한참 기다리다, 문지기에게 "범숙이 아직 나오지 않았는데 무슨 까닭이냐?"라고 물었다. 문지기가 "여기에는 범숙이 없습니다"라고 대답하자, 수고가 "방금 나와 함께 수레를 타고 와서 안으로 들어간 그 사람이다"라고 말하자, 문지기는 "그분은 우리의 재상인 장선생이십니다"라고 말하였다. 수고는 크게 놀라며 자기가 속았다는 것을 알고, 곧 옷을 벗어 몸을 드러내고 무릎을 꿇고 앞으로 나아가 문지기를 통해서 죄를 빌었다. 이때 범수는 화려하고 훌륭한 장막 속에 앉아서 아주 많은 시종들을 데리고 수고를 접견하였다. 수고는 머리를 조아리고 사죄하면서 "저는 당신께서 이렇게 출세하였으리라고는 꿈에도 생각하지 못하였습니다. 이토록 수고에게는 사람을 보는 눈이 없었으니, 다시는 천하의 서적을 읽을 생각도 감히 못하겠고, 천하의 정치활동에 참여할 생각도 감히 못하겠습니다. 제게는 삶겨 죽어 마땅한 죄가 있습니다. 그러

니 용서를 빌어 스스로 북쪽 오랑캐 땅으로 물러가 있고자 합니다. 그저
상공의 너그러우신 처분만을 빕니다"라고 말하였다. 범수가 "너의 죄과가
몇이나 되는지 아느냐?"라고 묻자, 수고가 "저의 머리카락을 뽑아 세어
도 모자랄 만큼 많습니다"라고 하자, 범수가 "너의 죄목은 세 가지이다.
옛날 초 소왕(楚昭王) 때 신포서(申包胥) [62]가 초나라를 대신해서 오나라
군대를 물리치자, 초나라 왕은 형(荊)[63] 땅의 5,000호를 그에게 하사하였
다. 신포서는 사양하고 받지 않았는데, 그것은 그의 조상이 형 땅에 안장
되어 있었기 때문이다. 지금 나의 조상의 묘도 위(魏)나라에 안장되어 있
어 위나라를 배반할 생각은 없었다. 그런데 네놈이 이전에 내가 제나라와
내통하여 위나라를 팔아넘기려 한다고 생각하고, 위제(魏齊) 앞에서 나
를 모함하는 말을 하였으니 이것이 너의 첫번째 죄목이고, 위제가 나를
능욕하고 변소 안에 버렸는데 네가 저지하지 않았음이 두번째 죄목이고,
또 위제의 빈객들이 술에 취해 번갈아가며 나의 몸에 방뇨하였는데 너는
모르는 척하였다. 이것이 너의 세번째 죄목이다. 그러나 오늘 너를 죽이
지 않는 까닭은 한 벌의 두터운 명주 솜옷을 나에게 주며 옛 정을 못 잊
어하는 태도를 보여주었기 때문이다. 그래서 너를 석방한다"라고 말하였
다. 그리하여 접견을 마쳤다. 범수는 궁궐에 들어가 이 일을 소왕에게 보
고하고 수고를 돌려보냈다.

수고가 범수에게 이별을 고하자, 범수가 크게 잔치를 벌여 각국의 사신
들을 모두 초대하였다. 초청된 사신들은 함께 웅장하게 꾸며진 대청에서
풍성한 술과 안주를 즐겼다. 그리고 범수는 수고를 대청 아래에 앉혀 마
소의 사료인 여물을 구유에 담아 그의 앞에 내놓고, 두 명의 경형(黥刑)
을 받은 죄인들로 하여금 양쪽에서 말에게 먹이를 먹이듯이 그에게 먹이
게 하면서 꾸짖었다. "위나라 왕에게 전하여라. 즉시 위제의 머리를 가져
오라고! 그렇지 않으면, 대량성(大梁城)을 허물고 대량 사람들을 몰살
시키겠다"라고 말하였다. 수고가 돌아가서 이러한 일들을 위제에게 이야
기하였다. 위제는 두려워하여 조나라로 도망가서 평원군(平原君)[64]의 집

---

62) 申包胥 : 公孫包胥를 가리킨다. 楚나라의 大夫로 봉국이 申이었다. 楚 昭王 11년
    秦나라에 구원을 요청하여 吳나라의 군대를 격파하고 楚나라를 구하였다.
63) 荊 : 지금의 湖北省 南漳縣 일대.
64) 平原君 : 권76 「平原君虞卿列傳」 참조.

에 숨었다.

범수가 재상이 된 뒤 어느날 왕계(王稽)가 범수에게 "지금 예측하지 못할 일 세 가지와 어떻게 할 수 없는 것 또한 세 가지가 있습니다. 대왕께서 언제 돌아가실지 모르는 것이 예측하지 못할 첫번째 일이고, 상군(相君)께서 갑자기 관사를 버리고 세상을 떠나실지 모르는 것이 예측하지 못할 두번째 일이며, 제가 언제 구렁에 빠져 죽을지 모르는 것이 예측하지 못할 세번째 일입니다. 만약 대왕께서 하루아침에 돌아가시게 된다면 당신께서 일찍이 저를 대왕 앞에 추천하지 않으신 것을 후회해야 이미 어찌할 수 없는 일입니다. 만약 상군께서 갑자기 세상을 떠나시게 될 경우 일찍이 저를 임용하지 않으신 것에 대해서 후회해야 그때는 이미 어찌할 수 없는 일입니다. 만약 제가 갑자기 구렁에 빠져 죽는다면 상군께서 저를 도와주지 않으신 것에 대해서 후회하셔야 역시 어찌할 수 없는 일입니다"라고 말하였다. 범수는 이 말이 불쾌하게 생각되었다. 그러나 조정에 나아가 소왕에게 "왕계의 일편 충심이 아니었더라면 누가 능히 저를 함곡관에서 데려올 수 있었겠습니까? 대왕의 현명하신 성덕이 아니었더라면 신은 높은 지위에 오를 수 없었을 것입니다. 지금 저의 관직은 재상에 이르렀고 작위는 열후(列侯)[65]에 들었는데, 왕계의 관직은 아직 알자(謁者)에 불과합니다. 이것은 신을 진나라로 데리고 온 왕계의 본뜻이 아닐 줄로 압니다"라고 아뢰자, 소왕이 왕계를 불러서 그를 하동(河東)[66]의 군수(郡守)[67]로 임명하였다. 그러나 왕계는 부임한 지 3년이 지나도록 조정에 시정 보고를 하지 않았다. 범수가 또 정안평(鄭安平)을 추천하자 소왕은 그를 장군(將軍)에 임명하였다. 그러한 후에 범수는 집의 재물을 나누어 가난하게 살 때 신세를 진 사람들에게 일일이 보답하였다. 단지 한 끼의 식사에 대한 은혜에도 반드시 보답하였고, 한 번 노려본 원한에도 반드시 보복하였다.

범수가 진나라의 재상이 된 지 2년, 즉 소왕이 재위한 지 42년째 되는 해에, 동쪽으로 한(韓)나라의 소곡(少曲)과 고평(高平)[68]을 공격하여 점

---

65) 列侯 : 秦나라의 20개 작위 중 최고의 작위.
66) 河東 : 지금의 山西省 夏縣 서북쪽.
67) 郡守 : 원래는 변방의 군사장관이었는데, 후에는 행정장관으로 바뀌었다.
68) 少曲, 高平 : 지금의 山西省 高平縣 일대.

령하였다.

진 소왕이 위제가 평원군의 집에 숨어 있다는 말을 듣고, 범수의 원수를 갚아주려고 "나는 오래전부터 당신이 숭고한 성의감을 지니고 있다고 들었소. 원하건대 당신과 서로 평등하고 구속 없는 친구관계가 되고 싶으니, 당신이 내게 와서 열흘을 두고 술자리를 함께 즐겼으면 하오"라는 한 통의 거짓 편지를 평원군에게 보냈다. 평원군은 진나라를 두려워하였고 또 편지 속의 말들이 정말인 줄 알고 곧 진나라로 가서 소왕을 만났다. 소왕은 평원군과 며칠간 술자리를 함께 한 다음 "옛날 주 문왕(周文王)은 여상(呂尙)을 얻어 그를 태공(太公)으로 받들었고, 제 환공(齊桓公)은 관이오(管夷吾)[69]를 얻어 그를 중부(仲父)[70]로 삼았습니다. 나는 지금 범선생을 숙부(叔父)로 여기고 있습니다. 그런데 범선생의 원수가 당신 집에 숨어 있으니 당신이 사람을 보내 그의 목을 베어 오도록 하시오. 그렇게 하지 않으면 나는 당신을 함곡관(函谷關) 밖으로 내보내지 않겠소"라고 말하자, 평원군이 "높은 자리에 있으면서 사람과 사귀는 것은 천한 몸으로 떨어졌을 때 도움을 받고 싶은 생각 때문입니다. 부유한 몸으로 사람을 사귀는 것은 가난하게 되었을 때 도움을 받기 위해서입니다. 위제는 나의 친구입니다. 설령 그가 내 집에 있다고 해도 내어줄 수는 없습니다. 더구나 지금은 그가 나의 집에 있지도 않습니다"라고 말하였다. 그러자 소왕은 곧 조나라 왕에게 "지금 대왕의 동생이 진나라에 있으며, 범선생의 원수인 위제가 평원군의 집에 숨어 있습니다. 대왕께서는 신속히 사람을 보내어 위제의 목을 베어 보내시오. 만약 그렇게 하지 않으면 내가 곧 군사를 일으켜 조나라를 침공할 것이며 또 대왕의 동생을 함곡관 밖으로 내보내지 않겠습니다"라고 편지를 보냈다. 조 효성왕(趙孝成王)은 곧 병사를 파견하여 평원군의 집을 포위하였다. 사태가 긴급하게 되자, 위제는 밤을 틈타 도주하여 조나라의 재상 우경(虞卿)[71]에게 의탁을 청하였다. 우경은 조나라 왕이 끝까지 진나라를 설득하지 못할 것으로 알고, 재상 인을 벗어버리고 위제와 함께 몰래 도망하였다. 우경은 의지할 만한

---

69) 管夷吾 : 즉 管仲을 가리킨다.
70) 仲父 : 존경의 뜻으로 부르는 존칭. '仲'은 管夷吾의 字이고, '父'는 아버지처럼 모시겠다는 뜻으로 쓰였다.
71) 虞卿 : 권76 「平原君虞卿列傳」 참조.

제후들을 생각해보았으나 갑자기 찾아갈 만한 곳이 없음을 알고 곧 대량
(大梁)으로 도망하여 신릉군(信陵君)[72]의 주선을 받아 초나라로 달아나
려고 하였다. 신릉군이 이 사실을 들었으나 진나라를 두려워하여 주저하
면서 만날 생각도 않고 "우경은 어떤 사람이냐?"라고 물었다. 이때 후영
(侯嬴)이 신릉군 옆에 있다가 "사람은 원래 자기를 알기 힘든 것이지만,
남을 아는 것도 쉬운 일은 아닙니다. 우경은 짚신을 신고 긴 자루관[檐
簦]을 쓴 초라한 모습으로 조나라 왕을 만났는데, 조나라 왕은 처음 그를
만나고서 그에게 한 쌍의 백옥(白玉)과 100일(鎰)의 황금을 주었고, 두
번 만나고서는 그를 상경(上卿)에 임명하였고, 세번째 만났을 때 그를 재
상에 임용하고 만호후(萬戶侯)에 봉하였습니다. 그 당시는 천하가 다투
어 그를 알려고 하였습니다. 위제가 긴급하여 우경을 찾아갔을 때 우경은
높은 관직과 많은 봉록을 중히 여기지 않고 재상 인과 만호후의 직위를
버리고 위제와 함께 몰래 이곳으로 찾아온 것입니다. 그는 남의 곤궁을
중하게 생각하여 공자(公子)를 의지하려고 온 것입니다. 그런데 공자께
서 '그는 어떤 사람이냐?'라고 물으신 것입니다. 사람은 자기를 알기도
어렵지만 남을 아는 것도 쉬운 일은 아닙니다"라고 말하였다. 이 말을 듣
고 신릉군은 매우 부끄러워하며, 손수 마차를 몰고 그들을 영접하러 교외
로 갔다. 그러나 위제는 신릉군이 난색을 표시하고 즉시 자기를 만나주지
않는다는 소식을 듣고 격노하여 스스로 목숨을 끊었다. 이 사실을 조나라
왕이 듣고서 위제의 목을 잘라 진나라에 보내자, 진 소왕은 비로소 평원
군을 조나라로 돌려보냈다.

진 소왕 43년에, 진나라는 한나라의 분형(汾陘)[73]을 공격하여 함락시
킨 다음 황하 가까이 있는 광무산(廣武山)에다 성을 쌓았다.[74]

그로부터 5년 후에, 소왕은 응후의 계책을 받아들여 간첩을 역이용하여
조나라를 속였다. 조나라는 이러한 꾀임으로 마복군(馬服君)의 아들[75]을
염파(廉頗)[76]에 대신하여 장군에 임명하였다. 진나라 군대는 장평(長平)

---

72) 信陵君 : 권77 「魏公子列傳」 참조.
73) 汾陘 : '汾丘'라고도 한다. 지금의 河南省 襄城縣 동북쪽 지역.
74) 廣武山은 지금의 河南省 榮陽縣 동북쪽 지역이다. 이때 秦나라는 廣武山을 따라
    동서로 두 개의 성을 쌓았는데, 두 성의 거리는 200步였다. 중간에 廣武澗이 흐르고
    있었다.
75) 趙나라 장수 馬服君 趙奢의 아들 趙括을 가리킨다.

에서 조나라 군대를 대파하고 수도 한단(邯鄲)을 포위하였다. 머지 않아 응후는 무안군(武安君) 백기(白起)와 원수관계가 되자, 그를 모함하여 죽였다. [77] 그리고 응후는 정안평을 추천하여 그로 하여금 조나라를 공격 하게 하였다. 그런데 정안평이 조나라 군사에게 포위당하여 사태가 급해 지자 2만 명의 사병을 거느리고 조나라에 투항하였다. 이 때문에 응후는 명석 위에 앉아서 처벌을 기다렸다. 원래 진나라의 법률규정에 사람을 추 천하였을 경우, 추천받은 사람이 죄를 범하게 되면 추천한 사람도 그와 똑같은 처벌을 받게 되어 있었다. 이렇게 본다면 응후의 죄는 삼족(三族) 이 체포당하여 관의 처분을 받게 되어 있었다. 진 소왕은 응후가 마음이 불안해할 것을 염려하여 전국에 포고령을 내리고, 감히 정안평의 사건을 말하는 사람이 있으면 정안평과 같은 죄로 다스리도록 하였다. 또한 상국 응후에게는 음식물을 평상시보다 더 많이 하사하여 그의 마음을 위로하였 다. 2년 후에, 이번에는 왕계(王稽)가 하동 군수로 있으면서 제후와 내 통하다가 법에 저촉되어 사형당하였다. 이러한 일들로 말미암아 응후는 날로 마음이 불안하기만 하였다.

그런 어느날 소왕이 조정에 앉아 한숨을 쉬자, 응후가 앞으로 나아가 "신이 듣기로 '국왕이 근심하면 신하는 욕을 당하게 되고, 국왕이 치욕을 당하면 신하는 응당 죽어야 마땅하다'라고 들었습니다. 오늘 대왕께서 조 정에서 근심스러운 모습을 보이셨습니다. 이는 신이 부족한 탓이오니 저 에게 벌을 내리십시오"라고 말하였다. 소왕이 "과인이 듣기로 초나라의 철검은 매우 예리하나 광대들은 서툴다고 하는데, 철검이 예리하다면 군 사들은 용감할 것이며, 광대가 서툴다면 생각이 심원하다는 것이 아니 오? 초나라 왕이 심원한 계략으로 용감한 사병을 이끌고 진나라를 공격 할까봐 두렵소. 모든 일은 평상시에 준비하지 않으면 갑작스러운 변화에 적응하지 못하는 것이오. 지금 우리나라에는 무안군이 이미 죽었고 정안 평의 무리들은 적에게 귀순해버렸는데, 국내에는 뛰어난 장군이 없고 국 외에는 수많은 적국이 도사리고 있지 않소? 그래서 과인이 근심하는 것 이오"라고 말하였다. 소왕은 이것으로 응후를 격려하려 하였으나, 응후는 도리어 송구스러워 몸둘 바를 몰라하였다. 그무렵 이 소식을 들은 채택

---

76) 廉頗 : 권81 「廉頗藺相如列傳」 참조.
77) 秦 昭王 50년의 일이다. 자세한 것은 권73 「白起王翦列傳」 참조.

(蔡澤)이 진나라를 찾아왔다.

채택은 연(燕)나라 사람이다. 사방에서 유학하였고, 수많은 크고 작은 나라의 국왕에게 유세하여 관직을 얻으려고 하였지만 재능을 인정받지 못하였다. 그는 곧 당거(唐擧)[78]를 찾아가서 관상을 보이고서 "제가 듣기로 선생께서 이태(李兌)의 관상을 봐주면서 그에게 '100일 이내에 국가의 정권을 장악한다'라고 말씀하셨다는데, 그것이 사실입니까?"라고 묻자, 당거가 "그렇소"라고 대답하였다. 이에 채택이 "그럼 저의 관상은 어떻습니까?"라고 물으니, 당거가 그를 자세히 본 다음 웃으면서 "선생의 코는 매부리코이고 어깨는 목보다도 높이 솟아오르고, 툭 불거진 이마에 얼굴은 복상투처럼 생겼으며 쭈글어든 콧대에 다리마저 활처럼 휘어 있습니다. 내가 듣기로 '성인의 상은 보아도 모른다'라고 들었는데, 아마도 선생을 두고 하는 말인 것 같소"라고 말하였다. 채택은 당거가 자기를 비웃는 줄로 알고서 "부귀는 내가 원래 가지고 태어난 것이지만, 내가 알지 못하는 것은 수명이오. 그러니 이 점에 대해서 듣고 싶소"라고 말하자, 당거가 "선생의 수명은 지금부터 43년 더 살 수 있소"라고 말하였다. 채택은 웃으면서 감사의 뜻을 표시하고 떠나면서, 그의 마부에게 말하기를 "내가 쌀밥과 고기 반찬을 먹고 준마를 타고 다니며 황금의 인신을 품고 허리에 자색의 비단 띠를 매고 임금 앞에서 절을 하며 봉록을 받아 부귀한 생활을 할 수 있다면 43년만으로도 충분하다고 볼 수 있지!"라고 말하였다. 그는 당거와 헤어진 후에 조나라로 갔으나 쫓겨났고, 한나라와 위나라로 갔으나 도중에 강도를 만나 취사도구마저 빼앗겼다. 그런데 응후가 천거한 정안평, 왕계가 모두 진나라에 커다란 죄를 지어 응후가 마음속으로 죄스러워하고 있다는 이야기를 듣고서, 채택은 곧 서쪽의 진나라로 향하였던 것이다.

그는 소왕과 만날 기회를 만들려고, 사람을 보내 자신을 자랑하여 응후를 격노시키기 위해서 "연나라 유객 채택은 천하의 뛰어난 변론가로 그가 진나라 왕을 만나기만 하면 진나라 왕은 그를 좋아하여 반드시 범수를 곤란하게 할 것이고 필경은 그의 직위를 빼앗을 것이다"라는 말을 퍼뜨렸다. 응후는 이 소문을 듣고서 "오제(五帝), 삼왕(三王)의 사적과 백가

78)   唐擧 : 魏나라 사람으로, 당시의 유명한 관상가이다.

(百家)의 학설은 나도 이미 알고 있은 지 오래이다. 또 여러 유세가들의 교묘한 말들을 내가 모두 물리쳤다. 그런데 그가 어찌 나를 곤란하게 할 수 있고 나의 직위를 빼앗을 수 있다는 말인가？"라고 말하였다. 그리고 사람을 보내 채택을 불러오도록 하였다. 채택이 들어와서 응후를 만나자 가볍게 읍(揖)만 하였다. 응후는 처음부터 기분이 좋지 않았는데, 그를 만나자 그는 또 매우 오만한 태도를 보였던 것이다. 응후는 곧 그를 꾸짖어 말하기를 "당신이 일찍이 자신을 자랑하여 나 대신 재상이 된다고 큰소리치고 다녔다는데 이러한 일이 사실이오？"라고 물으니, 채택이 "예. 그렇습니다"라고 대답하였다. 응후가 "당신의 설법을 들어봅시다"라고 하니, 채택이 "어떻게 아직도 그런 걸 모르고 계시다는 말입니까？ 사계절은 서로 순환함으로써 각 계절의 임무를 완성하고 물러갑니다. 사람이 세상에 태어난 이상, 신체 건강하고 팔 다리 성하고 귀 눈 밝고 마음은 지지혜로워지는 것이 선비된 사람의 소원이 아니겠습니까？"라고 말하자, 응후가 "맞소"라고 하였다. 채택이 "인(仁)을 근본으로 삼고 정의를 가지고 원칙대로 법을 집행하고 덕을 베푼다면 천하에 자신의 뜻을 실현시키는 것이고, 천하의 백성들이 즐거워하고 그를 존경하고 흠모하여 모두 그가 그들의 임금되기를 바란다면 이것이야말로 지모를 가진 유세가가 바라는 바가 아니겠습니까？"라고 말하자, 응후가 "맞소"라고 하였다. 채택이 또 "부귀영달하고 일체의 사물을 조절하여 그것들을 각자의 위치에 맞도록 잘 안배하고 수명장수하여 요절하지 않고 천수를 누리고, 천하가 그의 전통을 계승하고 그의 사업을 지키어 영원히 전해지고, 명성과 실제가 완전히 일치하여 그 은덕이 멀리 전해져 세세연년 끊이지 않고 천지와 더불어 영원하다면, 이는 곧 도를 실천하고 덕을 베풀은 효과가 아니고 무엇이겠으며 성인이 말한 상서로운 일이 아니고 무엇이겠습니까？"라고 말하자, 응후가 "맞소"라고 말하였다.

　채택이 "저 진나라의 상군(商君),[79] 초나라의 오기(吳起),[80] 월나라의 대부(大夫) 종(種)[81]과 같은 사람은, 결과 면에서 선비들이 바라고 원하

79)　商君(기원전 약 390-기원전 약 338년)：성은 公孫이고, 이름은 鞅이다. 衛나라 사람으로 衛鞅이라고도 한다. 전국시대의 정치가. 권68 「商君列傳」 참조.
80)　吳起(？-기원전 381년)：衛나라 左氏(지금의 山東省 曹縣) 사람으로 전국시대의 兵家이다. 권65 「孫子·吳起列傳」 참조.
81)　大夫 種：楚나라 郢(지금의 湖北省 江陵縣) 사람. 춘추시대 말기의 越王 句踐의

는 인물이 될 수 있겠습니까?"라고 묻자, 응후는 채택이 자기를 곤궁에 빠지게 하여 자신을 설득시킬 계획임을 알아차리고, 마음에도 없는 반대 논리를 내세워 말하기를 "바라서 안 될 것이 무엇이오? 공손앙(公孫鞅) 은 진 효공(秦孝公)[82]을 섬기면서 끝까지 한마음으로 국가에 충성을 다 하고 자신을 뒤돌아보지 않았소. 그는 법령을 만들어 간사함을 근절시키 고, 상벌을 참되게 실시하여 세상을 바로잡고, 진실된 마음과 일편충심을 피력하는 데 남의 원한을 사게 되는 것도 마다하지 않으며, 옛 친구를 속 여 위(魏)나라 공자 앙(卬)을 사로잡고, 진나라의 사직을 안정되게 하여 백성들에게 이익을 가져다주었으며, 끝까지 진나라를 위해서 적의 장수를 잡고 적군을 대파하여 천리의 토지를 개척하였소. 오기는 초 도왕(楚悼 王)[83]을 섬기면서 사리(私利)가 공익을 해치지 못하게 하고, 잠언하는 자들로 하여금 충직한 간언을 막지 못하게 하고, 말은 억지로 꾸며대지 않고, 도리에 맞지 않는 행동은 구차하게 하지 않았으며, 위험에 직면해 있어도 방침을 바꾸지 않고 의를 행하는 데 어려움을 피하지 않았으며, 임금을 패자로 하고 나라를 강하게 하기 위해서는 화와 재난을 당하는 것 도 두려워하지 않았소. 대부 종은 월나라 왕을 섬기면서, 군주가 곤경에 처하고 능욕을 당하더라도 충성을 다하고 게으름을 피우지 않았소. 그는 또한 장차 군주의 대가 끊기고 나라가 망하려고 하더라도 그 자신의 능력 을 다 바치고 떠나가지 않았소. 공업(功業)을 성공시킨 후에는 자신을 내 세우지 않고 재물과 관직을 탐하지도 않고 교만하거나 게으름을 피우지도 않았소. 이 세 사람의 행위는 절의의 표준이요, 충절의 모범이 아니오? 그러므로 군자는 절의를 지키기 위하여 몸을 어려움에 맡기고 정의를 위 해서는 죽음을 조금도 두려워하지 않는 것이오. 차라리 살아서 치욕을 당 하느니 죽어서의 영광을 택하는 것이오. 선비는 본래 자기 몸을 죽여 이 름을 남기는 것이며, 정의를 위해서는 죽음도 사양하지 않는 것이오. 어 째서 이 세 사람이 우리가 바라는 대상이 될 수 없다는 말인가?"라고 말 하였다.

채택이 "군주가 어질고 덕이 있으며 신하가 충성되고 현명하면, 그것은

謀臣. 권41「越王句踐世家」참조.
82) 秦 孝公 : 권5「秦本紀」참조.
83) 楚 悼王 : 기원전 401년에서 기원전 381년까지 재위하였다. 권40「楚世家」참조.

천하의 일반 백성들에게 최대의 행복이고, 임금이 밝고 뛰어나고 신하가
정직하면 국가의 행복이며, 부모가 자상하고 자식이 효순하고 남편이 성
실하고 믿음직스러우며 아내가 정숙하고 음란하지 않으면 한 가정의 행복
입니다. 그런데 비간(比干)⁸⁴⁾이 충성스러웠지만 은(殷)나라를 보존하지
는 못하였고, 자서(子胥)⁸⁵⁾가 지혜로웠지만 오(吳)나라를 보전하지 못하
였고, 신생(申生)⁸⁶⁾이 효순하였지만 진(晉)나라는 크게 어지러웠습니다.
이러한 사람들은 모두 다 충신과 효자였습니다. 그러나 국가와 집이 어지
러워지고 멸망한 까닭은 무엇입니까? 그것은 영명한 군주, 현덕한 아비
가 없어서 그들의 의견을 듣지 않았기 때문입니다. 그러므로 천하의 사람
들은 이러한 군주, 부친을 더럽혀진 사람이라고 하여 천하게 여기고, 이
러한 신하와 아들을 가엾게 생각하였던 것입니다. 상군, 오기, 대부 종은
신하로서는 훌륭하였으나, 그들의 임금이 훌륭하지 못하였던 것입니다.
그러므로 사람들은 그들 세 사람이 공을 세우고도 자랑하지 않은 점을 칭
찬하기는 하지만 세상을 만나지 못하고 죽고 만 것을 부러워하지는 않습
니다. 만약 죽은 뒤에 입신공명하였다면, 미자(微子)⁸⁷⁾도 어진 사람이라
고 불리지 않았을 것이고 공자(孔子)⁸⁸⁾도 성인일 수는 없으며 관중(管
仲)도 위대한 인물이라고 불리지는 않았을 것입니다. 또 공을 세우는 데
에 완전한 것을 기대하지 않는 사람이 있겠습니까? 성명(聲名)과 공명
(功名)을 모두 다 이루는 것이 가장 훌륭하고, 공명은 후대에 모범이 될
만하였으나 성명을 보전하지 못한 것이 그 다음이며, 공명은 치욕을 당하
였으나 성명을 보전한 것은 가장 아래입니다"라고 말하였다. 이 말을 듣
고 응후는 채택의 의견을 칭찬하였다.

　채택은 비로소 인정을 받은 터이므로 이때를 틈타서 "상군, 오기, 대부
종은 신하된 자로서 충성을 다하여 공업을 세운 점은 부러워할 만합니다.
굉요(閎夭)⁸⁹⁾가 주 문왕(周文王)을 섬기고, 주공(周公)⁹⁰⁾이 주 성왕(周

---

84) 比干 : 商 紂王의 숙부. 여러 차례 간언하였으나 紂王에게 죽임을 당하였다.
85) 子胥 : 권66 「伍子胥列傳」 참조.
86) 申生 : 춘추시대 晉 獻公의 太子. 驪姬의 모함으로 자살하였다. 獻公이 죽자 여러
　　왕자들 사이에 왕위 쟁탈전이 일어나 晉나라는 혼란해졌다.
87) 微子 : 商 紂王의 庶兄으로, 周代 宋나라의 시조. 권38 「宋微子世家」 참조.
88) 孔子 : 권47 「孔子世家」 참조.
89) 閎夭 : 周 文王의 謀臣. 文王이 商 紂王에게 갇혀 있을 때, 閎夭가 商 紂王에게
　　미녀와 좋은 말〔馬〕을 보내 文王이 풀려나게 하였다.

成王)을 보좌한 것도 또한 충성스럽고 성스러운 것이 아니겠습니까? 또한 원만한 군주와 신하의 사이였다는 점에서 논한다면, 상군, 오기, 대부 종 세 사람과 굉요, 주공을 비교하자면 어느 쪽이 선비된 사람으로서 바라는 바입니까?"라고 묻자, 응후가 "상군, 오기, 대부 종은 비교할 바가 못 되오"라고 대답하였다. 채택이 "그렇다면 선생의 주상(主上)은 인자하여 충신들을 신임하고 옛 친지들을 후하게 대접하며, 어질고 지혜로워서도 있는 선비와 굳게 사귀며 의를 지켜 공신을 배반하지 않았다는 점에서 진 효공, 초 도왕, 월왕 구천과 비교하면 어느 쪽이 낫겠습니까?"라고 물으니, 응후가 "어떻게 다른지 모르겠소"라고 대답하자, 채택이 "지금 주상께서 충신과 가까이 지내시는 것이 진 효공, 초 도왕, 월왕 구천 이상은 되지 못합니다. 당신이 총명한 재기를 펴시어 주상을 위하여 정국을 안정시키고 정치를 바로잡고 병사를 훈련시켜 난리를 평정하고 재앙을 물리쳐 어려움을 극복하고 영토를 확장하여 농업을 발전시키고, 국고를 충실히 하여 백성을 부유하게 하였습니다. 더욱이 주상의 권력을 강하게 하여 국가의 위엄을 높이고 왕실을 빛나게 하였으니 천하에 누가 감히 당신의 주상을 업신여기거나 침범할 수 있겠습니까? 주상의 명성은 전중국에 진동하고 공업은 만리 밖에서도 빛납니다. 또 그 빛나는 이름은 만대에 전해질 것입니다. 이러한 점에서 당신을 상군, 오기, 대부 종과 비교하면 어떻습니까?"라고 물으니, 응후가 "나는 비교도 안 되오"라고 대답하였다. 이에 채택이 "지금 주상께서 충신을 가까이하고 옛 정을 잊지 못하는 것은 진 효공, 초 도왕, 월왕 구천에 미치지 못하고, 당신의 공적, 총애, 신임 또한 상군, 오기, 대부 종에 미치지 못합니다. 그런데 당신의 봉록은 많고 지위는 높고 가산은 부유하기가 이들 세 사람보다 월등합니다. 만약 당신께서 물러나지 않고 그대로 계신다면, 아마 당신이 받을 화와 근심은 그들 세 사람보다 더욱 심하지 않을까 두렵습니다. 그 점을 이 사람은 두렵게 느끼는 것입니다. 속담에 '태양이 높이 솟았다가는 곧 서쪽으로 기울고, 달도 차면 곧 기운다'라고 하였습니다. 사물이 발전하여 정점에 이르면 곧 쇠락합니다. 이것은 천지만물의 보편적 법칙입니다. 나아감과 물러남이 때와 더불어 변화하여 마땅함을 얻는 것은 성인의 떳떳한

---

90) 周公 : 姬旦. 周 武王의 동생. 周(지금의 陝西省 岐縣 북쪽)에 봉해졌기 때문에 周公이라고 하였다.

294

도리입니다. 그러므로 '국가의 정치가 옳바르면 나아가 벼슬을 하고, 국가에 도가 행해지지 않으면 물러나 숨는 것이 당연한 이치이다'라고 한 것입니다. 성인이 이르기를 '현명한 군주가 재위할 때, 이익은 벼슬하는 사람에게 나타난다,' '원칙에서 벗어난 부귀는 나에게 뜬 구름과 같다'[91] 라고 하였습니다. 지금 당신은 원수도 이미 다 갚았고, 은혜도 이미 다 보답하였습니다. 마음먹은 바도 이미 다 실현하였습니다. 그런데도 시세의 변화에 적응할 수 있는 대책을 세우지 않고 계십니다. 상공을 위해서 도저히 그대로 있을 수 없는 일입니다. 다시 말해서 물총새, 따오기, 코뿔소, 코끼리는 그들이 살고 있는 곳이 그렇게 안전한 곳이 아니지만 그런 대로 천수를 누릴 수는 있습니다. 그런데도 잡혀 죽게 되는 것은 먹이를 탐하는 욕심에 끌리기 때문입니다. 소진(蘇秦)[92]과 지백(智伯)[93]의 재주는 치욕을 피하고 죽음을 멀리하기에 충분하였습니다. 그러나 죽은 이유는 욕심에 미혹되어 그만둘 시기에 그만두지 않았기 때문입니다. 이러한 까닭으로 성인이 예법을 제정하여 욕망을 절제하고, 백성으로부터 세금을 걷는 데에도 일정한 한도가 있으며, 백성을 부리는 데에도 그 한가한 때를 고르도록 제한을 두었던 것입니다. 그러므로 생각은 지나치지 않고 행동은 교만하지 않으며 항상 이러한 원칙을 벗어나지 않았습니다. 그러므로 천하는 끊임없이 그들의 전통을 잇고 있습니다. 옛날 제 환공(齊桓公)이 아홉 차례나 제후들과 만나 처음으로 천하를 평정하였으나[94] 규구(葵丘)의 만남[95]에서 자만과 교만한 마음 때문에 그의 경내에 있던 여러 나라들이 배반하였습니다. 오왕(吳王) 부차(夫差)의 군대는 천하무적이었는데, 강대함을 자랑삼아 각국을 경시하고 제나라와 진(晉)나라를 속였습니다. 그러므로 끝내 자신은 피살당하고 나라는 패망하였던 것입니다. 하육(夏育), 태사교(太史噭)[96]가 격노하여 한번 고함을 치면 삼군

91) 『論語』「述而」편 참조.
92) 蘇秦 : 권69「蘇秦列傳」참조.
93) 智伯 : 荀瑤. 춘추시대 晉나라의 대신. 韓과 魏 나라를 협박하여 趙나라를 공격하게 하였다. 후에 韓과 魏 나라가 趙나라와 모의하여 智伯을 살해하였다.
94) 齊 桓公이 '尊王攘夷'의 구호를 내걸고 제후들과 아홉 차례 회합하여 周 왕실의 내란을 평정하는 공적을 세웠다.
95) 齊 桓公 35년(기원전 651년)에 齊, 魯, 宋, 衞, 鄭, 許, 曹 나라가 周 왕실을 보존할 목적으로 葵丘(지금의 河南省 蘭考縣 동북쪽)에서 회맹하였다.
96) 太史噭 : 고대의 용사.

(三軍)을 놀라게 하는 용사였으나, 자신들은 하찮은 사람의 손에 죽고 말
았습니다. 이들은 모두가 공명이 정점에 달하였는데도 자신을 되돌아보고
처세의 도리에 합당한지를 따져보지 않고 겸손과 검약을 지키지 않다가
화를 자초한 것입니다. 상군(商君)은 진 효공(秦孝公)을 위하여 법령을
정비하여 사악함의 근원을 막고 공적의 다과에 따라 상을 내리고 죄과의
대소에 따라 벌을 주고, 도량형을 통일하고 시장경제를 조절하고 논밭 사
이로 길을 열어 백성들의 생활을 안정시키고 풍속을 바로잡았습니다. 또
한 백성들에게 농업을 장려하고 토지를 충분히 이용하여 매 가구마다 농
업에 전력하게 하고 그밖의 잡사가 농경에 방해가 되지 않도록 하였습니
다. 그리고 농업에 전력하여 식량을 비축하고 병사들에게 병법을 훈련시
켰습니다. 그러므로 전쟁이 있을 때마나 땅을 확장하였고, 진쟁이 없을
때에는 국가가 곧 부강해졌습니다. 이리하여 진나라는 천하무적이 되어
대외에 위신을 세우고 진나라의 공업(功業)을 이룩하였다. 그런데 공업
이 완료되자 결국 그는 능지처참형을 당하였습니다. 또한 초나라의 땅은
사방 수천리였고 무장한 사병이 100만 명에 이르는 큰 나라였으나, 백기
(白起)가 수만명의 군대를 이끌고 초나라와 교전하여, 첫번째 전쟁에 언
(鄢), 영(郢)을 함락시키고 이릉(夷陵)[97]을 불살랐고, 두번째에는 촉
(蜀)[98]나라와 한중(漢中)[99]을 병합하였습니다. 또 한나라와 위나라를 넘
어 강대한 조나라를 공격하여 북방에서 마복군(馬服君)[100]을 생매장시키
고 40만여 명의 병사들을 전부 장평성(長平城)[101] 아래에서 섬멸시켰는
데, 흐르는 피가 강을 이루었고 울부짖는 소리는 천지를 진동시켰습니다.
이어서 한단(邯鄲)을 포위, 공격하여 진(秦)나라로 하여금 제업(帝業)의
기초를 세우게 하였습니다. 원래 초나라와 조나라는 천하의 강국으로 진
나라의 원수였습니다. 이때부터 초나라와 조나라는 모두 굴복하고 감히
진나라를 공격하지 못하였는데, 이것은 백기의 위세 때문이었습니다. 백

---

97)　夷陵 : 지금의 湖北省 宜昌市 동남쪽에 위치한 읍 이름으로, 楚나라 선왕들의 묘
　　지가 이곳에 있다.
98)　蜀 : 지금의 四川省 중부 서편에 위치한 나라.
99)　漢中 : 지금의 陝西省 서남쪽에 위치한 군 이름.
100)　馬服은 趙나라 將軍 趙括의 봉호이다. 이곳은 지금의 河北省 邯鄲市 북쪽에 위
　　치한 산이다.
101)　長平城 : 지금의 山西省 高平縣 서북쪽.

기는 몸소 70여 개의 성을 정복하여 공업을 이루었으나, 끝내 어명에 의해서 두우(杜郵)102)에서 자살하였습니다. 오기(吳起)는 초 도왕(楚悼王)을 위해서 법령을 제정하였고, 대신의 권력을 약화시키고 무능하고 필요없는 신하를 파면하고 중요하지 않은 관리를 감원하였으며, 개인의 청탁을 배제하고 초나라의 풍속을 획일화하여 백성들로 하여금 놀고 즐기는 것을 금지시켰다. 농업을 장려하고 군대를 훈련시켜, 남쪽으로 양월(楊越)103)을 수복하고 북쪽으로 진(陳)나라와 채(蔡)나라를 겸병하고 연횡과 합종의 외교정책을 버림으로써 유세를 일삼고 쫓아다니는 책사(策士)들의 입을 열지 못하게 하고 당파 만드는 것을 금지시키고 백성들을 격려하여 초나라의 정국을 안정시키고 군대는 천하에 용맹을 떨치고 각 제후들을 복종시켜 공업을 이룩하였으나, 끝내 능지처참형을 당하였습니다. 대부 종은 월나라 왕을 위하여 깊고도 심오한 계책을 세워 회계에서 나라가 망하는 위험을 모면하게 하였으며, 멸망하게 된 나라를 다시 살리어 치욕을 영예로 돌리고 황무지를 개간하고 새로운 고을을 건설하고 토지를 개간하여 곡식을 심었고, 사방의 선비들을 통솔하고 상하의 힘을 한데 모아, 현명한 구천(句踐)을 보좌하여 부차(夫差)에게 받은 원수를 갚고 강대한 오나라를 멸망시켜 월나라를 패주가 되게 하였습니다. 그의 공훈은 너무도 뚜렷하였고, 사람들도 다 그것을 믿었습니다. 그러나 구천은 끝내 은혜를 저버리고 그를 살해하였습니다. 이 네 사람104)은 공업을 완성하고 그 물러날 때에 물러나지 않았기 때문에 이와 같은 화를 당하였던 것입니다. 이것이 곧 사람들이 말하는 '펴고 굽힐 줄을 모르며 가서 돌아올 줄을 모르는 사람'이라고 하는 것입니다. 범려(范蠡)는 이러한 도리를 알았습니다. 초연히 세속을 떠나 오랫동안 도주공(陶朱公)으로 자호(自號)하였습니다. 당신은 도박하는 사람들을 보지 못하였습니까? 크게 승부를 단번에 내려는 사람이 있는가 하면, 끈기 있게 조금씩 승부를 내려는 사람도 있습니다. 이 점은 당신도 잘 알고 있는 바입니다. 지금 당신은 진나라의 재상을 맡고 있고, 앉은 자리에서 계획을 꾸미고 조정을 떠날 필

102) 杜郵 : 지금의 陝西省 咸陽市 동북쪽에 있던 정자를 가리킨다.
103) 楊越 : '揚越'이라고도 하는데, 이것은 揚州의 南越을 말한다. 고대의 百越 중의 하나. 지금의 廣東省 경내에 거주하였다.
104) 商君, 白公, 吳起, 大夫 種을 가리킨다.

요도 없이 앉은 그곳에서 계책으로 각국을 장악할 수 있습니다. 삼천(三川)[105] 지역을 개척하고 의양(宜陽)[106]을 충실하게 하고 구절양장 같은 험한 요새를 돌파하여 태행산(太行山)의 길을 막으며 또 범(范)과 중항(中行)으로 통하는 길을 절단하여 여섯 나라로 하여금 연합하지 못하게 하고, 천리나 되는 잔교(棧橋)를 이용하여 촉과 한중을 연결하여, 천하 각국으로 하여금 모두 진나라를 두려워하게 하였습니다. 진나라가 바라는 바의 일은 성취되었고, 당신의 공로는 이미 절정에 달하였습니다. 이제 진나라는 도박할 때 금액을 나누어 걸어 조금씩 이익을 취하는 것과 같이 해야 할 때입니다. 이러한 상황 아래에서 물러나지 않게 되면, 곧 상군, 백기, 오기, 대부 종과 같은 처지가 됩니다. 저는 '물을 거울로 하는 사람은 자신의 얼굴 생김새를 알 수 있고, 사람을 거울로 하는 사람은 사기 자신의 길흉을 추측하여 알 수 있다'라고 들었습니다. 또 고서에는 '공업(功業)을 이룩한 곳에서는 오래 머물지 말라'라고 되어 있습니다. 그들 네 사람들이 받은 재앙을 당신께서 왜 또 이어받으려고 하십니까? 당신은 왜 이 기회에 재상에서 물러나고 그 자리를 다른 어진 사람에게 물려준 다음 물러나 바위 밑에 살며 냇가의 경치를 구경하면서 사시려고 하지 않습니까? 만약 그렇게 하신다면 백이(伯夷),[107] 숙제(叔齊)와 같이 고결한 미명을 들을 것이고, 오랫동안 응후의 작위를 누리고 대대로 청빈고결하였다고 칭찬받을 것이며 허유(許由)[108]와 연릉(延陵) 계자(季子)[109]와 같이 사양하는 마음을 지녔다고 칭찬받을 것이며 왕자 교(王子喬)[110]와 적송자(赤松子)[111]와 같이 장수할 것입니다. 이것과 화를 입어 일생을 마치는 것과 어느 쪽이 낫겠습니까? 당신은 어느 쪽을 택하시겠습니까?

---

105)　三川 : 지금의 河南省 서북부에 해당하는 지역.
106)　宜陽 : 지금의 河南省 宜陽縣 서쪽에 위치한 韓나라의 읍 이름.
107)　伯夷 : 商나라 말기 孤竹君의 長子로 그의 동생 叔齊와 서로 왕위를 사양하다 首陽山에 들어가 은거하였다.
108)　許由 : 唐堯 시대의 은사. 堯임금이 군주의 자리를 그에게 물려주려고 하자, 그는 箕山으로 도망가서 농사를 지으며 살았다. 또 堯임금이 그를 九州의 장관에 임명하려고 하자, 그는 潁水에 가서 귀를 씻고 듣지 않은 것으로 하였다.
109)　延陵 季子 : 吳王 壽夢의 넷째 아들. 壽夢이 그에게 왕위를 주려고 하자, 그는 사양하고 왕위를 그의 큰형 諸樊에게 주었다. 후에 延陵에 봉해졌기 때문에 延陵 季子라고 칭하였다.
110)　王子 喬 : 周 靈王의 太子로, 후에 신선이 되었다고 전해진다.
111)　赤松子 : 고대의 신화에 나오는 신선이다.

만일 지금의 지위를 떠나는 것을 아까워하고서 결단을 내리지 않는다면 반드시 그들 네 사람과 같은 화를 당하게 될 것입니다. 『역경』에 '끝까지 올라간 용은 뉘우칠 날이 있게 된다'라고 하였습니다. 이것은 오르기만 하고 내릴 줄을 모르고, 뻗을 줄만 알고 굽힐 줄을 모르며, 나아가는 것만 알고 돌아설 줄을 모르는 사람을 비유해서 말한 것입니다. 이를 깊이 생각하시기를 바랍니다"라고 말하자, 응후가 "좋소. 나도 '욕심을 부리며 그칠 줄을 모르면 그 욕심 부린 것을 잃게 되고, 점유하기만 하고 만족할 줄 모르면 그 가진 것을 잃는다'라는 것을 알고 있소. 다행히 선생께서 내게 가르쳐주셨으니 삼가 가르침을 따르겠소"라고 하였다. 그리하여 채택을 안으로 맞아들여 상등의 빈객으로 대우하였다.

며칠 후에, 범수는 조정에 들어가 진 소왕에게 "저에게 채택이라고 하는 빈객이 산동에서 찾아왔습니다. 그 사람은 변론이 뛰어난 사람으로 삼왕, 오제의 일에 밝고 세속의 변화에 통달하여 진나라의 정무(政務)를 맡기기에 충분한 재능을 가지고 있습니다. 지금까지 신이 만난 사람은 수도 없이 많으나 누구도 그와 비교할 수 없으며, 저도 그에게 미치지 못합니다. 신이 무례함을 무릅쓰고 감히 말씀 올립니다"라고 말하였다. 진 소왕이 채택을 접견하고 그와 이야기를 한 다음, 매우 좋아하여 그를 객경(客卿)에 임명하였으며, 응후는 이 기회를 틈타 병을 핑계로 재상의 인신(印信)을 반납하였다. 소왕은 응후에게 계속 일을 맡아보도록 하였으나 응후는 자신의 병이 심하다고 사양하였다. 이리하여 범수는 재상의 지위에서 물러나게 되었다. 소왕은 새로 채택의 계획을 듣고 기뻐하여 그를 진나라 재상에 임명하였다. 그는 동쪽으로 주(周)나라의 땅을 손에 넣었다.

채택이 진나라 재상이 된 지 몇 개월 후, 어떤 사람이 그를 모함하였다. 그는 살해당할까 두려워하여 병을 핑계로 재상의 인신을 반납하자, 소왕은 그를 강성군(綱成君)에 봉하였다. 그는 진나라에 10여 년 동안 머무르면서 소왕(昭王), 효문왕(孝文王),[112] 장양왕(莊襄王)[113]을 섬겼다. 최후에는 진 시황(秦始皇)을 섬기면서, 진나라의 사신으로 연나라에 가게 되었다. 3년 후에 연나라는 태자 단(丹)[114]을 인질로 진나라에 보냈다.

---

112) 秦 孝文王은 기원전 520년에 즉위하였다.
113) 秦 莊襄王은 기원전 249년에서 기원전 247년까지 재위하였다.
114) 丹은 燕王 喜의 太子이다. 燕王 喜 28년(기원전 227년) 荊軻를 파견하여 秦 始

태사공은 말하였다.

"한비자(韓非子)가 '긴 소매의 옷을 입어야 춤을 잘 출 수 있고, 돈을 많이 가져야 장사를 잘할 수 있다'[115]라고 하였는데, 이 말은 믿을 만한 말인 것 같다. 범수(范睢)와 채택(蔡澤)은 사람들이 말하는 일체변사(一切辯士), 즉 어떤 경우에든 자유자재로 변론을 펼 수 있는 유세가였다. 그런데도 각국을 유세하여 머리가 백발이 되도록 기회를 잡지 못한 것은 계략과 전술이 졸렬하였기 때문이 아니고, 유세한 나라들이 약하고 작았기 때문이다. 두 사람이 두루 돌아다닌 끝에 진나라에 와 머무르면서 연이어 재상의 높은 벼슬로 공명을 천하에 떨치게 된 것은, 그들의 능력이 다른 사람들보다 강하였고 다른 사람들의 능력이 그들보다 약하였기 때문이었다. 그러나 어떤 선비는 우연히 때를 만나게 되는 경우노 있다. 이들 두 사람 못지않는 어진 사람들도 뜻을 이루지 못한 경우가 이루 다 헤아릴 수 없을 정도로 많다. 그러나 이들 두 사람도 곤궁한 처지에 빠지지 않았던들 어떻게 분발하여 성공을 거둘 수 있었겠는가?"

皇을 저격하려고 하였으나 성공하지 못하고 遼東으로 도주하였다가 燕王 喜에게 참수되어 秦나라에 바쳐졌다.
115) 『韓非子』「五蠹」참조. 韓非子는 권63「老子韓非列傳」참조.

권80 「악의열전(樂毅列傳)」제20

　　악의(樂毅)의 선조는 악양(樂羊)[1]이다. 악양은 위 문후(魏文侯)[2]의
장군이 되어 중산(中山)[3]을 공략해서 차지하였으므로, 위 문후는 악양을
영수(靈壽)[4]에 봉하였다. 악양이 죽은 후 영수에 장사 지냈으므로 그의
후손들은 그곳에 정착하게 되었다. 중산은 다시 나라를 일으켰으나, 조
무령왕(趙武靈王)[5] 때에 이르러 다시 멸망당하였다. 한편 악씨(樂氏)의
후손 가운데 악의라는 사람이 있었다.

　　악의는 현명하고 병법을 좋아하여 조(趙)나라 사람이 그를 추천하였
다. 그러나 조 무령왕이 사구(沙丘)의 반란[6]을 일으켰으므로 이에 조나
라를 떠나 위(魏)나라로 갔다. 소문에 당시 연 소왕(燕昭王)[7]은 자지(子
之)의 난[8] 때 제(齊)나라에 크게 패하였으므로, 제나라를 원망하며 복수
하겠다는 생각을 하루도 잊은 적이 없다고 하였다. 그러나 연(燕)나라는
나라가 작고 멀리 구석진 곳에 위치해 있어 제나라를 제압할 힘이 없었

---

1)　樂羊 : '樂陽'으로 쓰기도 한다.
2)　魏 文侯 : 魏斯를 가리킨다. 기원전 424년에서 기원전 387년까지 재위하였다. 전
　　국시대 魏나라의 개국 군주.
3)　中山 : 나라 이름. 지금의 河北省 正定縣 동북쪽.
4)　靈壽 : 원래는 中山에 속해 있던 읍 이름이다. 지금의 河北省 靈壽縣 서북쪽.
5)　趙 武靈王 : 趙雍을 가리킨다. 기원전 325년부터 기원전 299년까지 재위하였다.
6)　沙丘는 지금의 河北省 廣宗縣 서북쪽의 지명이다. 趙 武靈王이 장자인 趙章을 폐
　　위시키고 가운데 아들인 趙何를 왕으로 옹립하였는데, 그가 趙 惠文王이다. 惠文王
　　4년(기원전 295년)에 武靈王과 惠文王이 沙丘라는 곳으로 놀러 갔는데, 趙章은 이때
　　를 틈타 병사를 일으켜 惠文王을 죽이고 왕이 되려고 하였다. 그러나 대신인 趙成,
　　李兌 등이 병사를 이끌고 趙章을 공격하니, 趙章은 武靈王의 行宮으로 도망갔다. 趙
　　成 등은 行宮을 포위하여 趙章을 죽이고 武靈王을 석 달 동안 감금하여, 결국 武靈
　　王은 굶어 죽었다.
7)　燕 昭王 : 燕王 噲의 아들.
8)　子之는 燕나라의 대신으로, 그가 재상에 임명되었을 때 燕王 噲는 鹿毛壽의 꾐에
　　빠져 子之에게 왕위를 넘겨주었다. 子之가 집정한 지 3년 만에 燕나라가 어지러워지
　　자, 기원전 314년 齊나라가 燕나라를 공격하여 燕王 噲와 子之는 모두 피살되었다.

다. 그리하여 연나라는 공손한 태도로 선비를 높이 받들었는데, 먼저 곽외(郭隗)를 예우함으로써 세상의 현인들을 끌어들이려고 하였다.[9] 이때 위 소왕(魏昭王)[10]은 악의를 연나라에 사신으로 파견하였는데, 연나라 왕은 그를 손님으로 예우하였다. 그러나 악의는 사양하며 연나라 왕에게 선물을 바치고 신하가 되고자 하였으므로, 연 소왕은 그를 아경(亞卿)[11]에 임명하였다. 그 뒤 오랜 세월이 지났다.

당시에는 제 민왕(齊湣王)[12]의 세력이 강대하여 남쪽으로는 초(楚)나라 장군 당말(唐昧)[13]을 중구(重丘)[14]에서 패배시켰고, 서쪽으로는 삼진(三晉)[15]을 관진(觀津)[16]에서 무너뜨렸다. 마침내 삼진과 힘을 합해서 진(秦)나라를 공격하고, 조나라를 도와 중산을 멸하였으며 송(宋)나라를 격파하여 영토를 1,000여 리나 넓혔다. 진 소왕(秦昭王)과 제위(帝位)를 두고 겨루며 동제(東帝), 서제(西帝)라고 하였으나[17] 곧 '제왕(帝王)'의 칭호는 진나라에 돌려주었다.[18] 제후들이 모두 진나라를 등지고 제나라에 귀의하고자 하였다. 그러자 제 민왕은 교만해지기 시작하였고, 백성들은 그의 정치를 견뎌낼 수 없었다. 이때 연 소왕이 악의에게 제나라를 정벌하는 일에 대해서 묻자 악의는 이렇게 대답하였다.

제나라는 대대로 세상을 제패하였던 업적이 있는 나라이며,[19] 땅이 넓고

---

9)   燕 昭王은 즉위하자 郭隗에게 어떻게 해야 어진 선비들을 불러 모을 수 있을지 물었다. 이 말을 듣고 郭隗가 자기부터 대우해달라고 하자, 燕 昭王은 그를 위해서 저택을 지어주고 老師에 임명하였다. 그러자 樂毅, 鄒衍, 劇辛 등이 차례로 燕 昭王에게로 모여들었다.

10) 魏 昭王 : 魏遫을 가리킨다. 기원전 295년부터 기원전 277년까지 재위하였다.

11) 亞卿 : 正卿 다음의 관직.

12) 齊 湣王 : '齊 閔王,' '齊 愍王'으로도 쓴다. 기원전 323년부터 기원전 284년까지 재위하였다.

13) 唐昧 : 楚나라의 장수. 楚 懷王 28년(기원전 310년)에 齊나라 장수 匡章, 魏나라 장수 公孫喜, 韓나라 장수 暴鳶이 병사를 이끌고 楚나라를 공격해오자 저항하였으나 실패하자 자살하였다.

14) 重丘 : 楚나라의 지명으로, 지금의 河南省 泌陽縣 동북쪽이다.

15) 三晉 : 晉나라에서 갈라져나온 韓, 趙, 魏 세 나라를 가리킨다. 때로는 그중의 하나 혹은 두 나라를 지칭하기도 한다.

16) 觀津 : 趙나라의 지명. 지금의 河北省 武邑縣 동남쪽.

17) 기원전 288년, 秦 昭襄王은 스스로 西帝에 오른 후, 魏冄을 齊나라로 보내어 齊 湣王을 東帝로 세웠다.

18) 齊 湣王은 帝王이 된 지 두 달 만에 蘇代의 의견을 받아들여 帝王의 칭호를 秦나라에 돌려주고, 옛날처럼 王이라고 칭하였다.

인구가 많아 단독으로는 공격하기가 쉽지 않습니다. 대왕께서 기필코 제나라를 정벌하고자 하신다면 조나라, 초나라 그리고 위나라와 힘을 합치는 수밖에 없습니다.

이에 연 소왕은 악의를 보내 조 혜문왕(趙惠文王)과 맹약을 맺게 하였고, 다른 사람을 시켜 초나라, 위나라와 연합하게 하였으며, 조나라를 통해서 진나라에 제나라를 공격하는 것이 유리하다는 것을 설득하게 하였다. 제후들은 제 민왕의 교만하고 포악함을 위험하게 생각하고 있었으므로, 앞을 다투어 합종(合從)[20]하여 연나라와 힘을 합해서 제나라를 정벌하려고 하였다. 악의가 돌아와 이런 일을 보고하자, 연 소왕은 모든 병사를 동원하고 악의를 상장군(上將軍)[21]으로 삼았다. 조 혜문왕은 악의에게 상국(相國)[22]의 직인을 주었다. 악의는 조, 초, 한, 위, 연 다섯 나라의 병사를 통솔하고 제나라를 공격하여, 제나라 군사를 제수(濟水) 서쪽에서 격파하였다. 제후들은 싸움이 끝나자 각자의 나라로 돌아갔으나, 악의는 연나라 군대를 이끌고 계속 추격하여 임치(臨菑)[23]까지 들어갔다. 제 민왕은 제수 서쪽에서 패하자 달아나 거(莒)[24]를 지키고 있었다. 악의는 홀로 제나라에 머무르며 기반을 공고히 하였으나, 제나라의 모든 성은 계속 수비태세를 갖추었다. 악의는 임치로 진공한 후에 제나라의 보물과 제사용기를 연나라로 실어보냈다. 그러자 연 소왕이 매우 기뻐하며 직접 제수 기슭으로 나아가 군대를 위로하고 상을 내리며 잔치를 벌이는 한편, 악의를 창국(昌國)[25]에 봉하여 창국군(昌國君)으로 삼았다. 연 소왕은 제나라에서 얻은 전리품을 거두어 연나라로 돌아가고, 악의를 시켜 군대를 이끌고 아직 항복하지 않은 제나라의 각 성을 평정하게 하였다.

악의는 제나라에 머무르며 근거지를 점거한 지 5년 만에 제나라의 70여 개 성을 함락시켜 모두 연나라의 군현으로 귀속시켰다. 그러나 거(莒)와

19) 齊나라에는 춘추시대의 桓公에서부터 전국시대의 威王, 宣王에 이르기까지, 모두 천하에 이름을 떨쳤던 인물들이 많이 있었다.
20) 合從 : 여러 나라가 힘을 합하여 한 나라를 공격하는 것. '從'은 '縱'과 통한다.
21) 上將軍 : 가장 높은 군사 지도자.
22) 相國 : 백관의 長. 처음에는 丞相보다 높았으나 후세에는 丞相도 相國이라고 일컬어 마침내 宰相의 통칭이 되었다.
23) 臨菑 : 齊나라의 도성. 지금의 山東省 淄博市 남쪽.
24) 莒 : 齊나라의 읍 이름. 지금의 山東省 莒縣.
25) 昌國 : 齊나라의 읍 이름. 지금의 山東省 淄博市 동북쪽.

즉묵(卽墨)²⁶⁾만은 아직 항복하지 않았다. 때마침 연 소왕이 붕어하고 그 아들이 즉위하여 연 혜왕(燕惠王)이 되었다. 혜왕은 태자로 있을 때부터 악의를 달갑지 않게 생각하고 있었다. 그러자 혜왕이 즉위하자마자 제나라의 전단(田單)²⁷⁾은 이 소식을 듣고는 제나라의 첩자를 이용하여 악의를 모함하는 말을 다음과 같이 연나라에 널리 퍼뜨렸다. "제나라에서 항복하지 않은 성은 두 개뿐이다. 그런데 이 두 성을 빨리 함락시키지 않는 것은 악의와 연나라의 새 왕이 사이가 좋지 않아, 악의가 전쟁을 질질 끌어 제나라에 머물며 제나라에서 왕이 되려고 하기 때문이라고 한다. 그래서 제나라는 연나라가 행여 다른 장수를 보낼까 걱정하고 있다고 한다." 연 혜왕은 전부터 악의를 의심하고 있다가 제나라 첩자의 말을 듣고는 기겁(騎劫)을 제나라에 대신 보내고 악의를 소환하였다. 악의는 연 혜왕이 자신을 좋아하지 않아 교대시킨 것을 알자, 죽임을 당할까 두려워 서쪽으로 달아나 조나라에 투항하였다. 조나라는 악의를 관진(觀津)에 봉하고 망제군(望諸君)²⁸⁾이라고 불렀다. 조나라는 악의를 높이 떠받들어 연나라와 제나라에 충격을 주었다.

제나라 장수 전단(田單)은 나중에 기겁(騎劫)과 싸웠는데, 끝내는 속임수를 써서 연나라 군사를 속이고 마침내 즉묵에서 기겁을 격파하였다. 그는 각지를 돌며 연나라 군대를 몰아내어, 북쪽으로는 황하 기슭에까지 이르러 제나라의 모든 성들을 수복하고는 제 양왕(齊襄王)²⁹⁾을 거(莒)에서 임치로 맞아들였다.

연 혜왕은 나중에야 기겁을 악의와 교대시킨 탓으로 싸움에 지고 장수를 죽게 하고 점령하였던 제나라 땅을 잃게 된 것을 후회하였다. 한편 연 혜왕은 악의가 조나라에 투항한 것을 원망하며, 조나라가 악의를 이용하여 연나라가 지쳐 있는 틈을 타서 공격할까 두려워하였다. 그래서 연 혜왕은 사람을 보내 악의를 책망하는 한편 사과를 하였다.

선왕께서는 나라 전체를 장군에게 맡겼었소. 장군은 연나라를 위해서 제나

---

26) 卽墨 : 齊나라의 읍 이름. 지금의 山東省 平度縣 동남쪽.
27) 田單 : 齊나라의 장수. 후에 齊나라와 趙나라의 相國에 임명되었다.
28) 望諸는 齊나라의 연못 이름이다. 지금의 河南省 商丘縣 동북쪽에 있었다.
29) 齊 襄王 : 田法章을 가리킨다. 齊 湣王의 아들.

라를 무찌르고, 선왕의 원수를 갚아 천하가 모두 진동하게 하였소. 그러니 과인이 어찌 하루인들 장군의 공을 잊겠소? 마침 선왕께서 세상을 떠나시고 과인이 즉위하자, 좌우에 있는 사람들이 과인을 나쁘게 만든 것이오. 과인이 기겁을 장군과 교대시킨 것은, 장군이 오랫동안 국외에서 뜨거운 햇볕과 비바람에 시달리고 있었기 때문에 장군을 불러 잠시 쉬게 하며 일을 꾀하려고 하였던 것이오. 그런데 장군은 잘못 전해 듣고 과인과 사이가 나쁜 것으로 생각하고는 우리 연나라를 버리고 조나라로 가버렸소. 장군이 혼자서 자신을 위한 일을 도모할 수도 있겠지만, 선왕께서 장군을 우대한 뜻에 어떻게 보답하겠소?

그러자 악의는 연 혜왕에게 다음과 같은 답장을 보냈다.

신은 불초하여 왕명을 받들어 좌우 대신들의 뜻에 따를 수 없었으므로, 선왕의 영명하심을 해치고 대왕의 도의를 상하게 할까 두려워서 조나라로 도망친 것이옵니다. 지금 대왕께서 사신을 보내 신의 죄를 꾸짖으셨습니다만, 신은 아직도 대왕을 모시는 자들이 선왕께서 신을 총애하신 까닭을 살피지 못하시고, 또 신이 선왕을 섬기던 뜻을 밝혀주지 못할까 두렵사옵니다. 그리하여 감히 글로써 회답하는 것이옵니다.

　신은 "어질고 성스러운 군주는 가까운 측근이라고 해서 벼슬을 주지 않고, 공이 많은 사람에게는 상을 주고 능력 있는 사람에게는 그에 맞는 일을 맡긴다"라고 들었사옵니다. 그러므로 사람의 재능을 살펴 관직을 주어야만 공을 이루는 군주가 되며, 덕행을 잘 헤아려 친구를 사귀어야 명성을 세울 수 있는 선비가 되는 것이옵니다. 선왕께서 인재를 등용하시던 것을 헤아려보면, 당시의 여느 군주들과는 다른 탁월한 식견을 지니셨던 것으로 생각되옵니다. 그리하여 신이 위나라의 사신이라는 신분을 빌려 연나라로 들어가면 연나라에서 신을 살펴주도록 하셨습니다. 선왕께서는 신을 외람되게도 높은 자리에 등용하시어 빈객들 대열에 넣어주셨고, 뭇 신하들의 위에 오르게 하시고는 왕족대신들과 상의도 없이 신을 아경(亞卿)으로 임용하셨사옵니다. 신은 자신의 능력을 제대로 모르면서도 명령에 따라 가르침을 받들게 되면 다행히 큰 허물은 없을 것이라는 생각에 사양하지 않고 명령을 받았던 것이옵니다.

　선왕께서는 신에게 "과인은 제나라에 깊은 원한을 가지고 있소. 그래서 우리 연나라가 약한 것도 헤아리지 않고, 그저 제나라를 치는 것을 과인의 임무로 생각할 뿐이오"라고 말씀하셨사옵니다. 그래서 신은 이렇게 아뢰었사옵니다. "제나라는 일찍이 천하를 제패한 업적이 있고, 전쟁에서 항상 승리한 전적이 있는 나라이므로 병사와 무기가 잘 갖추어져 있고 전투에도 능숙합니다. 만일 대왕께서 제나라를 치고자 하신다면 반드시 천하의 제후국들과 그 일을 도모하셔야만 합니다. 세상의 제후국들과 이 일을 도모하시는 데에는, 먼저 조나라와 동맹을 맺는 것이 좋습니다. 그리고 또 회수 (淮水) 북쪽[30]과 송지 (宋地)[31]는 초나라와 위나라가 탐내고 있는 땅입니다. 만일 조나라가 승낙하여 네 나라가 함께 공격한다면 제나라를 격파할 수 있을 것입니다." 그러자 선왕께서는 신의 말이 맞다고 생각하시어 부절을 주시고 신을 남쪽의 조나라에 사신으로 보내셨사옵니다. 신은 돌아와 보고를 드린 후에 군대를 일으켜 제나라를 공격하였사옵니다. 하늘의 이끄심과 선왕의 영명하심에 의해서, 황하 북쪽 지역이 선왕을 따랐으므로 그곳 군사들을 모두 제수 (濟水) 근처로 집결시켰습니다. 제수 근처의 연합군은 명령을 받아 제나라를 공격하여 제나라 군대를 대파하였습니다. 날랜 정예 부대가 제나라 수도로 거세게 육박해들어가자, 제나라 왕은 거 (莒)로 달아나 겨우 목숨만 건졌던 것이옵니다. 그때 제나라의 보옥과 수레, 무기, 진기한 그릇들은 모조리 연나라의 것이 되었사옵니다. 제나라에서 가져온 그릇들은 영대 (寧臺)[32]에 진열하고, 대려 (大呂)[33]는 원영 (元英)[34]에 전시하였으며, 예전에 제나라에 빼앗겼던 연나라의 정 (鼎)은 역실 (歷室)[35]로 되찾아오고, 문수 (汶水)[36] 기슭의 대나무를 계구 (薊丘)[37]로 옮겨 심었사옵니다. 오패 (五覇)[38] 이래로 오늘에 이르기까지 그 공이 선왕을 따를 사람은 없사옵니다. 선왕께서는 만족하시어 땅을 떼어 신에게 봉하시어, 신이 작은 나라의 제후로 상등할 수 있게 하셨사옵니다. 신은 제 능력을 제대로 모르면서도 명령을 받들어 가르침을 따르면 다행히 허물은 없을 것이라고 생각하여 명을 받고 사양하지 않은 것이옵니다.

　　신은 "영명한 군주는 공을 이루게 되면 그것이 허물어지지 않으므로 춘

---

30)　지금의 安徽省 동북부와 江蘇省 서북부 일대로, 楚나라에 접근해 있었다.
31)　宋地 : 원래는 宋나라의 근거지로, 魏나라와 인접해 있었다.
32)　寧臺 : 燕나라에 있던 대 이름. 지금의 北京市 서쪽에 있었다.
33)　大呂 : 齊나라의 종 이름으로, 齊나라 묘당의 악기를 가리킨다.
34)　元英 : 燕나라의 궁전 이름으로, 寧臺 근처에 있었다.
35)　歷室 : 燕나라의 궁전 이름.
36)　汶水 : 지금의 山東省 萊蕪縣 동북쪽에서 발원하여 梁山 부근에 이르러서는 濟水로 유입되는 강.
37)　薊丘 : 薊門이라고도 하였다. 燕나라의 수도. 지금의 北京市 德勝門 바깥 지역 土城關을 말한다.
38)　五覇 : 춘추시대 제후들의 盟主 다섯 사람을 가리킨다. 즉 齊 桓公, 晉 文公, 秦 穆公, 宋 襄公, 楚 莊王을 가리킨다.

추(春秋)³⁹⁾에 남게 된다. 선견지명이 있는 선비는 이름을 세우게 되면 그 이름이 훼손되는 일이 없으므로 후세에까지 칭송을 듣게 된다"라고 들었사옵니다. 선왕께서 원수를 갚고 치욕을 씻어, 제나라와 같은 만승(萬乘)의 강국을 평정하여 800년에 걸쳐 쌓아둔 보물과 진기한 그릇들을 빼앗아온 것이라든가, 세상을 떠나시는 날까지 생전의 가르침이 조금도 쇠하지 않고, 정사를 맡은 신하들이 법령을 올바로 닦았으며, 왕실의 적서(嫡庶) 등을 신중하게 배치하여, 그 은택이 일반 백성들에게까지 미치게 한 일들은 모두 후세의 교훈이 될 수 있사옵니다.

또한 듣건대 "일을 잘 꾸미는 사람이라고 해서 반드시 일을 잘 이루는 것은 아니며, 시작을 잘하는 사람이라고 해서 반드시 끝까지 잘하는 것은 아니다"라고 하였습니다. 옛날 오자서(伍子胥)⁴⁰⁾의 의견이 오나라 왕 합려(闔閭)⁴¹⁾에게 받아들여졌기 때문에 오나라 왕의 속적(足迹)이 멀리 영(郢)⁴²⁾에까지 미쳤던 것입니다.⁴³⁾ 그러나 부차(夫差)⁴⁴⁾는 오자서가 옳지 않다고 여기어 그에게 죽음을 내리고 시체를 말가죽으로 만든 자루에 넣어 양자강에 띄웠사옵니다. 오나라 왕 부차는 예전에 오자서가 냈던 의견⁴⁵⁾을 따르면 공을 세울 수 있다는 것을 깨닫지 못하였기 때문에 오자서를 강에 던지고도 후회하지 않았던 것이옵니다. 그리고 오자서는 두 군주의 도량이 같지 않다는 것을 일찍 알아차리지 못하였기 때문에, 강에 던져지게끔 되어도 자기 주장을 고치지 않았던 것이옵니다.

그런데 신의 경우에는 재앙을 벗어나 공을 세워 선왕께서 신을 중용하신 뜻을 밝히는 것이 가장 좋은 길이옵니다. 모욕을 당하는 비난을 받음으로써 선왕의 명성을 손상시키는 것은 신이 가장 두려워하는 바이옵니다. 예측하지 못하였던 크나큰 죄를 범하고서,⁴⁶⁾ 또다시 요행을 바라는 거동으로 개인의 이익을 도모하는 것은, 도의적으로 신이 도저히 할 수 없는 일이옵니다.⁴⁷⁾

---

39) 春秋 : 여기서는 일반적인 역사서를 가리킨다.
40) 伍子胥(? - 기원전 484년) : 권66 「伍子胥列傳」 참조.
41) 闔閭 : '闔廬'라고도 쓴다. 춘추시대 말기 吳나라의 군주. 기원전 514년부터 기원전 496년까지 재위하였다.
42) 郢 : 춘추시대 楚나라의 도읍. 지금의 湖北省 江陵縣.
43) 吳王 闔閭 9년(기원전 506년), 吳王이 병사를 일으켜 楚나라의 수도인 郢을 격파한 일을 가리킨다.
44) 夫差 : 吳王 闔閭의 아들. 기원전 475년부터 기원전 473년까지 재위하였다.
45) 越나라의 화친을 거절하고, 齊나라를 침공하는 것을 중지하라는 의견을 말한다.
46) 燕나라를 버리고 趙나라로 도망친 일을 가리킨다.
47) 燕 惠王은 燕나라가 전쟁에서 패하여 지친 기회를 틈타, 樂毅가 趙나라를 위해서

신은 "옛날의 군자는 사람과 교제를 끊어도 그 사람의 나쁜 점을 말하지 않고, 충신은 나라를 떠나도 자신의 명예를 위해서 결백을 주장하려고만은 하지 않는다"라고 들었사옵니다. 신은 비록 영리하지 못하지만 오랫동안 군자의 가르침을 받아왔사옵니다. 다만 대왕을 모시는 자들이 주위 사람들의 말을 가까이하여, 멀리 내쳐진 신의 행동을 제대로 살피지 못할까 두려워 감히 글로써 아뢰오니, 바라옵건대 대왕께서는 제 뜻을 유념해주시옵소서!

이리하여 연나라 왕은 악의의 아들 악간(樂間)을 창국군(昌國君)으로 봉하였다. 이에 악의는 다시 연나라와 왕래하게 되었고, 연나라와 조나라는 그를 객경(客卿)[48]에 임명하였다. 악의는 조나라에서 세상을 떠났다.

악간이 연나라에서 산 지 30여 년이 되었을 때, 연나라 왕 희(喜)[49]가 자기 나라의 재상 율복(栗腹)의 계책을 써서 조나라를 공격하려고 하였다. 그러면서 그 일에 대해서 창국군 악간에게 의견을 묻자, 악간은 "조나라는 사방의 적들과 자주 싸워온 나라입니다. 그 백성들은 싸움에 익숙하므로 조나라를 칠 수 없을 것입니다"라고 대답하였다. 그러나 연나라 왕은 듣지 않고 마침내 조나라를 공격하였다. 조나라는 장군 염파(廉頗)를 보내어 요격하게 하였고, 염파는 율복의 군대를 호(鄗)[50]에서 대파하고, 율복과 악승(樂乘)을 사로잡았다. 악승이라는 사람은 악간과 같은 집안 사람이었으므로, 악간은 조나라로 달아났다. 조나라는 마침내 연나라를 포위하였으므로, 연나라는 땅을 많이 떼어주고 조나라와 화친을 하였고, 그러자 조나라는 포위를 풀고 가버렸다.

연나라 왕은 악간의 의견을 듣지 않은 것을 후회하였는데, 악간이 이미 조나라로 가버리자 그에게 글을 보냈다.

은 주왕(殷紂王) 때, 기자(箕子)[51]는 자신의 의견을 써주지 않았지만 계

燕나라를 공격할까 두려워하여 편지를 보냈던 것이다. 따라서 樂毅는 자신의 입장을 명백히 하여 燕 惠王을 안심시킨 것이다.
48) 客卿 : 다른 나라 사람이 초빙되어 卿이 된 경우이다.
49) 燕王 喜 : 姬喜를 가리킨다. 燕나라의 마지막 군주. 기원전 254년부터 기원전 222년까지 재위하였다.
50) 鄗 : 趙나라의 읍 이름. 지금의 河北省 柏鄕縣 북쪽.
51) 箕子 : 紂王의 숙부. 太師에 임명되었고 箕 땅(지금의 山西省 太谷縣 동남쪽)에 봉해졌다. 紂王에게 간하였으나 紂王은 듣지 않고 그를 감금하였다. 周 武王이 殷나

속 간하며 자신의 말을 들어주기를 기대하였소. 상용(商容)[52]은 입신출세를 못하고 몸까지 치욕을 당하였지만 여전히 주왕이 마음을 바꾸기를 기대하였소. 민심이 이탈되고 감옥에 갇힌 죄수들이 탈옥하는 혼란한 상황에 이르러서야 기자와 상용은 조정을 떠나 은거하였던 것이오. 때문에 주왕은 흉포하다는 허물을 뒤집어쓰게 되었지만, 기자와 상용은 충성과 성스러운 이름을 잃지 않은 것이오. 무슨 까닭이겠소? 그들은 끝까지 걱정을 다하였기 때문이오. 지금 과인은 어리석기는 하지만 주왕과 같이 포악하지는 않소. 연나라 백성들은 비록 혼란한 상태에 있기는 하지만, 그래도 은(殷)나라 백성들처럼 심하지는 않소. 한 집안에서 할 말이 있을 때 서로 다하지 못하고 이웃 집에 일러바치다니! 그대가 기자나 상용처럼 끝까지 간하지 않은 것과 조나라로 달아나버린 행동은 취할 만한 것이 아니라고 여겨지오.

그러나 악간과 악승은 연나라가 자기들의 계책을 듣지 않은 것을 원망하여 끝내 조나라에 머물렀다. 조나라는 악승을 무양군(武襄君)에 봉하였다.

그 이듬해, 악승과 염파는 조나라를 위해서 연나라를 포위하였다. 그러자 연나라가 정중한 예의로 화친을 청해왔기 때문에 포위를 풀었다. 그로부터 5년 후 조 효성왕(趙孝成王)[53]이 세상을 떠났다. 조 양왕(趙襄王)[54]은 악승을 염파 대신 임명하였으나, 염파가 불복하여 악승을 공격하였다. 악승은 이를 피해 달아났고, 염파도 망명하여 위나라로 들어갔다. 그로부터 16년 뒤에 진(秦)나라가 조나라를 멸하였다.

그로부터 20여 년 후, 고제(高帝)[55]가 조나라의 옛 땅을 지나게 되어 물었다. "악의에게 자손이 있는가?" 사람들이 "악숙(樂叔)이라는 사람이 있사옵니다"라고 대답하였다. 그러자 고조는 그를 악경(樂卿)[56]에 봉하고 화성군(華成君)이라고 불렀다. 화성군은 악의의 손자이다. 그밖에 악

라를 무너뜨리자 석방되었다.
52) 商容: 商代의 귀족으로 紂王에게 올바른 간언을 하였다가 쫓겨났다.
53) 趙 孝成王: 趙丹. 趙 惠王의 아들.
54) 趙 襄王: 趙偃. 趙 孝成王의 아들. 권15 「六國年表」, 권43 「趙世家」에는 모두 "悼襄王"이라고 되어 있다.
55) 高帝: 漢 高祖 劉邦을 가리킨다.
56) 樂卿: 현 이름. 지금의 河北省 淸苑縣 동남쪽. '卿'자는 『漢書』 「高帝紀」와 「地理志」에는 모두 "鄕"으로 되어 있다.

씨의 집안으로는 악하공(樂瑕公), 악신공(樂臣公) 등이 있었는데, 조나라가 진나라에게 멸망할 무렵 제나라의 고밀(高密)[57]로 망명하였다. 그들은 악신공은 황제(黃帝)와 노자(老子)의 학설에 정통하여 제나라에서 이름을 날렸고, 훌륭한 스승이라고 칭송받았다.

태사공은 말하였다.

"일찍이 제나라의 괴통(蒯通)[58]과 주보언(主父偃)[59]은 악의(樂毅)가 연나라 왕에게 올린 편지를 읽을 때마다 책을 덮고 울지 않은 적이 없다고 한다. 악신공은 황제와 노자의 학문을 배웠다. 그의 직계 스승은 하상장인(河上丈人)이라고 부르는 사람이었는데, 어디 출신인지 확실하지 않다. 하상장인은 안기생(安期生)[60]을 가르치고, 안기생은 모흡공(毛翕公)에게 가르쳐주고, 모흡공은 악하공에게 가르쳐주고, 악하공은 악신공에게 가르쳐주고, 악신공은 갑공(蓋公)에게 가르쳐주었다. 갑공은 제나라의 고밀(高密)과 교서(膠西)[61]에서 가르치며 조상국(曹相國)[62]의 스승이 되었다."

---

57) 高密 : 齊나라의 읍 이름. 지금의 山東省 高密縣 서남쪽.
58) 蒯通 : 본명은 蒯徹이다. 漢代 초기의 范陽(지금의 河北省 定興縣) 사람이나 齊나라에서 유학하였으므로 齊나라 사람이라고 칭해진다.
59) 主父偃 : 西漢 臨菑 사람.
60) 安期生 : 琅琊(지금의 山東省 膠南縣) 사람으로, 바닷가에서 약을 팔며 살았다. '千歲公'이라고 불렸다.
61) 膠西 : 군 이름. 지금의 山東省 膠河 이북 일대.
62) 曹相國 : 曹參을 가리킨다. 권54 「曹相國世家」 참조.

권81 「염파인상여열전(廉頗藺相如列傳)」제21

염파(廉頗)는 조(趙)나라의 뛰어난 장수이다. 조 혜문왕(趙惠文王) 16년, 염파는 조나라의 장수가 되어 제(齊)나라를 공격하여 대파하고 양진(陽晉)[1]을 취하였다. 이 일로 그는 상경(上卿)[2]에 제수되었고, 그의 용맹은 제후들에게 알려지게 되었다.

인상여(藺相如) 또한 조나라 사람으로, 환자령(宦者令)[3] 무현(繆賢)의 가신(家臣)이었다. 조 혜문왕 때 초(楚)나라의 화씨벽(和氏璧)[4]을 얻게 되었다. 그러자 진 소왕(秦昭王)이 그 소문을 듣고 사신을 통해서 조나라 왕에게 서신을 보내어, 진(秦)나라의 15개 성과 화씨벽을 바꾸자고 요청하였다. 조나라 왕은 대장군 염파와 여러 대신들을 모아놓고 이를 상의하였다. 만약 화씨벽을 진나라에게 주었는데 진나라가 성을 주지 않으면 사기만 당할 것이었고, 그렇다고 주지 않으려니 진나라 군대의 침공이 걱정되었다. 때문에 아직 결정을 내리지 못하였고, 이 일에 대해서 진나라에 회답하러 보낼 사람도 찾지 못하였다. 이때 환자령 무현이 "신의 가신(家臣)인 인상여를 보낼 수 있을 것입니다"라고 말하였다. 왕이 "어떻게 알 수 있소?"라고 묻자, 그는 대답하였다.

신이 일찍이 대왕께 죄를 짓고 몰래 연(燕)나라로 도망갈 계획을 세운 적이 있습니다. 그때 인상여는 신을 말리며 "나리께서는 어떻게 연나라 왕을 알게 되셨습니까?"라고 물었습니다. 신이 "예전에 대왕을 따라 연나라 왕과 함께 변경 근처의 모임에 간 적이 있는데, 연나라 왕이 가만히 내 손을 잡고서 친구가 되자고 말한 일이 있어 알게 되었고, 그래서 그리로 가려고 한다"라고 말하였습니다. 그러자 인상여는 "조나라는 강하고 연나라는 약합니다. 게다가 나리께서는 조나라 왕의 총애를 받고 있기 때문에 연나라

---

1) 陽晉 : 齊나라의 읍 이름. 지금의 山東省 鄆城縣 서쪽.
2) 上卿 : 전국시대 제후국의 최고 관직.
3) 宦者令 : 환관의 우두머리.
4) 和氏璧 : 楚나라 사람 卞和가 발견한 옥 덩어리를 갈아 만든 진귀한 둥근 옥.

왕이 나리와 교제하려고 한 것입니다. 그런데 지금 나리께서 조나라를 버리고 연나라로 가신다면, 연나라는 조나라가 무서워 분명 나리를 머물게 하지 않을 것이고, 뿐만 아니라 나리를 포박하여 조나라로 돌려보낼 것입니다. 차라리 나리께서 어깨를 드러내고[5] 형틀에 엎드려 죄를 청하는 것이 나을 것입니다. 그러면 요행히 죄를 벗을 수 있을지도 모릅니다'라고 말하였습니다. 신이 그의 계책대로 하였더니, 대왕께서도 은혜를 베푸시어 신을 용서해주셨습니다. 신 생각에 그는 용맹하고도 지모가 뛰어난 사람이라 여겨지므로, 그를 사신으로 보내는 것이 마땅하다고 사료됩니다.

이에 왕이 인상여를 불러 물었다. "진나라 왕이 자기들 성 15개와 과인의 화씨벽을 바꾸자고 청해왔는데 이것을 보내주어야겠소, 보내지 말아야겠소?" "진나라는 강하고 조나라는 약하므로 수락하지 않을 수 없을 것이옵니다." "그런데 그들이 화씨벽만 가지고, 우리에게 성을 주지 않으면 어쩌겠소?" "진나라가 성을 줄 테니 화씨벽을 달라고 하였는데, 조나라가 받아들이지 않는다면 잘못은 조나라에게 있게 됩니다. 또한 조나라가 화씨벽을 주었는데도 진나라가 성을 주지 않는다면, 잘못은 진나라에게 있게 되는 것이옵니다. 이 두 가지 대책을 비교해볼 때, 차라리 그들의 말을 들어주어 잘못한 책임을 진나라가 지도록 하는 것이 좋을 것이옵니다." "그러면 사신으로 누가 적당하겠소?" "만약 대왕께서 보낼 사람이 없다면, 신이 화씨벽을 받들고 사신으로 가겠사옵니다. 성이 조나라 손에 들어오면 화씨벽을 진나라에 두고 오겠지만, 만약 성이 들어오지 않는다면 화씨벽을 온전하게 그대로 가지고 돌아오겠습니다." 이리하여 조나라 왕은 마침내 상여에게 화씨벽을 들려 서쪽 진나라로 보냈다.

진나라 왕은 장대 (章臺)[6]에 앉아 상여를 접견하였고, 상여는 화씨벽을 받들어 진나라 왕에게 바쳤다. 진나라 왕이 매우 기뻐하며 비빈들과 좌우 신하들에게 차례차례 보여주자 모두들 만세를 외쳤다. 상여는 진나라 왕이 조나라에 성을 줄 마음이 없음을 간파하고는 앞으로 나아가 아뢰었다. "그런데 이 화씨벽에도 흠이 하나 있으니, 지금 대왕께 보여드리겠습니다." 진나라 왕이 화씨벽을 내주자 상여는 화씨벽을 받아쥐고는 물러나

---

5) 옛날에 제사를 지내거나 사죄를 할 때, 또는 공경이나 황공함을 표현할 때 하던 행위를 말한다.
6) 章臺 : 秦나라에 있던 臺 이름. 지금의 陝西省 西安市 서북쪽에 있었다.

기둥에 기대어 우뚝 섰다. 그는 격노하여 머리털이 우뚝 치솟아 머리에
쓴 관이 들먹거릴 정도였다.

대왕께서 화씨벽을 얻고자 하시어 사신을 통해 조나라 왕께 글을 보내셔
서, 조나라 왕은 신하들을 모두 모아놓고 상의를 하셨습니다. 모두들 "진
나라는 탐욕스러워 자신들의 힘이 강한 것을 믿고는 빈 말로 화씨벽을 가
로채려는 것이다. 그들이 보상해준다는 성은 아마 얻지 못할 것이다"라고
말들 하였고, 그래서 진나라에 화씨벽을 주지 말자고 상의하였습니다. 그
러나 신은 "백성들 사이에서도 그런 사기극은 있을 수 없는데, 하물며 큰
나라끼리의 교제에서 그럴 수 있겠는가? 또한 구슬 하나 때문에 강한 진
나라의 비위를 거스를 수는 없는 일이다"라고 생각하였습니다. 그리하여
조나라 왕은 닷새간 목욕재계를 하신 후, 신에게 화씨벽을 받들게 하고 삼
가 국서(國書)를 진나라 대궐로 보내신 것입니다. 왜 그랬겠습니까? 이는
대국의 위엄을 존중하여 경의를 표하신 것입니다. 그런데 오늘 신이 도착
하자 대왕께서는 신을 일반 궁전에서 접견하시며 매우 오만한 예절로 대하
셨습니다. 또한 화씨벽을 받으시자 비빈들에게 건네주어 고의로 신을 조롱
하셨습니다. 신은 대왕께서 화씨벽의 대가로 조나라에 성을 줄 마음이 없
으신 것을 알게 되었기 때문에 화씨벽을 되받은 것입니다. 만일 대왕께서
신을 핍박하신다면, 신의 머리를 이 화씨벽과 함께 기둥에 부딪쳐 깨뜨려
버릴 것입니다!

상여가 화씨벽을 들고 기둥을 노려보면서 기둥으로 달려들려 하자, 진
나라 왕은 구슬이 깨질까 겁이 나서 거듭 잘못을 사과하였다. 진나라 왕
은 관리에게 지도를 가져오게 한 다음, 손가락으로 지도를 가리키며 여기
서부터 저기까지의 성 15개를 조나라에 넘겨주라고 명하였다. 그러나 상
여는 진나라 왕이 다만 거짓으로 성 15개를 조나라에 넘겨주려는 것이며,
실제로는 성을 얻지 못할 것임을 알고는 진나라 왕에게 말하였다.

화씨벽은 온 천하가 인정하는 보물입니다. 조나라 왕께서는 대왕이 두려워
화씨벽을 바치지 않을 수 없으셨던 것입니다. 조나라 왕께서 이 화씨벽을
보낼 때 닷새간 재계를 하셨으니 지금 대왕께서도 닷새간 재계를 하시고,
대궐 뜰에서 구빈(九賓)[7]의 예를 행하셔야만, 신은 감히 화씨벽을 바치겠
습니다.

---

7) 九賓 : 옛날 朝會 大典을 거행할 때 행하였던 매우 웅숭한 예절을 가리킨다.

진나라 왕은 도저히 화씨벽을 강탈할 수 없음을 짐작하였으므로 자신도 재계하겠다고 하고는 인상여를 광성전(廣成傳)이라는 영빈관에 묵도록 하였다. 상여는 진나라 왕이 재계를 할지라도 결국은 약속을 저버리고 성을 주지 않을 것임을 간파하고, 수행원에게 허름한 옷을 입게 하고서 화씨벽을 품에 안고 샛길로 도망쳐 조나라로 가져가게 하였다.

진나라 왕은 닷새 동안 재계를 한 후, 구빈의 예를 대궐 뜰에서 행하고 조나라 사신 인상여를 접견하였다. 상여는 와서 진나라 왕에게 아뢰었다.

진나라에는 목공(繆公)[8] 이래로 20여 명의 군주가 나왔지만, 여지껏 약속을 굳게 지킨 임금은 없었습니다. 신은 대왕께 사기를 당하여 조나라 왕을 배반하게 될까 두려워, 사람을 시켜 화씨벽을 가지고 샛길을 통해서 조나라로 돌아가게 하였습니다. 다시 아뢰옵건대 진나라는 강하고 조나라는 약합니다. 때문에 대왕께서 사신 한 사람을 조나라에 보내시자, 조나라는 당장 신을 보내 화씨벽을 바쳤습니다. 지금 강한 진나라가 성 15개를 떼어 조나라에 주게 되면, 조나라가 어찌 감히 화씨벽을 쥐고서 대왕께 죄를 짓겠습니까? 신이 대왕을 속인 죄 죽어 마땅한 줄 아오니, 탕확(湯鑊)[9]의 벌을 내리소서! 다만 대왕께서는 군신들과 이 일을 깊이 상의해주기를 바랄 뿐입니다.

진나라 왕과 여러 신하들은 놀라서 마주 쳐다보며 감탄사를 연발하였다. 좌우의 신하들 가운데에 상여를 끌어내려 죽이려고 하는 자가 있자 진나라 왕이 말하였다. "지금 상여를 죽인다고 해도 화씨벽은 절대로 손에 넣지 못할 것이오. 진나라와 조나라 사이의 우호만 끊게 될 뿐이니, 차라리 상여를 후하게 대접하여 조나라로 돌려보내는 것이 나을 것이오. 조나라 왕이 어찌 구슬 하나 때문에 우리 진나라를 속이겠소?" 이리하여 마침내 상여를 빈객으로 대우하여 조정에서 접견하고, 예를 마치자 돌려보냈다.

상여가 돌아오자, 조나라 왕은 그가 현명한 대부이며 다른 나라에 사신으로 가서 모욕을 당하지 않고 책임을 다하였다고 생각하여 그를 상대부(上大夫)[10]에 임명하였다. 진나라는 물론 성을 내주지 않았고, 조나라

---

8) 繆公 : 春秋五覇의 한 사람인 秦 穆公을 가리킨다.
9) 湯鑊 : 옛날에 죄수를 큰 솥에 집어넣어 삶아 죽이던 잔인한 형벌을 말한다.
10) 上大夫 : 大夫 가운데 가장 관직이 높은 大夫를 말한다.

역시 화씨벽을 끝내 진나라에 주지 않았다.

 그후 진나라는 조나라를 공격하여 석성(石城)[11]을 함락시켰고, 이듬해
또다시 조나라를 쳐서 2만 명을 죽였다.

 진나라 왕은 사신을 조나라 왕에게 보내, 조나라 왕과 서하(西河)[12]
바깥쪽의 민지(澠池)[13]에서 평화적인 회견을 하고 싶다고 전하였다. 조
나라 왕은 진나라가 무서워 가고 싶지 않았으나, 염파와 인상여가 상의한
끝에 "대왕께서 가시지 않으시면, 조나라가 약하고 비겁하다는 것을 보이
게 됩니다"라고 하여 조나라 왕은 결국 가게 되었다. 상여는 왕을 수행하
고, 염파는 국경까지 전송하였다. 염파는 왕과 하직하며 말하였다. "대왕
의 이번 행차 서리를 세산해볼 때, 회합을 마치고 돌아오시기까지는 30일
이 넘지 않을 것입니다. 만약 30일이 지나도 돌아오시지 않는다면 태자를
왕위에 오르게 하여 진나라의 야망을 끊어버리도록 해주십시오." 왕은 이
를 허락하고 마침내 진나라 왕과 민지에서 회합하였다. 진나라 왕은 술자
리가 한창 무르익어가자 "과인은 조나라 왕께서 음악을 좋아한다는 말을
들었습니다. 거문고를 좀 연주해보시지요"라고 말하였다. 조나라 왕이 거
문고를 타자, 진나라의 어사(御史)가 앞으로 나와 "모년 모월 모일에, 진
나라 왕은 조나라 왕을 만나 술을 마시며 조나라 왕에게 거문고를 타게
하였다"라고 기록하였다. 그러자 인상여가 한걸음 나와 "우리 조나라 왕
께서도 대왕께서 진나라 음악에 능하다고 들으셨습니다. 대왕께 분부(盆
缻)[14]를 올릴 테니 함께 즐길 수 있도록 연주해주십시오"라고 말하였다.
그러나 진나라 왕은 노여워하며 승낙하지 않았다. 그러자 인상여는 앞으
로 나와 분부를 바치며 무릎을 꿇고 진나라 왕에게 청하였다. 그래도 진
나라 왕이 분부를 두들기며 노래하기를 거부하자 상여는 "대왕과 신의 거
리는 다섯 걸음밖에 되지 않습니다. 끝까지 안 하시겠다면 제 목의 피로
대왕을 물들이겠습니다"라고 협박하였다. 이 소리를 듣자 진나라 왕의 좌
우 신하들이 상여를 죽이려고 하였으나, 상여가 눈을 부릅뜨고 호령하자

---

11) 石城: 趙나라의 읍 이름. 지금의 河南省 林縣 서남쪽.
12) 西河 : 지역 이름. 지금의 陝西省 동부 黃河 서안 지역.
13) 澠池: 秦나라의 성 이름. 지금의 河南省 澠池縣 서쪽.
14) 盆缻: 술이나 장을 담는 그릇. 두드려서 박자를 맞추는 악기로도 사용할 수 있
     다.

모두들 놀라 뒤로 물러났다. 진나라 왕은 마지못해 분부를 한 번 두드렸고, 그러자 상여는 뒤를 돌아보며 조나라의 어사를 불러 "모년 모월 모일, 진나라 왕이 조나라 왕을 위해서 분부를 쳤다"라고 기록하게 하였다. 또한 진나라의 군신들이 "조나라의 성 15개를 바쳐 진나라 왕의 장수를 빌어주었으면 한다"라고 말하자, 인상여도 따라서 "진나라의 함양(咸陽)[15]을 바쳐서 조나라 왕을 축수해주기 바란다"라고 응수하였다. 이렇게 되자, 진나라 왕은 연회가 다 파할 때까지 끝내 조나라 왕을 제압할 수가 없었다. 조나라 역시 많은 병사를 배치하여 진나라에 대비하고 있었으므로, 진나라는 함부로 손을 쓸 수가 없었던 것이다.

회합을 마치고 돌아오자, 조나라 왕은 상여의 공이 크다고 하여 그를 상경(上卿)에 임명하였으니, 그것은 염파보다 윗자리였다. 그러자 염파는 "나는 조나라 장수로서 전쟁에서 큰 공을 세웠다. 그러나 인상여는 겨우 입과 혀를 놀렸을 뿐인데 지위는 나보다 높다. 게다가 상여는 본래 천한 출신이니, 나는 부끄러워 도저히 그의 밑에 있을 수 없다"라고 말하고는 "내 상여를 만나기만 하면, 기어코 모욕을 주리라"라고 공언하였다. 이 말을 들은 상여는 될 수 있으면 그와 만나지 않으려고 하였다. 조회가 있을 때마다 언제나 병을 핑계로 나가지 않았으니, 염파와 자리 순서를 놓고 다투기 싫었기 때문이었다. 또한 상여는 외출을 하였다가 멀리 염파가 보이면 수레를 끌고 피해서 숨곤 하였다. 그러자 상여의 가신들이 모두 그에게 말하였다.

신들이 가족, 친척을 버리고 상공을 모시는 것은, 오직 상공의 높으신 의로움 때문입니다. 지금 상공께서는 염파 장군과 서열이 같으시면서, 염장군이 상공께 욕을 하는데도 그가 두려워서 피해 숨으시며, 지나칠 정도로 무서워하고 계십니다. 이는 보통 사람들도 부끄러워하는 일이니, 하물며 장군이나 대신들은 어떻겠는지요? 저희 못난 인간들은 이만 하직하고 물러나고자 합니다.

그러나 인상여는 그들을 끝내 만류하며 말하였다. "그대들은 염장군과 진나라 왕 중 누가 더 무섭다고 생각하오?" "염장군은 진나라 왕을 당할

---

15) 咸陽 : 秦나라의 수도.

수 없지요.""나는 진나라 왕의 위세에도 불구하고 조정에서 그를 질타하고 그의 신하들을 모욕하였소. 내가 아무리 노둔하다고 할지라도 염장군을 두려워할 리가 있겠소? 그러나 지금 사정을 살펴보면, 강한 진나라가 우리 조나라를 공격하지 못하는 것은 오직 우리 두 사람이 있기 때문이오. 만일 지금 우리 두 호랑이가 다투게 되면, 둘 다 무사할 수 없는 상황이오. 내가 이렇게 염장군을 피하는 것은, 나라의 위급함을 먼저 생각하고, 개인적인 원한은 뒤로 돌리기 때문이오." 이 말을 전해들은 염파는 어깨를 드러내고 가시나무 채찍을 등에 지고서, 인상여의 집 문 앞에 이르러 사죄하였다. "더럽고 천박한 인간이 장군께서 이토록 너그러우신지 미처 몰랐소." 이리하여 두 사람은 마침내 화해를 하고 문경지교(刎頸之交)[16]를 맺었다.

이해, 염파는 동쪽으로 제나라를 공격하여 그들의 부대 하나를 격파하였다. 그로부터 2년 후, 염파는 다시 제나라의 기읍(幾邑)[17]을 정벌하여 함락시켰다. 3년 뒤에는 위(魏)나라의 방릉(防陵),[18] 안양(安陽)[19]을 쳐서 함락시켰고, 그후 4년 뒤에 인상여는 병사를 거느리고 제나라를 공격하여 평읍(平邑)[20]에까지 이르러 진군(進軍)을 멈추었다. 다음해, 조사(趙奢)는 진나라 군대를 연여(閼與)[21] 부근에서 격파하였다.

조사(趙奢)는 본래 조(趙)나라의 전부리(田部吏)[22]였다. 그가 조세를 받아내는데, 한번은 평원군(平原君)의 집에서 세금을 내려고 하지 않았다. 이에 조사는 법에 의해서 이 일을 처리하여 평원군 집의 책임자 9명을 사형에 처해버렸다. 평원군이 진노하여 조사를 죽이려고 하자, 조사는 그를 다음과 같이 설득하였다.

그대는 조나라의 귀공자이십니다. 지금 공의 집에서 공사(公事)를 받들지 않는 것을 그대로 둔다면 국법은 흔들리고, 국법이 약해지면 나라도 약해

---

16) 刎頸之交 : 생사고락을 같이 나누는 친구.
17) 幾邑 : 지금의 河北省 大明縣 동남쪽.
18) 防陵 : 지금의 河南省 安陽市 남쪽.
19) 安陽 : 지금의 河南省 安陽市 서남쪽.
20) 平邑 : 지금의 河南省 南樂縣 동북쪽.
21) 閼與 : 지금의 山西省 和順縣 서북쪽.
22) 田部吏 : 田賦 징수를 담당하는 낮은 관리직.

지게 됩니다. 나라가 약해지면 제후들이 병사를 모아 침범할 것이고, 제후
들이 군사를 일으키면 조나라는 없어지게 됩니다. 그렇게 된다면 공께서
이와 같은 부를 누리실 수 있겠습니까? 그대와 같은 귀하신 분이 공무를
받들어 법대로 행하시면 위아래가 다 공평하게 되고, 위아래가 공평하면
나라가 강해지고, 나라가 강해지면 조나라 또한 더욱 튼튼해질 것입니다.
그리고 그대는 대왕의 친족이시니 천하에 그 누가 공을 가벼이 대할 수 있
겠습니까?

평원군은 조사가 현명한 사람이라고 생각하여 그를 왕에게 추천하였다.
왕이 그를 등용하여 국가 세금을 관장하게 하니, 그로부터 나라의 세금은
매우 공평하게 되었고, 백성들은 부유해졌으며, 국고는 언제나 가득 차게
되었다.

그때 진(秦)나라는 한(韓)나라를 치기 위해서 연여에 군대를 주둔시켰
으므로 왕은 인상여를 불러 상의하였다. "연여를 구할 수 있겠소?" "길
은 멀고 험하며 좁은 지역이어서 구원하기 어렵습니다." 그러자 왕은 다
시 악승(樂乘)[23]을 불러 물었으나, 그 역시 염파와 같은 대답을 하였다.
그래서 이번에는 조사를 불러 묻자, 조사는 "그곳은 길은 멀고 험하며 좁
은 곳입니다. 그곳에서 싸운다는 것은 마치 쥐 두 마리가 쥐구멍 속에서
싸우는 것과 같으므로 결국은 용감한 자가 이길 것입니다"라고 대답하였
다. 왕은 조사를 장군으로 임명하여 구원하게 하였다.

부대가 한단(邯鄲)[24]을 떠나 30리쯤에 이르렀을 때, 조사는 군중(軍
中)에 명을 내렸다. "군사(軍事)에 대해서 간하는 자가 있으면 사형에 처
할 것이다." 진나라 군사는 무안(武安)[25]이 서쪽에 진을 치고서 큰 북을
두드리고 함성을 질러가며 출전 준비를 하고 있었는데, 그 기세가 대단하
여 무안성의 기왓장이 모조리 흔들릴 정도였다. 이에 조나라의 척후병(斥
候兵) 한 사람이 어서 무안을 구하자고 건의하자, 조사는 그 자리에서 그
의 목을 베어 죽였다. 그리고 보루를 단단하게 하여 28일 동안이나 머물
며 진군하지 않고서 오직 보루만 튼튼하게 쌓을 뿐이었다. 진나라의 첩자
가 들어오자, 조사는 그에게 음식을 잘 대접해서 다시 돌려보냈다. 첩자

---

23) 樂乘 : 趙나라 장수. 그에 대한 일은 권80 「樂毅列傳」 참조.
24) 邯鄲 : 趙나라의 수도. 지금의 河北省 邯鄲市.
25) 武安 : 지금의 河北省 武安縣 서남쪽에 있던 趙나라의 읍 이름.

가 돌아가 진나라 장수에게 보고하자, 진나라 장군은 "나라를 떠난 지 30
리밖에 안 되는 곳에 주둔하여 진군하지 않고 그저 방벽만 쌓으니, 연여
는 조나라 땅이 아니다"라고 하며 매우 기뻐하였다. 조사는 진나라 첩자
를 돌려보낸 즉시 군사들의 갑옷을 벗겨 급히 진나라 진지를 향해서 진군
시키니, 이틀 낮과 하루 밤 사이에 도착할 수 있었다. 그리고는 활을 잘
쏘는 병사들에게 명하여 연여에서 50리 떨어진 곳에 진을 치게 하였다.
드디어 보루가 완성되었다. 진나라는 이 소식을 듣고 모두 무장을 하고는
내습하였다. 이때 조나라 군사 중 허력(許歷)이라는 사람이 군사에 대해
서 간할 말이 있다고 하자, 조사는 그를 불러들였다. 허력이 간하였다.

> 진나라 사람들은 설마 조나라 병사가 모두 왔으리라고는 생각하지 않을 것
> 이므로, 맹렬한 기세로 쳐들어올 것입니다. 장군께서는 병력을 집중하여
> 진지를 두텁게 하고 그들을 대기하고 계셔야 할 것입니다. 그렇지 않으면
> 반드시 패할 것입니다.

조사가 "그대의 건의를 받아들이겠소"라고 하자, 허력은 "신에게 부질
형(鈇質刑)[26]을 내려주십시오!"라고 청하였다. 그러자 조사는 "이 일은
나중에 한단에 가서 다시 명령을 내리겠소"라고 하였다. 허력이 또 간할
일이 있다고 청하여 아뢰었다. "먼저 북산(北山)[27]의 정상을 점령하는
쪽이 이길 것이니, 나중에 도착하는 쪽은 질 것입니다." 조사는 이를 받
아들여 만 명의 군사를 내어 급히 그곳으로 가도록 하였다. 진나라 병사
가 나중에 달려와 산 정상을 다투었으나 올라가지 못하였다. 조사는 군대
를 풀어 그들을 공격하여 진나라 군대를 크게 무찔렀다. 진나라 군대가
뿔뿔이 흩어져 달아나니, 조나라는 마침내 연여의 포위를 풀고 승리하여
돌아왔다.

조 혜문왕(趙惠文王)은 조사를 마복군(馬服君)[28]에 봉하고, 허력을 국
위(國尉)[29]에 임명하였다. 이렇게 하여 조사는 염파, 인상여와 같은 지

---

26) 鈇質의 '質'은 '鑕'과 같다. 이것은 도끼로 허리를 베는 형벌이다. 趙奢가 군사에
    대해서 간하는 자는 사형에 처하겠다는 군령을 내렸으므로, 許歷은 趙나라를 위해서
    죽음을 각오하고 간언한 것이다.
27) 北山 : 閼與 부근의 산 이름.
28) 馬服은 지금의 河北省 邯鄲市 서북쪽에 있는 산 이름이다. 일명 '紫山'이라고도
    한다. 趙나라 왕이 趙奢를 이 지방에 봉하고, 산 이름을 따서 봉호를 내렸다는 설
    과, 趙奢를 이 산에 장사 지내서 馬服君이라고 칭해졌다는 두 가지 설이 있다.

위에 오르게 되었다.

그로부터 4년 뒤, 조 혜문왕이 세상을 떠나고 아들 효성왕(孝成王)이 즉위하였다. 효성왕 7년, 진과 조 나라 군대는 다시 장평(長平)[30]에서 대치하게 되었다. 그때 조사는 이미 세상을 떠나고 인상여는 중병에 걸려 있었다. 조나라는 염파를 장군에 임명하여 진나라를 공격하게 하였는데, 진나라가 여러 차례 조나라 군대를 격파하였지만 조나라 군대는 방벽을 굳게 하고 싸우려 하지 않았다. 진나라가 몇번이나 싸움을 걸어와도 염파는 끝내 응전하지 않았으므로 조나라 왕은 진나라 간첩이 퍼뜨린 소문을 믿게 되었다. 진나라 간첩은 "진나라가 걱정하고 있는 것은 마복군 조사의 아들 조괄(趙括)이 장수가 되는 것뿐이다"라는 소문을 퍼뜨렸던 것이다. 이에 조나라 왕은 조괄을 장수로 삼아 염파를 대신하게 하려고 하였다. 그러자 인상여가 말하였다.

> 대왕께서는 조괄의 명성만으로 그를 쓰려고 하시는데, 그것은 거문고 기둥을 풀로 붙여둔 채 거문고를 타려는 것과 같습니다.[31] 조괄은 다만 그의 부친이 남긴 병법서(兵法書)만 읽었기 때문에 융통성 있는 임기응변에 대해서는 전혀 모릅니다.

그러나 조나라 왕은 이 말을 듣지 않고, 결국 조괄을 장수로 임명하였다.

조괄은 어려서부터 병법을 배워, 군사에 대해서 말하자면 세상에 자신을 대적할 만한 사람이 없다고 생각하고 있었다. 일찍이 그의 부친 조사와 병법에 대해서 토론하였을 때에도 조사는 그를 반박할 수는 없었지만 그런데도 그가 뛰어나다고 생각하지는 않았다. 조괄의 모친이 조사에게 그 까닭을 묻자, 조사는 "전쟁이란 사람이 죽는 것이오. 그런데도 괄은 전쟁에 대해서 너무 쉽게 말하고 있소. 조나라가 괄을 장수로 삼지 않으면 다행이지만, 만약 그를 장수로 삼았다가는 분명 그애가 조나라 군대를 망하게 할 것이오"라고 대답하였다. 그래서 조괄의 모친은 그가 출발하기

---

29) 國尉 : 무관의 관직 이름으로, '太尉'를 말한다.
30) 長平 : 지금의 山西省 高平縣 서북쪽에 있는 성 이름.
31) 거문고의 줄을 맞추는 짧은 나무를 풀로 붙여놓으면 음조가 변하지 못하여, 제대로 곡을 연주할 수가 없다.

전에 괄을 장수로 삼아서는 안 된다는 글을 올렸다. 왕이 무슨 까닭에 그러냐고 묻자, 이렇게 대답하였다.

예전에 소첩이 괄의 부친을 섬겼을 때, 괄의 부친은 대장군이었습니다. 그가 직접 먹여 살리는 자가 수십명이었고, 친구는 몇백명이나 되었습니다. 대왕과 종실에서 내리신 상은 모조리 군리(軍吏)와 사대부들에게 주었으며, 출정 명령을 받은 날부터는 집안 일을 돌보지 않았습니다. 그러나 지금 괄은 하루아침에 장군이 되어 동쪽을 향해 앉아서[32] 부하들의 문안을 받게 되었지만, 그를 존경하여 우러러보는 자는 한 사람도 없습니다. 또한 그는 대왕께서 내리신 돈이나 비단 같은 것을 모두 집안에 감추어두고 날마다 싸고 좋은 밭이나 집을 매일 둘러보며 살 만한 것이면 모조리 사들이곤 합니다. 대왕께서는 괄을 그의 부친과 비교해볼 때 어떠신지요? 아비와 자식이 마음 쓰는 것이 이렇게 다르니, 청컨대 대왕께서는 그를 장군으로 보내지 말아주시옵소서!

그러나 왕은 "괄의 모친은 더 이상 아무 말 마시오. 과인은 이미 결정을 하였소"라고 하였다. 그러자 괄의 모친은 "대왕께서 끝내 그를 보내시겠다면, 그애가 자기 소임을 감당하지 못한다고 할지라도, 소첩이 자식의 죄에 연루되지 않도록 해주시겠사옵니까?"라고 물었고, 왕은 이를 승낙하였다.

조괄은 염파를 대신하게 되자 군령을 모조리 뜯어 고치고 군리들도 전부 교체하였다. 진나라 장군 백기(白起)는 이 소식을 듣고는 기병(奇兵)[33]을 보내 달아나는 척하게 하였다. 또한 그들은 조나라 군사의 식량 보급로를 차단하고 조나라 군대를 둘로 갈라놓아, 병사들의 마음이 조괄로부터 떠나게 하였다. 40여 일이 지나자 조나라 군사는 굶주리기 시작하였고, 조괄은 정예 부대를 내세우고 직접 전투에 참여하였다. 진나라 군사가 조괄을 쏘아 죽이자, 조괄의 군대는 패하여 수십만 명이 마침내 진나라에 투항하였고, 진나라는 그들을 모조리 구덩이에 묻어 죽였다. 조나라는 전후 싸움에서 약 45만 명의 군사를 잃었다. 그리고 이듬해 진나라 군대는 마침내 한단을 포위하였다. 1년 남짓하여 거의 위험에서 벗어날 수 없는 지경에 이르렀으나, 초나라와 위나라의 구원으로 가까스로 한단

---

32) 옛날 일반 집회에서는 동쪽을 향해서 앉는 자리를 상석으로 하였다.
33) 奇兵 : 상대방이 예상하지 못한 군대. 즉 기습부대를 말한다.

의 포위망을 풀었다. 조나라 왕은 조괄의 어머니가 앞서 한 말 때문에 결국 그녀를 죽이지는 않았다.

한단의 포위가 풀린 지 5년 만에, 이번에는 연나라가 "조나라 장정들은 장평에서 다 죽었고, 그들의 어린 자식들은 아직 장성하지 않았다"라는 율복(栗腹)[34]의 건의를 채택하여 병사를 일으켜 조나라를 공격하였다. 조나라는 염파를 장군으로 임명하여 요격하게 하였고, 염파는 연나라 군대를 호(鄗)[35]에서 대파하여 율복을 죽이고는 마침내 연나라를 포위하였다. 연나라가 성 5개를 떼어주며 화친을 청해와서, 조나라 왕은 이를 받아들였다. 조나라 왕은 위문(尉文)이라는 곳[36]에 염파를 봉하여 신평군(信平君)이라고 하고, 상국(相國)의 대리로 삼았다.

예전에 염파가 장평에서 면직되어 고향으로 돌아와 권세를 잃었을 때, 예부터 알고 지내던 객들이 모조리 떠나갔다. 그가 다시 등용되어 장군이 되자 객들이 또다시 찾아들었다. 이에 염파가 "객들은 모두 돌아가라!"라고 하자, 그중 한 객이 이렇게 말하였다.

아! 장군은 어찌 그렇게도 생각이 둔하십니까? 지금 세상은 시장에서 교역을 하듯이 교제를 합니다.[37] 장군께 권세가 있으면 우리는 장군을 따르고, 권세가 없으면 떠나가는 것입니다. 이는 당연한 이치인데, 또한 어찌 섭섭하다고 원망하시겠습니까?

그로부터 6년이 지나, 조나라는 염파에게 위나라의 번양(繁陽)[38]을 공격하게 하였고, 염파는 그곳을 함락시켰다.

조 효성왕이 세상을 떠나자 그의 아들 도양왕(悼襄王)이 즉위하였고, 그는 악승(樂乘)을 염파 대신 장군에 임명하였다. 염파가 격노하여 악승을 공격하자 악승은 달아났고, 염파도 결국은 위나라의 대량(大梁)으로

---

34) 栗腹 : 燕나라의 相國.
35) 鄗 : 지금의 河北省 柏鄉縣 북쪽에 있는 趙나라의 읍 이름.
36) 尉文은 읍 이름으로, 그 위치가 어디인지는 알 수 없다. 한편 '尉'는 관직 이름이고 '文'은 사람 이름으로, 즉 尉文이라는 사람의 봉지를 廉頗에게 하사한 것이라는 설도 있다.
37) 시장에서 교역을 하듯이 이익이 있으면 모이고, 자신에게 이익이 없으면 흩어지는 것을 말한다.
38) 繁陽 : 지금의 河南省 內黃縣 서북쪽.

달아나 몸을 맡겼다. 그 다음해, 조나라는 이목(李牧)을 장군으로 삼아 연나라를 공격하여 무수(武遂)³⁹⁾와 방성(方城)⁴⁰⁾을 함락시켰다.

염파는 오랫동안 양(梁)⁴¹⁾에 머물렀으나, 위나라는 그를 믿고 등용해 주지 않았다. 그런데 조나라는 오랫동안 진나라 군대에 곤혹을 치르고 있었으므로, 조나라 왕은 다시 염파를 쓸 생각을 하였고, 염파 역시 조나라에 기용되고 싶어하였다. 조나라 왕은 사신을 보내 염파가 아직 쓸모가 있을지 없을지를 살펴보게 하였다. 그러자 염파와 원수지간인 곽개(郭開)⁴²⁾는 사신에게 많은 돈을 주어 염파를 모함하도록 하였다. 조나라 사신이 염파를 만나자, 염파는 밥 한 말과 고기 열 근을 먹어 보이며 갑옷을 입고 말에 뛰어올라 아직도 자신이 쓸모 있음을 보였다. 그러나 조나라 사신은 돌아와 왕에게 "염장군은 늙었음에도 불구하고 식사를 잘하였습니다. 그러나 신과 같이 앉아 있는 동안에도 자주 변을 지리곤 하였습니다"라고 아뢰었다. 조나라 왕은 염파가 늙은 것으로 생각하고 결국은 부르지 않았다.

초나라는 염파가 위나라에 와 있다는 말을 듣고 몰래 사신을 보내 그를 맞아들였다. 염파는 초나라의 장수가 된 후에는 아무런 공도 세우지 못한 채, "나는 조나라 병사들을 지휘하고 싶소!"라고 말하였다. 염파는 결국 수춘(壽春)⁴³⁾에서 세상을 떠나고 말았다.

이목(李牧)이라는 사람은 조나라 북쪽 국경을 지키는 훌륭한 장수였다. 그는 일찍이 대(代)⁴⁴⁾와 안문(雁門)⁴⁵⁾에 주둔하며 흉노(匈奴)에 대비하고 있었다. 그는 형편에 맞추어 적절히 관리를 배치하고, 시내의 세금은 모두 막부(莫府)⁴⁶⁾로 옮기어 병사들의 비용에 충당하였다. 그는 날

---

39) 武遂 : 지금의 河北省 徐水縣 서북쪽에 있던 燕나라의 읍 이름.
40) 方城 : 지금의 河北省 固安縣 남쪽에 있던 燕나라의 읍 이름.
41) 梁 : 즉 魏나라를 말한다. 기원전 361년 魏 惠王이 大梁으로 천도한 후부터 魏를 '梁'이라고 칭하게 되었다.
42) 郭開 : 趙나라 왕이 총애하던 신하.
43) 壽春 : 지금의 安徽省 壽縣. 기원전 241년 楚 考烈王이 陳에서 이곳으로 천도한 후 '郢'이라고 명명하였다.
44) 代 : 지금의 河北省 蔚縣 일대에 있던 군 이름.
45) 雁門 : 지금의 山西省 서북부와 내몽고 자치구 경계 지역에 있던 군 이름.
46) 莫府 : 즉 '幕府'를 말한다. '莫府'는 본래 出征 때 장수들이 일을 보던 천막이었는데, 나중에는 지방 군정의 고급 장관의 府署를 지칭하게 되었다.

마다 몇 마리의 소를 잡아 병사들을 먹여가며 활 쏘고 말 타는 연습을 시켰다. 또한 봉화를 신중하게 준비해두고 많은 첩자들을 풀어두었으며, 전사(戰士)들을 후하게 대접하였다. 그리고 그는 "흉노가 쳐들어와서 도둑질을 할 경우는 재빨리 들어와 수비를 하여라. 만일 적을 사로잡는 자가 있다면 사형에 처할 것이다"라는 명령을 내렸다. 흉노가 침입할 때마다 봉화를 신중하게 사용하고, 그 신호에 따라 재빨리 성 안으로 들어와 수비를 하며 싸우려고 하지 않았다. 따라서 이렇게 몇해가 지나자 아무런 손해를 보지 않았다. 그러나 흉노들은 이목을 겁쟁이라고 생각하였고, 조나라 변경의 군사들 역시 자신들의 장수가 겁쟁이라고 여기고 있었다. 조나라 왕이 이목을 질책하였지만, 이목은 예전 그대로 처신하였다. 그러자 조나라 왕은 노하여 그를 불러들이고, 다른 사람을 대신 장군으로 임명하였다.

그로부터 1년 남짓 후, 흉노가 쳐들어올 때마다 조나라는 나가서 싸웠다. 출전을 하게 되면 자주 불리하여 손해가 많았고, 그러자 변경에서는 농사와 목축을 할 수 없게 되었다. 조나라는 다시 이목을 불렀으나, 이목은 문을 닫고 나오지 않으며 병을 핑계로 굳게 사양하였다. 이에 조나라 왕이 다시 억지로 그에게 병사들을 통솔하게 하였다. 그러자 이목은 "대왕께서 굳이 신을 등용하시겠다면, 예전에 신이 하였던 그대로 할 수 있게 해주십시오. 하오면 감히 명령을 받들겠습니다"라고 하였고, 왕이 이를 허락하였다.

이목은 변방에 이르자 전과 같은 군령을 내렸다. 그가 부임하자 흉노는 예전처럼 몇년 동안 아무런 이익을 얻을 수 없었으나, 계속 그를 겁쟁이라고 여기고 있었다. 한편 변방의 장병들은 상을 받고 후한 대접을 받으면서도 실제로 전쟁에 쓰이지 못하자 모두들 한번 싸워보기를 바라고 있었다. 이에 이목은 튼튼한 수레 1,300대와 말 만 3,000마리를 선발하였다. 그리고 공을 세워 백금(百金)의 상을 탄 용사 5만 명과 강한 활을 잘 쏘는 병사 10만 명을 선발하여 한 부대로 조직하여 많은 연습을 시켰다. 한편 많은 가축들을 놓아 먹이게 하였고, 들에 백성들이 가득 차게 하였다. 흉노족이 적은 수의 군대를 먼저 침입시키자, 이목은 거짓으로 이기지 못해서 패해 달아나는 척하며 병사 몇천명을 그들에게 버려둔 채 그대로 두었다. 선우(單于)[47]가 이 소식을 듣자 대군을 이끌고 쳐들어왔다.

이목은 적들이 예상하지 못한 진용을 대대적으로 편성하고, 부대를 좌우 양쪽으로 펼쳐 흉노를 공격하게 하여, 흉노족 기병 10만여 명을 죽이는 대승을 거두었다. 이 싸움에서 이목은 담람(襜襤)[48]이라는 부족을 없애 버린 후, 동호(東胡)[49]를 쳐부수고 임호(林胡)[50]를 항복시켰다. 선우는 달아나고, 그 뒤 10여 년 동안 흉노는 조나라 국경 근처에는 가까이 오지를 못하였다.

조 도양왕 원년, 염파는 이미 위나라로 망명해 있었고, 조나라는 이목에게 연나라를 공격하게 하여 무수와 방성을 함락시켰다. 그로부터 2년 후, 조나라 장수 방원(龐煖)이 연나라 군대를 격파하고 극신(劇辛)[51]을 죽였다. 그로부터 7년 후에 진(秦)나라는 무수를 격파하여 조나라 장수 호첩(扈輒)을 죽이고, 병사 10만 명을 살해하였다. 그러자 조나라는 이목을 대장군으로 삼아 의안(宜安)[52]에서 진나라 군대를 공격하여 대파하고, 진나라 장군 환의(桓齮)[53]는 패하여 달아났다. 이목은 이 공로로 무안군(武安君)[54]에 봉해졌다. 그로부터 3년 후, 진나라가 파오(番吾)[55]를 공격해왔으나 이목이 출격하여 진나라 군대를 격파하고 남쪽으로는 한나라와 위나라의 군사를 막았다.[56]

조나라 왕 천(遷)[57] 7년, 진(秦)나라가 왕전(王翦)[58]을 보내 조나라를 공격하자, 조나라는 이목과 사마상(司馬尙)을 시켜 그들을 막게 하였다. 진나라는 조나라 왕이 총애하는 신하인 곽개에게 많은 돈을 주어 이간책을 써서 이목과 사마상이 반란을 꾀하고 있다는 말을 하게 하였다. 이에 조나라 왕은 조총(趙蔥)[59]과 제나라 장군 안취(顔聚)[60]를 보내 이목을

47) 單于 : 匈奴族의 왕의 호칭.
48) 襜襤 : 匈奴의 한 부족 이름.
49) 東胡 : 지금의 遼寧省 서부, 내몽고 동부 일대에서 활동하였던 匈奴의 부족으로, 후에 烏桓과 鮮卑 두 부족으로 나누어졌다.
50) 林胡 : 지금의 山西省 朔縣과 내몽고 자치구 일대에 분포하였던 부족 이름.
51) 劇辛 : 본래는 趙나라 사람이었으나 후에 燕나라의 장수가 되었다.
52) 宜安 : 지금의 河北省 石家莊市 동남쪽에 있던 趙나라의 읍 이름.
53) 桓齮 : 扈輒을 죽인 秦나라 장수.
54) 武安은 지금의 河北省 武安縣 서남쪽에 있던 趙나라의 읍 이름이다.
55) 番吾 : 지금의 河北省 磁縣에 있던 趙나라의 땅.
56) 당시 韓, 魏 양국은 秦나라의 명령을 듣고 趙나라를 위협하고 있었다.
57) 遷 : 趙 悼襄王의 아들인 趙遷을 가리킨다. 기원전 235년부터 기원전 228년까지 재위하였다.
50) 王翦 : 秦나라의 名將. 권73 「白起王翦列傳」 참조.

대신하게 하였다. 그러나 이목이 그 명령에 따르지 않았으므로, 조나라는 사람을 보내어 몰래 이목을 정탐하게 하고는 그를 체포하여 죽이고, 사마상을 해임하였다. 그런 지 석 달 후에, 왕전은 신속하게 조나라를 공격하여 크게 이기고 조총을 죽였으며, 조나라 왕 천과 그의 장군 안취를 사로잡았다. 결국 조나라는 멸망하고 말았다.

태사공은 말하였다.

"자신이 죽을 것이라는 것을 알면 반드시 용기가 솟아나게 된다. 이는 죽는 것 자체가 어려운 것이 아니라, 죽음에 대처하는 것이 어려운 것이기 때문이다. 인상여(藺相如)가 화씨벽을 받쳐들고 기둥을 노려보며 진나라 왕의 좌우를 꾸짖었을 때, 그는 자신이 죽으면 그만이라는 것을 알고 있었다. 그러나 선비들 중에는 두려워 감히 행동하지 않으려는 사람들이 있다. 인상여는 그 용기를 떨쳐 세워 적국에 그 위신을 떨치고, 물러나 고국으로 돌아와서는 염파(廉頗)에게 양보하니, 그의 이름은 태산보다 무거웠다. 그는 지혜와 용기를 모두 갖춘 인물이라고 말할 수 있을 것이다 !"

---

59) 趙蔥 : 趙나라의 왕족. '蔥'은 '葱'과 통한다.
60) 顏聚 : 원래는 齊나라 장군이었으나, 나중에 趙나라에 귀순하였다.

권82 「전단열전(田單列傳)」 제22

    전단(田單)은 제(齊)¹⁾나라 전씨(田氏) 왕족의 친족이었다. 그는 제 민왕(齊湣王)²⁾ 때 임치(臨菑)³⁾의 시연(市掾)⁴⁾이 되었는데, 그를 알아주는 사람이 없었다. 연(燕)나라가 악의(樂毅)를 시켜 제나라를 격파하자, 제 민왕은 달아나 거성(莒城)⁵⁾을 지키고 있었다. 이에 연나라 군사는 깊숙히 쳐들어와 제나라를 평정하였고, 진단은 안평(安平)⁶⁾으로 달아났다. 그는 자신의 집안 사람들에게 수레바퀴 축의 양 끝을 모두 잘라버리고 쇠로 튼튼하게 테를 씌우라고 명령하였다. 연나라 군대가 안평을 공격하여 성이 함락되자, 제나라 사람들은 길을 다투어 달아났지만 바퀴 축의 양 끝이 부러져 수레가 부서지는 바람에 모두 연나라의 포로가 되었다. 그러나 전단의 집안 사람들만은 바퀴 축을 쇠로 싸두었기 때문에 탈출하여 동쪽으로 즉묵(卽墨)⁷⁾까지 가서 그곳을 지킬 수 있었다. 연나라는 제나라의 거의 모든 성들을 항복시켰으나, 다만 거(莒)와 즉묵은 함락시키지 못하였다. 연나라 군사는 제나라 왕이 거에 있다는 말을 듣고서는 군대를 모아 공격하였다. 제나라를 구하기 위해서 온 초(楚)나라 장수 요치(淖齒)는 제 민왕을 거에서 살해하고 거를 굳게 지키며 연나라 군사에 대항

---

1) 齊 : 기원전 11세기에서 周 왕조가 봉해준 제후국으로, 성은 姜이다. 개국 군주는 呂尙이고, 위치는 지금의 山東省 북부에 있었으며 榮丘(후에는 臨菑라고 개칭하였다)에 도읍하였다. 춘추시대 초기 齊 桓公 시대에는 국력이 부강하여 五覇의 우두머리였고, 후에는 차츰 山東省 동부로 국토를 확장하였다. 춘추시대 말기에는 大臣이었던 田氏 일가에게 권력을 빼앗겨, 기원전 386년에 周 安王은 田和를 齊나라의 군주로 승인하였다. 기원전 221년 秦나라에 멸망당하였다.
2) 齊 湣王 : '閔王'이라고도 한다. 기원전 313년부터 기원전 284년까지 재위하였다. 후에 楚나라의 장수 淖齒에게 살해당하였다.
3) 臨菑 : 齊나라의 수도. 지금의 山東省 淄博市 동북쪽.
4) 市掾 : 시장을 감독하는 관리.
5) 莒는 춘추시대에는 나라였다가 전국시대에는 齊나라의 읍이 되었다. 지금의 山東省 莒縣.
6) 安平 : 지금의 山東省 淄博市 동북쪽에 있던 齊나라의 읍 이름.
7) 卽墨 : 지금의 山東省 平度縣 동남쪽에 있었던 齊나라의 읍 이름.

하여 몇해 동안이나 항복하지 않았다. 그러자 연나라는 군사를 이끌고 동쪽으로 가서 즉묵을 포위하였고, 즉묵의 대부들은 나가서 싸우다가 패해 죽었다. 그러자 성 안의 사람들이 모두 전단을 추대하며 "안평 싸움 때, 전단의 집안 사람들은 바퀴 축을 쇠로 싸두어 목숨을 부지할 수 있었다. 전단은 병법에 능숙하다"라고 하고서 그를 즉시 장군으로 삼았다. 전단은 즉묵을 지키며 연나라에 대항하였다.

얼마 지나자 연나라에서는 소왕(昭王)[8]이 세상을 떠나고 혜왕(惠王)[9]이 즉위하였는데, 혜왕은 악의와 사이가 좋지 못하였다. 전단은 이 사실을 알자 첩자를 연나라에 보내서 다음과 같은 소문을 퍼뜨렸다.

제나라 왕은 이미 세상을 떠났는데, 함락시키지 못한 성은 두 곳뿐이다. 악의는 처벌이 두려워 귀국하지 못하고 있으며, 제나라를 토벌한다는 명분을 내세우고 있지만, 실은 전쟁을 오래 끌어 자신이 제나라의 왕이 되고자 하는 것이다. 그러나 제나라 사람들이 자신을 따르지 않기 때문에 잠시 즉묵의 공격을 늦추어 그들이 자신에게 귀순하기를 기다리고 있는 것이다. 제나라 사람들은 다만 다른 장군이 와서 즉묵을 쑥밭으로 만들까 걱정하고 있다.

그런데 연나라 왕은 이 소문이 사실이라고 생각하여 기겁(騎劫)을 악의 대신 장군에 임명하였다.

그러자 악의는 달아나 조(趙)나라에 귀순하고, 연나라 장병들은 악의가 경질된 데에 대해서 모두들 분개하였다. 한편 전단은 성 안의 사람들에게 끼니 때마다 반드시 뜰에 음식을 차려놓고 조상들에게 제사를 지내도록 명령하였다. 그러자 날아다니던 새들이 모두 성 안으로 내려와 차려놓은 음식을 먹었다. 연나라 사람들이 이 일을 이상하게 여기자 전단은 "신께서 내려오셔서 나를 가르쳐주시는 것이오"라고 선전하였다. 그는 또한 성 안의 사람들에게 "이제 신께서 내려오셔서 나의 스승이 되실 것이다"라고 말하였다. 병졸 한 사람이 "저와 같은 자도 스승이 될 수 있을까

---

8) 燕 昭王의 이름은 平 또는 職이라고 한다. 기원전 311년부터 기원전 279년까지 재위하였다. 왕위에 오른 초기에 燕나라가 齊나라의 공격을 받자, 燕 昭王은 현명한 인물들을 불러모아 燕나라를 부강하게 하였다. 권34「燕召公世家」참조.

9) 燕 惠王은 기원전 278년부터 기원전 272년까지 재위하였다.

요?"라고 묻고는 몸을 돌려 달아났다. 전단은 일어나 그를 불러 돌아오게 하고는 동쪽을 향해서 앉힌 다음 그를 스승으로 받들고자 하였다. 그러자 병졸은 "신은 장군을 속였습니다. 사실 저는 아무런 능력도 없습니다"라고 아뢰었다. 그러자 전단은 "그대는 아무 말도 마시오"라고 하고는 그를 스승으로 모셨다. 그리고는 군령을 내릴 때마다 언제나 신께서 내리신 지시라고 말하였다. 그리고 나서 전단은 이렇게 선전하였다.

나는 다만 연나라가 포로가 된 제나라 병졸의 코를 베고, 그들을 앞세워 우리와 싸우게 하여 즉묵이 패하게 될까 걱정할 뿐이다.

연나라 사람들은 이 말을 듣자 전단의 말대로 하였다. 성 안의 사람들은 항복한 제나라 군사들이 코를 잘리는 형벌을 당하는 것을 보자 모두들 분개하여 성을 굳게 지키며 혹시나 포로가 될까 두려워할 뿐이었다. 전단은 또 첩자를 놓아 이런 말을 퍼뜨렸다.

나는 연나라 사람들이 우리 성 밖의 무덤을 파헤쳐 조상을 욕되게 할까 겁이 난다. 그런 생각을 하면 가슴이 섬뜩해진다.

그러자 연나라 군사들은 또 무덤을 모두 파헤쳐 시체들을 불살라버렸다. 즉묵 사람들은 성 위에서 이 일을 멀리 바라보면서 모두들 눈물을 흘리며 달려나가 함께 싸우고자 하였다. 그들의 분노는 열 배나 더해졌다.

전단은 이제 병사들이 싸움을 할 수 있게 되었음을 알자, 몸소 판자와 삽을 들고 병졸들과 나누어 일을 하였다. 또한 자기 집 부녀자들까지 군대의 행렬에 편입시키고, 음식을 있는 대로 나누어 병사들을 먹였다. 그리고 나서 무장한 병사들은 모두 숨겨두고 노약자와 부녀자들을 성 위로 올려보낸 후, 사신을 보내 연나라에 항복할 것을 약속하였다. 이 말을 듣자 연나라 군사는 모두 만세를 외쳤다. 전단은 또 백성들에게서 돈을 거두어 1,000일(溢)[10]을 모아두고서 즉묵의 부자들을 통해서 연나라 장수에게 보내주며 "즉묵이 만일 항복하게 되거든, 저희 가족들을 포로로 삼지 말고 편안하게 거할 수 있도록 해주십시오"라고 하였다. 연나라 장수는 크게 기뻐하며 이를 승낙하였고, 연나라 군사들은 더욱 방심하게 되었다.

전단은 성 안에서 소 1,000여 마리를 모아 붉은 비단 옷을 만들어, 거

---

10) 溢 : 즉 '鎰'을 말한다. '鎰'은 고대 중량의 단위로서, 20兩이 1鎰이었다.

기에 오색으로 용 무늬를 그려 소에게 입혔다. 또한 칼날을 쇠뿔에 붙들어맨 다음, 갈대를 쇠꼬리에 매달아 기름을 붓고 갈대 끝에 불을 붙였다. 그리고는 성벽에 수십개의 구멍을 뚫어 밤을 틈타 구멍으로 소를 내보내고, 장사 5,000명이 소 뒤를 따르게 하였다. 소는 꼬리가 뜨거워지자 성이 나서 연나라 군중으로 뛰어들어갔고, 연나라 군사는 한밤중에 크게 놀랐다. 쇠꼬리에 붙은 횃불은 눈이 부실 정도로 빛이 났는데, 연나라 군사가 자세히 보니 모두 용의 모습을 하고 있었고, 그것에 부딪치기만 하면 모두들 죽거나 부상을 당하였다. 게다가 장사 5,000명이 함매(銜枚)[11]를 하고 돌격하였고, 성 안에서는 북을 울리며 함성을 올렸으며, 노약자들도 모두 구리 그릇을 두들기며 성원을 하였는데, 그 소리가 천지를 뒤엎는 것 같았다. 연나라 군사들은 크게 놀라 패해서 달아났다. 제나라 사람들은 마침내 연나라 장군 기겁을 죽여버렸다. 연나라 군사는 허둥지둥 정신 없이 계속 달아났다. 제나라 사람들은 도망가는 적을 추격하였는데, 그들이 지나며 들른 성과 고을은 모두 연나라를 배반하고 전단에게로 귀순하였다. 제나라는 날마다 병사가 불어나며 승기를 탔지만, 연나라는 하루하루 패하여 도망만 가다가 결국 하상(河上)[12]에 닿았다. 이리하여 제나라의 70여 개 성은 모두 제나라 것이 되었다. 이에 제 양왕(齊襄王)[13]을 거(莒)에서 임치(臨菑)로 맞아들여 정사를 처리하게 하였다.

양왕은 전단을 안평군(安平君)에 봉하였다.

태사공은 말하였다.

"싸움이라는 것은, 정면에서 적과 맞서는 한편 예측하지 못한 계책으로 승리하는 것이다. 전투를 잘하는 사람은 남들이 예측하지 못할 병법이 무궁무진하다. 따라서 그들이 사용하는 정면적인 책략과 예측하지 못한 계

---

11) 銜枚 : 옛날에 진군할 때 군졸이나 말이 소리를 내지 못하게 하기 위해서 입에다 나무를 물리던 일을 말한다. '枚'는 젓가락같이 생긴 나무로, 그것을 입에 물리고 양쪽 끝에 끈을 달아 목 뒤로 매게 되어 있었다.

12) 河上 : 黃河 강변을 말한다. 당시 黃河는 지금의 山東省 德州와 河北省 滄州를 거쳐 북쪽으로 天津을 거쳐 돌아 바다로 들어갔는데, 이 일대는 齊나라 북부의 변경 지역에 해당하였다.

13) 齊 襄王 : 齊 湣王의 아들인 田法章을 말한다. 기원전 283년부터 기원전 265년까지 재위하였다. 淖齒가 齊 湣王을 시해하자, 莒의 사람들이 田法章을 왕으로 옹립하였고, 田單이 齊나라의 땅을 수복하자 그를 臨菑로 불러들였다.

책은 돌고돌아 계속 순환하여, 마치 고리에 처음과 끝의 구별이 없는 것과 같다. 병법을 쓰는 것은 무릇 처음에는 처녀처럼 얌전하고 약해 보여서 적들이 문을 열어둔 채 방비하지 않게 하며, 나중에는 도망가는 토끼처럼 날래서 적이 방비하려고 해도 그럴 여지가 없게 하는 것이다. 이는 전단(田單)이 사용한 병법을 두고 하는 말이리라!

요치(淖齒)가 제 민왕(齊湣王)을 죽이자, 거(莒) 사람들은 민왕의 아들인 법장(法章)을 찾았다. 그때 법장은 태사교(太史嫩)[14]의 집에서 정원에 물을 주는 일을 하고 있었다. 태사교의 딸이 그를 불쌍히 여겨 후하게 대우하였다. 나중에 법장은 자신의 사정을 남몰래 그녀에게 고백하였고, 그녀는 법장과 정을 통하게 되었다. 거 사람들이 모두 법장을 제나라 왕으로 세우고 연나라에 대항해서 싸우게 되자, 태사교의 딸은 마침내 왕후가 되었는데, 그녀가 바로 '군왕후(君王后)'이다.

연나라가 처음 제나라에 침입하였을 때, 획읍(畫邑)[15] 사람 왕촉(王蠋)이 어질다는 말을 듣고 연나라 장군은 '획읍을 둘러싼 30리 안으로는 들어가지 말라!'라고 명령을 내렸다. 왕촉이 획읍 사람이기 때문이었다. 그리고는 곧 사람을 보내 왕촉을 달랬다. '제나라의 많은 사람들이 그대의 의로움을 높이 평가하고 있소. 나는 당신을 장수로 삼고, 당신에게 만호(萬戶)를 봉하겠소.' 그러나 왕촉은 굳이 사양하였고, 그러자 연나라 장군은 '당신이 내 말을 듣지 않는다면, 나는 삼군(三軍)을 이끌고 획읍을 도살할 것이오'라고 말하였다. 왕촉은 이렇게 말하였다.

충신은 두 임금을 섬기지 않고, 열녀는 두 남편을 바꿔 모시지 않소. 제나라 왕이 내가 간하는 말을 듣지 않으셨기 때문에 나는 벼슬을 그만두고 들에서 밭을 일구고 있는 것이오. 나라는 이미 깨어져 망해버렸고, 나는 나라를 그대로 보존하지 못하였소. 그런데 지금 무력에 위협받아 당신의 장수가 된다는 것은, 걸왕(桀王)[16]을 도와 포악을 일삼는 것과 같은 것이오. 살아서 의로운 일을 못할 바에는 차라리 가마에서 삶아져 죽는 편이 나은 것이오!

그리고는 마침내 목을 나뭇가지에 매고는 스스로 힘껏 죄어 죽어버렸

---

14) 太史嫩 : 성이 太史, 이름이 嫩이다.
15) 畫邑 : 지금의 山東省 淄博市 동북쪽에 있던 齊나라의 읍 이름.
16) 桀王 : 夏나라 마지막 군주. 포악하고 잔인히여 나라를 망하게 하였다.

다. 난리를 피해 도망하던 제나라 대부들은 이 소문을 듣자, '왕촉은 평민에 불과하였는데도 정의롭게 연나라를 섬기지 않았다. 하물며 벼슬에 올라 녹을 먹고 있는 우리들이 그만 못할 수 있겠는가?'라고 하였다. 그리고는 함께 모여 거(莒)로 달려가 제 민왕의 아들을 찾아 그를 양왕(襄王)으로 세웠다."

권83 「노중련추양열전(魯仲連鄒陽列傳)」 제23

노중련(魯仲連)은 제(齊)나라 사람이다. 그는 기발하고도 웅대하며 세속을 초탈한 책략을 잘 구사하였으나, 전혀 벼슬할 뜻이 없이 고상한 절개를 지니고 있었다. 그가 일찍이 조(趙)나라를 떠돌아다닐 때였다.

당시는 조 효성왕(趙孝成王)[1] 때로서, 마침 진(秦)나라 왕은 백기(白起)[2]를 시켜 상평(長平)[3] 싸움에서 조나라 군사 약 40만여 명을 전멸시켰다. 진나라 군대는 동쪽으로 추격하여 한단(邯鄲)[4]을 포위하였다. 조나라 왕은 두려워하고 있었는데, 제후국들의 구원병은 감히 진나라 군대를 공격하지 못하였다. 위 안희왕(魏安釐王)[5]이 보낸 구원군은 진나라를 무서워한 나머지 탕음(蕩陰)[6]에서 멈추고는 더 이상 진군을 하지 못하였다. 한편 위(魏)나라 왕은 객장군(客將軍)[7] 신원연(新垣衍)[8]을 급파하여 사잇길을 통해서 몰래 한단으로 들어가 평원군(平原君)[9]을 거쳐 조나라 왕에게 이렇게 건의하게 하였다.

진나라가 갑자기 조나라를 포위한 까닭은 이런 것입니다. 예전에 진나라 왕이 제 민왕(齊湣王)과 세력을 다투어 제왕(帝王)이 되었습니다만, 곧 제

---

1) 趙 孝成王 : 趙丹. 기원전 265년부터 기원전 245년까지 재위하였다.
2) 白起 : 郿(지금의 陝西省 眉縣 동쪽) 사람. 용병에 뛰어나 武安君에 봉해졌다. 후에 秦나라 재상 范睢와 사이가 나빠 자살하였다. 권73 「白起王翦列傳」 참조.
3) 長平 : 지금의 山西省 高平縣 서북쪽에 있었던 趙나라 읍 이름.
4) 邯鄲 : 지금의 河北省 邯鄲市. 趙나라의 도읍.
5) 魏 安釐王 : 魏圉. 기원전 276년부터 기원전 243년까지 재위하였다. 그는 趙나라 平原君의 요청에 의해서 장군 晉鄙에게 원군 10만 명을 거느리고 출동하게 하였는데, 秦나라 왕이 魏나라 왕을 협박하여 그들의 군대를 蕩陰에서 멈추게 하였다.
6) 蕩陰 : 지금의 河南省 蕩陰縣에 있던 읍 이름.
7) 客將軍 : 다른 나라 사람이 조정에서 벼슬을 할 때, 문관은 '客卿,' 무관은 '客將軍'이라고 칭하였다.
8) 新垣衍 : 성이 新垣이고 이름이 衍이다.
9) 平原君 : 趙 孝成王의 숙부인 趙勝을 가리킨다. 趙나라에서 세 차례 재상을 지냈다. 그는 食客 수천명을 거느리고 있었는데, 전국시대에 선비를 양성하기로 이름났던 四公子 가운데 한 사람이다. 권76 「平原君虞卿列傳」 참조.

왕이라는 칭호를 사용하지 않았습니다.[10] 제 민왕은 그 뒤로는 점차 미약
해지고, 이제는 진나라만이 천하에 으뜸가는 존재가 되어버렸습니다. 따라
서 한단을 포위한 것은 반드시 한단을 차지하고픈 욕심에서가 아니라, 다
시 제왕의 칭호를 차지하고 싶기 때문입니다. 그러니 귀국이 만약 사신을
보내 진 소왕(秦昭王)을 제왕이라고 높여준다면, 진나라는 틀림없이 기뻐
서 군대를 철수할 것입니다.

그러나 평원군은 주저하며 결정을 내리지 못하였다.

노중련은 마침 조나라에 있었는데, 그때 진나라가 조나라를 포위하는
상황이 닥치게 되었다. 그는 위나라가 조나라로 하여금 진 소왕을 받들어
제왕이라 칭하게 하려 한다는 말을 듣고는 평원군을 만나 "이 일을 어떻
게 하실 생각입니까?"라고 물었다. 그러자 평원군은 대답하였다.

내 어찌 이렇게 큰 일을 감히 말할 수 있겠소? 전에는 밖에서 40만의 군
사를 잃었고,[11] 지금은 또 안으로 한단을 포위당하여 물리칠 수가 없소.
그런데 위나라 왕이 객장군 신원연을 보내와서 우리가 진나라를 높여 제왕
이라고 불러주라고 하는데, 그는 지금 여기에 있소. 내 어찌 이 일에 대해
서 감히 말할 수 있겠소?

그러자 노중련이 말하였다.

예전에는 그대를 천하의 현명한 공자(公子)라고 생각하고 있었습니다만,
지금은 그대가 천하의 현명한 공자가 아니라는 것을 알게 되었습니다. 양
객(梁客)[12] 신원연은 지금 어디에 있습니까? 제가 그대를 위해서 그를 꾸
짖어 돌려보내겠습니다.

평원군은 "그럼 두 분이 만나도록 내가 소개하겠소"라고 하였다. 평원
군은 신원연을 찾아가 말하였다. "동국(東國)[13]에 노중련 선생이라는 분
이 계시는데, 지금 그가 이곳에 와 있습니다. 내가 그분을 소개할 테니

---

10) 기원전 288년(秦昭王 19년, 齊湣王 16년), 齊나라와 秦나라가 세력을 다투어
　　秦나라는 西帝, 齊나라는 東帝라고 칭하였다. 나중에 蘇代가 齊湣王에게 제왕의 칭
　　호를 버릴 것을 권하자, 秦昭王 역시 제왕의 칭호를 사용하지 않았다.
11) 長平 전쟁에서 秦나라가 趙나라 병사 40만 명을 파묻어 죽인 일을 가리킨다.
12) 梁客 : 즉 魏나라의 客을 말한다. 魏나라가 大梁으로 천도하였으므로 魏나라를 梁
　　나라라고도 부른다.
13) 東國 : 齊나라는 趙나라의 동쪽에 있었으므로 趙나라에서는 齊나라를 東國이라고
　　칭하였다.

장군께서 한번 사귀어보시지요." 그러자 신원연은 "노중련 선생은 제나라의 지조 높은 선비라고 들었습니다. 그러나 나는 위나라 왕의 신하로서 내가 해야 할 직분이 있으므로 노중련 선생을 만날 수가 없습니다"라고 대답하였다. 이에 평원군은 "장군이 이곳에 계시다는 소식을 벌써 말해버렸습니다"라고 하였으므로, 신원연은 승낙할 수밖에 없었다.

노중련은 신원연을 만났으나 아무런 말도 하지 않았으므로, 신원연이 먼저 말하였다. "포위된 이 성에 거하는 사람들을 살펴보니, 모두들 평원군에게 바라는 것이 있는 사람들이었습니다. 그런데 지금 선생의 모습을 뵈니 평원군에게 요구하는 것이 아무 것도 없는 것 같군요. 그런데 어째서 포위된 이 성에 이렇듯 오래 머무르며 떠나지 않으시는지요?"

그러자 노중련이 입을 열었다.

세상에서는 포초(鮑焦)[14]가 너그럽지 못하여 죽었다고 말하는데, 모두들 틀린 생각입니다. 사람들은 포초의 뜻을 이해하지 못하고는 그가 자신만을 위하였던 사람이라고 생각하고 있습니다.[15] 진나라는 예의는 버리고 전공(戰功)만을 숭상하는 나라입니다. 그러므로 권모술수로 군사들을 부리고, 그 백성들을 노예처럼 다루고 있습니다. 그와 같은 진나라 왕이 만약 아무 방해 없이 제왕이 되어 잘못된 정치를 천하에 편다면 나는 차라리 동해에 빠져 죽는 게 낫지, 차마 그의 백성이 될 수는 없습니다. 장군을 뵌 까닭은 그렇게 되지 않도록 조나라를 도와주고 싶어서입니다.

그러자 신원연이 "선생께서 조나라를 어떻게 도우신다는 겁니까?"라고 물었다. "위나라와 연(燕)나라가 조나라를 돕도록 하겠습니다. 제나라와 초(楚)나라는 원래부터 조나라를 도왔으니까요." "연나라에 대해서는 그대의 말을 믿지요. 그러나 위나라에 대한 것이라면, 내가 바로 위나라 사람입니다. 선생께서는 어떻게 위나라가 조나라를 돕도록 하실 수 있겠습니까?" "위나라는 진나라가 제왕을 칭하게 되었을 경우의 해독을 모르고

---

14) 鮑焦 : 周代의 은사. 세상에 불만을 품고 벼슬을 마다하여 땔나무를 해다 팔아 생활을 하였다고 한다. 후에 어떤 이가 그에게 周 왕조에 불만을 품고 있다면 周나라 땅에서 살지 않아야 옳은 것이라고 하자, 그는 곧바로 나무를 끌어안고 죽었다.
15) 원문은 "衆人不知, 則爲一身"인데, 이것에는 두 가지 해석이 있다. 하나는 보통 사람들은 지혜가 모자라 자기 자신만을 위한 생각을 한다는 것이다. 또 다른 해석은 사람들이 鮑焦의 뜻을 헤아리지 못하고, 그가 오로지 자기 자신만을 위하였다고 생각한다는 것이다. 안서는 전자의 해석을, 역자는 후자의 해석을 따랐다.

있을 뿐입니다. 위나라에게 진나라가 제왕을 칭하게 되면 생기는 해로움을 알게 한다면, 분명 조나라를 돕게 될 것입니다." "진나라가 제(帝)를 칭하게 되었을 경우의 해로움이란 어떤 것입니까?"

그러자 노중련이 대답하였다.

> 옛날 제 위왕(齊威王)[16]은 언제나 인의(仁義)를 지켜 천하의 제후들을 이끌고 주(周)나라에 조회를 가려 하였습니다. 그러나 주나라가 너무나 가난하고 쇠약해 제후들은 아무도 조회하려 하지 않았으므로 결국은 제나라만 조회하게 되었습니다. 그로부터 1년 남짓해서 주 열왕(周烈王)[17]이 붕어하였는데, 어쩌다 제나라만 다른 제후국들보다 늦게 도착하였지요. 그러자 주나라는 분노하여 제나라에게 "천자께서 붕어하시어 새로 등극한 나 천자[18]가 하석(下席)[19]을 하고 있는 이때에 신하인 동번(東藩)[20]의 인제(因齊)[21]가 늦게 도착하다니, 목을 베야 마땅할 것이오!"라고 말하였습니다. 제 위왕은 이 말을 듣자 격분하여 "뭐라고? 종년의 자식이!"라고 대꾸하였습니다. 결국 천하의 웃음거리가 되고 말았지요. 주 열왕이 살아 있을 때는 주나라에 조회를 드리고서, 그가 죽자 그 아들을 욕되게 한 것은, 주나라의 지나친 요구를 참을 수 없었기 때문입니다. 천자란 본래 이런 것이니 이상하게 여길 것이 없지요.

신원연이 "선생은 저 하인들을 보지 못하셨습니까? 열 명의 하인들이 한 사람을 따르는 것은 힘이 약하고 지혜가 부족해서일까요? 아닙니다. 주인을 두려워하기 때문입니다"라고 말하자 노중련이 물었다. "어허! 그럼 위나라를 진나라에 비교하면 하인과 같다는 말씀입니까?" "그렇습니다." "그렇다면 내가 진나라 왕이 위나라 왕을 삶아 죽이게 할까요?" 신원연은 노중련의 말에 불쾌해하며 말하였다. "선생의 말씀이 지나치십니다. 선생이 무슨 수로 진나라 왕이 위나라 왕을 삶아 죽이게 할 수 있다

---

16) 齊威王 : 田因齊. 기원전 356년부터 기원전 320년까지 재위하였다.
17) 周烈王 : 기원전 375년부터 기원전 369년까지 재위하였다. 여태까지의 고증 결과에 따르면, 周烈王은 齊威王의 부친인 齊桓公 시대에 세상을 떠났으므로 魏나라 왕과는 아무런 관계가 없다고 하였다.
18) 周顯王을 가리킨다.
19) 下席 : 옛날 喪中에 풀로 짠 자리 위에서 잠을 자는 것을 말한다. 즉 喪中임을 뜻한다.
20) 東藩 : 동방의 속국, 즉 齊나라를 말한다.
21) 因齊 : 즉 齊威王을 가리킨다.

는 말씀입니까 ? "

　그러자 노중련은 말하였다.

　　물론 할 수 있습니다 ! 말씀드리지요. 옛날 구후(九侯)와 악후(鄂侯), 주
　문왕(周文王)²²⁾ ²³⁾은 모두 은 주왕(殷紂王)²³⁾의 삼공(三公)²⁴⁾이었습니다.
　구후에게는 딸이 하나 있었는데 그녀는 아주 미인이었습니다. 그래서 주왕
　에게 딸을 바쳤는데, 주왕은 그녀가 못생겼다고 생각하여 구후를 소금에
　절여 죽였습니다. 악후가 강하게 만류하며 격하게 간언하자, 이번에는 악
　후를 포를 떠서 죽였습니다. 또한 주 문왕은 이 소식을 듣고 탄식하였을
　뿐인데도 주왕은 그를 유리(牖里)²⁵⁾에 있는 감옥에 100일이나 가두어두었
　다가 그를 죽이려고 하였습니다. 지금의 위나라 왕은 진나라 왕과 같은 사
　람인데, 어찌 다른 사람들과 함께 그를 왕이라고 칭해주어 결국 소금에 절
　여지는 신세가 되려고 하십니까 ? 제 민왕이 노(魯)나라에 가려고 하였을
　때, 말채찍을 들고 수행하던 이유자(夷維子)²⁶⁾가 노나라 사람에게 "그대들
　은 우리 군주를 어떻게 대접하겠소 ? "라고 물었습니다. 노나라 사람이 "우
　리는 10태뢰(十太牢)²⁷⁾의 예절로써 그대의 군주를 대접하겠습니다"라고
　대답하자 이유자는 이렇게 말하였습니다. "그대들은 어떤 예절에 근거하여
　우리 군주를 대접하려는 것이오 ? 우리 군주는 천자이시오. 천자께서 순행
　을 하시면 제후들은 자기의 궁궐을 내어주고, 성문과 창고 열쇠를 내맡기
　며, 옷을 걷어올리고 탁자를 배치하며, 대청 밑에서 천자의 수라를 준비하
　여 올리고, 천자께서 식사를 끝낸 후에야 물러나 정사를 듣는 것이오"라고
　하였습니다. 그러자 노나라 사람은 문을 닫아 걸고 열쇠로 잠그고는 제 민
　왕을 입국시키지 않았습니다. 민왕은 노나라에 들어갈 수 없게 되자 설
　(薛)²⁸⁾로 가려 하였습니다. 그런데 그곳으로 가려면 추(鄒)²⁹⁾를 지나야

---

22)　이들은 모두 殷 紂王 시대의 제후들이다. 九侯는 지금의 河北省 臨漳縣에 봉해졌
　　고, 鄂侯는 지금의 山西省 鄕寧縣에 봉해졌다. 周 文王은 岐山 아래 살다가 제후들
　　이 옹립하여 西方 제후의 長이 되었으므로 西伯이라고 칭해졌다.

23)　殷 紂王 : 商 왕조의 마지막 군주. 포악하고 무도하여 周 武王이 벌하였고, 패하
　　자 스스로 불에 뛰어들어 타 죽었다.

24)　三公 : 작위가 가장 높은 대신. 周나라에서는 太師, 太傅, 太保를 三公이라고 하
　　였다. 여기서는 관직이 가장 높은 신하를 비유하였다.

25)　牖里 : '羑里'라고도 쓴다. 지금의 河南省 湯陰縣 북쪽.

26)　夷維子 : 齊나라 신하. '夷維'라는 지명을 성씨로 삼았다. 夷維는 지금의 山東省
　　高密縣에 있는 齊나라의 읍 이름이다.

27)　10太牢 : 옛날에는 소, 양, 돼지 세 가지 동물을 각각 1太牢라고 하였다. 즉 10太
　　牢는 犧牲 10 가지를 갖춘 성대한 대접을 말한다.

28)　薛 : 周나라 초기에 봉해진 제후국으로, 지금의 山東省 滕縣 남쪽에 있었다. 전국

하였지요. 마침, 추나라의 군주가 붕어하였으므로 민왕은 조상(弔喪)을 하려고 하였습니다. 이유자가 붕어한 추나라 왕의 아들에게 말하였습니다. "천자께서 조상을 하게 되면 주인은 관을 뒤로 하고 북쪽을 향해 자리를 남쪽에 펴고 앉으며, 그런 후에 천자께서 남쪽을 향해 조상을 하는 것이오."30) 그러자 추나라의 군신들은 "꼭 그렇게 해야 한다면, 우리는 차라리 칼에 엎어져 죽겠다"라고 하며 끝내 추나라로 들이지 않았습니다. 추나라, 노나라의 신하들은 군주가 살아 있을 때에는 충분히 봉양을 못하였고, 세상을 떠나서도 충분히 제사 음식을 차려놓을 수 없었는데, 제나라가 천자의 예를 추나라, 노나라에서 행하게 하려고 하자 단연코 이를 받아주지 않았던 것입니다. 지금 진나라는 만승(萬乘)31)의 나라이고, 위나라 역시 만승의 나라입니다. 다 같이 만승의 나라를 거느리고 각각 왕이라 부르고 있지요. 그런 위나라가 진나라의 한 번 승리를 보고 진나라에 복종하여 진나라 왕을 제왕으로 만들려고 하고 있는 것입니다. 이렇게 되면 삼진(三晉)32)의 대신들을 추나라와 노나라의 하인이나 첩만도 못하게 만드는 것입니다. 또한 만약 진나라가 아무런 제지도 받지 않고 끝내 제왕을 칭하게 된다면, 제후국들의 대신을 마음대로 갈아치울 것입니다. 그들은 못마땅하게 보는 사람들을 떨쳐버리고 유능하다고 생각하는 사람을 등용할 것이며, 미워하는 자를 버리고 좋아하는 사람들로 바꿀 것입니다. 또한 진나라 왕의 요사스러운 부녀자들을 제후들의 아내로 삼게 할 것이니, 위나라 궁에서도 이런 여자가 살게 될 것입니다. 그렇게 되면 위나라 왕은 편히 있을 수 있을 것이며, 장군 또한 지금과 같은 총애와 신임을 받을 수 있겠습니까?

그제서야 신원연은 일어나 두 번 절하고 사과하였다. "선생을 이제껏 평범한 사람이라 생각하고 있었는데, 오늘에야 비로소 선생이 천하에 제일가는 선비라는 것을 알았습니다. 저는 곧 이곳을 떠나 다시는 진나라

시대 초기에 齊나라에 멸망당하였다.
29) 鄒 : 지금의 山東省 鄒縣 일대에 있던 나라.
30) 옛날에는 제후가 죽으면 원래는 관을 북쪽에 두었다. 그런데 만약 天子가 조상을 오면 관을 반대 자리로 옮겨 天子가 남쪽을 향해 조상을 하게 하였다.
31) 萬乘 : 수레 만 대를 말한다. 수레 한 대와 말 네 마리를 1乘이라 하고, 1乘마다 무장한 병사 3명과 步兵 72명이 배치되었다. 따라서 萬乘의 나라는 강대국을 비유하는 것이다.
32) 三晉 : 韓, 趙, 魏 세 나라를 가리킨다. 이들 세 나라는 원래는 晉에서 갈려나온 나라들로, 때로는 세 나라 가운데 한 나라, 혹은 두 나라 역시 三晉이라고 칭한다.

왕을 제왕이라고 받드는 말을 하지 않겠습니다." 진나라 장군은 이 소식을 듣자 곧 군사를 50리나 뒤로 물렸다.[33] 또한 때마침 위 공자(魏公子) 무기(無忌)[34]가 조나라를 구원하기 위해서 진비(晉鄙)의 군사를 빼앗아 진나라 군대를 공격해왔으므로,[35] 진나라 군대는 마침내 퇴각하였다.

이렇게 위기를 모면하자 조나라의 평원군은 노중련에게 봉지를 하사하고자 하였으나, 노중련은 세 번이나 사양하며 끝내 받지 않았다. 그래서 평원군은 주연을 마련하여 술이 한창 올랐을 때 앞으로 나가 천금을 바치며 노중련의 복을 빌었다. 그러자 노중련은 웃으며 거절하였다. "천하의 선비가 귀한 까닭은 다른 사람의 걱정을 덜어주고 재난을 없애주며 분규를 풀어주고도 보상을 받지 않기 때문입니다. 만일 보상을 받는다면, 그것은 장사(商)꾼이 하는 짓입니다. 저는 그런 짓은 차마 하지 못합니다." 그리고는 마침내 평원군에게 인사를 하고 떠나가버렸고, 평생토록 다시는 만나지 않았다.

그 뒤 20여 년이 지나 연나라 장군이 제나라의 요성(聊城)[36]을 공격하여 함락시켰다. 그런데 요성 사람 중에 그들의 장군을 연나라에 중상모략한 자가 있어서 장군은 처형을 당할까 겁이 난 나머지 귀국하지 않은 채 요성에 그대로 있었다. 한편 제나라는 전단(田單)을 보내 요성을 1년 남짓 공격하였는데, 수많은 병사들의 희생에도 불구하고 요성을 함락시키지 못하고 말았다. 그무렵 노중련은 글을 지어 화살 끝에 매달아 성 안에 있는 연나라 장군에게 쏘아보냈다.

지혜로운 자는 시기를 거역해 유리한 기회를 저버리지 않으며, 용맹한 자는 죽음을 겁내어 명예를 훼손하지 않으며, 충신은 자기 한 몸을 우선하고 군주를 뒤로 하지 않는다고 들었소. 지금 장군은 참소를 받은 한때의 분노

---

33) 『通鑑考異』에는 魯仲連은 秦나라가 稱帝할 경우의 해로움을 설명하여 新垣衍이 감동받아 스스로 물러나게 하였을 뿐이며, 秦나라 장군과는 아무런 관계도 없다고 하였다. 또한 秦나라 장군이 50리나 퇴각하였다는 것은 과장이라고 되어 있다.
34) 魏 公子 無忌 : 魏 安釐王의 이복 동생으로, 信陵君에 봉해졌다. 권77 「魏公子列傳」참조.
35) 晉鄙는 趙나라의 구원병을 통솔하고 있었는데, 蕩陰에 주둔하고 나아가지 않았다. 그러자 信陵君은 晉鄙를 죽이고 병권을 탈취하여 秦나라 군대를 격퇴시켰다. 권77 「魏公子列傳」참조.
36) 聊城 : 지금의 山東省 聊城縣 서북쪽에 있던 齊나라의 읍 이름.

를 못 참아 안 그래도 좋은 신하가 없는 연나라 왕을 버렸으니, 이는 충성심이 아니오. 또한 요성을 잃고 장군 역시 죽게 된다면 장군의 위엄을 제나라에 떨칠 수가 없으니, 이는 용기가 아니오. 그리고 이대로 나가다가 공이 허물어지고 명성을 잃게 된다면, 후세 사람들은 장군에 대해서 칭송하지 않게 될 것이니, 이는 지혜로운 행동이 아니오. 당대의 군주는 이런 세 가지 일을 한 사람을 신하로 쓰지 않을 것이고, 유세하는 선비는 그에 대해서 언급하지 않을 것이오. 그러기에 총명한 사람은 망설이지 않고, 용감한 사람은 죽음을 두려워하지 않소. 장군은 지금 생사, 영욕, 귀천(貴賤)의 갈림길에 있소. 기회는 두번 다시 오지 않는 것이니, 부디 깊이 생각하여 속된 사람들과 같은 생각을 하지 마시기 바라오.

또한 초나라는 제나라의 남양(南陽)[37]을 공격하고, 위나라는 평륙(平陸)[38]을 치고 있으나, 제나라로서는 남쪽의 초나라를 공격할 생각이 없소. 남양을 잃는 손실은 작고, 차라리 제수(濟水) 북쪽의 땅[39]을 손에 넣는 것이 이익이 크다고 생각하기 때문이오. 그러므로 이해를 따져 결정을 내려 대처하고 있는 것이오. 지금 진나라가 병사를 풀어 제나라를 도우니 위나라는 감히 동쪽을 향해서 제나라를 공격하지 못할 것이며, 제나라와 진나라가 손을 잡게 되니 초나라의 형세는 위태롭게 되었소. 또한 제나라는 남양을 버리고 오른쪽 땅인 평륙을 단념하고서 전력으로 제수 북쪽의 땅을 평정하는데, 이는 득실을 따져 결정한 계책이오. 제나라는 분명 요성을 다시 차지할 것이니 장군은 주저하지 말고 결단을 내리시오. 지금 초나라, 위나라 군사는 차례로 제나라에서 물러나는 중이고, 연나라 구원병은 오지 않소. 제나라의 모든 병력은 다른 마음을 먹지 않고 전력으로 요성을 탈취할 것이니, 이미 1년 남짓이나 포위된 요성을 그대가 사수한다는 것은 절대 성공할 수 없을 것이오. 또한 연나라는 큰 혼란에 빠져 있어 임금과 신하가 똑같이 올바른 계획을 세우지 못하고 위아래가 모두 정신을 잃고 있소. 율복(栗腹)[40]은 10만의 군사를 거느리고 원정하여 다섯 번이나 패전하였고, 그 결과 만승의 강대국인 연나라는 조나라에게 수도를 포위당하였고, 땅은 깎여나가고 임금은 욕을 당해서 천하의 웃음거리가 되었소. 나라는 피폐해지고 재난마저 잦아서 백성들은 마음 붙일 곳이 없소. 그런데 지

---

37) 南陽 : 읍 이름. 지금의 山東省 鄒縣 서북쪽.
38) 平陸 : 읍 이름. 지금의 山東省 汶上縣 북쪽.
39) 즉 聊城 일대를 가리킨다.
40) 栗腹 : 燕나라 재상. 기원전 251년, 병사를 이끌고 趙나라를 공격하였다가 趙나라 장군 廉頗에게 살해당하였다. 廉頗는 승기를 타고 燕나라의 도성을 포위하였다.

금 장군은 요성의 지친 백성들을 이끌고 제나라 전체 병력을 저지하고 있으니, 그것은 실로 묵적(墨翟)[41]이 초나라를 막아낸 것에 비할 만하오. 궁핍해서 사람의 고기를 먹고 사람의 뼈를 땔감으로 쓰고 있는데도 장군의 병사들은 배반할 생각을 품지 않고 있으니, 장군이야말로 참으로 손빈(孫臏)[42]에 비할 만하오. 이제 온 천하에 장군의 능력을 보여주었소. 그러나 장군을 위해서 생각해본다면, 병력과 군졸에 아무 손실이 없도록 하여 연나라에 보답하는 것이 가장 좋은 일일 것이오. 병력을 온전하게 가지고 연나라로 돌아가면 연나라 왕은 반드시 기뻐할 것이고, 장군의 몸이 성해서 돌아가게 되면 백성들은 부모를 만난 듯이 기뻐할 것이며, 장군의 친구들은 흥분하여 팔을 걷어붙이며 칭찬하여, 마침내는 장군의 업적을 천하가 다 알게 될 것이오. 위로는 고립된 군주를 도와 군신들을 단속하고, 아래로는 백성들을 살 살게 하여 세사(說士)[43]들에게 이야기거리를 제공하고 나라를 바로잡아 타락된 풍속을 고치게 되면 공명(功名)을 이룰 수 있을 것이오. 혹은 이런 것이 마음에 없다면 연나라를 떠나 세속을 버리고 동쪽 제나라로 오시는 것은 어떠시겠소? 그러면 제나라는 땅을 떼어 봉지를 정해주게 될 것이오. 그렇게 되면 장군은 도(陶),[44] 위(衞)[45]와 같은 부귀를 누릴 수 있으며, 장군의 후손은 대대손손 세도를 부릴 수 있으며 제나라와 함께 길이길이 부귀를 누리게 될 것이니 이 또한 한 가지 방법일 것이오. 앞에서 말한 이 두 가지 계획은 모두 이름을 알리고 실리를 두텁게 할 수 있는 방법이오. 장군은 깊이 생각하시어 한 가지를 선택하시오.

작은 예절에 얽매여 있는 사람은 영화로운 이름을 이룰 수 없고, 작은 치욕을 마다하는 사람은 큰 공을 세울 수 없다고 들었소. 옛날 관이오(管

---

41) 墨翟 : 魯나라(또는 宋나라) 사람. 先秦의 주요 사상가 중 한 사람으로, 墨家學派의 창시자이다. 약 기원전 440년 公輪般(즉 魯班)이 楚나라에 성을 공략하는 雲梯를 만들어주자, 楚나라 왕은 宋나라를 공격할 준비를 하였다. 墨子는 이 소식을 듣자 한밤중에 楚나라로 달려가 楚나라 왕에게 宋나라를 공격하였을 때의 이해득실에 대해서 설명하였다. 公輪般은 공격을 아홉 차례 하였고, 墨子는 아홉 번이나 이를 막아냈다. 결국 公輪般의 공격법은 바닥이 났지만, 墨子의 방어법은 아직 남아 전쟁을 끝낼 수 있었던 것이다.
42) 孫臏 : 전국시대 齊나라의 장수. 魏나라 군대를 대파한 계책을 낸 것으로 유명하다.
43) 說士 : 說客을 말한다. 즉 유세하러 다니는 사람.
44) 陶 : 즉 秦나라 재상 魏冉을 가리킨다. 陶(지금의 山東省 定陶縣 서북쪽)에 봉해졌다.
45) 衞 : 秦나라 재상 商鞅을 가리킨다. 商鞅은 衞나라 사람이었으므로 '衞鞅'이라고도 부른다. 권68 「商君列傳」 참조.

夷吾)는 제 환공(齊桓公)을 활로 쏘아 그의 허리띠 고리를 맞혔으니[46] 실로, 그것은 찬탈(篡奪)[47] 행위였소. 또 공자 규(糾)를 저버리고 그를 위해서 죽지 않은 것은 비겁한 행동이었으며, 오라에 묶여 수갑과 차꼬를 차게 된 것은 치욕스러운 행동이었소. 세상의 임금은 이런 세 가지 행동을 저지른 사람을 신하로 써주지 않을 것이며, 마을 사람들도 그들과는 교제하려 하지 않을 것이오. 만일 향리(鄕吏)[48]인 관자(管子)[49]가 옥에 갇혀 세상에 나오지 못하였거나 옥사하여 제나라로 돌아올 수 없었던들 그는 끝내 치욕에 가득 찬 오명을 면할 수 없었을 것이오. 노비들도 그와 비교되는 것을 부끄러워할텐데, 하물며 보통 사람들이야 어떻겠소? 그런데도 관자는 오라에 묶여 갇혀 있는 것보다 천하를 바로잡지 못하는 것을 부끄러워하였고, 공자 규를 위해서 죽지 않은 것보다 제나라가 제후들 사이에 위엄을 떨치지 못하는 것을 부끄러워하였소. 그러므로 세 가지 잘못을 아울러 범하고서도 환공을 오패(五覇)의 우두머리로 만들어,[50] 그 명성을 천하에 드높이고 광채는 이웃 나라를 비추게 된 것이오. 또한 조자(曹子)[51]는 노나라 장군이 되어 제나라와 세 번 싸워 세 번 다 패하였고, 노나라 땅을 500리나 잃었소. 그때 임시 관리였던 조자가 여러번 돌이켜 생각하거나 침착하게 계획을 세우지 않고 조급하게 자살을 하였더라면, '항상 패배만 하여 포로가 되는 장군'이라는 오명을 면할 수 없었을 것이오. 그러나 조자는 삼전삼패(三戰三敗)의 치욕을 생각하지 않고 돌아와 노나라 임금과 계책을 상의하였소. 제 환공이 천하의 제후들과 회합하는 기회를 틈타, 조자는 오직 칼 한 자루에 의지한 채 회맹하는 연단 위에 있는 환공의 심장을 겨누었소. 그때 조자의 안색은 변하지 않았고, 말투 역시 엄중하였소. 결국 세 차례 싸움에서 패해 잃은 토지를 하루아침에 쉽게 되찾은 것이오. 이로써 조자는 천하를 진동시켰고, 제후들을 경악시켜 노나라의 위엄을 멀리 오(吳)[52]나라와 월(越)[53]나라에까지 미치게 한 것이오. 이 두 사람은 작은

---

46) 管夷吾(?-기원전 645년)는 齊나라 사람인 管仲을 말한다. 그는 처음에는 齊나라 公子 糾를 모셨는데, 公子 糾와 公子 小白(齊 桓公)이 지위를 다투자, 管仲은 小白에게 화살을 쏘아 허리띠의 고리를 맞추었다.

47) 篡奪 : 임금의 자리를 빼앗는 것, 즉 '篡位'를 말한다.

48) 鄕吏 : 임시 관리.

49) 管子 : 즉 管仲을 가리킨다.

50) 管仲은 鮑叔牙의 추천을 받아 齊 桓公을 보좌하여 覇業을 이룰 수 있도록 하였다. 그 덕택에 齊 桓公은 春秋五覇의 우두머리가 될 수 있었다.

51) 曹子 : 춘추시대 魯 莊公의 신하였던 曹沫을 가리킨다. 그는 齊나라와의 싸움에서 세 번 싸워 세 번 져 많은 토지를 잃었다. 후에 齊 桓公이 제후들과 회맹하는 틈을 타서 齊 桓公이 차지한 영토에서 물러나라고 비수로 협박하였다.

청렴과 작은 절개를 이루지 못해서가 아니라, 자신의 몸을 죽이고 집안과
자손을 끊으며 공명을 세우지 못하는 것은 지혜로운 일이 아니라고 생각하
였던 것이오. 그러므로 마침내 울분의 원한을 버려 평생 공명을 세웠으며,
원망에 사로잡힌 작은 절개를 버리고 대대로 전해질 공을 세웠던 것이오.
그러기에 그들의 업적은 누구의 것이 더욱 오래도록 전해지나 삼왕(三
王)⁵⁴⁾과 다툴 수 있고, 그 이름은 천지와 함께 영원히 남게 된 것이오. 장
군께서는 이중 하나를 택하여 실행하시오.

연나라 장군은 노중련의 편지를 읽고 사흘 동안이나 울며, 이것저것 궁
리를 하였지만 주저하며 결정을 내리지 못하였다. 그가 연나라로 돌아가
고자 해도, 연나라 왕과 사이가 벌어져 있었으므로 살해될까 두려웠고,
또한 제나라에 항복을 하자니 제나라 사람들을 너무 많이 죽이고 사로잡
았으므로 항복을 하면 욕을 당할까 두려웠다. 그래서 그는 탄식하며 "다
른 사람에게 죽느니, 차라리 내 스스로 죽으리!"라고 하고는 자살을 하
였다. 이로써 요성은 혼란에 빠져, 전단은 마침내 요성을 무찌르고 돌아
와 제나라 왕에게 노중련의 공적을 아뢰고 그에게 벼슬을 주기를 청하였
다. 그러나 노중련은 몸을 피해 달아나 어느 바닷가에 숨어 살며 이렇게
말하였다. "나는 부귀하면서 남에게 눌려 사느니, 차라리 빈천한 대로 세
상을 가볍게 내 맘대로 살겠노라!"

추양(鄒陽)⁵⁵⁾은 제(齊)나라 사람이다. 그는 양(梁)⁵⁶⁾에서 편력하며 오
(吳)⁵⁷⁾나라 사람 장기부자(莊忌夫子)⁵⁸⁾와 회음(淮陰) 사람 목생(牧生)⁵⁹⁾

---

52) 吳 : 시조는 周 太王의 아들인 泰伯이다. 지금의 江蘇省 대부분과 安徽省, 浙江省
의 일부를 차지하였다. 기원전 473년 越나라에 멸망당하였다. 권31 「吳太伯世家」 참
조.
53) 越 : 시조는 夏少康의 庶子인 無余라고 한다. 지금의 江蘇省 대부분과 安徽省 남
부, 浙江省 북부, 江西省 동부를 차지하였고, 기원전 306년 楚나라에 멸망당하였
다. 권41 「越王句踐世家」 참조.
54) 三王 : 夏, 商, 周 三代의 개국 군주를 가리킨다. 구체적으로는 禹王, 湯王, 周
文王과 周 武王을 가리킨다.
55) 鄒陽 : 西漢의 문학가. 처음에 吳王 劉濞를 모셨는데, 그에게 "上吳王書"라는 글
을 올려 漢나라에 반란을 일으키지 말라고 권하였다. 그러나 劉濞가 듣지 않자 그를
떠나 梁 孝王의 객이 되었다. 참언을 받아 하옥되었으나 곧 글을 올려 석방된 후에
는 上客이 되었다.
56) 梁 : 漢나라 초기의 봉국. 지금의 河南省, 安徽省 경계 지역에 있었고, 睢陽(지금
의 河南省 商丘市 남쪽)에 도읍하였다.

의 무리들과 사귀었다. 그는 글을 올려 양승(羊勝), 공손궤(公孫詭) 등과 함께 양 효왕(梁孝王)의 문객(文客)이 되었다. 그런데 양승 등이 추양을 시기하여 양 효왕에게 그를 중상하였더니, 효왕은 노하여 추양을 법관에게 넘겨 그를 죽이려고 하였다. 추양은 남의 나라에서 유력하다가 참언을 받아 체포되면 죽어서도 그 죄명을 짊어질까 두려워 옥중에서 다음과 같은 글을 올렸다.

신은 충성된 사람은 임금에게 정당한 대우를 받지 않는 일이 없고, 진실한 사람은 남에게 의심을 받지 않는다고 들었습니다. 신은 언제나 그런 줄 알고 있었습니다만, 그것은 다만 헛된 말일 뿐이었습니다. 옛날 형가(荊軻)가 연(燕)나라 왕자 단(丹)의 의로움을 사모하여, 단을 위해서 진(秦)나라 왕을 죽이러 가려고 할 때, 하늘이 감응하여 흰 무지개가 해를 꿰뚫는 현상이 나타났습니다. 그런데도 연단(燕丹)은 형가를 의심하였습니다.[60] 또한 위선생(衞先生)은 진나라를 위해서 장평(長平) 전투에 대한 일을 계획하였는데, 그의 충성심에 태백(太白)이 묘성(昴星)을 범하는 상서로운 징조가 나타났지만,[61] 진 소왕(秦昭王)은 그를 의심하였습니다.[62] 형가와 위선생의 정성이 천지에 변화를 일으켰음에도 불구하고 두 임금이 그들의 참됨을 깨닫지 못하였던 것입니다. 이 어찌 슬픈 일이 아니겠습니까? 지금 신은 충성을 다하고, 드리고자 하는 말씀을 아뢰어 대왕께서 알아주시기를 바랐지만, 대왕 좌우에 있는 사람들이 밝지 못한 탓으로 오히려 옥리에게 심문을 당하고 세상에 의심을 받게 되었습니다. 이래서야 형가와 위

---

57) 吳 : 지금의 江蘇省, 浙江省, 安徽省 일대에 있던 漢나라 초기의 봉국을 말한다. 기원전 154년에 吳王 劉濞가 漢나라에 반란을 일으켰다. 이 반란을 평정한 후 '吳'라는 나라 이름을 없애버리고 江都라고 개칭하였다.

58) 莊忌夫子 : 성은 莊, 이름은 忌, 夫子는 字이다.

59) 牧生 : 이름은 乘, 字는 叔으로, 辭賦家이다.

60) 燕나라 왕자 丹은 秦나라의 인질이 되었는데, 秦 始皇은 그를 예우하지 않았다. 丹이 돌아온 후 秦 始皇에게 복수하고자 荊軻를 자객으로 보내었다. 荊軻가 출발하기 전에 하늘에는 전쟁을 상징하는 흰 무지개가 군주를 상징하는 해를 꿰뚫는 현상이 나타났다. 그런데 荊軻가 출발을 늦추자 丹은 그가 가지 않으려는 것으로 의심하였던 것이다.

61) 太白은 金星의 다른 이름이고, 昴星은 28宿의 하나이다. 옛사람들은 太白이 전쟁을 주관한다고 여겼으므로, 趙나라 지역에 있는 昴星을 太白이 침범하는 것은 趙나라가 재앙을 입을 징조임을 나타낸다.

62) 秦나라 장군 白起가 長平에서 趙나라 군대를 대파하고, 그 승기를 타고 趙나라를 멸하려고 하자, 衞先生은 돌아와 秦 昭王에게 병력과 군량을 더 파견할 것을 요청하였다. 그러나 秦 昭王은 范雎의 참언만 듣고 이를 받아들이지 않았다.

선생이 다시 태어난다고 해도, 연나라와 진나라는 그들의 참뜻을 깨닫지
못할 것이니, 대왕께서는 깊이 살펴주시옵소서!

예전에 변화(卞和)는 보옥을 바쳤음에도, 초나라 왕은 그것이 가짜라고
하여 변화의 발을 잘라버렸습니다. 이사(李斯) 역시 충성을 다하였지만,[63]
호해(胡亥)[64]는 그를 극형에 처하고 말았습니다. 기자(箕子)[65]가 미친 척
하고, 접여(接興)[66]가 세상을 피해 살았던 것도 다 이런 환난을 당할까 두
려웠기 때문입니다. 바라옵건대 대왕께서는 변화와 이사의 참뜻을 깊이 살
피셔서 앞으로는 초나라 왕과 호해처럼 잘못된 참소를 받아들이는 일이 없
고, 신이 기자와 접여에게 비웃음을 받지 않게 해주시옵소서. 또 신은 "비
간(比干)[67]은 가슴을 찢기고, 오자서(伍子胥)[68]는 말가죽 주머니에 넣어
져 강물에 던져졌다"라고 들었습니다. 처음에는 그 말을 믿지 않았으나,
지금은 그것이 사실임을 알게 되었습니다. 바라옵건대 대왕께서는 깊이 살
피셔서 신을 조금이라도 가련히 여겨주시옵소서!

속담에 "백발이 되도록 친구로 오래 사귀었으면서도 새로 사귄 것처럼
마음을 모르는 자가 있는가 하면, 안 지 얼마 되지 않았는데도 예부터 사
귄 것 같은 사람이 있다"라는 말이 있습니다. 무슨 이유일까요? 이는 서
로 상대의 마음을 아느냐 모르느냐 하는 것 때문입니다. 옛날 번오기(樊於
期)[69]는 진(秦)나라에서 연나라로 도망갔는데, 형가에게 자신의 머리를

---

63) 李斯 : 전국시대 말기의 上蔡(지금의 河南省 上蔡縣) 사람. 秦나라에 들어가 처음
    에는 客卿을 지내다가 나중에 丞相이 되어 秦 始皇이 6국을 통일하는 것을 보좌하였
    다. 또한 郡縣制度를 정하고 籀文을 小篆으로 바꾸었다. 秦 始皇이 죽자 李斯와 趙
    高가 모의하여 秦 始皇의 장자인 扶蘇를 살해하고 어린 아들인 胡亥를 옹립하고자
    하였다. 그러나 나중에 반란을 꾀하였다는 趙高의 모함에 의하여 처형당하였다. 권
    87「李斯列傳」참조.
64) 胡亥 : 秦 始皇의 아들. 기원전 210년부터 기원전 207년까지 재위하였다. 그는
    부친을 이어 阿房宮 공사를 계속하고, 세금과 요역을 더욱 무겁게 부과하였으므로
    농민봉기를 야기하였다. 결국 趙高에게 핍박당하여 자살하였다.
65) 箕子 : 殷 紂王의 숙부. 이름은 胥餘이고, 箕 땅에 봉해졌다. 직언을 하다가 감금
    되자, 재난을 피하기 위해서 미친 척하였다.
66) 接興 : 춘추시대 楚나라의 은사.
67) 比干 : 殷 紂王의 숙부(일설에는 堂兄이라고도 한다). 올바른 말을 간하였다가 紂
    王에게 가슴을 찢겨 죽었다.
68) 伍子胥 : 이름은 員이다. 처음에는 楚나라 신하였다가, 나중에 吳나라의 대신이
    되었다. 吳王 夫差는 참언을 듣고 伍子胥에게 자살을 강요하였고, 그가 자살하자 시
    체를 말가죽 주머니에 넣어 강물에 던져버렸다.
69) 樊於期 : 秦나라 장군. 秦 始皇에게 죄를 지어 燕나라로 도망갔다. 荊軻가 秦나라
    에 자객으로 갔을 때, 樊於期는 荊軻가 秦 始皇에게 접근할 수 있도록 하기 위해서
    자살하여 荊軻가 자기 시체를 秦나라에 바치도록 하였다.

주어 연나라 왕자 단(丹)이 내린 사명을 받들어 수행하였습니다. 왕사(王奢)[70]는 제나라를 떠나 위나라로 도망을 갔는데, 성에 올라 스스로 목숨을 끊어 제나라를 물리치고 위나라를 보존하였습니다. 그들이 제나라와 진나라를 떠나 연나라와 위나라의 군주를 위해서 목숨을 바친 것은, 군주들의 행위가 자신들의 뜻에 맞았고, 또한 자신들의 의로움을 사모하는 군주들의 마음에 지극받았기 때문이었습니다. 또 소진(蘇秦)[71]은 세상에서 신임을 받지 못하였지만 오직 연나라에서만은 미생(尾生)[72]과 같이 신의를 지켰습니다. 백규(白圭)[73]는 싸움에서 패배하여 여섯 개의 성을 잃은 다음 위나라로 망명하였고, 나중에 위나라를 위해서 중산(中山)[74]을 함락시켰습니다. 이는 무슨 까닭이겠습니까? 다만 군주와 서로에 대한 이해가 있었기 때문입니다. 소진이 연나라의 재상이 되자, 연나라 사람이 왕에게 그에 대한 나쁜 말을 하였으나, 왕은 칼을 만지며 소진을 비방한 자를 꾸짖었습니다. 아울러 소진을 더욱 후대하여 자신의 결제(駃騠)[75]를 잡아 그에게 먹였습니다. 백규가 중산에서 공을 세우자, 중산의 어떤 사람이 위 문후(魏文侯)[76]에게 그를 비방하였습니다만, 문후는 오히려 밤에도 빛을 발하는 구슬을 백규에게 내렸습니다. 무슨 까닭이겠습니까? 이는 두 임금과 두 신하가 각각 가슴을 열고 서로 믿기 때문이니, 어찌 근거도 없는 말에 마음이 흔들리겠습니까?

그러므로 여자는 미인이든 아니든 궁중으로 들어가게 되면 질투를 받게 되고, 선비는 어질든 아니든 조정에 서게 되면 시기를 받기 마련입니다.

---

70) 王奢 : 齊나라 사람인데 죄를 지어 魏나라로 도망갔다. 후에 齊나라가 魏나라를 공격하자, 王奢는 자기까지 연루될까봐 성에서 齊나라 군사를 맞아 자살하였다.

71) 蘇秦 : 洛陽(지금의 河南省 洛陽市) 사람. 字는 季子이며 전국시대의 유명한 說客이었다. 그는 合縱策을 세워 齊, 楚, 燕, 趙, 韓, 魏 나라가 연합하여 함께 秦나라에 대항할 것을 주장하였다. 나중에 齊나라에서 자객에게 살해당하였다.

72) 尾生 : 약속을 잘 지켰다는 전설상의 인물. 魯나라 사람인 尾生은 여자와 다리 아래서 만나기로 약속을 하였는데, 여자가 오지 않자 물이 불어도 떠나지 않고 다리 기둥을 부여잡고 죽었다 한다.

73) 白圭 : 전국시대 中山의 장수. 작전이 실패하여 城邑 6개를 잃게 되자, 中山君은 그를 죽이려고 하였다. 그는 魏나라로 도망가서 魏 文侯에게 우대를 받았다. 나중에 魏나라를 위해서 中山을 공격하여 차지하였다.

74) 中山 : 지금의 河北省 定縣 일대에 있던 나라. 전국시대에 趙나라에 멸망당하였다.

75) 駃騠 : 빨리 달리는 말, 즉 준마를 가리킨다. 생후 이레 만에 어미 말보다 빨리 달린다고 한다.

76) 魏 文侯 : 魏斯. 전국시대 魏나라를 건립한 인물. 기원전 445년부터 기원전 396년까지 재위하였다.

옛날 사마희(司馬喜)[77]는 송나라에서 무릎을 베이는 형을 받았는데도, 나중에는 중산(中山)의 재상이 되었습니다. 또한 범수(范雎)[78]는 위나라에서 갈비뼈가 부러지고 이가 분질러졌으나 마침내는 진나라에서 응후(應侯)가 되었습니다. 이들 두 사람은 반드시 그렇게 될 것이라는 계획을 믿고서, 무리를 지어 사사로운 일을 하는 붕당(朋黨)을 버리고는 홀로 처신하였던 것입니다. 그런 까닭에 자연 다른 사람들의 질투를 받지 않을 수 없었던 것입니다. 때문에 신도적(申徒狄)[79]은 간언이 받아들여지지 않자 스스로 강물에 몸을 던졌고, 서연(徐衍)[80]은 세상이 싫어 돌을 품에 안고 스스로 바다에 뛰어들었던 것입니다. 이들은 자신들이 세상에 받아들여지지 않더라도, 도의상 조정에서 당파를 짜서 군주의 마음을 흔들어놓는 구차한 일은 하지 않았습니다. 또한 백리해(百里奚)[81]는 길에서 걸식을 하고 있었으나 진 목공(秦穆公)은 그에게 기꺼이 정사를 맡겼고, 영적(寧戚)[82]은 수레 아래에서 소를 먹이고 있었으나 제 환공(齊桓公)은 그에게 나라를 맡겼던 것입니다. 이들 두 사람이 조정의 관리들에게 추천을 받거나, 좌우의 칭송을 빌려서 진 목공과 제 환공에게 등용된 것입니까? 마음이 서로 함께 느끼고 행동이 일치하면, 아교나 옻칠한 것보다 더 친밀하며 사이 좋은 형제처럼 되어 그들 사이를 갈라놓을 수 없게 됩니다. 그러니 어찌 뭇 사람들의 말에 현혹될 리가 있겠습니까? 고로 한쪽 말만 들으면 간사한 일이 생기게 되고, 한 사람에게 모든 것을 맡기면 난이 일어나게 되는 것입니다. 옛날 노나라는 계손(季孫)의 말을 듣고 공자(孔子)를 내쫓았고,[83]

---

77) 司馬喜 : 宋나라 사람. 宋나라에서 슬개골을 잘리는 형벌을 당하자 中山으로 달아나 中山의 재상이 되었다.

78) 范雎 : '雎'는 '雎'의 잘못인 듯하나 여기서는 원문을 따랐다. 전국시대 魏나라 사람으로, 魏나라에서 죄를 지어 늑골과 치아가 부러지는 형을 당하였다. 秦나라로 도망가 秦나라 재상이 되어 應(지금의 河南省 魯山縣 동쪽) 땅에 봉해져 應侯라고 칭해졌다. 권79「范雎蔡澤列傳」참조.

79) 申徒狄 : 성은 申徒(申屠라고도 쓴다), 이름은 狄이다. 殷나라 말기의 인물로 전국시대의 사람이라고도 한다.

80) 徐衍 : 周나라 말기의 인물.

81) 百里奚 : 춘추시대 虞나라(지금의 山西省 平陸縣 북쪽에 있던 나라) 사람. 虞나라가 망하자 노예가 되었으나 楚나라로 탈출하였다. 秦 穆公이 양가죽 다섯 장으로 그를 사서 풀어주었고, 후에는 秦 穆公의 覇業 달성을 보좌하였다.

82) 寧戚 : 춘추시대 衛나라(지금의 河南省 淇縣, 滑縣 일대에 있던 나라) 사람. 은거하여 상인이 되었다. 그가 길에서 소를 먹이며 노래를 하고 있었는데, 齊 桓公은 그가 비범한 인물임을 알아보고는 그를 客卿으로 삼았다.

83) 季孫은 魯나라의 大夫인 季桓子를 가리킨다. 齊나라에서 桓子에게 여자 樂隊를 보내주자, 桓子는 사흘 동안이나 조회에 참석하지 않았으므로 孔子는 불만스러워 魯

송나라는 자한(子罕)의 꾐을 믿고 묵적(墨翟)을 가두었습니다. 공자와 묵적의 달변으로도 참소와 아첨에서 벗어나지 못하였고, 이 때문에 노나라와 송나라는 위태롭게 되었습니다. 이는 무슨 까닭이겠습니까? 여러 사람의 입은 무쇠라도 녹일 수 있고, 계속해서 쌓이고 쌓이는 참소의 말은 뼈라도 녹일 수 있기 때문입니다. 진(秦)나라는 오랑캐 유여(由余)[84]를 등용하여 중국을 제패하였고, 제나라는 월(越)나라 사람인 몽(蒙)을 기용하여 위왕(威王)과 선왕(宣王)의 위엄을 강하게 하였습니다. 이 두 나라가 세속에 얽매여 이끌리거나, 아첨과 한쪽에 치우친 말에 사로잡혔습니까? 공정하게 듣고 두루 살펴봄으로써 이름을 당세에 남겼던 것입니다. 그러므로 뜻만 맞으면 호(胡)나 월(越)처럼 아주 먼 곳의 사람들과도 형제처럼 될 수 있으니, 유여나 몽이 바로 이런 사람들이었습니다. 그러나 뜻이 맞지 않으면 골육(骨肉) 사이라도 내쫓고 쓰지 않습니다. 주(朱),[85] 상(象),[86] 관(管)과 채(蔡)[87]가 바로 이런 경우입니다. 오늘날 백성의 주인된 사람이 참으로 제나라, 진나라와 같이 옳은 방법을 쓰고 송나라, 노나라처럼 잘못된 말은 듣지 않는다면, 오백(五伯)[88]의 명성도 별달리 언급할 것이 없으며, 삼왕(三王)의 공업 또한 쉽게 이룰 수 있을 것입니다.

그러므로 성군(聖君)은 충성과 간사함을 잘 구별하여, 자지(子之)[89]의 위선적인 마음은 내칠 수 있고, 전상(田常)[90]의 찬재주와 같은 것은 인정하지 않을 수 있는 것입니다. 주 무왕(周武王)은 충신 비간(比干)의 후예를 봉하고, 배를 찢겨 죽은 임신한 여인의 무덤을 손질해줌으로써[91] 그 공

나라를 떠났다.
84) 由余: 춘추시대 晉나라 사람. 그가 西戎(고대 서북 지역에 흩어져 살던 부족)으로 도망하자, 秦 穆公이 그를 불러들여 중용하였고, 그는 秦나라가 霸業을 이루도록 도와주었다.
85) 朱: 丹朱. 唐堯의 아들. 丹朱가 뛰어나지 않았으므로 堯임금은 그에게 군주 자리를 넘겨주지 않았다.
86) 象: 虞舜의 동생. 여러 차례 舜임금을 죽이고자 하였다.
87) 管, 蔡: 管叔 鮮과 蔡叔 度은 둘 다 周 武王의 동생들이었는데, 武王이 세상을 떠나자, 管叔 鮮과 蔡叔 度은 반란을 일으켰다가 周公에게 평정되었다.
88) 五伯: 즉 五覇를 가리킨다. 춘추시대에 세력이 강대하여 일시를 제패하였던 다섯 명의 제후들을 가리킨다.
89) 子之: 전국시대 燕나라 왕 噲의 재상. 그는 자신에게 왕위를 넘기라고 燕나라 왕을 속여 燕나라는 큰 혼란에 빠졌다.
90) 田常: 춘추시대 齊나라의 대신. 나중에 齊 簡公을 살해하여 스스로 齊나라 재상이 되어 전권을 휘둘렀다.
91) 周 武王은 殷 紂王을 멸한 후에 紂王에게 배를 갈려 죽은 충신 比干의 자손을 봉하고, 紂王에게 참살당한 姙婦의 분묘를 가꾸어주었다.

업을 또다시 세워 천하에 군림할 수 있었던 것입니다. 무슨 까닭이겠습니까? 이는 무왕이 좋은 일을 하는 데 전혀 싫증을 내지 않았기 때문입니다. 또 진 문공(晉文公)은 그의 원수와 친하게 지냄으로써[92] 제후들의 패자(覇子)가 될 수 있었고, 제 환공은 자신의 원수를 등용하여[93] 천하를 바로잡았던 것입니다. 어떻게 그럴 수 있었겠습니까? 그것은 진 문공과 제 환공이 자애로움과 인자함, 친절함으로써 진정으로 사람의 마음을 감화시킨 때문이니, 이는 빈말로써 얻을 수 있는 일이 아닙니다.

진(秦)나라는 상앙(商鞅)[94]의 방법을 써서 동쪽으로 한(韓)과 위(魏)나라를 약하게 만들고, 병력이 천하에서 제일 강하게 되었습니다. 그러나 마침내는 상앙을 거열형(車裂刑)[95]에 처하였습니다. 또한 월나라는 대부 종(種)[96]의 모략을 이용하여 오나라를 벌하고 중국에서 패자가 되었으나, 결국은 그를 죽이고 말았습니다. 이런 형편이므로 손숙오(孫叔敖)[97]는 세 번이나 해임되었어도 낙담하지 않았던 것입니다. 오릉(於陵)의 자중(子仲)[98] 역시 삼공(三公) 직책을 사양하고 남의 집에서 정원에 물 대주는 일을 하였습니다. 오늘날의 임금이 진실로 교만한 마음을 버리고 보답할 뜻을 품고 속마음을 꺼내 참된 마음을 보여주며, 간담(肝膽)을 털어 덕을 두터이 베풀고 기쁨과 어려움을 선비와 함께 하고 선비에게 인색하게 굴지 않으면, 포악한 걸왕(桀王)의 개라도 요임금에게 짖어대게 할 수 있고, 도척(盜跖)[99]의 식객들은 그의 명에 따라 허유(許由)[100]를 찔러 죽게 할 수

---

92) 晉 文公은 춘추시대 晉나라의 군주로 이름은 重耳이다. 그가 公子일 때, 부친 晉 獻公이 애첩의 말을 듣고 勃鞮를 보내 그를 죽이려고 하자, 급히 도망가다가 한쪽 소매가 잘려졌다. 나중에 그가 晉나라의 군주가 되었을 때 勃鞮가 알현하자 그를 용서해주었다.

93) 齊 桓公은 管仲이 자신에게 화살을 쏘아 허리띠의 고리를 맞추는 반역행위를 하였음에도 불구하고 그를 기용하였다.

94) 商鞅(기원전 약 390-기원전 338년) : 성은 公孫, 이름은 鞅으로, 衞나라 사람이다. 商나라에 봉해져 '商君,' '商鞅'이라고 불렸다. 秦나라에서 19년간 재상을 지내며 秦 孝王을 보좌하여 秦나라의 부국강병을 도왔다.

95) 車裂刑 : 사람의 머리와 사지를 각각 다섯 대의 마차에 매어놓고, 동시에 달리게 하여 몸을 갈갈이 찢어 죽이는 형벌. '五馬分屍'라고 칭한다.

96) 種 : 文種을 가리킨다. 춘추시대 越나라의 大夫로서, 越王 句踐을 보좌하여 吳나라를 이기는 覇業을 이루게 하였다. 권41 「越王句踐世家」 참조.

97) 孫叔敖 : 楚나라의 令尹(楚나라 최고 관직)을 지냈다. 그는 세 차례나 令尹에 임명되었으나 전혀 기뻐하지 않았고, 세 번이나 해임되었는데도 전혀 슬퍼하지 않았다.

98) 子仲 : '陳子仲'이라고도 칭한다. 齊나라 사람으로 於陵(지금의 山東省 鄒平縣 동남쪽)에 거하였다. 그는 楚나라 왕이 자신을 재상에 기용하려 하자, 처자를 이끌고 도망하여 남의 집에서 정원에 물 주는 일을 하였다고 한다.

도 있을 것입니다. 하물며 만승(萬乘)의 권세를 잡고 성왕(聖王)의 자질을 갖추신 분의 명이라면 어떻겠습니까? 형가(荊軻)가 칠족(七族)을 재난에 빠뜨린 일[101]이나, 요리(要離)가 처자식을 불타 죽게 만든 것[102]은 말할 필요도 없는 일입니다.

신은 "길을 걸어가는 사람에게 명월주(明月珠)와 야광벽(夜光璧)을 던지면 칼을 잡고 노려보지 않을 사람이 없다. 이는 아무 이유 없이 보물이 눈앞에 나타났기 때문이다. 구불구불 이상하게 꼬인 나무 뿌리일지라도 임금의 그릇이 되는 것은 무슨 이유인가? 이는 좌우에 있는 사람들이 먼저 그 모양을 꾸미기 때문이다"라고 들었습니다. 그러므로 아무 이유 없이 눈앞에 들어오게 되면, 아무리 수후주(隨侯珠)[103]나 야광벽이라고 해도 원한만 맺게 될 뿐 고맙게는 생각되지 않을 것입니다. 그러나 누군가 미리 이야기를 해두게 되면 마른 나무와 썩은 등걸일지라도 공을 세워 잊혀지지 않게 될 수 있는 것입니다. 오늘날 지위도 벼슬도 없이 곤궁한 선비들은 빈천한 처지에 있습니다. 때문에 설령 요임금과 순임금의 치술(治術)을 이해하고, 이윤(伊尹)[104]이나 관중(管仲)과 같은 말재주를 지니고, 용봉(龍逢)[105]과 비간(比干)과 같은 충성심을 지니고서 당대의 군주에게 충성을 다하고 싶어해도 나무 뿌리를 다듬어 임금에게 바치듯이 천거해주는 사람이 없습니다. 또한 마음과 생각을 다해서 충성과 진실을 열어 임금의 정사를 보좌하고 싶어도, 군주는 구슬을 던진 사람을 대하듯이 칼을 잡고 노려보는 경향이 있습니다. 이리하여 벼슬 없는 선비를 마른 나무와 썩은 등걸의 쓰임만도 못하게 만드는 것입니다.

어진 임금이 세상을 통제하고 풍속을 바로잡는 데에는, 도공(陶工)이 도균(陶鈞) 위에서 그릇을 만들듯이[106] 독자적인 자신의 교화방법이 있습니

---

99) '跖'은 춘추시대 노예봉기의 우두머리로, 도둑의 대명사가 되었다.

100) 許由 : 堯임금이 許由에게 군주의 자리를 양보하려 하자, 그는 이런 말을 들어 자신이 더럽혀졌다고 하며 강물에서 귀를 씻었다고 한다.

101) 荊軻가 燕나라 태자 丹을 위해서 秦나라 왕을 찔러 죽이려고 하였다가 실패하여, 그의 온 집안이 연좌되어 죽은 일을 가리킨다.

102) 要離는 吳王 闔閭로 하여금 公子 慶忌를 죽이려고 하였을 때, 慶忌로 하여금 자신을 믿게 하기 위해서 일부러 죄를 지어 闔閭가 자신의 오른팔을 자르고 처자식을 불태워 죽이게 하였다.

103) 隨侯珠 : 隨侯가 커다란 뱀 한 마리를 구해준 일이 있었는데, 나중에 이 뱀이 구슬을 물어와 그에게 바쳤다. 때문에 '隨侯珠'라고 칭하였다.

104) 伊尹 : 商 湯王을 보좌하여 夏 桀王을 패배시켰다.

105) 龍逢 : 夏 桀王의 어진 신하인 關龍逢을 가리킨다. 직언을 간하였다가 피살되었다.

다. 그러므로 천박하고 혼란한 말에 이끌리거나 뭇 사람들의 근거 없는 말에 마음을 빼앗기는 일이 없는 것입니다. 진 시황은 중서자(中庶子)[107] 몽가(蒙嘉)[108]의 말만 듣고 형가(荊軻)의 감언이설을 믿었다가 몰래 감추어 둔 비수에 찔릴 뻔하였습니다. 이와 달리 주 문왕(周文王)은 경수(涇水)와 위수(渭水) 가에서 사냥을 하다가 여상(呂尙)[109]을 수레에 싣고 돌아와 그의 도움으로 천하의 왕이 되었습니다. 즉 진 시황은 좌우의 말을 듣다가 살해당할 뻔하였고, 주 문왕은 까마귀가 한데 모여 앉듯이 우연히 여상을 만나서 왕이 되었던 것입니다. 이는 무슨 연유이겠습니까? 주 문왕은 속박하는 말 따위를 초월하고 어느 하나에 국한되지 않은 의견에 마음을 쏟아, 밝고 넓은 길을 독자적으로 관찰하였기 때문입니다.

그런데 오늘날 세상의 군주는 아첨하는 말에 빠지고 애첩들의 제약에 견제받아, 뛰어난 선비들을 우대하지 않고서 소와 전리마에게 똑같은 사료를 먹이고 있습니다. 이것이 바로 포초(鮑焦)가 세상에 분개하여 부귀의 즐거움에 마음을 두지 않은 까닭인 것입니다.

신이 듣자니 "의관을 바르게 하고 조정에 들어온 사람은 이익을 위해서 의로움을 더럽히지 않으며, 명성을 소중하게 관리하는 사람은 욕심 때문에 행실을 해치지 않는다"라고 하옵니다. 그러므로 증자(曾子)는 '승모(勝母)'라는 이름이 붙은 고을에 들어서지 않았으며,[110] 묵자(墨子)는 '조가(朝歌)'라는 이름이 붙은 마을에서는 수레를 되돌렸다고 합니다.[111] 그런데 오늘날 임금들은 천하의 뛰어난 선비들을 위엄과 막중한 권력으로 내리눌러 두렵게 하고 있습니다. 때문에 임금들은 일부러 안색을 부드럽게 하고, 행실을 더럽히면서까지 아첨을 좋아하는 선비들을 섬기고, 좌우에게도 친하고 가깝게 하기를 바라고 있습니다. 이렇게 된다면 뜻있는 선비들은

---

106) 陶鈞은 陶工의 녹로이다. 陶工이 녹로로 여러 가지 그릇을 만드는 것처럼 천하를 잘 다스림을 비유하는 것이다.

107) 中庶子 : 제후, 卿, 大夫의 庶子들의 교육과 관리를 담당하는 관직 이름.

108) 蒙嘉 : 秦 始皇의 총애를 받던 신하. 그는 燕나라 왕자 丹에게 대접을 받자 秦 始皇에게 燕나라에 도움이 되는 말을 하여, 秦 始皇이 荊軻를 접견할 수 있도록 해주었다. 荊軻는 숨겨두었던 비수로 秦 始皇을 죽이고자 하였다.

109) 呂尙 : 太公望을 가리킨다. 周 文王은 사냥을 나왔다가 渭水가에서 낚시를 하던 呂尙을 만나, 그를 모셔갔다. 呂尙은 武王을 보좌하여 周 왕조를 건립하였다.

110) 曾子(기원전 505-기원전 435년)의 이름은 參으로 孔子의 제자였다. 曾子는 효성이 지극하기로 유명하였는데, 때문에 '어미를 이긴다(勝母)'는 이름은 효도에 위배된다고 하여 그 고을에는 들어가지 않았다.

111) 朝歌 : 殷나라의 도성. 지금의 河南省 淇縣. 墨子는 이 지명이 자신의 '非樂' 주장에 부합되지 않는다고 여기서 수레를 되돌렸다고 한다.

바위굴 속에서 늙어 죽을 수밖에 없으니, 어찌 자신의 충성심과 신의를 다해서 대왕을 따르려고 하겠습니까?

이 글이 양 효왕에게 올라가자, 효왕은 사람을 보내 추양을 풀어준 후 마침내 그를 상객(上客)으로 삼았다.

태사공은 말하였다.

"노중련(魯仲連)이 지향하는 뜻이 대의(大義)에 부합되는 것은 아니다. 그러나 벼슬도 지위도 없는 그가 호탕하게 자신의 뜻을 마음대로 하며 제후들에게 굽히는 일 없이, 당대에 자신의 언변을 드날리며, 고관들의 권력을 꺾은 일은 칭찬할 만하다. 추양(鄒陽)은 말은 공손하지 못하였지만, 비슷한 사물을 폭넓게 끌어다가 자신의 뜻을 비유, 설명하는 감동적인 면이 있었으며, 또한 그것은 불굴의 정신이라고 말할 수 있겠다. 때문에 나는 그를 「열전(列傳)」에 싣는 것이다."

권84 「굴원가생열전(屈原賈生列傳)」 제24

굴원(屈原)[1]의 이름은 평(平)으로 초(楚)나라 왕실과 동성(同姓)[2]이다. 그는 초 회왕(楚懷王)[3]의 좌도(左徒)[4]였다. 그는 견문이 넓고 의지가 굳세었으며, 치란(治亂)[5]에 밝았고, 문사(文辭)[6]에도 능숙하였다. 입조(入朝)하여서는 임금과 국사를 도모하여 이로써 명령을 내렸으며, 나가서는 빈객(賓客)을 섭대하고 제후들을 응대하였다. 그리하여 왕은 그를 매우 신임하였다.

상관대부(上官大夫)[7]는 그와 동등한 지위였는데, 서로 왕의 총애를 다투게 되자 마음속으로 굴원의 재능을 시기하였다. 회왕이 굴원에게 헌령(憲令)[8]을 만들도록 하여, 굴원이 초안을 아직 완성하지 않았을 때, 상관대부는 그 사실을 알고 그 일을 빼앗으려고 하였으나, 굴원이 넘겨주지 않자, 이를 연유로 그를 참소하기를 "대왕께서 굴평(屈平)[9]에게 법령을 만들게 하신 일은 모르는 자가 없는데, 법령이 나올 때마다 굴평은 자기의 공적을 자랑하여, 내가 아니면 만들 수 없다고 여기고 있습니다"라고 하였다. 회왕은 분노하여 굴원을 멀리하였다.

굴원은 왕이 한쪽 말만 듣고 시비를 가리지 못하는 것[10]과, 아첨하는

---

1) 屈原(약 기원전 340-기원전 278년) : 이름은 正則이고, 字는 靈均이다. 左徒로 부임 당시 齊나라와 연합하여 秦나라에 대항할 것을 주장하였다.

2) 楚나라 왕실의 성은 羋이며, 그 시조는 鬻熊이다. 西周時代에는 荊山 일대에 나라를 세웠고, 丹陽(지금의 湖北省 秭歸縣 동남쪽)에 도읍을 정하였다.

3) 楚 懷王 : 이름은 熊槐였고, 기원전 328년에서 기원전 299년까지 재위하였다.

4) 左徒 : 楚나라의 관직 이름이다. 정사에 간여하고, 詔令을 草案하는 매우 중요한 직책이었다.

5) 治亂 : 여기서 '治'와 '亂'은 평화로움과 어지러운 정치상황을 가리킨다. 즉 국가의 흥망성쇠를 말한다.

6) 원문에서의 "辭令"이라고 함은 교제하며 주고받는 言辭를 말한다.

7) 上官大夫 : 즉 靳尙을 일컫는다. 그러나 일설에는 上官의 성이 '復'이라고 하여, 靳尙이 아니라고도 한다.

8) 憲令 : 국가의 법령을 말한다.

9) 屈平 : 즉 屈原을 일컫는다.

무리들이 왕의 총명을 가로막는 것과, 사악하고 비뚤어진 무리가 공명정대한 사람을 해치는 것과, 단정하고 정직한 사람을 받아들이지 않는 것을 애통하게 생각하였다. 그리하여 우수와 근심으로 인하여 「이소(離騷)」[11]를 썼다. '이소'는 근심스러운 일을 만났음을 말한다. 대저 하늘은 사람의 시초이며,[12] 부모는 사람의 근본이다. 사람이 궁지에 이르면 근본을 돌이켜보는 까닭에,[13] 힘들고 피곤할 때에 하늘을 찾지 않을 수 없는 것이며, 질병으로 고통스럽고 참담해지면 부모를 찾지 않을 수 없는 것이다. 굴원은 올바른 도리를 곧게 실천하여, 충성을 다 바치고 지혜를 다 발휘하여 그 임금을 섬기었는데, 도리어 군주와 그의 사이가 이간질을 당하여, 궁지에 처하였다고 말할 수 있겠다. 신의를 지켰으나 의심을 받았고,[14] 충성을 바쳤으나 비방을 당하니, 어찌 원망스럽지 않겠는가? 굴원이 지은 「이소」는 본디 이런 원망으로부터 이루어진 것이다. 「국풍(國風)」[15]은 사랑을 읊으면서도 음탕하지 않았고, 「소아(小雅)」[16]는 원망과 비난을 담고 있으나 반란의 내용이 아니었다. 이 「이소」와 같은 것은 그 두 가지를 다 겸한 것이라고 하겠다. 위로는 제곡(帝嚳)[17]을 칭송하고, 아래로는 제 환공(齊桓公)[18]을 말하고 있으며, 그 중간에는 탕(湯)[19]임

---

10) 원문의 "不聰"이라고 함은 懷王이 분명한 판별력이 없이 진의를 알아내지 못함을 말한다.

11) 「離騷」: 이 작품은 屈原이 자신의 억울한 生平을 읊은 장편 서사시이다.

12) 옛사람들은 천지를 조물주라고 인식하였고, 사람은 하늘이 만들어낸 것이라고 믿었다. 그래서 여기에서 하늘은 인류 역사의 출발점을 말하는 것이다.

13) 원문의 "人窮則反本"에서 '反'은 '返'과 통한다.

14) 원문의 "信而見疑"에서 '見'은 피동사 (당하다, 받다, 입다 등)로 여긴다.

15) 「國風」: 『詩經』의 편명으로, 이것은 각 지방의 민간가요인데, 모두 15개 지역의 노래로 이루어졌고 160수가 전한다.

16) 「小雅」: 『詩經』의 편명으로, 「大雅」가 西周 후기와 東周 전기의 귀족들의 연회에 사용되었던 樂歌(歌詞)인 데 비하여 「小雅」는 당시 조정의 失政을 비평하면서 불만스러운 정서를 담고 있다.

17) 帝嚳: 고대 부족국가 때의 수령으로 전해진다. 전하는 바에 의하면 黃帝의 증손이며, 高辛氏라고 부른다. 권1 「五帝本紀」 참조.

18) 齊 桓公: 즉 姜小白을 일컫는다. 춘추시대 때 齊나라의 군주로서, 管仲을 宰相으로 등용시켜서, 개혁을 추진하였고, 齊나라를 부강하게 만들었다. 그리하여 당시 가장 훌륭한 다섯 군주 중에 으뜸이 되었다. 권32 「齊太公世家」 참조.

19) 湯: 혹은 '成湯'이라고도 칭한다. 원래 商族의 영수로서, 군사를 일으켜 桀王을 정벌하고 夏나라를 멸망시켜서 商나라를 세워 亳(지금의 河南省 商丘縣 남쪽)을 도읍으로 정하였다. 권3 「殷本紀」 참조.

금과 무왕(武王)[20]을 서술하여, 이를 통해서 세상 일을 풍자한 것이다. 도덕성의 넓은 숭고함과 치란(治亂)[21]의 관례들을 밝히면서, 언급되지 않은 것이 없다. 그 문장은 간략하되, 그 내용은 자세하고, 그의 의지는 깨끗하며, 그의 행동은 겸손하다. 그 문장에서 작은 것을 비유하였으나 그것이 지칭하는 것은 매우 크며, 사소한 예를 들었으나 그것이 의미하는 바는 심원하다. 그의 의지가 깨끗하였기에 그가 비유한 사물들이 향기를 발하고, 그의 행동이 겸손하였기에 죽을지라도 고국을 멀리하려 하지 않았다. 진흙구덩이에 빠져 더럽혀질지라도, 매미가 허물을 벗듯이, 세속의 외부로 헤쳐나와서 세속의 쌓인 때를 덮어쓰지 않았으니, 그는 결백하게 진흙 속에 있으면서도 물들지 않은 사람이었다. 이러한 지조를 미루어 보건대, 그야말로 일월(日月)과 더불어 빛을 나누는 사람이라고 할 수 있겠다.

굴원이 파면되자,[22] 그후 진(秦)[23]나라는 제(齊)[24]나라를 정벌하려고 하였는데, 제나라는 초나라와 연맹관계를 맺고 있었으므로, 진 혜왕(秦

---

20) 武王 : 즉 周 武王을 일컫는다. 이름은 姬發이다. 군사를 일으켜 紂王을 정벌하고 殷나라를 멸망시켜서, 周나라를 세운 후 제후들에게 영토를 나누어주어 통치하게 하였다. 도읍은 鎬(지금의 陝西省 西安市 서쪽 지역)에 정하였다. 권4「周本紀」참조.

21) 앞의 〈주 5〉참조.

22) 원문의 "絀"은 '黜'과 통하고, 罷免(免職)되다의 뜻으로 해석한다.

23) 秦 : 왕족의 성은 嬴으로, 전하는 바에 의하면 虞舜 때 東夷族의 영수인 伯益의 후손이라고 한다. 菲子는 매우 말을 잘 기르는 사람이었으므로 周 孝王이 그에게 秦(지금의 甘肅省 張家川의 동쪽) 땅을 봉하였고, 세금을 관장하게 하였다. 그후 秦 襄公에까지 이어졌는데, 그는 周 平王을 호송하여 동쪽으로 가는 데 공로가 있어 제후에 봉해졌다. 춘추시대 때에는 雍(지금의 陝西省 鳳翔縣 동남쪽)에 도읍을 정하였고, 영토는 陝西省 중부와 甘肅省 동남쪽까지 점유하였다. 秦 穆公 때, 일찍이 12國을 공략하였고, 西戎을 제패하였다. 전국시대 초기에는 국력이 약하였다. 그러나 秦 孝公에 이르러, 商鞅을 등용하여 法制를 고쳐 국력을 강화하였고, 咸陽(지금의 陝西省 咸陽市 동북쪽)으로 도읍을 옮기고, 戰國七雄 중의 하나가 되었다. 秦 惠王 때, 西河를 탈취한 뒤 巴, 蜀을 멸하였고 漢中을 차지하였다. 秦 昭王 때, 계속적으로 韓, 魏, 趙, 楚 등을 점령하였다. 기원전 221년 秦 始皇이 중국을 통일하여, 秦나라를 세웠다. 권5「秦本紀」, 권6「秦始皇本紀」참조.

24) 齊 : 기원전 11세기에 周나라가 제후국으로 봉하였다. 왕족의 성은 姜으로, 개국군주는 呂尙이다. 영토는 지금의 山東省 북쪽이며, 營丘(지금의 山東省 淄博市 동북쪽)에 도읍을 정하였다. 齊 威王에 이르러 국력이 강대해졌고, 戰國七雄의 하나가 되었으며, 이후 오랫동안 秦나라와 대치하였으나, 기원전 221년에 秦나라에 의해서 멸망당하였다. 권32「齊太公世家」, 권46「田敬仲完世家」참조.

惠王)²⁵⁾은 그것을 두려워한 나머지, 장의(張儀)²⁶⁾에게 거짓으로 진나라를 떠나, 후한 예물을 바치고 초나라를 섬기며 "진나라는 매우 제나라를 싫어하고 있으며, 제나라와 초나라가 연맹을 맺고 있으나, 초나라가 만약에 제나라와의 관계를 단절할 수만 있다면 진나라는 상(商)과 오(於) 지역²⁷⁾의 600리를 바치려고 할 것입니다"라고 말하게 하였다. 초 회왕은 욕심스레 장의를 믿고서, 마침내 제나라와 단교하였고, 사신을 진나라로 파견하여 땅을 받아오도록 하였다. 그러나 장의는 교활하게 "나 의(儀)는 초나라 왕과 6리를 약속하였지, 600리를 약속하지 않았다"라고 말하였다. 초나라의 사신은 노하여 돌아와서 회왕에게 보고하였다. 회왕은 격노하여 대군을 일으켜 진나라로 쳐들어갔다. 진나라도 이에 군대를 동원하여 맞서 싸웠는데,²⁸⁾ 단(丹)²⁹⁾과 석(淅)³⁰⁾에서 초나라 군대를 격퇴시켰으며, 8만 명의 목을 잘랐고, 초나라의 장수 굴개(屈丐)³¹⁾를 사로잡아, 마침내 초나라의 한중(漢中)³²⁾ 지역을 탈취하였다. 회왕은 이에 격분하여 전국의 군대로 하여금 진나라 내부로 깊숙이 들어가 공격하여, 남전(藍田)³³⁾에서 큰 전투를 벌였다. 위(魏)³⁴⁾나라는 그 소식을 듣고, 초나라를 습격하여 등(鄧)³⁵⁾에까지 이르렀다. 초나라의 군대는 질겁을 하고, 진나라로부터 철수하였으나, 그때 제나라는 끝내 노하여 초나라를 지원하

---

25) 秦 惠王 : 기원전 337년에서 기원전 311년까지 재위하였고, 국력을 강대하게 만든 군주이다.
26) 張儀 : 魏나라 사람으로, 連衡이라는 정책을 주모하였다. 즉 전국시대에 동서의 여러 나라들을 연합하여 秦나라에 복종시키려 하였으며, 결국 魏나라에서 죽었다. 권70 「張儀列傳」 참조.
27) 商, 於 : 지금의 陝西省 商縣에서 河南省 內鄉縣 일대를 말한다.
28) 楚 懷王 17년에 秦과 楚 나라가 丹水의 북쪽, 淅水의 남쪽에서 교전하였다.
29) 丹 : 즉 丹水를 가리키는데, 이것은 陝西省 商縣의 서북쪽에서 발원하여 흐른다.
30) 淅 : 즉 淅水를 가리키는데, 이것은 丹水의 지류이다.
31) 屈丐 : 楚나라의 장군으로, '屈'은 楚나라의 왕족 3대 姓(屈, 景, 昭) 중의 하나이다. 원문에는 '丐'가 "匃"로 적혀 있으나 이것은 서로 통용되는 글자이다.
32) 漢中 : 지금의 湖北省 서북쪽과 陝西省 동남쪽 일대를 말한다.
33) 藍田 : 현 이름으로, 지금의 陝西省 藍田縣 서쪽이다.
34) 魏 : 魏斯가 건국하였다. 그는 원래 晉나라의 大夫였는데 韓虔, 趙籍 등과 晉나라를 각각 분할하였다. 기원전 403년 周 威烈王에 의해서 제후로 승인받았고, 安邑(지금의 山西省 夏縣 서북쪽)을 도읍으로 정하였다. 영토는 지금의 陝西省과 山西省의 접경 지역이었다.
35) 鄧 : 읍 이름으로, 지금의 河南省 鄧城縣 동남쪽이다. 춘추시대 때에는 蔡나라 지역이었다.

지 않았으므로, 초나라는 몹시 곤경에 처하게 되었다.

이듬해에 진나라는 한중 일대를 할양함으로써 초나라와 강화를 맺으려고 하였다. 초나라의 왕은 "땅을 얻고 싶지는 않고, 장의를 얻는 것으로 만족할 뿐이오"라고 말하였다. 장의가 그 소식을 듣고서 말하기를 "저 한 사람으로써 한중 지역을 대신한다면, 신을 초나라로 가도록 해주십시오"라고 하였다. 그리하여 그는 초나라로 가서, 풍성한 예물로 권신인 근상(靳尙)과 통하고, 이어 회왕의 총희(寵姬)인 정수(鄭袖)[36]에게 궤변을 늘어놓았다. 회왕은 결국 정수의 말을 듣고, 장의를 석방시켜주었다. 이때 굴원은 이미 배척되어 다시 요직에 오르지 못하였는데, 제나라에 사신으로 갔다가, 돌아와서 회왕에게 "어찌하여 장의를 죽이지 않았습니까?"라고 묻자, 회왕이 비로소 후회하여 장의를 뒤쫓게 하였으나 따라잡을 수가 없었다.

그후 제후들이 일제히 초나라를 공략하여[37] 크게 격퇴시켰고, 초나라의 장군 당말(唐昧)을 죽였다.

이때 진 소왕(秦昭王)[38]은 초나라와 인척관계였으므로, 초 회왕과 화합하고자 하였다. 이에 회왕이 몸소 가려고 하자, 굴원은 "진나라는 호랑이나 이리와 같은 나라이므로 믿지도 마시고, 가시지도 않는 것이 좋습니다"라고 말하였다. 그러나 회왕의 어린 아들인 자란(子蘭)은 왕에게 갈 것을 권하며 "어찌 진나라의 호의를 거절합니까?"라고 하였다. 결국 회왕은 진나라로 갔다. 그가 진나라의 무관(武關)[39]으로 들어서자, 진나라의 복병들이 그 뒤를 차단하였고, 회왕을 억류시킨 채 초나라의 땅을 할양할 것을 요구하였다. 회왕은 분노하여 허락하지 않았다. 회왕이 도주하여 조(趙)나라로 갔으나, 조나라에서는 그를 받아주지 않았다. 다시 진나라로 갔으나, 결국 그곳에서 죽임을 당하여 귀국한 뒤 장사를 치르게 되었다.

그 뒤 회왕의 큰아들 경양왕(頃襄王)[40]이 즉위하였고, 그의 아우 자란

---

36) 鄭袖 : 또는 '南后'라고도 불렀다. 楚 懷王의 愛妃였다.
37) 楚 懷王 28년(기원전 301년)에 제후국들이 연맹하여 楚나라를 공격하였다.
38) 秦 昭王 : 이름은 嬴稷이며, 기원전 306년에서 기원전 251년까지 재위하였다.
39) 武關 : 전국시대 때의 秦나라의 남쪽 關門을 말하는데, 지금의 陝西省 商南縣 서북쪽에 있었다.
40) 頃襄王 : 이름은 熊橫이며, 기원전 298년에서 기원전 263년까지 재위하였다.

은 영윤(令尹)[41]이 되었다. 초나라 사람들은 자란이 회왕에게 진나라로 갈 것을 권유하여 돌아오지 못한 것에 대해서 질책하였다.

굴원은 그 사실을 한스럽게 여겼으니, 비록 추방당한 처지였지만 초나라를 그리워하고, 회왕에 대해서 미련을 품어 그의 곁으로 다시 돌아갈 것을 기대하였고, 또한 임금의 깨우침이 있어 국운의 개선이 이루어지기를 간절히 바라고 있었다. 그리하여 임금의 은덕이 있고 국운이 흥성하여 그 허물어져가는 국운을 회복하고자, 시 한 편 속에 세번씩이나 그 뜻을 폈다. 그러나 끝내 어찌할 방도가 없었고, 회왕은 다시금 돌아올 수 없었으니, 결국 이로써 회왕이 끝까지 잘못을 깨닫지 못하였음을 알 수 있다. 군주된 자는 어리석거나 현명하거나 못난 사람을 가리지 않고, 충성심만을 추구하여 자기를 위하도록 하지만, 또한 현명한 자가 등용되어 자기를 보필하기를 원하지 않을 리가 없다. 그러나 나라와 가정을 파괴하는 자가 계속 나오고, 성은(聖恩)으로 나라를 다스리는 임금이 대를 잇는 경우를 찾기 어려운 것은, 소위 충신은 충성을 다하지 않음이고, 소위 현명하다는 자가 현명하지 않기 때문이다. 회왕은 충신을 분별할 줄 몰랐으므로, 따라서 안으로 정수에게 미혹되었고, 밖으로 장의(張儀)에게 속았으며, 굴원을 멀리하고 상관대부와 영윤 자란을 신임하였던 것이다. 군대는 꺾이고 영토는 깎이어, 여섯 개의 군(郡)[42]을 잃었고, 몸은 진나라에서 객사하여 천하의 웃음거리가 되었다. 이것은 사람을 제대로 알아보지 못하여 화를 입은 것이다. 『역경(易經)』에서 말하기를 "우물물이 맑아도 와서 마시지 않는구나. 나의 마음을 슬프게 함은, 이 물은 가히 마실 수 있는 것이기 때문이로다. 왕이 명철하다면, 또한 그 복을 받는 법이다"라고 하였다.[43] 왕이 밝지 못하니, 어찌 복을 받을 수 있겠는가!

영윤 자란은 굴원의 태도를 듣고 격노하여, 마침내 상관대부로 하여금 굴원을 경양왕에게 혹평하게 하였고, 경양왕은 격노하여 굴원을 멀리 유배시켰다.

---

41) 令尹 : 楚나라의 최고 관직으로, 그 지위는 다른 나라의 宰相에 해당한다.
42) 漢中 일대의 지역을 말한다.
43) 『易經』은 『周易』이라고도 하며, 이것은 고대에 철학사상을 담고 있는 占卜書이다. 여기에 인용된 구절은 「井卦」의 爻辭이다.

굴원이 강가에 이르러, 머리를 풀어헤치고 물가를 거닐면서 시를 읊었다. 그의 안색은 초췌하였고, 모습은 야위었다. 어떤 어부가 그를 보고 "그대는 삼려대부(三閭大夫)[44]가 아니십니까? 무슨 까닭에 여기까지 이르렀습니까?"라고 물었다. 굴원이 대답하기를 "온 세상이 혼탁하나 나 홀로 깨끗하고, 모든 사람들이 다 취해 있으나 나 홀로 깨어 있어, 이런 까닭에 추방당하였소"라고 말하였다. 어부가 묻기를 "대저 성인이란 물질에 구애되지 않고 능히 세속의 변화를 따를 수 있는 사람입니다. 온 세상이 혼탁하다면, 왜 그 흐름을 따라 그 물결을 타지 않으십니까? 모든 사람이 취해 있다면, 왜 그 지게미를 먹거나 그 밑술을 마셔서 함께 취하지 않으십니까? 어찌하여 미련한 자존심만을 움켜잡고 추방을 자초하셨습니까?"라고 하였다. 굴원이 대답하기를 "내가 듣기로, 새로 머리를 감은 사람은 반드시 관을 털어서 쓰고, 새로 목욕을 한 사람은 반드시 옷을 털어서 입는다고 하였소. 사람으로서 또한 누가 자신의 깨끗함에 더러운 오물을 묻히려 하겠소? 차라리 흐르는 강물에 몸을 던져 물고기의 뱃속에서 장사를 지낼지라도, 또 어찌 희디흰 결백함으로서 세속의 더러운 먼지를 뒤집어쓰겠소!"라고 하였다.

그리고 나서 "회사(懷沙)"라는 부(賦)를 지었는데, 그 내용은 다음과 같다.

화사한 첫여름이여,
초목이 무성하구나.
상심하여 늘 애달퍼하다가,
서둘러 남쪽 땅에 닿았네.
멀리 내다보니,
차마 못 견딜 고요함뿐.
한은 가슴에 올올이 맺히고,
몸은 비통한 곤경에 빠졌네.
그 가슴 어루만지며,
고개 숙여 옛일을 되뇌이네.

---

44) 三閭大夫 : 楚나라의 관직 이름으로, 楚나라 왕족인 昭, 屈, 景의 세 씨족이 장악하고 있는 관직을 말한다.

모난 나무를 깎아 둥글게 하려 하나,
불변의 법도는 바꿀 수 없는 법.
애초의 마음을 바꾸려 하나,
군자가 천시하는 바로다.
내가 생각해온 정책과 법도는,
여전히 변함이 없다네.
마음이 곧고 성품이 굳은 것은,
현인들이 찬미하는 바이나,
솜씨 좋은 장인이 다듬지 않으니,
그 누가 굽고 바름을 헤아리겠는가?
검은 무늬 어둠에 처하였는데,
맹인은 빛나지 않는다 하네.
이루(離婁)[45]가 눈을 가늘게 뜨니,
맹인은 장님으로 여기네.
흰 것을 검은 것으로 바꾸어놓고,
위의 것을 아래로 뒤집은 것이로다.
봉황이 새장 속에 갇히고,
닭과 꿩은 날개짓을 하네.
옥과 돌을 뒤섞어서,
하나의 저울로 재는구나.
대저 저들[46]의 더러운 마음이,
나의 좋은 바를 알지 못하는 바로다.

등진 것 무겁고 실은 것 많으나,
함정에 넣고 묶어 벗어날 수 없네.
아름다운 옥을 움켜잡고 있으나,
내가 보여줄 사람이 아무도 없다네.
성 안의 개들이 무리지어 짖어대고,
괴이한 것만 보면 짖는구나.
준걸을 비방하고 의심하는 것은,

---

45) 離婁 : 고대 전설상의 사람 이름으로, 전하는 말에 의하면 그의 시력이 대단히 좋
아서 100步 바깥까지 정확하게 볼 수 있었다고 한다.
46) 원문에서는 "黨人"이라고 하여 정치적으로 결성되었던 당파를 말하나, 여기에서
는 屈原을 배척하였던 懷王과 上官大夫를 지칭하고 있다.

본디 졸속한 자의 추태이다.

재능을 안으로 감추고 있으니,

사람들은 나의 이채로움을 모르네.

재료가 쌓여 있어도,

사람들은 나의 재능을 알아주지 않네.

인의(仁義)를 거듭 쌓았고,

근후(謹厚)함을 부유한 것으로 알았네.

순(舜)임금[47] 같은 분을 만날 수 없으니,

누가 나의 진실을 알겠는가!

예로부터 서로 병존하기 어렵다 하니,

어찌 그 까닭을 알겠는가?

탕왕(湯王)과 우(禹)임금[48]은 오래전 사람이라,

아득하여 추종할 수가 없도다.

어긋남을 꾸짖고 분함을 바꾸어서,

억제하고 기운 차려 보도다.

혼란의 시절 만났어도 변절하지 말고,

이 의지가 후세의 모범이 되기를 바라노라.

북으로 걸음을 옮기려 하니,

해는 뉘엿뉘엿 저물어가는구나.

시름도 풀고 슬픔도 버리고,

이제 죽음에 임하노라.

(뒷풀이)[49]

콸콸 흐르는 원수(沅水), 상수(湘水)[50]여,

갈라지며 빠르게 흐르는구나.

먼 여로는 잡초로 뒤덮여,

---

47) 舜임금 : 이름은 重華이며, 전설에 의하면 고대 중국의 부족국가의 영수로서, 역
   사에서는 '虞舜'이라고 칭한다. 권1 「五帝本紀」 참조.

48) 禹임금 : 또는 '大禹'라고도 한다. 전설에 의하면 고대 부족국가의 영수로서, 홍수
   를 다스렸던 임금으로 유명하다. 그는 江河를 소통시켜서 농업을 발전시켰다. 그리
   고 그의 아들이 군주의 자리를 계승하여, 중국 최초의 노예제를 창시한 봉건국가,
   즉 夏나라를 세웠다. 권2 「夏本紀」 참조.

49) 원문에서는 "亂曰"이라고 하여, 전체의 요지를 총괄하는 내용을 담고 있다. 일설
   에는 '亂'이 고문에서 '辭'와 통한다고 한다.

50) 沅水, 湘水 : 湖南省에서 흐르는 강 이름들로 湖南省의 남쪽에 위치하여 남쪽에서
   북쪽으로 흘러 洞庭湖로 들어간다.

요원하게 뻗어 있구나.
더욱더 슬픈 심정을 읊노라면,
탄식만이 길어지도다.
세상이 나를 알아주지 않는데,
누구와 마음을 같이 나누겠는가?
충정과 고결함을 지녔어도,
이토록 벗이 없구나.
백락(伯樂) 51)이 죽고 없으니,
천리마를 누가 가려주겠는가?
인생이 받은 운명이란,
제각기 정해져 있도다.
마음을 굳히고 뜻을 넓히면,
그 나머지야 무엇이 두려우랴?
쌓이는 애통함은 애처로워,
탄식만이 길어지도다.
세상이 혼탁하여 알아주지 않으니,
누구와 마음을 같이 나눌 수 있을까?
죽음은 피할 수 없는 것임을 아는 까닭에,
무엇을 안타까워하리오?
분명하게 군자에게 고하노니,
나는 장차 표상이 되고자 하노라.

그리하여 바위를 품고 마침내 멱라강(汨羅江) 52)에 빠져서 죽었다.

굴원이 죽은 뒤에 초나라에는 송옥(宋玉), 53) 당륵(唐勒), 54) 경차(景差) 55) 등과 같은 무리들이 있어서, 모두 문사를 좋아하여 부(賦)로써 호평을 받았다. 그러나 모두 굴원의 함축성을 모방하였지만, 끝내 감히 직간(直諫)을 표달하지 못하였다. 그후로 초나라는 날로 쇠락하여, 수십년 뒤에는 결국 진나라에 의해서 멸망당하였다. 56)

---

51) 伯樂 : 춘추시대 때의 사람으로, 말〔馬〕을 잘 부렸다고 전한다.
52) 汨羅江 : 湖南省 동북쪽을 거쳐 湘水로 흐른다.
53) 宋玉 : 楚나라 사람으로, 전하는 바에 의하면 屈原의 제자라고 하며, 楚 頃襄王 때 大夫를 지낸 적이 있다.
54) 唐勒 : 宋玉과 같은 시대 사람으로, 辭賦에 능하였다.
55) 景差 : 宋玉과 같은 시대 사람으로, 역시 辭賦에 능하였다.
56) 屈原은 기원전 278년에 죽었고, 秦나라가 楚나라를 멸한 것은 기원전 223년이므

굴원이 멱라강에 빠진 지 100여 년이 지나서, 한(漢)[57]나라의 가생(賈生)[58]이라는 사람이 장사왕(長沙王)[59]의 태부(太傅)[60]가 되어 상수를 지나다가, 글을 지어 강물에 던져서 굴원을 애도하였다.

가생(賈生)의 이름은 의(誼)이며, 그는 낙양(洛陽) 사람이다. 그의 나이 18세 때, 그는 시를 암송하고 작문에 능통하여, 군내(郡內)[61]에 명성이 알려졌다. 오 정위(吳廷尉)[62]가 하남(河南)[63]의 태수(太守)[64]로 있을 때, 그가 수재라는 소문을 듣고 그의 문하(門下)로 불러들여 매우 총애하였다. 효문황제(孝文皇帝)[65]가 즉위 초기에, 하남의 오공(吳公)의 치적이 천하 제일이라는 것과, 이사(李斯)[66]와 동향이었기 때문에 그에게 학문을 배웠다는 사실을 듣고서, 그를 초빙하여 정위(廷尉)로 삼았다. 이에 정위는 가생이 비록 나이는 어리지만, 제자백가(諸子百家)[67]의 학문에 정통하다고 아뢰었다. 문제(文帝)는 가생을 불러 박사(博士)[68]로 임

로, 屈原이 죽은 지 55년 만에 楚나라가 멸망하였다.

57) 漢 : 기원전 206에 劉邦(漢 高祖)은 秦나라를 멸망시킨 뒤, 기원전 202년에 項羽를 격퇴시켜 나라를 세웠다. 長安(지금의 陝西省 西安市 서쪽)에 도읍을 정하였다.

58) 賈生 : 즉 賈誼를 말한다. 그는 정치개혁에 주력하였고, 지방의 할거하는 세력을 제거할 것과, 중앙의 정권을 공고히 할 것을 건의하였다. 또 匈奴族을 제거하는 데 전력을 기울였다. 그리고 중농정책을 펴서 백성들을 부유하게 하려고 「陳政事疏」, 「過秦論」 등의 논문을 지었다.

59) 長沙王 : 즉 吳差를 말하는데, 그는 漢나라의 개국공신 吳芮의 4세손이다.

60) 太傅 : 관직 이름으로, 국왕을 보좌하고 가르치는 직무를 수행하였다.

61) 郡內 : 여기서는 河南郡을 말한다.

62) 吳 廷尉 : 吳氏라는 성을 가진 廷尉로, 역사상의 기록에는 이름이 전하지 않는다. 廷尉는 관직 이름으로, 司法을 담당하는 장관을 말한다.

63) 河南 : 군 이름으로, 지금의 河南省 黃河 이남에 있는 洛水, 伊水의 하류 지역을 가리킨다.

64) 太守 : 관직 이름으로, 1개 郡의 장관을 말한다.

65) 孝文皇帝 : 漢文帝 劉桓을 말하며, 기원전 179년에서 기원전 157년까지 재위하였다.

66) 李斯(? -기원전 208년) : 전국시대 말기 楚나라 上蔡 사람이다. 秦나라로 들어간 초기에는 客卿이었으나, 나중에는 丞相이 되어 秦 始皇을 보좌하여 여섯 나라들을 통일하고, 郡縣制를 제정하였으며, 또한 문자를 개혁하는 등의 치적을 쌓았다. 그러나 2세가 즉위한 후, 趙高의 모함으로 인해서 죽임을 당하였다.

67) 諸子百家 : 先秦부터 漢나라 초기까지 여러 파의 학자와 저작을 가리킨다.

68) 博士 : 敎學을 맡았던 벼슬로서, 秦나라 때 비로소 두었으며, 西漢 때는 太常의 屬官이었다.

용하였다.

이때 가생의 나이는 20여 세로, 박사 중에서 가장 연소자였다. 매번 조령(詔令)에 대해서 의논할 적마다, 여러 선생들이 답변하지 못하여도, 가생은 모두 다 회답할 수 있었고, 사람들이 말하고자 하나 나타내기 어려운 것까지도 마음껏 두루 구사하였다. 이리하여 여러 선생들은 자신들이 가생의 재능에 미치지 못함을 인정하였다. 효문제(孝文帝)는 그에 대해서 흡족해하고, 그를 특진시켜서 1년 만에 태중대부(太中大夫)[69]까지 오르게 하였다.

가생은 한나라가 개국한 이래 효문제에 이르는 20여 년 동안, 천하가 태평하고, 백성이 안락하니, 마땅히 역법(曆法)을 개정하고, 복색(服色)[70]을 바꾸며, 제도를 재정비하고, 관직 명칭을 확립하며, 예악(禮樂)을 부흥시켜야 한다고 생각하였다. 그래서 의례와 법률의 기준에 대해서 전반적인 수정안을 제기하였는데, 색은 황색을 숭상하고, 숫자[71]는 5(五)를 준용(準用)하며, 관직을 창설하여 진(秦)나라의 법제를 완전히 고치려고 하였다. 효문제는 즉위 초라서, 아직 때가 아니라고 겸손하게 미루었다. 그러나 오래된 여러 율령들의 개정과, 열후(列侯)들이 모두 각자의 봉지를 잘 다스려야 한다는 것은, 모두 가생으로부터 나온 견해들이었다. 천자는 가생을 공경(公卿)의 직위에 임명하려고 상의하였다. 그러자 강후(絳侯),[72] 관영(灌嬰), 동양후(東陽侯),[73] 풍경(馮敬) 등의 무리는 모두 가생을 해치려고 하여, 그에 대해서 참소하기를 "낙양 출신의 인재는 나이가 어리고 학문이 미숙한지라, 전적으로 권력을 독점하려 하고, 모든 일을 문란하게 하고 있습니다"라고 하였다. 이리하여 황제도 나중에는 그를 멀리하였고, 그의 견해를 수용하지 않았으며, 마침내 가생을 장사왕의 태부로 임명하였다.

가생은 하직하고 길을 나섰는데, 장사(長沙)[74]가 저습한 곳이라는 소

---

69) 太中大夫 : 관직 이름이다.
70) 服色 : 마차와 복식의 색을 가리킨다.
71) 官印의 字數를 말한다. '土'는 五行 가운데 5번째 순서이므로, 印文에 역시 5 가지 숫자를 사용하였다. 5 가지 숫자가 모자라는 경우에는 '之'자를 써서 보충하였으니, 이를테면 丞相의 印은 '丞相之印章'으로 나타낸다.
72) 絳侯는 周勃을 가리킨다. 권57「絳侯周勃世家」참조.
73) 東陽侯는 張相如를 가리킨다.
74) 長沙 : 지금의 湖南省 동남부에 위치한다.

리를 듣고 자신의 수명이 길지 않으리라 생각하였으며, 또한 폄적되어 그
곳에 가는 것인지라 마음이 우울하였다. 상수를 건널 때, 가생은 부(賦)
를 지어 굴원을 조문하였다. 그 내용은 다음과 같다.

　　공손히 임금의 명을 받들어,
　　장사(長沙)에서 죄를 기다린다네. [75)]
　　얼핏 굴원에 대해서 들으니,
　　멱라강에 투신하였다고 하네.
　　상수의 조류에 몸을 맡기게 되니,
　　굴원선생을 삼가 애도하도다.
　　법도가 통하지 않는 세상을 만나,
　　그 몸을 물에 던지셨도다.
　　아, 슬프도다!
　　만난 시대가 좋지 못하였으니.
　　난새와 봉황이 숨고,
　　올빼미가 활개를 치는구나.
　　재주 없는 자들이 존중받고,
　　아첨꾼이 뜻을 얻는구나.
　　현자와 성인은 난관에 봉착하고,
　　방정한 자는 좌절하도다.
　　세상에서 백이(伯夷)를 탐욕스럽다고 하고,
　　도척(盜跖) [76)]을 겸손하다고 말하네.
　　막야(莫邪) [77)]의 날을 무디게 만들고,
　　납으로 만든 칼을 날카롭게 만드네.
　　아, 무어라 할 말이 없구나,
　　선생의 무고함이여!
　　주나라 솥을 내다버리고,
　　큰 호박을 보배로 여기는구나.
　　지친 소에 멍에를 씌우고,
　　절름거리는 나귀를 곁마로 삼는지라.

---

75)　원문에는 "俟罪"라고 하였다. 이는 옛날 신하가 겸손히 말하는 것으로, 어떠한
　　직위에 있으면서 그 역량이 미치지 못하여, 죄를 짓고 있음을 나타낸다.
76)　盜跖 : 춘추시대의 大盜로 전해진다.
77)　莫邪 : 춘추시대 吳나라의 유명한 寶劍을 가리킨다.

366

준마는 두 귀를 늘어뜨리고,
소금 수레를 끌고 있다.
머리에 쓸 관을 신발로 삼고 있으니,
어찌 오래 유지되겠는가.
아, 가련한 선생이여,
홀로 이런 재앙으로 만나셨도다 !

(뒷풀이) [78]
두어라, 온 나라가 나를 몰라주니,
홀로 우울할 뿐 누가 위로하겠는가 ?
봉황이 의연하게 높이 나니,
스스로 날개짓하며 멀리 갔도다.
깊은 연못의 신령스러운 용을 본받아,
깊숙히 잠겨 자신을 지키도다.
밝은 빛을 마다하고 은거하니,
어찌 왕개미와 지렁이와 더불겠는가 ?
성인의 덕성을 숭상하는 바,
탁한 세상 멀리하고 자신을 숨겼도다.
준마에게 고삐를 맬 수 있다면,
어찌 개나 양과 무엇이 다르겠는가 ?
어지러운 곳을 떠나 억울함을 당하였으니,
선생에게도 원인이 있도다 !
천하를 돌며 군주를 보좌할 수도 있는데,
하필 고국만을 고집하셨을까 ?
봉황은 천길 높이 올랐다가,
덕이 빛나는 것을 보면 내려오도다.
소인배들의 험괴한 징조를 보면,
까마득히 날개짓하여 날아간다네.
저 조그마한 구덩이에,
어찌 배를 삼키는 고기를 담을 수 있겠는가 !
강호를 떠다니던 큰 물고기,
땅강아지와 개미에게 제압되는구나.

---

78) 원문에는 "訊曰"이라고 되어 있는데, 이는 『楚辭』의 '亂曰'에 해당되는 말로서 全
篇의 결속어이다.

　가생이 장사왕의 태부가 된 지 3년쯤 되자, 부엉이가 가생의 집에 날아
들어와서, 방석의 가장자리에 앉았다. 초나라 사람들은 부엉이를 '복
(鵩)'[79]이라고 불렀다. 가생은 폄적되어 장사에 살았는데, 장사는 저습하
였기 때문에, 자신의 생명이 그다지 길지 않을 것이라 생각하였고, 그것
을 애석하게 여겼으므로, 이에 부를 지어 스스로 위안을 삼았다. 그 내용
은 다음과 같다.

　　정묘년, 4월 초여름.
　　경자일(庚子日)도 저물 무렵,
　　부엉이가 나의 집에 날아왔네.
　　방석 가장자리에 앉으니,
　　ㅗ 모양 무척 한가롭구나.
　　이상한 것이 날아드니,
　　난 그 까닭이 야릇하네.
　　점복서를 훑어보니,
　　점대가 그 길흉을 일러주네.
　　"들새가 방으로 들어오니, 주인이 장차 나갈 것이다."
　　부엉이에게 묻거늘,
　　"나는 어디로 가겠는고?
　　길한 일이면 내게 알려주고,
　　흉한 일이면 어떤 재앙인지 말해다오.
　　그 속도가 어느 정도인지,
　　그 시기를 내게 일러다오."
　　부엉이가 이를 탄식하니,
　　머리를 들고 날갯죽지를 펼치도다.
　　입으로 말을 할 수 없으니,
　　마음으로써 대답을 청하도다.

　　만물은 변화하니,
　　본디 쉬지 않는구나.
　　흐름을 반복하여 다른 곳으로 옮겨가더라도,
　　그 흐름이 일정치 않네.

---

79)　鵩 : 부엉이를 말하며, 옛날 사람들은 이를 불길한 새로 여겼다.

368

형(形)과 기(氣)가 계속 도니,

변화하고 진화하네.

심오하고 무궁한 이치이니,

어찌 말로 표현할 수 있겠는가!

화(禍)란 복이 기대고 있는 바이고,

복은 화가 숨어 있는 바로다.

우환과 환희가 하나의 문에 몰려들고,

길흉이 한곳에 있도다.

저 오나라도 강대하였거늘,

부차(夫差)[80]는 패망하고 말았도다.

월(越)[81]나라는 회계(會稽)에 기거하였지만,

구천(句踐)[82]은 세상을 제패하였도다.

이사(李斯)는 유세 끝에 성공하였으나,

결국 오형(五刑)[83]을 당하였도다.

부열(傅說)은 죄수였지만,

무정(武丁)의 상(相)이 되었도다.[84]

화를 입었으나 복이 함께 하는 것은,

꼬아진 새끼줄과 어떻게 다른가?

운명이란 말로 할 수 없으니,

누가 그 끝을 알겠는가?

물은 격해지면 사납고,

화살이 격해지면 멀리 날아가도다.

---

80) 夫差(? - 기원전 473년): 춘추시대 吳나라의 마지막 군주이다. 夫差는 부친의 복수를 위해서 越나라의 군대를 크게 무찔렀으나, 결국 越나라에 패망하여 자살하고 말았다.

81) 越: 시조는 夏代의 庶子인 無余라고 전해진다. 지금의 河南省 대부분 지역과 江西省 동부, 浙江省 북부를 점유하였으며, 會稽(지금의 浙江省 紹興市)를 도읍으로 삼았다. 춘추시대에는 중국을 쟁패하였으나, 전국시대에는 국력이 쇠약하여 약 기원전 306년에 楚나라에 멸망당하였다.

82) 句踐: 춘추시대 越나라 왕으로, 吳나라 왕 夫差에게 크게 패하였으나, 臥薪嘗膽하여 결국 吳나라를 멸하고 霸主가 되었다.

83) 五刑: 5가지의 정도가 다른 형벌을 말한다. 고대에는 墨(이마에 글을 새기는 형벌), 劓(코를 베는 형벌), 剕(다리를 자르는 형벌), 宮(생식기를 거세하는 형벌), 大辟(죽음에 이르게 하는 형벌) 등을 '五刑'이라고 하였다.

84) 전하는 말에 의하면 傅說은 傅巖에서 노역하던 중, 殷 高宗이 그를 武丁의 相으로 삼았다고 한다.

만물은 회전하고 충돌하며,
서로 엇섞이며 도는구나.
구름이 피어올라 비를 내리니,
서로 얽히도록 복잡하도다.
조화옹(造化翁)이 물건을 만들듯이,
끝없이 끝을 볼 수 없다네.
천하는 예측할 수 있으나,
도(道)란 미리 꾸밀 수 없도다.
수명은 길고 짧음이 있으나,
어찌 그때를 알 수 있으리오?

그리고 천시가 화로(火爐)라면,
조화옹은 도구(道具)로다.
음과 양의 조화가 숯이라면,
만물은 거기서 나온 동(銅)이라.
사물이 생성과 소멸하는 데에,
어찌 불변의 법칙이 있겠는가.
이 땅의 변화무쌍함에는,
본래 궁극의 한계란 없는 것이라네.
홀연히 사람이 되었으므로,
어찌 삶에 대해서 연연할 필요가 있는가.
다시 변하여 다른 사물이 되더라도,
또 무엇을 애써 걱정하리!
지혜롭지 못한 자는 이기적이고,
남을 천시하는 자는 독선적이다.
통달한 사람[85]은 넓게 보고,
만물에 차별을 두지 않도다.
탐욕스러운 자는 재물로 인해서 죽고,
열사(烈士)는 명예를 위해서 죽는 법.
권세를 과시하는 자는 권세에 죽고,
평범한 사람은 삶에만 매달린다네.
궁색한 자들은 명리(名利)에 얽매여,

---

85) 大人, 至人, 眞人, 德人 등으로, 모두 道家의 개념 안에서 도덕 수양이 지극히
높은 사람을 가리킨다.

이리저리 분주하도다.
대인은 결코 의지가 흔들리지 않아,
만물의 변화를 한결같이 보건만,
어리석은 인간은 세속에 묶이어,
죄인인 양 자기를 속박하도다.
후덕한 자는 현실에 초연하고,
오직 도(道)와 더불어 살아간다.
뭇 사람들 미혹에 빠져,
애증이 가슴에 가득하도다.
진실한 자는 담백하여,
오직 도와 더불어 안주하도다.
지혜를 따르지 않고 형체를 초탈함이여,
초연히 자아를 망각하도다.
공허하고 황홀한 경지여,
도와 더불어 영생하리니.
물결 따라서 흘러가다가,
구덩이를 만나면 머무르면 그만인 것을.
육신은 운명에 따라 내맡기어,
자기의 소유물로 여기지 말지니.
삶은 물 위에 뜬 것과 같고,
죽음이란 오랜 휴식과 같은 것.
심연의 잔잔함과 같이 담담하고,
매이지 않은 배처럼 살 일이다.
살아도 생명에 집착치 말고,
빈 마음을 가지고 살지어다.
덕이 있는 자는 마음에 거리낌이 없고,
천명에 따라 근심이 없나니.
하찮은 가시덤풀이야,
어찌 걱정거리가 될쏘냐!

　그후 1년 남짓 지나서,[86] 가생은 소환되어 효문제를 알현하였다. 황제는 마침 신의 강복을 받고서, 정전(正殿)에 앉아 있었다. 황제는 귀신에 대해서 감지한 바가 있어, 그에게 귀신의 본질에 관해서 물었다. 가생은

---

86)　孝文帝 7년, 즉 기원전 173년을 말한다.

이에 귀신에 관한 이치를 상세히 말해주었다. 밤이 깊도록 효문제는 바싹 다가앉아 이야기를 들었다. 가생이 설명을 다 마치자, 황제가 말하기를 "짐이 오래도록 가생을 만나지 못하여, 내가 그보다 낫다고 여겼는데, 이제 보니 가생에게는 미치지 못하겠구려"라고 하였다. 황제는 오래 지나지 않아, 가생을 우대하여 양 회왕(梁懷王)의 태부(太傅)에 삼았다. 양 회왕은 효문제의 막내 아들로서 문제의 사랑을 받았고, 또한 독서를 좋아하였으므로 가생이 그의 스승으로 삼았다.

효문제는 또 회남(淮南)의 여왕(厲王)[87]의 네 아들을 모두 열후(列侯)에 봉하였다. 이에 가생은 나라의 우환이 이로부터 일어날 것이라고 간언하였다. 가생은 여러 번 상소하여, 제후들이 간혹 여러 군(郡)을 병합하고 있음을 말하고, 이는 옛날의 제도에 어긋난 것이므로 점차 그것을 삭감해야 한다고 주장하였다. 그러나 효문제는 이를 받아들이지 않았다.

몇년이 지나 회왕이 말을 타다가 떨어져서 죽었으나, 그를 이을 후사가 없었다. 가생은 태부로서의 책임을 다하지 못하였음을 자학하며, 1년 남짓 애도하다가 그 또한 죽고 말았다. 가생이 죽었을 때의 나이는 33세였다. 효문제가 죽자 효무제(孝武帝)가 즉위하여, 가생의 손자 2명을 등용하여 군수(郡守)에까지 오르게 하였고, 가가(賈嘉)는 그중 가장 학문을 좋아하여 그의 가업을 이었다. 그는 나와 서신을 왕래하였는데, 효소제(孝昭帝) 때에 이르러, 구경(九卿)[88]의 대열에 들어서게 되었다.

태사공은 말하였다.

"나는 「이소(離騷)」, 「천문(天問)」, 「초혼(招魂)」, 「애영(哀郢)」[89]을 읽고서, 굴원(屈原)의 심정을 슬퍼하였다. 장사(長沙)에 와서, 굴원이 빠져 죽었던 깊은 물을 바라보며 눈물을 떨구지 않을 수 없었고, 그의 인간됨에 대하여 상념에 잠겼다. 가생(賈生)이 그를 애도한 작품을 읽고 나

---

87) 淮南 厲王은 漢 高祖의 어린 아들인 劉長을 말한다. 文帝 6년(기원전 174년)에 법도를 무시하고 지나치게 포악하고 방종하여, 쫓겨나 巴蜀에서 살다가 굶어 죽었다.

88) 九卿 : 고대의 중앙 고급 관직의 총칭이다. 漢代에는 太常, 光祿勛, 衞尉, 太僕, 廷尉, 大鴻臚, 宗正, 大司農, 少府를 九卿이라고 하였다.

89) 「離騷」, 「天問」, 「招魂」, 「哀郢」은 모두 屈原 작품의 편명이다. 혹자는 「招魂」은 宋玉의 작품이라고도 한다.

서 굴원이 그와 같은 재능으로써 다른 제후를 유세하였더라면, 어느 나라
인들 그를 받아들이지 않을 리가 없었을 터인데, 왜 스스로 그 지경에 이
르게 되었는지 의문스러웠다. 그러나 「복조부(鵩鳥賦)」를 읽으니 삶과 죽
음을 동일시하고, 인생의 성패를 개의치 않음을 보게 되어,[90] 이전에 가
졌던 나의 생각을 흔쾌히 버리게 되었다."

---

90) 이 두 구, 즉 "同死生, 輕去就"는 「鵩鳥賦」 전편의 중심 사상이다.

권85 「여불위열전 (呂不韋列傳)」 제25

여불위 (呂不韋)는 양책 (陽翟)[1]의 큰 상인이다. 여러 곳을 다니면서 싸게 사서 비싸게 팔아, 천금 (千金)의 재산을 모았다.

진 소왕 (秦昭王)[2] 40년에 태자가 죽었다. 그 42년에, 둘째 아들 안국군 (安國君)[3]을 태자로 삼았다. 안국군의 아들은 20명이 넘었다. 안국군은 매우 총애하던 희첩 (姬妾)을 정부인 (正夫人)으로 세우고, 화양부인 (華陽夫人)이라고 불렀다. 화양부인에게는 아들이 없었다. 안국군의 둘째 아들[4]은 이름이 자초 (子楚)인데, 자초의 생모는 하희 (夏姬)로, 그녀는 총애를 받지 못하고 있었다. 자초는 조 (趙)나라에 있는 진 (秦)나라 볼모의 신세였다.[5] 진나라가 여러 차례 조나라를 공격하였기 때문에 조나라는 자초를 그다지 예우하지 않았다.

자초는 진나라의 많은 서얼 (庶孼) 중의 한 사람으로 제후국에 유질 (留質)되고, 거마 (車馬)와 재물이 넉넉하지 못하여 곤궁에 처해 있으며, 의기를 잃었다. 여불위가 한단 (邯鄲)[6]에 물건을 사러 갔다가 그의 처지를 알고 불쌍히 여기며 "이 진귀한 재화 (財貨)[7]는 사서 둘 만하다"라고 하였다. 이에 자초를 만나러 가서 "저는 당신의 가문을 대성시킬 수 있습니다"라고 설득시키려 하자, 자초가 웃으면서 말하기를 "우선 따로 그대의 가문을 크게 이루고 나서야 그에 따라 나의 가문도 커진다네!"라고 하

---

1) 陽翟 : 지금의 河南省 禹縣을 말한다.
2) 秦 昭王 : 이름은 嬴稷이며, 기원전 306년에서 기원전 251년까지 재위하였다.
3) 安國君 : 이름이 嬴柱인, 秦 孝文王(기원전 250년, 1년간 재위하였다)을 말한다. 安國君이라는 칭호는 太子로 책봉되기 이전의 칭호이다.
4) 賈輔民은 子楚를 安國君의 아들 중에 서열이 중간쯤 된다고 해석하지만, 실제 子楚의 서열은 呂不韋의 호감을 살 정도의 둘째 아들로 봄이 타당하다. 또 원문 "安國君中男名子楚"에서 '中'은 '仲'과 통용되었으므로 곧 둘째 아들을 말한다.
5) 춘추전국 시대에는 대개 국가간에 침략하지 않을 약속으로, 본국의 王子나 世子를 다른 나라에 留質시켰다. 이를 '質子'라고 한다.
6) 邯鄲 : 趙나라의 도읍으로, 지금의 河北省 邯鄲市 서남쪽 지역이다.
7) 了楚를 기리킨디.

자, 여불위는 "당신은 잘 이해하지 못하시는군요. 저의 가문은 당신 가문이 커짐에 따라 커집니다"라고 말하였다. 자초는 말뜻을 깨닫고, 이에 함께 자리할 것을 권하여 밀담을 나누었는데, 여불위가 말하기를 "진나라 왕[8]은 이미 늙었고, 안국군이 태자가 되었는데, 제가 듣기로는 화양부인을 총애하여 비록 화양부인에게 아들이 없으나 후사를 내세울 수 있는 사람은 오직 화양부인뿐이랍니다. 지금 당신의 형제는 20여 명이나 되고, 당신은 또한 둘째의 서열이고, 그다지 총애를 받지 못하고, 오랫동안 제후국에 유질된 처지입니다. 곧 대왕이 돌아가시고, 안국군이 왕위에 오르면, 당신은 맏형과 여러 형제들의 아침 저녁으로 임금 앞에서 태자가 되려는 싸움도 할 수가 없습니다"라고 하자, 자초는 "그렇군요. 이를 어찌하오?"라고 물었다. 여불위는 "당신은 가난하고, 이곳에서 손님의 처지이니, 어버이께 헌신하고 빈객과 교제할 방도가 없으십니다. 저 불위는 비록 가난하나, 천금(千金)으로써 당신을 위해서 서쪽[9]으로 가서[10] 안국군과 화양부인을 섬겨, 당신이 후사로 정해지게 하려는 것입니다"라고 하였다. 자초는 이에 머리를 숙여 경의를 표하고 "반드시 그대의 계략대로 된다면, 진나라를 그대와 함께 나누어 누리도록 하겠소"라고 언약하였다.

여불위는 500금(金)을 자초에게 주었는데, 그것은 빈객과 교류하는 비용이었다. 그리고 또 500금으로 진기한 패물(佩物)을 구입하여, 혼자 서쪽 진나라로 가지고 갔다. 그는 우선 화양부인의 언니에게 만나줄 것을 요청하여, 그 물건들을 화양부인에게 모두 바쳤다. 이리하여 자초가 현명함을 전언하기를, 천하의 제후국 빈객들과 두루 교류하며, 언제나 "자초는 화양부인을 하늘같이 여깁니다. 밤낮으로 태자와 부인을 흠모하여 눈물을 흘립니다"라고 말하게 한 것이었다. 화양부인은 매우 기뻐하였다. 불위는 이리하여 그 언니로 하여금 부인을 설득하도록 "제가 듣기에 미모로써 섬기는 자는 미모가 스러지면 사랑도 사그라진다고 합니다. 지금은

---

8) 즉 여기에서는 秦 昭王인 嬴稷을 일컫는다.

9) 여기에서의 서쪽은 秦나라를 말한다.

10) 원문의 "請以千金爲子西游"는 '以~爲~' 구문이며, '子西游'에서 '西游'의 주체는 子楚가 된다. 대개 '子楚를 위해서 呂不韋가 서쪽 秦나라로 가는 것'으로 해석하여 '西游'의 주체를 呂不韋로 본다. 이런 관점은, 앞에 놓인 '請'의 뜻을 뒷문장의 '事~, 立~'에서 '立'에만 사역의 뜻으로 새겨서, 하나의 문장에 있는 서술어마다 각각 주어가 생략된 것이 된다. 여기에서는 "請以千金爲子西游"의 주어를 화자인 呂不韋로 보았고, '事~, 立~'의 문장은 그 방법과 결과를 나열한 것으로 해석하였다.

부인이 태자를 가까이하고, 대단히 총애를 받으나 아들이 없으니, 일찌감치 여러 아들들 중에서 재능 있고 효성스러운 자와 인연을 맺어, 그를 후사로 발탁하여 아들로 삼으셔야 할 것입니다. 부군이 살아 계셔도 존중받고, 부군이 죽은 후에도 아들된 자가 왕이 되므로, 결국 세력을 잃지 않게 되는데, 이 한마디 말로써 장구한 이로움을 얻게 되십니다. 영화를 누릴 때 터전을 세워 놓지 않고, 곧 미모가 스러지고 사랑이 식은 후에, 비록 한마디 말을 하고 싶어도, 어떻게 하실 수 있겠습니까? 지금 자초는 현명하고, 차남이라서 스스로 후사가 될 수 없는 서열임을 알고 있으며, 그의 생모도 사랑을 받지 못하는지라, 자진하여 부인에게 달라붙을 것이고, 부인께서 진심으로 이 시기에 후사로 삼아 발탁하신다면, 부인께서는 곧 일생 동안 진나라에서 존경을 받게 될 것입니다"라고 일러주었다. 화양부인은 그 말이 옳다고 생각하고, 태자가 한가한 틈을 타서, 완곡한 말투로 조나라에 볼모로 있는 자초는 매우 현명하여, 그곳을 내왕하는 사람들은 모두 그를 칭찬한다고 설명하였다. 그리고는 눈물을 떨구며 "소첩은 다행히 후궁보다 훨씬 낫지만, 불행하게 아들이 없어 자초를 후사로 세워, 소첩의 몸을 맡길 수 있기를 바라옵니다"라고 간언하였다. 안국군은 그것을 허락하고, 이어 부인에게 옥부(玉符)[11]를 새겨주어, 그를 후사로 삼겠다는 약속을 하였다. 안국군과 부인은 이리하여 자초에게 넉넉하게 물품을 보내었고, 여불위에게 그를 잘 보살피도록 요청하였으며, 자초는 이로써 제후국에 그 명성이 더욱 알려졌다.

여불위는 한단의 여러 첩들 중에서 절세미인이며 춤을 잘 추는 여인을 얻어 동거하였는데, 그녀가 임신한 것을 알게 되었다. 한편 자초는 여불위의 집에서 술을 마시다가, 그녀를 보고 마음에 들어, 이에 일어나 축수를 빌면서 그녀를 요구하였다. 여불위는 화가 났으나, 이미 자초를 위해서 가산을 탕진하며 진기한 재화를 낚으려는 계략을 상기하고, 이리하여 마침내 그 첩을 바쳤다. 그녀는 스스로 임신한 몸임을 숨기고, 만삭이 되어 아들 정(政)[12]을 낳았다. 자초는 마침내 그 첩을 아내로 맞이하였다.

---

11) 玉符 : 고대 조정에서 사용하는 일종의 옥으로 만든 증표이다. '符'는 주로 명령을 전달하거나 名將을 파견할 때 사용되었는데, 각각 반쪽을 나누어 가지며, 진위를 가릴 때 그것을 합하여 확인하였다.

12) 政 : 秦 始皇을 말하며, 이름은 嬴政이다. 기원전 246년에서 기원전 210년까지 재위하였다.

진 소왕 50년에, 왕의(王齮)[13]를 시켜 한단을 포위하게 하였는데, 전세가 다급해지자, 조나라에서는 자초를 죽이려고 하였다. 자초는 여불위와 공모하여 금 600근(斤)[14]을 가져와 자초를 지키는 관리를 매수하여 탈출하게 되어, 진나라의 진영(陣營)으로 도망쳐왔고, 마침내 이리하여 귀국할 수 있었다. 조나라에서는 자초의 부인과 아들을 죽이려고 하였으나, 자초의 부인은 조나라 부호의 딸인지라 숨을 수 있었고, 이리하여 모자는 결국 살아 남게 되었다. 진 소왕은 즉위한 뒤 56년 만에 죽었고, 태자인 안국군이 왕위에 올랐으며, 화양부인은 왕후가 되었고, 자초는 태자가 되었다. 조나라에서도 자초의 부인과 아들 정을 받들어 진나라로 돌려보냈다.

진나라의 왕[15]은 즉위한 지 1년 만에 죽었고, 시호(謚號)[16]가 효문왕(孝文王)이었다. 태자인 자초가 왕위를 이었는데, 이 사람이 장양왕(莊襄王)이다. 장양왕이 모친으로 섬겼던 화양부인은 화양태후가 되었고, 생모인 하희(夏姬)는 하태후가 되어 존중받았다. 장양왕의 원년[17]에, 여불위를 승상(丞相)으로 삼으면서 문신후(文信侯)에 봉하였고, 식읍(食邑)[18]으로는 하남(河南)[19]의 낙양(雒陽)[20]에 10만 호(戶)를 내렸다.

---

13) 王齮 : 秦나라의 장군의 이름이다.

14) 고대에 1斤은 16兩이다(현대에는 1斤은 10兩이다). 그 중량을 추정하면 1兩은 10錢 혹은 24銖라고 한다. 그리고 『漢書』 「律曆志」에 의하면 "一龠容千二百黍, 重十二銖, 兩之爲兩"이라고 하여, 1銖는 100톨의 기장을 말한다. 따라서 1銖는 대략 2.1그램 정도이므로, 1兩은 50.4그램(2.1×24)이고, 1斤은 806.4그램(50.4×16)이 된다. 편차를 10그램으로 잡으면, 1斤은 800그램 정도일 것이다. 원문의 "600斤"은 이 기준으로 480킬로그램이 되며, 혹은 지금의 기준(즉 1斤=500그램)으로도 300킬로그램이나 되어, 이런 무게를 뇌물로 이용하였음은 도저히 상상할 수 없는 일이다. 여기에서의 斤은 분명 일반적인 중량 단위와는 다를 것이고, "金 600斤"은 아마 그 당시 사회에서 평생 부를 누리고도 남는 뇌물이리라고 추측할 뿐이다.

15) 여기에서는 安國君을 지칭한다.

16) 謚號 : 帝王, 卿相, 儒賢 등이 죽은 뒤에 그들의 공덕을 칭송하여 추증하는 칭호이다.

17) 기원전 249년이다.

18) 食邑 : 혹은 采邑, 采地라고도 하는데, 이것은 고대의 제왕이나 제후가 卿, 大夫 등에게 대대로 祿俸으로 삼도록 포상하는 전답이다. 이런 卿, 大夫는 하사받은 영지 안에서 통치권리를 가지며, 또 제왕이나 제후를 대신하였다. 秦, 漢代에 郡縣制가 실행되면서 封爵을 받았던 卿, 大夫들은 그 영지에서 통치권리를 점점 상실하였고, 俸祿은 영지 백성들의 세금을 징수하여 충당하는 것으로 바뀌었는데, 俸祿의 양은 백성을 기준으로 계산하였다. 영지는 직위의 고하에 따라 증감되었고 역시 세습될 수 있었다.

장양왕은 즉위 3년 만에 죽고, 태자 정(政)이 왕위에 올랐는데, 정은
여불위를 존중하여 상국(相國)이 되게 하고 그를 '중부(仲父)'[21]라고 불
렀다. 진나라 왕은 아직 어렸고,[22] 태후는 때때로 몰래 여불위와 간통하
였다. 여불위의 집에는 하인이 만 명이나 되었다.

이 시기에 이르러, 위(魏)나라에는 신릉군(信陵君),[23] 초(楚)나라에는
춘신군(春申君),[24] 조(趙)나라에는 평원군(平原君),[25] 제(齊)나라에는
맹상군(孟嘗君)[26]이 있었는데, 이들은 모두 선비를 존대하여 빈객 맞기
를 경쟁하였다. 여불위는 진나라가 강국으로서, 그렇게 하지 못함을 부끄
럽게 여기고, 역시 선비를 초치(招致)하여 그들에게 후한 대접을 하였는
데, 식객(食客)이 3,000명에 달하였다. 이 시기에 제후국에는 변사(辯
士)가 많았는데, 순경(荀卿)[27]과 같은 무리들은 글을 지어 천하에 유포
하였다. 여불위는 이에 자기의 식객들로 하여금 각각 식견을 쓰게 하여,
이들의 견해를 팔람(八覽),[28] 육론(六論),[29] 십이기(十二紀)[30]로 모았는

---

19) 河南 : 漢代의 군 이름으로, 지금의 河南省 黃河 이남의 洛水와 伊水 하류 지역이
   며, 행정 관할지는 雒陽에 있었다.
20) 雒陽 : 漢代에는 '火德'으로 천하를 다스렸으므로, '洛'의 '氵'를 꺼려 '雒'으로 대용
   하였다.
21) 仲父 : 즉 숙부 혹은 삼촌을 말한다.
22) 秦 始皇 政이 왕위를 계승하였을 때 나이가 겨우 13세였다.
23) 信陵君(? -기원전 243년) : 魏 無忌를 말하며, 魏 安釐王의 아우로 信陵君으로
   불렸으며, 食客이 3,000명에 달하였다. 安釐王 20년에, 병사를 이끌고 趙나라를 구
   하면서 秦나라 군대를 격퇴시켰다. 권77「魏公子列傳」참조.
24) 春申君(? -기원전 238년) : 黃歇을 가리킨다. 楚나라의 귀족. 일찍이 左徒, 令
   尹 등의 직책을 20여 년간 역임하였으며, 食客이 3,000명에 달하였다. 권78「春申君
   列傳」참조.
25) 平原君(? -기원전 251년) : 趙勝을 말한다. 그는 趙 惠文王의 아우이다. 일찍이
   國相을 역임하였고, 食客이 수천명이나 되었다. 趙 孝成王 7년(기원전 259년)에 秦
   나라 군대가 趙나라의 수도 邯鄲을 진격하였을 때, 그는 3년간 대항하였고, 魏와 楚
   두 나라에게 지원을 받아, 끝내 秦나라 군대를 격퇴시켰다. 권76「平原君虞卿列傳」
   참조.
26) 孟嘗君 : 田文을 가리킨다. 齊나라의 귀족으로서 齊 湣王 때 國相을 지냈고, 食客
   이 수천명이나 되었다. 일찍이 韓과 魏 나라와 연합하여 秦, 楚, 燕 세 나라를 차례
   로 격퇴시킨 바 있다. 그리고 나중에는 秦과 魏 나라에서 國相을 지내기도 하였다.
   권75「孟嘗君列傳」참조.
27) 荀卿 : 즉 荀況(기원전 315 -기원전 238년)을 말한다. 그는 전국시대의 사상가이
   며 교육자이다. 저서로『荀子』가 있다.
28) 八覽 :『呂氏春秋』에 실린 여덟 편의 문장을 말한다. 즉「有始」,「孝行」,「愼大」,
   「先識」,「審分」,「審應」,「離俗」,「恃君」이다.

데, 모두 20만여 언(言)[31]이나 되었다. 이로써 천지 만물에 대한 고금 (古今)의 일을 갖춘 것으로 여겼고, 『여씨춘추(呂氏春秋)』[32]라고 불렀 다. 그것을 함양(咸陽)의 성문에 진열하고, 그 위에 천금(千金)을 걸어 놓고서, 제후국의 유사(遊士)나 빈객 중에 한 글자라도 증감할 수 있는 자에게 천금을 주겠다고 널리 알렸다.

진 시황이 차츰 장년(壯年)이 되어가도 태후의 음행(淫行)은 그치지 않았다. 여불위는 그 화(禍)가 발각되어 자기에게 미칠까봐 두려웠고, 이에 음경(陰莖)이 큰 노애(嫪毐)라는 사람을 몰래 찾아내어 가신(家臣) 으로 삼았는데, 때때로 음탕한 음악을 연주하면서, 노애로 하여금 그의 음경에 오동나무 수레바퀴를 달아서 걷게 하였는데, 태후에게 그 소식을 듣게 하여 이로써 태후를 유인하려 하였다. 태후는 그 소문을 듣고, 과연 남몰래 그를 얻으려고 하였다. 여불위는 이에 노애를 바쳤고, 어떤 사람 을 시켜 그를 부죄(腐罪)[33]에 처하도록 허위로 고발하였다. 여불위는 또 은밀히 태후에게 "부형(腐刑)을 허위로 조작할 수 있다면, 궁중에서 봉직 하게 할 수 있습니다"라고 일러주었다. 태후는 이에 부형을 주관하는 관 리에게 은밀히 후한 뇌물을 주고 집행을 날조하였으며, 그의 수염과 눈썹 을 뽑아 내시(內侍)가 되게 하여, 마침내 태후의 시중을 들 수 있게 하였 다. 태후는 남몰래 그와 간통하였으며, 몹시 그를 총애하였다. 그녀가 임 신하게 되자, 태후는 남이 알까봐 두려워서, 점을 쳐서 피시(避時)[34]하 여야 한다고 속여 거처를 옹(雍)[35] 땅으로 옮겨 살았다. 노애는 항상 그

29) 六論:『呂氏春秋』에 실린 여섯 편의 문장을 말한다. 즉「開春」,「愼行」,「貴直」, 「不苟」,「以順」,「士容」이다.

30) 十二紀:『呂氏春秋』 중에 12개월을 孟, 仲, 季로 구분하여 12권으로 서술한 문장 을 말한다.

31) 言:중국인들은 책이나 문장의 크기를 言이나 字로써 나타내는데, 여기에서도 책 의 분량 단위로서 글자의 수를 나타낸 것이다.

32) 『呂氏春秋』:이 책은 秦 始皇 8년에 집성되었고, 내용은 역사적인 舊聞, 옛사람 들의 遺言, 古籍의 佚文이 대부분이며, 천문학과 의학 그리고 농학 등과 관련된 것 이 실려 있다. 그리고 유교와 도교 사상이 주류를 이루면서 名家, 法家, 墨家, 陰陽 家의 견해도 포괄되어 있다.

33) 腐罪:宮刑에 해당하는 죄이다. 고대 형벌 중의 하나로 남자의 성기를 제거하는 형벌이다.

34) 避時:반드시 한동안 거처를 바꾸어야 큰 화를 모면한다는 고대의 미신이다.

35) 雍:고을 이름으로, 지금의 陝西省 鳳翔縣 남쪽 지역을 말한다.

녀를 따랐고, 상은 매우 후하게 내려졌으며, 매사는 노애에 의해서 결정되었다. 이로써 노애의 가신은 수천명이었으며, 벼슬을 얻기 위해서 노애의 빈객이 된 자는 천여 명이 되었다.

진 시황 7년에, 장양왕의 모친인 하태후가 죽었다. 효문왕의 왕후 화양태후는 효문왕과 함께 수릉(壽陵)[36]에 합장(合葬)되었다. 하태후의 아들 장양왕은 지양(芷陽)[37]에 묻혔으므로, 하태후는 별도로 두원(杜原)[38]에 홀로 묻혔고, "동쪽으로는 나의 아들을 바라보고, 서쪽으로는 나의 남편을 바라본다. 100년 뒤에, 주변에는 마땅히 만 호(戶)의 읍이 생길 것이다"라고 말하였다.

진 시황 9년에, 어떤 사람이 노애는 실제로 환관이 아님을 고발하였다. 그는 항상 태후와 간통하여 아들 둘을 낳아 모두 숨겨놓았고, 태후와 모의하여 "시황이 죽으면, 아들을 후사로 삼읍시다"라고까지 말하였다는 것이었다. 그리하여 시황은 관리를 파견하여 사실을 모두 밝혀내었고, 이 사건에 상국 여불위도 연루되었음을 알게 되었다. 9월에, 노애의 삼족을 멸하였고, 태후가 낳은 두 아들을 죽였으며, 마침내 태후를 옹 땅으로 추방하였다. 노애의 모든 가신들의 가산을 몰수하고 촉(蜀)으로 추방하였고, 시황은 상국까지도 제거하려 하였으나 그가 선왕을 받든 공로가 크고, 그리고 빈객과 변사들 중에 유세하는 자[39]가 많아서, 시황은 차마 법대로 처단하지 못하였다.

진 시황 10년 10월에, 상국 여불위를 파면시켰다. 그리고 제(齊)나라 사람인 모초(茅焦)[40]가 시황을 설득하자, 시황은 이에 태후를 옹 땅으로부터 불러들여, 함양으로 돌아오게 하였고, 문신후(文信侯)를 내보내어 하남(河南)에 영지를 주었다.

1년여 만에, 제후국의 빈객과 사절들이 도로에서 대기하면서, 문신후를 참배하였다. 시황은 그가 변란을 일으킬까 두려워서 문신후에게 서신

---

36) 壽陵 : 秦 孝文王의 묘소 이름을 말한다. 지금의 陝西省 臨潼縣 북쪽.
37) 芷陽 : 고을 이름으로, 지금의 陝西省 西安市 동북쪽 지역이다.
38) 杜原 : 고을 이름으로, 지금의 陝西省 西安市 동남쪽 지역이다.
39) 여기에서는 秦王을 설득하는 인사를 말한다. 전국시대의 정략가는 제후국을 돌아다니면서 통치자에게 정치상황을 설명하고, 정치뿐만 아니라 군사나 외교 방면의 주장을 펴서 벼슬을 얻거나 후한 대가를 받았다.
40) 茅焦 : 齊나라의 유세가. 그는 秦 始皇에게 모친을 외지에서 살게 해서는 안 된다고 설득하였고, 秦 始皇은 그의 견해를 받아들였다.

을 보냈는데 "그대가 진나라에 무슨 공로가 있기에 진나라는 그대에게 하남을 봉하고, 10만 호의 식읍을 내렸는가? 그대가 진나라와 무슨 친족관계가 있기에 중부(仲父)라고 불리는가? 그대는 가족과 함께 촉 땅으로 옮겨 살아라!"라고 하였다. 여불위는 점점 압박해옴을 스스로 느끼고, 참수당할까봐 두려워서, 이에 독주를 마시고 죽었다. 시황은 분노를 터뜨렸던 여불위와 노애가 모두 죽자, 이에 촉 땅으로 추방시킨 노애의 모든 가신들을 돌아오게 하였다.

진 시황 19년에 태후가 죽자 시호를 제태후(帝太后)라고 하였으며, 장양왕과 함께 채양(茝陽)[41]에 합장하였다.

태사공은 말하였다.

"여불위(呂不韋)는 노애(嫪毐)까지 존귀하게 만들었고, 문신후(文信侯)라는 칭호를 받았다.[42] 어떤 사람이 노애를 고발하였는데, 노애도 그 소문을 들었다. 진 시황은 좌우의 신하들을 통해서 증거를 확보하려고 아직 발표하지 않았다. 진 시황은 옹 땅으로 가서 교사(郊祀)[43]를 지냈는데, 노애는 화를 입을까봐 두려웠고, 이에 자기의 무리들과 음모를 꾸며, 태후(太后)를 꾀어 황제의 옥새(玉璽)로 군사를 뽑아서 기년궁(蘄年宮)[44]에서 반란을 일으켰다. 진 시황은 군관을 보내어 노애를 공격하였고, 노애가 패퇴하여 달아나자 끝까지 추격하여 호치(好畤)[45]에서 그의 목을 베었고, 마침내 그의 일족들을 멸하였다. 그리고 여불위도 이 사건과 연루되어 배척당하였다. 공자(孔子)가 말한 바 있는 '명성만 있고 실속이 없는 자'가 바로 여불위였던가?"

---

41) 茝陽 : 즉 芷陽을 말한다.
42) 『史記索隱』에 의하면, 여기서 말하고자 한 바는 嫪毐에 대한 존귀함이 呂不韋의 천거로 말미암은 것이고, 앞에서 呂不韋의 칭호인 文信侯가 자주 언급되었으므로, 원문의 "文信侯"는 嫪毐의 칭호인 '長信侯'로 바꾸어야 한다고 되어 있다.
43) 郊祀 : 고대에 하늘에 지내는 제사 예절을 말한다. 周代의 官制로서, 冬至에는 남쪽에서 하늘에 祭를 올리고, 夏至에는 북쪽으로 나가서 땅에 祭를 올렸다.
44) 蘄年宮 : 秦나라의 궁 이름으로, 옛 터는 지금의 陝西省 鳳翔縣 남쪽에 있었다.
45) 好畤 : 현 이름으로 지금의 陝西省 乾縣이다.

권86 「자객열전(刺客列傳)」 제26

　　조말(曹沫)¹⁾은 노(魯)²⁾나라 사람이다. 그는 용기와 힘으로 노 장공 (魯莊公)³⁾을 섬기었다. 장공은 힘센 사람을 좋아하였다. 조말은 노나라 의 장군이 되어 제(齊)⁴⁾나라와 싸웠는데, 세 번이나 패하여 도주하였다. 노 장공은 두려운 나머지 마침내 수읍(遂邑)의 땅을 제나라에게 바치고 화친을 도모하였다. 그런 후에도 조말을 계속 장군의 식책에 임용하었다.

　　제 환공(齊桓公)⁵⁾은 노 장공과 가(柯)⁶⁾에 모여 화친의 맹약을 맺을 것 을 허락하였다. 환공과 장공이 단상에서 맹약을 맺고 있는데, 조말이 비 수를 손에 쥐고 제 환공을 협박하였다. 환공의 좌우의 사람들⁷⁾은 감히 움직일 수가 없었다. "그대가 요구하는 바는 무엇이오?"라고 묻자, 조말 이 말하기를 "제나라는 강하고 노나라는 약합니다. 그런데 대국인 제나라 가 노나라를 침범하는 정도가 지나칩니다. 지금 제나라의 국경은 노나라 깊숙히 파고들어와서 이미 국도(國都)에까지 육박하고 있으니, 임금께서 는 이러한 점을 고려하시기 바랍니다"라고 하였다. 환공은 그 말을 듣고

---

1)　曹沫 : 춘추시대 사람이다. 『左傳』과 『穀梁傳』의 '曹劌,' 『公羊傳』의 '曹子,' 『呂氏 春秋』의 '曹翽' 등은 사실 『戰國策』과 『史記』에 나오는 '曹沫'을 가리킨다. 그러나 각 책에 기재된 사적에도 차이가 있기는 하다.

2)　魯 : 기원전 11세기에 지금의 山東省 서남쪽에 세워졌던 周나라의 제후국이다. 기 원전 249년 楚나라에 멸망당하였다.

3)　魯 莊公 : 이름은 同이며, 재위 기간은 기원전 693년에서 기원전 662년까지이다.

4)　齊 : 개국 군주는 呂尙으로, 지금의 山省東 북부에 위치하였다. 춘추시대 초기 齊 桓公 때에는 국력이 강성하여 春秋五覇 중 하나였고, 齊 威王 때에는 동방의 강국이 었으나, 그후 秦나라와 오랜 전쟁을 하다가, 결국 기원전 221년에 秦나라에 멸망당 하였다.

5)　齊 桓公 : 소위 '春秋五覇'의 영수로서, 재위 기간은 기원전 685년에서 기원전 643 년까지이다.

6)　柯 : 齊나라의 읍 이름. 지금의 山東省 陽谷縣 동북쪽.

7)　桓公을 추종하는 신하들을 말한다. 『公羊傳』의 기록에 의하면, 이는 특히 管仲을 가리킨다. 즉 曹沫이 短劍으로 齊 桓公을 위협하니, 桓公이 당황하여 어찌할 바를 모르자 管仲이 대신 물었다고 한다.

결국 노나라에서 빼앗은 땅을 모두 돌려줄 것을 허락하였다. 환공의 말이
끝나자, 조말은 비수를 던져버리고 단에서 내려와 북쪽을 향해서 신하들
의 자리[8]에 앉았는데, 안색은 조금도 변함이 없고 말소리도 여전하였다.
이에 환공이 노하여 약속을 어기려고 하니, 관중(管仲)[9]이 "안 됩니다.
작은 이익을 탐하여 스스로 만족하신다면, 제후들에게 신망이 떨어지고,
천하 각국의 지지를 잃게 됩니다. 그러니 약속대로 그 땅을 돌려주시는
편이 좋습니다"라고 말하였다. 그래서 환공이 마침내 노나라에서 빼앗은
토지를 돌려주니, 조말이 세 번 싸움에서 잃었던 땅은 이로써 모두 노나
라로 되돌아갔다.

그로부터 167년이 지나 오(吳)[10]나라에 전제(專諸)의 사건이 일어났
다.

전제는 오나라의 당읍(堂邑)[11] 사람이다. 오자서(伍子胥)[12]가 초(楚)
나라에서 달아나 오나라로 갔을 때에, 그는 전제의 재능을 알고 있었다.
오자서는 오나라 왕 요(僚)[13]를 만나서 초나라를 치는 것이 유리함을 설
득하였다. 오나라 공자 광(光)이 말하기를 "저 오자서는 자기 아버지와
형이 모두 초나라에서 죽임을 당하였습니다. 그러니 그가 초나라를 치자
고 말하는 것은 자기 개인의 복수를 하고자 함이지, 결코 오나라를 위해
서 도모하는 것이 아닙니다"라고 하였다. 오나라 왕은 이 말을 듣고 초나
라를 치는 것을 단념하였다. 오자서는 공자 광이 오나라 왕 요를 죽이려
고 하는 것을 알아차리고 "저 광은 장차 내란을 일으키려는 야심이 있으
니, 아직 대외 용병에 관한 문제를 설득할 때가 아니다"라고 생각하고는
전제를 공자 광에게 추천하였다.

공자 광의 아버지는 바로 오나라 왕 제번(諸樊)[14]이다. 제번에게는 아

---

8) 고대에 임금은 남쪽을 향해서 앉았고, 신하들은 북쪽을 향해서 알현하였다.
9) 管仲 : 齊나라 대신으로서, 이름이 夷吾이다. 집정기간 동안 국정에 전력하였고 군
  대를 정비하였다. 그의 보좌로 말미암아 齊 桓公은 패업을 이룰 수 있었던 것이다.
10) 吳 : 지금의 江蘇省 대부분과 安徽省, 浙江省 일부 지역에 위치하였다.
11) 堂邑 : 吳나라 읍 이름으로, 지금의 江蘇省 六合縣 서북쪽에 위치하였다.
12) 伍子胥 : 이름이 員이며, 父兄은 모두 楚 平王에게 죽임을 당하였고, 그는 吳나라
  로 도망하였다. 후에 吳나라가 楚나라를 물리침에 커다란 공적을 쌓았다.
13) 僚 : 성이 僚이다. 기원전 526년에서 기원전 515년까지 재위하였다.
14) 諸樊 : 기원전 560년에서 기원전 548년까지 재위하였다.

우가 셋이 있었으니, 바로 밑의 아우는 여채(餘祭)[15]이고, 그 다음은 이말(夷昧)[16]이며, 끝의 아우가 계자찰(季子札)[17]이다. 제번은 계자찰이 현명한 것을 알고는 태자로 세우지 않았는데, 이는 차례대로 세 아우에게 왕위를 전하여, 결국에는 나라를 계자찰에게 맡겨주려고 하였기 때문이다. 제번이 죽은 뒤 여채에게 왕위를 전하였으며, 여채가 죽은 후에는 이말에게 왕위를 전하였다. 이말이 죽어서는 마땅히 계자찰에게 전해야 하였으나, 계자찰은 즉위하지 않으려고 달아나니, 오나라 사람들은 마침내 이말의 아들 요(僚)를 세워 왕으로 삼았던 것이다. 공자 광은 말하기를 "형제의 순서대로 한다면 응당 계자가 왕위를 이어야 하며, 만일 아들을 세워야 한다면 나야말로 진정한 적사(適嗣)[18]이니, 당연히 내가 임금이 되어야 한다"라고 하였다. 그러므로 평소 은밀하게 모략에 능한 신하를 길러, 자기가 임금이 되는 길을 모색하였다.

광은 전제를 얻고 나서, 그를 빈객(賓客)으로 잘 대우하였다. 오나라 왕 요 9년에 초 평왕(楚平王)[19]이 죽었다. 그해 봄에 요가 초나라 국상(國喪)을 틈타 초나라를 치려고 하여, 그의 두 아우인 공자 갑여(蓋餘)와 촉용(屬庸)으로 하여금 군사를 거느리고 가서 초나라 잠(潛)[20]을 포위하게 하였다. 다른 한편으로 연릉(延陵)에 성주로 나가 있는 계자찰을 진(晉)[21]나라에 보내어 각 제후들의 반응을 살피게 하였다. 초나라가 군대를 출동시켜 오나라 장군 갑여와 촉용의 퇴로를 차단하자, 오나라 군대는 돌아갈 수 없게 되었다. 공자 광은 전제에게 말하였다. "이때를 놓쳐서는 아니 되오. 구하지 않는다면 무엇을 얻을 수 있겠소! 게다가 나는 참다운 왕의 후사이므로 왕위에 서야 하는 것이 마땅하니, 설사 계자가 오더라도 나를 폐하지는 못할 것이오." 이에 전제가 말하기를 "왕 요를 죽일

---

15) 餘祭 : 기원전 547년에서 기원전 531년까지 재위하였다.
16) 夷昧 : 기원전 530년에서 기원전 527년까지 재위하였다.
17) 季子札 : 延陵(지금의 江蘇省 常州市)의 季子, 즉 季札을 말한다. 季子는 막내 아들을 의미한다.
18) 適嗣 : 정처의 큰아들을 말한다.
19) 楚 平王 : 기원전 528년에서 기원전 516년까지 재위하였다.
20) 潛 : 楚나라의 읍 이름으로, 지금의 安徽省 霍山縣 동북쪽을 말한다.
21) 晉 : 기원전 1106년 西周가 봉한 춘추시대 12列國의 하나로, 영토는 지금의 山西省과 河北省 일부이다. 晉 靜公 2년(기원전 376년), 魏, 韓, 趙가 晉을 멸하고 그 땅을 3분하여 三晉이 되었다.

수도 있습니다. 그의 어머니는 늙었고 아들은 어립니다. 또한 두 아우가 군사를 거느리고 초나라를 치러 갔는데, 초나라는 그들이 돌아올 길을 끊어버렸습니다. 지금 오나라는 밖으로는 초나라에게 곤란을 당하고, 조정 내부에는 충직한 신하가 없는 상황이오니 우리를 어찌할 도리가 없을 것입니다"라고 하였다. 공자 광은 고개를 끄덕이며 "광의 몸은 곧 그대의 몸이오"[22]라고 말하였다.

4월 병자일(丙子日)[23]에, 광이 무장병을 지하실에 숨겨두고 술자리를 마련하여 왕 요를 초청하였다. 왕 요는 사병들을 보내어 왕궁으로부터 광의 집까지 진을 치게 하였고, 문과 계단의 좌우에는 모두 왕 요의 친척[24]들로 가득 차게 하였다. 그들은 왕 요를 둘러서서 모셨는데, 전부 긴 칼을 차고 있었다. 술자리가 무르익자, 공자 광은 거짓으로 발이 아픈 척하며, 지하실로 들어가서 전제로 하여금 뱃속에 비수를 감춘 구운 생선을 올리게 하였다. 왕 앞에 나아간 전제는 생선을 찢어 가르고 그 비수로 왕 요를 찌르니, 왕 요가 그 자리에서 숨졌다. 그러자 왕의 좌우에 있던 사람들 역시 전제를 죽였다. 결국 왕의 수하에 있던 신하들은 혼란에 빠지게 되었고, 공자 광은 매복시켰던 무사들을 나오게 하여 왕 요의 무리를 쳐서 모두 없앤 후, 비로소 스스로 즉위하여 왕이 되었으니, 그가 바로 합려(闔閭)[25]이다. 합려는 전제의 아들을 봉하여 상경(上卿)[26]으로 삼았다.

그로부터 70여 년 뒤에 진(晉)나라에 예양(豫讓)의 사건이 생겼다.

예양은 진(晉)나라 사람으로, 일찍이 범씨(范氏)[27]와 중항씨(中行氏)[28]를 섬겼으나, 이름이 알려지지는 못하였다. 예양이 그들을 떠나 지백(智伯)[29]을 섬겼는데, 지백은 그를 매우 존중하고 총애하였다. 지백이

---

22) 여기에서는 '당신의 신변문제는 모두 내가 책임을 지겠다'라는 의미이다.
23) 王僚 12년 4월 丙子日을 말한다.
24) 여기에서는 '王僚가 신임하는 심복이나 측근들'을 의미한다.
25) 闔閭 : 기원전 514년에서 기원전 496년까지 재위하였다.
26) 上卿 : 관직 이름으로, 제후국 최고의 벼슬이다.
27) 范氏 : 晉나라의 大夫 范吉射을 말한다.
28) 中行氏 : 晉나라의 大夫 中行寅을 말한다. 范氏, 智氏, 魏氏, 韓氏, 趙氏와 함께 집정하여 六卿이라고 불린다.
29) 智伯 : 智襄子를 말한다. 六卿 중 가장 세력이 강하였다.

조양자(趙襄子)³⁰⁾를 치자, 조양자는 한씨(韓氏), 위씨(魏氏)와 공모하여
지백을 멸하고, 지백의 후손을 멸하여 토지를 셋으로 나누었다. 또한 조
양자는 지백을 가장 원망하여, 지백의 두개골에 옻칠을 해서 커다란 술
잔³¹⁾으로 사용하였다. 예양은 산속으로 달아나 탄식하여 말하기를 "아
아! '선비는 자기를 알아주는 사람을 위해서 죽고, 여자는 자기를 좋아
하는 사람을 위해서 얼굴을 아름답게 단장한다'³²⁾라고 하였다. 이제 지
백이 나를 알아주었으니, 내 기필코 원수를 갚고 죽음으로써 지백에게 보
답한다면, 내 혼백이 부끄럽지 아니할 것이다"라고 하고, 마침내 성명을
바꾸고 죄수³³⁾로 변장하여, 조양자의 궁에 들어가 뒷간의 벽을 발랐는
데, 몸에는 비수를 품고서 기회를 틈타 자양을 찔러 죽이려고 하였다. 양
자가 뒷간에 갔다가 몹시 놀라서, 뒷간의 벽을 바르는 죄수를 잡아다 심
문하니, 그가 다름아닌 예양으로 몸 속에 흉기를 지니고 있었다. 예양이
말하기를 "지백을 위해서 원수를 갚으려 하였소!"라고 하니, 좌우에 있
던 자들이 그를 죽이려고 하였다. 그러자 양자가 "저 사람은 의로운 자이
다. 단지 내가 조심하여 피하면 그만이다. 게다가 지백이 망하고 그의 후
사조차 없는데, 그의 가신(家臣)이 그를 위해서 원수를 갚겠다고 하였으
니, 이 자야말로 천하의 현인이로다"라고 말하고는, 드디어 그를 풀어주
었다.

 얼마 후 예양은 다시 몸에다 옻칠을 하여 문둥이로 가장하고, 숯을 삼
켜 목을 쉬게 한 뒤, 자신의 형상을 아무도 몰라보게 하고서 거리에 나가
구걸을 하였다. 그의 아내까지도 그를 알아보지 못하였다. 그의 벗을 찾
아가 만나보니, 그 벗이 아직 그를 알아보고 말하기를 "자네는 예양이 아
닌가?"라고 하자, 예양이 말하기를 "바로 나일세"라고 하였다. 그 벗은
울면서 말하기를 "자네의 재능으로 예물을 바치고³⁴⁾ 신하가 되어 양자를
섬긴다면, 양자는 반드시 자네를 가까이하고 총애할 것일세. 그가 자네를
가까이하고 사랑하게 한 뒤, 비로소 자네가 하고 싶은 일을 행한다면, 오

---

30) 趙襄子 : 晉나라의 大夫로, 六卿 중 하나이다.
31) 혹자는 오줌그릇이라고도 한다.
32) 원문은 "士爲知己者死, 女爲說己者容"으로, 여기의 '說'은 '悅'을 뜻한다.
33) 여기에서는 형벌로 고된 노역을 하는 죄인을 말한다.
34) 원문에는 "質委"라고 되어 있는데, 이는 신하가 군주에게 예물을 헌납하는 것으
   로, 여기서는 헌신을 의미한다.

히려 쉽지 않겠는가? 그런데 자기 몸을 해치고 형상을 추하게 하여 양자
에게 보복하려 하니, 어찌 어렵지 않겠나! ”라고 하였다. 그러자 예양이
말하였다. “기왕 예물을 바치고 남의 신하가 되어 섬긴다면서, 그를 죽이
려고 한다면, 이는 두 마음을 품고 주인을 섬기는 짓이네. 지금 내가 하
고자 하는 바는 지극히 어려운 일이라네. 그러나 이를 행하는 까닭은 장
차 천하 후세에 남의 신하가 되어 두 마음을 품고 주인을 섬기는 자들로
하여금 부끄럼을 알게 하려는 것일세.” 예양은 이렇게 말하고 가버렸다.

　얼마 후 양자가 외출할 즈음에, 예양은 양자가 지나가려는 다리[35] 밑에
숨어 있었다. 양자가 다리에 이르자, 말이 돌연 놀라니, 양자가 말하기를
“이는 필시 예양일 것이다”라고 하고는, 사람을 시켜 심문하니 과연 예양
이었다. 이에 양자가 예양을 꾸짖어 말하였다. “그대는 일찍이 범씨와 중
항씨를 섬기지 않았는가? 지백이 그들을 전부 멸하였는데, 그대는 범씨
와 중항씨를 위해서 복수는 행하지 않고, 도리어 헌신하여 지백의 신하가
되었다. 이제는 지백도 죽었는데, 그대는 어찌 유독 그를 위해서만은 이
토록 끈질기게 복수를 하려고 하는 것인가?” 예양이 말하였다. “신이 범
씨와 중항씨를 섬겼으나, 범씨와 중항씨는 모두 저를 보통 사람으로 대우
하였기에, 저 또한 보통 사람으로서 그들에게 보답하였을 따름이었습니
다. 그러나 지백은 저를 국사(國史)[36]로 대우하였으므로, 저도 국사로서
그에게 보답하려는 것입니다.” 그러자 양자는 감개탄식하여 울면서 말하
였다. “아아, 예자(豫子)[37]여! 그대가 지백을 위해서 충절을 다하였다
는 명예는 이미 이루어졌고, 과인(寡人)[38]이 그대를 용서함도 이미 충분
하였다. 그대는 응당 각오해야 할 것이다. 과인은 그대를 다시 놓아주지
않으리라”라고 하고는 병사들을 시켜 그를 포위하도록 하였다. 예양이 말
하기를 “신이 듣기로 ‘현명한 군주는 남의 미명(美名)을 덮어 가리지 아
니하고, 충신은 명절(名節)을 위하여 죽을 의무가 있다’라고 합니다. 지
난번에 군왕께서 이미 신을 관대히 용서하시어, 천하에 그대의 어질음을
칭송하지 않는 자가 없었습니다. 오늘의 일로 말하자면, 신은 죽음을 당

---

35)　汾橋를 가리키는데, 이는 지금의 太原에 있는 다리를 말한다.
36)　國史 : 나라의 걸출한 인사를 말한다.
37)　豫子 : 豫讓에 대한 존칭어이다.
38)　寡人 : 고대에 王侯 혹은 士大夫가 자칭하였던 겸양어를 말한다.

해야 마땅하오나, 원컨대 신이 군왕의 옷을 얻어 그것을 칼로 쳐서, 그로써 원수를 갚으려는 뜻을 이루게 해주신다면, 비록 죽어도 한이 없겠습니다. 이는 신이 감히 바랄 수 없는 일이오나, 다만 신의 심중을 털어놓을 뿐입니다"라고 하였다. 이 말을 들은 양자는 그의 의기(義氣)에 크게 찬탄하고, 이윽고 사람을 보내어 자기 옷을 가져다 예양에게 주도록 하였다. 예양은 칼을 뽑아들고 세 번을 뛰어 그 옷을 치면서 "내 비로소 지하에 잠든 지백에게 보답할 수 있게 되었도다!"라고 말하고, 이내 칼에 엎어져 자결하였다. 그가 죽던 날, 조(趙)나라의 지사(志士)들은 이 소식을 듣고, 모두 그를 위해서 눈물을 흘리며 울었다.

그로부터 40여 년이 지난 뒤 지(軹)[39] 땅에 섭정(聶政)의 사건이 일어났다.

섭정은 지 땅의 심정리(深井里)[40] 사람이다. 그는 사람을 죽이고 그 원수를 피해서, 어머니와 누이를 데리고 제(齊)나라로 도망가서, 백정을 직업으로 삼고 살았다.

오랜 세월이 지났다. 복양(濮陽)[41] 사람 엄중자(嚴仲子)[42]가 한 애후(韓哀侯)[43]를 섬겼는데, 그는 한(韓)나라 재상 협루(俠累)와 사이가 매우 나빴다. 엄중자는 죽음을 당할까 두려운 나머지 곧 그곳에서 도망하여, 여러 곳을 다니며 협루에게 원수를 갚아줄 사람을 구하였다. 제나라에 이르자, 어떤 제나라 사람이 말하기를 "섭정이라는 용감한 사나이가 있는데, 원수를 피해서 백정들 틈에 끼어 숨어 있습니다"라고 하였다. 엄중자가 그의 집으로 찾아가 교제를 청하고, 자주 왕래한 후 술자리를 마련하여, 손수 섭정의 어머니에게 술잔을 올렸다. 술자리가 한창 무르익을 무렵, 엄중자는 황금 100일(鎰)[44]을 받쳐들고, 섭정의 어머니 앞으로 나아가 잔을 권하며 장수를 축원하였다. 섭정은 너무 후한 예물에 깜짝 놀라 이상하게 여기고, 극구 거절하였다. 엄중자가 굳이 바치려고 하자, 섭

---

39) 軹: 魏나라의 읍 이름으로, 지금의 河南省 濟源縣 동남쪽을 말한다.
40) 深井里: 軹邑의 里 이름이다.
41) 濮陽: 衞나라의 읍 이름으로, 지금의 河南省 濮陽縣 서남쪽을 말한다.
42) 嚴仲子: 嚴遂를 가리키며, 字가 仲子이다.
43) 韓 哀侯: 기원전 376년에서 기원전 371년까지 재위하였다.
44) 鎰: 고대의 무게 단위로, 1鎰은 20兩 혹은 24兩에 해당한다.

정은 사양하며 말하기를 "신에게는 요행히 늙은 어머니가 건재하시고, 집은 비록 가난하지만, 객지를 떠돌며 개백정 노릇을 하여, 조석으로 달고 부드러운 음식을 얻어 어머니를 봉양합니다. 어머니께 봉양할 음식은 족히 마련하였으니, 당신이 주시는 예물은 감히 받을 수가 없습니다"라고 하였다. 이에 엄중자는 사람들을 피하여 섭정에게 말하였다. "나에게는 원수가 있어, 그 원수를 갚아줄 사람을 찾기 위해서 여러 제후들의 나라를 두루 돌아 다녔소. 그런데 제나라에 와서 당신의 의기(義氣)가 매우 높다는 말을 몰래 들었소. 그래서 황금 100일을 바쳐 어머니[45]의 음식비용에나 쓰시게 해서 서로 친교를 더하자는 뜻이었지, 어찌 감히 다른 바람이 있어 그랬겠소?" 그러자 섭정이 말하기를 "신이 뜻을 굽히고 몸을 욕되게 하여 시정(市井)[46]에서 백정 노릇이나 하는 까닭은 단지 늙으신 어머니를 봉양하기 위해서입니다. 노모가 세상에 계신 동안에는 제 몸을 남에게 감히 허락할 수가 없습니다"라고 하였다. 엄중자가 아무리 권해도, 섭정은 끝내 받으려고 하지 않았다. 그래도 엄중자는 끝까지 빈객과 주인의 예를 다하고 떠났다.

　오랜 뒤에 섭정의 어머니가 세상을 떠났다. 장례를 마치고 상복을 벗은[47] 후, 섭정이 말하기를 "아아, 나는 시정 바닥에서 칼을 들고 짐승을 도살하는 백정이다. 그런데 엄중자는 제후의 경상(卿相)[48]으로, 그런 분이 천리 길도 멀다 아니하고 수레를 몰고 찾아와서 나와 사귀었다. 내가 그를 대우함은 지극히 조촐하여, 아직까지 그에게 보일 만한 큰 공도 세우지 못하였다. 그런데도 엄중자는 100금(金)을 받들어 선자(先慈)의 장수를 기원하였으니, 내가 비록 받지는 않았지만 그렇게까지 한 것은 오로지 나를 깊이 알아주었기 때문이다. 그러한 현명한 군자가 격분하여 원수를 흘겨 보고, 나 같은 시골뜨기를 가까이하고 믿어주었으니, 내가 어찌 가만히 있을 수가 있겠는가! 하물며 지난번 그가 나를 필요로 하였으나, 나는 오직 노모가 계시다는 핑계로 사양하였다. 모친께서 이제 장수를 누

---

45) 원문에는 "大人"이라고 하였는데, 이는 다른 사람의 부모를 나타내는 존칭어이다.
46) 市井 : 장사하는 市場을 가리킨다.
47) 원문에는 "脫服"이라고 하였는데, 이는 부모가 죽은 뒤 상례를 다하고, 일정 기간이 지나 상복을 벗는 것을 말한다.
48) 卿相 : 벼슬 이름을 말한다. 즉 대신으로 宰相의 신분임을 나타낸다.

리고 세상을 떠나셨으니, 나는 지금부터 나를 알아주는 사람을 위해서 힘을 다하리라"라고 하였다. 그리하여 마침내 서쪽 복양으로 가서, 엄중자를 만나 말하였다. "일전에 당신께 제 몸을 허락하지 않은 까닭은, 단지 모친이 아직 살아 계셨기 때문입니다. 이제 불행히도 모친께서 천수를 누리시고 돌아가셨습니다. 중자께서 원수를 갚으려는 자가 누구입니까? 청컨대 제가 그 일을 맡게 해주십시오." 그러자 엄중자가 상세하게 말해주었다. "나의 원수는 한나라 재상 협루인데, 협루는 또한 한나라 임금의 숙부[49]로서, 그 일족이 번성하여 수가 많고, 거처는 경비가 대단히 엄중하여, 내가 사람을 시켜 그를 찔러 죽이려고 하였지만, 끝내 성공하지 못하였소. 지금 당신이 다행히도 마다 않으니, 당신에게 족히 도움이 될 만한 수레와 말 그리고 장사들을 더 보태어주리라." 그러자 섭성이 말하기를 "한나라와 위나라는 서로 떨어진 거리가 그다지 멀지 않습니다. 지금 그 나라 재상을 죽이려고 하는데, 그 재상 또한 그 나라 임금의 친족인지라 이러한 형세에서는 많은 사람을 쓰면 안 됩니다. 사람이 많다 보면 생포되는 자가 나오게 되며, 생포되는 자의 입에서 비밀이 누설될 것입니다. 비밀이 누설되면 한나라는 거국적으로 그대를 원수로 삼을 것인즉, 어찌 위험하지 않겠습니까?"라고 하였다. 그리하여 수레와 말, 장사들을 모두 사양하고, 섭정은 엄중자와 헤어져 홀로 떠났다.

섭정이 칼을 차고 한나라에 이르자, 한나라 재상 협루가 마침 관부(官府)의 당상에 앉아 있었는데, 무기를 들고 그를 호위하는 자들이 아주 많았다. 섭정이 바로 들어가서 단상에 올라가 협루를 찔러 죽이니, 좌우에 있던 부하들은 큰 혼란에 빠졌다. 섭정은 큰소리로 외치며 수십명을 쳐죽이고, 스스로 자신의 얼굴 가죽을 벗기고 눈을 도려냈으며, 자신의 배를 갈라 창자를 긁어내고는, 마침내 숨을 거두었다.

한나라는 섭정의 시체를 가져다가 시정의 거리에 드러내놓고, 그의 신원을 물었으나 아무도 그가 누구의 자손인지 아는 사람이 없었다. 그리하여 상금을 걸고, 재상 협루를 죽인 자가 누구인가 말해주는 사람에게 천금을 주겠다고 하였다. 그러나 오랜 시간이 지나도록 아는 사람이 나타나지 않았다.

한편 섭정의 누나 섭영(聶榮)은 한나라의 재상을 찔러 죽인 자가 있는

---

49) 원문에는 "季父"라고 하였는데, 이는 숙부를 말한다.

데, 범인의 신원을 알지 못하여, 한나라에서는 그의 성명을 모르므로 범인의 시체를 드러내어 천금의 상금을 걸었다는 소문을 듣고, 목이 메어 말하기를 "그는 내 동생일 것이다. 아아, 엄중자가 내 동생을 알아주었구나!"라고 하고는 곧바로 한나라 시정 거리로 갔다. 죽은 자는 과연 섭정이었다. 그녀는 시체 위에 엎드려 매우 슬피 울며 말하기를, "이 사람은 지 땅의 심정리에 살던 섭정이라는 자입니다"라고 하였다. 시정을 왕래하던 여러 사람들이 모두 말하였다. "이 자는 우리나라의 재상에게 포악한 짓을 하여, 임금께서 그 성명을 알고자 천금을 걸었는데, 부인은 이를 듣지 못하였소? 어찌 감히 와서 이 자를 안다고 하시오?" 그러자 섭영이 말하였다. "그 말은 들었습니다. 그러나 섭정이 오욕을 뒤집어쓰고 시정 바닥에 몸을 던진 것은 노모가 건재하시고, 나도 아직 시집을 가지 않았기 때문이었습니다. 어머니께서 천수를 누리신 뒤 돌아가시고, 나 또한 이미 시집을 갔습니다. 일찍이 엄중자는 내 동생의 인물됨을 살펴, 곤궁하고 욕된 형편에 있는 그와 교제를 하였습니다. 그 은택이 두터우니, 어찌하겠습니까? 선비는 본시 자기를 알아주는 사람을 위해서 죽는다는데, 지금에 와서 내가 아직 살아 있기 때문에, 자신의 몸을 해쳐 종적을 없애려고 한 것입니다. 내 어찌 죽음의 화를 두려워하여 동생의 장한 이름을 없앨 수가 있겠습니까?" 섭영의 말에 한나라 사람들은 크게 놀랐다. 그녀는 이윽고 큰 소리로 하늘을 세 번 외치고는, 몹시 슬퍼하다가[50] 마침내 섭정의 곁에서 숨을 거두었다.

진(晉)나라, 초(楚)나라, 제(齊)나라 위(衛)[51]나라에서 이 소문을 듣고 모두 말하기를 "오직 섭정만이 대단한 것이 아니고, 그의 누이 역시 장한 여인이다. 만일 섭정이 진정코 그의 누이가 연약하여 참고 견디는 성격이 아니어서 해골을 드러내는 고난을 대수롭게 여기지 않고, 반드시 천리 험한 길을 달려와서 이름을 나란히 하여, 누이와 동생이 한나라 시정 바닥에서 죽게 될 것을 알았다면, 또한 감히 몸을 엄중자에게 허락하지는 않았을 것이다. 엄중자 역시 사람을 보는 안목이 있어 현사(賢士)를 얻었다고 말할 수 있다"라고 하였다.

---

50) 원문에는 "於邑"으로 되어 있는데, 이는 소리 없이 슬피 우는 모습을 말한다.
51) 衛 : 개국 군주는 周 武王 康叔이다. 기원전 209년 秦나라에 멸망당하였는데, 荊軻가 활동할 때 衛나라는 이미 秦나라의 복속국이 되었다고 한다.

그로부터 220여 년 후에 진(秦)나라에 형가(荊軻)의 사건이 있었다.

형가는 위(衛)나라 사람이다. 그의 선조는 제나라 사람으로, 후에 형가가 위나라로 옮겨가자, 위나라 사람들은 그를 경경(慶卿)[52]이라고 불렀고, 연(燕)[53]나라로 옮겨가자 연나라 사람들이 그를 형경(荊卿)[54]이라고 불렀다.

형경은 독서와 검술을 좋아하여, 그 솜씨로 위 원군(衛元君)[55]에게 유세하였으나 원군은 그를 등용하지 않았다. 그후 진(秦)나라가 위(魏)나라를 쳐서 동군(東郡)[56]을 설치하였고, 원군의 일족을 야왕(野王)[57]으로 옮기게 하였다.

형가는 일찍이 유랑하여 다니다가 유차(楡次)[58]를 지날 적에, 갑섭(蓋聶)[59]과 검술에 대해서 논하였는데, 갑섭이 성을 내며 그를 노려보았다. 형가가 나가버리자, 어떤 사람이 형경을 다시 부르라고 하였다. 갑섭이 말하기를 "얼마 전에[60] 나는 그와 더불어 검술을 논하다가, 그의 견해가 탐탁치 않아서 내가 그를 노려보았소. 시험삼아 가보시오만, 이런 상황에서 그는 응당 떠나버렸을 것이오. 감히 머물지 못할 테니까"라고 하였다. 이에 사람을 시켜 그의 주인 집에 가보게 하니, 형경은 이미 수레를 몰아 유차를 떠난 뒤였다. 그 사람이 돌아와서 이를 아뢰자, 갑섭이 이렇게 말하였다. "당연히 떠났을 것이오. 내가 지난번에 눈을 부릅떠 혼을 내주었으니 말이오."

형가가 한단(邯鄲)[61]에서 노닐 적에, 노구천(魯句踐)[62]과 장기[63]를 두

---

52) 慶卿 : 荊軻의 조상은 본시 齊나라 사람으로, 이것은 齊나라에 慶氏가 있었음을 뜻한다. 혹자는 그의 본래 성이 慶氏였으므로, 衛나라 사람들이 그를 慶卿이라고 불렀을 뿐이라고 한다. '卿'은 당시 사람에 대한 존칭이다.
53) 燕 : 개국 군주는 召公 奭으로, 지금의 河北省 북부와 遼寧省 서부에 위치하였다. 戰國七雄 중의 하나였으나, 기원전 222년 秦나라에 멸망당하였다.
54) 荊軻는 衛나라로 가서 성씨를 荊이라고 바꾸었다.
55) 衛 元君 : 기원전 252년에서 기원전 230년까지 재위하였다.
56) 東郡 : 군 이름으로, 지금의 河南省과 山東省의 경계에 위치하였다.
57) 野王 : 지명.
58) 楡次 : 趙나라의 읍 이름으로, 지금의 山西省 楡次縣을 말한다.
59) 蓋聶 : 사람 이름.
60) 원문에는 "曩子"로 되어 있는데, 여기에서는 오래 지나지 않은 과거를 가리킨다.
61) 邯鄲 : 趙나라의 도성으로, 지금의 河北省 邯鄲市 서쪽을 말한다.
62) 魯句踐 : 사람 이름.

었는데, 장기판의 길을 다투다가 노구천이 성내어 그를 꾸짖자, 형가는 아무 말 없이 달아났고, 그후로는 다시 그를 만나지 못하였다.

그런 뒤에 형가는 연나라로 가서, 연나라의 개백정과 축(筑)[64]을 잘 타는 고점리(高漸離)[65]를 좋아하게 되었다. 형가는 술을 즐겨 날마다 개백정, 고점리와 어울려 연나라 시정 바닥에서 술을 마셨는데, 술이 얼큰해지면 고점리가 축(筑)을 타고 형가는 그 소리에 맞추어 시정 가운데서 노래를 부르며, 서로 즐기기도 하고 또한 서로 울기도 하며, 마치 옆에 사람이 아무도 없는 것처럼 하였다. 형가는 비록 술꾼들과 사귀었지만, 그의 사람됨은 도리어 침착하고 신중하였으며 글 읽기를 좋아하였다. 그가 제후국을 떠돌면서 사귄 인물들은 모두 현인이나 호걸장자였다. 그가 연나라로 가자, 연나라의 은사(隱士)[66] 전광(田光) 선생 역시 그를 잘 대우하였으니, 이는 그가 보통 사람이 아님을 알았기 때문이었다.

얼마 뒤에, 마침 연나라 태자 단(丹)이 진(秦)나라의 인질로 있다가 달아나 연나라로 돌아왔다. 연나라 태자 단은 일찍이 조(趙)나라의 인질로 가 있었는데, 진나라 왕 정(政)은 조나라에서 태어나, 어린 시절에는 단과 사이가 좋았다. 정이 즉위하여 진나라 왕이 되자, 단은 진나라의 인질로 갔다. 진나라 왕이 연나라 태자 단에 대한 대우가 좋지 못하였으므로, 단은 이를 원망하여 도망쳐 돌아온 것이었다. 연나라로 돌아와 진나라 왕에게 보복할 방법을 생각하였으나, 나라가 약소하여 힘이 미치지 못하였다. 그후 진나라는 날마다 산동(山東)[67] 지역으로 출병하여 제나라, 초나라, 삼진(三晉)[68]을 쳐서, 제후국의 땅을 조금씩 잠식하더니, 급기야는 연나라에 이르자 연나라의 왕과 신하들이 모두 화가 미칠 것을 두려워하였다. 태자 단은 이를 우려하여 사부(師傅)[69]인 국무(鞠武)에게 물

---

63) 원문에는 "博"이라고 하였는데, 이는 고대의 장기와 같은 놀이를 말한다.
64) 筑 : 고대 현악기의 일종으로, 거문고와 같이 竹尺으로 소리내는 악기를 말한다.
65) 高漸離 : 사람 이름.
66) 隱士 : 원문에는 "處士"로 되어 있는데, 이는 벼슬을 안 하고 은거하는 현인을 가리킨다.
67) 山東 : 전국시대에 殽山 또는 華山의 동쪽을 山東이라고 하였으며, 일반적으로는 黃河 하류 지역을 말한다.
68) 三晉 : 춘추시대 말기에 韓, 魏, 趙 셋으로 분리된 晉나라를 뜻한다.
69) 원문에는 "傅"라고만 되어 있는데, 이는 師傅를 말하며, 師傅에는 太傅, 小傅의 구분이 있다.

었다. 국무가 대답하여 말하기를 "진나라의 영토는 천하를 두루 펼치어 한나라, 위나라, 조나라를 위협하고 있으니, 북쪽으로는 감천산(甘泉山),[70] 곡구(谷口)[71]와 같은 험한 지대가 있고, 남쪽으로는 경하(涇河), 위하(渭河)[72]와 같은 옥토가 있으며, 파(巴),[73] 한중(漢中)[74]과 같이 풍요로운 땅을 독점하고 있습니다. 오른쪽에는 농(隴), 촉(蜀)과 같은 험한 산악지대가 있고, 왼쪽에는 관(關)[75]과 효(殽)[76]와 같은 험준한 산이 있습니다. 백성들은 수가 많고 병사들은 패기가 넘치며, 무기와 장비도 넉넉합니다. 진나라가 쳐들어올 뜻이 있다면, 장성(長城)[77]의 남쪽과 역수(易水)의 북쪽[78]은 어떻게 될 것인지 보장할 수 없습니다. 어찌 능멸을 당하였다는 원한으로 진나라 왕의 역린(逆鱗)[79]을 건드리고자 하십니까?"라고 말하였다. 그러자 단이 말하기를 "그렇다면 어떻게 해야 좋겠소?"라고 하자, 국무는 "안으로 들어가 생각해보겠습니다"라고 대답하였다.

얼마 뒤에, 진나라 장군 번오기(樊於期)가 진나라 왕에게 죄를 짓고 연나라로 망명해오자, 태자는 그를 받아들여 살게 하였다. 국무가 간하여 말하기를 "아니 됩니다. 저 흉포한 진나라 왕이 연나라에 대해서 원한을 쌓고 있다는 사실만으로도 족히 가슴이 서늘해지는데, 하물며 번장군이 연나라에 있다는 소문을 듣는다면 어찌 되겠습니까? 이는 '고기를 호랑이가 다니는 길목에 던져놓는다'라는 이치와 같아, 그 화를 벗어날 수 없을 것이오니, 비록 관(管), 안(晏)[80]이 살아 있다고 해도 대책을 세울

---

70) 甘泉山 : 지금의 陝西省 淳化縣의 서북쪽에 있다.
71) 谷口 : 지금의 陝西省 涇陽縣 서북쪽을 가리키며, 谷口와 甘泉山은 모두 당시 秦나라 북부의 요충지였다.
72) 涇河, 渭河 유역의 위쪽은 지금의 甘肅省 경내를, 아래쪽은 陝西省 경내의 비옥한 땅을 가리킨다.
73) 巴 : 巴郡을 뜻하며, 지금의 四川省 동부를 가리킨다.
74) 漢中 : 지금의 陝西省 남부와 湖北省 서북부에 있던 漢中郡을 말한다.
75) 關 : 函谷關을 가리키며, 이곳은 지금의 河南省 靈寶縣 동북쪽에 있었다.
76) 殽 : 殽山을 가리키며, 이곳은 지금의 陝西省 隴縣 서북쪽에 있었다.
77) 長城 : 지금의 河北省, 遼寧省 경내를 말하며, 이곳은 당시 燕나라의 북쪽 경계 구역이었다.
78) 易水는 고대의 강 이름으로, 燕나라의 남쪽 경계 구역이었다. 따라서 易水의 북쪽은 곧 燕나라의 모든 영토를 가리킨다.
79) 逆鱗 : 전설에 의하면 용의 목 위에는 거꾸로 생긴 비늘이 있어, 이를 건드리면 용이 사람을 잡아먹는다고 한다. 여기에서는 폭군의 흉포함을 비유한 말이다.

수 없을 것입니다. 태자께서는 어서 빨리 번장군을 흉노(匈奴)한테 보내어 진나라가 트집잡을 말이 없게 하시기를 바랍니다. 청컨대 서쪽으로 삼진(三晉)과 맹약을 맺고, 남쪽으로 제나라, 초나라와 연합하며, 북쪽으로는 흉노의 선우(單于)와 친교를 맺으십시오. 그런 후에야 비로소 진나라에 대한 대책을 세울 수 있을 것입니다"라고 하였다. 태자가 말하였다. 태부의 계책은 너무나 오랜 시간을 요하는구려. 나의 마음은 근심으로 어지러우니, 잠시도 견딜 수가 없소. 그뿐만이 아니라, 저 번장군은 천하에 몸둘 곳을 잃고서 나에게 몸을 기탁하였는데, 내가 강포한 진나라의 협박을 받게 될 것으로 인해서 슬프고 가련하게 된 친구를 저버리고, 그를 흉노에게 보낼 수는 없소. 만일 흉노에게 보낸다면 그것은 내 운명이 끝날 때에나 그렇게 될 것이오. 태부께서는 다시 고려해보기를 바라오."

국무가 말하였다. "무릇 위태로운 일을 행하며 안전함을 구하거나, 화를 만들면서 복을 구한다면, 계책은 얕아지고 원망은 깊어지게 되는 것인즉, 한 명의 새 친구와 교제하기 위해서 국가의 커다란 피해를 돌보지 않는다면, 이는 이른바 '원한을 쌓고 재앙을 조장하는' 격이 되는 것입니다. 기러기의 가벼운 털[81] 하나를 화로의 숯불 위에 놓는다면, 당연히 한순간에 없어지고 말 것입니다. 또한 독수리나 매처럼 사나운 진나라가, 원망이 가득하여 흉포한 노여움을 터뜨린다면, 어찌 말할 필요가 있겠습니까? 연나라에는 전광선생이 계신데, 그의 사람됨이 지혜가 심원하고 용감하고 침착하니, 가히 함께 의논할 만합니다." 그러자 태자가 말하였다. "태부의 주선으로 전광선생과 사귀고 싶은데, 그럴 수 있겠소?" 국무가 말하였다. "삼가 명을 받들겠습니다."

국무가 곧장 나가서 전광선생을 만나보고 말하기를 "태자께서 선생을 뵙고 국사(國事)를 의논하고 싶어하십니다"라고 하였다. 전광은 "삼가 말씀대로 따르겠습니다"라고 말하고는 마침내 태자를 만나러 갔다. 태자는 전광을 나아가 맞이하여, 뒤로 물러서면서 전광에게 길을 인도하더니, 무릎을 꿇고 전광이 앉을 자리를 털었다. 전광이 자리에 앉자, 좌우에는 아무도 없었다. 이윽고 태자는 앉았던 자리를 떠나며 의견을 청하였다. "연나라와 진(秦)나라는 양립할 수 없으니, 선생께서 배려해주시기를 바라

---

80) 管仲과 晏嬰를 말하는데, 두 사람 모두 춘추시대의 유명한 정치가들이다.
81) 燕나라의 힘이 미약함을 비유한 말이다.

오.” 그러자 전광이 말하기를 “신이 듣기로는, 준마가 기운이 왕성할 때에는 하루에 천리를 달리나, 노쇠하면 둔한 말도 그것을 앞선다고 합니다. 지금 태자께서는 제가 왕성할 때의 일만 들으시고, 신의 정력이 이미 다 사라진 것은 모르십니다. 비록 그렇지만, 제가 감히 국사를 도모하지는 못하여도, 다행히 신의 친구로 형경(荊卿)이라는 쓸 만한 사람이 있습니다”라고 하였다. 태자가 말하였다. “선생을 통해서 형경과 교제를 맺고 싶은데, 가능하겠소?” 그러자 전광은 “삼가 명을 따르겠습니다”라고 말하고 즉시 일어나 빠른 걸음으로 나갔다. 태자가 문까지 배웅을 하며 “제가 말한 것이나 선생이 말한 것이나 국가의 대사이니, 선생께서는 이를 누설하지 마시오!”라고 말하자, 전광이 고개를 숙이고 웃으며 “알겠습니다”라고 대답하였다.

전광은 굽은 몸을 이끌고 형경을 찾아가 만나서 말하였다. “내가 당신과 친하게 지냄은 연나라에서 모르는 사람이 없소. 지금 태자가 내가 한창이던 시절의 일만을 들으셨을 뿐, 내 몸이 이미 쇠퇴하였음을 모르시고, 황송하게도 내게 하교하여 ‘연나라와 진나라는 양립할 수 없으니, 선생께서 배려해주시기를 바라오’라고 하셨소. 나는 감히 자신과 상관없는 일이라 여기지 않고, 당신을 태자께 추천하였으니, 당신이 왕궁으로 가서 태자를 배알하기를 바라오.” 형경이 말하였다. “삼가 말씀에 따르겠습니다.” 이에 전광이 “내가 듣기로, 나이들고 덕 있는 자가 일을 행함에는 남에게 의심을 품게 하지 않는다고 하였소. 지금 태자께서 내게 ‘우리가 말한 것은 국가의 대사이니, 선생께서는 이를 누설하지 마시오’라고 주의를 주시었소. 이는 태자가 나를 의심한 것이오. 무릇 행할 때 남의 의심을 받는 것은, 절개 있고 의협심 있는 사람의 행동이 아니오”라고 말한 뒤, 스스로 목숨을 끊어 형경을 격려하려 한다고 하였다. 이어 말하기를 “원컨대 어서 빨리 태자를 찾아가, 전광은 이미 죽었다고 말하고, 그러니 누설하지 못할 것이라고 밝히시오”라고 하고는 이내 스스로 목을 찔러 숨을 거두었다.

형가가 곧 태자를 찾아가서, 전광선생은 이미 죽었다고 말하며 전광의 말을 전하였다. 태자는 두 번 절을 하고 무릎을 꿇은 채로 나아가 눈물을 흘리더니, 잠시 후 입을 열었다. “내가 전광선생께 말하지 말라고 주의를 준 것은 국가의 대사를 성공시키고자 하였기 때문이었소. 지금 전광선생이 죽음으로써 누설하지 않음을 밝혔는데 그것이 어찌 나의 본심이었겠는 가!" 형가가 자리에 앉자, 태자는 자리를 떠나 머리를 숙이며 말하였다. "전광선생은 내가 어질지 못한 것을 모르고, 내게 그대를 만나 감히 말할 수 있는 기회를 주었으니, 이것은 하늘이 연나라를 불쌍히 여겨 외로운 나의 몸을 버리지 않았다는 증거가 아니겠소? 지금 진나라는 이익을 탐 하는 마음이 있어, 그 욕망이 만족할 줄을 모르는 상황이오. 천하의 땅을 다 빼앗고 천하의 왕들을 모두 신하로 삼지 않고서는, 만족하지 않을 것 이오. 이제 진나라는 이미 한(韓)나라의 왕[82]을 사로잡고, 그 땅을 전부 거두었소. 또한 군사를 일으켜 남쪽으로는 초나라를 치고, 북쪽으로는 조 나라까지 임박하였소. 즉 왕전(王翦)[83]이 수십만 대군을 거느리고 장 (漳), 업(鄴)으로 갔으며, 이신(李信)[84]은 태원(太原)[85]과 운중(雲中)[86] 으로 출병하였소. 조나라는 진나라에 저항하지 못하고, 반드시 진나라로 들어가 신하가 될 것이며, 조나라가 진나라의 신하로 들어가게 되면 그 화가 연나라에 미치게 되어 있소. 연나라는 약소하여 여러 차례 전쟁으로 시달려왔는데, 이제는 온 나라의 힘을 모아도 진나라를 당해내기에 부족 하오. 각국의 제후들은 진나라에 복종하고, 감히 우리와 합세하여 따르려 는 자가 없는 형편이오. 나 개인의 어리석은 계책으로는, 만약 천하의 용 사를 얻을 수 있다면, 그를 진나라에 사신으로 파견하여, 커다란 이익을 미끼로 내세우는 것이 좋을 듯하오. 진나라 왕이 이익을 탐하게 되면, 그 형세로 보아 반드시 우리가 원하는 바를 이룰 수 있을 것이오. 만일 진나 라 왕을 위협하여, 그로 하여금 제후들에게서 빼앗은 땅을 모두 돌려주게 한다면, 이는 조말(曹沫)이 제 환공에게 하였던 바와 같은 최상의 수확이 될 것이오. 그렇게 할 수 없다면, 기회를 봐서 그를 찔러 죽이는 방법밖 에 없소. 진나라의 대장들은 나라 밖에서 군사를 통솔하고 있는데 내부에 서 난이 발생한다면, 임금과 신하가 서로 의심을 하게 될 터인즉, 그 틈 에 제후들이 합세하여 대항한다면, 반드시 진나라를 쳐부술 수 있을 것이

---

82) 韓나라의 마지막 임금인 韓安을 가리킨다. 기원전 230년에 韓나라가 秦나라에 멸 망당한 후, 秦나라의 포로가 되었다.

83) 王翦 : 秦나라의 장군. 권73 「白起王翦列傳」 참조.

84) 李信 : 秦나라의 장군.

85) 太原 : 秦나라의 군 이름으로, 지금의 山西省 중부에 위치하였다.

86) 雲中 : 趙나라의 군 이름으로, 지금의 내몽고 자치구 동남부에 있었다.

오. 이것이 나의 가장 큰 바람이나, 이러한 사명을 맡길 만한 사람을 모르고 있으니, 오로지 형경(荊卿)만은 이 일에 대해서 유념해주기를 바라오."

그리고 나서 한참 후에, 형가가 말하기를 "이는 국가의 대사이온대, 신은 어리석고 재주가 없으니, 그러한 사명을 맡기에는 부족한 것 같습니다"라고 하였다. 태자가 앞으로 가서 절을 하며 사양하지 않기를 강력하게 요청하자, 그제서야 형가는 허락하였다. 그리하여 형가를 높여 상경(上卿)으로 삼고, 상등 관사에 머물게 하였다. 태자는 날마다 문안하여, 태뢰구(太牢具)의 음식[87]을 접대하고, 진기한 물건들을 주었으며, 뿐만 아니라 수레, 말, 아름다운 여인 등을 바쳐 형가로 하여금 모든 욕망을 충족하게 하여, 그의 환심을 사려고 하였다.

오랜 시간이 지나도록, 형가는 아직 진나라로 떠날 뜻을 보이지 않았다. 진나라 장군 왕전이 조나라를 쳐부수어, 조나라 왕을 사로잡고, 그 영토를 모두 거두어들인 뒤, 북쪽으로 진격하여 땅을 빼앗으며 연나라 남쪽 경계까지 이르렀다. 태자 단이 두려워하며 비로소 형가에게 청하여 말하기를 "진나라 군대가 조만간 역수를 건너오면, 내 비록 오래도록 선생을 모시고 싶지만, 어찌 그럴 수 있겠소?"라고 하였다. 형가가 말하였다. "태자의 말씀이 아니더라도, 신이 뵙고 말씀드리려고 하였습니다. 지금 진나라로 가봐야 믿을 만한 증거가 없이는 진나라 왕을 가까이할 수가 없습니다. 저 번장군은 진나라 왕이 황금 1,000근과 만호의 식읍(食邑)[88]을 내걸고 찾고 있습니다. 만일 번장군의 목과 연나라 옥토인 독항(督亢)[89]의 지도를 얻어 진나라 왕에게 바친다면, 진나라 왕이 기뻐하며 반드시 신을 만날 것입니다. 그때에 신이 비로소 태자께 은혜를 갚을 수 있을 것입니다." 그러자 태자는 "번장군은 곤궁에 처하여 나에게 와서 몸을 맡기었는데, 내가 개인적인 욕심으로 인해서 덕 있는 연장자의 마음을 상하게 하는 짓은 차마 하지 못하겠으니, 선생께서는 다른 방도를 고려해보시지요"라고 말하였다.

---

87) 太牢는 본래 나라의 제사에 쓰이는 음식으로, 소고기, 돼지고기, 양고기를 커다란 식기에 담은 고급 요리를 말한다.
88) 萬戶의 사람들이 사는 봉지를 말한다.
89) 督亢 : 燕나라 남쪽에 있는 비옥한 땅을 말하는데, 이는 지금의 河北省 涿州市, 定興縣, 新城縣, 固安縣 등의 일대에 해당한다.

형가는 태자가 차마 번장군의 목을 베지 못하게 할 것임을 알고, 마침내 개인적으로 번장군을 만나서 말하였다. "진나라가 장군을 대우함은 참으로 잔혹하다고 하겠습니다. 부모와 온 집안이 몰살되었고, 지금 듣기에는 장군의 목에다 황금 1,000근과 만 호의 식읍을 내걸었다고 하니, 장차이를 어찌하시렵니까?" 이에 번오기는 하늘을 향해서 머리를 쳐들고 길게 탄식하더니, 눈물을 흘리며 말하였다. "내가 매번 그것을 생각하면, 언제나 골수에 사무치도록 괴로우나, 어찌해야 할 바를 모를 뿐입니다." 형가가 말하기를 "지금 단 한마디로 연나라의 근심을 없애고, 장군의 원수를 갚을 방법이 있다면, 어떻게 하시겠습니까?"라고 하였다. 번오기는 형가에게 다가가서 말하였다. "어떻게 하는 것입니까?" 그러자 형가가 말하였다. "원컨대 장군의 목을 얻어 진나라 왕에게 바치고자 합니다. 그러면 진나라 왕은 반드시 기뻐하여 저를 만나볼 것이오니, 그때에 제가 왼손으로 그의 소매를 잡고, 오른손으로 그의 가슴을 찌르겠습니다. 그렇게 되면 장군의 원수를 갚고 연나라가 당한 모욕도 씻을 수 있을 것입니다. 장군께서는 어떻게 생각하십니까?" 번오기가 한쪽 옷소매를 걷어붙여 어깨를 드러내고, 한손으로 팔을 움켜쥐고 다가서며 말하였다. "이는 내가 밤낮으로 이를 갈며 가슴 태우던 일이었으나, 이제 비로소 가르침을 받게 되었습니다!" 그리고는 스스로 목을 찔러 죽었다. 태자는 이 소식을 듣고 달려가서 시체에 엎드려 통곡하며 매우 슬퍼하였으나, 이미 어쩔 수가 없었다. 그리하여 번오기의 목을 상자에 넣어 봉하였다.

당시 태자는 일찍이 천하에서 가장 예리한 비수를 구하려던 중 조(趙)나라 사람 서부인(徐夫人)[90]의 비수를 찾아내어, 황금 100근을 주고 그것을 사들였다. 공인(工人)을 시켜 칼날에 독약을 묻혀 사람을 찔러보니, 한방울의 피만 흘려도 그 자리에서 죽지 않는 자가 없었다. 그래서 짐을 챙겨 형가를 진나라에 보내기로 하였다. 연나라에는 진무양(秦舞陽)[91]이라는 용사가 있었는데, 그는 13세의 나이에 살인을 하였을 정도인지라, 사람들은 감히 그를 반감의 눈초리로 쳐다보지 못하였다. 이에 태자는 진무양을 형가의 조수로 삼았다. 한편 형가에게는 기다려 함께 가려던 사람이 있었는데, 그 사람은 멀리 살았으므로 아직 도착하지 않았

---

90) 徐夫人: 성이 徐이고 이름이 夫人인 사람 이름으로, 그는 남자이다.
91) 秦舞陽: 燕나라의 한 장군의 자손이다.

다. 그러는 동안 형가의 행장이 다 꾸려졌다. 얼마 동안 형가가 출발하지
않자, 태자는 그가 시간을 끈다고 여기며, 혹시 형가가 마음이 변해 후회
하는 것이 아닌가 하고 의심하였다. 그래서 거듭 청하여 말하기를 "시간
이 많지 않은데, 형경께서는 무슨 다른 뜻이 있소? 청컨대 진무양을 먼
저 보내게 해주시오"라고 하였다. 형가는 노하여 태자를 질책하며 "태자
께서는 어찌 무양을 보낸다고 하십니까? 그놈[92]은 한번 가면 돌아오지
못할 것입니다. 하물며 비수 한 자루를 가지고, 무슨 일이 벌어질 것인지
예측할 수 없는 강포한 진나라로 들어가는 와중에, 제가 아직 머무르고
있는 까닭은 제 길벗을 기다려 함께 떠나고자 하였기 때문입니다. 지금
태자께서 더디다고 하시니, 그럼 하직하고 떠나겠습니다"라고 말하고, 마
침내 출발하였다.

태자와 이 일을 아는 빈객들이 모두 흰 의관(衣冠)[93]을 하고 그를 배웅
하였다. 역수 강변에 이르러, 도조신(道祖神)에게 제사를 지내고, 형가
는 길에 올랐다. 고점리가 축을 타고, 형가가 화답하여 노래를 불렀는데,
변치(變徵)[94]의 소리를 내자, 사람들이 모두 눈물을 흘리며 울었다. 그
리고 앞으로 나아가며 노래를 불렀다.

바람소리 쓸쓸하고, 역수는 차갑구나.
장사가 한번 가면, 다시 오지 못하리라.

다시 우성(羽聲)[95]으로 노래하니 그 소리가 강개하여, 사람들이 모두
눈을 부릅떴고 머리카락은 관(冠)으로 치솟았다. 그리하여 형가는 수레
를 타고 떠났는데, 끝내 뒤를 돌아보지 않고 가버렸다.

드디어 진나라에 도착한 형가는 천금이나 되는 예물을 진나라 왕의 총
신(寵臣)인 중서자(中庶子)[96] 몽가(蒙嘉)에게 주었다. 몽가는 형가를 위

---

92) 원문에는 "竪子"라고 되어 있다. 이는 비천한 칭호로서, 혹자는 秦舞陽을 가리킨
    다고 하고, 혹자는 일반적인 사실을 지적한다고도 한다.
93) 흰 衣冠은 본래 상복을 말한다. 太子 丹은 荊軻가 秦나라로 가면 돌아오기 어렵
    다는 사실을 알고, 상복과 같은 차림으로 그를 전송하였다. 동시에 이로써 격려의
    뜻을 나타냈다.
94) 變徵 : 중국 고대 음률에 의하면 宮, 商, 角, 變徵, 徵, 羽, 變宮 등 7聲으로 나
    뉜다. 이는 서양 음악의 C, D, E, F, G, A, B 등 7調와 같다. 變徵는 F調에 해
    당하며, 그 소리가 처량하고 구슬픈 悲歌이다.
95) 羽聲 : 고대 음계인 7聲 중 하나로, A調에 해당한다. 그 소리가 높고 激昂慷慨한
    것이 특징이다.

해서 진나라 왕에게 먼저 말하였다. "연나라의 왕이 참으로 대왕의 위엄을 두려워하여 감히 군사를 일으켜 우리 군대에 항거하지 못하고, 온 나라를 들어 진나라의 신하가 되기를 원하고 있습니다. 그리하여 각 제후국의 행렬에 동참해서, 진나라의 군현(郡縣)처럼 공물과 부세를 바치어, 선왕의 종묘(宗廟)⁹⁷⁾를 받들어 지킬 수 있기만을 원하였습니다. 그러나 두렵고 떨려 감히 대왕께 직접 아뢰지 못하고, 삼가 번오기의 목을 베어 연나라 독항의 지도와 함께 바치려고 상자에 밀봉해 왔습니다. 연나라 왕이 궁정에서 증정 의식을 거행하고, 사자를 보내어 대왕께 자초지종을 아뢰도록 하였으니, 대왕께서 그에게 명령을 내리소서."

진 나라 왕이 이를 듣고 매우 기뻐하여 조복(朝服)을 갖추고, 구빈(九賓)⁹⁸⁾의 예를 베풀어, 연나라 사자를 함양궁(咸陽宮)⁹⁹⁾에서 만나기로 하였다. 형가가 번오기의 목이 든 함을 받들고, 진무양이 독항의 지도가 든 갑을 받들고 차례로 나아갔다. 어전의 계단 밑에 이르러, 진무양이 안색이 변하며 겁에 질려 벌벌 떨자, 여러 신하들이 괴이하게 여겼다. 이에 형가는 진무양을 돌아보고 웃고는 앞으로 나아가 사과하여 말하기를 "북방 오랑캐 땅에 천하게 살던 사람인지라 여지껏 천자를 뵌 적이 없었습니다. 그래서 떨며 두려워하는 것입니다. 원컨대 대왕께서는 이 사람의 무례를 용서하시고, 어전에서 사신의 임무를 마치게 해주소서"라고 하였다. 그러자 진나라 왕이 형가에게 말하였다. "진무양이 가지고 있는 지도를 가져오라." 형가가 지도를 진나라 왕에게 바치니, 진나라 왕이 지도를 펼쳤다. 지도가 다 펼쳐지자 비수가 보였다. 그러자 형가는 왼손으로 진나라 왕의 옷소매를 붙잡고, 오른손으로는 비수를 쥐고 진나라 왕을 찔렀다. 그러나 미처 비수가 몸에 닿지 못하였는데, 진나라 왕이 놀라서 몸을 당겨 일어서자, 소매가 잘라졌다. 진나라 왕이 칼을 뽑으려고 하였으나, 칼이 길어 뽑지 못하고 칼집만 잡았다. 너무나도 황급한 데에다 굳게 꽂혀 있었으므로 즉시에 뺄 수가 없었던 것이다. 형가가 진나라 왕을 추격

---

96) 中庶子 : 관직 이름이다.
97) 宗廟 : 제왕과 제후가 선조에게 제사 지내는 곳을 말한다.
98) 九賓 : 여기에는 3 가지 해석이 있다. 첫째로는 아홉 가지의 격식이 다른 예절을 말하고, 둘째로는 빈객을 접대하는 아홉 사람을 말하며, 마지막으로 지위가 서로 다른 아홉 명의 빈객을 나타낸다.
99) 咸陽宮 : 秦나라의 궁 이름이다.

하자, 진나라 왕은 기둥을 돌며 달아났다. 군신들이 모두 놀랐으나, 졸지에 일어난 일이라 어찌할 바를 몰랐다. 그리고 진나라 법에 의하면, 전상(殿上)에서 왕을 모시는 군신들은 한자 한치의 조그만 무기라도 몸에 지닐 수 없었으며, 여러 낭중(郎中)[100]들이 무기를 가지고 전하(殿下)에 늘어서 있었으나, 왕이 부르지 않을 때에는 전상으로 올라갈 수가 없었다. 너무도 다급하여, 아래에 있는 병사들을 부를 틈이 없었으므로, 형가가 진나라 왕을 쫓아다닐 수 있었던 것이다. 이에 대신들은 황급하였고, 무기를 가지고 있지 않았기에, 맨손으로 모두 형가를 내리쳤다. 이때 시의(侍醫)[101] 하무저(夏無且)[102]는 받쳐들고 있던 약주머니를 형가에게 던졌다. 진나라 왕은 기둥을 돌며 달아나기만 할 뿐 황급하여 어떻게 해야 할지를 모르자, 좌우에 있던 신하들이 말하기를 "왕께서는 칼을 등에 지십시오!"라고 하였다. 진나라 왕이 칼을 등에 지고, 마침내 칼을 뽑아 형가를 쳐서, 그의 왼쪽 다리를 끊었다. 형가는 쓰러진 채 비수를 당기어 진나라 왕에게 던졌으나, 적중을 시키지 못하고 구리 기둥에 맞혔다. 그러자 진나라 왕은 다시 형가를 쳐서 여덟 군데나 상처를 입었다. 형가는 스스로 일이 실패하였음을 알고 기둥에 기대어 웃으며, 양쪽 다리를 벌리고 앉아 꾸짖어 말하였다. "일이 실패한 까닭은 진나라 왕을 사로잡아 협박하여, 반드시 약속을 받아내어 태자에게 보답하고자 하였기 때문이다." 이때 좌우의 신하들이 몰려가서 형가를 죽였다. 진나라 왕은 오래도록 불쾌해하였다. 그런 후에 공을 논하고, 여러 신하들에게 상벌을 내렸는데, 각기 차등을 두었으며, 하무저에게는 황금 200일(溢)을 주며 말하기를 "무저가 나를 사랑하여, 약주머니를 형가에게 던졌다"라고 하였다.

이로써 진나라 왕은 크게 노하여 더욱 많은 군사를 동원해서 조나라로 보내고, 왕전의 군대에 조서를 내려 연나라를 치게 하였다. 열 달 만에 계성(薊城)[103]이 함락되니, 연나라 왕 희(喜), 태자 단 등은 모두 정예 병사를 이끌고 동쪽으로 달아나 요동(遼東)[104]을 지켰다. 진나라 장군 이신(李信)이 급히 연나라 왕을 추격하자, 대왕(代王) 가(嘉)[105]는 연나라

---

100) 郎中 : 관직 이름으로, 郎中令에 속한다.
101) 侍醫 : 측근에서 시중을 드는 醫官을 말한다.
102) 夏無且 : 秦나라 왕의 侍醫이다.
103) 薊城 : 燕나라의 도성을 말한다.
104) 遼東 : 군 이름으로, 지금의 遼寧省 동남부에 위치하였다.

왕 희에게 곧 서신을 보냈다.

진나라가 특별히 연나라 왕을 추격하는 까닭은 태자 단 때문입니다. 지금 왕께서 단을 죽여 진나라 왕에게 바친다면, 진나라 왕은 반드시 노여움이 풀고 용서할 것입니다. 그렇게 되면 연나라의 수명이 연장되고, 사직(社稷)은 다행히 계속 제사를 받들게 될 것입니다.

그후에도 이신이 단을 추격하자, 단은 연수(衍水)[106] 가운데 있는 섬에 몸을 숨기었고, 연나라 왕은 사자를 보내 태자 단의 목을 베어 진나라에 바치고자 하였다. 진나라는 다시 파병하여 연나라를 쳤다. 5년 후, 진나라는 마침내 연나라를 멸하고 연나라 왕 희를 사로잡았다.

그 이듬해[107]에 진나라는 천하를 통일하자, 칭호를 황제라고 하였다. 그리고 태자 단과 형가가 거느리던 객들을 추궁하니, 그들은 모두 달아나 버렸다.

고점리는 성명을 바꾸고 남의 머슴이 되어, 송자(宋子)[108]라는 곳에서 일하였다. 그는 오랜 동안을 괴롭게 지냈는데, 주인 집 마루 위에서 객이 축을 타는 소리를 들으면, 주변을 방황하며 떠나지를 못하였다. 매번 말하기를 "저 사람은 어떤 점은 좋은데, 어떤 점은 부족하군"이라고 하였다. 하인이 그 주인에게 말하기를 "저 머슴은 소리를 들을 줄 아는지, 남몰래 잘하느니 잘못하느니를 말하고 있습니다"라고 하였다. 그러자 집 주인이 고점리를 불러 자기 앞에서 축을 타게 하였는데, 그 자리에 있던 사람들이 모두 잘한다고 칭찬하며 술을 주었다. 이에 고점리는 오랫동안 이렇게 숨어서 두려움과 빈한 속에 살아보아야 끝이 없겠다고 생각하고, 자리에서 물러나 짐짝에서 축과 좋은 옷을 꺼내어, 차림새를 바꾸고 다시 나타났다. 자리에 앉았던 객들이 모두 놀라서, 자리에서 내려와 서로 대등한 예를 나누고, 그를 상객으로 모셨다. 그가 다시 축을 타며 노래를 불렀는데, 눈물을 흘리며 돌아가지 않은 객이 한 사람도 없었다. 송자 고을에서는 그를 돌아가며 손님으로 삼았고, 그 소문이 진 시황(秦始皇)에

---

105) 代王 嘉 : 趙嘉를 말한다. 趙나라 왕이 포로가 된 후, 趙나라의 大夫들은 趙嘉를 옹위하여 왕을 대신하게 하였다.

106) 衍水 : 물 이름으로, 지금의 遼寧省 遼陽市에 위치하였다. 속칭 太子河라고도 불린다.

107) 기원전 221년을 말한다.

108) 宋子 : 읍 이름으로, 지금의 河北省에 위치하였다.

게까지 들리게 되었다. 진 시황이 그를 불러 만나보자, 어떤 사람이 그를 알아보고 말하기를 "이 사람이 조점리입니다"라고 하였다. 진 시황은 축을 잘 타는 그의 솜씨를 아깝게 여겨, 죽을 죄를 용서하는 대신 그의 눈을 멀게 만들어 축을 타게 하였는데, 연주할 때마다 칭찬하지 않는 적이 없었다. 진 시황이 나날이 그를 가까이하자, 고점리는 납덩어리를 축 속에 감추어두고, 다시 진 시황 곁에 가까이 갔을 때 축을 들어 진 시황을 내리쳤으나 맞지 않았다. 진 시황은 결국 고점리를 죽이고, 평생 동안 제후국의 사람들을 가까이하지 않았다.

노구천은 형가가 진나라 왕을 찔러 죽이려 하였다는 소문을 듣고, 혼자 말하였다. "아아, 아깝게도 그는 칼로 찌르는 기술이 부족하였구나! 내가 이전에 그를 너무 몰랐도다! 당초 내가 그를 꾸짖었을 때, 그는 나를 사람으로 보지 않았을 것이다!"

태사공은 말하였다.

"형가(荊軻)에 관한 세간의 이야기 가운데 태자 단(丹)의 운명에 대해서 말하기를 '하늘에서 곡식이 내리고, 말의 머리에 뿔이 돋아났다'[109]라고 하는 말이 있는데, 이는 너무도 과장된 것이다. 또한 형가가 진나라 왕을 찔러 상처 입혔다고 하는 것도 모두 거짓이다. 당시 공손계공(公孫季功)과 동중서(董仲舒)는 하무저(夏無且)와 교유하였으므로 이 사건을 자세히 알고 있었는데, 그들이 나에게 말한 바는 위와 같다. 조말(曹沫)부터 형가에 이르기까지 다섯 사람의 자객들은, 그 의협심이 혹은 성공하기도 하였고 혹은 실패하기도 하였다. 그러나 그들의 목적은 매우 분명하였고, 자신들의 뜻을 욕되게 하지 않았으니, 그들의 이름이 후세에 전함이 어찌 망령되겠는가!"

---

109) 원문에는 "天雨粟, 馬生角"이라고 되어 있다. 『燕丹子』의 기록에 의하면, 만일 까마귀가 하얗게 되고, 하늘에서 곡식이 떨어지며, 말머리에 뿔이 난다면, 돌아갈 수 있을 것이라고 秦나라 왕이 말하자, 太子 丹은 하늘을 쳐다보며 길게 탄식하였는데, 과연 이러한 일들이 일어났다고 한다.

권87 「이사열전(李斯列傳)」제27

이사(李斯)는 초(楚)¹⁾나라 상채(上蔡)²⁾ 사람이다. 그는 젊었을 때에 군(郡)³⁾의 하급 관리가 되었는데, 관청의 변소에서 쥐가 오물을 먹다가, 사람이나 개가 가까이 가면 자주 놀라고 두려워하는 것을 보았다. 어느날 이사는 창고에 들어가서, 곡식을 먹는 창고의 쥐들이 넓은 건물 안에 살고 있었으므로, 사람이나 개를 겁내지 않는 것을 본 적이 있다. 이리하여 이사는 이에 탄식하기를 "사람의 잘나고 못난 것이 쥐와 같으니, 그것은 스스로 처한 바에 달렸을 뿐이로다"라고 하였다.

그리하여 순경(荀卿)⁴⁾을 섬기며 제왕의 통치술⁵⁾을 배웠다. 다 배우고 나서, 초나라의 왕은 섬길 만한 인물이 못 되며, 여섯 나라들 모두 약소하여 공을 세울 만한 자가 될 수 없다고 생각하고, 서쪽 진(秦)나라로 가고자 하였다. 순경에게 하직 인사를 하며 "저는 때를 얻으면 놓치지 말라고 들었는데, 지금은 만승(萬乘)⁶⁾의 제후국들이 싸우는 때라, 유세가들이 정사를 주도하고 있습니다. 오늘날 진나라는 천하를 삼켜, 황제(皇帝)라고 칭하며 다스리고자 합니다. 지금은 포의(布衣)⁷⁾의 선비가 바삐

---

1) 楚 : 戰國七雄 가운데 하나이다. 권40 「楚世家」 참조.
2) 上蔡 : 楚나라의 읍 이름으로, 지금의 河南省 上蔡縣 서남쪽이다.
3) 郡 : 고대 행정구역으로, 周代에는 縣 아래 郡이 있었고, 하나의 縣에는 4개의 郡을 두었다. 전국시대 때의 郡은 縣의 관할하에 있었다.
4) 荀卿 : 荀況을 말한다. 荀卿은 당시 사람들의 존경을 받았으며, 趙나라 사람으로서 일찍이 齊, 楚, 趙, 秦 등의 제후국을 돌며 학문을 가르쳤다. 나중에는 楚나라의 초청을 받아 蘭陵(지금의 山東省 蒼山縣 서남쪽)의 縣令으로 부임하였고 그곳에서 생을 마쳤다. 그는 당시 위대한 사상가였고, 先秦의 사상가들의 학술사상을 총괄하고 비판하였다. 저서로는 『荀子』가 있다.
5) 여기에서는 천하를 통치하는 이론과 책략 따위를 말한다.
6) 萬乘 : 제후국을 가리키는 말이다. 네 마리 말이 끄는 수레를 하나의 '乘'이라고 하였으므로 '萬乘'은 곧 4만 마리의 말을 뜻한다. 고대 天子들은 萬乘 이상 보유하였는데, 이는 나중에 곧 天子를 지칭하는 상징어가 되었다.
7) 布衣 : 고대 평민들은 누추한 麻布나 葛布를 입었으므로, 이것은 평민을 가리키는 말이다. 여기에서는 평민 출신의 유세가를 지칭한다.

다닐 시기로서 유세가에게는 다시없는 기회입니다. 비천한 지위에 있으면서 자기의 계획을 실행하지 않는 것은, 새나 짐승이 고기를 보고서도, 사람이 앞에 있어서 억지로 참고 지나가는 꼴일 뿐입니다. 그러므로 비천함보다 더 큰 부끄러움은 없으며, 빈궁함보다 더 심한 슬픔은 없습니다. 오랫동안 비천한 지위와 고달픈 지경에 놓여 있으면서, 세상을 비관하고 이기심을 탓하여, 실행하지 않는 것에 자신을 의탁한다면, 이는 선비의 진심이 아닐 것입니다. 그러므로 저는 장차 서쪽으로 가서 진나라의 왕에게 유세하려고 합니다"라고 하였다.

진나라에 이르렀을 때, 마침 장양왕(莊襄王)[8]이 죽었는데, 이사는 이에 진나라의 재상 문신후(文信侯)인 여불위(呂不韋)[9]의 가신(家臣)[10]이 되었다. 여불위는 그를 현명하게 여기며, 시위관(侍衛官)[11]에 임명하였다. 이사는 이로 인해서 유세할 기회를 얻었는데, 진나라 왕[12]에게 유세하기를 "소인배는 기회를 놓칩니다. 큰 공을 세우는 자는 상대방의 약점을 틈타서 잔인하게 수행하고 맙니다. 옛날 진 목공(秦穆公)[13]이 패자였을 때, 끝내 동쪽의 여섯 나라들[14]을 병합하지 못한 것은 무슨 까닭입니까? 제후들이 아직 많고,[15] 주(周)나라의 위세[16]가 아직 쇠퇴하지 않았기 때문에, 오패(五覇)[17]가 번갈아 흥기하여, 주나라 왕실을 받들었습니

---

8) 莊襄王 : 嬴子楚를 가리키는데, 그는 秦 始皇의 부친이다. 일찍이 趙나라의 볼모의 신세였다가, 나중에 秦나라로 돌아와 왕위를 계승하였다. 재위 기간은 기원전 249년에서 기원전 247년까지이다.

9) 呂不韋(?-기원전 235년) : 衛나라 濮陽(지금의 河南省 濮陽縣 서남쪽) 사람으로, 陽翟(지금의 河南省 禹縣)의 큰 상인이었다. 그는 莊襄王이 왕위를 계승하는 데 결정적인 역할을 하였고, 재상이 되면서 文信侯로 봉해졌다. 권85 「呂不韋列傳」참조.

10) 원문의 "舍人"은 곧 '家臣'을 말한다. 전국시대와 漢 초기에는 왕족이나 귀족들의 거처에 여러 선비들이 칩거하였으며, 이들은 정사를 비롯하여 여러 학술에 관해서 토론하고 조언하였다.

11) 원문의 "郎"은 郎中令에 예속되어 侍衛하는 직책을 말한다.

12) 곧 秦 始皇을 말한다.

13) 秦 穆公 嬴任好를 가리키는데, 그는 기원전 659년에서 기원전 621년까지 재위하였다.

14) 秦 穆公 때 동쪽의 제후국들은 여섯 나라 이상이었으나, 여기에서 李斯가 말하는 바는 당시의 상황에 따라 秦나라를 제외한 여섯 나라만을 지칭한 것이다.

15) 춘추시대에는 제후국이 무려 148개 국이나 되었고, 중도에 합병하여 병립하였던 제후국도 12개 국이었다.

16) 원문의 "德"은 영향력 또는 위신의 뜻으로, 여기에서는 周나라의 영향력을 말한 것이다.

다. 진 효공(秦孝公)[18] 이래로, 주나라 왕실의 영향력이 미약해져서 제후들이 서로 병합하였고, 함곡관(函谷關) 동쪽이 여섯 나라들[19]로 이루어져 있으며, 진나라가 승세를 잡고 제후들을 통제한 지가 모두 여섯 대(代)[20]가 되었습니다. 그러므로 지금 제후들이 진나라에 복종하는 것은 진나라의 군현(郡縣)에 비유할 수 있습니다. 대저 진나라의 강대함과 대왕의 현명하심이라면 부뚜막을 청소하듯이 제후국들을 멸망시키고, 황제(皇帝)의 대업을 성취하면서 천하를 통일할 수 있습니다. 이것은 만년 만에 한 번 있을 기회입니다. 지금 게을리 하시어 빨리 성취하지 않으시면, 제후국들이 다시 강해져서 서로 모여 합종(合縱)[21]하는 맹약을 한다면, 비록 황제(黃帝)[22]와 같이 현명할지라도, 통합시킬 수 없게 될 것입니다"라고 하였다. 진나라 왕은 이사에 대한 예우로서 그를 장사(長史)[23]로 삼았고, 그 계략을 듣고 은밀히 금과 옥을 지닌 사절을 파견시켜 여러 제후들에게 유세하게 하였다. 제후국의 명사 가운데 뇌물로써 움직일 수 있는 자에게는 후한 예물을 보내 결탁하고, 긍정하지 않는 자는 날카로운 칼로 찔러 죽였다. 또한 그 나라의 군주와 신하의 사이를 이간질하는 계략을 쓰면서, 진나라 왕은 뛰어난 장군으로 하여금 그 뒤를 수행하게 하였다. 진나라 왕은 이사에 대한 예우로서 객경(客卿)[24]으로 삼았다.

그때 마침 한(韓)[25]나라의 정국(鄭國)[26]이라는 사람이 진나라를 이간

---

17) 五覇 : 즉 齊 桓公, 晉 文公, 宋 襄公, 秦 穆公, 楚 莊王을 일컫는다.
18) 秦 孝公(기원전 381-기원전 338년) : 즉 嬴渠梁이며, 재위 기간은 기원전 361년에서 기원전 338년까지이다. 그는 商鞅을 등용하여 개혁정치를 감행하였고, 토지를 백성들에게 주어서 중농정책을 권장하여, 秦나라를 부강하게 만든 군주였다.
19) 즉 韓, 趙, 魏, 齊, 楚, 燕 등의 나라를 말한다.
20) 즉 孝公, 惠文王, 武王, 昭襄王, 孝文王, 莊襄王 등을 일컫는다.
21) 合縱 : 전국시대 때 남북의 제후가 서로 국력을 합세하는 것을 말하며, 여기에서는 蘇秦이 여섯 나라가 합세하여 秦나라에 대항할 것을 제기한 것을 말한다.
22) 黃帝 : 성은 公孫이며, 이름이 軒轅이다. 전설상의 고대 제왕으로, 일찍이 蚩尤와 炎帝를 패망시켜, 兵家의 아버지로 칭해진다. 권1 「五帝本紀」 참조.
23) 長史 : 丞相에게 예속된 관리로서, 궁중의 모든 일을 총괄하였는데, 모든 관리의 우두머리였다. 지금 중국의 黨 祕書長과 같은 지위였다.
24) 客卿 : 전국시대 때 다른 나라의 인사를 등용하여 公卿에 해당하는 직위를 주었는데, 이를 일컫는다.
25) 韓 : 戰國七雄 중의 하나였고, 그 영토는 지금의 陝西省 동쪽에서 河南省 서북쪽까지 이르렀다. 처음의 노읍은 陽翟(지금의 河南省 禹縣)이었고, 나중에는 鄭나라를

질하려고 왔는데, 그는 논밭에 물을 대려고 운하를 만들고자 하였다. [27)
그러나 오래지 않아 발각되었다. 진나라의 왕족과 대신들은 왕에게 아뢰
기를 "제후국에서 진나라를 섬기러 온 그 대다수 사람들의 유세의 주된
요지는 진나라를 이간질하는 것뿐이오니, 모든 빈객들을 축출하시기를 바
랍니다"라고 하였다. 이사 역시 축출 대상으로 논의되었다. 이사는 이에
상서를 올렸다. [28)

　　신은 관리들이 빈객을 축출하는 논의를 한다고 들었는데, 저는 그것이 잘
　　못된 것이라고 생각합니다. 옛날에 목공(繆公) [29)께서 인재를 구하시고자,
　　서쪽으로는 융(戎) [30)에서 유여(由余) [31)를 데려오고, 동쪽으로는 완(宛) [32)
　　에서 백리해(百里奚) [33)를 얻었으며, 송(宋) [34)나라로부터 건숙(蹇叔) [35)을

　　　정벌하고 新鄭(지금의 河南省 新鄭縣)으로 천도하였는데, 그래서 韓나라를 鄭나라로
　　　불렀다. 권45 「韓世家」 참조.
26)　鄭國 : 韓나라의 수로개척의 요원이었다. 그는 秦나라의 침략을 막기 위해서, 秦
　　　나라로 들어와서 수로를 적극적으로 개척할 것을 건의하였는데, 그것은 秦나라의 국
　　　력을 소모시키기 위함이었다. 그러나 그의 계략이 탄로나서 그를 죽이려고 하자, 수
　　　로가 秦나라에 이로움을 역설하여 사면되었고, 그후 10여 년 동안 秦나라는 계속 그
　　　에게 공사를 하게 하였다. 그가 이룬 운하의 길이는 300里나 되는 대규모였는데, 서
　　　쪽의 涇水에서 동쪽의 洛水까지 이르렀다. 秦나라에서는 이 운하의 이름을 그의 이
　　　름을 따서 鄭國渠라고 하였다. 후세 사람들도 鄭國을 고대 수로개척의 유명한 전문
　　　가로 꼽는다.
27)　鄭國이 만들던 운하는 300里나 되는 대규모였는데, 사실 그것은 秦나라의 인력과
　　　비용을 소비시켜 동쪽 정벌을 포기하게 하려는 韓나라의 술책이었다.
28)　李斯는 축축되어 돌아가다가, 秦 始皇에게 이 "諫逐客書"라는 글을 올렸고, 秦
　　　始皇은 사람을 보내 李斯를 驪邑에서 돌아오게 하였다.
29)　繆公의 '繆'은 '穆'과 통용되었다.
30)　戎 : 고대 秦나라의 西方의 여러 부족을 통칭하는 말이다.
31)　由余 : 원래는 晉나라 사람이었으나, 戎 지역에서 살고 있었다. 秦 穆公 때, 戎王
　　　은 그를 秦나라로 파견하여 관찰하게 하였고, 穆公은 그를 크게 인정하였다. 그 뒤
　　　由余가 戎으로 돌아갔으나, 戎王이 여색에 빠져 있는 모습을 보고 戎王에게 여러 차
　　　례 간언하였으나 듣지 않자, 곧 秦나라로 귀순하였다. 후일 穆公은 그의 계책을 수
　　　용하여 12戎族을 정벌하고 영토의 규모를 크게 확장하였다.
32)　宛 : 지금의 河南省 南陽市이다.
33)　百里奚 : 楚나라 사람으로, 원래는 虞나라 大夫 출신이었다. 秦 穆公 때, 晉 獻公
　　　이 虞나라를 정벌하고, 百里奚를 晉 獻公의 딸(秦 穆公의 부인)이 秦나라로 재혼하
　　　는 데 딸려보냈으나, 그는 나중에 고향으로 탈출하였다. 秦 穆公은 그의 현명함을
　　　알고 그를 불러들여 相의 직위를 주며 '五羖大夫'라고 불렀다.
34)　宋 : 개국 군주는 微子啓였고, 도읍은 商丘(지금의 河南省 商丘縣 남쪽)였다. 영
　　　토는 지금의 河南省 동부와 山東省, 江蘇省, 安徽省의 접경지대였다. 기원전 286년
　　　齊나라에 의해서 멸망당하였다.

맞이하였고, 진(晉)³⁶⁾나라로부터 비표(丕豹)³⁷⁾와 공손지(公孫支)³⁸⁾를 불
러들였습니다. 이 다섯 사람들은 진(秦)나라에서 태어나지 않았지만, 목공
께서는 그들을 등용하여, 20여 나라를 통합하고, 마침내 서융(西戎)을 제
패하셨습니다.³⁹⁾ 효공께서 상앙(商鞅)⁴⁰⁾의 변법을 채용하여 풍속을 바꾸
시자, 백성들이 유복해졌고 국가는 부강해졌습니다. 백성들은 기꺼이 부역
을 하였고, 제후들은 몸소 복종하였습니다. 초나라와 위(魏)나라의 군대를
제압하고⁴¹⁾ 천리의 땅을 얻게 되어, 지금까지 평화롭고 강한 것입니다. 혜
왕(惠王)⁴²⁾께서는 장의(張儀)⁴³⁾의 계략을 채용하여 삼천(三川)의 땅⁴⁴⁾을
빼앗고, 서쪽으로 파(巴)⁴⁵⁾와 촉(蜀)⁴⁶⁾을 통합하고, 북쪽으로 상군(上

---

35) 蹇叔 : 岐(지금의 陝西省 岐山縣 동북쪽) 지역 출신으로, 일찍이 宋나라에 기거할
  때 百里奚의 친구였다. 百里奚의 추천을 받아 秦 穆公은 그를 上大夫로 등용하였다.
36) 晉 : 춘추시대 때, 북방의 가장 강대한 제후국이었고, 도읍은 絳(지금의 山西省
  翼城縣 동남쪽)이었다.
37) 丕豹 : 晉나라의 大夫 丕鄭의 아들로서, 丕鄭은 晉 惠公에게 피살되었다. 秦 穆公
  때, 丕豹는 秦나라로 망명하였고, 穆公은 그를 大將으로 등용하였다. 丕豹는 군사를
  이끌고 晉나라를 공략하여 晉 惠公을 사로잡았으며, 黃河의 서쪽 晉나라의 8개의 성
  을 함락시켜 영토를 넓히는 데 공로를 세웠다.
38) 公孫支 : 岐 지역 출신으로, 일찍이 晉나라에 살았으나, 후일 秦나라로 망명하여
  上大夫가 되었다.
39) 秦 穆公이 서쪽의 여러 부족들을 정벌한 후에, 周 襄王은 召公을 파견하여 금으
  로 만든 북을 내려 공을 치하하였고, 穆公을 서쪽 제후 중의 영수로 임명하였다.
40) 商鞅(기원전 390-기원전 338년) : 公孫鞅을 말하는데, 그는 衛나라 사람이다. 秦
  나라가 그에게 商(지금의 陝西省 丹鳳縣) 땅에 봉지를 하사하였으므로, 商君이라고
  도 칭하기도 하며 商鞅이라고 부른다. 그는 秦나라에서 10년이나 相의 직위에 머물
  면서, 두 차례 變法을 추진하며 봉건경제의 거대한 발전을 이루었다. 그는 秦나라의
  천하통일의 기초를 닦았다. 秦 孝公이 죽자, 그의 반대파가 득세하여 죽임을 당하였
  다. 그의 政見은 후세 사람들이 집성한 『商君書』에 보인다.
41) 秦 孝公 22년에 商鞅이 군대를 이끌고 魏나라를 대파시켰는데, 그때 魏 公子 卬
  을 사로잡아, 魏나라의 河西 지역(지금의 陝西省 澄城縣 동쪽 일대)을 할양받는 조
  건으로 公子 卬을 되돌려 보냈다. 같은 해에, 秦나라는 또 楚나라를 쳐서 승리를 거
  두었다.
42) 惠王 : 秦 惠王인 嬴駟를 말한다. 기원전 337년에서 기원전 331년까지 재위하였
  고, 秦나라에서 처음으로 王의 칭호를 받았던 군주였다.
43) 張儀 : 魏나라 출신으로서 秦나라에 와서 유세하였던 인물이다. 秦 惠王은 그를
  相으로 등용하였고 武信君에 봉하였다. 그는 '連橫'을 주장하였는데, 그것은 각 제후
  국이 合縱한 상태를 와해시키고, 秦나라와 연합할 것을 권하는 것이었다. 권70「張
  儀列傳」참조.
44) 지금의 河南省 黃河 남쪽의 伊水, 洛水 유역과 북쪽의 汝河 상류 지역을 말한다.
45) 巴 : 그 당시의 작은 나라로 지금의 四川省 동쪽 지역에 있었고 江州(지금의 重慶
  市 북쪽)에 도읍을 정하였다.
46) 蜀 : 그 당시의 작은 나라로 지금의 四川省 서쪽 지역에 있었고 成都(지금의 成都

郡)⁴⁷⁾을 거두었고, 남쪽으로 한중(漢中)⁴⁸⁾을 점령하였으며, 구이(九夷)⁴⁹⁾를 포섭하여 언영(鄢郢)⁵⁰⁾을 제압하고, 동쪽으로 성고(成皐)⁵¹⁾의 험준함에 근거하여 비옥한 땅을 할양받았으며, 마침내 여섯 나라의 합병을 깨뜨려서, 그들로 하여금 서쪽을 바라보며 진나라를 섬기게 하셨는데, 그 공로가 지금에까지 이르고 있습니다. 소왕(昭王)⁵²⁾께서는 범수(范睢)⁵³⁾를 얻어서, 양후(穰侯)⁵⁴⁾를 폐위시키고, 화양군(華陽君)⁵⁵⁾을 축출하여, 진나라 왕실을 강화시켰으며, 대신들의 가문이 강해지는 것을 막으면서, 제후국들을 잠식하였고, 진나라로 하여금 황제의 대업을 이루도록 하셨습니다. 이네 임금들께서는 모두 빈객들로 하여금 공로를 세우게 하셨습니다. 이러한 옛일을 보건대, 빈객이 왜 진나라를 저버린다고들 하는지! 앞의 네 임금들께서 빈객을 물리치고 받아들이지 않으며, 인재를 멀리하고 등용하지 않으셨다면, 나라에 부귀와 이익을 가져오지 못하였을 것이며, 진나라는 강대국의 명성도 믿을 수 없었을 것입니다.

市)에 도읍을 정하였다.
47) 上郡: 군 이름. 원래 魏나라에 예속되어 있었고, 위치는 지금의 陝西省 洰水 이북에서 내몽고 河套 동남쪽 지역까지였다.
48) 漢中: 楚나라의 군 이름. 관할지역은 南鄭(지금의 陝西省 漢中市)에 있었다.
49) 九夷: 楚나라 영토 안에 있는 여러 소수민족을 지칭한다. '夷'는 고대 중국의 동쪽 여러 부족들을 통칭한다.
50) 鄢郢: 楚나라의 수도로서 지금의 湖北省 宜城縣 남쪽 지역이다. 춘추시대 때 吳나라가 楚나라를 정벌하면서 鄢을 점령하자, 楚 昭王은 郡(혹은 鄀이라고도 하였다)으로 천도하였고, 수도의 지명을 郢으로 개칭하였는데, 이리하여 새로운 도읍지를 '鄢郢'이라고 칭하게 되었다. 옛 도읍지는 별도로 郢이라고도 한다. 따라서 鄢郢은 하나의 지명이므로, 두 개의 지명으로 해석하지 않아야 한다.
51) 成皐: 韓나라의 고을 이름이다. 지금의 河南省 滎陽縣 서쪽 氾水鎭이다. 이곳은 고대 군사의 요새지였다.
52) 昭王: 즉 秦 昭襄王인 嬴稷을 말한다. 기원전 306년에서 기원전 251년까지 재위하였다. 昭王의 업적은 秦 始皇의 천하통일의 굳건한 기초를 세운 것이다.
53) 范睢: 魏나라 출신으로 秦나라에 와서 昭襄王에게 유세하여 秦나라의 相이 되었다. 그는 재임 기간 동안 주변 제후국을 정벌하는 遠交近攻의 정책을 폈고, 각 제후국을 정복하려는 계책들을 점진적으로 수행하였다.
54) 穰侯: 魏冉을 말한다. 그는 秦 昭王의 모친인 宣太后의 의붓아버지의 형제였다. 昭王이 즉위하였을 무렵 나이가 어려서 宣太后가 집정하였는데, 그때 魏冉이 相으로 등용되면서 穰侯에 봉해졌다. 魏冉이 권세를 누린 30여 년 동안 昭王은 허수아비 군주였다. 나중에 昭王은 范睢의 견해를 수용하여 太后를 폐위시키고 외척을 축출하였는데, 이때 魏冉도 국외로 축출되었다.
55) 華陽君: 宣太后의 동생 羋戎을 말한다. 穰侯와 함께 조정에서 권세를 누렸으나, 후일 穰侯와 함께 축출되었다. '華陽'은 '葉陽'이라고도 하는데 이곳은 원래 韓나라의 땅이었으나, 나중에는 秦나라가 점령하였다. 지금의 河南省 新鄭縣 북쪽.

　　지금 왕께서는 곤강(昆崗)⁵⁶⁾의 옥을 가지고 계시고, 수씨(隨氏)와 화씨 (和氏)의 벽옥(璧玉)⁵⁷⁾을 보유하셨으며, 명월주(明月珠)⁵⁸⁾를 차고 태아 (太阿)⁵⁹⁾의 명검을 지니셨습니다. 섬리마(纖離馬)⁶⁰⁾를 타고 취봉기(翠鳳 旗)⁶¹⁾를 세우시고, 영타(靈鼉)⁶²⁾의 북까지 가지셨습니다. 이 여러 보물들 이 진나라에서는 하나도 생성되지 않았건만, 왕께서 그것을 좋아하시는 것 은 무슨 까닭입니까? 반드시 진나라에서 생산된 것이라야만 된다면, 야광 주(夜光珠)⁶³⁾로 조정을 장식할 수 없으며, 코뿔소의 뿔이나 상아로 만든 노리개를 만들 수 없을 것입니다. 정(鄭)나라와 위(衛)나라의 미녀들⁶⁴⁾도 후궁으로 충원될 수 없으며, 결제(駃騠)⁶⁵⁾와 같은 준마들도 바깥 마구간을 채울 수 없을 것입니다. 강남의 금과 주석도 쓸 수 없으며, 서촉(西蜀)의 단청(丹靑)으로 색칠할 수도 없을 것입니다. 후궁을 장식하고 희첩들을 꾸 며서 마음을 기쁘게 하고 귀와 눈을 즐겁게 하는 것도, 반드시 진나라에서 난 것이라야 한다면, 완주(宛珠)⁶⁶⁾의 비녀, 부기(傅璣)의 귀고리, 아호 (阿縞)⁶⁷⁾로 지은 옷, 금수(錦繡)의 장식들도 왕의 앞에 나타나지 못할 것 이며, 세속의 유행에 따라 우아하고 아름답게 차린 조(趙)나라의 미녀들⁶⁸⁾

---

56)　昆崗 : 지금의 新疆省 자치구 和田縣 서북쪽에 위치하였는데, 이곳은 고대의 유명 한 玉 생산지였다.

57)　隨는 周나라 초기에 있었던 작은 나라로, 지금의 湖北省 隨縣 지역을 점유하고 있었다. 전하는 말에 의하면, 隨侯는 일찍이 상처입은 큰 뱀을 구해준 적이 있는데, 나중에 이 뱀이 그 보답으로 큰 진주를 가져다주었다고 하여, 후세 사람들이 그것을 '隨珠'라고 불렀다. 和氏는 楚나라의 卞和를 말하며 그가 발견한 寶玉을 和氏璧이라 고 한다.

58)　明月珠 : 보석의 이름이다.

59)　太阿 : 寶劍 이름이다. 越나라의 유명한 名匠 歐冶子와 吳나라의 名匠 干將이 합 세하여 만들었다고 전해진다.

60)　纖離馬 : 준마의 이름이다.

61)　翠鳳旗 : 물총새와 봉황의 깃으로 장식된 깃발을 말한다.

62)　靈鼉 : 악어와 유사한 모양을 새긴 북으로서 악어가죽으로 만들었으며, 그 소리는 굉장히 크다.

63)　夜光珠 : 보석의 이름으로 楚나라의 왕이 바친 것이다.

64)　여기에서는 넓은 의미로 각국의 미녀들을 지칭한 것인데, 특히 鄭나라와 衛나라 의 미녀들이 歌舞에 뛰어났다.

65)　駃騠 : 훌륭한 말의 이름이다.

66)　宛珠 : 宛 지역에서 생산되는 보석을 말한다. 宛이라는 지역은 秦代 西域의 제후 국으로, 전국시대에는 宛縣의 南陽郡의 옛 지명으로서, 지금의 河南省 南陽市이다.

67)　阿縞 : 가볍고 가는 실로 짠 직물을 '阿'라고 하고, 흰 비단을 '縞'라고 한다.

68)　여기에서는 아름다운 궁녀들을 지칭하는 말이다. 고대 사람들은 燕나라와 趙나라 에 미인이 많다고 알고 있었기 때문에, 이런 표현이 미녀에 대한 일반적인 총칭이 되었다.

도 왕의 곁에 서지 못할 것입니다. 대저 항아리〔甕〕를 두들기고 질장구〔缶〕를 치거나 쟁(箏)을 타며[69] 넓적다리를 치면서, 어야디야 노래를 불러 귀를 즐겁게 하는 것이, 참다운 진나라의 음악 소리입니다. "정(鄭)," "위(衞)," [70] "상간(桑間)," [71] "소(昭)," "우(虞)[72] "무(武)," "상(象)" [73] 등은 다른 나라의 음악 소리들입니다. 지금 항아리를 두들기며 질장구를 치던 것을 버리고 "정," "위"의 음악[74]을 취하며, 쟁을 타던 것을 물리치고 "소," "우"의 음악을 받아들였는데, 이러함은 무슨 까닭입니까? 당장 마음을 즐겁게 하고, 눈으로 보기에 적합할 따름이옵니다. 그러나 지금 인재를 얻는 데는 그렇지 않습니다. 사람됨이 옳은지 그른지를 묻지 않고, 굽은지 곧은지를 따지지 않고, 진나라 사람이 아니면 돌려보낸다고 하여, 빈객들을 축출하려고 합니다. 그렇다면 여색, 음악, 주옥 등은 소중히 여기고, 사람은 경시하는 것이 됩니다. 이것은 대국에 군림하며 제후들을 제압하는 방법이 아닙니다.

신이 듣건대, 땅이 넓으면 곡식이 많게 되고, 나라가 크면 백성이 많으며, 병력이 강하면 병사가 용감해진다고 합니다. 즉 태산(泰山)은 한줌의 흙도 양보하지 않았으므로 그 높음을 이룰 수 있었던 것이며, 하해(河海)는 작은 물줄기도 가리지 않았으므로 그 깊음을 이룰 수 있었던 것입니다. 왕들은 뭇 백성들을 물리치지 않았으므로 그 덕망을 밝힐 수 있었던 것입니다. 이로써 국토는 사방으로 끝이 없고, 백성에게는 이국(異國)이 없으며, 사시사철 아름다움이 충만하고, 귀신이 복을 내립니다. 이는 오제(五帝)[75]와 삼왕(三王)[76]께 적이 없었던 바와 같습니다. 지금에 이르러 진나라는 백성을 버려서 적국을 이롭게 하고, 빈객을 물리쳐서 제후에게 공을 세우게 하며, 천하의 인재로 하여금 물러나게 하여 감히 서쪽 진나라로 향하지 못하게 하고, 발을 묶어 진나라로 들어오지 못하게 합니다. 이것은 이른바 '적에게 병사를 빌려주고 도적에게 양식을 보내 주는 격' [77]입니다.

대저 진나라에서 생산되지 않은 물건들 중에 보배로운 것이 많으며, 진

---

69) 甕과 缶는 秦나라의 타악기이고, 箏은 현악기이다.
70) "鄭"과 "衞"는 각각 鄭과 衞 나라의 민간의 악곡을 말한다.
71) '桑間'은 본래 지명으로 지금의 河南省 濮陽縣 남쪽인데, 여기에서의 "桑間"은 망할 나라의 음악으로 음탕한 곡조를 말한다.
72) "昭," "虞": 虞舜시대의 악곡을 말한다.
73) "武," "象": 둘 다 周 武王의 음악이다.
74) 어지러운 세상의 음악을 말한다.
75) 五帝: 즉 黃帝, 顓頊, 帝嚳, 堯, 舜 등을 지칭한다.
76) 三王: 즉 夏禹, 商湯, 周 文王과 武王 등을 지칭한다.
77) 원문에는 "借寇兵而賚盜糧"이라고 되어 있다.

나라에서 태어나지 않은 인재들 중에 충성을 바치려는 자가 많습니다. 지금 빈객들을 축출하여 적국을 이롭게 하고, 백성을 줄여서 적국에게 보태 주어 나라 안으로는 저절로 텅 비게 되고 나라 밖으로는 제후들에게 원한을 사게 되면, 나라를 구하고 위기를 일소하려 해도 어찌할 수가 없게 됩니다.

진나라 왕은 이리하여 빈객에 대한 축출 명령을 취소하고, 이사(李斯)의 벼슬을 돌려주고, 마침내 그의 계책을 수용하였다. 이사의 관직은 정위(廷尉)[78]에까지 이르렀다. 20여 년 후에, 결국 진나라는 천하를 병합하였으며, 진나라 왕을 높여 황제라고 하였고, 이사를 승상으로 삼았다. 군과 현의 성벽을 허물고 그 무기들을 녹여서 다시는 사용하지 않겠다[79]는 표시를 하였다. 진나라는 한 자[尺]의 땅도 나누지 않았으며, 후손이 왕이 되도록 내세우지 않았고, 공신들을 제후로 삼지 않았는데, 이것은 모두 후일에 내란의 우환을 없애려고 함이었다.

진 시황[80]34년에, 함양궁(咸陽宮)에서 연회를 베풀었는데, 박사복야(博士僕射)[81] 주청신(周靑臣) 등이 시황제의 위엄과 덕망을 칭송하였다. 제(齊)나라 사람인 순우월(淳于越)이 나아가 간언하였다.

신이 듣건대, 은나라와 주나라가 천여 년 동안 통치할 수 있었던 것은 자제(子弟)와 공신(功臣)에게 지역을 하사하여 왕실을 돕는 제후가 되게 하였기 때문이라고 합니다. 지금 폐하께서는 천하를 소유하시고 계시지만, 폐하의 자제는 필부에 지나지 않으며, 졸지에 전상(田常)[82]과 육경(六卿)[83]의 환란과 같은 일이 생기면, 보필할 신하가 없으니 어떻게 나라를 구할 수 있겠습니까? 옛것을 본받지 않고 오래 지속될 수 있다는 말은 들

---

78)   廷尉 : 司法을 주관하는 최고 장관이며, 九卿 중의 하나이다.
79)   원문은 "鎭其兵刃"이다. 秦나라는 여섯 나라를 멸망시키고 나서, 세상의 무기들을 수도 咸陽에 모았고, 이를 녹여 종의 기둥과 20개의 銅人像을 주조하였다.
80)   기원전 213년이다.
81)   博士僕射 : 博士를 지도하고 심사하는 관직이다. 博士는 서적을 관리하고 황제를 도와서 자문하였다.
82)   田常 : 춘추시대 때 齊나라의 大夫로서, 齊 簡公을 西周에서 죽이고 齊 平王을 받들었던 인물이다. 孔子가 田常을 치자고 간청하였지만, 魯 哀公은 이를 듣지 않았다.
83)   六卿 : 춘추시대 때 晉나라의 여섯 대신들을 말하는데, 즉 그들은 范氏, 中行氏, 智氏, 韓氏, 魏氏, 趙氏 등이다. 이들 중에 韓氏, 魏氏, 趙氏는 나중에 晉나라를 멸망시키고 그 땅을 셋으로 나누어 가졌다. 권39「晉世家」참조.

은 바 없사옵니다. 지금 저 청신(靑臣) 등이 면전에서 아첨하여 폐하께 과
오를 거듭하게 하므로 그들은 충신이 아닙니다.

진 시황은 이 의견을 승상에게 하달하였다. 승상 이사는 그 견해가 잘
못된 것이라 여겨고, 다음과 같은 상서를 올렸다.

> 옛날에는 천하가 어지러워 이를 통일시킬 수 없었으며, 이리하여 제후들이
> 동시에 흥기하였고, 사회 여론은 모두 과거의 일을 인용하여 당시의 것을
> 힐난하였으며, 헛된 말을 꾸며서 실제를 혼란하게 하였습니다. 사람들은
> 저마다 개인적 지식을 옳다고 여기고, 이로써 중앙에서 세운 법제를 거부
> 하였습니다. 지금 폐하께서는 천하를 병합하셨고, 흑백을 분별하여 오직
> 한 분의 황제만이 계심을 정하셨습니다. 그런데 개인적인 견해를 주장하는
> 자들은 서로 모여 조정에서 정한 법제를 비방합니다. 조칙(詔勅)을 들으면
> 곧 저마다 개인적인 견해로써 그것을 논의합니다. 집에서는 마음속으로 비
> 방하고, 밖으로 나와서는 거리에서 따집니다. 군주를 비방하는 것을 명예
> 로 여기고, 취지를 달리함을 고상한 것으로 여겨서, 여러 추종자들을 이끌
> 고 비방을 일삼고 있습니다. 이와 같음을 금지시키지 않으면, 위로는 군주
> 의 위상이 떨어지고, 아래로는 당파가 형성될 것입니다. 금지시키는 것이
> 옳습니다. 신은 『시경(詩經)』과 『서경(書經)』 그리고 여러 제자백가의 저
> 서들을 폐기시킬 것을 간청합니다. 금지령이 내린 지 30일이 지나도록 폐
> 기하지 않으면, 경형(黥刑)[84]을 내려 성단(城旦)[85]이 되게 하십시오. 폐
> 기하지 않아도 되는 책은 의약서와 복서(卜筮) 그리고 농림(農林)에 관한
> 책입니다. 만약 배우고자 하는 자는 관리를 스승으로 삼으면 되옵니다.

진 시황은 이 의견을 실행하여 『시경』과 『서경』 그리고 제자백가의 서
적들을 폐기시켜 백성들을 우매하게 만들었고, 천하에 누구도 옛것을 들
먹이며 현행을 비방하는 자가 없게 하였다. 법도를 밝히고 율령을 정하는
것은 모두 진 시황에게서 비롯되었다. 또한 문자를 통일시켰다.[86] 이궁
(離宮)과 별관(別館)[87]을 천하에 두루 지었다. 이듬해[88]에 천하를 순방

---

84) 黥刑 : 고대 형벌의 하나로서 이마에 먹물을 들이는 것을 말한다.
85) 城旦 : 고대의 형벌 중에 4년 동안 아침 일찍 일어나 성곽을 쌓는 것을 말한다.
86) 전국시대에는 각 지역마다 문자체제가 달랐고, 秦 始皇에 와서야 비로소 문자가
   통일되었다.
87) 離宮, 別館 : 황제가 각 지역을 순시할 때 머무는 거처이다.
88) 秦 始皇 37년, 즉 기원전 210년이다.

(巡訪)하였고, 대외적으로 사방의 오랑캐를 물리쳤는데, 이러한 일은 모두 이사가 힘썼다.

이사의 장남인 이유(李由)는 삼천군(三川郡)[89]의 군수가 되었으며, 또 아들들은 모두 진나라의 공주에게 장가 들었고, 딸들은 모두 진나라의 귀공자에게 시집을 갔다. 삼천군의 군수 이유가 휴가를 얻어 함양(咸陽)으로 돌아오자, 이사는 술잔치를 베풀었다. 백관의 고관들은 모두 참석하여 이사에게 축수를 빌었으며, 대문과 뜰에 수레와 말은 수천이나 되었다. 이사가 한숨을 쉬며 탄식하기를 "아아! 나는 순경(荀卿)께서 사물이 지나치게 가득해지는 것을 금해야 한다고 말씀하신 것을 들었다. 대저 이사 이몸은 상채(上蔡)에서 태어난 평민이고, 집단 민가[90]에서 자란 백성일 뿐인데, 폐하께서 나의 재능이 모자람을 알지 못하시고 발탁하시어 지금에 이르도록 해주셨다. 현재의 신하들 가운데 나보다 윗자리에 있는 자가 없으니 부귀가 극도에 달하였다고 말할 수 있겠다. 만물이 극도에 이르면 쇠퇴하거늘, 내가 어디서 멈추어야 할 바를 모르겠도다"라고 하였다.

진 시황 37년 10월에, 순행하던 중에 회계산(會稽山)[91]을 노닐다가 해안을 따라 북상하여 낭야(琅邪)[92]에 이르렀다. 승상 이사와 중거부령(中車府令)[93] 조고(趙高)가 부새령(府璽令)[94]의 일을 겸하면서 수행하였다. 진 시황에게는 20여 명의 아들이 있었는데, 장남 부소(扶蘇)가 여러 차례 직언(直言)을 올려서, 황제는 그에게 상군(上郡)[95]의 군대를 감독하도록 내보냈는데, 몽염(蒙恬)[96]이 그 군대의 장군이었다. 진 시황은 어린 아들 호해(胡亥)[97]를 총애하였는데, 그가 따라갈 것을 청하자 이를

---

89) 三川郡 : 군 이름으로 관할지역은 洛陽(지금의 河南省 洛陽市 동북쪽)이었다.
90) 원문의 "閭巷"은 서민들의 촌락을 지칭하는 말로서, 고대에는 25戶가 1閭를 이루며 집단 거주하였다.
91) 會稽山 : 지금의 浙江省 紹興市 동남쪽.
92) 琅邪 : 산 이름. 지금의 山東省 膠南縣 남쪽.
93) 中車府令 : 황제의 수레를 관리하는 직책이다.
94) 府璽令 : 황제의 옥새를 관리하는 직책이다.
95) 上郡 : 군 이름. 지금의 陝西省 북쪽과 내몽고 자치구 鄂托克旗 일대를 말하며, 관할지역은 扶施(지금의 陝西省 楡林縣 동남쪽)이다.
96) 蒙恬 : 당시 上郡에 주둔하며 오랑캐를 위협하였다. 권88 「蒙恬列傳」 참조.
97) 胡亥 : 즉 秦 始皇을 이은 제2대 秦나라의 군주를 말한다. 이하 본문에서는 '2세 황제'라고 지칭한다.

허락하였다. 나머지 아들들은 아무도 따라가지 못하였다.

그해 7월,[98] 진 시황은 사구(沙丘)[99]에 이르러 병이 악화되었고, 조고를 시켜 장남 부소에게 편지를 써보내게 하였는데, 편지에는 "군대는 몽염에게 맡기고 함양에 와서 나의 영구를 맞아 장사 지내라"라고 쓰여 있었다. 편지는 이미 봉하였지만 아직 사자(使者)에게 맡기기 전에 진 시황이 붕어(崩御)하였다. 그 편지와 옥새는 모두 조고가 지니고 있었고, 오직 아들 호해, 승상 이사, 중거부령 조고 그리고 환관 대여섯 명만이 진 시황의 붕어 사실을 알았으며, 나머지 군신들은 아무도 그 사실을 알지 못하였다. 이사는 황제가 외유중(外遊中)에 죽었고, 정식 태자가 책봉되지 않았음을 감안하여 비밀에 부쳤다. 진 시황의 유해를 온량거(輼輬車)[100] 속에 넣어둔 채로 백관들이 정사를 아뢰고 식사를 올리는 것을 예전처럼 계속하였다. 대신에 환관이 온량거 안에서 여러 가지 국사(國事)를 결재하였다.

조고는 옥새가 찍힌 부소에게 보내는 편지를 가지고 공자(公子)[101] 호해에게 말하기를 "황제께서 붕어하셨지만, 여러 아들들 가운데 누구를 황제로 봉한다는 조서가 없고, 오직 장남에게만 글을 남기셨습니다. 장남이 오면, 곧 황제로 즉위하게 되고, 공자께서는 한 치의 땅도 가질 수 없을 것인데, 어떻게 하시겠습니까?"라고 하였다. 호해가 대답하기를 "당연하지요. 내가 듣건대, 현명한 군주는 신하를 잘 알고, 현명한 아버지는 아들을 잘 안다고 하오. 아버지께서 운명이 다하도록 제후를 봉하시지 않았으니, 무슨 말을 할 수 있겠소!"라고 하였다. 조고가 말하기를 "그렇지 않습니다. 이제 천하의 대권을 잡느냐 마느냐 하는 것은 공자와 저와 승상에게 달려 있을 따름인지라, 공자께서는 이를 도모하실 것을 바라옵니다. 남을 신하로 삼는 것과 남의 신하가 되는 것, 또 남을 통제하는 것과 남에게 통제받는 것을 어찌 같다고 말할 수 있겠습니까!"라고 말하자,

---

98) 秦과 漢 초기에는 모두 夏曆 10월을 새해로 삼았으며, 漢 武帝 太初 원년(기원전 104년)에 이르러서야, 비로소 夏曆 正月을 새해로 변경하였다. 司馬遷은 太初의 曆法을 따라 秦代의 史實을 기록하였으므로, 10월이 먼저 기술되고 나중에 7월이 서술되었다.

99) 沙丘 : 지명. 지금의 河北省 平鄕縣 동북쪽.

100) 輼輬車 : 고대의 누울 수 있도록 만든 큰 수레를 말하며, 수레 양쪽에 창문을 내어서 冷溫을 조절하였다.

101) 公子 : 제왕의 아들을 지칭하는 일반적인 호칭이다.

호해가 말하기를 "형을 막고 아우가 나서는 것은 불의이며, 아버지의 조서를 받들지 않고 죽음을 두려워하는 것은 불효이고, [102] 재능이 천박하면서도 억지로 남의 공로를 빼앗는 것은 무능함이오. 이 세 가지는 도덕적으로 역행하는 것이며, 때문에 천하는 복종하지 않을 것이고, 자기의 몸마저 위태롭게 될 것이고, 사직의 제사를 받들지 못하게 될 것이오"라고 말하였다. 조고가 말하기를 "제가 듣건대, 탕왕(湯王)과 무왕(武王)은 각기 자기의 임금을 죽였지만, [103] 천하가 의롭게 칭송하며 불충(不忠)하다고 여기지 않았습니다. 위(衞)나라 임금이 자기 아버지를 죽였지만[104] 위나라 백성들은 그 덕을 받들었으며, 공자(孔子)도 이 사건을 기록하면서[105] 불효라고 생각하지 않았습니다. 대저 큰 일을 행할 때에는 작은 일에 주의할 필요가 없고, 큰 덕이 있는 사람은 일을 사양하지 않으니, 나을마다 제각기 특이한 면이 있고, 백관의 공이 다 같지 않다고 합니다. 그러므로 작은 일을 돌아보다가 큰 일을 잊으면, 나중에 반드시 해로울 것이며, 의심을 하여 주저하시면 나중에 반드시 후회하게 됩니다. 결단을 내려 감행하시면 귀신도 그것을 피해가며, 나중에 성공하실 것입니다. 공자(公子)께서 이를 실행하실 것을 바라옵니다"라고 하였다. 호해는 한숨을 쉬며 탄식하기를 "아직 황제의 승하하심[106]을 발표하지도 않았고 상례(喪禮)도 끝나지 않았는데, 어찌 이런 일을 가지고 승상에게 동의를 구한단 말이오!"라고 하였다. 조고가 말하기를 "때가 때인 만큼, 시간적으로 모의하기에 촉박합니다! 양식을 지고 말을 달려 서둘러도 오히려 늦지 않을까 걱정입니다"라고 재촉하였다.

호해는 이미 조고의 말을 옳다고 여기게 되었고, 조고가 말하기를 "승

---

102) 죽음을 두려워하는 것은 맏형 扶蘇가 황제가 되었을 때를 가정하여, 胡亥는 자신이 죽임을 당하는 일이 있을 수 있다고 생각하였기 때문이다. 만약 죽음을 두려워한다면 황제의 지위를 찬탈할 음모를 꾸미는 것 그 자체가 胡亥는 불효라고 여겼다.

103) 湯王은 즉 商 湯王을 말하는데, 그는 원래 夏 桀王의 신하였다. 夏 桀王은 無道하였기에, 湯王은 그를 鳴條로 쫓아내고 商 왕조를 건국하였다. 그리고 武王은 즉 周 武王을 지칭하는데, 그는 원래 商 紂王의 신하였다. 紂王이 無道하였기에, 武王은 군대를 일으켜 정벌하였다. 이에 紂王은 스스로 불에 타 죽었다.

104) 여기서 衞나라의 임금이 자기 부친을 죽였다는 말은 趙高의 착오이다. 권37「衞康叔世家」에는 衞나라의 賢君 武公이 자기의 형을 죽이고 권력을 찬탈하였다고 쓰여 있다. 그리고 이 일은 후세의 여러 역사가들에 의해서 의혹을 받는 바이다.

105) 즉 孔子가 일찍이 『春秋』라는 책 속에서 이 일을 기록하였다.

106) 일설에는 죽은 秦 始皇의 위대한 업적을 칭송하는 행사를 말한다고도 한다.

상과 의논하지 않으면 아마도 이 일은 성공할 수 없을 것 같으니, 신이 공자(公子)를 위해서 승상과 의논하겠습니다"라고 하였다. 조고는 이리 하여 승상 이사에게 말하기를 "황제께서 돌아가시면서 장남에게 편지를 남기셨는데, 그것에 의하면 함양에서 장사를 지내고 후사를 세우라고 하셨습니다. 편지는 아직 발송하지 않았고, 지금 황제의 붕어를 아는 사람은 아무도 없습니다. 장남에게 쓰신 편지와 옥새는 모두 호해가 가지고 있습니다. 태자를 정하는 일은 군후(君侯) 107)와 나의 입에 달려 있을 뿐입니다. 이 일을 장차 어떻게 하시겠습니까?"라고 하자, 이사는 "어찌하여 나라를 망칠 말씀을 하시오! 이 일은 신하로서 논의할 만한 것이 아니오!"라고 말하였고, 조고가 "어르신께서는 스스로를 능력 면에서 몽염(蒙恬)과 비교하여 누가 낫다 108)고 생각하시오? 공로 면에서는 몽염과 비교하여 누가 더 높습니까? 계책 면에서는 몽염과 비교하여 누가 더 실패하지 않고 원대하였습니까? 몽염과 비교하여 천하의 원한은 누가 더 없습니까? 맏아들과의 관계가 오래되고 신임하기로는 몽염과 비교하여 누가 낫습니까?"라고 묻자, 이사는 "이 다섯 가지 모두 몽염보다 못한데, 당신은 어찌 이렇게 심하게 따지시오?"라고 되물었다. 조고가 말하기를 "저는 본래 하찮은 일이나 하는 환관이지만, 다행히 형법의 공문서 담당관리 109)로서 진나라의 조정에 들어왔고, 일을 한 지 20여 년 동안 진나라에서 파면당한 승상이나 공신(功臣)들 가운데 2대를 이은 사람을 아직 보지 못하였으며, 결국에는 모두 형벌을 받아 망하고 말았습니다. 황제의 20여 명의 아들들을 승상께서도 모두 알고 계십니다. 맏아들은 강직하고 용맹스러워 사람들을 믿고 인재를 분발하게 하는 인물이며, 즉위하면 반드시 몽염을 등용하여 승상으로 삼을 것이고, 어르신은 결국 통후(通侯) 110)의 인수(印綬) 111)를 지니지 못한 채 고향으로 돌아가게 될 것이

---

107) 君侯 : 秦代에는 列侯의 작위를 가진 丞相을 '君侯'라고 칭하였다.
108) 원문에는 "君侯自料能孰與蒙恬?"으로 되어 있지만, 『史記探源』에는 '能' 다음에 '多'자가 빠진 것이라고 쓰여 있다. 따라서 아래 문장의 '공로가 높다'의 '功高(명사＋동사),' '계책이 원대하다'의 '謀遠(명사＋동사)'의 구조와 일치시켜, 원래 '能多(명사＋동사)'라고 해야 타당하다고 주장한다.
109) 원문의 "刀筆之文"은 刑法에서 다루었던 판례문을 지칭한다. 당시 竹簡에다가 글자를 새겼는데, 오자가 생기면 칼로써 도려내었다. 그러므로 후세 사람들은 이 글자를 수정하는 관리를 '刀筆吏'라고 칭하였고, 특히 형사상의 공문서를 '刀筆之文'이라고 불렀다.

분명합니다. 제가 칙명을 받들어 호해를 가르치고 법사(法事)를 익히게
한 지 몇해가 되었으나, 아직 잘못을 범하는 것을 본 적이 없습니다. 공
자는 인자하고 독실하며 재물을 가볍게 여기고 인재를 중히 여깁니다. 마
음속으로 분별하면서도 말씨를 겸손하게 하며, 예의를 다하여 선비를 존
경하고, 진나라의 여러 공자들 중에 아직 이러한 분이 없으니 참으로 후
사로 내세울 만합니다. 어르신께서 생각하시어 결정하십시오"라고 하였
다. 이사가 "그대는 그대의 위치로 되돌아가고, 이몸은 군주의 조칙을 받
들어 하늘의 명을 들을 것이지, 어찌 우리가 고려하여 결정할 수 있다는
말이오?"라고 대답하자, 조고는 "평안함은 위태로울 수 있고, 위태로움
은 평안할 수 있습니다. [112] 안정과 위급함을 결정하지 못한다면, 어찌 성
인이라고 존중하겠습니까? [113]"라고 말하였나. 이사는 "이시, 이몸은 상
채의 평범한 평민이었으나, 황제께서 다행히 발탁하시어 승상으로 삼으셨
고, 통후로 봉하시어 자손들이 모두 높은 지위와 많은 봉록을 받게 되었
고, 그러므로 장차 국가의 존망과 안위를 신에게 맡기셨는데, 어찌 이 뜻
을 저버린다는 말이오! 대저 충신은 죽음을 피하여 요행을 바라지 않으
며, 효자는 부지런히 힘써 위태롭지 않게 하고, [114] 신하된 자는 각기 직
분을 지킬 따름이오. 그대는 다시는 그런 말을 하여 장차 나로 하여금 죄
를 짓지 않게 하시오"라고 하자, 조고가 말하기를 "대체로 성인은 고정관
념이 없이 행할 바를 옮기며, 상황이 변하면 시의(時宜)에 따르고, 끝을
보면 시작을 알며, 지향하는 바를 보면 귀착할 바를 안다고 들었는데, 사
물이란 원래 이러할진대, 어찌 고정 불변의 법칙이 있겠습니까! 이제 천
하의 대권의 숙명은 공자 호해에게 달렸으며, 저는 그 뜻을 알고 있습니

---

110)　通侯: 秦漢代에 작위가 20급에 해당하는 관직에 있는 사람을 말하며, 그 가운데
　　최고 작위는 '徹侯'로 漢 武帝 때 '通侯'로 개칭하였다가 나중에는 '列侯'로 통칭하였
　　다.
111)　印綬: 벼슬아치로 임명되어 군주로부터 받는 標章을 말한다.
112)　여기에서 두 구절은 국면의 안정과 위기는 서로 뒤바뀔 수 있음을 말한 것이다.
113)　이 구절은, 만약 자기 운명의 안위에 관한 관건을 스스로 파악하지 못한다면,
　　어찌 성인과 같이 총명하다고 여길 수 있겠는가 하는, 趙高가 李斯를 회유하는 언변
　　이다.
114)　원문의 "孝子不勤勞而見危"는 앞의 구절(충신은 죽음을 불사한다는 내용)과 상
　　반되며, 이것은 반드시 효자는 자기의 신체를 온전하게 보호해야 한다는 뜻이다. 이
　　말은 『孝經』 「開宗明義」의 "身體髮膚, 受之父母, 不敢毀傷, 孝之始也"라는 구절과
　　통한다.

다. 대저 밖에서 안을 제어하는 것을 혹(惑)이라고 하고, 아래에서 위를 제어하는 것을 적(賊)이라고 합니다. 그러므로 가을에 서리가 내리면 풀과 꽃은 시들고, 봄이 되어 물이 녹아서 흐르면 만물은 일어납니다.[115] 이것은 필연의 법칙입니다. 어르신께서는 어찌 판단이 늦으십니까?"라고 하였다. 이사가 대답하기를 "내가 듣건대, 진(晉)나라는 태자를 교체했다가[116] 세 임금[117]이 재위하는 동안 평안하지 못하였고, 제 환공(齊桓公)의 형은 자리다툼을 하다가[118] 몸을 살육당하였으며, 은 주왕(殷紂王)은 친척을 죽이고[119] 간언하는 자의 말을 듣지 않다가, 나라는 폐허가 되고 끝내 사직을 위태롭게 하였다고 하오. 이 세 사람들은 모두 하늘의 뜻을 거역하여 종묘에 들지도 못하였소. 이몸도 같은 사람인데, 어찌 모반을 꾸밀 수 있겠는가!"라고 하자, 조고가 말하기를 "위와 아래가 같은 마음이면 오랜 세월 권세를 지속시킬 수 있으며, 안과 밖이 일치하면 그 일에는 표리가 없어집니다. 어르신께서 저의 계획을 수락하신다면 오래도록 봉후(封侯)를 유지하고 대대로 고(孤)[120]의 가문이 되며, 반드시 왕자교(王子喬)나 적송자(赤松子)[121]처럼 장수하실 것이고, 공자(孔子)나 묵자(墨子)처럼 지혜로운 인물로 추앙받을 것입니다. 지금 이 일을 포기하고 따르지 않으시면, 재앙이 자손까지 미쳐서 두려움에 사로잡힐 것입니다.[122] 처세를 잘하는 자는 재앙을 복으로 되돌리는데, 어르신께서는 어떻게 처신하시겠습니까?"라고 하였다. 이사는 이에 하늘을 우러러 한탄하며, 눈물을 흘리고 한숨을 쉬면서 "아아! 홀로 어지러운 세상을 만나 죽을 수도 없고, 도대체 어디에 이 목숨을 맡긴다는 말인가!"라고 하

---

115) 王念孫의 고증에 의하면, 원문의 "故秋霜降者草花落, 水搖動者萬物作"에서 '秋'와 '動' 두 자는 후세 사람이 덧붙인 것이라고 하였다.

116) 춘추시대 때, 晉 獻公은 총애하던 驪姬에게서 아들을 얻자, 태자 申生을 자살하게 만들었고, 그녀의 아들 奚齊를 태자로 책봉하게 하였다. 권39「晉世家」참조.

117) 즉 獻公, 惠公, 文公을 지칭한다.

118) 춘추시대 때, 齊 桓公은 그의 형 糾와 군주의 지위를 다투었으며, 桓公이 쟁취하여 권력을 잡은 후에 魯나라로 하여금 糾를 죽이게 하였다. 권32「齊太公世家」참조.

119) 商 紂王의 숙부인 比干은, 紂王의 無道함을 보고 여러 차례 간언하다가, 紂王에 의해서 심장을 절개당하였다. 권3「殷本紀」참조.

120) 孤:고대 왕후의 謙稱이다.

121) 王子喬, 赤松子:고대 전설상의 仙人이다.

122) 王念孫의 고증에 의하면 원문의 "足以爲寒心"에서 '以'자는 '衍'자의 오자라고 주장하면서 '足衍(많다, 넘치다)'의 뜻이라고 하였다.

였다. 이리하여 이사는 조고의 계획을 수락하였다. 조고는 이에 호해에게 보고하기를 "저는 태자의 현명하신 명령을 받들고 그것을 승상에게 전하였으며, 승상 이사께서도 감히 명을 받들지 않을 수 없었나이다!"라고 하였다.

그리하여 이 세 사람이 공모하여 진 시황이 승상에게 내린 조서를 받았다고 날조하고, 호해를 태자의 지위에 오르게 하였다.[123] 맏아들 부소에게 내린 편지를 고쳐서 "짐이 천하를 순시하며 명산의 여러 신들에게 기도 드리고 제사를 지내어 목숨을 연장하려고 한다. 지금 부소는 장군 몽염과 함께 수십만 대군을 이끌고 변경에 주둔한 지가 벌써 10여 년이 지났으나 전진하지 못하고, 병력을 많이 소모하면서도 한치의 공훈이 없으면서, 이에 도리어 여러 차례 상서를 올려 직언하여 심이 하는 일을 비방하며, 현재의 직분을 그만두고 태자의 지위로 돌아올 수 없어서 밤낮으로 원망만 하였다. 부소는 아들된 도리로 효성스럽지 못하므로, 칼을 내리니 자결하라! 장군 몽염은 부소와 더불어 궁 밖에 머물면서 바르게 시정하지 못하였으므로, 마땅히 그 지모(智謀)를 알았도다. 신하된 자로서 충성스럽지 못하였으므로 죽음을 내리고, 군대는 부장(副將)인 왕리(王離)에게 맡겨라"라고 적었다. 그리고는 그 편지를 황제의 옥새로 봉하고, 호해의 빈객으로 하여금 그 편지를 받들어 상군(上郡)에 있는 부소에게 전하도록 파견하였다.

사자(使者)가 도착하여, 부소가 그 편지를 뜯어보고 울면서, 내실로 들어가서 자살하려고 하였다. 몽염은 부소를 만류하면서 "폐하는 궁 밖에 계시며, 아직 태자를 책봉하지 않으셨고, 저로 하여금 30만 대군을 거느리고 변방을 지키게 하셨으며, 공자께서 이 군대를 감독하게 하셨으니, 이는 천하에서 막중한 임무입니다. 지금 한 사람의 사신이 왔다고 곧 자살하신다면, 어떻게 그 진위를 알 수 있겠습니까? 다시 용서를 간청하시고, 다시 간청하신 뒤에 자살해도 늦지 않습니다"라고 하였다. 사자가 여러 번 자살을 독촉하였다. 부소는 사람됨이 어진지라, 몽염에게 "아버지께서 자식에게 죽음을 내리셨는데, 어찌 다시 용서를 간청하겠소?"라고 말하고 곧 자살하였다. 몽염이 죽지 않으려고 하자 사자는 곧 옥리에게

---

123) 『史記探源』에 의하면 원문의 "詐爲受始皇詔丞相, 立子胡亥爲太子"의 구절은 '詐爲受始皇詔, 詔丞相立胡亥爲太子'라고 비꾸어야 원래의 뜻이 통한다고 주장한다.

넘겨서 그를 양주(陽周)[124]에 감금하였다.

사자가 돌아와서 보고하자, 호해와 이사 그리고 조고는 대단히 기뻐하였다. 함양으로 돌아와서 진 시황의 죽음을 발표하였고, 태자는 2세 황제로 즉위하였다. 이로써 조고는 낭중령(郎中令)[125]이 되어, 궁중에서 황제를 모시며 권력을 장악하였다.

2세 황제가 한가할 적마다 조고를 불러 함께 의논하였는데 "대저 사람이 태어나 세상에 살아 있는 시간은 비유하자면 여섯 마리의 준마가 끄는 수레가 뚫어진 틈을 지나가는 것과 같소. 나는 이미 천하에 군림하게 되었고, 귀와 눈으로 좋은 것들을 느끼고 싶고, 마음이 즐거운 바를 다하며, 이로써 종묘(宗廟)[126]를 안정시키고 만백성을 기쁘게 하여, 천하를 오래도록 소유한 채, 나의 천수를 마치고 싶은데, 어떤 방법이 있겠소?"라고 물었다. 조고는 대답하기를 "이것은 현명한 군주만이 누릴 수 있는 바이고, 어리석은 군주는 그럴 수 없는 바입니다. 제가 감히 도끼로 처형당함을 피하지 않고 말씀을 드립니다만, 폐하께서 조금이라도 이것을 유념해주십시오. 대저 사구(沙丘)에서의 음모[127]를 여러 공자들과 대신들이 모두 의심하고 있는데, 여러 공자들은 모두 폐하의 형들이며, 대신들도 선제께서 등용하셨던 인물입니다. 이제 폐하께서 즉위하시자 그 무리들은 이 일을 못마땅하게 여겨서 모두 복종하지 않았으니, 변란을 일으킬까 두렵습니다. 그리고 몽염이 이미 죽었다고 하나, 몽의(蒙毅)는 군대를 이끌며 변방에 머물고 있습니다.[128] 저는 전전긍긍하며 오로지 두려움을 떨쳐버리지 못하고 있습니다. 그러니 폐하께서 어찌 그러한 즐거움을 누리실 수 있겠습니까?"라고 하였다. 2세 황제가 "이 일을 어찌하면 좋겠소?"라고 묻자, 조고는 "법을 엄하게 하고 형벌을 가혹하게 하여, 명령을 위배한 자에게는 연좌(連坐)하여 처단하고 일가족을 구속하도록 하

---

124) 陽周 : 현 이름. 지금의 陝西省 子長縣 서북쪽.

125) 郎中令 : 황제의 측근에서 궁궐을 보위하는 관리이다.

126) 宗廟 : 제왕과 제후들이 선조에게 제사를 지내는 곳을 말한다. 여기서는 역대 제왕을 기리는 제사를 올릴 수 있는 왕실이나 국가를 상징하는 용어로 사용되었다.

127) 秦 始皇의 죽음을 은폐하여 胡亥를 황제로 추대하였던 일을 말한다. 즉 趙高, 李斯, 胡亥 세 사람의 음모이다.

128) 권88 「蒙恬列傳」에 의하면, 蒙毅가 먼저 죽은 뒤에 蒙恬이 자결한 것으로 적혀 있으며, 외부에서 병력을 거느린 것은 蒙恬이었다.

십시오. 대신들을 멸하고 골육의 형제들을 멀리하십시오. 가난한 자를 부유하게 하고 천한 자를 존중하게 하십시오. 선제의 옛 신하들을 모두 제거하시고, 폐하께 신망을 주는 자로 대체하시어 가까이하십시오. 이렇게 하시면 잠재된 덕이 폐하께 모이고, 해로운 것이 제거되면 간사한 계략이 방지될 것이며, 여러 신하들 가운데 폐하의 두터운 은덕을 입지 않은 자가 없게 되어, 폐하께서는 베개를 높이 하고 마음껏 즐기실 수 있습니다. 이보다 나은 계책은 없을 것입니다” 2세 황제는 조고의 말을 옳다고 여기고 이에 법률을 바꾸었다. 그리하여 여러 신하들과 공자들 중에 죄를 지으면 조고에게 맡겨서 죄를 조사하고 처형하도록 하였다. 이렇게 하여 대신 몽의 등이 죽었고, 공자 12명이 함양의 시장 바닥에서 죽었으며, 공주 10명도 두현(杜縣) [129]에서 사지(四肢)가 찢겨 [130] 죽었다. 재산은 모두 관청 [131]에 몰수되었고, 연루된 자도 이루 다 헤아릴 수 없었다. 공자 고(高)는 도망가려다가 가족이 구속되는 것이 두려워서, 이에 상서(上書)를 올렸다.

선제(先帝) [132]께서 건재하셨을 때, 신이 입궁하면 음식을 하사하셨고, 궁을 나서면 수레를 타게 하셨습니다. 어부(御府) [133]의 의복도 신에게 하사하시어 입었으며, 마구간의 좋은 말까지도 하사하시어 탔습니다. 신은 선제를 따라 죽어야 하였으나 그러지 못하였으니, 아들된 자로서 불효이고, 신하된 자로서 불충입니다. 충성을 바치지 못한 자는 세상에 나설 명목이 없는지라, 신은 선제를 따라 죽고자 하며, 선제의 묘가 있는 여산(酈山) [134]의 기슭에 묻히기를 바라옵니다. 오직 폐하께서 저를 가엾게 여기심만으로도 다행이겠습니다.

이 글이 올라오자, 호해는 대단히 기뻐하며 조고를 불러 보여주며, 묻기를 “이만하면 급박하다고 할 수 있겠소?”라고 하였다. 조고가 대답하

---

129) 杜縣 : 지금의 陝西省 西安市 서북쪽.
130) 이것은 고대의 형벌의 하나로서 ‘矴’이라고 불렀으며, ‘矴’자는 ‘磔’자와 통용되었다.
131) 원문의 “縣官”은 곧 황제가 있는 수도(內縣)의 관청을 말하며, 혹은 황제를 지칭하기도 한다. 나중에는 조정이나 관가에 대한 일반적인 명칭으로 사용하였다.
132) 先帝 : 秦 始皇을 가리킨다.
133) 御府 : 관서 이름. 황제의 의복을 관장하였으며, 少府에 예속되어 있었다.
134) 酈山 : ‘驪山’을 말하며, 지금의 陝西省 臨潼縣 동남쪽에 있다. 이곳은 秦 始皇의 능묘가 있는 곳이다.

기를 "신하된 자가 죽음을 두려워하여 정신이 없다면, 어찌 변란을 꾀한다는 말입니까!"라고 하였다. 호해가 그 청원서대로 허가하고, 10만 전의 돈을 하사하여 장사 지내게 하였다.

법령과 형벌이 날로 가혹해지자, 여러 신하들과 사람들이 스스로 위험을 느꼈고, 모반하려는 자가 많아졌다. 계속해서 아방궁(阿房宮)[135]을 짓고 직선 대로[136]와 넓은 도로[137]를 건설하느라, 세금은 더욱 가중되었고 부역의 징발이 그치지 않았다. 이리하여 초(楚) 땅의 수비병인 진승(陳勝)[138]과 오광(吳廣)[139] 등이 반란을 일으켜 효산(崤山)의 동쪽[140]에서 봉기하였는데 준걸들이 서로 나서서 스스로 후왕(侯王)을 자칭하며 진나라를 모반하였고, 반란군이 홍문(鴻門)[141]까지 진격하였다가 퇴각하였다. 이사가 여러 번 틈나는 대로 간언하려 하였으나, 2세 황제는 이를 허락하지 않았다. 도리어 2세 황제는 이사를 문책하기를 "짐은 나름대로 견해를 가지고 있으며, 한비자(韓非子)[142]로부터 들은 바가 있소. 요(堯)임금이 천하를 소유하셨을 때에 마루의 높이가 3자[尺]였고, 서까래는 통나무를 깎지 않았으며, 억새풀 지붕을 다듬지 않았으니, 비록 여인숙도 이보다 검소하지 않았을 것이오. 겨울에는 사슴 가죽을 걸치고, 여름에는 칡베옷을 입었으며, 거친 현미밥과 명아주잎과 콩잎으로 끓인 국을 질그릇에 담아 먹고 마셨소. 문지기의 음식도 이보다 검소하지 않았을 것이

---

135) 阿房宮 : 지금의 陝西省 西安市 서쪽에 있다. 秦 始皇 때부터 건립하였고, 胡亥 또한 계속하여 보수하였다.

136) 이 대로는 九原(지금의 내몽고 자치구 包頭市 서쪽)에서부터 甘泉(지금의 陝西省 淳化縣 서북쪽)까지 이르며, 산을 뚫고 계곡을 깎아 그 길이가 1,800리나 된다.

137) 이 도로는 황제의 전용도로로서, 너비가 30丈이나 되었고, 가운데 3丈의 너비는 황제만이 사용하였고, 길 양쪽에 소나무를 심었다. 동쪽으로는 燕, 齊 지역까지 미쳤고, 남쪽으로는 吳, 楚 지역까지 닿았다. 역시 秦 始皇 때부터 공사를 하였고, 胡亥도 계속 공사하도록 하였다.

138) 陳勝 : 字는 涉이며 陽城(지금의 河南省 登封縣 동남쪽 지역) 사람이다. 영토를 확보하여 吳廣과 함께 大澤鄕(지금의 安徽省 宿州市 동남쪽 지역)에서, 중국 역사상 최초의 농민정권을 세웠으며, 국호를 楚라고 하였다. 권48「陳涉世家」참조.

139) 吳廣 : 字가 叔이며 陽夏(지금의 河南省 太康縣) 사람이다. 陳勝과 더불어 반란을 일으켰다.

140) 崤山의 동쪽 : 전국시대 때 秦나라를 제외한 6개의 제후국을 통칭하는 말이다. 그래서 원문의 "山東"과 지금의 '山東省'과 혼돈해서는 안 된다.

141) 鴻門 : 지금의 陝西省 臨潼縣 동쪽 지역.

142) 韓非子 : 전국시대 때 韓나라의 귀족으로, 중국의 法家思想을 집대성한 학자이다. 바로 다음 문장들에 인용되어 있는 구절의 출처는 『韓非子』「五蠹」편이다.

오. 우(禹)[143]임금은 용문산(龍門山)[144]을 뚫고 대하(大夏)[145]까지 통하게 하여, 구하(九河)[146]를 소통시키고, 여러 굽이마다 제방을 쌓아서, 물길을 터주어 바다로 흐르게 하느라, 넓적다리의 잔털이 다 닳았으며, 종아리의 털까지 없어졌고, 손바닥과 발바닥에는 못이 박히고, 얼굴은 새까맣게 그을렸소. 그러다 결국 객사하여 회계산(會稽山)에 묻혔는데,[147] 노예의 노동도 이보다 잔혹하지 않았을 것이오. 그렇다면 대저 천하를 소유함이 존귀한 까닭이, 어찌 육신과 정신을 괴롭히며, 몸은 여인숙에 묵고, 입으로는 문지기의 음식을 먹고, 손으로는 노예의 일을 하기 위함이라는 말이오? 이것은 못난 사람이 힘쓸 바이지, 현명한 자가 복무할 바가 아니오. 현명한 사람이 천하를 소유하게 되었을 때에는, 전적으로 천하를 자기에게 맞도록 할 따름인데 이는 바로 천하를 소유함이 존귀한 까닭이오. 대저 현명하다고 불리는 자는 반드시 천하를 안정시키고 만백성을 다스릴 수 있어야 하오. 지금의 자신도 이롭게 할 수 없으면서 하물며 장차 어찌 천하를 다스릴 수 있겠소! 그러므로 짐은 뜻대로 욕심을 넓히고, 오래도록 천하에 군림하면서도 해로움이 없기를 바라오. 그것을 위해서 어떡해야 한다는 말이오?"라고 하였다. 이사의 아들 유(由)는 삼천군(三川郡)의 군수였는데, 무리를 이룬 도적인 오광 등이 서쪽으로 침략하며 지나가도 막을 수가 없었다. 장함(章邯)[148]이 오광 등의 반란군을 축출하자, 사신이 삼천군과 관련하여 이사를 여러 번 심문하였고, 이사에게 삼공(三公)[149]의 직위에 있으면서 어찌 도적들이 이처럼 날뛰도록 하였는지 질책하였다. 이사는 두려워하였고 녹봉을 중히 여기며, 어찌해야 좋을

---

143) 禹 : 전설상의 고대 국가의 영수이며, 성은 姒이고 이름은 文命이다. 전설에 의하면 禹임금은 홍수를 다스리는 데 큰 공을 세웠다고 한다.

144) 龍門山 : 지금의 山西省 河津縣 서북쪽과 陝西省 韓城縣 동북쪽에 걸쳐 있는 산으로, 그 사이로 黃河가 흐르며 그 모양이 궁궐의 문처럼 생겼다. 전설에 의하면 禹임금이 이 산을 깎아서 黃河를 흐르게 하였다고 전해진다.

145) 大夏 : 지역 이름. 지금의 山西省 중남부 일대를 말한다.

146) 九河 : 일설에는 徒駭河, 太史河, 馬頰河, 覆釜河, 胡蘇河, 簡河, 絜河, 鉤盤河, 鬲津河라고 하지만, 여기에서는 黃河의 모든 지류를 통칭하는 것이다.

147) 지금의 浙江省 紹興市에 있는 會稽山에는 禹임금의 능이 있는데, 이를 禹임금의 분묘라고 일컫는다.

148) 章邯 : 秦나라의 장군으로 그 당시 군대를 이끌고 동쪽으로 가서 陳勝과 吳廣의 군대를 진압하였다.

149) 三公 : 秦代의 丞相, 太尉, 御史大夫 등을 총칭하여 三公이라고 불렀다.

지를 몰랐는데, 이에 2세 황제의 뜻에 아부하여 용서를 구하고자 상서를 올렸다.

　현명한 군주는 반드시 수단을 다하여 신하를 질책하는 방법을 행하실 수 있으시며, 책임을 질책하게 되면 신하는 능력을 다하여 군주를 감히 따르지 않을 수 없사옵니다. 이리하여 신하와 군주의 직분이 정해지고, 위와 아래의 의리가 밝혀지며, 천하의 잘난 사람과 못난 사람이 온갖 힘을 다하고 책임을 다하여 자기의 군주를 감히 따르지 않을 수 없게 되는 것이옵니다. 그러므로 군주 한 분만이 천하를 통제할 뿐이며 통제받지 아니하옵니다. 즐거움의 극치를 다할 수 있어야 현명한 군주이온대, 이런 방도를 살피시지 않을 수 있겠사옵니까!

　그래서 신자(申子)[150]는 "천하를 소유하고도 제 마음대로 하지 못한다면, 천하를 차꼬와 수갑으로 여기는 것과 마찬가지이다"라고 말하였는데, 이것은 다른 뜻이 아니라, 신하에게 질책하지 못하면서 도리어 자신의 몸을 천하의 백성들을 위해서 힘쓰고자 하여 요임금과 우임금과 같이 그렇게 한다면, 천하는 이른바 '차꼬와 수갑'에 비유할 수 있다는 것이옵니다. 무릇 신불해나 한비의 훌륭한 법술을 배우지도 못하고, 신하를 질책하는 방법을 행하지도 못하고, 완전하게 천하를 마음대로 부리지도 못하며, 부질없이 자기의 몸과 마음을 괴롭히며 노력하여 몸소 백성에게 봉사하는 것은, 서민의 역할이지 천하를 다스리는 자의 역할이 아니온대, 어찌 군주를 존귀하다고 할 수 있겠사옵니까! 남을 자기에게 따르게 하면 자기는 존귀해지고 남은 천해지며, 자기를 남에게 따르게 하면 자기는 천해지고 남은 존귀해지옵니다. 그러므로 남을 따르는 자는 천해지고, 남이 따르는 자는 존귀하온대, 옛날부터 지금까지 그렇게 하지 않은 경우는 없었사옵니다. 대체로 옛날에 현명한 자를 존중한 까닭은 그가 존귀하기 때문이옵고, 못난 자를 미워한 까닭은 그가 천하기 때문입니다. 그런데 요임금과 우임금은 몸소 천하의 백성들을 따랐는데, 그들의 인습을 이어받아서 백성을 존귀하게 여긴다면, 역시 현명한 자를 존중하는 마음이 없어지옵니다! 대저 이것은 매우 잘못된 것이라고 말할 수 있사옵니다. 그것을 '차꼬와 수갑'이

---

150)　申子 : 申不害를 지칭하는데, 그는 鄭나라의 京邑(지금의 河南省 滎陽縣 남쪽) 사람이다. 전국시대 초기에 韓나라의 相의 직위를 역임하였다. 그는 法治를 주장하였고, 엄한 법률만이 신하와 백성을 다스리며 국가를 잘 운용할 수 있다고 믿었다. 그는 韓非子와 더불어 '申韓'이라고 불리며, 先秦의 法家思想을 대표하는 인물이다. 저서로는 『申子』가 있는데, 원전은 逸失되었고 淸代의 馬國翰이 편집한 輯本이 있을 뿐이다.

라고 말하는 것도 당연하지 않사옵니까? 이것은 신하를 질책하지 않은 과오[151]이옵니다.

그러므로 한비자는 "자비로운 어머니에게는 집안을 망치는 아들이 있어도 엄격한 집안에는 방자한 하인이 없다"[152]라고 말하였사옵니다. 왜 그렇겠사옵니까? 잘못을 저지르면 반드시 벌을 주기 때문입니다. 옛날 상군(商君)의 법에는 길에 재를 버리면 형벌을 내렸습니다. 대저 재를 버리는 행위는 가벼운 죄이지만 그 형벌은 곱절이었습니다. 오직 현명한 군주만이 가벼운 죄를 심하게 질책할 수 있사옵니다. 무릇 가벼운 죄에도 혹독하게 질책하는데, 하물며 큰 죄야 말할 것도 없겠지요? 그러므로 백성들이 감히 죄를 짓지 않았습니다. 이런 까닭으로 한비는 "하찮은 베나 비단 조각이라도 평범한 사람은 내버려두지 않지만, 좋은 황금이 100일(溢)[153]이나 된다면 도척(盜跖)도 훔쳐 가지 않는다"[154]라고 말하였습니다. 평범한 사람이 하찮은 이익을 중히 여기는 것도 아니며, 도척의 욕심이 얕아서 그러는 것도 아닙니다. 또한 도척이 100일(鎰)이나 되는 귀중한 황금을 가볍게 여기기 때문이 아니라, 훔치면 반드시 손을 못 쓰게 화상을 입는 형벌을 받게 되므로, 도척이 100일의 황금을 훔치지 않은 것이옵니다. 그리고 형법이 반드시 시행되지 않는다면 평범한 사람도 하찮은 것을 내버려두지 않게 됩니다. 그래서 성벽의 높이가 다섯 길밖에 되지 않더라도 누계(樓季)[155]가 가볍게 여겨 넘지 못하였으며, 태산의 높이가 100인(仞)[156]이나 되어도 절름발이 양치기가 그 위에서 양을 칩니다. 누계도 다섯 길의 한계를 어렵게 여겼는데, 어찌 절름발이 양치기가 100인의 높이를 쉽게 여겼겠습니까? 이는 곧게 높아진 것과 완만하게 높아진 것의 형세가 다르기 때문이옵니다. 훌륭한 군주들이 오래도록 존귀한 지위에 있으면서, 오랫동안 막중한 권세를 유지하고 천하의 이익을 독차지할 수 있었던 까닭은, 특이한 방법이 있기 때문이 아니라, 혼자 결단을 내리고 질책할 바를 살펴서 반드시 심한 벌을 내렸기에, 천하의 백성들이 감히 죄를 짓지 못하였던 것

---

151) 원문의 "繆"자는 '謬'자의 오기이다.
152) 이 말의 출처는 『韓非子』「顯學」 편이다.
153) 溢 : 고대의 중량 단위로서 '鎰'이라고도 한다. 1鎰은 대략 20兩-24兩의 무게이다.
154) 이 말의 출처는 『韓非子』「五蠹」 편이다.
155) 樓季 : 전국시대 魏 文侯의 동생. 그는 날뛰는 말을 제지시킬 수도 있었고, 뒤집힌 수레를 바로 세울 수도 있는 힘센 장사였다고 전해진다.
156) 仞 : 고대의 길이 단위로서, 1仞은 대략 7尺-8尺 정도였다. 여기에서는 매우 높다는 뜻으로 100仞을 사용하였다.

입니다. 지금 죄를 짓지 못하도록 힘쓰지 않고, 인자한 어머니가 아들을 망치는 바를 본받으려 한다면, 또한 성인의 길을 통찰하지 못한 것이 됩니다. 대저 성인의 방법을 행하시지 않고, 자기를 버려서 천하를 위해서 고생하는 것을 어찌 본받으시겠습니까? 애석하지 않을 수 없는 일이옵니다!

검소하고 절약하고 어질고 의로운 사람이 조정에 서게 되면 황망한 쾌락이 중단되고, 이치에 맞는 의견을 말하는 신하가 임금의 곁에서 간여하게 되면 방탕한 의견이 물러나며, 열사가 절개에 죽는 행위가 세상에 드러나면 음탕한 쾌락은 사라질 것입니다. 따라서 훌륭한 군주는 이 세 부류의 사람[157]을 멀리할 수 있고, 신하를 순종하게 할 수 있으며, 신하를 제어할 수 있는 방법을 익히셔야 하는 것입니다. 그래야만 자신은 존귀해지고 권세가 막중해집니다. 무릇 현명한 군주는 반드시 세속을 초탈하고 고쳐서, 자기가 싫은 바를 없애고 원하는 바를 세웁니다. 그리하여 살아서는 존중받는 권세를 누리며, 죽어서는 현명하였다는 칭송을 받게 되옵니다. 이리하여 훌륭한 군주는 홀로 결정하며, 그래서 권세가 신하에게 있지 않게 되는 것이옵니다. 그런 후에야 인의(仁義)의 주장을 없애고, 설득하는 입을 막으며, 열사의 행위를 억제시켜서, 자기의 귀를 막고 눈을 가리고도 마음 속으로 홀로 보고 들을 수 있사옵니다. 그래서 외면적으로는 인의가 있는 사람과 열사의 언행에 마음을 기울이지 않을 수 있고, 마음속으로는 간언하며 다투는 언변에 마음을 빼앗기지 않을 수 있사옵니다. 따라서 군주가 초연하게 홀로 마음대로 행동하더라도 감히 거역하지 못하게 되옵니다. 이렇게 된 후라면 신불해와 한비자의 법술과 상군(商君)의 법을 닦았다고 말할 수 있사옵니다. 이러한 법술을 닦았으나 천하가 혼란하였다는 말을 아직 듣지 못하였사옵니다. 그러기에 "왕도(王道)는 간략하여 행하기 쉽다"라고 하는 것입니다. 그러나 오직 현명한 군주만이 왕도를 행할 수 있사옵니다. 이렇게 하신다면 신하를 진실로 질책하실 수 있으며, 간사한 신하가 없게 되옵니다. 간사한 신하가 없으면 천하는 평안해지며, 천하가 평안해지면 군주는 존엄해집니다. 군주가 존엄해지면 질책하심이 타당해지고, 질책이 타당해지면 구하는 바를 얻을 수 있사옵니다. 구하는 바를 얻게 되면 국가가 부유해지고, 국가가 부유해지면 군주의 즐거움도 풍부해지옵니다. 그러므로 신하를 질책하는 법을 베풀면, 군주가 하고자 하는 바를 다 얻을 수 있사옵니다. 그렇게 되면 여러 신하들과 백성들이 자기의 과오를 벗어

---

157) 검소한 사람, 직언을 일삼는 사람, 열사를 가리킨다.

나려고 겨를이 없을 것이니, 어찌 감히 감히 모반을 꾸밀 수 있겠사옵니까? 이렇게 하신다면 황제의 도가 갖추어진 것이옵고, 신하를 통제하는 방법이 현명하다고 말할 수 있을 것이옵니다. 비록 신불해와 한비자가 다시 태어난다고 해도 더 보탤 것이 없을 것이옵니다.

이 글이 아뢰어지자, 2세 황제는 기뻐하였다. 이리하여 신하를 처벌하는 것이 더욱 엄격해졌고, 백성에게 세금을 심하게 부과하는 자가 현명한 관리라고 여겨졌다. 2세 황제는 말하기를 "이러하다면 신하를 잘 질책하는 것이라고 할 수 있도다"라고 하였다. 그후 길에 다니는 사람들 중에 반 정도가 형벌을 받았던 사람들이었고, 사형당한 사람들이 날로 시장 바닥에 쌓여갔는데, 많은 사람을 죽인 자가 오히려 충신이라고 여겨졌다. 2세 황제가 말하기를 "이러하다면 잘 질책하는 것이라고 할 수 있도다!"라고 하였다.

처음 조고(趙高)가 낭중령(郎中令)이 되었을 무렵, 그는 사람을 죽이거나 개인적인 앙갚음을 한 경우가 많았으므로, 그는 대신들이 조정에 들어가 정사를 아뢰다가 자신을 나쁘게 헐뜯을까 두려워하여 다음과 같이 2세 황제를 설득하였다. "천자(天子)가 존귀한 까닭은 여러 신하들이 다만 폐하의 소리만 들을 뿐이고, 그 얼굴을 뵈올 수가 없기 때문입니다. 그래서 칭호도 '짐(朕)'[158]이라고 하는 것이옵니다. 그리고 폐하께서는 젊으셔서, 반드시 모든 일에 두루 능통하실 수 없사옵고, 지금 조정에 앉아서 신하를 견책하거나 등용하심에 옳지 않은 것이 있으면, 대신들에게 단점을 보이게 되는 것이지, 천하에 신명(神明)을 보이는 것이 아니옵니다. 폐하께서는 궁궐 깊숙히 팔짱을 끼고 계시면서 법에 익숙한 신하와 시중(侍中)[159]과 더불어서 정사를 기다리다가, 안건이 오면 그것을 의논하여 결정하십시오. 이렇게 하면 대신들이 감히 의심스러운 안건을 아뢰지 못할 것이며, 천하의 백성들은 폐하를 훌륭한 군주라고 칭송할 것이옵니다"

---

158) 朕 : 원래는 '兆朕'의 뜻으로 사물이 아직 제 모습을 드러내기 전의 상태여서 남이 볼 수 없다는 것이다. 趙高는 이 글자의 뜻을 억지로 새겨서 2세 황제를 우롱하였는데, 즉 天子는 남 앞에 형체를 드러내지 말고 궁궐 깊숙히 계실 것을 말한 것이고, 이것은 趙高 자신의 권세를 내세우기 위함이었다. 秦 이전에 '朕'은 일반적인 1인칭 지시대명사였으나, 秦 始皇 때부터 天子의 自稱이 되었다.
159) 侍中 : 관직 이름. 秦漢代 황제를 모시는 직책이었다.

라고 하였다. 2세 황제가 이 계책을 채용하여, 조정에 앉아서 대신들의 알현을 받지 않았고, 궁궐 깊숙히 머물렀다. 이때 조고는 항상 황제를 모시며 횡포를 일삼았는데, 안건들은 모두 조고가 결정하였다.

조고는 이사가 이에 대해서 말하려는 것을 듣고, 이에 승상 이사를 만나 말하기를 "함곡관 동쪽에서는 도적떼가 많이 일어났습니다. 그런데 지금 폐하께서는 황급히 부역을 징발해서 아방궁이나 짓고, 개나 말 따위의 쓸모 없는 것들을 모으고 계십니다. 제가 간언하려고 하나 직위가 미천합니다. 이런 일이야말로 참으로 어르신께서 하실 안건인데, 어르신께서는 어찌 간언하시지 않으십니까?"라고 하자, 이사가 대답하기를 "정말 그렇소. 나도 그것을 말씀드리려 한 지 오래되었소. 그러나 지금 폐하께서는 조정에 나오시지 않고 깊은 궁중에만 머무시기 때문에, 내가 드리고 싶은 말씀이 있어도 전할 수가 없고 알현하려 해도 기회가 없었소"라고 하였다. 조고는 "어르신께서 진실로 간언하려 하신다면, 어르신을 위해서 폐하의 한가한 때를 알려드리겠습니다"라고 말하였다. 그리하여 조고는 2세 황제가 연회를 즐기며 미녀들이 면전에 있을 때를 기다렸다가, 사람을 시켜 승상 이사에게 전하기를 "폐하께서 지금 한가하오니, 안건을 아뢰실 수 있습니다"라고 하였다. 승상 이사가 궁문에 이르러 뵙기를 요청하기를 세 번이나 거듭하였다. 2세 황제는 화를 내며 "짐이 언제나 한가한 날이 많았지만 승상께서 그때는 오지 않았소. 그러다가 짐이 연회를 즐기려고만 하면 승상께서 문득 와서 안건을 아뢰려 하오. 승상께서 감히 짐을 어리다고 얕잡아보는 것이오? 정말 짐을 그렇게 보시오?"라고 꾸짖었다. 조고는 이로 말미암아 "그렇게 대하시면 위험하십니다! 저 사구(沙丘)의 음모에 승상도 관여하였습니다. 지금 폐하께서 이미 황제의 지위에 계시지만, 승상의 지위는 더 높아지지 않았는데, 이에 그분의 의도는 영토라도 나누어 가져 왕이 되려는 것입니다. 그리고 폐하께서 신에게 물으시지 않기에 감히 말씀드리지 못한 일이 있습니다. 승상의 장남이 삼천군(三川郡)의 군수가 되었는데, 초(楚) 땅의 도적인 진승(陳勝) 등이 모두 승상의 이웃 고을에 살던 사람들이라서, 이런 연유로 초 지역의 도적들이 공공연히 돌아다니며 삼천군을 지나가도, 그 지역의 군수는 이를 공격하지를 않았습니다. 저는 그들 사이에 문서가 오간다고 들었으나, 아직 사실 여부를 확인하지 못하였기 때문에 감히 아뢰지를 못하였습니다. 게다가 승상은 궁 밖에 있어서 권세가 폐하보다 막중합니다"라고 말하자, 2세 황제도 그렇게 생각하였다. 승상을 심문하려고 하였으나, 그 사실이 확실하지 않을까 두려워서 사람을 시켜서 삼천군의 군수가 도적들과 내통하는 상황을 조사하게 하였다. 이사가 그 소식을 들었다.

이때 2세 황제는 감천궁(甘泉宮)¹⁶⁰⁾에 있으면서 곡저(觳抵)¹⁶¹⁾나 연극을 관람하며 생활하였는데, 이사는 황제를 알현할 수가 없어서 글을 올려 조고의 단점을 아뢰었다.

> 신이 듣건대, 신하가 자기의 군주와 알력이 있으면 위태로워지지 않은 나라가 없고, 아내가 자기의 남편과 알력이 생기면 위태로워지지 않은 집안이 없다고 하옵니다. 지금 폐하를 곁에서 모시는 대신 중에 폐하만큼이나 남에게 권리를 주기도 하고 피해를 주기도 하는 자가 있어서, 폐하의 권세와 차이가 없사온대, 이는 매우 부당한 일이옵니다. 지난날에 사성(司城)이었던 자한(子罕)이 송(宋)나라의 재상이 되자, 몸소 형벌을 집행하며 위세 있게 행동하더니, 1년 만에 자기의 임금을 위협하였습니다.¹⁶²⁾ 전상(田常)¹⁶³⁾도 제 간공(齊簡公)¹⁶⁴⁾의 신하가 되어 직위와 서열로는 그 나라에서 따를 자가 없었고, 개인적인 재력이 제나라의 공실(公室)과 비슷해지자, 은혜를 베풀고 덕을 펴서, 아래로는 민심을 얻고 위로는 여러 신하들을 끌어들이다가 은밀히 제나라를 탈취하였는데, 그는 궁중의 뜰에서 재여(宰予)¹⁶⁵⁾를 죽이고 이어서 궁중에서 간공(簡公)을 시해하면서 결국에는 제나라를 차지하였습니다. 지금 조고는 사악한 뜻을 품고 위태로운 행동이, 마치 송나라의 재상 자한과 같으며, 그의 개인적인 재력도 제나라의 전상과 같사옵니다. 전상과 자한의 반역의 수법을 병행하여 폐하의 위신을 격퇴시키려는 뜻은 한이(韓玘)가 한왕(韓王) 안(安)¹⁶⁶⁾의 재상으로 있을 때와

---

160) 甘泉宮 : '甘泉'은 산 이름으로 지금의 陝西省 淳化縣 서북쪽에 있었고, 胡亥가 이 산 위에 林光宮을 지었는데, 漢代에 이르러 '甘泉宮'으로 개명하였다.
161) 觳抵 : 혹은 '角抵'라고도 하는데, 이것은 雜技와 춤을 결합한 일종의 유희이다.
162) 이 구절은 『韓非子』「二柄」편에 의하면, 子罕이 宋나라의 宰相이 되었을 때, 그는 군주에게 아뢰기를 "축하하고 상 주는 일은 신하와 백성들이 좋아하는 것이므로 군주께서 하시고, 처단하고 형벌을 내리는 일은 신하와 백성들이 싫어하는 바이니 신이 도맡아 하겠습니다"라고 하자, 宋나라의 군주는 "훌륭하도다! 나는 좋은 사람이 되고, 그대는 악인이 되는구나"라고 하며 응낙하였다. 그러나 子罕은 宋나라 군주의 권력을 잠식하여, 나중에는 결국 宋나라 군주의 권력을 탈취하였다.
163) 田常 : 齊나라의 대신. 권46「田敬仲完世家」참조.
164) 齊 簡公 : 즉 姜壬을 말하며, 기원전 484년에서 기원전 481년까지 재위하였다.
165) 宰予 : 字는 子我이며, 魯나라 사람으로 孔子의 제자이다.

같사옵니다. 폐하께서 그에 대한 방법을 모색하지 않으시면, 저는 그가 변란을 일으킬까 두렵사옵니다.

2세 황제가 말하기를 "무슨 말씀이오? 조고는 본래 환관이었고, 나라가 평안하다고 자기의 뜻을 제멋대로 하지 않았고, 또한 위태롭다고 마음을 바꾸지 않았으며, 행실을 맑게 하였고 선행을 닦으며 줄곧 여기에까지 이르렀소. 충성으로써 승진하였으며, 신의로써 지위를 지키는 사람으로, 짐은 진실로 그를 현명하다고 보는데, 그대는 그를 의심하니 무슨 이유이오? 게다가 짐이 어렸을 때 선친을 잃어 아는 지식으로는 백성들을 다스리기가 능숙하지 못하며, 게다가 그대도 늙었으니 언제 천하의 일과 결별할까 두렵소. 그러니 짐이 조고에게 국사를 맡기지 않으면 누구에게 맡겨야 한다는 말이오? 게다가 조고의 사람됨이 청렴하고 부지런하며, 아래로는 민심의 실정을 알고, 위로는 짐의 뜻에 부합할 수 있으니, 그대는 그를 의심하지 마시오"라고 하였다. 이사가 말하기를 "그렇지 않습니다. 대저 조고라는 자는 본래 미천한 출신이라서, 도리에 밝지 못하며 탐욕은 끝이 없고 이익을 추구함은 그치지 않는데, 권력의 서열이 폐하 다음 가며 욕구가 끝임없어, 저는 그래서 위험한 자라고 말씀드렸습니다"라고 하였다. 2세 황제는 이미 예전부터 조고를 신임하였던지라, 이사가 그를 죽이지 않을까 두려워, 이에 남몰래 조고에게 일러주었다. 조고가 말하기를 "승상의 걱정거리는 오직 조고뿐이며, 제가 죽으면 승상께서는 곧 전상과 같은 행위를 하려고 할 것입니다"라고 하였다. 이리하여 2세 황제는 "이사를 낭중령(郎中令)에 넘겨 조사하라"라고 말하였다.

조고가 이사의 죄목을 심문하였다. 이사는 구속되어 묶인 채로 감옥에 갇히자, 하늘을 우러러보며 탄식하였다.

아아, 슬프구나. 도리를 모르는 군주에게 무슨 계책을 말할 수 있을까! 옛날 하 걸왕(夏桀王)[167]은 관용봉(關龍逢)을 죽였고, 은 주왕(殷紂王)은 왕자 비간(比干)[168]을 죽였으며, 오왕(吳王) 부차(夫差)[169]는 오자서(伍

---

166) 韓王 安 : 韓나라의 마지막 군주로서, 기원전 238년에서 기원전 230년까지 재위하였으나 秦나라로 붙잡혀갔다.

167) 夏 桀王 : 夏나라의 마지막 폭군으로, 商 湯王에게 정벌당하였다. 권2「夏本紀」참조.

168) 比干 : 商 紂王의 숙부를 말한다.

169) 吳王 夫差 : 춘추시대 말기의 吳나라의 군주로서, 기원전 495년에서 기원전 473

子胥)[170]를 죽였다. 이 세 신하가 어찌 충성을 바치지 않았겠는가! 그럼에도 죽음을 모면하지 못하였는데, 그것은 이 왕들이 그들을 죽이므로 충성을 받을 만한 군주가 못 되었기 때문이다. 지금 나의 지혜가 그들 세 사람보다 못하고, 2세 황제의 무도함은 걸왕, 주왕, 부차 등보다 더 심하니, 내가 충성하였기 때문에 죽는 것도 당연하도다. 그리고 2세 황제의 다스림이 어찌 어지럽지 않겠는가! 지난날 그는 자기 형제들을 죽이고 스스로 즉위하였고, 충신을 죽이고 미천한 자를 귀하게 여기며, 아방궁을 짓느라고 천하 백성들로부터 세금을 징수하였다. 내가 직언하지 않은 것이 아니라, 그가 나의 말을 듣지 않았을 뿐이다. 무릇 옛날 훌륭한 임금들은, 식사할 때에도 예절을 지녔고, 수레나 물건에도 일정한 수를 따졌으며, 궁궐을 짓는 데도 한도가 있었다. 조칙을 내려 어떤 일을 함에는 비용을 들이며 백성에게 아무런 이익이 없는 것을 하지 않았으므로, 오랜 동안 평온하게 다스렸던 것이다. 그는 지금 형제에게 도리에 어긋난 행위를 하고도 그 허물을 돌아보지 않고, 충신을 죽이면서도 그 재앙을 생각하지 않는다. 크게 궁실을 지으며, 백성들에게 과중한 세금을 부과하고, 그 비용을 아껴 쓰지 않는다. 이 세 가지가 이미 자행되고 있는 한 천하의 만백성들은 그에게 복종하지 않을 것이다. 지금 반역자가 천하의 반을 차지하였건만, 황제는 아직도 깨닫지 못한 채, 조고를 보좌관으로 삼고 있으니, 나는 반드시 도적들이 함양에까지 쳐들어와서, 고라니와 사슴이 조정에서 노는 꼴을 보겠구나.

이리하여 2세 황제가 조고에게 승상을 투옥하여 처벌하게 하였는데, 이사는 아들 유(由)와 함께 국가 모반죄를 추궁당하여, 그의 친족과 빈객들이 모조리 구속되었다. 조고가 이사를 심문하면서 1,000여 번이나 매질하며 고문하자, 이사는 고통을 이기지 못하여 허위로 자백하고 말았다. 이사가 자살하지 않은 까닭은 공로가 있고 실제 모반의 마음이 없었다는 자기 변명과, 다행히 황제에게 스스로 진정서를 올릴 경우, 황제가 다행히 이 사실을 깨닫고 자기를 사면해줄 것으로 믿었기 때문이었다. 이사는 이

───────────

년까지 재위하였으며, 越王 句踐에게 멸망당하였다. 권31 「吳太伯世家」 참조.
170) 伍子胥 : 즉 伍員을 말하는데 그의 字가 子胥이다. 춘추시대의 楚나라 사람으로, 그의 부친과 형이 함께 楚 平王에게 죽임을 당하자, 그는 吳나라로 도망하여 吳나라의 大夫가 되었다. 나중에 夫差에게 句踐의 講和 제의를 거절하고, 齊나라를 공격하지 말 것을 간언하였기 때문에, 미움을 샀고 의심을 받게 되어 자살하고 말았다. 권66 「伍子胥列傳」 참조.

에 옥중에서 글을 올렸다.

　　신이 승상이 되어 백성들을 다스린 지가 30여 년이나 되었는데, 그때는 아직 진나라의 영토가 좁을 때였습니다. 선왕의 시대에는 진나라의 영토가 1,000리를 넘지 못하였으며, 병력도 몇 십만 명에 지나지 않았습니다. 신은 변변치 못한 재주를 다하여 삼가 법령을 받들고, 남몰래 지모가 있는 신하를 보내어 보석을 가지고 가서 제후들을 설득하게 하였습니다. 또 남몰래 군비를 갖추고 정치와 교육을 정비하였으며, 투사에게 벼슬을 주고 공신을 존중하여 그들의 직위와 봉록을 충분히 주었습니다. 그리하여 한 (韓)나라를 위협하고 위(魏)나라를 약화시켰으며, 연(燕)나라와 조(趙)나라를 깨뜨렸고 제(齊)나라와 초(楚)나라를 평정하여, 끝내 여섯 나라를 병합하면서, 그 나라의 왕들을 사로잡았고, 진(秦)나라를 내세워 천자가 되게 하였습니다. 이것이 저의 첫번째 죄입니다. 영토가 광대하지 않은 것도 아니었건만 더욱 북쪽으로 호(胡),[171] 맥(貉)[172]을 쫓아내었고, 남쪽으로 백월(百越)[173]을 평정하여, 진나라의 강성함을 보여주었습니다. 이것이 저의 두번째 죄입니다. 대신들을 존중하여 그들의 직위를 만족시켜서, 군신관계의 친밀함을 공고히 하였습니다. 이것이 저의 세번째 죄입니다. 사직을 세우고 종묘(宗廟)를 구축하여, 황제의 현명함을 밝혔습니다. 이것이 저의 네번째 죄입니다. 눈금을 고치며 되[升]와 자[尺]의 단위를 통일시켜,[174] 그것을 천하에 널리 펴서 진나라의 명성을 수립하였습니다. 이것이 저의 다섯번째 죄입니다. 수레가 달릴 수 있는 도로를 닦고 지방 순시를 즐겁게 하여, 황제를 의기양양하게 하였습니다. 이것이 저의 여섯번째 죄입니다. 형벌을 낮추고 세금을 덜어주어, 황제께서 민중의 마음을 얻도록 하였으며, 만백성이 황제를 받들어 죽어도 그 은혜를 잊지 않도록 하였습니다. 이것이 저의 일곱번째 죄입니다. 이 이사는 신하된 몸으로서, 죄를 지었으니 저는 이미 오래전에 죽어도 마땅였습니다. 폐하께서는 다행히 저의 능력을 다하게 하시어 지금에까지 이르렀으니, 폐하께서 이를 굽어 살펴주시기를 바라옵니다!

---

171)　胡 : 고대 북방과 서방에 살던 각 부족에 대한 통칭이며, 특히 匈奴族을 지칭한다.
172)　貉 : '貊'으로도 쓴다. 동북부에 사는 부족 이름이다.
173)　百越 : 동남부에 사는 부족 이름이며, 거기에는 많은 부족이 살았으므로 '百'자를 붙였다.
174)　『史記會注考證』에는 원문의 "更尅畵, 平斗斛度量文章"에서 '文章'의 위치를 '更尅畵' 뒤로 옮겨야 합당하다고 쓰여 있다.

이 글이 올라오자, 조고가 담당 관리더러 폐기시켜 아뢰지 못하게 하며 "죄수가 어찌 폐하께 글을 올릴 수 있다는 말인가! "라고 말하였다.

조고가 자기의 식객 10여 명을 시켜 거짓으로 어사(御史),[175] 알자(謁者),[176] 시중(侍中)인 것처럼 꾸며, 번갈아 이사를 찾아가서 심문하게 하였다. 이사가 번복하여 사실대로 대답하면, 사람을 시켜 다시 그를 매질하였다. 나중에 2세 황제가 사람을 시켜 이사를 심문하였는데, 이사는 예전처럼 하리라 생각하여, 끝내 감히 무고함을 번복하지 못하고 굴복하고 말았다. 판결이 황제에게 아뢰어지자, 2세 황제는 기뻐하며 "조고가 아니었다면 승상에게 속을 뻔하였구나"라고 말하였다. 이어서 2세 황제는 삼천군의 군수를 조사하려고 사자를 파견하였으나, 반란군 항량(項梁)[177] 이 이미 그를 공략하여 죽인 뒤였다. 사자가 돌아오자, 승상은 형리(刑吏)에게 넘겨졌고, 조고는 모반죄의 진술서를 모두 날조하였다.

2세 황제 2년 7월에, 이사에게 오형(五刑)[178]을 내린 뒤 함양의 시장 바닥에서 허리를 자르도록 하였다. 이사가 감옥에서 나오며, 함께 투옥되었던 둘째 아들을 돌아보며 말하기를 "내가 너와 함께 다시 한번 누런 개를 끌고서 고향 상채(上蔡)의 동쪽 변두리로 나가 토끼 사냥을 하려고 하였는데, 어쩔 수가 없게 되었구나! "라고 하며, 마침내 부자가 서로 울음을 터뜨렸고, 삼족(三族)[179]이 모두 사형당하였다.

이사가 죽고 나서, 2세 황제는 조고를 예우하여 중승상(中丞相)[180]으로 삼았고, 일이 크든 작든 모두 조고에게 결정하도록 하였다. 조고는 자

---

175) 御史 : 조정의 서적과 관리들을 감찰하는 직무를 맡았다. 그 장관은 御史大夫였다.
176) 謁者 : 郎中令에 속하는 벼슬 이름으로, 황제가 예우를 갖출 때 그 일을 도왔다.
177) 項梁 : 전국시대 말기의 楚나라 사람으로, 秦나라 말기 陳勝이 난을 일으킨 이후, 그는 조카 項羽와 吳 땅에서 난을 일으켜 동조하였다. 병사를 이끌고 서쪽으로 진격하였는데, 雍丘에서 秦나라 군대를 격파하고 三川郡의 태수 李由를 죽였다. 나중에는 秦나라의 장군 章邯에게 패배하여 전사하였다. 권7 「項羽本紀」 참조.
178) 五刑 : 고대의 다섯 가지 형벌로서, 黥(얼굴에다 글씨를 쓴 대로 찢고 먹물을 칠하는 것), 劓(코를 베는 것), 剕(다리를 절단하는 것), 宮(생식기를 도려내는 것), 大辟(머리를 쪼개는 것)을 말한다.
179) 三族 : 즉 부모, 형제, 처자를 말한다.
180) 中丞相 : 일설에 의하면 趙高가 궁궐 안에서 집정하였기 때문에 붙여진 칭호라 하기도 하고, 趙高가 中性(宦官)이었기 때문에 붙은 칭호라고도 한다.

기의 권한이 막중함을 알고, 이에 사슴을 바치면서 말이라고 하였다. 2세 황제가 좌우의 신하에게 "이것은 사슴이지?"라고 묻자, 신하들은 모두 "말이옵니다"라고 대답하였다. 2세 황제는 놀라면서 스스로 정신이상이라고 여겼다. 그리하여 태복(太卜)[181]을 불러 점을 치게 하였다. 태복은 "폐하께서 봄과 가을에 교사(郊祀)[182]를 지내고, 종묘에서 귀신을 모시면서, 재계(齋戒)[183]가 분명치 않아서, 이 지경에 이른 것이옵니다. 많은 덕을 쌓음으로써 재계를 분명히 하옵소서"라고 일러주었다. 이리하여 2세 황제는 상림원(上林苑)[184]에 들어가 재계하였다. 매일 사냥이나 하며 노닐었는데, 어떤 지나가는 사람이 상림원에 들어왔다가, 2세 황제가 쏜 화살에 맞아 죽었다. 조고는 그의 사위인 함양령(咸陽令) 염락(閻樂)을 시켜서 누군지 알 수 없는 사람이 사람을 죽여 상림원으로 옮겨놓았다고 탄핵하게 하였으며, 조고는 이에 2세 황제에게 간언하기를 "천자가 아무런 이유 없이 죄 없는 사람을 죽였으니, 이는 하늘에서 금하는 것이옵니다. 이제 귀신도 제사를 받지 않을 것이며, 하늘도 또한 재앙을 내릴 것이니, 마땅히 궁궐을 빠져나가 재앙이 없도록 기도하셔야 하옵니다"라고 하자, 2세 황제는 이에 망이궁(望夷宮)[185]으로 나가 살았다. 사흘 뒤에 조고는 위사(衛士)들에게 조칙이라고 하며 날조하여, 군사들을 모두 흰 옷을 입고 무장한 채 궁 안으로 들어오게 하고서, 그들이 입궁하자 2세 황제에게 "산동의 도적떼가 크게 쳐들어왔사옵니다!"라고 보고하였다. 2세 황제는 높은 곳에서 바라보고서 두려워하였고, 조고는 곧 이에 위협하여 그를 자살하게 하였다. 조고는 옥새를 손에 넣고 황제의 복장을 하였는데, 좌우의 백관들이 아무도 따르지 않았고, 궁전에 올라갔으나 궁전이 세 번이나 무너지려고 하였다. 이에 조고는 하늘도 자기를 돕지 않고 군신들도 이를 허락하지 않을 것임을 알고, 진 시황의 손자[186]를 불러서 옥새를 주었다.

---

181) 太卜 : 관리 이름으로, 점술에 관한 직무를 관장하였다.

182) 郊祀 : 고대 제왕이 교외에서 하늘과 땅에 올린 제사를 가리킨다.

183) 齋戒 : 고대인들이 제사를 지내기 이전에 금기시하였던 것을 말한다. 즉 여자를 멀리하고, 술을 마시지 않으며, 불온한 생각을 가지지 않는 것이다. 따라서 여기에서는 경건한 마음가짐을 말한 것이다.

184) 上林苑 : 秦나라의 황제가 사냥을 하며 노닐던 장소이다. 지금의 陝西省 西安市 서남쪽에 있었다.

185) 望夷宮 : 옛 터는 지금의 陝西省 涇陽縣 동남쪽에 있었다.

186) 원문에는 "始皇弟"라고 적혀 있으나, 실제 子嬰은 秦 始皇의 손자이다.

자영(子嬰)이 즉위하면서 조고를 두려워하여, 병을 핑계대고 정사를 돌보지 않고, 환관 한담(韓談) 그리고 그의 아들과 함께 조고를 살해할 모의를 꾸몄다. 마침 조고가 알현하고자 와서 문병을 청하자, 이에 그를 불러들이고 한담을 시켜서 그를 찔러 죽이게 하였으며, 그의 삼족을 멸하였다.

자영이 즉위한 지 석 달 만에 패공(沛公)[187]의 군사가 무관(武關)[188]으로 들어와 함양(咸陽)에 이르렀다. 모든 신하와 백관들은 모두 자영을 배반하여 대항하지 않았다. 자영은 처자와 더불어 옥새가 달린 끈을 자기의 목에 걸고서 지도(軹道)[189] 부근에서 항복하였다. 패공은 자영을 관리에게 넘겼으나, 항왕(項王)이 와서는 그의 목을 베었고, 마침내 진나라는 천하를 잃었다.

태사공은 말하였다.

"이사(李斯)는 빈민 출신으로 제후들에게 유세하다가, 진나라로 들어와 섬겼는데, 열국(列國)들은 서로 다투고 있었기에, 진 시황(秦始皇)을 보필하여 결국 황제의 대업을 성취하게 하였으며, 이사는 삼공(三公)의 지위가 되었으므로, 높게 등용되었다고 할 만하다. 이사는 육예(六藝)[190]의 귀결을 알면서도, 군주의 결점을 보완하는 공명정대한 정치에 힘쓰지 않았다. 작위와 봉록의 막중함을 유지하면서, 군주에게 아부하고 구차하게 영합하였다. 조직을 엄히 하고 형벌을 혹독하게 하였으며, 조고(趙高)의 간사한 말을 듣고서 적자를 폐하고 서자를 즉위하게 하였다. 제후들이 이미 반란을 일으킨 뒤, 이사는 이에 직언하려고 하였으니, 어찌 늦지 않았으랴! 사람들은 모두 이사가 극진하게 충성하였으나 오형(五刑)을 당하여 죽은 줄 알지만, 그 본말을 살펴보면 세속의 공론과는 다르다. 그렇지만 않았더라면 이사의 공적도 주공(周公)[191]이나 소공(召公)[192]과

---

187) 沛公 : 즉 漢 高祖인 劉邦을 말한다. 처음 군대를 일으켰을 때 자칭 沛公이라고 하였는데, 이것은 沛縣令이란 뜻으로 楚나라 사람들은 縣令을 公이라고 칭하였다.

188) 武關 : 국경에 있는 關門 중의 하나이다. 옛 터는 지금의 陝西省 丹鳳縣 동남쪽 丹江 상류에 있었다.

189) 軹道 : 驛 이름. 지금의 陝西省 西安市 동북쪽에 있었다.

190) 六藝 : 즉 六經을 말한다. 『詩』, 『書』, 『禮』, 『易』, 『樂』, 『春秋』 등이다.

191) 周公 : 즉 姬旦을 말한다. 周 武王의 아우이며, 周 成王의 숙부이다. 武王이 죽자 成王이 연수하여 周公이 섭정하였다. 그는 제후들의 반란을 진압하고 東都 洛邑

같은 대열이었을 것이다. "